谨以本书纪念樊亢先生（1924—2019 年）
中国社会科学院荣誉学部委员，多卷本《世界经济史》主编

世界金融史

从起源到现代体系的形成

贺力平　著

中国金融出版社

责任编辑：肖丽敏
责任校对：潘　洁
责任印制：丁淮宾

图书在版编目（CIP）数据

世界金融史：从起源到现代体系的形成/贺力平著．—北京：中国金融出版社，2022．2
ISBN 978-7-5220-1516-3

Ⅰ．①世…　Ⅱ．①贺…　Ⅲ．①金融—经济史—研究—世界　Ⅳ．①F831．9

中国版本图书馆CIP数据核字（2022）第024485号

世界金融史：从起源到现代体系的形成
SHIJIE JINRONGSHI：CONG QIYUAN DAO XIANDAI TIXI DE XINGCHENG

出版
发行　中国金融出版社
社址　北京市丰台区益泽路2号
市场开发部　（010）66024766，63805472，63439533（传真）
网 上 书 店　www．cfph．cn
　　　　　　（010）66024766，63372837（传真）
读者服务部　（010）66070833，62568380
邮编　100071
经销　新华书店
印刷　河北松源印刷有限公司
尺寸　185毫米×260毫米
印张　31
字数　636千
版次　2022年3月第1版
印次　2022年3月第1次印刷
定价　108．00元
ISBN 978-7-5220-1516-3

世界金融史
从起源到现代体系的形成

[序　言]

贺力平教授新作《世界金融史：从起源到现代体系的形成》，详细刻画了金融发展从远古时期的萌芽状态演进到20世纪初确立现代市场体系的漫长历程，勾勒出从古代金融到中世纪金融的曲折转变以及工业革命后金融发展在不同国家波动生长的路径。此书对理解今天的全球金融市场格局和扑朔迷离的变化有极强的现实意义。

变化和现实都是在思想的影响下得以形成。我很高兴看到，《世界金融史：从起源到现代体系的形成》十分重视思想在人类历史上各个重要时期的作用及其对金融发展的巨大影响。例如，该书讲述了近代与前近代的一个重要分界线。中世纪，在基督教、印度教和伊斯兰教流行的许多国家和地区，宗教和世俗法规都曾禁止收取利息，此做法严重影响并扭曲了金融发展。但在中世纪晚期的欧洲，改革思想家们发起了宗教改革运动，新教在荷兰和英格兰等地最终取得了胜利，近代金融发轫于新教流行的国家显然不是一个偶然。

我和力平相识多年，我们在全球货币体系改革和金融市场发展领域都有很好的讨论，我们激辩过2008年的国际金融危机，合作过中国国际金融青年论坛的发起。他为人谦和，做事低调，但在学术研究上却出名的认真甚至固执。《世界金融史：从起源到现代体系的形成》体现了力平的一贯学风、认真探索和严谨论述的精神追求。本书依据大量史实和国内外学者的新近研究成果梳理了金融发展和金融创新的来龙去脉，展示了诸多现代金融概念在历史上的体现以及经济逻辑在金融发展历程中的突出意义，并将它们置于各国历史背景中，还不失中肯地考察相关约束条件和历史人物的作用，娓娓叙来，读来生动。

今天，经过了2008年国际金融危机和2020年新冠肺炎疫情的超强财政及货币政策刺激，世界金融发展又面临一个大变局。温故而知新，力平的新作一定会给我们带来面向未来的新的启迪。

朱民

2021年10月

世界金融史

从起源到现代体系的形成

[作者引言]

全书梗概

这部《世界金融史》，是“金融发展的世界历史”，而非“世界各国的金融史”，旨在向读者展示一幅金融发展历程的世界全景图，讲述金融机构和金融市场在历史长河中如何从稚嫩小苗长为参天大树并成茂密的森林。简言之，“金融”是本书的主线索，“世界”则主要指在各重大历史时代金融发展上具有特殊和典型意义的国家和地区。

全书分为三篇，分别考察金融的起源和古代金融、中世纪金融及其转变，以及现代金融体系在19世纪末和20世纪初几大经济体中的形成。

自文明之始，金融即与人类相伴。储蓄和借贷为家庭实现平稳消费所必需。个人之间的借贷所要求的社会制度条件并不复杂，世界各大古文明皆有金融萌芽。然而，以间接融资为特征的金融——专业化金融中介机构和金融市场——却要求具备诸多社会制度条件，它们通常仅发轫于古代世界的缝隙之间，出现短暂繁荣。此为第一篇“金融的起源和古代金融”的主题。

“中世纪”并非只是一个欧洲历史概念。许多文明在经历早期繁荣之后都曾陷入危机或者发生逆转，社会生活由此转入低沉、压抑和灰暗时代。宗教和世俗政权并为中世纪世界的统治者。而且，宗教和强权统治往往伴随着思想禁锢和产权固化。基督教、印度教和伊斯兰教都反对生息借贷。由此，金融不仅受到限制和束缚，而且发生变相和扭曲。

事实上，中世纪也是静悄悄孕育着变化的时代。在欧洲，宗教改革前，现代银行的前身和原型即已诞生。宗教改革后，随着商业革命和国际贸易的蓬勃开展，金融发展获得新的动力。在近代早期的欧洲，政治制度和财政体制的变革给金融机构和金融市场带来新的发展契机，金融与实体经济和普通民众的结合日益紧密。此为第二篇“中世纪金融及其转变”的主题。

工业革命是生产力和社会关系的全面革命，经济和金融发展由此翻开新的篇章。自那时以来，新型金融机构不断涌现，它们各具特色，相互竞争。证券市场过去仅仅服务于政府债务融资和特许合股公司证券融资，在政策开放及打破禁忌之后成为普通企业的融资渠道。由此，金融市场发生革命性变化。金融与实体企业、与普通储蓄者和投资者结成了新的共生关系。

现代金融体系由多样化金融机构和多层次金融市场构成，是一个不断演进的生态系统。在世界范围内，这个生态系统形成于19世纪末20世纪初，其基本标志是领先的市场经济国家在各自范围内建立门类齐全的银行与非银行机构、面向各类企业、政府和国内外投资者的开放型证券市场以及实施货币政策调节并维护银行体系稳定的中央银行。虽然各国金融体系的基本框架有诸多共性，但各自金融机构和证券市场的定位和作用却有许多差别。时至19世纪与20世纪之交，英国（联合王国）的金融体系以拥有全国分行网络的合股银行和专长于贸易融资和大宗资金交易的商人银行为特色，美国（美利坚合众国）的金融体系以不设分行、不跨州经营的商业银行与专长于证券融资的华尔街投资银行为特色，德国（德意志帝国）则以全国性全能银行和遍布各地的多功能储蓄银行及合作银行为特色。它们因地制宜，各有千秋，既反映了各国历史传统、经济制度和政策的差别，又与各国经济结构相互影响，并于此后长久地融会于这些国家经济和金融发展过程之中，人们迄今仍能强烈地感受到它们的影响。此为第三篇“现代金融体系的形成”的主题。

本书希望通过梳理历史，帮助读者理解在世界金融发展的漫长历程中，往昔与今天的联系，本国与外国的异同，思想与现实的互动。至20世纪初，世界金融的大舞台已搭建完毕，早期主角们已纷纷登场，“这里是罗陀斯，就在这里跳罢!”当然，《世界金融史：从起源到现代体系的形成》讲的是一个远未完结的故事，它的后续即为诸多现代金融体系自20世纪初以来在风雨变幻的全球舞台上的冲突与融合。

关于几个国名的说明

本书在提及几个常见国名、地名时大多使用全称而非略称，旨在避免因使用略称（简称）而带来的歧义或混淆。例如，在本书中，“Bank of United States”译为“合众国银行”（该机构先后运行于1791—1811年和1816—1836年），“Bank of America”译为“美利坚银行”（该机构始建于1923年并延续至今），而不是将两者都称为“美国银行”。

同理，1707年以前的“英国”称为“英格兰”（或者“英格兰和威尔士”，“英吉利”为此词的形容词或定语），1707年之后称为“大不列颠”（该词包括英格兰、威尔士和苏格兰，但不包括爱尔兰或北爱尔兰）；偶尔使用“联合王国”则指大不列颠与爱尔兰或北爱尔兰（1801—1921年包括爱尔兰全境，1921年后仅包括北爱尔兰）。“不列颠”泛指“联合王国”或“英国”。

历史上的神圣罗马帝国以日耳曼人为居民主体，但其名称不含“德意志”（German/Germany）。成立于1871年的德意志帝国才真正是德意志民族的统一政体，在这之前该地区邦国林立，互不相属。有鉴于此，本书主要使用“德意志”来称呼“德国”。

世界金融史
从起源到现代体系的形成

[致　谢]

《世界金融史：从起源到现代体系的确立》源自一项教学合作计划。对外经济贸易大学金融学院范言慧教授主持开设全新课程《世界金融史》，让我友情客串，由此萌生了写作意愿。对外经济贸易大学金融学院多位领导和教授，丁志杰、吴卫星、吴军、邹亚生、齐天翔和席丹等，都对该课程建设给予大力支持并鼓励书稿写作。

在写作绸缪时，我有幸聆听多位学术友人对基本思路的建议和意见，促使写作计划日渐成型。衷心感谢中国银行国际金融研究院陈卫东院长、中国社会科学院金融研究所张晓晶所长、中国人民大学财政金融学院何平教授、中央财经大学经济学院兰日旭教授和北京大学经济学院周建波教授等。

几位友人不辞劳苦友情审读了部分篇章初稿并提出批评意见，让我受益颇多。特别感谢中国社会科学院日本研究所张季风研究员、外交学院江瑞平教授、中央财经大学经济学院林光彬教授和山东大学公共治理研究院金澄博士。尤其值得一提的是，凡遇疑难之处，我即请教几位老友，他们无不及时作答，使我顿悟不惑。同时要感谢中国社会科学院哲学研究所孙晶研究员、宗教研究所黄夏年研究员和世界经济与政治研究所周见研究员。

近四十余年前的研究生同窗张小青先生挑灯通阅全书文稿，字斟句酌地订正文法并秀润词语等。他的倾情相助，让我感激涕零！但必须声明的是，此书任何错误或遗漏，无论表述还是内容，均仅由作者本人承担。

朱民先生于20世纪90年代末担任中国国际金融学会的领导职务，后来一直热心支持学界的国际金融研究，我从中得到许多鼓励和裨助，十分感谢他为本书拨冗题序。

在我查阅和整理来自国内多所大学图书馆的馆际借阅文献时，几位学生提供了协助，包括张子蕴（博士生）、武玉坤和黄瑞蔚（硕士生）以及高明璐和高源（本科生），赵鷂博士及其同事帮助绘制了图1－1。对这些惠助，作者深表谢意。

中国金融出版社的张艳花主任和肖丽敏主任积极帮助安排本书出版事务，并严格把关编排工作中的诸多细节。谨致诚挚感谢！

作者还得到其他许多国内外友人的帮助，难以在此处一一提及。寻求帮助亦为交流，而这些交流本身就十分愉快。期待未来继续围绕世界金融发展历程开展更多更深入的知识交流。

贺力平

2021年11月

世界金融史

从起源到现代体系的形成

目 录

图表目录

第一篇

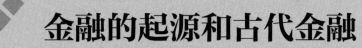

金融的起源和古代金融

金融泛指价值物在时间维度上的交换，伴随着人类诞生而出现。世界各大文明初创时期皆有金融的萌芽。但是作为金融特征的金融中介和间接融资却晚于其后，因为它要求诸多条件，包括产权明晰、商业繁荣、契约传统和经营组织的延续性等。苏美尔和古巴比伦、托勒密时代的古埃及、希腊古典时代和古罗马共和国末期都见证过金融中介的繁荣。然而，正如“真正的商业民族只存在于古代世界的空隙中，就像伊壁鸠鲁的神只存在于世界的空隙中”，古代的金融繁荣均难以长久持续。

［第一章］

金融的起源

金融是人类与生俱来的多种交换形式之一。金融交换与商品交换的相同之处是，两者都以产权明晰为前提；而不同之处是，商品交换通常为一次性，是不同质物品之间的交换；而金融交换则往往不是一次性交易，是交易双方在时间维度上多次交易的集合，是同质物品之间的交换。

金融有广义和狭义之分。狭义金融指间接融资，即金融交易通过资金需求方和资金供给方之外的第三方即专业化金融中介而进行，它是金融发展到较高级阶段的体现。广义金融包括经济资源和价值物的时间分配、在时间维度上的所有交易，以及风险管理。货币兑换和公共财政时常与金融活动紧密相关。

以个人间借贷为主的直接融资在人类文明的早期阶段便已出现，甚至早于货币的使用。货币（钱）是人类的一个伟大发明。贵金属货币的使用尤其有利于与贸易融资相关的金融发展。

荷马史诗和华夏《诗经》表明，在人们物品买卖行为出现的同时，借贷行为也随之出现。

古埃及很早就建立了“指令型经济”，既不使用货币，也不提倡市场化的金融交易，该经济体制或许与需要应对时常发生的尼罗河汛情有关。然而在托勒密时期，古埃及转向了混合经济体制，“谷物银行”随之出现。

两河流域文明自始便具有混合经济体制的特征，并有着“依法治国”的传统。那里诞生了人类社会已知最早的间接融资和金融市场，苏美尔和古巴比伦还为世界贡献了利息和复利等重要金融概念。

一、金融的本质和起源问题

本章希望厘清几个问题，即金融是否在人类早期文明中已经出现？那时出现的是什么样的金融活动？金融交易与货币和财政有什么关系？人类早期文明时期金融发展受到哪些重要因素的影响？

金融的含义

专题网站“投资百科”（www. investopedia. com）给“金融”（Finance）一词的定义是，“金融泛指所有与银行、杠杆或债务、信用、资本市场、货币和投资相关的活动。一般而言，金融代表了货币管理和获取所需资金的过程。金融也涉及有关那些构成金融体系的货币、银行、信用、投资、资产和负债的照管、创造和探讨。”显然，这是从实务角度给出的定义，十分接近金融从业人员对此概念的理解。它认为所有从事银行、证券交易和投资、对外举债、价值评估、买卖和管理信托、提供货币兑换和保险服务等的活动都属于金融。

如果问“金融究竟是什么”，或者说“金融属于哪一种类的经济活动”，恐怕许多从事金融业务的专业人士也不一定能够回答。一本流行的经济学教科书（曼昆著《经济学基础》）联系“金融体系”概念对此给出回答：“在最广义的层次上，金融体系使经济中的稀缺资源从储蓄者（支出小于收入的人）流动到借款者（支出大于收入的人）手中……金融体系由帮助协调储蓄者与借款者的各种金融机构组成……最重要的金融机构可以分为金融市场和金融中介机构”。[①]这里有几个关键词，第一个关键词是稀缺资源的流动或转移，从经济学的角度看即为交换。

交换是人类社会中每天都发生的事情。一位倡导社会交换理论的学者说，“人们之间的所有接触（Contacts）依赖于给予和回报等值这一模式。无数的礼物和表现的等值是可以被实施的。在所有合法形式的经济交换中，在所有涉及既定服务的已确定的协议中，在所有合法化关系的义务中，法规强制实施并保证服务与回报的相互性——如果没有这种相互性，社会的均衡和凝聚便不复存在。”[②]

由此可见，交换是人类社会中人与人之间给予和回报的稳定关系。可以认为，人类社会的历史就是交换关系发展的历史，其间产生了多种多样的交换关系及其发展变化。有一些交换关系采取了延时的或迂回的形式，然而它们却是人类社会中的重要交换，而且后来衍生出来商品交换和金融交换。

---

① 曼昆：《经济学基础》第 7 版，梁小明、梁砾译，北京大学出版社，2017 年，第 170 页。

② 布劳：《社会生活中的交换与权力》，李国武译，商务印书馆，2018 年，第 35 页。

例如馈赠。馈赠是不要求立即回报或瞬间回报的交换，很多时候甚至不要求回报在价值上绝对相等。馈赠往往发生在家庭内部。父母抚养和培育儿女皆属于馈赠，父母期待的是儿女成长之后予以回报或“返还”，“养儿防老”正是这种期待的体现。馈赠也可发生在家庭之外，在亲朋好友甚或陌生人之间都有可能发生。在同一个社会中，或者在同一氏族部落中，弱者为寻求自身安全或者免遭外来损害，也可能给予强者馈赠。

赋税也是交换，是社会成员（弱者）向统治者（强者）上缴资源物品（“贡品”）以换取安全保障作为回报，是迂回形式的交换或回报。由于安全是社会成员的基本需要，当意识到缺少安全保障时，人们一定会去寻求安全保障并为此付费（缴纳“保护费”）。在其起源时期，赋税很可能是由弱者对强者的馈赠演变而来，即在早期人类社会中的某个时刻和地点，馈赠被当做了获取安全保障的一种手段。当这种手段被固定化（制度化）并由强者发出缴纳指令时，馈赠即变成了赋税。由此，社会安全保障机制应运而生，人们常说的“国家”（政权机构）随之出现，围绕着该机构的一系列社会制度也陆续建立。①赋税为国家（政权机构）提供了持续性的可用资源（物质基础），其构成可为物品、劳动力或能够购买到物品与劳力的钱财。

在人类发展史上，商品交换和金融交换很可能是相对晚些的事物。商品交换是社会成员之间以及社会与集团之间依等价原则的互通有无，是“即刻回报”或“瞬间回报”，要求最少的等待时间。商品交换既可用钱（货币）来作为交易媒介，也可以是以物易物，不借助于钱（货币）。物物交换不是相同物品或服务的交换，而是具有不同使用价值的物品或服务的交换，即不同质物品或不同质服务之间的交换。使用货币，有助于人们对不同质物品和服务的价值进行快速度量和判断。

与商品交换不同，金融交换为同质物品在时间维度上的交换。这里，“同质物品”也可称为“价值物”，它可以是也可以不是钱（货币）。如果以钱作为交换对象（交易标的），交换双方极易就价值达成共识。储蓄者在一个时点将一笔钱款交给借钱人使用，后者同意在未来一个时点（或数个时点）将一定数额的钱款返还前者，这是金融交换（交易）最简单的形式，此外它还有其他许多复杂形式。但是，无论何种具体形式，金融交易双方都必对交易对象（标的）达成一致意见，共同认可同一个价值物（实物、钱币或其他任何一种价值物）。价值物的同质性也被称为“可互换性”（Fungibility）。商品交换不同质价值物，金融交换同质性价值物，这是两者的关键区别。

从时间的角度来考察，金融的实质在于个人储蓄时间安排的转换。如果没有金融，没有人与人之间的借贷，那么，个人所有的消费——当前消费和未来消费——都必须百

---

① 这种说法反映了英格兰政治哲学家托马斯·霍布斯（1588—1679年）在其著作《利维坦》所表达的思想，参见弗朗西斯·福山《政治秩序的起源：从前人类时代到法国大革命》，毛俊杰译，广西师范大学出版社，2014年，第79页。

分之百地依赖各个时期中的个人收入和储蓄。在此条件下，个人储蓄——通常是实物储蓄——是应对意外冲击的基本手段。然而，如果有外部借贷可用，个人便可相对自由地安排储蓄，不必一定拥有先期储蓄来应对不测之需。例如，本期中，个人消费支出需要100元，而本期收入和早先储蓄仅有80元，个人可通过借入20元来满足本期消费需要。此时的借贷意味着，个人在未来的收入中必须扣除至少20元以便偿还债务本息。对未来收入进行这种扣除，可视为“未来储蓄”。换言之，通过借贷，个人实际上在自己早期储蓄不足与未来储蓄弥补之间进行了转换。很明显，如果没有借贷，这种转换根本不可能发生。由此而论，金融（借贷活动）没有改变个人储蓄的作用，但却改变了个人储蓄的时间配置，并提升了个人在时间维度上安排消费的自由度。①

人类学和社会学学者考察早期人类储蓄行为时，联系到“流动性”（Liquidity）这个现代金融概念，认为价值储藏过程或衍生出“变现”的需要，例如过多的谷物储藏应在变质之前，要么消费掉，要么转让给他人。《旧约》里提到的“七年之限”（或“七年周期”）指债务期限，到达该期限时所有人间债务要么偿还要么豁免。②这个角度的考察实际上也表明了，金融（借贷）的产生是人类储蓄行为的结果。

商品交换与金融交换皆以私有产权为前提，基于自愿原则，遵从共同的交易规则，而且最好具有交换市场以促进交换的公平性和普及性。一些当代研究者激烈争论在古代社会是不是出现了市场或市场经济及其具体形式，以及商业贸易与垄断、商业贸易与政权的关系等。有学者认为，市场经济是19世纪编造出来的“神话”。③然而，这些争议均不否认随着商品交换和金融交换活动大量增加，一定会伴随着人群聚集和他们之间信息交换的增加，而这就是市场出现的标志。

金融交易与普通的商品交易还有一个重要区别，即前者为多次性交易，后者是一次性交易。虽然反复进行交易的商人之间可以签订多次和长期交易合同，但这却不同于金融交易中所涉及的时间维度问题。在任何一项金融交易中，双方在合同中约定了至少两次交易，第一次是一方（甲方）将一定数额的资财交给另一方（乙方），第二次是乙方在未来某个约定的时间将一定数额的资财交给甲方。任何一个金融交易的合同必然涉及至少两次这样的交易，有时甚至不止两次，比如双方约定乙方的返还性支付分为不同时

---

① 现代经济学流行的“李嘉图等价定理”实际指储蓄时间的重新调整或错位，并且从宏观角度来考察。该定理认为，一国政府面临财政收支缺口时，不管采取加税或者借债，两者的实质完全相同（“等价”），因为借债意味着未来加税，或者说不过是推迟当前加税。对居民而言，购买新增国债相当于增加当前储蓄，即为应对未来加税而“未雨绸缪”。可见，“李嘉图等价定理”涉及当前储蓄与未来储蓄的关系。

② Bill Maurer “Finance 2.0”, in James G. Carrier ed. *A Handbook of Economic Anthropology*, 2nd edition, Edward Elgar, 2012, p. 187.

③ 这个观点的代表是卡尔·波兰尼（Karl Polanyi，1886—1964年）。他认为古代社会中的对外贸易常常得到强权支持，并具有垄断性，而这与所谓的“市场原则”根本上背道而驰。波兰尼的观点得到了亚述文明研究专家新成果的支持，参见 Maria Eugenia Aubert, *Commerce and Colonization in the Ancient Near East*, *English translated by Mary Turton*, Cambridge University Press, 2013.

点的多次。而在普通的商品交易中，交易通常为一次性的，由买方（甲方）向卖方（乙方）支付后者认可的财物的同时取得后者的财物（俗称“一手交钱，一手交货”）。这个交易过程是否会重复进行，取决于双方的约定。但是，无论双方是否有这样的约定，乙方通常不会向甲方提供任何“返还性”支付。

金融交易在时间维度上的特殊性对法律提出了更多的要求。简单的借贷交易可以发生在任何已有私有产权的社会中。但复杂的金融交易则需要交易双方明确交易过程中的相关规则并确认其得到法律的支持，否则，复杂的金融交易便不会重复发生，即使发生了，也会夭折。

以上描述的馈赠、赋税、商品交换和金融交换并非人类社会的所有交换。例如，雇佣劳动也是一种交换，即劳务服务与报酬之间的交换。同时，在所有交换中，还可能出现“不等价”交换，例如，高价值物品与低价值物品由于某种原因而被交换，以及价值物品被无偿地（毫无回报地）转移等。这些情形现在被称为“转移支付”（Transfer Payment），不同于前面说的馈赠（Gift-giving）。在有的转移支付中，如果支出与接收之间存在足够长的时差，并且涉及不同的币种，那么，金融问题也可能由此而生。

前引曼昆论述提及的另一个重要概念是“金融体系”，即由多种金融机构和金融市场组成的复合结构（也可称为“复杂体系”）。金融体系是现代事物，不曾出现在工业革命以前的世界历史中。金融体系的形成所要求的条件远远多于金融起源。在金融起源与现代金融体系形成之间，间隔着数千年的时间。

有研究者赞美过“新巴比伦金融体系”（参见本章第四节），但那主要就新巴比伦王国专业化金融中介机构提供的金融工具（票据）所达到的复杂程度而言，并非指那时金融中介机构已出现多样化格局。由银行和非银行金融机构以及多种长短期证券市场构成的现代金融体系在世界范围内产生于19世纪，即工业革命发生以来。

实际上，不少历史学家都曾大力称赞“公元前的金融繁荣”，认为它不仅出现在新巴比伦王国，而且也曾出现在古埃及（托勒密王朝时期）、古典时代的希腊和罗马共和国末期及罗马帝国早期等。极有可能的是，亚洲国家，包括中国和印度在内，公元前数世纪的某段时间也出现过金融繁荣。当然，世界各国的共同情况是，古代金融繁荣均未能持续，它们都仅仅存在于一段时期中。

有研究者认为，从历史观点看，两大事物促进了金融的发展：远距离贸易和耐久生产性资产。①远距离贸易意味着买与卖相隔时间长，生意所占用的资金多，风险也较大。因此，如果资金使用者与资金提供者非同一人，则两者需要就回报和风险分担等事项作出双方均接受的安排。使用耐久生产性资产，如厂房和机器设备等，也同样面临回报期

① Larry Neal, *A Concise History of International Finance: From Babylon to Bernanke*, Cambridge University Press, 2015, p. 15.

遥远并有显著风险的问题，资金使用者与资金提供者也必须就收益分配和风险分担等问题达成一致意见。倘若人们能通过平等协商就这些复杂事项达成协议并遵循这些协议反复进行交易，则意味着金融发展。本书后面专章讲述了中世纪晚期以来近代金融在意大利和荷兰这两个商业民族的繁荣，以及工业革命以来金融在多个国家的大发展，分别在很大程度上体现了“远距离贸易”（跨境商业）和“耐久性生产性资产”（固定资本）增长对金融的促进作用。

金融发展是一个历史过程，在不同的发展阶段上需要有相应的条件。在金融诞生初期，金融的条件相对简单，主要是个人拥有物品产权以及交易者对价值交换的共识。当金融发展突破了个人之间借贷需求的界限，当金融与商业性生产和经营活动相结合，此时金融发展除了产权明晰和价值认同规范之外，还须有商业和贸易繁荣、法律和习俗对金融交易规则的认可和保障以及允许资产转让。资产可转让是古代金融繁荣的一个重要因素，但它也可对社会秩序的稳定带来冲击。

相比古代金融繁荣，现代金融体系所要求的条件既高且多。第一，企业组织制度必须实行重大变革，允许社会成员依据规范程序成立和持续经营包括金融机构在内的企业（合股公司），由此促使社会经济组织摆脱个人企业和合伙企业制度的束缚。第二，社会经济出现新兴工业部门，它们不断提出多样化的融资和金融服务需求，不断给金融创新以需求刺激。第三，政府实行开明经济政策，为各类企业的创立及其经营活动既提供法律保障又给予必要规范，既鼓励市场竞争又维护市场秩序。第四，政府不能具备无限税权，即在有限税权和有限资产的约束条件下，政府面对财政收支逆差时只能通过借债手段去应对，而且，政府在进行债务融资时必须考虑融资成本的高低。倘若政府具有无限税权，它就不会有债务融资的需求，也不会关心是否存在金融市场抑或金融市场效率的高低。第五，政府必须妥善管理货币（通货），避免发生高通胀或严重贬值而妨碍金融市场的平稳运行。这些条件，绝大多数出现在近代以来世界各国中率先开展工业革命的国家，也正是这些国家较早创立了现代金融体系。

当代研究者倾向于使用宽角度的金融概念，将时间维度和风险分担包括在金融内。例如，有研究者认为，从金融史的角度考察，金融涉及四个关键要素：（1）时间上重新配置经济价值；（2）重新配置风险；（3）重新配置资本；（4）扩展资源重新配置的渠道和复杂程度。[①]这是从宽泛的角度、广义金融的角度看待金融，依此广义角度，所有涉及储蓄、借贷、投资和保险（包括社会保障）的活动都可纳入金融概念之中，其覆盖的范围大于传统的狭义金融，即以金融中介为特征的间接融资。

从历史的观点来理解金融，从资源流动和转移的角度来观察金融的发展，一个基本大趋势显而易见，即金融发展与资源的流动性（流动速度）密切相关。近代以前的社

---

① 戈兹曼：《千年金融史》，张亚光、熊金武译，中信出版社，2017年，第XI页。

会，金融业虽已出现，但相对不发达，从根本上说，这是因为资源的流动性在前近代社会相对低下，流动速度相对缓慢。古代个别社会中一度出现了金融的繁荣发展，例如古典时期的希腊，恰好是因为那时古希腊经济在快速发展以及它的社会经济结构在快速变化。同理，金融发展迟钝也意味着社会经济的停滞和社会经济结构的固化。

以相识的个人之间的借贷为主的直接融资古已有之，在人类诞生之初便已出现。人类所有古代文明都呈现了直接融资的踪迹。然而，金融发展的闪亮标志是间接融资的出现，即通过专业化中介进行借贷或投资。间接融资是金融发展中的一个较高级阶段，也是早期文明发展到一个较高程度的标志。后面（第三节和第四节）我们将看到，两河流域的古巴比伦是这方面一个璀璨的事例，古埃及也以其特有的方式发展出间接融资。

间接融资意味着金融交易中出现了专业化的从业人员，他们拥有知识和信息，遵从一定的交易规则，帮助社会成员进行财务投资，获得预期收益并避免风险。专业化金融从业者的出现意味着社会对金融的需求显著扩大。古代社会中的金融首先出现在社会经济的一些“缝隙”中，然后通过逐渐聚集，遂壮大成为一个“行业”。

金融与货币和财政的关系

本书主题是世界金融史，而非世界货币史，更不是世界财政史。但必须承认，金融与货币和财政存在密切联系，探讨金融史离不开历史上的货币和财政。

（一）金融的发生不以货币为前提，但货币的普及一定促进金融交易

物物交换伴随人类的诞生。随着交换关系的发展，出现了可充当交易媒介的一般等价物。历史上诸多物品充当过一般等价物，但那时货币还没有出现。如前述，人与人之间的借贷此时虽已发生，然而早期的借贷主要是在相互认识的个人之间，是简单的直接融资。使用物品作为借贷交易的对象，不管是自然物品、制成品还是动植物，都有极大的局限性，容易造成价值判断问题。只有当交易双方都使用同质物品并以此作为共同计价单位，其讨价还价才更易达成协议，此后也更易执行和监督。毋庸赘言，货币的使用会极大地便利金融交易。

早期文明中的交换常常使用一些很不一样的价值媒介，大者如牛或羊，小者如贝壳或鱼干。

贝壳用作交易媒介，不仅见于中国古代中原地区，也见于西班牙人到来之前的美洲地区，以及世界其他许多地方。鱼干用作交易媒介，则见于西班牙到来之前的墨西哥等地。[①]而牛或羊这样的大型物品用作计价单位，可见于荷马时代的古希腊等地（参见下一节）。中国货币史学者彭信威认为，“希腊的货币，主要用于对外贸易，所以单位价值大；中国在战国时期的货币主要用于人民之间的零售贸易，所以单位价值小，大数目的

① 汤因比：《历史研究》下册，曹未风等译，上海人民出版社，1964 年，第 78 页。

支付用黄金。如果这一推论不错，那就可以得出一个结论，就是当时中国的货币经济比希腊更加发达，也就是说，中国用钱的人比希腊多。钱币更加深入到人民的日常生活中去。”[①]此种先秦时期中国已有“货币经济”之说，可能夸大了当时社会经济的货币化程度。事实上，先秦时期的中国人居于内陆，男耕女织的家庭经济模式开始形成，而不同于古希腊人生活在海洋沿岸或岛屿上，需频繁出海去进行交换。

马克斯·韦伯区分过“对内货币”与“对外货币”，前者用于氏族或部落内部成员之间的交换或支付，后者用作一个集群对外贸易的交易媒介。[②]依此观点，前者可用价值较小的物品（贝壳、鱼干以及后来的铜板等）来充当，后者则可由价值较大的物品（金银等）来充当。

金银类“高价钱币”主要用于国际贸易，即远距离贸易，这有利于贸易融资一类的金融业务的发展。贝壳、鱼干类“低价钱币”主要用于本地零售交易，可有利于小额零星的个人间借贷活动，但与远距离贸易则少有关系。总之，不同种类的钱币与商业贸易规模有关，也与贸易的距离有关。可见，钱币与金融发展密切相关。

不仅如此，随着货币普及，人们的储蓄行为也发生巨大改变。货币出现前，储蓄以千家万户藏粮于地窖为主。每逢秋收之后，家家户户皆进行这种完全相同的低效率储蓄。货币出现之后，凡有储蓄能力家庭“存钱”即可，世上遂出现专业化的“藏粮”大户，他们具有“藏粮”的技术和效率，可在冬季将粮食售予有支付能力的购买者。社会分工和生产率由此得以不断深化和提升，社会对金融（财务储蓄和财务投资）的需求也不断增长。

哈耶克说过，“钱是人们所发明的最伟大的自由工具之一。”[③]这个说法也意味着钱（货币）的使用对金融发展至关重要。然而，对此有异议的学者认为，即使尚未确立货币概念的古代文明也可以达到很高的发展程度，意味着货币的作用不可被夸大。[④]本书认为，货币对金融发展的作用既不能被高估，也不能被低估。

（二）自官铸钱币诞生，货币政策即是影响金融及其发展的一个重要因素

原则上，铸币原可为一件公益事情，但在实践中，由于一来可创造铸币税收益，二来可为统治者提供官宣效用，因此古往今来的统治者大都竭力在铸币上大做文章。

铸币的频繁变动会造成某些后果。一个正面效应是催生了钱币兑换行业。相邻各国各自铸币，同时相互贸易，势必使商人们需要兑换钱币。钱币兑换商出现后，他们便是

---

① 彭信威：《中国货币史》，上海人民出版社，2007 年，第 43 页。希克斯认为，古代中国人从一开始就不使用贵金属的缘故是他们没有经过以“价值储藏”为主的阶段（希克斯《经济史理论》，厉以平译，商务印书馆，1987 年，第 63 页注释①）。这个看法显然忽略了汉朝及以前黄金被大量提及的情况。

② 马克斯·韦伯：《经济通史》，姚曾廙译，韦森校订，上海三联书店，2006 年，第 148–149 页。

③ 哈耶克：《通往奴役之路》，王明毅等译，中国社会科学出版社，1997 年，第 88 页。

④ 波兰尼是这种看法的一个代表，他在此问题上有过不少论述。已译为中文的有关论述可参见许宝强、渠敬东选编《反市场的资本主义》，中央编译出版社，2001 年，第 27–28 页和第 55–58 页。

社会上拥有流动性（现金）最多之人，同时，他们与商界接触频繁，掌握信息多，自然易与商人产生借贷关系。此为铸币多样化的积极效应。

铸币频繁变动也有消极效应，即对金融交易所需要的价值单位的稳定带来干扰。在商品货币（Commodity Money）的环境中，即实行金属货币的社会，钱币减值（Debasement）会造成通货膨胀。即便在古代，由钱币减值引发的通货膨胀也可达到十分严重的地步（参见第二章罗马帝国后期的情况）。严重通货膨胀首先带来物价水平的不确定性，其次带来时间维度中价值度量的不稳定性，两者都会使金融交易双方更难达成协议，即使达成了协议也容易出现违约，使违约概率大幅度上升。

随着近代银行体系的发展，尤其是中央银行出现后，货币政策更为各国当局频繁使用。在现代市场经济环境中，货币政策直接影响诸如货币供给总量和政策性基准利率等变量，它们进而又会影响到个人和企业的储蓄与投资决策，影响金融市场行情。

在当代，不同国家对货币政策的运用方式往往互有不同。货币政策方式的“国别性”，一方面是本国历史传统和金融体制特点形成的结果，另一方面也是形成本国金融体制和金融市场特点的原因。恰如在古代，不同的铸币体系意味着它们所对应的金融发展也有差别。

（三）财政与金融皆为社会资源流动和转移的途径之一，两者既可互补，也可冲突

前已指出，财政和金融均为社会资源流动和转移的途径，两者于此具有共性。然而，财政以赋税为基础，具有强制性，而金融交易以自愿为原则，不具有强制性。金融交易的强制性仅指交易协议或合同的执行由法律、习俗、行政法令或法庭判决等来加以保障。

在古代社会，如果社会经济本身已经高度“国有化”，即统治者掌握了全部的土地资源，庶民均须服从官府调遣，那么，社会资源的流动和转移便主要通过财政渠道，金融便没有自由的发展空间。在这种经济模式中，金融与财政存在对立和冲突的关系。

近代以前的社会也有另外的情形，即财产私有制已得到立法确认，社会经济中已有显著规模的私人部门，民营经济占据社会经济的主导地位。在此环境中，社会经济中不仅发生着大量金融交易，而且还出现了专业化的金融机构，颇具财力的个人也为数不少。在此经济中，一国财政若发生收不抵支，政府便可向国民借钱，以债务融资方式协助财政管理。此时，该国金融市场倘若发达，政府借贷的成本（利率）便可偏低，政府财政的效率也因此得以提高。政府作为一个大借主，每次举债都可能给本国金融市场的扩张以巨大的刺激。由此而论，金融与财政可以相互配合，并非必然相互冲突。

近代以来，财政在不少国家被称为“Public Finance”，直译是“公共金融”，常见译法是“公共财政”。公共财政的说法突出体现了财政与金融的协调性。但是在古代，政权往往被少数统治者把持，其财政活动尽管在不同程度上有一些为公众服务的因素（“公共的因素”），但实质是为少数群体谋取私利而占取和享用社会资源（“非公共因

素”占主体)。这种财政虽然也是社会资源的流动和转移，但与“公共财政”的本意相去甚远。

金融与人类社会发展阶段的关系

探索金融的起源，一个不可回避的问题是，在人类社会的哪一个发展阶段上，金融活动开始出现?

考古学认为，早期人类先后经历了石器时代、青铜时代和铁器时代，这是依据制作工具的材料来划分的。考古学家们可运用科学方法和检测仪器判断远古时期人类使用过的工具的年代，并大体确定不同质材的前后顺序。石器时代持续时间最长，从距今300万年前到公元前8000年与公元前2000年之间（取决于不同地方）。就全球而言，青铜时代的时间跨度约在公元前2000年到公元前1000年，其特征是人类已掌握了冶炼青铜以及其他相近金属的能力，并由此开始使用这些金属材料制作的工具和装饰物等。在公元前1000年左右，人类开始冶炼铁材，表明人类的冶炼能力有了提升。锡的熔点是232°C，铜的熔点是1085°C，而铁的熔点是1538°C，为三者中最高。质材的熔点越高，所要求的冶炼技术水平也越高。而且，铁的高硬度也使得它比铜有更大和更广泛的用途。简言之，石器时代、青铜时代和铁器时代所对应的人类生产力不同，三个时代在时间上的关系是递进的。

考古学家和历史学家通常认为，石器时代和青铜时代是“史前时期”（Prehistory），即那时人类尚未发明文字，这使后人对那个时代人类的活动细节难以了解。人类在铁器时代开始使用文字，由此产生了人类有记录的文明。与此同时，人类不仅开始使用文字，而且形成了层次分明的社会组织结构，社会成员的经济地位、社会地位和政治地位出现显著差别，政权机构开始对一定地域范围内的居民行使统治权，并且也出现了城市。在青铜时代，人类已有显著规模的群居和固定的农业生产活动；在青铜时代后期和铁器时代早期，手工业也出现了。

但上述“三时代”说法主要适用于希腊和小亚细亚半岛地区，并非一定适用于世界其他地方。古埃及文明和苏美尔文明出现在青铜时代，并达到很高程度。在公元前3000到公元前2000年，这两个文明分别创造了自己的文字，并都发展出了种植业和畜牧业，苏美尔还产生了相当繁荣的商业。

文字的使用促进了人与人的交往，并使信息有效和准确地传播，这不仅促进了社会分层并为社会组织的运作带来便利，显然也极大有利于社会经济交往，其中包括商品交换和金融交易。可以说，人类金融活动与文字相伴而生。

关于人类社会发展阶段的划分，马克思有一段被广为引用的话语：“大体说来，亚细亚的、古代的、封建的和现代资产阶级的生产方式可以看作是社会经济形态演进的几个时代。”①这里提到的“亚细亚”很可能指美索不达米亚，即两河流域（参见本章第四节）；“古代”指古希腊和古罗马；“封建的”则指欧洲中世纪。在马克思看来，大规模金融活动出现在“资本原始积累”时期，即中世纪晚期。为说明金融与资本原始积累的关系，马克思在《资本论》第一卷中特别提到了公债制度、银行和国际信用关系（第822－825页）。马克思提到的具体事例，公债方面有热拉亚、威尼斯和荷兰；银行有1694年组建的英格兰银行；国际信贷方面则有威尼斯贷款给荷兰，而后者在18世纪竟转而贷款给自己的竞争对手英格兰，以及19世纪英国（大不列颠）给美国（合众国）提供贷款。

曾有学者提出，人类经济演进的阶段是自然经济、货币经济、信用经济。照此看法，早期人类经济处于自给自足状态，不使用货币，也无金融交易；商业和国际贸易的兴起意味着人类进入货币经济阶段，此时金融虽已出现，但仍处于从属地位；信用经济则代表了人类经济的高级阶段，此时银行等金融机构居于社会经济的中心位置。但此说遭到经济史学家的严厉批评，认为这不过是一些学者“系统化嗜好的又一例证”，信用在人类发展的各个时期都存在，各个阶段上的信用相互间只有量的差别，而无质的差别。②而且，认为银行在社会经济发展高级阶段中占有中心地位的说法，很可能反映了19世纪末20世纪初以德意志为代表的欧洲大陆国家中的一个特殊情况，即全能银行的兴起和它们对当地经济的极端重要作用（参见本书第九章和第十章）。在世界范围内，全能银行不是一个普遍的金融模式。

德意志学者桑巴特（Weiner Sombart，1863—1941年）在20世纪初发表的著作中提出，人类经济时代可以划分为“前资本主义”和“资本主义”时代。其中，前资本主义可进一步划分为“自足经济时代”和“手工业经济时代”。③此处关于古代社会为“自足经济时代”的说法十分牵强。在世界许多古文明国，从东方社会到西方社会，商业和贸易在公元前已非常繁荣，社会经济已呈现出相当高的市场化倾向，以“自给自足”来概括那个时代的社会经济特征不符合历史事实。

在商品经济和金融发展过程中，历史不完全是线性的。公元前1000年前后，商业和金融发展在两河流域就已达到相当高度。之后，世界多地都见证了商业和金融的繁荣。的确，在世界各地，古代金融繁荣都未能持续。

而且，在古代经济繁荣之后往往出现严重的经济衰退和退化。在中世纪，社会经济在许多地方退缩到自给自足或半封闭半开放状态，这种情况在欧洲特别突出。西罗马帝国覆灭后，城市经济凋零，庄园经济兴起，商业和贸易一度不再兴旺。即便在此时期，

---

① 马克思：《政治经济学批评》（1859年），《马克思恩格斯全集》第十三卷，第9页。
② 亨利·皮朗（Henri Pirenne）：《中世纪欧洲经济社会史》，乐文译，上海人民出版社，2014年，第81页。
③ 伟·桑巴特：《现代资本主义》第一卷，李季译，商务印书馆，1962年。

社会也未曾完全退回到自给自足状态。事实上，现代银行的前身发轫于中世纪中期的欧洲，尽管金融并未成为当时欧洲社会经济的显著部门。

有关人类历史发展阶段或经济时代划分的观点多少都带着学者们追求“历史和逻辑的统一”的印记，这种追求在 19 世纪的德意志学界特别突出。我们在本书后面将会看到，在世界许多地方，金融发展乃至社会经济的演进不必然都沿着循序渐进的方式或路径，“中断”和“跳跃”时常出现。正如世界各地的早期人类文明的发展并非完全遵循“三时代”划分法，世界各国的金融发展也非全都沿袭相同的发展路径。近代以前和近代以来世界各地的金融发展皆受到法律与习俗、文化和宗教、政治和国际关系等诸多因素的影响。

二、史诗中的金融萌芽

以唱诵神明创世或英雄事迹为主要内容的史诗通常出现在文明的早期年代，它们以非纪实的方式表现了人类童年时期的行为和景象。古希腊诗人荷马创作的两部史诗《伊利亚特》和《奥德赛》以及中国古代汇编成册的《诗经》在这方面很有代表性，我们可借此窥视金融的萌芽及相关问题。

从荷马史诗看荷马时代的古希腊货币金融的萌芽

荷马的生卒年不详，通常认为他生活在公元前 8 世纪，他的两部史诗大量提及青铜和铁，因此被认为反映了青铜时代和铁器时代的人类传说。两部作品篇幅浩大，因此又被认为是截至公元前 8 世纪希腊和小亚细亚半岛地区人类活动的百科全书。虽为文学作品，但史诗使用的大量词汇可以佐证早期文明中人类行为和认识所达到的水平。

有专家根据史诗提供的信息，详细描述了荷马时代的希腊经济，[①]表明彼时希腊人已有了种植业和畜牧业，日常餐谱中有面食、蔬菜、水果和葡萄酒，盘中还时常配有橄榄油。他们不时大块朵颐猪羊牛肉，将之视为美好生活的要素之一（古希腊人的饮食明显很少受到宗教信仰的限制）。同时，牛马也用做田地耕耘和交通运输。古希腊人还有了手工业，他们不仅会纺织，而且会制作不同金属材料的生活器具、工具和武器等。

人们尚不确定那时的希腊人是否已经有了明确的农业与手工业分工，即某些人专门从事某种产品的生产并与别人进行交换。但是，至少在一个大家庭内部出现了分工。《奥德赛》写道，在主人家里，男性奴隶分为养猪和养羊专业户，女性奴隶则有纺织和家务之分。《伊利亚特》和《奥德赛》都多次提到，某某地方有什么特别的出产，如同汉语所说土特产。为此，别处的希腊人总是希望与这些地方进行产品交换。

① 杜丹：《古代世界经济生活》，志扬译，商务印书馆，1963 年，第一章。

希腊人虽已会造船和航海，而且也开展了海外殖民和贸易活动，但腓尼基人在航海上远胜希腊人。腓尼基人有更强的航海机动性，而且具有高超的语言能力，能与地中海沿岸不同种族的人群进行沟通交流，并由此向各地的人们传播地理学知识，他们似乎早早就以国际贸易为生，而且还贩卖人口（拐卖人口并使他们沦为奴隶）。

私有制显然已经出现了。人们拥有属于自己的物品和房屋，也可以拥有奴隶。土地也可被私有，但有一些土地似乎仍然属于公有。物品和奴隶均可以买卖。在《伊利亚特》和《奥德赛》的讲述中，甚至可以看见有酬劳动的迹象。当然，报酬的支付是实物。

城市也出现了。在城市中，人们协商涉及共同利益的事情，包括讨论是否要对别国或别的族群发动战争等重大事项；已经存在规范性的议事程序和规则；法律（Law）和统治（Rule）这些词语已经被使用。这也是希腊城邦制的缘起，一座城市即一个政治自治单位，其议事会独立做出政治决策并实行自己的法律。

社会分化明显。富人与贵族开始在服饰和生活方式上有别于其他社会成员。追求财富是那时许多希腊人的梦想。《伊利亚特》讲述希腊人远征特洛亚（特洛伊）的战争，虽说了缘由与爱情有关（特洛亚美男子帕里斯拐走了希腊美女海伦），但却连篇累牍地描写来自希腊各地众多参与者们所憧憬的分享战利品和获取财富的冀图。

《伊利亚特》和《奥德赛》大量提及黄金、白银、青铜、象牙、琥珀等高价值物品，但是我们却看不出那时的希腊人已将其中任何一个当成了货币或钱。为此可以举三个例证，一是史诗在提及上述物品时，尤其提及黄金时，总是同时也提到其他的高价值物品，甚至包括奴隶；二是史诗不时叙述黄金等高价值物的实际用途，即它们的非交换价值；三是史诗枚举了黄金、白银以外的物品充当计价单位和支付工具的事例。

《伊利亚特》第二卷第225—230行叙说希腊联军在出发聚会上，一位普通士兵（特尔西特斯）指着统帅阿伽门农大发不满，他这样抱怨道：

“阿特柔斯的儿子啊，你又有什么不满意，或缺少什么？你的营帐里装满了青铜，还有许多妇女，那是阿开奥斯人攻下敌城时我们首先赠你的战利品。你是否缺少黄金，希望驯马的特洛亚人把黄金从特洛亚给你带来赎取儿子？”①

这里同时提到青铜、妇女和黄金，这些皆为高价值的“战利品”，也是可以用来换取别的物品的价值物。

《伊利亚特》第七卷第470—475行讲述了两军酣战之后的一个间歇期间：

“伊阿宋的儿子（欧涅奥斯）把一千坛酒交给阿特柔斯之子阿伽门农和墨涅拉奥斯。长头发的阿开奥斯人从船上买到葡萄酒，有的是用青铜，有的用发亮的铁，有的用皮

---

① 这里及以下的引述中译文皆来自荷马《伊利亚特》，罗念生、王焕生译，人民文学出版社，1994年；荷马《奥德赛》，王焕生译，人民文学出版社，1997年。

革，有的用整队的牛，有的用奴隶换取，准备欢乐地饮宴。”

这里描述了买卖的情形，但用作支付手段的同时有青铜、铁、皮革、牛和奴隶，而并未提到黄金和白银，尽管它们（尤其是黄金）在别处多次提到。

《伊利亚特》第九卷第120—124行以及第263—267行讲述：

“阿伽门农第一次向阿喀琉斯求和的礼品就包括‘七个未见火的三脚鼎、十锭黄金、二十口发亮的大锅、十二匹强壮的马匹，它们靠自己的快腿能在竞赛中获胜’。”

显然，这是一张组合清单，与以前的说法一样，黄金只是清单中的项目之一。“礼品”就是交换物。

《伊利亚特》第十四卷第238—241行说：

“宙斯的夫人赫拉对睡眠神说，‘我将以一把不朽的黄金座椅酬谢你，我的儿子、能工巧匠赫菲斯托斯将亲自制作，底下配有小凳一张，让你饮宴时好把光亮的双脚搁放’。”

这是说到黄金的非交换价值，即它在用作普通物品时带给人们的使用价值或效用。

《伊利亚特》第十八卷第501—509行讲到了一座城市正在发生的事情：

“双方同意把争执交由公判人裁断……双方向他们诉说，他们依次作决断。场子中央摆着整整两塔兰同黄金，他们谁解释法律最公正，黄金就奖给他。”

此处，黄金成为唯一的奖品，这在《伊利亚特》和《奥德赛》中很少见。此情形的出现，或许表明黄金的重要性上升了，也许表明当事人希望奖品种类简单为宜。塔兰同（Talent）是重量单位，约为26.2千克。

《伊利亚特》第二十三卷第700—705行讲述到希腊人取得特洛亚（特洛伊）战争胜利后举行竞赛娱乐时的一个景象：

“佩流斯之子为第三个项目激烈的摔跤，又取来奖品陈列在达那奥斯人面前：奖给获胜者一口可烧火的三脚大锅，按阿开奥斯人估算可值十二头牛；一名女子被带到场中央给输方，那名女子熟悉各种活计值四头牛。”

阿开奥斯人就是希腊人。荷马此时的表达意味着，希腊人当时用牛来计量物品的价值，包括作为奴隶的妇女。当然，牛本身是高价值物品，用它来计价的对象也是高价值物（包括可买卖的奴隶在内）。然而，这至少表明，黄金、白银等金属不是那时希腊人的唯一计价单位。

《伊利亚特》第六卷第233—236行提到了我们可认为是属于物品的交换价值不稳定的事例：

“克罗诺斯之子宙斯使格劳科斯失去了理智，他用金铠甲同提丢斯之子狄奥墨得斯交换铜甲，用一百头牛的高价换来九头牛的低价。”

用相近重量的金与铜去交换，显然低估了金的价值；用一百头牛与九头牛交换，至少肯定是算术错误。如果前一百头牛与后九头牛在品质和重量上无差别，那么，这种错误与金铜交换的错误不可同日而语。虽然荷马说两者都是神让凡人失去理智的结果，但今天的我们却可以猜想，这或许是当时人们在交换高价值货物时，在价值估算上容易出错。

必须说明，荷马史诗中译本所用的“高价”和“低价”，与原意不同。荷马史诗的英译本表达“价”的词为 Worth（价值），不是 Price（价格）。后一个词与货币、钱或金钱有关。

《伊利亚特》中译本在两个地方使用了“金钱”（第一卷第 171 行和第九卷第 634 行），但英译本对应之处没有用 Money（货币或钱）或 Cash、Coin（现钱或硬币）这样的词语。

综上所述，我们可以得出结论，在荷马时代的希腊，货币或钱尚未出现，尽管那时已经有了相当规模的商业性交换活动，并已出现了贸易。但是，那时的希腊人已近乎具备货币或钱的概念，他们频繁使用黄金和青铜等作为支付工具，并且也习惯性地给这些金属物品称重，日益让其发挥计价单位的作用。可以说，荷马时代的希腊人虽然未曾使用货币，但距发明货币仅有一步之遥。

另外，在《伊利亚特》和《奥德赛》中，“债”（Debt）这个词语出现了。虽然两部史诗对此提及不多，也未详述债所对应的具体物品，但却明确用此词表达了一个人（一群人）对另一个人（另一群人）的该欠以及应加偿还的意思。

《伊利亚特》第十一卷第 686 行和第 698 行提到，埃里斯（Elis）地方的人对皮洛斯（Pylus）国王的父亲涅琉斯欠债，后者并向前者追索债务偿还。《奥德赛》第三卷第 367 行提到，女神雅典娜要去见考科涅斯人（Kaukonians），后者欠债于她，而且不是新近所欠，数额还不小。《奥德赛》第二十一卷第 17 行提到，奥德修斯（尤利西斯）去到一个地方追索债务偿还，那里的人都欠债于他。这些债务是如何形成的——通过订立借贷合同还是事后发现的偷窃或不公平交易等——尚不得而知，但可以明确，那时如果有借贷的话，一定是实物交易，并不涉及“金钱”（货币），也没有出现利息概念。

有人认为，荷马史诗表现了浪漫主义，而比荷马稍晚的诗人赫西俄德（Hesiod）的诗篇《第工作与时日》则表现了现实主义。《工作与时日》共有 827 行，两次提到“债”（Debt）。[①]在这两处，诗人都劝说人们尽可能去偿清债务以免受累，反映出作者对债务概念的抵制。

从《诗经》看华夏文明中的货币金融萌芽

《诗经》是中国历史上第一部诗歌汇编，成书年代在春秋（公元前 770 年至公元前

---

① 赫西俄德《工作与时日》；所参考英译本为 Hugh G. Evelyn – White 所译，在线 pdf 版；提到“债”（debt）的地方是第 403 行和第 646 行。

476年）中期。《诗经》中的一些篇章被认为出现在更早的时候，例如商朝（约公元前1600年至约公元前1046年）末期和西周时期（公元前1046年至前771年）。若如此，那么《诗经》对应的时间范围与荷马史诗大致相同，只是截止时间点略晚两百年。

《诗经》与荷马史诗不同的是，前者是305篇短诗的汇编，后者则讲述长篇故事，两者在篇幅和叙事方式上迥然不同。《诗经》中有一些篇章被认为属于“史诗”类型，即叙述一个大型变迁的过程。能被归入此类型的诗歌是《诗经·大雅》中的《生民》《公刘》《绵》《皇矣》和《大明》等。这几首诗以极其精炼的手法概述了周族的起源、迁徙、壮大和鼎盛，因而可视为“史诗的雏形”。如果说荷马史诗是荷马时代希腊文明的大型百科全书，那么《诗经》中有关诗篇则可说是古代华夏文明的袖珍版百科全书。

有研究者详细比较了荷马史诗与《诗经》所反映的两地社会经济的情形，并发现了许多相似相近之处。①在农业生产和手工业制作方面，两者都有不少描述。《诗经》若干处都提到了集市活动，这些活动有可能发生在村落附近或者村镇或城市之中。《陈风·东门之枌》虽然是一首爱情诗，却有这么两句：“不绩其麻，市也婆娑”。今人将之译为“姑娘们放下织麻的活儿，在集市上翩翩起舞”。“市”在古代的含义应同时包括“聚集”和“交换”。

《大雅·瞻卬》是一首时事诗，针砭周幽王（公元前781年—公元前771年在位）统治下的时局。全诗248字，对当朝政治经济问题皆加痛斥，包括夺人土地（“人有土田，女反有之”）和暴利营商（“如贾三倍，君子是识”）等。

但并不能据此判断，《诗经》描述的时代已出现土地私有。《小雅·北山》有为国人熟知的诗句，“溥天之下，莫非王土；率土之滨，莫非王臣”。其意思清楚表明，土地的最终所有权在王室。当然，王室的土地可允予平民耕作。

与荷马史诗不同之处是，《诗经》没有表现任何与航海或远距离贸易有关的情况，与经济活动相关的描述皆为种植业、畜牧业和蚕桑业。《国风·召南·驺虞》用了“豝”和“豵”两字。据注释，华夏古人依据动物的年龄来称呼不同的动物：一岁为豵，二岁为豝，三岁为肩，四岁为特。②这显示那时的人们非常重视动物的年龄，因为他们已经相信，动物的价值随年龄而增长。可以说，《诗经》时代的古人已经意识到价值与时间的关系。

与荷马史诗另一个不同之处是，《诗经》没有使用“债”或“借”的词语。《辞源》表示，“债”古时通作“责”，《战国策》《管子》和《史记》等书都用过此字；“借”字有两种含义，作“暂用别人之物”之意见于《左传》《论语》和《汉书》；做“假

① 参见马涛“《荷马史诗》与《诗经》所展示的东西方古代经济形态的比较”，《贵州社会科学》2015年7月，第148－155页；马涛“《荷马史诗》与《诗经》所反映的东西方早期社会制度与经济观念的比较”，《河北师范大学学报（哲学社会科学版）》2015年11月，第36－43页。

② 程俊英、蒋见元：《诗经注析》：中华书局，2017年，第45页。

设”之意见于《诗经·大雅·抑》。[①]“贷”字的出现或与“借”字同时或稍晚一些。《辞源》为“贷”字引述两条古文，一是《孟子·滕文公上》，曰，“为民父母，使民然，将终岁勤动，不得以养其父母，又称贷而益之，使老稚转乎沟壑，恶在其为民父母也?”此指借入。二是《左传·昭公三年》，曰，“以家量贷，而以公量收之”此指借出。[②]“贷”字用作借出之义，很可能表明出借方的活动不仅日益频繁，而且渐有专业化的趋势。

《诗经》大量使用“报”字，且其含义明显是“回报”。其中一些说法为国人所熟悉，“投我以木瓜，报之以琼琚”；“投我以木桃，报之以琼瑶”；“投我以木李，报之以琼玖”（《卫风·木瓜》）。它们后来演化成了“投木报琼”和“投桃报李”等脍炙人口的成语。在这些表述中，词语的重点在于人情的交换，而非经济事物的交换，即非价值物的交换。有理由去猜想，在古代华夏文明，人们较为重视具有伦理色彩的社会交往，其甚于仅仅与经济价值相关的交换活动（如物品与物品的交换）。据《辞源》所述，“币”（幣）最初指祭祀或馈赠礼品，后来渐有财货或钱币之意。此说与马克斯·韦伯的理解几乎完全一致。早期氏族或部落酋长之间的交往，要么相互馈赠礼品，或者兵戎相见（“不送礼品就意味着战争”[③]）。久而久之，他们之间便发展出了一般交易媒介即“对外货币”。

《诗经》多处使用涉及仓储和积蓄的字眼。《国风·邶风·谷风》说，“我有旨蓄，亦以御冬”;《周颂·良耜》说，“积之栗栗，其崇如墉，其比如栉，以开百室，百室盈止”。《小雅·甫田》说，“乃求千斯仓，乃求万斯箱”。当然，这些均为实物储蓄，尤其是粮食储蓄，丝毫无关于以货币或钱的形式进行储蓄。

《卫风·氓》叙述了一位女子从被爱求婚到受虐待并被抛弃的经历，是一首“弃妇诗”，其时间范围约在卫国宣公在位年份（公元前718年至公元前700年）。篇初写到，一位叫做“氓”的男子自从外地来，图谋与女子勾搭，“氓之蚩蚩，抱布贸丝。匪来贸丝，来即我谋”。表明男子带来了“布”希望与有“丝”的女子进行交换，看起来似在开展一项贸易活动，而实则是男子欲娶女为妻。后人感兴趣的是，此时“布”与“丝”的交换究竟是物物交换还是钱与物交换？从古至今，意见纷杂，不少人认为“布”于此已充当了一般等价物即货币（钱）的职能。[④]

《大雅·绵》是一首微型史诗，讲述了西周开朝事迹。学者在解读这部诗作时联想到战国时期孟子（约公元前372年—公元前289年）与滕文公的一段对话。[⑤]滕文公问孟

---

① 参见《辞源》修订本第一册，商务印书馆，1979年。
② 《辞源》修订本第四册，商务印书馆，1983年，第2950页。
③ 马克斯·韦伯:《经济通史》，第149页。
④ 参见马涛《贵州社会科学》2015年7月，第151页。
⑤ 参见程和蒋《诗经注析》第576页。

子，“滕，小国也。竭力以事大国，则不得免焉。如之何则可？”意思是，滕国是小国，事事处处为大国马首是瞻，而大国却继续欺负甚至霸占我这小国，究竟该如何是好呢？孟子借用周初的故事来应答，“昔者大王居邠，狄人侵之。事之以皮币，不得免焉；事之以犬马，不得免焉；事之以珠玉，不得免焉”（《孟子·梁惠王下》）。孟子言下之意是，滕文公须在“走”与“守”之间抉择。孟子提到的古公亶父决定率民迁移一事，即为《大雅·绵》所说周初大业的前身。

这里的重点是孟子提到的商末周初的“皮币”。20 世纪知名历史学者汤因比在其代表作《历史研究》中说，“公元前 119 年，中华帝国政府出色地想出了一个前所未闻的真理：金属不是唯一的可以铸造钱的材料。”[①]他指的是汉武帝在元狩四年（公元前 119 年）进行的一场“货币试验”，由官府出面认定兽皮为支付工具，并将之在与官府相关的交易中予以推行。《史记·平准书》《汉书·食货志》和《资治通鉴》（卷十九·汉纪十一·武帝元狩四年）对此皆有相同记载。[②]彭信威认为，汉武帝推行的皮币“是中国纸币的滥觞”[③]，它比后来的宋朝、金朝和元朝推行的纸币制度早了一千年。

那么，孟子提到商末周初的“皮币”，是不是意味着“中国纸币的滥觞”比之汉武帝的皮币又提前了一千年呢？这个问题的答案取决于如何看待孟子提到的“皮币”。从前面引述的话语看，孟子同时提到了“皮币”“犬马”和“朱玉”，表明“皮币”非唯一价值物；三者并列也表明它们均为高价值物。由此可见，孟子提到的“皮币”尚不具备支付工具或交易媒介的完整特性，而且其意义似乎更多接近于马克斯·韦伯关于货币的初始用法与礼品相关联的论断。然而，不可否认的是，孟子提到的“皮币”对两百年后的汉武帝一定带来了某种启示。无论如何，我们可以认为，早在至少两千五百年前，古代中国人已在货币相关的概念上展现出了思想的光芒。

与《诗经》有关的另一件有趣味的事情是，古代文人认为，《诗经》系由官府派遣年长者向民间采集而成。此说出自东汉人何休（公元 129—182 年）。他在为《春秋公羊传》做注释时说，“男年六十，女年五十无子者，官衣食之，使之民间求诗，乡移于邑，邑移于国，国以闻于天子。故王者不出牖户尽知天下所苦，不下堂而知四方。”[④]遗憾的是，何休没有说明任何细节，例如发生在哪一国、何时给予城市中人还是全部城乡居民、持续了多久、官府提供的衣食（相当于今天的财政支出）来自何处等。然而，如果我们相信确有其事，那么则意味着，大约在春秋战国，官府已经创设了独特形式的“社会保障机制”，即官府向达到一定年龄的长者提供衣食保障，同时让他们参加力所能及

---

① 汤因比：《历史研究》（下），第 73 页。

② 《史记·平准书》记述原文如下：是时，禁苑有白鹿而少府多银锡，乃以白鹿皮方尺，缘以藻缋为皮币，直四十万。王侯、宗室，朝觐聘享必以皮币荐璧，然后得行。

③ 彭信威：《中国货币史》，第 83 页。

④ 转引自周满江《诗经》（中国古典文学基本知识丛书），上海古籍出版社，1980 年，第 30 页（脚注①）。

的社会工作（采集民间诗歌）。这里出现了转移支付，而它显然是广义金融的一部分。

三、古埃及社会中的金融

古埃及与古巴比伦一样，是人类早期文明。古希腊历史学者希罗多德（约公元前484年—公元前425年）所著《历史》第二卷记述了他到访埃及的见闻，其中说“埃及人相信他们是全人类当中最古老的民族”。[①] 古埃及所创造的巨大财富，包括建造的众多金字塔，不仅惊叹了同时代人，也让后来者赞誉不已。但多少令人感到意外的是，古埃及很晚才使用货币，其金融发展在很早就步入了与世界其他地方不一样的轨道。

古埃及的王朝体制及其演变

埃及位于非洲东北部尼罗河中下游，按流行的国际地理划分属于中东北非（英文简称MENA，也即西亚北非）。尼罗河发源于非洲中部的心脏地带。尼罗河第一瀑布附近为埃及的高地区域，古时也被称为“上埃及”；在第一瀑布以北区域为河流泛滥的冲积平原，两岸皆有大量适于耕作和放牧的土地，它们是“下埃及”。

公元前5300年到公元前2950年是古埃及的前王朝时期。此时上埃及和下埃及分属于互不相干的政权。这时古埃及已经拥有诸多的文明特征，诸如王权、文字（象形文字）、纪念性建筑、定居农业、大规模灌溉、艺术表达模式和社会组织。[②]

公元前2950年，来自上埃及的政权经过战争吞并了下埃及，埃及实现了政治统一，进入王朝时代，它在随后近三千年中经历了多种动荡和起伏，但保持了基本的政治制度和文化的延续。在公元前6世纪末和5世纪初，埃及遭到波斯人入侵，并在后来的几十年中处于这个外来者的统治之下。公元前332年，马其顿帝王亚历山大率军入侵埃及，再次给古埃及文明的延续性带来冲击。亚历山大大帝驾崩后，他的战友托勒密在埃及建立了自己的政权，即托勒密王朝。托勒密王朝从公元前309年一直延续到公元前30年，这段时间也被称为古埃及的希腊化时期。公元前30年，托勒密王朝最后一位统治者克里奥帕特拉女王（Cleopatra）被入侵的罗马将军擒获，随之埃及被并入罗马帝国。

古埃及人民在王朝时代创造了巨大财富。在早王朝（公元前2950年至公元前2613年或前2575年）的晚期，建造了阶梯金字塔。古王朝时期的第四王朝（公元前2575年至公元前2450年），多座规模宏大的金字塔建造起来，其中包括现在每年吸引数百万参观者的吉萨金字塔和胡夫金字塔等。但是，直到托勒密王朝之前，古埃及都未使用货币。[③]这意味

---

① 希罗多德：《历史》，王以铸译，商务印书馆，1985年，第109页。

② 詹森·汤普森：《埃及史：从原初时代到当下》，郭子林译，商务印书馆，2012年，第14页。

③ 汤普森：《埃及史》，第27页；芬纳：《统治史》（卷一：古代的王权和帝国），马百亮、王震译，华东师范大学出版社，2010年，第30页。

着，古埃及的财富创造活动与商品交换和货币使用没有直接关系，古埃及有着自己独特的经济体制和财富转移方式。

这种情形与古埃及的政治体制显然有重要关系。公元前2950年前后，古埃及第一王朝的开创者纳迈尔（Narmer）用武力统一了全埃及，建立了被称为“世界上第一个民族国家”（Nation - state）。[①] 纳迈尔和他的后继者前后统治埃及长达近500年（公元前2950年至公元前2575年，即“早王朝时期”）。从纳迈尔开始，一套日渐严密的中央集权体制在古埃及建立并巩固起来。

参照当代研究者的概括，古埃及的政治体系包含如下几个基本特征[②]：

第一，国王是全埃及的唯一统治者，他们的对外宣示总是突出自己是“两片土地的主人”这样的标识（“两片土地”指上埃及与下埃及）。

第二，建立州县制。与城邦类型的文明不同的是，古埃及已有一些村落，它们主要分布在尼罗河下游和三角洲地区。在古埃及王权建立之后，国王委派官员管理地方事务。第一王朝时期（公元前2950年—公元前2750年），下埃及设立了42个省，省长皆由国王任命（这相当于2500年后在古代中国秦王朝实行的郡县制）。这种从政治中心直达农村基层的治理结构也被称为“乡村国家”[③]（Country - state）。

第三，王权神化，国王被认为是神的化身。在古王国时代（公元前2575年至公元前2125年），法老（Pharaoh）仅指王宫或“大房”。公元前1473年，一位女性统治者决定采用“法老”这个称号，并由此沿袭。[④]以后，“法老”成为国王的正式头衔，将王权神授的观念进一步凸显并固定化。法老就是专制君主，后来自称“太阳神阿蒙之子”。按照东方的观点，法老是“天人合一”观念在古埃及的一个表现。古埃及的王权神化传统与当地人民具有深厚的宗教信仰密不可分。

第四，古埃及建立了一个庞大的文职官僚系统，每个级别的官僚都有属于自己指挥和调配的文职辅助官吏。文职官员常住在各个城市中。

第五，宗教神职人员在全国政治经济生活中扮演着极端重要的角色。历代国王和法老都有将专制政权合法化的需求，这种需求在一个具有强烈宗教信仰传统的社会中转化成了对祭司和大祭司的需要。在古埃及社会中，大祭司的政治地位仅次于国王或法老。王位的传承或更替需由大祭司来认可并执行相关的程序。

第六，古埃及社会高度不平等，占人口不到百分之五的精英由祭司、贵族、书记官等构成，其余则是目不识丁的芸芸众生，其地位要么是奴隶，要么是近乎奴隶的臣民。

---

① Toby Wilkinson, *The Rise and Fall of Ancient Egypt: The History of a Civilization from 3000BC to Cleopatra*, Bloomsbury, 2010, p. 38

② 芬纳：《统治史》卷一，第30页。

③ 芬纳：《统治史》卷一，第30页和第47－48页。

④ Wilkinson, *The Rise and Fall of Ancient Egypt*, p. 231.

贵族们要么是早年跟随国王征服全埃及功臣的后代，要么是受国王委任而位高权重的显贵以及承蒙国王钦恩的皇亲国戚。

在古王国与中王国之间的过渡时期（公元前2160年至公元前2055年），古埃及发生了一些事变。在全埃及再度统一的新王国期间（公元前1550年至公元前1069年），埃及社会和经济得到了进一步发展。在此时期，新王国的统治者们与中东地区兴起的几个政权和帝国都发生了接触，先有冲突，后有和解。公元前1259年，埃及第十九王朝的拉美西斯二世与赫梯帝国签署条约，两大帝国握手言和。① 双方不仅相互开放了贸易通路，而且还建立了友好外交关系，联姻结盟，不时互赠包括黄金、白银、珠宝在内的大量财物。

新王国末期，古埃及开始走下坡路。许多高级祭司和军队指挥官的职位变成了世袭，国王的权力日益被架空。有时，国王虽竭力奋发有为，但这也往往意味着更多的内外冲突。各种资源事实上的私有化，在这个时期得到了显著发展，政治和经济的中央集权体制越来越形同虚设。法老体制的终结在等待着“偶然”事件的悄然到来。

古埃及的经济体制和谷物仓储制度

很多历史学家都认为，古埃及王国从一开始就建立起了一个“指令型经济”（Command Economy），其基本观念与华夏《诗经》的“溥天之下，莫非王土；率土之滨，莫非王臣”十分接近。或许有所不同的是，古埃及将国有制原则贯彻到了社会经济生活的所有重要领域中。

国有制原则的第一个体现是土地属王室所有，并由国王或法老进行分配。从事耕作的农民通常只能从王室或官府那里“租地”生产，为此他们必须将大部分收成缴给王室或官府。这个缴付可以视为税，也可视为租，且数额巨大。当然，官府有时也会根据气候和环境变化（如尼罗河的泛滥情况）做些调整。古王国时期的珀辟二世（约公元前2278年至公元前2184年）期间，因遵循“王室税收根据洪水的高度来确定”的原则，出现了王室当年几乎颗粒无收的情况。②

国有制原则的第二个体现是，土地出产物和制造品的大部分需由官府来进行分配。③ 前已提及农民需将粮食和其他农作物作为税或租缴纳给官府，而且数额巨大。官府掌握了这些食物资源后还组建各式各样的工厂作坊，生产加工食品和非食品产品，包括各种用具、工具、兵器和装饰物等，而这些同样须由官府来分配。

---

① 条约的中译文收录在林志纯主编的《世界通史资料选辑》（上古部分），商务印书馆，1974年，第15－21页；条约签署前后的经历见Wilkinson，The Rise and Fall of Ancient Egypt，pp. 337－341.

② 汤普森：《埃及史》，第43页。

③ 马克斯·韦伯说，“在古代，法老和埃及寺院是最早的船舶所有主，在埃及看不见任何私有船舶”（《经济通史》，第128页）。

国有制原则的第三个体现是，官府在全国各地设立各种各样的仓库，分门别类地储备粮食和非粮食物品。粮食储备显然出于预防尼罗河汛情变动带来的不利影响，这是古埃及人应对重大自然风险和经济风险的一个解决之道。非粮食物品的储备显然是为满足国有经济的运行而进行配给所需要的一个中间环节。

国有制原则的第四个体现是，官府控制商业和对外贸易。官府通过分布于全国各地的仓库和转运中心已经实现了全国范围内大部分物品的分配，也即“内在化”了所有重要的国内交换活动。但是，古埃及王室不可能掌握自己所需要的一切资源和物品。木材即为古埃及所缺少，需要与邻近国家或地区进行贸易才可获得。同时，国内的国营仓库时有出现物品过剩，时有物品不足，此时，市场交换实为必要。古埃及官府有权力决定举行集市交易的时间和地点等重要细节。

以上有关古埃及国有经济的论断，主要依据的文献是巴勒莫石刻（Palermo Stone）。这是古埃及从第五王朝（公元前2450年至公元前2325年）开始的官方记录文献，该文献还回溯到第一王朝。这些文献记载类似历代中国王朝的“实录”。它们因存放于意大利西西里岛的巴勒莫考古博物馆而被称为“巴勒莫石刻”。在解读了这些文献后，人们发现，古埃及的税收以实物形式缴纳（此外也有各种形式的徭役）。这些税收分为两部分，一部分进入政府兴办或组织的各类加工厂，例如猪被屠宰为猪肉，谷物制作成面包和啤酒，还有一些则被分配给皇室和政府系统的人员，这相当于给他们发放实物工薪，有的也算是政府的投资支出；另一部分税收则进入仓库，这些仓库设在全国各地，尤其是那些重要交通枢纽和人口稠密地。存放的物品主要是谷物，其用途主要是歉收或灾害发生时政府可做赈灾之用。

可见，古埃及统治者很早就在全国范围内建立起了国有化经济，并为此组建了庞大的物流管理系统，包括仓储和转运。进而，古埃及也开发出一套特定的账簿记载方法，并任命许多识字人员充当书记官。这些人士是古埃及国有经济体系中的技术官僚，其职责多样，不仅要准确记载进出各个仓库的物品种类、数额和来往地点及用途等，而且还辅助高级别官员进行分配决策；同时，还有不少专业化人士负责全国土地和人口的测量统计，负责王室和各个官府的收入和支出事务，负责政府作坊的管理，等等。他们是当时社会中能够掌握“复杂的书面语言和烦琐的书写技术”的少数精英，不仅受过教育，而且也从事专业化工作并能积累经验。他们之中有级别差异，因而许多书记员都怀抱攀升到社会顶层的职业发展希望。①书记员队伍的庞大就是古埃及国有经济的一个旁证。

近世以来在埃及出土的文物显示，第一王朝时期王室仓库的物品在进和出时都被打

① 芬纳：《统治史》，卷一，第51页。

上了王室标记,[1]这些工作应由级别较低的书记员完成，它意味着古埃及的国有经济体制从第一王朝就已开始，随后日臻“完善”，前后延续了近三千年。

不少人认为，古埃及王朝推行的国有经济或“指令经济”是一种“保险”计划，旨在确保古埃及经济不受尼罗河周期性发生的洪涝干旱的不利影响。[2]与这个看法近似的一个观点是，尼罗河周期性地发生洪涝灾难，促使古埃及政府不得不积极兴建大型水利灌溉系统，而且为此需要掌控全国资源，古埃及由此产生了在政治上实行专制统治的“需要”和“供给”。因此，治水是古埃及专制体制的经济基础和直接动因。[3]

学者们对此也有不同的见解。对古埃及的仔细考察发现，当时从事大型水利工程建设的主角并非中央政府，而是地方政府（一些与尼罗河汛情利害相关的省份）。古埃及中央政府对尼罗河的兴趣主要是测量河水高度以便预知洪水。[4]上述两种看法的分歧似乎提示人们，历史事物的因果关系具有复杂性，简单的决定论或与事实不符。

转向混合经济体制和“实物转账银行”的出现

前面提到，一些历史学者认为，古埃及社会虽然创造了巨大财富，但直到托勒密王朝（公元前 323 年至公元前 30 年）之前，却没有使用货币或钱。这个观点也为货币史研究者所认同。[5]耶鲁大学学者雷蒙德·戈德史密斯曾对近代以前各大文明和代表性国家的金融制度进行比较研究。在涉及古埃及经济史时，他参阅了多本分别以德文、法文和英文发表的长篇研究成果，并得出结论，法老治下的古埃及没有任何值得一说的金融上层建筑（Financial Superstructure），那里不使用铸币，市场交易的规模很小，而且多数是以物易物，或者按称重的铜或银来做媒介。全国的土地由法老或寺院（祭司们）所拥有，他们按实物征集并分配绝大部分产品。他还说，“在这种指令型经济（Command Economy）中，罕有私人贸易商的位置，更不用说钱币兑换人、钱币贷借人或任何种类的金融工具或金融机构了。不过，从新王国（公元前 14 世纪）开始，出现了极高利息的贷款和信贷出售（Sales of Credit）。”[6]

很多当代史学家认为，古希腊希罗多德的记述不够可靠，但他的确提供了“第一手的”见闻。他到访埃及的时间大约在公元前 5 世纪中后期（早于托勒密王朝至少 150 年）。他数次提到，那里的人们使用钱（Money）进行交换或作为计价单位。他说，“在

---

① Wilkinson, *The Rise and Fall of Ancient Egypt*, p. 58.

② Wilkinson, *The Rise and Fall of Ancient Egypt*, pp. 59 – 60.

③ 这个观点的代表性著作是卡尔·A. 魏特夫《东方专制主义：对于极权力量的比较研究》，徐式谷等译，中国社会科学出版社，1989 年。

④ 芬纳：《统治史》，卷一，第 47 页。

⑤ Glyn Davis, *A History of Money: From Ancient Times to the Present Day*, University of Wales Press, 2002, p. 52.

⑥ Raymond William Goldsmith, *Premodern financial systems: a historical comparative study*, Cambridge University Press, 1987, p. 15.

金字塔上面，有用埃及字母写成的文字，表明为了给工人买萝卜、葱、蒜花费了多少；而我记得十分清楚，口译员当时念给我上面所写的文字是花费了一千六百塔兰同（Talents）的银。”①希罗多德时代的希腊已经广泛使用钱币（Coin），他用“钱”的概念去描述古埃及，很有“张冠李戴”之虞。

希罗多德更重要的相关记载是他关于古埃及社会制度的见识。他写道，“埃及人分成七个阶级：他们各自的头衔是祭司、武士、牧羊人、牧猪人、商贩、译员和舵手……在埃及人当中，除去祭司之外，武士是唯一拥有特权的人们，他们每一个人都被赋予十二阿路拉的不上税的土地……”②

如果希罗多德的记载是当时情况的客观反映，那么，对数量相当多的祭司和武士群体而言，一定程度的土地“私有化”已经出现。祭司和武士以及其他阶级可以从前面描述的国有经济体系中获得多种实物分配，但他们一定也会有自己的“需要”并有自己的“供给”，去参与国有的实物交换体系之外的交换活动，即市场化的交换。“需要”是他们没有得到或得到数量不够多的物品，“供给”则是他们已经拥有但其数量超过了其当前需要的那些物品。在市场化的交换活动中，交换既可以是物物交换，也可以使用诸如称重银或铜的交易媒介。已知古埃及在托勒密王朝之前没有铸币，因此我们可以将这个情况理解为，铸币与古埃及占主导地位的国有经济（或说“指令型经济”）在观念上就不相吻合，甚至还有冲突；称重的银或铜在希罗多德看来是古埃及社会中的钱，但实际上它们仅仅是那时十分边缘的交易媒介。由此可以认为，古埃及的国有经济体制长期排斥货币和金融，后者仅仅能在国有经济的边缘或缝隙中产生与存在，而且本身也不得不具有一些“先天性缺陷”，例如钱是称重类型以及借贷伴随很高的利息（参见前引戈德史密斯）。

在托勒密王朝时期（这也被称为“希腊化时期”），来自希腊的统治者在新兴城市亚历山大城（当时的首都）开办了铸币厂，为埃及社会引进了货币概念。托勒密王朝早期还积极从国外引进农业和手工业新技术，提倡科学技术知识的发展，为古埃及经济增长注入了相当多的新活力。埃及与希腊、地中海和中东各个地方的贸易关系在这个时期有了大的增长。同时，托勒密王朝的早期统治者对古埃及的传统制度，包括土地分配制度、税收制度和仓储转运制度等进行了仔细研究，决定保留它们，同时引入若干希腊人已有的经验，尤其是在“银行方面”的管理经验。这样，托勒密埃及便有了一个“混合型”经济体制。一方面，大量税收继续通过国有仓储和转运中心来汇集和分配；另一方面，个人也可以参与这个仓储体系，他们可将属于自己的但非立即消费的物品（主要是

---

① 希罗多德：《历史》，卷二125段落，第166－167页；这里的引文依据英译本略有调整。

② 希罗多德：《历史》，卷二164和168段落，第184－185页。按当时度量衡，1阿路拉（arourai或yoke）等于100平方佩巨斯（cubit），1佩巨斯等于0.462米，则12阿路拉等于256平方米（稍多于1/3亩）。

谷物）寄存于国营仓库，在需要的时候从中取出。①

20 世纪初，从事早期文明研究的德意志学者出版了题为《希腊化时期埃及的转账体系》（*Giro System in Hellenistic Egypt*，1910 年出版）的专著，明确认为托勒密时期的古埃及谷物仓储和进出制度是一种实物银行转账体系。另一位古埃及学专家在1941 年发表的《希腊化世界的社会经济史》一书中更是认为，古埃及的这套面向个人开放的谷物仓储和存取体系表明了它就是“谷物银行”（Grain Banks），在这个体系中，个人可以存入和提取谷物，每次进出皆有记载，这种记载可成为对争议事项做出裁决的证据。而且，全国在事实上组成了一个大网络，各地的仓储中心仿佛就是银行在各地的分行。因此，托勒密时期的谷物仓储体系被认为是一套转账银行体系（Girobanking），谷物发挥着钱币的作用。②

托勒密古埃及所创造的谷物银行制度在时间上晚于古希腊在伯利克里时代出现的银行类型的机构（参见后面第二章），但却体现了古埃及鲜明的特色。它是在一种混合经济体制背景下的产物，是国有制传统机构向个人开放后出现的新事物。如果继续坚持封闭的运行方式，古埃及的谷物仓储和转运制度尽管发挥着资源转移的作用，但与基于市场化原则的金融交易没有丝毫关系。

四、苏美尔和古巴比伦中的金融

规范的金融活动在苏美尔和古巴比伦社会中出现了。在那里，成文法确立了人们之间进行借贷交易的最初规则，包括利率的高限以及交易证书和证人等。《汉谟拉比法典》有关金融交易的详细规则反映了当时繁荣的直接融资。苏美尔和古巴比伦商业金融文化对后世产生了广泛而深刻的影响。

从苏美尔到巴比伦：混合经济中货币借贷的初现

位于中东地区的两河流域和地中海东南沿海的狭长走廊，被统称为“肥沃的新月地带”，欧美学术界公认这里是人类文明的摇篮，是最早的定居农业、灌溉工程、父系社会和城市的所在地。其中的两河流域又称“美索不达米亚”（Mesopotamia），该词为古希腊人所创，意为两河之间的土地。“两河”指幼发拉底河和底格里斯河，它们皆发源

① 有历史学家认为，托勒密埃及在经济上实行了“一国两制”，即传统体制与新体制的结合。传统体制指托勒密之前的土地、税收和仓储配给的体制，新体制指使用货币、土地部分私有化和新税收的体制。参见 Wilkinson, The Rise and Fall of Ancient Egypt, pp. 476 – 480.

② Davis, *A History of Money*, pp. 52 – 55. 那里介绍的德意志学者是 F. Priesigke，古埃及学专家是 M. Rostovtzeff，后者著作英文名是 The Social and Economic History of the Hellenistic World。马克斯·韦伯也明确说过，托勒密埃及有过“谷物银行制度”（《经济通史》，第 38 页）。

于今天土耳其东部山区，源头相距不到 80 千米。幼发拉底河的上游流经土耳其、叙利亚和伊拉克北部，后在伊拉克境内与底格里斯河几乎完全平行南流，并在接近波斯湾处汇入阿拉伯河。“底格里斯河奔流湍急，幼发拉底河则蜿蜒曲折。”①

河流孕育了人类文明。苏美尔人据知早在公元前4000 年左右的时间就来到两河流域定居，并在那里发展出城邦类型的社会形态。在两河流域的中部和南部地区，公元前 3000 年到公元前 2500 年散布着十多个城邦。苏美尔人的后裔在公元前 2300 年至公元前 2100 年期间建立了阿卡德帝国（Akkadian Empire），使该地区第一次有了统一的政权，但它的边界（以及后来许多城邦和帝国的边界）从来不是固定的。经过一段时间的外族冲突，乌尔第三王朝（Third Dynasty of Ur）建立，其统治者自称为“苏美尔和阿卡德之王”，明显地朝着中央集权政体方向发展。在公元前 2000 年的末尾，乌尔第三王朝遭受外族入侵。经过一段时间的纷争，阿摩利人的首领建立了古巴比伦王国，又称“巴比伦第一王朝”（约公元前 1950 年—公元前 1595 年），统治两河流域（主要是南部区域）前后长达 300 ~ 350 年之久。《汉谟拉比法典》即出现在这个时期。两河流域在这个时期尚处于青铜时代。

公元前 16 世纪，兴起于两河源头地区的赫梯帝国（Hittie Empire）南下征服古巴比伦王国后，统治该地区至公元前八世纪。在这个时期，两河流域进入铁器时代。赫梯帝国是铁器时代在西亚地区的一位霸主。后来，亚述帝国（Assyria Empire，公元前 935 年—公元前 612 年）取代了赫梯。亚述帝国也将势力扩张到地中海东南沿岸地区，包括今天的叙利亚、黎巴嫩、以色列、巴勒斯坦等，还一度侵入埃及。亚述帝国定都于尼尼微（今天伊拉克摩苏尔附近）。

亚述帝国灭亡之际，新巴比伦王国于公元前 626 年接管了两河流域，随后在新月地带进行扩张。公元前 586 年，新巴比伦王国侵入耶路撒冷，俘获大量犹太人前往本土从事劳役。公元前 539 年，新巴比伦王国又被兴起的波斯帝国所灭。此后上千年中，当地再也没有出现由当地人独立统治的政权。苏美尔和巴比伦文化被吸收进后来许多的征服者和占领者的文化之中。

考古发现认为，公元前 3000 年以前，苏美尔使用与古埃及类似的象形文字（Hieroglyphics），但随后转向了楔形文字（Cuneiform）。后者也是一种复杂的书写系统，需要受过教育和专门训练的人士从事书记员工作。由于没有纸张，苏美尔和古巴比伦人常常将大事实录和法规文件等记载在泥板上，这使得后人得以发现许多宝贵的历史文献，并由此知晓他们在公元前的种种事迹。出土的泥板文献数量巨大，现代人的研究尚未充分解读这些历史文献。②

---

① 芬纳：《统治史》，卷一，第 8 页。

② 芬纳：《统治史》，第 12 页；戈兹曼：《千年金融史》，第 46 页。

有研究者认为，两河流域的人口数量在公元前2000年到公元前400年一直停留在一百万上下。在城邦时代，一座城市的人口数量在1万到1.5万，王国时期的大城市人口数量可达3万。[①]两河流域的土地并不十分肥沃，主要农作物是大麦、豆类和油菜籽，但是畜牧业发达，大量出产牛驴羊，为本地加工业和纺织品出口提供了原料。进口物品主要是金属和木材。苏美尔人和古巴比伦人普遍从事远距离国际贸易，所使用物品有的来自遥远的南亚次大陆。他们不时因为贸易线路及其控制权与近邻族群发生冲突。史诗《吉尔伽美什》提到，主人公从遥远的地方得到木材并以此兴建了神殿。

与古埃及相似的是，苏美尔和古巴比伦人也建立了专制政权，统治者鼓吹“君权神授”，人民笃信宗教。但苏美尔和古巴比伦与古埃及也有重要不同。前者在很早的时候就转向了混合型经济体制，即国有制和私有制同时存在；除官办仓库外，私人之间的商业、贸易和借贷也十分流行。早在阿卡德帝国和乌尔第三王朝时期，土地名义上属于王室和寺庙，实际上却大部租给农民耕作。土地所有权高度集中，但土地使用权非常分散。泥板记载不时显示土地标价出售的信息，尽管实际上土地交易很可能并不多见。政府有时会出台一些政策，限制和规范土地交易，甚至也有一些土地再国有化的措施。公元前1788年，国王颁布法令，取消了社会中的所有债务，这被视为有文字记录以来的“第一次金融危机”。[②]

苏美尔和古巴比伦社会中土地耕作者的税或租十分高昂，可达谷物收成的三分之一或经济作物收成的三分之二。[③]税或租早先以实物（谷物）缴纳，后来逐渐转用银。[④]

谷物与银是苏美尔和古巴比伦社会的并行通货，持续时间长达千年。这是在世界其他地方几乎没有的情形。银作为通货之一在社会中长期使用，却没有带来官方铸币的出现，这令人惊讶。对此或许可以这样解释，在法制传统早已确立的前提下，私人信用也较早得到了充分展现，因此，那时社会对来自官方的“强制性信用”（铸币）的需要并不强烈。

谷物和银都充当计价单位和交易媒介。阿卡德帝国时已开始使用重量单位谢克尔（Shekel），后来该单位（8.3克）经常用于表示银的交换数量。迟至公元三世纪（希腊化时期），两河流域的政权才铸造银币，并以谢克尔为名（今天以色列货币名称仍叫谢克尔）。有研究者发现，以银表示的物价水平在古巴比伦王国时期出现过重大波动。[⑤]政

① Goldsmith, *Premodern financial systems*, p. 11.

② Larry Neal, *A Concise History of International Finance: From Babylon to Bernanke*, Cambridge University Press, 2015, p. 16.

③ Goldsmith, *Premodern financial systems*, p. 12.

④ 一篇基于古文献的研究成果讲述了用银逐渐增多的过程，参见欧阳晓莉“两河流域乌尔第三王朝白银的货币功能探析”，《世界历史》2016年第5期，第123－136页。

⑤ 参见戈兹曼：《千年金融史》第43页；Howard Farber, “A price and wage study for Northern Babylonia during the Old Babylonian period.” *Journal of the Economic and Social History of the Orient*, 1978, 21: 1－51.

府为了稳定物价，不时出台一些限价措施。可以说，从古巴比伦王国到新巴比伦王国，虽然一直没有铸币，但以称重银为交易媒介的交换经济已经发展到相当高度。两河流域的经济货币化明显是一个渐进过程。

那时的金银比价据知在1∶7到1∶10之间。[①]已知两河流域不出产金银，那里流通的金银都是两河流域与周边地区的交换而来。因此，可以说，这个金银比价也反映了当时西亚和东地中海沿岸地区的国际水平。

两河流域大概是现今人们所知借贷记载最早出现的地方，时间可追溯到公元前3000年。苏美尔的寺庙在公元前2000年开始发放贷款，它们以神的名义发放贷款。这是所谓“寺庙贷款”（Temple Loans）的起源。[②]早先的贷款主要面向穷人，并且以实物种子为主。寺庙贷款刚开始时并不收取利息。官府财库也在这个时候对外放款，对象主要是商人，尤其是从事对外贸易的商人。私人贷款的对象也有商人，但更多是消费者。所有贷款者都缺少现在所熟知的资本，因此他们的贷款绝大多数都是给商人和消费者的周转资金。购买地产的贷款事实上很少。若贷款的支付是谷物，偿还也是谷物；若贷款的支付是银，偿还也是银。在公元前第一个千年，一些贷款已经成为可转让的标的。在这个千年的期间，巴比伦和尼尼微分别有大的家族商号从事贷款业务，但它们却没有在同时也接受存款。虽然有人称它们是“银行”，但实际上它们不是银行。已知有人进行存款，将谷物或银存放到某个商号那里，但这种存款不是见票可取，也不支付固定利息。存款接受人也不以此作为“经营资金”。金融中介作为一个概念那时还没有出现。

有几位国王颁布法令豁免欠债人的债务，这表明当时一些贫穷的社会成员已经负债累累。

较晚些的研究更加清楚地揭示出乌尔三世（公元前2112年—公元前2004年）苏美尔社会中的借贷发展。研究者区分出当时的三种代表性贷款[③]：传统贷款（Customary Loans）、免息贷款（Interest - free Loans）和相互抵消贷款（Antichretic Loans）。传统贷款标的可以是银、大麦和羊毛，本金和利息都需偿还，但偿还日期并不都事先确定。免息贷款通常以一个月为期限，标的是大麦，很可能是有关系人之间的贷款（如户主对分家外出者的贷款）。相互抵消贷款的还款具有多样性，例如，有的明确规定利息以借者的劳役服务来支付，有的则由贷者来确定利息支付的标的（银或者劳役），而且劳役的具体内容也要由贷者来决定（如劳务所需的具体技能等）。在一些贷款纠纷案例中，法院已参与判决，显示借贷事务已受到法律制约。很多贷款都是“生产性的”，即借者出

---

① Goldsmith, *Premodern financial systems*, p. 12；那里引述了别的学者的研究成果。

② Rivkah Harris, “Old Babylonian Temple Loans”, *Journal of Cuneiform Studies*, Vol. 14, No. 4 (1960), pp. 126 - 137.

③ Steven J. Garfinkle, “Shepherds, Merchants, and Credit: Some Observations on Lending Practices in Ur III Mesopotamia”, *Journal of the Economic and Social History of the Orient*, Vol. 47, No. 1 (2004), pp. 1 - 30.

于种植和经营的目的而借款。一些贷者与一些借者之间的“不对称”关系在这个时期开始显露。

《汉谟拉比法典》及其意义

《汉谟拉比法典》（*Code of Hammurabi*）是古巴比伦国王汉谟拉比（约公元前1792年—公元前1750年在位）在公元前1776年颁布的法律汇编，被认为是世界上现存的第一部完备的成文法典。《汉谟拉比法典》原文刻在一段高2.25米、上周长1.65米、底部周长1.90米的黑色玄武岩石柱上，故又名“石柱法”。全文3500行，法规条款282条（有部分条文已残缺），广泛涉及刑事和民事多个领域，包括婚姻、继承、审判、借贷、利息等。

《汉谟拉比法典》并非苏美尔和古巴比伦社会的第一部法典。当政者颁布法典的做法，很可能在阿卡德帝国之前就已经出现了。许多被发现的泥板铭文，记载了乌尔第三王朝时期前后不同立法者的法典。一部名为《埃什嫩那国王俾拉拉马的法典》第三条这样规定，“有牛及御者之车，其租用之费为大麦一马西克图四苏图；如以银计，则其租用之费为三分之一舍克勒；他可以用车终日。”①这里，“舍克勒”即前面提到的“谢克尔”，为银的称重单位。依据此条法规并结合同一法典关于大麦的谢克尔价格（1谢克尔合121公升）的规定，我们可算出，以实物（大麦）支付租用牛车一天的费用，为40公升大麦（1马西克图合24公升，1苏图合4公升）；以银支付，则合40.33公升。这也意味着，尽管差别不大，但两种支付方式的费用不完全相等。这个法典的规定多少偏袒了实物支付（大麦），即若用大麦支付，所支付的大麦数量少于以银支付（按两者都换算为大麦来比较）。

《埃什嫩那国王俾拉拉马的法典》第二十一条规定，自由民相互以银借贷时，归还时以银支付并“按每一舍克勒计六分之一［舍克勒］又六乌土图取息”。②这是几部已见法典中第一次就利息作出的规定，即将利息率定在了20%水平上（16.67% +3.33%(6×0.55%) =20%）。这个水平为后来的多部法典所沿用。

苏美尔和古巴比伦时期的多部法典或其片段现在已有英译本和中译本。一些英译本使用了“Money”（钱或货币），但明显不是原文之意的准确表达。那时的人们使用谷物（或大麦）和银进行交换，应该还没有在此之上并较为抽象的概念（钱或货币）。另外，中译本中使用了“债奴”这样的字眼，对应的英文词为“Forced Labor”，两者的含义也有一定差别。

---

① 林志纯：《世界通史资料选辑》（上古部分），第45页（译者署名为日知，即林志纯笔名）。

② 林志纯：《世界通史资料选辑》（上古部分），第47页。

参照现有译本①，这里简述《汉谟拉比法典》中有关借贷的条文内容如下：

第48条，有息债务可在严重歉收时不偿还；重订借贷协议时，利息免付。

第49条，向商人的借债可由田地产物（如谷物）来偿还，包括其利息。

第50条，若归还物为田地，则其产物应归田主所得，本息偿还应以银支付。

第51条，若无现银，则可以谷物偿还，其比价遵从官定。

第54条，在须赔偿时，若无谷物，应将其财产出售折银支付。

第66条，向商人借债不可以他人田地之产物去偿还，放贷人也不可接受。

第89条，借谷物时利息率为1/3（33.33%），借银时利息率为20%。

第90条，无银还债时，可以谷物偿还，遵照官价计算，并按33.33%的利率。

第91条，若放贷人自行提高利率，则失去其债主资格。

第92—95条，几种情形下放贷人失去其债主资格，例如贷出的谷物或银不足重、未签署借贷协议、协议签署时无监督者在场，等等。

第96条，负债人无银或谷物时，偿还时可当着证人之面以财产支付，债主不得拒绝。

第101条，若无特别约定归还地点，则可委托中间人偿还。

第102条，商人委托中间人的投资若发生损失，中间人应以自有财货赔偿。

第103条，所借之物途中被敌人掠走，借者免债。

第104—107条，发生借贷争议时，以证据和/或证人为准；未能出示证据一方受罚。

第113条，债权人未经许可不得自行从债务人财产处取得实物作为偿还，此行为意味着其丧失债主资格。

第114—116条，不得行使无借贷关系的债权；不得虐待债务人。

第117条，如无力偿债，可出售本人及家人为他人强制劳役三年，第四年起恢复自由。

第118条，出售的男性或女性劳役者可被转售或转租。

第119条，被出售的女性子女可由债务人赎回。

第121条，存放谷物于他人之屋，存放人应付费。

第122—123条，若存放金银之物于他人，应订立合同并有证人；若无合同或证人，则失去对存放物之债权。

第124条，在证人面前，否认接受别人存放物之人除退还存放物之外还须全额赔付。

第125条，接受他人存放物遭遇失窃损失时，若由疏忽而生，应予补偿存放物主人；追回之财物属追回者所有。

以上各条是“法典”中与借贷行为最直接相关的规定。它们显示，“法典”力图规

① 中译文主要参考林志纯《世界通史资料选辑》（上古部分），第62－90页。

范人们之间的借贷行为，并对利息率和本息支付方式都作了规定。“法典”特别强调借贷和物品存放交易合同的订立和证人支持，并将此上升到决定司法裁决之唯一依据的地位。

“法典”第 101 条和第 102 条提到了“中间人”，这对我们理解那时的金融发展，尤其是从直接融资向间接融资的跳跃，具有极端重要的意义。

如前所述，戈德史密斯对苏美尔和古巴比伦时期的金融发展状况评价偏低，认为那里没有金融中介，也没有真正意义上的银行，而不少历史书籍却都声称苏美尔出现了“银行”或“银行家”。厘清此问题显然十分重要。

戈德史密斯的作品发表于 1987 年，距今已有 30 余年。近年来也在耶鲁大学从事金融史研究的学者戈兹曼在其著作中采用了新证据，认为苏美尔社会存在金融中介。戈兹曼引用的证据是泥板记载。记载表明，公元前 1796 年（巴比伦第一王朝时期中），在乌尔城中有位商人，以较低的利息从另一位商人那里借了 250 克银，期限 5 年；在此期间，他将大部分银用作经营资金，兴办了面包店，同时也借款给别人，期限 1—3 月不等，按月收息，月息率为 20%。[①]这表明，该商人事实上借了别人的钱并又将钱贷给了别人。这就是金融中介，是间接融资，也正是银行或银行家之所为。

很明显，这样的借贷行为发生在成文法的背景下。如前所述，乌尔这位商人的事迹早于《汉谟拉比法典》。但在这部法典之前，乌尔以及两河流域中的其他城市业已处于类似法典的规制之下。

特别重要的是，人们还发现在巴比伦第一王朝时期，乌尔这样的城市在某种程度上已有了“金融区”，即有数目可观的人士在从事放贷业务，而且他们出现了一定的聚集性，[②]其聚集之处通常是寺庙。聚集似乎是“自然地”发生的。寺庙是各色人等常去的场所，附近往往还有一些商业设施（商店、旅店等），人们在那里除了祭拜还可进行交流。祭司们（神职人员）或许是最早掌握有关资讯的人，他们具有信息优势。同时，寺庙也拥有“可贷资金”（银和谷物），并且还是文献资料和贵重物品的寄存地。由此，寺庙“自然地”成为当地的“微型金融中心”。或许我们还可以推测，在这个“微型金融中心”里，很可能已出现了世界上最早的金融监管，但这主要发生在当事人之间以及他们与证人之间。

有了这样的袖珍型金融中心，那里出现诸如“交易票据”或贷款（债权）转让的事情就不会让人感到意外了。[③]在《汉谟拉比法典》之后的一千余年，即公元前 600 年后（新巴比伦王朝时期），金融业得到了进一步的发展。巴比伦城的一家兄弟企业开展了规

---

① 戈兹曼：《千年金融史》，第 28 页。

② 戈兹曼：《千年金融史》，第 26－27 页；悉尼·霍墨、理查德·西勒：《利率史》（第四版），肖新明、曹建海译，中信出版社，2010 年，第 12 页。

③ 霍墨和西勒：《利率史》，第 12 页。

模庞大且复杂多样的经营活动，它贷款给官府和个人、将存款人的款项从一个商号划拨到另一个商号、支付存款利息、购买有土地抵押的贷款、还以合伙人身份投资风险企业。世界上最早的汇票被认为产生于这个时期的巴比伦。这番景象让20世纪的研究者赞叹，“新巴比伦金融体系相对于原始时期的先进程度，不小于20世纪金融体系与新巴比伦王国时期之间的差距”。[①]这里，“金融体系”一词的实际含义是“间接融资”活动，而非指多样化金融机构。

苏美尔人和巴比伦人对金融的贡献不限于此。当代研究者指出，他们的一大贡献是发明了“利息”这个概念；在他们之后，世界普遍使用了利息概念（除了中世纪的一段时间，参见第三章）。[②]从词源学角度看，“利息”的苏美尔语来自“羊羔”，即将要长大和价值将不断增加的事物。[③]他们不仅理解动物在饲养期间生长所带来的价值增长，更重要的是他们具有鲜明的产权意识，而且出现了动物“寄养”的情形。可以认为，“利息”是一个对“价值衍生物”进行产权界定的概念，它的首要推动力是“产权观”而非“价值衍生物”。

有学者比较了苏美尔、古希腊和罗马的利率概念及水平，指出苏美尔文明中的流行利率水平是20%，古希腊（古典时代）是10%，古罗马（共和国）是8.33%。在这三大古文明中，利率水平呈现下降趋势。但是，这种变化格局似乎不能用现代经济观点来解释，例如，认为是由于信用风险的减少或生产率的提高才带来了利率从苏美尔水平下降到了罗马水平。研究者认为，苏美尔人用“羔羊”来指称利息，应理解为是一种比喻的说法，这与他们确定利率没有任何关系。在三大古文明中，确定利率水平的做法由他们计算分数的固定格式所决定，而这又与农业生产有关。例如，苏美尔人认同的利率是每月1/60，这一数字正好是他们的日历周期。[④]

如果“利息”是苏美尔人的第一大贡献，那么“复利”便是他们的第二大贡献。研究者发现了一条铭文，上面说，乌玛人借了1古鲁的大麦，多年以后这相当于864万古鲁。[⑤]后一个大数显然是按照复利公式才能计算出来的结果。实践中，古巴比伦社会很可能没有用到这个概念，但他们中的佼佼者显然对此已心有所悟。

谷物贷款收取33.33%的利息，银贷款收取20%的利息，两者都是高水平的利率。实物贷款利率高于银贷款利率很可能是由于前者主要是种子贷款。若是种子贷款，借贷

---

① 霍墨和西勒：《利率史》，第13页。

② 马克·冯·德·米洛普（Marc Van De Mieroop）“利息的发明”，作为第一章载威廉·戈兹曼、哥特·罗文霍斯特（主编）《价值起源》（修订版），王宇、王文玉译，万卷出版公司，2010年，第17－32页。

③ 参见米洛普“利息的发明”第24页。这个事例与前述古代中国人按动物年龄分别称呼它们有相似性。

④ Michael Hudson, “How Interest Rates Were Set, 2500 BC－1000 AD: Máš, tokos, and foenus as Metaphors for Interest accruals”, *Journal of the Economic and Social History of the Orient*, Vol. 43 (2000), No. 2: 132－161.

⑤ 米洛普，“利息的发明”，第31页；戈兹曼，《千年金融史》，第17页。按33%利率计，约需56年稍多的时间从1达到864万；按1.2%利率计，则需75年。

的实际数额很小，那么 33.33% 的利息率未必给借者带来太大的负担。

亚述帝国时期的利率水平高于古巴比伦时期，很有可能是因为金融发展在亚述帝国时期受到了新的抑制。在新巴比伦王国时期，利率水平比以前所有时期都低了，而这很可能是金融发展和流动性增长的结果。[①]从乌尔王朝开始，历代王室都颁布了利率高限，而且通常是在 20% 或 30% 以上。这不仅表明借贷行为（尤其是直接融资）的普遍，而且也意味着当时的政府对利率上限的态度相对宽容，至少不同于后来中世纪时期许多政府对待利率水平的态度。

苏美尔和巴比伦商业金融文化的后世传承

那墩刻着《汉谟拉比法典》铭文的石柱，在公元前 12 世纪被波斯入侵者带走了。直到公元 1901 年该石柱才被考古人员发现，并随后被解读。除了波斯居鲁士大帝曾将法典的复制品陈列在一座图书馆中，《汉谟拉比法典》的铭文很长时间不再为人所知。这是不是意味着在三千年时间中，《汉谟拉比法典》不再为人知晓并从人们的记忆中消失了呢？

在公元前第二个千年和第一个千年前半期占领两河流域的赫梯帝国和亚述帝国都曾颁布过自己的法典，它们明显受到早期法典的影响。新巴比伦王国在许多方面力图复活老巴比伦王朝的辉煌，其中当然也包括后者的商业金融文化传统。

一部叙述西方文明史的著作说，“西方文明起源于今天所称的近东”，《汉谟拉比法典》“明确和人道地处理人类的基本问题：保护妇女、儿童和奴隶；公平交易；保护财产；用标准程序解决争议；减轻遭受旱涝灾害受害者的债务”[②]。这些精神为后来的许多立法所承袭。

苏美尔和古巴比伦社会的商业金融文化传统至少通过两条途径影响了后世。一是通过腓尼基人、迦太基人以及罗马人的途径，二是通过犹太人的途径。

腓尼基人（Phoenicia）公元前 3000 年左右出现在地中海东岸，开始组建自己的城邦。“土地的匮乏限制了腓尼基人向大型农业社会的发展。”公元前 2500 年以后，腓尼基人转向了手工业和贸易。他们的陆路贸易主要是与美索不达米亚人，海上贸易则在地中海各个岛屿以及沿岸各处进行。腓尼基人智慧非凡，他们对美索不达米亚的文字进行了改造，在公元前 1500 年前后构建了由 22 个字母组成的早期字母文字。腓尼基人游走于地中海沿岸各处，不仅拓展了贸易，而且也传播了字母文字，对后来的希腊文字和罗马文字（拉丁语）都有直接影响。

① 霍墨和西勒：《利率史》，第 15 页。

② 理查德·E. 苏里文、丹尼斯·谢尔曼、约翰·B. 哈里森：《西方文明史》（第八版），赵宇烽、赵伯炜译，海南出版社，2009 年，第 4 和 11 页。

腓尼基人的一支在公元前8世纪于北非建立了迦太基城，并在公元前6世纪前后成为地中海上的航海强国。他们与罗马人交往并在后来发生冲突，客观上向罗马传送了当时先进文明的许多信息。

早期两河流域文明中的商业金融文化传统以及尊重法治的精神，很可能也影响了犹太民族。有历史学者认为，“希伯来人、以色列人和犹太人都曾受到早期美索不达米亚文化的影响，他们的历史记忆保存在大量的宗教作品中”。① 公元前6世纪，新巴比伦王朝的统治者在今天巴勒斯坦及其周边地区，俘获了大批以色列人（希伯来人的后代）并将他们带到巴比伦从事劳役，史称“巴比伦流亡”（Babylonian Captivity 或 Babylonian Exile）。一首英文流行歌曲“巴比伦河”即反映这段历史。历史学者认为，“就是在这里，《圣经》开始成型”“在远离犹大的地方，犹地亚人正在成为犹太人”②。在新巴比伦，犹太人接受了律法教育，许多相关事迹都反映在《圣经·旧约》中。

知名历史学者汤因比从一个更加宽广的角度认为，“犹太教和祆教的出现和生长，从历史的角度看，应属于古巴比伦历史的范围。”③

后面（第三章）我们将看到，在中世纪欧洲，作为移民群体的犹太人一直是商业和金融领域中的活跃分子，他们助力欧洲走出了“黑暗世纪”，并逐渐孕育出“现代资本主义”。④

苏美尔和巴比伦商业金融文化对后来世界的影响，很可能还体现在早期阿拉伯文化中并经过阿拉伯人传到后世。阿拉伯半岛紧邻两河流域，但因沙漠和戈壁的隔阂，两地人民早年的交往或许不多，或许鲜为人知。但是，我们从历史学者的记述中可以看到两者有关联的迹象。伊斯兰教兴起之前，在公元6世纪，汉志（今沙特阿拉伯西部地区）已有繁荣的商业和贸易，而且发展出了一套汇票和支票制度。这套交易制度建立在代理人网络基础上。代理人的典型情形如某人出远门时，委托一人（“代理人”）照料他的家务和财产，订立委托书，规定报酬。委托书中详细规定所监护的一切项目；若有损失，代理人必须赔偿。这叫做“委托与被委托的议定书”。⑤ 这里可以回顾前面提到《汉谟拉比法典》第101条、102条和125条关于“中间人”和接受存放货物人的义务的规定。“委托与被委托的议定书”的内容与《汉谟拉比法典》的规定有明显的相近之处。当然，汉志的阿拉伯人也完全有可能独立发明了这些责任划分条款。伊斯兰教兴起以后，阿拉伯人游走印度洋周边和地中海南岸各地，他们追求商业机会的勇气和足迹仿佛在重演公

---

① 杰里·本特利、赫伯特·齐格勒：《新全球史》（第三版）（上），魏凤莲等译，北京大学出版社，2007年，第49页。

② 西蒙·蒙蒂菲奥里：《耶路撒冷三千年》，张倩红、马丹静译，民主与建设出版社，2015年，第52页。

③ 汤因比：《历史研究》（中），第234页。

④ 在德意志学者桑巴特看来，犹太人对于资本主义发展的意义可相比于美洲大陆及其白银宝藏的发现，没有犹太人“资本主义也将无从说起”（桑巴特《犹太人与现代资本主义》，第5页）。

⑤ 纳忠：《阿拉伯通史》上卷，商务印书馆，2006年，第95页。

元前 1000 年腓尼基人的故事。

概括地说，通过几条不同的路线，在公元前 21 世纪到公元前 7 世纪期间形成的苏美尔和古巴比伦商业金融文化已经传承给了现代世界。图 1－1 是这些传承线路的简单示意。

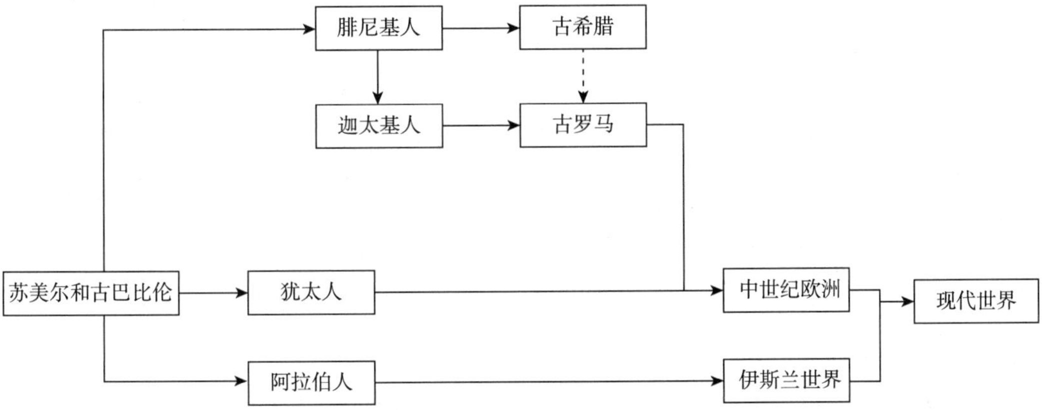

图 1－1　苏美尔和古巴比伦商业金融文化历史传承路线示意图

五、本章小结

本章一开始提出了四个问题，现在我们可以来做回答了。

“金融是不是在人类早期文明中已经出现?”作为借贷或直接融资的金融与人类的诞生在时间上几乎一致。人类一诞生，便产生了时间的价值管理和风险意识等广义金融的基本要素。在这个意义上，金融的诞生是十分古老的事情。古希腊荷马史诗和古代华夏文明的《诗经》都表明，“债”或“借”这些概念在文字发明后不久即已出现。华夏文明在货币或钱的概念上很早就表现出灿烂的思想光芒。

“金融交易与货币的发明和使用有什么关系?”金融交易与货币的使用没有必然关系。货币发明之前，人们借贷的对象（标的物）是实物，尤其是谷物。货币（钱）是一个相对抽象的概念，在文字使用之后几百年甚至上千年之后方才出现。但不可否认的是，货币的发明和使用为金融交易提供了极大的便利。

后两个问题，“在人类早期文明中，出现的是什么样的金融活动”和“人类早期文明时期金融的出现和发展受到了哪些重要因素的影响”，可以一并找到答案。实物借贷是早期人类文明最普遍的金融活动。人类对金融交易的其他需要，例如对风险管理的需要，很可能是由于缺少基于市场化原则的有效供给，而在当时无法得以满足。早期专制政权（如古埃及）所建立的高度国有化经济体制（“指令型经济”）在一定意义上回应了社会对风险管理的需要。在这样的经济体制中，常规意义上的金融活动要么受到了抑制，要么被边缘化。

两河流域（“美索不达米亚”）中的苏美尔和古巴比伦社会在政治体制上与古埃及相似，实行专制体制，但在经济上却从很早开始便采用混合型经济体制。早在公元前2000年以前，在青铜时代，当地社会已形成“依法治国”的传统，通过法典来规范社会成员之间的经济交往，包括借贷行为。在此背景下，古巴比伦成为世界上以间接融资为特征的金融业最早的诞生地。青铜时代的古巴比伦为世界贡献了利息和复利等重要金融概念。

苏美尔和古巴比伦社会中的金融繁荣表明，只要具备了相关的必要条件，如产权明晰、法制普及、商业发展和价值尺度规范等，金融在古代社会也可达到很高的发展程度。

[第二章]

古希腊与古罗马的金融

小亚细亚岛上米利都的泰利士，被誉为“古希腊哲学第一人”，生于公元前 7 世纪末或 6 世纪初，柏拉图和亚里士多德都对他称赞有加。亚里士多德在其《政治学》中讲了一个故事，说泰利士有次预见来年橄榄丰收，遂低价将当地榨油机预订一空。待次年果真丰收时，橄榄园主们亟须将橄榄果榨油，泰利士即将榨油机高价转租，由此赚取了巨大利润。①

这个故事后来被人们引用，首先说明古希腊哲学家颇具商业头脑；其次说明早在公元前 6 世纪，聪明人即已懂得现代金融中的期权原理。②但是，故事并不表明期权交易在古希腊已经出现。古希腊人或许已具有能够从事复杂金融活动的意识，但彼时相对简单的经济活动理应尚未产生对复杂金融的足够需求。

公元前 4 世纪之前，希腊城邦林立。城邦之间存在着激烈的政治经济竞争，但相互之间有时候也存在合作互助。市场交换已成为大多数城邦内部的主流经济模式，为金融的萌芽提供了肥沃的土壤。金融在以雅典为代表的希腊城邦得到显著发展并不令人意外。

晚于古希腊的古罗马，深受希腊文化的影响，包括希腊的商业文化，但古罗马也有自己的鲜明特色。罗马金融的第一个重要发展时期，出现在罗马共和国与强敌迦太基争夺地中海中部区域主导权之际。金融在罗马共和国末期已经十分繁荣。然而，在罗马帝

① 亚里士多德：《政治学》，吴寿彭译，商务印书馆，第 34 – 35 页（也见同名书，颜一、秦典华译，中国人民大学出版社，第 22 – 23 页）。

② 参见 Boudewijn de Bruin, Lisa Herzog, Martin O'Neill and Joakim Sandberg, “*Philosophy of Money and Finance*”, in Zalta, Edward N. (ed.), The Stanford Encyclopedia of Philosophy (Winter 2018 ed.)

国时期，金融业虽然在某些方面有所发展，但在另一些方面却出现停滞，因为罗马帝国政府采取的一些经济政策限制了金融的发展，诸如在重要产粮区征收实物税和在重要海运线路上实行国营体制。罗马帝国后期出现的持续性严重通货膨胀是其通货减值政策的直接后果，而通货减值政策则与帝国政府未能利用金融市场有关。诸多因素导致了西罗马帝国的崩溃，而严重的通货膨胀必为其中之一。

一、古希腊的金融

公元前 5 世纪到公元前 4 世纪的希腊，由分布在希腊半岛（巴尔干半岛之一部分）和小亚细亚半岛以及爱琴海上星罗棋布众多岛屿上的城邦组成。这些城邦在政治上具有独立性，经济上或以农业为主，或兼有农业与工商业。此时是希腊的“古典时代”，它创造的物质和精神财富前无古人。金融在此时的希腊（尤其是雅典）得到长足发展。此后的“希腊化时期”，即亚历山大大帝横扫西亚北非后，希腊势力和文化影响持续雄踞东地中海地区达两个世纪，金融业又获得新的发展。

古典时代的希腊政治经济与国际关系

公元前 479 年至公元前 323 年是古希腊的古典时代，该时代的基本特征是以雅典为代表的城邦确立了新型社会治理结构，大力开展商业和贸易，生产率显著提升，哲学和科学风靡一时，文学与艺术创作水平达到空前的高度。希腊的古典时代对后世的西方文明产生了巨大影响。

古典时代有两个起点：一是公元前 510 年最后一位僭主被雅典公民大会投票驱逐，雅典进入公民治理模式；二是波斯帝国占领小亚细亚并在公元前 490 年入侵希腊半岛及其周边地区，由此激起希腊诸多城邦在斯巴达和雅典率领下奋起反抗。

古典时代的希腊继承了此前已有的文化成果和经济制度模式，并于公元前 800 年前后，对腓尼基字母表进行了改编，发明了希腊文字。希腊文字简便易读，十分有利于提升人口识字率。至公元前 500 年，雅典所有男性公民均会读写。

古典时代的希腊流行铸币制。最早的铸币出现于公元前 7 世纪小亚细亚吕底亚王国，之后在公元前 6 世纪希腊诸多城邦也纷纷铸币。爱琴海许多岛屿上的城邦都铸造了自己的钱币。铸币的使用方便了记账和商业交易。但有学者认为，希腊城邦铸币的主要用意是政治性的，是主权宣示行为。[①]

这个时代还确立了奴隶制。公元前 6 世纪后，一种新型的奴隶制（Chattel Slavery，直译为“动产奴隶”）在古希腊广为流行。这种身份的奴隶不仅完全丧失了对自己劳动

① M. L. 芬利：《古代经济》，第 171 - 174 页。

的支配权，而且还被奴隶主当做商品，交易于市。奴隶制的存在与古希腊的自由观念明显冲突。[①]

古典时代希腊城邦广布，多集中在爱琴海地区，其余迤逦散落于地中海东西南北沿岸，总数上千。公元前 478 年，为抵抗波斯大军而组成的提洛同盟（Delian League）中有希腊城邦数目达 150—300 之多。小城邦土地面积仅有几平方千米，人口数千。雅典是一个较大的城邦，算上其所在的阿提卡半岛，土地面积有 2500 平方千米，人口在公元前 431 年约为 32 万[②]（人口密度为每平方千米 128 人，相当于 20 世纪欧洲的水平），主体是奴隶，占比过半。

一个城邦就是一个政治自治单位。除个别时候一些城邦出现寡头治理结构，多数城邦在不同程度上都采取公民治理结构，并建立公民大会、议事会和行政长官这样的政治体制，公民广泛参与政治决策。这种政治模式在古典时期希腊各城邦的流行，让后人感到迷惑。对"何为城邦的由来"，人们看法不同。

中国学者顾准曾深入思考这个问题，提出"海外殖民城市是城邦制度的发源之地"。[③] 他认为，古希腊的大多数城邦为移民所建，他们不是当地的"原住民"。正因为如此，这些移民在探索建立政治秩序时，较少受到历史传统的束缚。这个看法与不列颠历史学者汤因比的观点十分接近。后者在其著作中也强调了跨海移民的作用，认为它带来了"不同种族体系的大混合"，促使"原始社会制度的萎缩"；古希腊在政治制度上的突变"不以血缘为基础，而是以契约为基础"。[④]

按照当代学者的看法，不能轻易判定雅典的政治体制就是"民主制"，因为当时投票权仅为少数公民所拥有，而大量人口（奴隶）并不具有任何政治权利。因此，雅典体制应较为贴切地被称为"古典共和制"，是"社区政权"。[⑤]还有学者认为，雅典政治体制可被视为政治上的"合作社"。[⑥]

公元前 594 年，梭伦（约公元前 638 年至约公元前 559 年）接受雅典城邦邀请担任首席执政官，推行激进改革措施，包括豁免许多以土地作为抵押的债务，其他一些债务也被宣布无效；以前因负债而被卖到外国的奴隶由城邦赎回；取消若干有关利率和贷款的限制。梭伦还推出了若干政治改革措施。毫无疑问，梭伦改革是推动雅典走向开明体制的起点。

---

① 芬纳：《统治史》（卷一：古代的王权和帝国），2010 年，第 187 – 188 页。

② Raymond W. Goldsmith, *Premodern financial systems: A Historical comparative study*, p. 16. 另一个估计数偏少，在 20 万到 30 万之间，参见芬纳《统治史》（卷一）第 204 页；还有的估计数偏多，参见雨宫健（Takeshi Amemiya）《古希腊的经济与经济学》，表 2 – 2，第 70 页。

③ 顾准：《新编顾准读希腊史笔记》，第三章，第 40 – 64 页。

④ 汤因比：《历史研究》上册，第 130 – 132 页。

⑤ 弗朗西斯·福山：《政治秩序的起源：从前人类时代到法国大革命》，第 25 页。

⑥ 芬纳：《统治史》（卷一），第 198 页。

公元前443年到公元前429年，伯利克里（约公元前495年至公元前429年）在雅典执政。他在执政期间推行了诸多改革，包括让更多社会成员获得公民权。在对外战争中，他使雅典在提洛同盟中发挥了更大的领导作用，并在海战中大败波斯军队，遂使雅典成为东地中海霸主。在与斯巴达的竞争中，雅典也始终处于上风，直到伯利克里死于一场瘟疫（公元前429年）。在其之后的第二次伯罗奔尼撒战争（公元前431年至公元前404年）后期，雅典战败，其政治体制转向寡头治理结构。至公元前4世纪，虽然雅典继续有大量哲学和文学作品问世，但在政治上和国际关系上却再无大作为。

古典时代的希腊经济出现了多样化趋势。除了传统的农业种植——以橄榄、葡萄和稻谷这“地中海的三大作物”为主——以外，希腊已有了多门类的制造业，包括纺织、食品加工、冶金、制陶、武器制造、造船等。公元前5世纪，雅典所在的阿提卡成了“希腊世界最繁盛的工业城区”。①

希腊各城邦悉数开展了大量商业和对外贸易活动。对外贸易不仅发生在各城邦之间，也在城邦与海外殖民地之间，在希腊人与非希腊人之间进行。在地中海地区，蒸蒸日上的希腊与早已是贸易能手的腓尼基人以及他们的后裔迦太基人展开了激烈竞争，希腊人在所到之处建立港口或商站。贸易与商业是古典时期希腊人经济生活的重要内容，包括雅典在内的一些城邦需要进口粮食以保障其基本需要。

古典时代希腊的金融业

频繁大量的对外贸易以及多种币制的并存带来了古典时期希腊的第一金融业——钱币兑换。公元前6世纪和5世纪，许多城邦都铸造自己的钱币，使用材料有金、银和琥珀金（金银混合物）等，即使同一材料，重量、成色也互有差别。考古发现表明，在希腊移民和贸易足迹所至的一个商业中心的宝库中，堆集着来自不同地方的许多钱币。②在希腊本土和离岛，一些钱币兑换商甚至会接受波斯帝国的铸币。③波斯帝国在大流士统治时期（公元前522年至公元前486年）也开始铸造金币和银币。

对雅典这个当时东地中海国际经贸中心城市来说，钱币兑换是必然出现的行业。在没有大面额铸币和其他高效支付工具的背景下，钱币兑换是日常商业和贸易不可或缺的助手。这不仅涉及各种钱币的价值判断，更重要的是为钱币流通（而不是钱币储藏）提供便利。在雅典，钱币兑换商在广场上搭设一张桌子以便接待客户开展业务，这种广场通常位于几条街道的汇合处，面积宽阔可容摆摊设店。今天欧洲许多城市，尤其那些始建于中世纪的中小城镇，城中心常有一块地方叫“市场广场”或“集市广场”（英文为

① 杜丹：《古代世界的经济生活》，第54页。
② 杜丹：《古代世界的经济生活》，第70页。
③ 杜丹：《古代世界的经济生活》，第70－71页。

Market Square，意大利语为 plaza 或 piazza），明显承袭了古希腊的传统。

阿里斯托芬（Aristophanes，约公元前 446 年至公元前 385 年）被誉为“喜剧之父”，其所创作的两部剧本《蛙》和《公民大会妇女》都提到了金银铜币。《蛙》剧里说，“……可现在，这些贵金属我们不用，偏要选用低贱的铜币，用最低劣的金属铸造出来的。”《公民大会妇女》则说，“那有关铜币的决议，我们是怎么通过的，你还记得吗？怎么不记得！……侍令官在叫喊，‘任何人不许收取铜币，只有硬币可以通行’。”[①]这些话语似乎是有文字以来第一次涉及“良币”与“劣币”同时流通及相互关系的问题，即“格雷欣（格雷汉姆）法则”所说之事。这样的问题反映进当时的剧作中，不仅表明古典时代希腊剧作家紧跟现实，而且也说明，多种钱币流通是当时社会中的常见现象。

希腊（雅典）钱币兑换商后来又承接了钱币保管业务，再后来还开展了钱币贷借业务并由此成为银行家。希腊文“trapeze”意为桌子，也为银行，[②]显示了二者早在古典时代就形成了关联。钱币兑换商的服务收费为兑换金额的 5% ~6% 。[③]

德摩斯梯尼（Demosthenes，公元前 384 年至公元前 322 年）是古希腊政治家和演说家，为后世留下了许多讲演记录。他明确提到了“银行家”的工作：接受别人的存款，并按其指示将钱款“支付”给另外的人。德摩斯梯尼认为，银行是“一种从其他人的钱那里产生出有风险的收益的生意”[④]。

在详叙古希腊银行家的业务之前，先参阅恩格斯对自然经济到货币经济转折时期中雅典情况的概述。对于公元前 600 年左右的雅典，恩格斯写道，“货币和高利贷已成为压制人们自由的主要手段……日益发达的货币经济，就像腐蚀性的酸类一样，渗入了农村公社的以自然经济为基础的传统的生活方式。氏族制度同货币经济绝对不能相容；阿提卡小农的破产是与保护他们的旧的氏族联系的松弛同时发生的。债务契约和土地抵押（雅典人已经发明了抵押办法）既不理会氏族，也不理会胞族。而旧的氏族制度既不知有货币，也不知有贷款，更不知有货币贷款。因此，贵族的日益扩展的货币统治，为了保护债权人对付债务人，为了使货币所有者对小农的剥削神圣化，也造成了一种新的习惯法。在阿提卡的田地上到处都竖立着抵押柱，上面写着这块土地已经以多少钱抵押给某某人了。没有竖这种柱子的田地，大半都因未按期付还押款或利息而出售，归贵族高利贷者所有了；农民只要被允许做佃户租种原地，能得到自己劳动产品的六分之一以维持生活，把其余六分之五以地租的形式交给新主人，那他就谢天谢地了。不仅如此，如果出卖土地所得的钱不够还债，或者债务没有抵押保证，那么债务人便不得不把自己的

---

① 转引自雨宫健《古希腊的经济与经济学》，第 139 – 140 页。

② 凯瑟琳·伊格尔顿、乔纳森·威廉姆斯：《钱的历史》，2011 年，第 38 页。

③ Goldsmith，*Premodern financial systems*，p. 27.

④ 雨宫健：《古希腊的经济与经济学》，第 167 – 168 页和第 169 页。

子女出卖到国外去做奴隶，以偿还债务……雅典人的文明时代的欢乐的曙光，就是如此”。[①]

恩格斯在1884年对古典时期前雅典社会中的金融所做的描述和评论，在许多细节上与20世纪研究者们的论述很接近。恩格斯强调了公元前600年前后，当雅典从早先的原始社会转变为奴隶社会时，借贷、债务和货币等事物发挥着催化剂的重要作用。如果没有这些金融事物，雅典社会的转型或许要缓慢许多；而正是由于有了这些事物，雅典仅仅用了不到一百年的时间便完成了转型。

恩格斯提到的一个细节——正在出售的田地竖立起一个带文字的立柱用以标示正在出售或转让——是欧美社会迄今仍在沿用的惯例，所有正在出售或出租的房屋或地产都有显著的外挂标示（包括代理中介的名称和联系电话），发挥着就地广告的作用。

古希腊那些被称为银行家的经营者同时从事许多其他业务。有研究者归纳他们的经营范围，其中包括：（1）帮助客户订立契约并代为保管文件；（2）代客户垫支款项或提供支付服务；（3）为客户开设“活期存款”，即客户存入的款项根据需要随时提取；（4）为客户开信用证，即客户需要到外地开支时，银行会为其开出一张在目的地的取款通知单；（5）银行为客户提供贷款，对象包括个人和城邦。[②]很显然，这些业务存在着密切相关性。

但古典时代的雅典是否出现了真正意义上的银行即金融中介呢？学术界对此问题尚未有完全一致的看法。熟悉古典时代文献的一些研究者认为，那时的钱币经营者规模很小，多为个体户，所提供的贷款多数使用的是自有资金，而非来自客户的存款。因此，他们并非真正意义上的银行或金融中介。[③]

显然，银行或银行家在古希腊的崛起与苏美尔和古巴比伦有所不同。尽管古希腊也有一些神庙从事贷款活动，但似乎不如苏美尔和古巴比伦那么普遍。当然，古希腊确有人因从事钱币经营和贷款而发迹。一位“家喻户晓的银行家”叫佩森，早先是一位银行家的奴隶，后来此人不但控制了银行，而且还取得了公民权。佩森在公元前370年去世时，留下60塔兰同（36 000德拉克马）的财产。[④]

古典时代希腊（以雅典为主）的融资活动涉及四个领域，包括农业（房地产在内）、工商业、对外贸易和政府财政，但它们情况各异、差别很大。

在农业领域，已经出现土地的标价，但这本身并不能表示抵押贷款也已经出现。研究者根据文献资料计算，拥有2.5公顷土地的农场的售价不超过2 000德拉克马，这相当于购买10个奴隶的价格，或购买3 400公斤大麦的价格，或者等于成年男性工作8年

① 恩格斯“家庭、私有制和国家的起源”，《马克思恩格斯选集》第四卷，第107－108页。

② 杜丹：《古代世界的经济生活》，第73－74页；也参见雨宫健《古希腊的经济与经济学》，第169页。

③ 参见厉以宁《希腊古代经济史》上编，第335－336页；Goldsmith，*Premodern financial systems*，pp. 27－28.

④ 伊格尔顿和威廉姆斯：《钱的历史》，第38页。

的全部报酬。即使一笔这样的贷款能有8%的收益率（160德拉克马一年），也达不到一位成年男性劳动者一年的工资。研究者们认为，公元前4世纪时，房地产市场尚未出现，即使偶尔有出售，贷款也十分罕见；若有也是出于准备嫁妆或礼仪等目的，与经营性目的无关。[①]但较近的研究成果对此持有异议，认为古典时代希腊已有房地产抵押贷款，并为此使用了不同的表达方法（术语）。[②]

在工商业领域，古典时期希腊的商号以个人或家庭为主，绝大多数商号聘用少量雇员，也有一些商号有超过十位甚至二十位雇员。许多业主是外邦人，家庭成员以外的雇员主要是奴隶。创建商号的资金来自商户自身。由于银行的资金规模都很小，不太可能为这些商户提供周转融资。商户需要借入资金时，他们会去寻求银行以外的资金来源。[③]

雅典每年进口相当数量的粮食（小麦）、铁、铜、皮毛和奴隶，同时出口银、橄榄油、羊毛和陶瓷等物品，进口通常大于出口。与对外贸易相关的金融业务是“船舶抵押贷款”（Bottomry Loan）。这种贷款是借款与保险的结合，船只安全返航时贷款者方可收到还款，如果发生海难或因遭遇海盗、敌人袭击而造成损失，贷款者承担风险。许多时候，贷款人或其委托的代表随船出行，监督航运并控制风险。雅典的进出口生意需要这种船舶抵押贷款来支持。据推测，其一年需要贷款总额达1 000塔兰同（1塔兰同等于600德拉克马）。提供这种贷款的并不是那些个体户的银行，而是富裕人士，他们作为投资者，希望通过这种贷款谋取利润。这些人有时也组成贷款小组，但并未形成持久性的合伙制。[④]

雅典城邦的财政

研究者估算，伯利克里时期，雅典政府一年支出约900到1 000塔兰同，这是一个很大的数字，相当于雅典国内产值的20%，远高于后来的罗马帝国和中世纪意大利城邦的水平。当时财政高支出的主要原因是对外战争。雅典的财政支出中，1/3为海军费用，2/3为宗教和政治事务支出，另外包括很小数额的港口相关费用。“宗教和政治事务支出”指神庙和多种论坛的建设费用。在伯罗奔尼撒战争爆发前，经费来源主要依赖提洛同盟成员每年贡献600塔兰同。这是最重要的来源，但其数额后来大幅减少。雅典城邦掌控的劳里昂银矿（Laurion）每年贡献50到100塔兰同。城邦通过出售农业用地也可得到一些收入。

在税收方面，雅典城邦对进出口货物按值征收1%的关税，一年可获约20塔兰同。外邦人和奴隶进出口都必须交税，合计一年约为100塔兰同。此外，港口税和公共财产

---

① Goldsmith, *Premodern financial systems*, p. 28.

② 霍墨和西勒：《利率史》，第20－21页。

③ Goldsmith, *Premodern financial systems*, p. 29.

④ Goldsmith, *Premodern financial systems*, pp. 30－31.

出租一年也可带来120到150塔兰同。公元前428年，伯罗奔尼撒战争爆发后不久，雅典开始征收财产税，一次征收到200塔兰同，但并非每年皆征。[①]

伯利克里时期的雅典尚未有成型的税收体制，其支出多为非生产性的。伯罗奔尼撒战争爆发前，雅典对内对外均无借款，唯一的例外是提洛同盟的“捐款”。这些捐款由金银构成，早先存放在提洛岛（城邦），后来雅典单方面决定移至雅典卫城。此举招来许多同盟成员的抗议。伯罗奔尼撒战争结束时，该捐款已被雅典用尽。

从公元前6世纪到公元前4世纪，希腊各地的利率水平总体趋于下降。仅就可比较的利率指标而言，平均水平从16%～18%下降至12%。[②]一般而言，利率水平的下降意味着经济发展和金融发展水平的上升。在各种贷款中，船舶抵押贷款风险最高，其利息回报水平也最高。有记载显示，从雅典到博斯普鲁斯的往返航运，抵押贷款收益率在战争时期是30%，和平时期是22.5%。更加危险的航程会被索要更高的利率。[③]

货币联盟与货币竞争

在希波战争期间组成的提洛同盟原本为一个军事和安全机构，即参与的众多城邦同意设立一个防御联盟，共同抵抗波斯的入侵。这个同盟建立时，约定各成员可选择以钱币（现金）或实物方式缴纳“会费”。多数成员选择了现金方式，这反映了当时社会经济货币化的高水平。

在该同盟中，雅典逐渐成为事实上的霸主。公元前478年至公元前404年被许多史学家称为“雅典帝国”时期。围绕着这个强大海洋帝国如何解决其财政金融问题，欧美学者们近年来展开了大量研究，似乎仍有一些重要细节和判断有待核实或确认。[④] 总的来说，雅典利用自己的霸主地位随之改变了提洛同盟的运作方式，强力惩罚那些桀骜不驯的叛逆之邦（较小的城邦），并将同盟的金库从提洛岛移至雅典，并挪用款项兴建雅典的工程项目。除此之外，雅典还力图使提洛同盟朝着财政与货币联盟的方向转变。

雅典城邦铸造的银币正面是雅典娜女神，她是城邦的守护神，背面是圣鸟猫头鹰，因此雅典钱币被称为“猫头鹰币”。钱币单位是德拉克马，1枚德拉克马银币重量为4.25克。雅典同时铸造了其他面额的银币，例如4德拉克马银币、10德拉克马银币和30德拉克马银币。这种铸币风格被称为“阿提卡本位”，并为后来的亚历山大大帝采用。[⑤]在这些不同面额的铸币中，4德拉克马银币（Tetradrachma）最为流行，同时被用

① Goldsmith, *Premodern financial systems*, pp. 31–33. 雨宫健：《古希腊的经济与经济学》，第149–154页，更加详细地叙说了雅典财政，但基本情况与Goldsmith相近。

② 霍墨和西勒：《利率史》，第25页及以后。

③ 霍墨和西勒：《利率史》，第20页。

④ Thomas J. Figueira and Sean R. Jensen, eds. *Hegemonic Finances: Funding Athenian Domination in the 5th and 4th Centuries BC*, Classic Press of Wales, 2019.

⑤ 杜丹：《古代世界的经济生活》，第159页。

于雅典城邦内部和雅典与其他城邦的交易活动之中。4 德拉克马银币的广泛流行甚至还引来了国际模仿。古钱币学研究发现，公元前 4 世纪之前，统治西西里岛的迦太基人也发行了刻有本族文字（腓尼基文）的 4 德拉克马银币。[①]

雅典城邦掌控阿提卡半岛上一座出产丰裕的劳里昂银矿。在伯利克里时期，该银矿一年出产 50 到 100 塔兰同银，用工多达 3 万名奴隶。[②]雅典城邦中的许多农田属于私有，但这座银矿却为“国有”。

在公元前 6 世纪和公元前 5 世纪，一些希腊城邦相互结成同盟关系，它们不仅在安全事务上相互合作，而且也在钱币铸造和使用上达成协议。参加同盟的城邦成员使用相同的钱币，而钱币由同盟中的某个或某几个城邦铸造。除了前面提到的提洛联盟，同时还有希腊中部地区的贝奥提亚同盟（Boeotia League）和位于伯罗奔尼撒半岛上的阿卡迪亚同盟（Arcadian League）等。[③]似乎不能简单地将它们称为“货币联盟”，因为建立同盟的初衷是集体安全，而非由于经济利益。但这些同盟在钱币铸造和使用上做出的安排，却具有重要的历史意义。因为它表明，不同的政治单位可就跨境货币流通和交易达成协议。

公元前 5 世纪后半期，雅典城邦颁布了一项“钱币法令”，试图在提洛同盟范围内推行自己的铸币。该法令的具体发布时间尚不确定，但有几项措施引人瞩目：[④]一是雅典意欲在同盟成员间推行统一的度量衡标准。二是非雅典铸币应送往雅典铸币厂重新铸造。埃伊纳岛（Aegina）有当时希腊最大的铸币厂，其铸币被要求采用雅典式样和标准。[⑤]三是雅典向各地派出检查监督官员或委托当地官员实施实时监管，一旦发现违背者，各地的“将军”负责提审和处罚。这些“将军”很可能是雅典的海军舰队司令或同盟成员的海军将领。四是确定对违规行为的处罚条款，包括判刑和褫夺公民权。此外，该法令还规定使用外邦钱币属于违法。

有些评论者认为，雅典采取的这些措施显示了它在那时已具备货币竞争意识，并力图将提洛同盟打造成为一个“货币联盟”。不可否认，雅典的举动明显带有财政动机，是为了掌握更多的经济资源，以在与波斯或斯巴达的竞争中立于不败之地。按照修昔底德的记述，伯罗奔尼撒战争爆发后不久，伯利克里在一次民众聚会上讲演说，“同盟者所缴纳的金钱就是雅典的力量，战争的胜利全靠聪明的裁断和经济的资源”[⑥]。但这与

---

① 伊恩·卡拉代斯：《古希腊货币史》，黄希韦译，法律出版社，2017 年，第 38 页。

② Glyn Davis, *A History of Money: From Ancient Times to the Present Day*, University of Wales Press, 2002, p. 70. 公元前 407 年斯巴达入侵时，从该银矿释放了 2 万名奴隶（p. 77）。

③ 卡拉代斯：《古希腊货币史》，第 30 页。

④ 曾晨宇：《〈钱币法令〉与雅典的经济霸权》，载《古代文明》2017 年 7 月，第 38 – 48 页。

⑤ 埃伊纳岛仅有 90 平方千米（35 平方英里），以铸币为主要产业，据说使用奴隶最多时有 47 万（Davis, *A History of Money*, p. 70）。

⑥ 修昔底德：《伯罗奔尼撒战争史》，第 130 页。

“货币联盟”的含义仍有差别。后者指参与者相互认同各自的货币（钱币），在可兑换性和兑换率等事项上作出统一并有约束力的规定。雅典的做法明显与此不同。它只是一个单方面的举动，提洛同盟的许多成员国并不一定认同雅典的做法。

雅典之所以实行“钱币法令”，最重要的动因可能在于它希望让自己掌控的银矿及其铸币具有更大的价值（购买力）。如果排除了外来铸币的流行，如果提洛同盟各成员都仅使用雅典的“猫头鹰”币，那么雅典铸币的购买力很可能会有提升。但这却会导致提洛同盟成员的物价水平有所下降，即出现通货紧缩。很明显，雅典的动机与提洛同盟其他成员的利益在此发生冲突。所以，雅典的举动遭到抵制是理所当然的。

当然，雅典的动机也可能是为打击铸币上的假冒伪劣行为。雅典铸币在公元前6世纪已开始流行于东地中海，享有国际声誉。从前述“钱币法令”第二条来看，雅典的举动包含获取和捍卫铸币税的因素。但是，单一成员对铸币税的追求必然与其他成员的利益产生矛盾。如果雅典在提洛同盟中的货币行为包含促使这个安全同盟转向货币同盟的意味，那么从一开始，就注定这是绝不可能实现的目标。

希腊化时期的金融

马其顿国王亚历山大的雄心不仅是统一希腊，而且是征服波斯帝国。当实现这两个目标后，他的野心是征服世界。公元前323年，他在征战中驾崩，为后世留下了一个高度希腊化的庞大帝国，但帝国很快四分五裂，即位的马其顿王国不久甚至失去了对希腊本土和周边离岛的控制。经过十多年的纷争，虽然出现了安提柯王国，但它对希腊本土和周围地区的统治时断时续，并于公元前168年亡于罗马征服者。

埃及的托勒密王朝和两河流域及其周边地区的塞琉古王朝控制了亚历山大帝国的最富裕的国土。它们争相成为亚历山大大帝的正统继承人，在各自辖区内大力推行采用希腊文化要素的各种改革，并吸引希腊人士前往参与管理事务。希腊文化由此得到广泛传播。从公元前330年亚历山大大帝战胜波斯帝国到罗马军队在公元前30年征服埃及（塞琉古王朝的叙利亚部分在公元前64年已被罗马兼并），这段时间史称“希腊化时代”。

伯罗奔尼撒战争结束和投降斯巴达后，雅典在政治和经济上沦为希腊的“二流角色”。其他一些城邦陆续兴起并成为爱琴海地区重要的商业中心。一反其他地方的征税措施，提洛斯（Delos）采取了自由港政策，即所有进出本港的货物都免收关税。当时，埃及的托勒密王朝和两河流域的塞琉古王朝与希腊本土都开展大量国际贸易，它们相互开放国际贸易通道，以东地中海为基地的商业活动深入到非洲中部、阿拉伯半岛和南亚大陆。提洛斯这样的自由港享受到巨大的过境贸易福利。“提洛斯岛现在变成了希腊人的共同市场，从埃及到黑海，东希腊的一切物品都集中在这里，然后运往意大利……”①，提洛斯的繁荣一直持续到公元前146年罗马统治希腊。

希腊化时代另一个重要的商贸城市和港口是罗得斯（Rhodes），一座面积达1 400平方千米的大岛。②罗得斯当政者采取了平衡策略，游走在马其顿王国（安提柯王朝）、托勒密王朝和塞琉古王朝三大势力之间，为自己赢得了独立性并保持了开放。后人评价说，“欧亚两洲间几乎一切贸易都集中在该岛。罗得斯人是有名的水手，以诚实和技巧著称。他们的强健、有恒、守法的性格，他们的商业知识，以及他们完善的海上法和商法，使罗得斯变成了地中海上一切贸易城市的模范”。③

扼守博斯普鲁斯海峡的拜占庭人对过往船只征收过境税，严重威胁罗得斯的商业利益。公元前220年，罗得斯提出异议并准备诉诸武力。双方短暂交战，拜占庭战败，于是达成了协议，拜占庭让步，任何出入黑海的船只不再缴纳过境税。

罗得斯铸造的银币是那时流行于东地中海沿岸的通货。这个银币制度的标准是1德拉克马（重3.25克）、2德拉克马和4德拉克马。银币正面是罗得斯岛和大神头像，背面是玫瑰花。这些钱币从公元前3世纪流行到公元前1世纪，前后逾200年之久。

希腊化时代是金融业发展的一个重要时期。期间，希腊本土和周边岛屿的金融比古典时代又前进了一大步。

公元前205年，小亚细亚半岛上的米利都尝试了一种新型信贷：城市以终身年金作为担保向市民借款，相当于发行债券。这个城邦筹措到3 600德拉克马，每年向认购者支付360德拉克马（相当于10%的收益率）。认购者终身享受这个利息。④

这个做法意味着世界金融史上好几个创新：（1）这显然是一种政府债券融资；（2）采用了年金形式；（3）固定收益率。虽然我们不知道米利都城邦当局如何使用通过这个方式筹措到的资金，但它能发明这样的融资方式实属古代世界的天才创意。

与苏美尔和古巴比伦相似的是，希腊各地有一些神庙，例如雅典娜神庙、德尔菲神庙和提洛斯岛上的神庙，因其雄厚的财力和现金流也不时向个人甚至城邦提供贷款。提洛斯神庙的贷款据知在公元前5世纪到公元前2世纪一概收取10%的利息。这些贷款大部分贷给了个人，要求以土地作担保（相当于抵押贷款），期限通常为1到5年。⑤

如果说房地产抵押贷款（包括土地抵押贷款在内）在古典时代仅仅展露了“小荷尖尖”，那么在希腊化时代就已成为常规性做法了。这或许与亚历山大大帝征服波斯有关。

---

① 转引自杜丹，《古代世界的经济生活》，第143页。

② 马克思在《资本论》第一卷引述《伊索寓言》中一句话，“这里是罗陀斯，就在这里跳罢!”（第189页），“罗陀斯”即为此罗得斯岛。

③ 转引自杜丹，《古代世界的经济生活》，第144页。

④ 霍墨和西勒：《利率史》，第22页。

⑤ 霍墨和西勒：《利率史》，第29页。

据说在取得完胜后他给希腊本土带回了大量金银财宝，并将大部分铸为硬币，投放于流通中。这样，彼时的希腊出现了通货供给的大幅度增长，并或多或少带来了利率水平下降的效应。在此背景下，房地产抵押贷款利率也随之下降，进而吸引了新的需求者。[①]

希腊化时代出现的另一种金融创新是城邦的富人们创设的“捐赠基金”。顾名思义，这些基金是捐赠或赞助性质，但它们的一个奇妙之处是基金为捐赠者确定了回报率，甚至有的基金还以所拥有的土地作为抵押。设立这些基金的直接目的是宗教性的，即为了庆祝纪念节日或举行宗教仪式。显然，举办宗教活动在当地是有收益的事业。

二、罗马共和国时期的金融

罗马是地中海周边文明中的一个后来者，它既受到了早先文明的诸多影响，也拥有自身的许多特点。早期罗马社会是典型的农业类型，以土地耕作为主要经济活动。与一些希腊城邦由移民和具有不同血缘关系的人所组成不同的是，罗马社会在其早期主要由具有相同血缘关系的人组成。在这一点上，早期罗马社会与古代东亚社会具有很大的相似性。但是，罗马很快与周边的文明发生了接触，包括比罗马先进得多的腓尼基人（迦太基人）和希腊人。在与这些先进文明接触和冲突的过程中，罗马人快速向他们学习，接受了许多外来事物。对罗马人从善如流这一点，启蒙时代法兰西思想家孟德斯鸠这样称赞说，“最足以使罗马人成为世界霸主的一种情况，就是在他们经常不断对一切民族作战的时候，他们只要看到比自己更好的习惯，立刻就放弃了自己原有的习惯”[②]。法律和货币金融对罗马来说是一个“外来事物”。在罗马共和国晚期和罗马帝国初期，金融业却有了长足发展。在公元前后，罗马城成为地中海周边世界的“金融中心”。

罗马法传统的确立

罗马人在公元前509年推翻了国王，建立了罗马共和国。同年，罗马共和国与迦太基签订了一份条约，双方划分了在西西里岛附近的海洋边界，并约定不得损害对方利益，不得侵入对方的势力范围。[③]由此可见，罗马很早就接触到了迦太基，而那时的迦太基已是地中海区域的一个强权，并且具有较为先进的法律和货币金融文化。这份条约签订后的250年中，即到公元前264年第一次布匿战争爆发前，罗马立足于意大利半岛上，进行陆地扩张，而迦太基则在地中海中部和西部的沿岸地区和岛屿进行殖民扩张。

在罗马共和国成立之际，罗马原有的长老会议改组为元老院，由拥有地产的贵族组

① 霍墨和西勒：《利率史》，第23页。

② 孟德斯鸠：《罗马盛衰原因论》，婉玲译，商务印书馆，1984年，第1-2页。

③ 这份条约以及罗马与迦太基后来签订的两份条约（均在双方发生战争前）主要内容的中译文见，杨共乐《罗马社会经济研究》，附录二，第268-271页。

成。“元老院”（Senate）一词明显来自迦太基。这种政治结构最大限度地维护了贵族阶层的利益，引起平民的不满。从共和国建立的第一天起，罗马平民与贵族之间的矛盾和阶级斗争就未曾间断。平民的抗争促使贵族做出让步。罗马共和国后来形成了一套独特的政治治理结构。除了通常由贵族成员把持的执政官和执法官之外，平民有权利召开平民大会，推选护民官（或叫保民官，Praetors），并通过立法（公元前287年以前，立法需要经过元老院和百人大会认可，此后不再需要）。

公元前450年，罗马遇到社会成员发生争议时，释法权掌握在贵族手中，而他们的解释往往随心所欲并带有偏见。在平民的抗争下，罗马共和国成立了专门的立法起草小组（“十人委员会”），其成员实地考察了希腊城邦，了解那里的立法。之后，罗马共和国通过了一系列新的立法条款。这些条款铭刻在十二块铜表上，故称《十二铜表法》。尽管其中一些条款是对流行已久的习惯法的整理和汇编，但将它们以文字明确表述出来，极有利于减少歧义和模糊性，有助于提高司法判决的公正性和执法的有效性。

《十二铜表法》的重要内容有审判、债务、父权、继承及监护、物权和占有权、房屋及土地、伤害法、公共法、宗教法（神圣法）等。许多条款的原文已经失传或字迹模糊，现代版本是经后人注释的汇编本。①人们普遍认为，《十二铜表法》是罗马法的主要渊源。

《十二铜表法》明显偏袒债权人。在债务关系被判定后，债务人有30天偿还期；如果逾期未还，债务人将被交送地方执法官。除非债务得到豁免，否则债权人可拘禁债务人，当然必须保证债务人的饮食；几个债权人可以共同占有和瓜分一个债务人的资产；债权人也可将债务人出售或送交审判官判处死刑。如果债权人索取的利率超过了一年每磅1盎司（相当于8.333%）的法律上限（1磅等于12盎司），将被处以4倍的罚金。②上述条款明显带有野蛮的奴隶制的印记。它们表明，当时的法律并不鼓励借贷行为，利率上限也被限定在低水平。

《十二铜表法》在物权和土地权益方面的规定为一些相邻地界及其出产物的权利划分提供了说明，有利于人们在实际经济生活中界定各自的权利和责任。

当《十二铜表法》颁布时，罗马共和国尚未开始铸币。或许已经有了“钱”的概念，他们至少在实际生活中使用某些物品充当计价单位和交易媒介。事实再次表明，成文法可以早于铸币（在苏美尔和古巴比伦也有类似情况）。

罗马铸币的出现

罗马社会最初在意大利半岛中部台伯河流域形成时，其面积仅数十平方千米，人口

---

① 《十二铜表法》中译文见林志纯主编《世界通史资料选辑》（上古部分），商务印书馆，1974年，第331－346页。

② 参见霍墨和西勒《利率史》第31页和林志纯主编《世界通史资料选辑》（上古部分）第334－335页。

不过数万。往后数百年直至公元前4世纪，罗马人口也未曾超过20万。在罗马王政时代（公元前753年—公元前509年）和共和国早期，罗马一直没有自己的铸币。在这两百多年期间，罗马人与大量使用铸币的希腊人已经有接触和往来。

这种情况表明，罗马人对铸币的需要不“迫切”，这可能与其政治体制有关。在共和国早期，政治事务完全为贵族控制，而且这些贵族大多是“自费”参加政治活动。他们的从政目的在于确保自身的社会经济权利以及就重大公共事务做出决策（如对外发动战争），而非企图从政治职位中直接获取经济报酬。执政官和护民官是没有固定报酬的职位，罗马共和国甚至也没有其他社会中的官僚制度。有一些为行政官提供行政服务的固定人员，例如执法人、书记员、信使和传令官等，但他们数目不多。①因此，罗马共和国早期没有显著的税收需要。

早年罗马共和国的税收，是一些“实物通货”或称重金属。考古发现了当时的青铜残块，它们可能充当了货币。②

最早的罗马铸币出现在公元前366年，为青铜币，单位为“阿司”（Asses），重量为1磅（1罗马磅为327克，等于12盎司）。是年，平民运动取得重大进展，平民获准出任执政官。罗马的钱币制度始自铜币，而非像希腊从金币或银币开始。由此反映了罗马共和国时期的经济交换以国内商业为主，抑或其对外贸易不如古典时代希腊那么发达。在始铸铜币后的第155年，即第二次布匿战争期间，罗马才开铸银币。如后所论，罗马铸造银币明显是出于满足对外支付的需要。

约公元前300年，铜币阿司减重为半磅。随后30年，阿司重量减至1/6磅，即2盎司。有研究者认为这是亚历山大征服波斯和西亚广大地区后，为希腊化世界带来了巨额的金银钱财，而且将其投入流通，导致物价上涨，铜价也随之大幅上升。③

公元前211年，在第二次布匿战争的转折点上，面对巨大的军费开支和快速膨胀的钱币支出需求，罗马共和国进行了一场财政和币值改革。财政上，罗马共和国以公有财产为担保向私人借债，利用“三人银团”（Triumviri Mensarii）这种初级形式的公共投资组合向私人征集贵金属。④在币制上，罗马首次铸造和发行了银币，并采用第纳尔单位（Denarius），⑤即1盎司银压铸7枚第纳尔银币（1罗马磅铸84枚），每枚银币重3.89

---

① 芬纳：《统治史》（卷一），第259页。

② 伊格尔顿和威廉姆斯：《钱的历史》，第43－44页。

③ 腾尼·弗兰克：《罗马经济史》，王桂玲、杨金龙译，上海三联书店，2013年，第43页。

④ 迈克尔·克劳福特：《罗马共和国货币史》，张林译，法律出版社，2019年，第74页。在一些中译本中，triumviri mensarii被译为“公共银行家”，其含义是得到罗马政府授权并从事短期风险投资的三人组合。此事物在罗马共和国时期（公元前三世纪中叶前后）出现。

⑤ Denarius（其复数为denarii）有很多不同的中文译名。在汉语中，第纳尔常用作称呼一些阿拉伯国家的通货（其英文表达是dinar）。考虑到公元7世纪和8世纪兴起的阿拉伯人—穆斯林王朝事实上借鉴了罗马的铸币体系，将自己的金币定名为dinar（第纳尔），并由此引来许多后来的阿拉伯国家也用此命名自己的通货，本书将罗马银币Denarius也称为第纳尔。

克，接近雅典 1 德拉克马标准。拉丁文中“第纳尔”原意是“值十”，即 1 枚第纳尔银币值 10 枚阿司铜币。据此，银币与铜币的价值比率也被加以确定，即为 1∶120。罗马参照这样的比价为自己的部队支付军费，包括向士兵支付军饷。

公元前 3 世纪前半叶，正是罗马在意大利半岛上扩张并开始与地中海周边的海洋强国发生摩擦的时代。铸币制度改革，同时实行铜与银的“复本位制”，显然有利于调动兵源并快速组织军事行动。铜币和银币的并行流通，当然也同时利于国内商业和对外贸易，至少于理论如此。实际上，罗马共和国与两千年后的中国清朝一样，不时面临由于银钱比价的波动而引发的诸多经济和社会问题。罗马共和国内部矛盾不断加剧是其后来转向帝国体制的一个重要原因，而它多少或与银铜“复本位制”有关。

布匿战争与罗马共和国的金融发展

公元前 265 年，罗马经过一系列的征战，统一了意大利半岛。随后，罗马即与周边势力发生利益冲突，首当其冲的是迦太基。在公元前 3 世纪前，迦太基是地中海的海上强国，在地中海沿岸多处占有据点。与意大利半岛南端隔海相望的西西里岛就被迦太基控制。

新兴陆地强国罗马与守成海洋强国迦太基的冲突在所难免。从公元前 264 年到公元前 146 年，罗马与迦太基爆发了三次战争，史称“布匿战争”（Punic Wars）。“布匿”是迦太基的前身腓尼基的拉丁语发音。

第一次布匿战争进行了 20 年胜负未分，此时双方几乎资源耗尽。迦太基向埃及托勒密王朝请求借款 2 000 塔兰同银，①但遭到拒绝。战争进行一段时间后，罗马人发现，除非切断迦太基人对西西里岛的海上援助，否则攻岛无望完成。罗马需要海军，但国库资金已告罄。不得已，只好通过元老院向国内富人借款，并许诺以战后索取敌方赔款偿还。新组建的罗马海军成功阻断了迦太基人对西西里岛的援助。战争于公元前 241 年结束，双方签署了和平条约（Treaty of Lutatius），迦太基人撤出西西里岛，并在 10 年内向罗马支付 3 200 塔兰同银赔款。第一次布匿战争让罗马共和国倍感借款的必要，同时通过了新的立法限制元老院成员们（参议员）经商的权利，此后经商成为平民（以及后来兴起的骑士阶层）发财的一条新路，而希望进一步致富的参议员们则开始与平民合作展开商贸活动。

27 年后，第二次布匿战争（公元前 218 年—公元前 201 年）爆发。在战争早期和中期，迦太基人屡屡得手。而在最后几年，迦太基人不堪重负，终于战败。战争期间，意大利本土遭到入侵，人员和财产损失甚巨。罗马为最终胜利付出了高昂代价。罗马与迦太基新的和平条约规定，迦太基人放弃除北非以外的所有海外殖民地，且还须在 50 年

① 这里和后面两处，按重量计，1 塔兰同约等于 26.9 公斤。

内向罗马支付10 000塔兰同银的战争赔款。罗马再次获得了巨额金钱赔偿。

第二次布匿战争期间和结束后，罗马的财政金融出现了几件新事物。第一，罗马共和国开始有了国库（Fiscus）的概念，即明确规定了公共资金的集中地（库房），并由专人按照既定规则进行管理。第二，如前提及，罗马共和国为募集资金，以公有土地为抵押向富人借款，开启了全新形式的财政融资，一些研究者称为“信用融资”。[①] 第三，来自新占领地（如西班牙）的丰厚税收让罗马共和国在战后对国内居民实行了减税政策，取消了直接税（财产税）。[②]

50年赔款支付期刚过，罗马便主动发起了对迦太基的最后攻击。他们围攻北非的迦太基城（位于今天突尼斯境内），历时4年。罗马于公元前146年完全吞并了迦太基，它在西地中海自此再无敌手。此时，罗马势力也扩张到了爱琴海和叙利亚等地中海东部区域。罗马的行省——在新占领的地方划设新的行政区域并委派罗马人充当总督（省长）——遍布地中海东南岸广袤地区。罗马人骄傲地宣称，地中海是“我们的海”，是“内湖”了。

布匿战争和罗马共和国的其他对外战争及扩张给罗马社会、经济和金融带来了诸多影响。在社会方面，领土的扩大催生了新的地主阶级，俘获的人口则增加了奴隶的供给。[③]领土扩大原本利于社会中坚阶层的发展，给平民带来新的机遇，但地主们和业主们广泛使用奴隶却压缩了平民的经济增长空间，让后者感到新的受压迫感。

在经济方面，国外财富的流入以及银币的广泛使用，促进了罗马社会经济由传统的相对单一的农业类型转向多样化的农业和工商业混合类型，需求日益多样化，本土制造业（手工业）显著发展。同时，经济的货币化和对外贸易也加快发展了。

接连不断的战争，加上其他的相关因素，给罗马社会带来的一个显著变化是新兴阶层的出现，即骑士（Equites）。骑士是那些不仅参加过战争或军事组织的人员，而且是财产达到一定规模并因此可长期拥有战马的男性公民。他们人数的大量增加，出现在罗马共和国后期，此时罗马已在地中海中部和西部打败了迦太基，并在东部战胜了安提柯王朝。海外财富源源不断流入意大利本土，让足够多的男性公民成为骑士阶层中的一员。[④]

多次对外战争的胜利让罗马获得了大量海外领土。罗马在这些海外占领地设立了行省，每年从行省获取丰厚税收。公元前122年，盖约·格拉古（Gaius Gracchus，公元前

---

① 克劳福德：《罗马共和国货币史》，第74页。

② 弗兰克：《罗马经济史》，第109页。此书提到，第二次布匿战争结束后，元老院决定将充当抵押物的公有土地转让给债权人，即罗马共和国不再偿还以钱币计的债务。如此，罗马共和国事实上进行了一场土地私有化。

③ 罗马共和国结束时的公元前28年，意大利本土总人口中，自由人400万人，奴隶300万人（参见芬纳：《统治史》（卷一），第273页）。

④ 杨共乐：《罗马社会经济研究》，第65页。

154 年至公元前 121 年）当选为保民官，他是提比略·格拉古的弟弟，后者即 10 年前因倡议土地改革而遇害的罗马平民政治家。盖约·格拉古当选后，再次提议推进面向平民的土地改革，同时提议设立包税制（Tax Farming），即将在亚细亚行省每年征收的赋税交给骑士承包，由后者征收上交国库。这项政策，一方面迎合了骑士阶层的要求，另一方面也间接限制了参议员们（贵族阶层）的利益。格拉古还提出了其他一些改革措施，例如低价出售食物给城市贫民，进行基础设施（道路和港口等）和公共设施建设，改变法官来源的构成，将罗马公民权授予更多的非罗马人，等等。在一年任期制下，他未能获得连任，而由元老院支持的政敌则在上任后立即取消了他的许多激进改革建议。不过，盖约·格拉古提议的包税制却得以实行。此项措施对罗马共和国末期和帝国早期的金融发展带来了重大影响（参见后述）。

在金融方面，布匿战争带给罗马的最大影响在于罗马社会对待借贷态度的转变。两次布匿战争期间，罗马共和国统治者实际上都已经向国内民众借钱。如前所述，《十二铜表法》实际上不鼓励借贷行为。公元前 367 年的一项法律规定，已付利息须从本金中扣除，言下之意是债权人不得额外收取利息。公元前 347 年，法定利率高限下降到 4.167%（一年每磅 0.5 盎司）。公元前 342 年，收取利息的做法被彻底禁止，尽管该法律很快成为一纸空文。[①]这些情况表明，罗马当局在公元 4 世纪的大多数时候不乐见社会中的借贷行为，虽然那时这种现象已经广泛发生。

马尔库斯·波尔基乌斯·加图（公元前 234 年至公元前 149 年）是罗马共和国中期平民出身的政治家，早年从军，取得辉煌战绩后进入政坛并擢升为执政官。他也是公元前 2 世纪前半期罗马保守派的代表人物，号召抵制当时传入罗马社会的希腊文化。他在致友人的信中说，如果不愿意去种地，可以去从事海运，尽管这会危险重重；也可以去放贷，尽管它恐怖阴森，“在我们祖先眼里，放贷人比窃贼要邪恶许多”。可是，罗马后来的历史学家说，加图自己就投资于商业贷款，也许是悄悄行事。[②]

罗马共和国末期的金融

罗马的对外扩张，尤其是对地中海的占领，不仅让更多的罗马人了解到希腊文化，也使罗马社会和经济向希腊人开放。拉丁语引进了这个希腊词“Trapezita”（银行家）。在罗马城的集市广场，包括希腊人在内的外国人租用席位，开办了资金经营商号。罗马共和国末期的政治家和社会活动家西塞罗（公元前 106 年至公元前 43 年）在一家银行开设了账户，并用该银行的票据付款。[③]

---

① 霍墨和西勒：《利率史》，第 31 页。
② 霍墨和西勒：《利率史》，第 30 页。
③ 霍墨和西勒：《利率史》，第 32 页。

两位研究者认为，公元前1世纪罗马成为“世界金融中心”。[①]其主要依据是，罗马城作为罗马帝国的首都，活跃着一大批在首都与各个行省之间进行税款和金钱转移的人士，这些资金转移影响着意大利本土和外省的经济走势。

具体情形是，那时罗马已出现一些股份有限公司，它们在罗马法律限制下难以从事普通的商业和金融业务，但却可为公共项目提供融资服务。“公共项目”指在各地方（行省）承包税款缴纳和建设公共工程。如前提及，公元前122年盖约·格拉古改革后，承包税款缴纳（Tax Farming）的做法被保留下来，首先用于亚细亚行省，后来扩大至其他许多行省。这被认为是一个油水丰厚的行当。在一些西亚行省中（如叙利亚），来自罗马的股份有限公司可向拖延纳税的城邦或个人提供贷款，或发放土地抵押贷款。股份有限公司的代表来自意大利，但非必定是罗马人。他们雇佣情报收集和分析人员，评估各地区的税赋能力和影响因素，以便准确预判税收前景，而且频繁现身于各种谈判桌前。富裕的罗马人纷纷投资于这种股份有限公司。[②]

他们也被称为包税商，拉丁语为“Publicani”。股份有限公司也即法人概念，个别参与人的去留不影响该实体继续运作，也不影响其资产和债务关系。它比普通的合伙制前进了一大步。

包税商不仅为罗马政府征收税款，而且也利用所掌握的资金从事实业投资，甚至金融投资。他们的金融投资主要是放贷给富人，尤其是热衷参与政治的野心家。在一定意义上，他们所从事的税款融资算是一种新型金融活动。纳税人在规定时间内不能缴纳规定数额的税款，即由这些包税人为其垫付，再由他们向纳税人收取迟交的税款及附带罚金或利息。对包税人而言，他们是在从事以税款为抵押的借贷业务，而且所面临的纳税人违约风险较低，进款时间也极具可预见性。这是由于，很多税款与农业生产相关联，而农业生产的季节性相对固定。对那些来自罗马共和国中心的机构或其代理人而言，唯一显著风险是贷款提供后农业生产因意外的自然原因遭受冲击。

税款融资活动将罗马国内的资金与来自行省的税收连接起来，形成了跨地区资金市场。当然，“技术上说”，既然这些行省已经变成罗马共和国的行省，它们即属一国之内，这样的资金市场也为国内金融市场。但无论从“事前”或“事后”观察，罗马共和国与这些行省（尤其是亚洲地区的行省）的资金流动确应被视为跨境资金流动。当时罗马本土的经济（意大利半岛上的经济）与亚洲行省的经济并未整合，还不是一个市场。因此，从这个角度说罗马那时是“世界金融中心”，言之有理。

研究者引述西塞罗的话，那个时候“亚洲出现的任何重大灾难都会在罗马广场引出恐慌”。那个时代既无电报电话，更无网络通信，但是由于各地存在着紧密的金融联系，

---

① 霍墨和西勒：《利率史》，第32页。

② 霍墨和西勒：《利率史》，第32－33页。

信息传递即便依靠骑马驿送或航运也加快了速度，并能引发市场震荡。

公元前 67 年，罗马从各地大量进口物品，包括奢侈品；同时，罗马也在各行省大量投资。这种情形使罗马同时面临贸易逆差和跨境资金净流出，本土的资金变得紧张起来。当局随之发布命令禁止行省从罗马获取贷款，[①]相当于实行“资本输出管制”。公元前 63 年，意大利禁止金银出口，本质是实行重商主义政策。在此后的年份中，随着罗马将军恺撒和庞贝的远征胜利以及虏回的大量战利品，本土资金的紧张局面才得以缓解。罗马本土的利率行情在此期间出现明显的波动。

公元前 49 年至公元前 31 年期间，罗马陷入内战。许多富人的财产被没收，还有的债务人破产，高利率在一些地方出现。恺撒颁布法令禁止了放款“骑士们”在亚洲行省的税款承包和贷款融资活动，“终止了他们的胡作非为”。但据说恺撒本人就是一个大胆的借款人，他将大量资金投资于自己的政治生涯。[②]

三、罗马帝国时期的金融

罗马帝国第一位皇帝奥古斯都登基后就进行了大规模的财政税收体制改革，原则上取消了包税制。在其他领域，奥古斯都推行了国有化或国营措施，引入了实物税办法。这些政策对罗马帝国的金融发展产生了影响。总体而言，罗马帝国时期的金融发展是不平衡、不充分的。

罗马帝国初期的币制和财政体制改革

公元前 1 世纪中期，罗马势力扩展到了西亚北非，帝国军团驻扎于欧洲的莱茵河和多瑙河流域，还入侵不列颠岛。这段时间也是罗马内外矛盾交织并激烈爆发的年代。强势人物屋大维在群雄纷争中胜出，于公元前 27 年获得了“奥古斯都”和“祖国之父”的称号，此外还有首席元老、最高执政官、终身执政官、终身保民官、大祭司长等头衔。其“首席元老”的称号后来演变为“元首”，元首制便由此而来。屋大维还自称罗马的“第一公民”，他始终掌握罗马的军权，是罗马军团的最高统帅。

屋大维废除了罗马共和国体制中许多分权的制度安排，集多种权力于一身，开启了罗马帝国时代。他在对内和对外政策方面实施了诸多改革，一方面削弱了元老院对元首的制约权，另一方面又赋予元老院成员许多特权；他扩大了骑士阶层参与政治和管理事务的范围，同时又给予意大利本土的平民阶层就业和安居的保障，让这两个阶层的广大成员都分享帝国的荣耀和骄傲。平民是罗马帝国武装部队的主要人力来源。

---

① 霍墨和西勒：《利率史》，第 33 页。

② 霍墨和西勒：《利率史》，第 34 页。

帝国体制确立后，奥古斯都废除了共和国时期出现的私人雇佣军制度，转而建立职业化军队。他一共组建了25个罗马军团，合计人数有15万，以罗马公民为主，每位士官服役20年。军团除了保卫首都罗马城以外，主要任务是控制各个行省，捍卫帝国的边疆。军费是罗马帝国的第一大财政开支。

奥古斯都开始建立有别于共和国时期的文官制度，在自己的官邸大量使用奴隶或解放了的奴隶充当文职人员。在罗马帝国的前150年中，地方执政官员仍然不领薪酬。[①]奥古斯都鼓励帝国境内的各个城市担负各自辖区内的综合治理任务，包括治安、司法、公共工程、慈善事业和宗教事务等。

罗马帝国经济史研究专家罗斯托夫采夫说，“在【罗马帝国的】城市，地方富豪们为行政官职位展开激烈竞争不惜血本为当地承当工役。就这样，城市里有了澡堂、马戏、市场和下水道，计划周全，整洁有序，干净卫生。”[②]

屋大维通过战争结束了罗马共和国的内战，奥古斯都通过一系列的改革整合了罗马帝国境内的组织管理体系。在此后一百多年中，罗马帝国仅遇到一些规模不大的冲突事件，包括数次镇压犹太人起义和在欧洲及西亚的边界地区与异族势力的军事冲突。有人将这种长久和平局面称为“罗马治下的和平”（Pax Romania），意即生活在广袤土地上的众多不同民族共享罗马统治下的和平。近年，一些研究者认为，几乎与此同时，在世界的东方也出现类似局面，即“中华帝国治下的和平”（Pax Sinica），此“中华帝国”指西汉王朝。

公元初年，奥古斯都治下的罗马帝国领土面积达330万平方千米，人口约5 500万。总人口中有2/5为劳动人口。农业约占全部劳动力的3/4或4/5。10%的人口生活在人口超过3 000人的城镇中。四大城市——罗马、埃及的亚历山大城、小亚细亚的安提俄克（Antioch）[③]和北非的迦太基城——共有200万人口。[④]

对许多地方而言，“罗马帝国治下的和平”意味着资源被占领和掠夺。罗马帝国的税收主要来自埃及、高卢、比利牛斯半岛（伊比利亚半岛）和西亚行省，其中埃及被称为罗马帝国的“粮仓”。

罗马帝国同时推行直接税和间接税。土地税按房地产价值的1%税率征收，消费税（销售税）按交易额的1%征收；人头税按遗产额的5%征收，但在意大利的罗马公民免

---

① 芬纳：《统治史》（卷一），第360页。

② 转引自芬纳《统治史》（卷一），第379–380页。

③ 今天土耳其南部城市安塔利亚（Antalya）。罗马帝国时该地为叙利亚行省的省府所在地。

④ Goldsmith, *Premodern financial systems*, pp. 34–35. 杨共乐，《罗马社会经济研究》，附录一列有公元前508年到公元14年期间多个年份罗马公民人口数（第260–261页）。

缴人头税。[①]在许多不同的地方，税制有重大差别。埃及农民必须缴纳其农产品的50%给帝国，这既像是“租”，又像是“税”，无论如何都是重之又重。在西西里岛和撒丁岛等地，人们缴纳“什一税”。

奥古斯都在税制上的大改革是取消了行省的直接税包税制，它在共和国末期已成为招致民怨沸腾的制度。但是，在一些间接税项目上，例如港口税和释放奴隶税等，仍由包税人或一些骑士团体来负责征收。[②]

奥古斯都对罗马币制进行了重大改革，在罗马历史上首次铸造了金币。金币叫做奥留（Aureus），1磅等分为40到42份，每枚重7.78克到8.175克；银币仍叫第纳尔（Denarii），1磅等分为84份，每枚重3.89克。金币与银币的比价为1奥留换25第纳尔，意味着金银比价为12.5∶1。[③]此外，罗马继续铸造铜币，即青铜合金币，称为塞斯特提斯（Sestertius/Orichalcum），其与第纳尔的官方比价是4∶1，与已有的阿司铜币兑换率是1∶4，相当于银铜比价为1∶60。[④]这个比价比公元前2世纪时低了一半。在帝国时期，铜币不像奥留或第纳尔那样具有法偿性，即社会成员的债务清偿只能使用金币或银币。罗马帝国大量统计数据仍然以铜币塞斯特提斯为计价单位。[⑤]奥古斯都去世前为自己撰写的“本纪”中说，“我付了8 600万塞斯特提斯购买土地以分给退伍老兵，我一共支出了24亿塞斯特提斯，给了国库，并分发给罗马城的平民和遣散的士兵……”[⑥]

罗马共和国末期的几位统治者开始将自己的头像铭刻在银币上，屋大维承袭了这个做法并将之发扬光大。公元前31年发行的第纳尔银币有立于船首的胜利女神像，象征其征服埃及的成就。公元前28年发行的奥留金币上刻有拉丁铭文“他恢复了罗马人民的法律与权力”（Legas et ivra P R restitvit）。[⑦]奥古斯都以后的几乎每位皇帝都会发行新铸币，不仅换上自己的头像，也会铭刻歌功颂德的话语或雕像。铸币成为罗马帝国政治公关的一个重要工具。[⑧]

秦汉时期，中国似已有了复合货币思想。《管子·国蓄》曰，“以珠玉为上币，以黄金为中币，以刀布为下币，三币握之，则非有补於煖也，食之非有补於饱也，先王以守

---

① A. H. M. Jones, “Inflation under the Roman Empire”, *The Economic History Review*, 2nd series, Vol. V, No. 3, 1953, p. 296. Goldsmith介绍说，意大利的“人头税”是遗产税，按遗产价值的5%征收。意大利以外的地方不征收此税，除非涉及对象是意大利公民的亲属（Goldsmith, Premodern financial systems, p. 50）。

② 杨共乐：《罗马社会经济研究》，第215页。

③ Jones, “Inflation under the Roman Empire”, p. 294.

④ Goldsmith, *Premodern financial systems*, p. 37.

⑤ 罗马帝国早期的“百万富翁”或“亿万富翁”皆以塞斯特提斯为单位，参见杨共乐《罗马社会经济研究》附录四，第264－265页。

⑥ 芬利：《古代经济》，第51页。

⑦ 伊格尔顿和威廉姆斯：《钱的历史》，第54页。

⑧ 一位古罗马研究专家说，“如欲搞懂罗马政治史，不仅要研读文学，而且必须钻研钱币”（转引自Davis, *A History of Money*, p. 91）。

财物，以御民事，而平天下也。”司马迁在《史记·平准书》也援引他人之言道，“金有三等，黄金为上，白金为中，赤金为下。”但就铸币而言，今之所见的秦汉铸币主要是秦半两和汉五铢，两者皆为铜钱。西汉末年王莽当政，即公元9—23年，数次改革币制，前后发行过金错刀、朱提银等多种名称的铸币或通货单位，但均未流行长久。由此看来，奥古斯都的罗马帝国才是复合货币思想的坚定实践者。

金银铜币的同时铸造和流通，显示罗马帝国通货供给量必然巨大。这不仅与罗马帝国在其初期所掌握的巨额财富有关，而且也从侧面表明那时罗马帝国的经济规模和内部商贸交易量达到了很高的程度。如果说铜钱有利于人们的日常消费支出，金银币的铸造则显然是为了方便大额和远途的商业贸易，或许更是为了方便各个遥远的行省缴纳税款。

罗马帝国在初期和中期都进行了大规模的基础设施建设，在修建了成千上万公里的“罗马大道”（Via）的同时，还修建和拓展了许多港口，包括埃及的亚历山大里亚港。公共邮政和私人邮政并行往来于罗马帝国境内各地。当代研究者认为，罗马帝国初期已形成统一市场经济，即帝国境内各地市场已相互开放和连接，价格信息对各地商品流通和生产发挥着无形的指挥官作用。①

但是，罗马帝国仍保留着希克斯所说的“指令—习俗经济”（Command - customary Economy）的一些特征或成分。②这很可能主要指罗马帝国对部分行省征收实物税，即在埃及和北非征收粮食税；同时，对粮食的海洋运输实行国营体制，由政府组织船只负责转运粮食。此外，在意大利本土，帝国政府对穷人和城市中低收入平民大规模提供低价甚至免费食物。该措施始自共和国时期的盖约·格拉古改革，帝国时期则进一步扩大了供给范围。这些“实物经济”或“国有经济”的特征或成分对金融业的发展产生了影响，而且在罗马帝国后期某些影响更加显著。

罗马帝国初期的币制改革并未完全做到“币同形”，即帝国境内并未实现完全的币制统一。一些地方仍然发行自己的铸币，主要是银币和铜钱。金币发行权始终掌握在皇帝手中。亚历山大城、安提俄克、迦太基城、提洛岛和雅典等都在帝国时期发行过自己的银币，除了个别例外，所有地方银币皆须铭刻皇帝头像。此外，西亚的一些地方也发行过自己铸造的铜钱。③一本有关罗马统治时期埃及的钱币学著作，对尼禄皇帝（公元54—68年）在位期间为何允许埃及当地铸币（4德拉克马银币）提出了未有明确答案的问题。作者推测允许埃及铸币有可能是出于借机使铸币减值的目的，但他更倾向于认为

---

① 参见 Peter Temin, *The Roman Market Economy*, Princeton University Press, reprint, 2017.

② 约翰·希克斯：《经济史理论》，厉以平译，商务印书馆，1987年，第65页。希克斯在那里指罗马共和国创立时期的经济特点。

③ 杜丹：《古代世界的经济生活》，第305-306页。

是为了取代旧铸币。作者承认对两者均不能加以确认。[①]也许不排除这样的缘由，即当一些地方出现银币供给不足时，帝国中央政府不愿意向它们提供所需银币。在意大利本土与各行省的商业往来中，前者是逆差，后者为顺差，因此是前者应向后者支付钱币，但行省赋税可抵消这种差额。如果行省给予中央的赋税多于行省的贸易顺差，则出现钱币外流（主要是银币外流），当地便可能出现钱币（银币）供给不足。在某些富裕行省，这种不足或可通过增加当地铸币来弥补，而这只是推测。

总之，罗马帝国的复合币制总体有利于商业发展，在很大程度上也有利于金融业的发展。罗马帝国的新钱币是金融发展新的润滑剂。但是，罗马帝国的金融发展却有不够平衡之处。

罗马帝国时期的金融业

如同在古典时期的希腊和共和国时期的罗马，罗马帝国最突出的金融业是那个“古老而新鲜”的钱币兑换业，从业者被称为“换钱人”。这不仅反映了古代地中海区域一直存在币制多样化，而且也反映了当时各地之间的商业往来已十分频繁和深入。即便是奥古斯都的罗马帝国也仅仅统一了金币发行，银币和铜钱呈多样化局面。城市中的钱币兑换是商业交易不可或缺的帮手。钱币兑换服务仍由私人商号提供，他们在城市的市场广场上开设门店，面向公众招徕生意。私人钱币兑换业是古代希腊和罗马金融发展的一个重要起点，而该行业在东亚社会却很晚才开始（普遍出现则迟在 19 世纪）。

有三位学者分别论述了罗马帝国的金融发展，其观点互异。下面分别简述他们的看法。

（一）戈德史密斯对罗马帝国金融的看法

雷蒙德·戈德史密斯（1904—1988 年）生前为耶鲁大学教授，长期研究金融发展历史和比较金融体制。他在《前现代金融体制：历史比较研究》一书中，有一章专门讲述奥古斯都时期罗马帝国的金融，内容十分丰富。他介绍说，当时罗马帝国除了钱币兑换商，还有一种重要的钱币服务者，即钱币鉴定人（Nummularii），其作用顾名思义是检验各种钱币的真假伪劣，同时也提供钱币兑换的服务。[②]钱币鉴定人和兑换商都接受政府的监管，服从专门的法律规章。钱币鉴定人的一个重要作用是帮助税收官员鉴定所收税款的真伪。他们的存在表明，罗马帝国经济的货币化已达到很高的程度，同时，这也意味着假币在那时已大量出现。罗马帝国处于复杂的货币环境中。钱币鉴定人自公元前 2 世

---

① 艾瑞·克里斯蒂安森：《罗马统治时期埃及货币史》，汤素娜译，法律出版社，2018 年，第 92－100 页。

② Goldsmith, Premodern financial systems, p. 43；杜丹：《古代世界的经济生活》，第 306 页。

纪出现，经他们鉴定后的钱袋都会带有专属标记。[①]

戈德史密斯认为，罗马帝国初期的金融机构仅有少数几种，即钱币兑换商和鉴定人，钱币贷借商（Money Leaders/Feneratores），银行家（Argentarii/Trapezitai）和包税人（Tax Farmers/Societates Publicanorum）；不存在保险公司或抵押贷款银行。[②]钱币兑换商从市政当局取得营业执照，通常收取 6.25% 的费率，他们有时也向客户提供证书服务。

戈德史密斯也认为，钱币贷借商向穷人、一些土地耕作者以及一些欠税款的人士提供小额贷款。他们使用自己的资金，不属于银行。

银行在意大利本土和罗马帝国的东部行省相当普及，尤其在埃及，这些地方的经济相对繁荣。被称为"Argentarii"的银行同时从事钱币兑换、验证、拍卖等业务，而且接受存款。在埃及的这类银行还可进行帝国境内的钱币划转，即从事转账业务（Giro）。戈德史密斯引用的材料来自本书第一章提到的托勒密埃及那位作者（Preisigke）的著作。该作者认为，罗马帝国时期埃及的银行业发达程度并未比托勒密时期有新发展。[③]

几乎所有的意大利城市都有这样的银行，罗马城里则更多。有史料提及，在意大利庞贝城的一个银行账户里，个人存款额达到 38 000 塞斯特提斯，相当于当时那里 30 个家庭的年收入，但仅及一位元老院议员收入水平的 1/4。[④]这些银行的贷款通常属于零星小额类型，借款人借款要么是消费，要么是为某种政治目的。因此，尽管同一个商号从事了存款接受和贷款发放的业务，毫无疑问开展了金融中介的活动，但还不能认为这样的机构形成了"有效的信用体系"（Effective Credit System）。[⑤]

按照戈德史密斯的看法，金融业对罗马帝国的农业、商业和对外贸易的介入总体上很少，甚至共和国时期已使用的船舶抵押贷款也并不多见（这很可能由于主要海洋运输线路已被帝国政府的官营机构接管）。帝国时期的意大利经济仍以农业为主，出现了不少大农场，但大都很少使用借贷。法律已对土地抵押贷款作出了一些规定，但似乎鲜有发生。即便一些农场主借钱，其目的也是为了儿女的婚嫁。在商业方面，罗马帝国最大的项目是每年从埃及和北非往意大利本土运送粮食。粮食在当地以实物税的形式征收。贸易和运输事实上也为国营。帝国政府每年固定安排 300 艘船运粮，每艘船可运粮150 ~ 200 吨。[⑥]东部行省的产品（橄榄油、葡萄酒和陶制品）应是帝国境内除粮食以外的重要商品，但有关这些货物的信息十分缺乏。票据和信用证等工具未见史书记载。在罗马帝国与外国的贸易中，很可能没有发生任何贸易融资活动，全凭现金。在欧洲中部和印度

---

① Michael Crawford，"Money and Exchange in the Roman World"，*Journal of Roman Studies*，Vol. 60（1970），p. 45.

② Goldsmith，*Premodern financial systems*，p. 43.

③ Goldsmith，*Premodern financial systems*，p. 44.

④ Goldsmith，*Premodern financial systems*，p. 44.

⑤ 转引自 Goldsmith，*Premodern financial systems*，p. 44.

⑥ Goldsmith，*Premodern financial systems*，p. 46.

等地发现的罗马铸币便是现金支付的明证。

戈德史密斯认为，罗马帝国进行了包税制改革，逐渐过渡到直接税。因此，原包税制中涉及的金融活动相应消亡了。罗马帝国政府在公元2世纪后逐渐遭遇财政困难，但从来不借债。地方政府的自主性财政活动在帝国时期有所增加，但它们也很少发生借贷，仅一些东部行省偶尔有借款。

戈德史密斯的结论是，金融业在罗马帝国时期并不活跃，尽管帝国境内各地均出现了个体银行家。导致此局面的主要因素是意大利经济仍以农业为主，经济货币化程度不够高，在埃及和北非经济相对发达的地区实行实物税以及海洋运输采取国营体制等。

（二）戈兹曼对罗马帝国金融的看法

威廉·戈兹曼现任耶鲁大学教授，著有《千年金融史》，并与同事合编《价值起源》。两书皆有若干篇章论述罗马帝国时期的金融发展。与戈德史密斯不同的是，戈兹曼对罗马帝国时期（以及罗马共和国时期）的金融发展给予了很高的评价。戈兹曼说，“罗马的金融系统比它之前的任何一个系统都要复杂。根据某些研究，其复杂程度超越了工业革命之前出现的任何事物。”①

他举出了几个事例作为佐证。其中一个事例是罗马已有股份公司，而且人们进行了公司股票的交易。交易地点是罗马城市广场的卡斯托尔和波吕克斯神庙，在这神庙的台阶上，许多罗马公司的股票被拍卖。②

这里的关键问题是，人们买卖了什么样的公司股票？从所引述的文献看，这是包税合伙人的证书。包税合伙人也称“有限合伙人”（Societas Publicanorum），公元前3世纪时称为“税收协会”。按照一位公司法专家的看法，罗马共和国后期出现的包税合伙人制度已经具备现代公司的基本要素，即公司实体与其个别股东呈可分离性和股东与委托经营者之间的可分离性。③这种历史关联来源于罗马共和国时期已出现的“有限合伙”概念。

据悉，导致这个概念萌生的事件是罗马城曾遭高卢人袭击而后获救的经历。白天鹅清晨的阵阵尖叫惊醒了沉睡的罗马人，他们猛然发现高卢人的来袭并迅速击退了高卢人。此后，罗马当局喂养白天鹅，将之奉为神鹅。后来，喂养工作被外包。再后来，外包的方式被运用到其他一些公共事务上，包括服务项目、建设工程和收税。

前已述及，罗马共和国后期，包税人制度被广泛用于埃及和叙利亚等地，一度成为连接罗马本土和行省金融市场行情的重要纽带。但在帝国时期，包税人制度先被减少使

---

① 威廉·戈兹曼：《千年金融史：金融如何塑造文明，从5000年前到21世纪》，张亚光、熊金武译，中信出版社，2017年，第73页。

② 戈兹曼：《千年金融史》，第74页。

③ 马尔门迪尔：《罗马股票》，作为第二章载威廉·戈兹曼、哥特·罗文霍斯特（主编）《价值起源》（修订版），王宇、王文玉译，万卷出版公司，2010年，第33－55页。

用，后来几乎被完全废除。包税人制度在埃及之所以被弃用，全然由于当地实行实物税，取代钱币纳税。在其他地方，罗马帝国建立了自己的行政和收税机构，不再使用包税人。

但是，如果仅仅关注“包税人”或“承包合同”这样的概念，罗马的发明或许并无令人惊奇之处。在别的地方，同样存在包税人制度或承包制，它们是在历史和现实中反复发生的事情，其金融意义即使不能说没有，但距现代规范金融尚有距离。

研究者认为，罗马的包税人制度由两个特色：一是有明确的法律界定，这是发生在法律实践中对包税人的权利和责任进行“与时俱进的”调整；二是包税人实行了合伙制，而且这种合伙企业（Societas）还发行股份（Partes），其中有“大股份”（Magnae Partes），也有“小股份”（Particula）。现代研究者最感兴趣的是，这些股份在罗马是可转让的。转让地点就是前面提到的罗马广场的卡斯托尔神庙。[①]

研究者发现，罗马法在包税人及其股份上，并非事先制定好有关法律规则，而是在实践中调整（Law as Practiced）。当时有着对借贷（金融）的政治支持，它发挥了重要作用。[②]

对上述说法，人们仍感证据略显单薄，因为依据现有文献未能确认这些可转让股份的交易价格，以及它们给股东（持有人）带来的收益，如是红利分配还是债息发放。缺少这些证据，我们就无法确切宣称世界第一个股票市场就是罗马广场的卡斯托尔神庙。

戈兹曼提到的另一个事例是，罗马帝国时期已有相当发达的银行转账系统，政府向普罗大众发放现金的慈善举措或许也曾利用了这个转账系统——分布在各地的银行家向穷人发钱，然后向帝国国库申领资金。[③]戈兹曼还提到，公元2世纪的罗马皇帝图拉真（Trajan，53—117年，98—117年在位）在意大利建立了一套大型慈善基金系统，其资金用于投资抵押贷款，资助对象是贫穷家庭的子女和小农阶层（这听上去很像20世纪后半期美利坚联邦政府资助建立的政策性住房抵押贷款公司）[④]。图拉真还颁布法令取消了罗马诸省的税收欠款。一座纪念图拉真皇帝的浮雕（“图拉真石栏”）刻画了这位贤明帝王君临萨图尔诺农神庙监督税收记录的销毁场面。虽未拿出“真金白银”，但通过这场人头税卷册的“虎门销烟”，贤主图拉真一笔勾销了广大民众的债务负担。

戈兹曼对古罗马金融发展明显有过誉之嫌。他说，“许多现存的金融工具自罗马时代起就被采用，比如硬币、银行、海运合同、担保、抵押、公共财政和中央银行业

---

① 马尔门迪尔：《罗马股票》，第41页。

② Ulrike Malmendier. “Law and Finance at the Origin'”, *Journal of Economic Literature*, Vol. 47, No. 4 (December 2009), pp. 1076 - 1108.

③ 戈兹曼：《千年金融史》，第79页。

④ 芬利（《古代经济》，第202页）指出，这个计划被称为“食品补贴”（alimenta），所用资金并非由皇室或国库拨给，而是由土地分配基金所产生的利息收入来支出；资金交纳者按6%利率给付，皇帝则按5%给付。

务。”[1]这里提到“中央银行业务”实显牵强。

（三）彼得·特明对罗马帝国金融的看法

彼得·特明（Peter Temin）是麻省理工学院经济史教授（生于1937年），75岁时出版了研究古罗马经济的专著《罗马市场经济》。该书有一章论述罗马帝国的金融业。相比戈德史密斯出版于20世纪80年代的著作，特明的著作引用了许多晚近的研究成果，包括一些考古文献的新发现。在不少地方，他的看法与以前的成果十分接近。然而，他异于别人之处在于，他认为，即便在罗马帝国时期所有的银行都遵从罗马私法开展经营，但政府并不给它们颁发执照或监管它们。就此而言，银行与钱币兑换商有所不同，后者由政府发布营业许可（很可能因为它们也兼营税款代收业务）。[2]

特明认为，“罗马帝国初期（公元1世纪），在罗马城和意大利其他城市，多种多样的金融中介机构和活动已出现了，包括银行、经纪人、合伙商号、个体工商户和一些市政当局等。它们（他们）从事的业务有钱币兑换、存款接受、委托支付、转账、信贷拍卖、客户贷款、第三方转贷、合同担保和法律担保，以及在行省中的税款支付。虽然还没有专门的政府监管或行业监管，但金融中介的从业者已是专业人士，他们的经营是他们收入的基本来源，而且已经发展出了一套行业术语。他们的金融中介运行在基于信任的商业文化之中。”[3]

与戈德史密斯相比，这个看法显然吸收了更多的新近研究成果（包括考古发现），但也不像戈兹曼对罗马时代的金融那样“过誉”。金融在罗马帝国时期的社会经济中肯定发挥了积极作用，但这种作用肯定不足够显著。至少政府对金融工具的利用显然不够，没有能够防止后来罗马帝国政府利用钱币减值手段以及它所带来的接近于超级通货膨胀的后果。

罗马帝国中后期的财政危机与钱币减值政策

罗马帝国的税收体制在奥古斯都时期基本成型，后来的历代皇帝对此没有大的变动。各位皇帝的财政支出政策互有不同，因此不时发生财政入不敷出的情况。前亦说过，罗马帝国政府不曾对外举债，不管是发行债券还是向银行机构或个人借钱。这样，帝国政府应对财政困难的一个办法就是通过钱币减值（Debasement）来获取铸币税，即对铸币采取三种办法或其中之一：减重，减少贵金属含量，提升面额。减重和提升面额属于公开做法，减少贵金属含量则是隐蔽做法，是欺骗公众（钱币使用者）的做法。

---

① 戈兹曼：《千年金融史》，第98页。

② Temin, *The Roman Market Economy*, pp. 177 – 178.

③ Temin, *The Roman Market Economy*, p. 188.

公元1世纪的尼禄皇帝（54—68年在位）被一些研究者认为是第一位实行铸币减值的罗马皇帝，他同时并按相同比例（10%）减轻了金币奥留和银币第纳尔的重量。也就是说，使用同等量的金和银块，尼禄铸造了更多的金币和银币。如果那时的物价水平没有变化，尼禄政府也就可以购买到更多的物品和服务。但是，也有研究者认为，尼禄本意不是铸币减值，而是出于对新币的喜爱而下令铸币。恰好当时库存贵金属不足而不得不减值铸币了。[①]

几十年后，图拉真皇帝（98—117年在位）将第纳尔的银含量从90%降低到85%，类似的做法也被下一任皇帝哈德良（117—138年在位）所效法。这两位皇帝是公元2世纪罗马帝国“五贤帝”（从公元96年到180年）中的两位。他们在位的近一百年中，罗马帝国疆域辽阔，霸权威望达到登峰造极的地步。但正是在这些年中，帝国的财政体系日渐显得难以为继。

至3世纪中叶，第纳尔银币的银含量仅有4%，铜币的减值操作又开始进行了。到了皇帝伽利埃努斯（Gallienus）执政的末年（268年），第纳尔的银含量仅为奥古斯都时的1/5 000。[②]钱币学家说，卡拉卡拉皇帝（Caracalla，211—217年在位）开始发行一种新第纳尔银币，面额为原有的2倍或1.5倍，重量稍有增加（5.11克），银含量却降低到50%。[③]减值的直接目的是增加罗马士兵的报酬。一位士兵原来的年饷是500第纳尔，此后立即增加到750第纳尔。实际上，罗马社会的物价水平也很快上涨。

这种增加面额的“安敦尼银币”被后继皇帝们沿用，他们显然对此做法已达到了上瘾的地步。在皇帝伽利埃努斯之后，即3世纪最后几十年中，安敦尼银币的平均重量为3.05克，最低时为2.85克，银纯度从15%下降到5%，最后为2.5%。[④]如果按银含量计算，此时的第纳尔银币（“安敦尼银币”）仅为奥古斯都时水平的1/80。

铸币减值，与纸币流通时加大印钞机工作量或提高面额的做法如出一辙。罗马帝国在早期实行名副其实的商品货币制度。自中期以后，由于不断实行减值政策，这种商品货币制度日益徒有其名。换言之，罗马帝国政府后期采取的通货膨胀措施与在纸币制度下的做法毫无二致。

罗马帝国的钱币减值政策带来了多方面的效应。首先是物价水平持续上涨，即通货膨胀不断爬升。其次是金币以及早年发行的足值银币和铜币退出流通，有效货币供给日渐不足。再次是社会经济中投机倾向加重，资源使用发生扭曲。最后是金融机构遭受挫

---

① Crawford, “Money and Exchange in the Roman World”, p. 46 and p. 48. 芬利（《古代经济》，第170页）认为希腊化时期的君主和罗马帝国皇帝在钱币事务上没有超出城邦思维的水平，意即他们不懂得如何调节钱币供给以便适应商品经济增长的需要；同时，他也承认罗马帝国后期皇帝们实行了铸币减值政策以便谋求铸币税收益。

② 罗伯特·许廷格、埃蒙·巴特勒：《四千年通胀史：工资和价格管制为什么失败》，余翔译，东方出版社，2013年，第21页。

③ R. A. G. 卡森：《罗马帝国货币史》，田圆译，法律出版社，2018年，上册，第133页；下册，第594页。

④ 卡森：《罗马帝国货币史》，上册，第205－206页；下册，第594－595页。

折，社会经济出现脱媒倾向。

依据罗马帝国治下埃及的粮食价格数据，可窥见物价上涨的情况。从公元 1 世纪到 3 世纪，埃及小麦的价格上涨了 32 倍，即 200 年中平均每年上涨 1.7%。从公元 300—334 年，小麦价格上涨 44 倍，平均每年上涨 11.8%。从 334—344 年，小麦价格上涨 7.7 倍，平均每年上涨 22.6%。物价上涨明显呈现加速趋势。

金币绝迹于市场出现在皇帝卡拉卡拉执政期间，即 3 世纪第 2 个 10 年。①在皇帝伽利埃努斯执政时期（253—268 年），银行明确拒绝接受“粗制滥造”的钱币。②大量的金币和足值银币显然被人们“收藏”起来，即出现了钱币的囤积或贮藏效应。

公元 3 世纪开始出现不足值的钱币大量流通。一些学者认为是“信用货币”时代的开始，依据就是流通中的钱币根本没有实际价值或内在价值，其交换价值全由官府决定，与纸币制度下的情形完全一样。③

金币和其他足值钱币退出流通提出一个有意义的问题。在高通胀时期，伴随着足值钱币退出流通，仍在流通中的钱币（货币供给）相对于物价水平究竟是增加了，还是减少了，抑或是不变？这个问题的答案取决于一些相关因素。例如，假定通货膨胀具有提高货币换手率即加快货币流通速度的效应，那么，较少的货币流通量在流通速度加快了的条件下可以支撑较高的物价水平或通胀率。同理，假定原来是金银币混合流通，当通胀发生后，金币退出流通，仅剩下银币流通，此时即使银币总额少于以前的金银币总额，但加快了流通速度的银币总额也能支撑升高了的物价水平或通胀率。然而，由于社会实际货币供给总量出现了下降，按实际价格计算的社会交易总额却相应减少了，这意味着经济增长受到了通货膨胀的不利影响。

罗马帝国时期通货膨胀带来的第三个效应是投机倾向加重。经济史学者说，“在这样的情况下，无怪乎最猖獗的投机活动竟成为经济生活中的一个显著的特征，尤其是与钱币兑换有关的投机活动。”④还有作者引述爱德华·吉本的描述说明价格管制法实施后的投机情形：“来自皇城的小麦要么被富商购买了，要么被土地所有者购买了，要么一如既往地被城市政府扣留充公了；极少量流入市场的粮食又被秘密地以高昂的非法价格进行买卖。”⑤

罗马帝国与共和国时期一样，法律规定了利率高限，通常是 12%。实践中，这个法定利率高限并未一贯地被遵守，但多数正规合同都以此为据。公元 1 世纪时，大多数借

---

① 罗斯托夫采夫：《罗马帝国社会经济史》，马雍、厉以宁译，商务印书馆，1985 年，下册，第 684 页。

② Davis, *A History of Money*, p. 98.

③ 罗斯托夫采夫：《罗马帝国社会经济史》，下册，第 684 页。

④ 罗斯托夫采夫：《罗马帝国社会经济史》，下册，第 649 页。

⑤ 转引自许廷格和巴特勒《四千年通胀史》，第 29 页。

贷合同注明的利率或为月息 1% 或年息 12%。[①]在物价基本稳定的时候，这样的利率水平足以让出借者得到可观的利息收入。但在物价上涨率超过 10% 的时候，12% 的利率便变得毫无意义。研究者发现，到公元 3 世纪时，很少再有历史文献提到银行和其他金融机构，它们好像都消失了。[②]在这些金融中介机构消失或萎缩后，它们曾起过的媒介作用（将社会储蓄转化为社会的消费或投资支出）也相应减少了，社会经济随之朝着自然经济方向退化。这是发生在罗马帝国后期的情况。

戴克里先（Diocletian，284—312 年在位）是 3 世纪与 4 世纪之交的一位皇帝，执政时间政绩超过前后许多皇帝。他本人雄心勃勃，大刀阔斧地进行改革，力图挽救帝国于颓势之中。

公元 3 世纪已被称为罗马帝国的“危机百年”，各种内外问题纷至沓来。戴克里先在 301 年颁布了“限价敕令”（Edict of Maximum Prices），内容非常广泛，涉及许多价格项目。据统计，这个限价法涉及 900 种商品、130 种不同类别的服务以及多种运费。[③] 戴克里先执政期间先后推出了诸多改革措施，在官僚行政体系、军事、法律和经济等多方面都有“新政”。在经济方面至少有这六个事项，即实行价格管制和收入政策、改革币值、改革预算体制并实行新的人口和经济普查方法、全面推行实物税、改革军队和公务员俸禄制度、改革地方财政体制。他强力推行这些措施。尤其是在价格管制上，戴克里先甚至下令判处违背价格管制法的人死刑。他“抱着古代世界那种毒害匪浅的信念，总认为国家的权力是无限的，而许多近代的理论家竟同他一样抱着古代世界的这种信念”。[④]

戴克里先推出了新的金币，即苏勒德斯（Solidus），重 1 罗马磅的 1/72，约 4.5 克，用于取代原有的金币奥留（奥留已从罗马社会中消失）。在刚发行时，1 苏勒德斯据说可兑换 275 000 枚贬值了的银币第纳尔。但这个措施仅在罗马帝国东部实施，而在西部则未能推广。按照戴克里先从公元 293 年开始的安排，罗马帝国分为东、西两个部分，即东罗马和西罗马，每个部分分别由两位联席皇帝来统治。这种格局史称“四帝共治”（Tetrarchy）。

但是，戴克里先的改革未能取得成功。推行价格管制法令之初，许多违法者遭受处罚甚至被判死刑。但是，违法的情况有增无已，随之必然出现“法不责众”。戴克里先的健康状况很快恶化，他去世后，许多改革措施事实上被束之高阁，价格管制遂有名无实。

---

① Temin, *The Roman Market Economy*, p. 170.

② Temin, *The Roman Market Economy*, p. 189.

③ H. Michell, “The Edict of Diocletian: A study of price fixing in the Roman Empire.” *Canadian Journal of Economics and Political Science* 13 (February 1947): 1 – 12.

④ 罗斯托夫采夫：《罗马帝国社会经济史》，下册，第 702 页。

金融与西罗马帝国的覆灭

俗称为“罗马帝国的覆灭”，主要指西罗马帝国的衰败以及在公元476年最后被推翻。罗马帝国东部自公元293年后以君士坦丁堡为首都，始终以“罗马帝国”（Imperium Romanum）自称。17世纪后，欧洲人为了将这个罗马帝国与“神圣罗马帝国”相区别，开始使用“拜占庭帝国”一词来称呼“东罗马帝国”。拜占庭帝国在其漫长历史中经历过多次内外危机，而直到1453年方被兴起的奥斯曼帝国灭亡。

西罗马帝国的灭亡与金融有关系吗?

西罗马帝国的灭亡是历史学家们反复咀嚼的话题，“外族入侵”“东西分裂”“精神颓废”“宗教流行”“土地荒芜”“士兵涣散”等是常见说法。这些看法都有一定的事实依据。

很明显，西罗马帝国的灭亡与金融没有直接关系。若有什么关系，也必是间接关系。

罗马经济史的一位研究者这样写道，“当政府无法在关键时刻通过发行公债获得资金时，也没有大富豪可供国家筹借钱款时，尤其需要财政盈余。”①他的意思是，罗马帝国中后期，多位皇帝都需钱财以应对内外事务，可财政总是捉襟见肘，入不敷出，解决之道最终又归于“滥发钱币”，谋取铸币税。然而，随着通胀爬升，此招也愈益失灵。

有位研究者认为，罗马帝国时期通货膨胀对实际收入带来了影响：“3世纪大通胀的一个持久性效应就是降低了就业者的实际工薪水平”。②

另一位研究者说，由于罗马帝国货币体系紊乱，昔日繁荣的商业退回到物物交换，整个经济滑入半自给自足的落后状态，“中产阶级几乎完全被抹杀，平民则沦落为农奴。从智力水平上来说，整个国家已经成为一个无法唤醒的冰冷世界”。③

如果通货膨胀是罗马帝国覆灭的罪魁祸首，那么这与金融又有什么关系呢？还让我们引用一位罗马经济史研究者的看法，“在戴克里先失败了的一个方面，君士坦丁堡却取得了成功，而且这一点也相当重要：那就是他稳定了金融而且在一定程度上恢复了钱币在公私活动中的信用”。④此话意思是，东罗马帝国在西罗马帝国滑向深渊的同时实施了有效的货币金融改革，恢复了货币的稳定并使社会经济中的金融活动得以正常开展。对国际货币金融素有研究的知名学者罗伯特·蒙代尔曾这样说，“高加索和克里米亚的金矿确保了拜占庭帝国维持稳定的金币（但价值高估）长达800年”。⑤这个说法似乎表

① 弗兰克:《罗马经济史》，第276页。

② Jones, “Inflation under the Roman Empire”, p. 305.

③ Michell, “The Edict of Diocletian”, p. 3. 这些话语也为罗斯托夫采夫所用。

④ 罗斯托夫采夫:《罗马帝国社会经济史》，下册，第709页。

⑤ 蒙代尔:《桑顿效应》，载《蒙代尔经济学文集》第四卷，向松祚译，中国金融出版社，2003年，第20页。

明，相比于西罗马帝国，拜占庭帝国拥有丰裕的金矿是多么幸运。的确，拜占庭与西罗马帝国的政治体制和法律传统完全一样，甚至在宗教上也与后期的西罗马帝国相同。拜占庭帝国与西罗马帝国一样，同为压迫性的政权制度，但前者居然延续了一千年之久，肯定有其经济上的理由。

撇开拜占庭帝国财政体制不言，就两个帝国的社会经济走势来说，至少有一点是清楚的，那就是东罗马帝国经济没有出现西罗马帝国在公元3世纪后半直到4世纪和5世纪那样的经济退化。关于这种“退化”，用罗斯托夫采夫的评论说就是，“帝国早期的繁华生活……彻底地退化成晚期那种原始的半野蛮的生活”。[①] 罗马帝国初期可以被视为是一个“市场经济的整体”，但到了3世纪后，其经济已经分裂成块状的甚至碎片化的半封闭经济区。在此种形势下，罗马帝国中央政府所掌握的资源日益减少，能调动指挥的军事力量也愈发弱小了。如此，不仅政府难以再利用金融手段去进行任何有意义的财政安排，私人部门，尤其是生产性的经济活动（包括商业和实业）也很难得到有效的金融服务。在退化的经济环境中，仅剩的金融活动或许只有高利贷，而它不仅不利于正常的经济活动（包括生产和消费），还会促使社会关系和社会秩序走向解体。关于金融业与西罗马帝国的覆灭，我们应从这个宽广的角度去理解。

四、从金融角度看“古代经济”的争论

20世纪初，国际学术界出现了有关古代经济定性的争论。此后，不断有新的学术成果出版，加入争论。这场争论多少也反映在国内学术界有关中国古代和近代经济史的探讨中。

本书第一章第一节提到过一段马克思被广为引用的话：“大体说来，亚细亚的、古代的、封建的和现代资产阶级的生产方式可以看作是社会经济形态演进的几个时代。”此处“古代的”可理解为古希腊和古罗马。在欧美学术界，不少学者干脆使用连字词“古希腊—罗马”（Graeco - Roman）来指称地中海周围的古代世界。在他们看来，“古代的”与“古希腊—罗马的”是高度可互换的说法。同样，“古典的”（Classic）也与“古代的”和“古希腊—罗马的”在一定程度上也可互换。

19世纪，德意志学者的确有着浓厚的“系统化”嗜好。曾有德意志学者提出，人类经济经历“自然经济”“货币经济”和“信用经济”三大发展阶段。后来那里又有学者提出，人类经济经历“封闭的家庭经济”“城市经济”和“国民经济”三大阶段。后一说法发表后，立即招致异议。有学者撰文以古希腊和古罗马经济为佐证，认为公元前5世纪和公元前4世纪以来的多种情况表明，商业和贸易、货币与信用、雇佣劳动关系

① 罗斯托夫采夫：《罗马帝国社会经济史》上册，“第一版序言”第7页。

和商品生产等事物早已普遍存在，资本主义生产方式“古已有之”。自那以后，认为公元前后古希腊—罗马经济尚处于落后发展阶段的观点被称为“原始学派”，认为古希腊—罗马经济已高度发达的观点被称为“现代派”。

这场争论有两个现实意义。第一个现实意义是关系到如何认识资本主义生产方式的历史地位，即它在人类历史上究竟是不是新事物。在“原始派”看来，地理大发现（大航海时代开启）以后，欧洲所出现的资本主义生产方式代表了崭新的经济体系，与“古代世界”没有直接关系。而在“现代派”看来，近代早期以来的生产方式在一定程度上不过是“古希腊—罗马”经济体系中早已存在的一些要素的复活，人类并非在地理大发现之际才开始新经济体系的探索。

争论的第二个现实意义是如何看待现代市场经济体系的条件，即在何种社会环境中这样的经济体系（生产方式）才有可能出现。这个问题在一定程度上与本书第一章主题“金融的起源”有关，即金融中介在什么样的市场、法律和习俗等条件下出现。如果我们知道金融中介出现的必要条件，那么，在前近代社会甚至早期文明中，一旦我们发现这些条件已大致具备，有关金融中介的历史探讨就变成了一个“考古学”问题。这里，问题的焦点是确立金融中介和金融发展的相关条件，而这明显就是一个现实问题。

20 世纪初以来，中国许多历史学者争论过明清以来的“资本主义萌芽”问题。在争论中，有一派观点特别引人瞩目，即傅筑夫先生提出资本主义因素在战国至西汉的中国经济中已经出现。①其主要依据是，战国时期已存在专业性商人阶级和作为商品生产企业的大型工矿机构。傅先生还表示，战国时期各国自铸钱币，品类庞杂，全国性商业经营者需要将货物从甲地带到乙地，便会采取马克思说过的那个办法，即货币跨境必须脱下国民服装，变作世界通货的黄金。②他以此解释战国时期黄金流行的现象，但未提到为何先秦文献无提及古希腊社会常见的钱币兑换的情形。③这应意味着有必要继续深入挖掘先秦文献并结合文物资料，沿着新的思路展现先秦经济景气和金融繁荣。总之，傅筑夫先生的观点可以说是古希腊—罗马经济史研究中“现代派”观点在中国经济史研究中的一个对应者。

20 世纪前半期，马克斯·韦伯和罗斯托夫采夫等一些知名学者发表了有关古希腊—罗马经济史的作品，前者偏向“原始派”，后者偏向“现代派”。总体来看，在欧美学术界，“现代派”长时间占据主流，这种情况大概一直持续到 1973 年，即 M. L. 芬利发表《古代经济》一书之际。

在这之前，已于 1964 年去世的知名学者卡尔·波兰尼在相关问题上提出过“反主

① 傅筑夫（1902—1985 年）在此问题上发表过许多论著，其中一部简略本是《中国古代经济史概论》，中国社会科学出版社，1985 年，尤其第 4 章。

② 马克思《资本论》第 1 卷，《马克思恩格斯全集》第 23 卷，第 163 页。

③ 傅筑夫：《中国古代经济史概论》，第 166 页。

流”的见解，他认为当代有关自由市场经济体系的看法完全是19世纪的产物，意即“资本主义生产方式”是一个全新的、同时在很大程度上是一个被神话了的概念。在以苏美尔和亚述为代表的两河流域文明中，远距离贸易基本由政权控制，馈赠是比商品交换更频繁和重要的社会交换方式；政权（State）比私人机构更有能力去控制风险和推行较为平均的收入分配。在波兰尼看来，19世纪以来的主流经济学（以斯图亚特·穆勒和阿尔弗雷德·马歇尔等为代表）不恰当地将“商品交换”和“市场经济”这些概念神化了，让本来是“嵌入”古代社会中的概念变成了与现代社会“脱合”的事物（Disembedded）。波兰尼不仅“反主流”，也在古代经济问题上“反现代派”。波兰尼与其合作者的历史研究成果主要限于两河流域，对古希腊—罗马论述很少，当时在欧美古典学界（专注古希腊罗马文明的学界）只引起微弱的反响。

芬利的著作在一定程度上是波兰尼思想在研究古希腊—罗马经济上的应用。他强调了古希腊—罗马社会和文化与当代的重大差别。从“经济”一词的古希腊用法与现代用法的差别开始，《古代经济》通篇叙说古希腊—罗马经济结构及各行为主体与现代对应概念的不同之处。简言之，现代人以为见到了古希腊—罗马社会中的熟悉“事物”，如土地交易、商业和贸易、利息等。而在芬利看来，它们在当时的含义与20世纪（和21世纪）人们通常的理解大相径庭。

在金融领域，芬利的说法很有影响，“[古希腊]银行家比钱币兑换商和典当经纪人多不了什么”。[①] 在《古代经济》初版后11年，他再次就这个问题发表意见，重申“缺少创造信贷的手段和机制是古代经济不可动摇的一个基础（特征）”[②]。这些说法不仅激活了“原始派”与“现代派”的争论，而且将这场争论在经济分析上提升了一个层次，从此如何看待金融在古代经济中的表现及其作用，关系到如何判断古代经济与现代经济的同异性。

倘若古代社会已有相对发展的市场经济，那么则难以想象它会缺少金融（信用）。任何一个市场经济都会有商业，商业可在市场经济的任何发展阶段上存在。换言之，不同发展阶段上的市场经济会有发展程度高低不一的商业。进一步说，商业发展程度的高低（市场经济发展程度的高低），应由与之相伴的金融安排来判断。频繁的商业，尤其是远距离贸易，必然涉及大量资金的长时间占用，个人资金（资本）往往是不够的。一项商业活动若要动用来自多人的资金，势必会产生如何分担风险和分享利润等问题。也就是说，必须在从事远距离贸易或开展大型商业活动之前就做出某种金融安排，而且还必须能够持续不断地重复这种安排。据此，金融便成了判断古代经济性质至关重要的因素，而非商业活动和大型工矿组织等本身。

---

① Edward E. Cohen. *Athenian Economy and Society: A Banking Perspective.* Princeton University Press, 1992, p. 2.

② 芬利：《古代经济》，第199页。

芬利《古代经济》在20世纪70年代初问世后，立即引起了学术界的广泛关注和反响。在金融领域，20世纪90年代初有两本英文专著发表，从不同侧面回应了芬利提出的问题。以德语、法语和其他语言发表的有关论著也有许多，但它们较少为专业圈外人士所知晓。一本英文著作是1991年出版的《古代雅典的借贷》,[①]另一本是1992年出版《雅典经济与社会：银行视角》。两位作者都是“古典学”学者，同时也兼修经济金融。前一位作者接受过芬利的一些指导。两书皆以古典时代的雅典为研究对象，共同原因当然是有关文献材料的丰富可得性。

《古代雅典的借贷》的基本看法是，借贷在雅典社会大量发生，但主要是在非公民（Metic）之间以及非公民与公民之间。公民之间的借贷活动与非公民之间的借贷活动明显有一些规则上的差别，这涉及两个群体对“对等互惠性（Reciprocity）”概念的不同理解。以柏拉图和亚里士多德为代表的古希腊思想家在信贷问题上持保守观点，不赞同信贷的流行，多少反映了他们站在公民立场上的意识形态倾向。作者基本赞同芬利的观点，偏向于“原始派”。但是，作者却也认为古代经济与现代经济的区别是“结构性的”，如同一个社会中的城市与乡村在经济上存在结构性差别，某种意义上也像当代世界中不同经济体制之间的差别一样，难以简单地划分为“先进”和“落后”。

《雅典经济与社会：银行视角》聚焦于伯罗奔尼撒战争结束（公元前404年）至马其顿亚历山大大帝驾崩（公元前323年）之间80年的雅典社会，同样依据古希腊的文献和考古发现，辨析了雅典人借贷行为与当代世界的区别。在当时的雅典，一说起贷款，人们便立即会区分“海事贷款”与“地产贷款”；一说起资产，便立即区分财富的“可见部分”与“不可见部分”；经济生活也被划分为社区的公共事务和居民的私人空间。这些概念弥漫在雅典人的日常行为中，具有全然不同于现代社会的情形。

然而，那时雅典社会中银行家（Trapeze/Trapezitai）的确已成为现代意义上的银行，他们主要在“不可见”领域中接受存款和发放贷款，使用别人的钱财去获得风险分担的收益。他们在社会经济中产生了重要作用，尤其发挥了那种体现古希腊文化特色的催生社会分化（贫富两极化）的作用。那时甚至发生了银行危机，即银行家的倒闭引发社会经济动荡。简言之，与芬利的说法相反，那时雅典的银行家（Trapezitai）远不止是钱币兑换商或典当经纪人。

这场学术争论仍未结束。争论时刻提醒人们，切勿用过于简单的观点看待事物，哪怕它们是古代或者当代的“熟悉之事”。同时，事物的演进并非一帆风顺，也并非遵循人们所以为的某种逻辑而演进。但是，我们也不能否认“逻辑”的存在，而简单认为历史不过是众多相互毫无关联的事件和人物的堆积场。

---

① Paul Millet. *Lending and Borrowing in Ancient Athens*. Cambridge University Press, 1991.

五、本章小结

古希腊和古罗马社会经济的共同特征是，它们都有明确的法律传统和产权界定规则；同时，国内商业和对外贸易在较早时期便有相当的发展，这尤其体现在古典时代以雅典为代表的希腊经济中。然而，雅典铸币始于银币（德拉克马），而罗马铸币则始于铜币。在大规模对外战争时，罗马共和国才开始发行银币（第纳尔）。

金融在古典时代雅典得到了显著发展，出现了相当数量的钱币兑换商和私人银行家。土地抵押贷款在雅典附近似已成为一种常规性商业活动。伴随海洋贸易，希腊人发明了“船舶抵押贷款”（Bottomry Loan）。

三次布匿战争期间和结束后，金融在罗马共和国出现跳跃性发展。罗马共和国政府一度进行了债务融资，并利用初级形式的“公共投资组合”为自己服务。它在海外行省实行的包税制（Tax Farming）诱发了许多新金融事物，包括股份制、税款融资、抵押贷款等，甚至可能还有股票转让。围绕包税制运作，出现了一批金融家，他们在罗马与行省之间调剂资金，并使罗马成为古代地中海世界的金融中心。罗马帝国对财税体制的调整取消了包税制，也停止了与财政相关的许多金融活动。相对于共和国时期，罗马帝国时期的金融发展显得不平衡不充分。罗马帝国在中后期遭遇持续性严重通货膨胀危机，与帝国政府僵硬的财政体制、不停地实行通货减值政策以及不重视利用金融工具有重要关系。

长期以来，在如何看待古希腊—罗马经济发展问题上，学者们分成了“原始派”和“现代派”。前者认为古希腊—罗马的市场经济和信贷金融尚处于早期发展阶段，后者则认为它们已达到很高的程度。这场争论关系到如何看待人类经济发展的演进路径，同时也显示出金融对判断经济发展的高度具有极为重要的意义。

应当承认，在古典时期雅典、希腊化时期的爱琴海岛屿和共和国末期的罗马，一度出现过活跃的商业和贸易，相应地也产生了“繁荣的金融”。但是，正如许多古典学者所指出，借贷和金融等概念在古典世界（古希腊—罗马社会）与当代世界有许多不同，两者不可同日而语。即便那时已有一些借贷活动通过金融中介而进行，但总体而言，古代世界中的金融中介是小规模的、分散的，主要存在于社会经济主体活动（农业、手工业和国营经济）的边缘位置。在雅典，金融在外邦人群中十分活跃，这或反映了处于“边缘位置”的群体积极争取经济地位上升的努力。但他们显然既不可能改变社会的基本制度结构，也不可能让金融在社会经济中发挥像它在工业革命之后那么大的作用。

第二篇

中世纪金融及其转变

“中世纪”往往意味着“下降”“沉寂”和“灰暗”，但它同时也包含着“孕育”“新生”和“复苏”等。基督教和伊斯兰教均明确反对收取利息，欧亚地区由此在历史上广泛禁止高利贷甚至禁止商业性借贷。但是，金融并没有消亡。在中世纪欧洲和西亚北非，金融常以隐蔽或变相方式存在。中世纪中期后，意大利半岛始现商业和金融繁荣。欧洲宗教改革后，荷兰和英格兰等西欧国家先后步入贸易和金融发展的“快车道”，在世界上率先发动金融的根本性变革。

[第三章]

中世纪的禁高利贷传统及其影响

“中世纪”一词为中世纪欧洲人发明，本意指西罗马帝国覆灭后欧洲进入到政治上分裂、经济上停滞和思想文化上黯淡的状态。在这个漫长时代，社会成员被划分为多种多样的固定群体，人们的行为举止必须循规蹈矩，宗教在几乎一切事务上都具有最高精神权威。显然，如果就人们的社会关系和行为特征发生重大变化而言，“中世纪”不限于欧洲，而是一个具有世界普遍性的历史概念。

人员流动、商业自由、借贷自愿、百花齐放、百家争鸣，曾发生在很多文明古国，即发生在中世纪以前。但之后，新的社会范式或制度模式便出现了。以阿拉伯为例，公元6世纪，伊斯兰教兴起以前，穆罕默德出生地麦加为政治独立、商业繁荣和文化昌盛的地区，毫无“中世纪”的意味。6世纪的麦加是“商贾辐辏的著名商埠”，城市以东的欧卡兹不仅是集市所在地，且每年举行赛诗会；郊外的阿拉法特山是朝觐圣地，寺庙里供奉着阿拉伯人崇拜已久的众多神祇。①彼时彼地，财富横流，高利贷盛行，年息普遍为本金之倍。谷物借贷常为，放出一斗小麦，收回两斗小麦。资金委托他人投资，即便他人亏本也要坐收利息。彼时阿拉伯语“金钱”一词通指一切财富，不仅包括土地、房屋、牲畜（骆驼），还有货物、首饰、矿产、木材、枣林、园地、牧场、城堡和河流等，“会说话的牲口”②（奴隶）自然也在其中。一切事物似乎皆已货币化。此种发展的后果就是，社会分化加速，大量社会成员沦落，社会稳定性受到严重威胁。伊斯兰教的兴起，在一定意义上即为对此状态的扭转。

高利贷在近代以前各个社会中普遍存在。婆罗门教（印度教）、伊斯兰教和基督教

---

① 小阿瑟·戈尔德施密特，劳伦斯·戴维森．中东史［M］．哈全安、刘志华译，东方出版中心，2015：25.

② 纳忠．阿拉伯通史［M］．上卷，商务印书馆，2006：95－96.

都强烈反对高利贷。不仅如此，它们还反对收取利息的借贷活动，尽管反对的程度不完全一样。反高利贷或限制借贷成为世界各大宗教的历史传统。

在基督教世界，此传统一直持续到近代早期。在中世纪中期以前的欧洲，商业和金融业凋零萎缩，商业性借贷活动完全被边缘化了。

“投资百科”（www. investopedia. com）对高利贷（Usury）的定义是，任何利率被定在不合理高度或高于法律许可程度的贷款即为高利贷。这是一个有关高利贷的现代界定。这个定义提到了法律对利率高限的规定，但各国的具体规定互有差别。立法的基本动机是排斥“掠夺性贷款”（Predatory Lending）行为，即债权人向债务人施加不合理和苛刻的条款，滥用权利，将债务人置于受迫害之境地。然而，中世纪欧洲对高利贷却有着很不一样的看法，认为凡是收取利息的贷款就是高利贷，而且所有含息的贷款行为都应当被禁止。公元7世纪兴起的伊斯兰教对此有相同看法。

自公元4世纪开始，由基督教会提倡的禁高利贷政策对中世纪欧洲金融业的发展产生了广泛而深远的影响。这个政策传统的形成具有多方面的原因，从意识形态到经济利益关联以及维护社会秩序。

中世纪中期以后，厚厚的坚冰首先在欧洲渐渐融化，静悄悄的变化在点点滴滴地发生。经院学派的神学家们一方面竭力捍卫传统教义的基本信条，另一方面又为新型金融工具打开了一道门缝。梵蒂冈教皇与新兴的意大利银行机构结成了经济利益共同体的关系。欧洲许多君主产生巨大的借贷需求。银行也积极开发和利用可规避禁高利贷政策的新型金融工具。

符合现代定义的高利贷是古代和中世纪世界的普遍现象。中世纪欧洲在基督教影响下，形成了一套具有浓厚宗教色彩的应对措施。而中国自先秦以来则发展了独辟蹊径的应对之道，即官办信贷和官定利率高限。在信贷事务上，中外分道扬镳或许始于古代，远远早于欧洲的近代初期（中国明清时期）或中国宋朝（公元1000年）。

一、高利贷在古代世界的普遍性

从古到今，人们的借贷需求无处不在。金融业是满足人们借贷需求的供给。如果金融发展由于各种缘故受到限制，那么，满足人们借贷需求的供给就可能会出现不足。借贷供求的不匹配和不平衡，不仅可能引起利率的异常升高，而且还会引发诸多经济和社会问题。让我们首先了解古代出现高利贷的一般性原因，然后再概览高利贷在中世纪欧洲和古代中国的表现。

古代世界高利贷现象普遍性的一般原因

近代以前的社会，虽然商业和金融业尚未发达，但是人们也经常会有借贷需求。借贷需求来自家庭生活需要或进行个体经营的需要。从事农业生产的古人会进行食物储藏，尤其在北半球的温带地区必须如此。那里一年四季分明，秋收之后即为颗粒无收的冬季。在某些地方，漫长的冬季甚至持续半年之久。应对周而复始可预见的季节变化，古人理性地作出妥善的储藏安排，不让季节更替给生活带来太大影响。但是，如果发生意外的食物储藏问题，例如贮存食物的坛罐破裂或遭到蛀虫侵蚀，借贷需求就必然出现。这种借贷需求属于“零星散发”类型，往往可以通过邻里互借得到满足。

古代社会中，当一个地方的人口增加到一定规模后，人均实物储蓄或会有所减少。此时，人们抵御意外事件冲击的能力便随之下降，借贷需求则会相应增加。

某些大规模的意外事件能给全社会所有成员都造成冲击，例如严重的旱涝灾害和暴发传染病等。每当此时，社会借贷需求会陡然猛增，但并不存在相应的贷借机构或机制能够应对这种情况。

所以在古代社会，适应这种社会需要的“国家”可发挥社会储蓄机构的作用。“国家”征收赋税，但并不将税收（实物）在当年消费殆尽，而是将其部分储藏起来，如古埃及诸多王朝的作为。一旦需要，“国家”便向受灾民众提供衣食，以渡过难关。

同时，宗教组织也发挥类似的作用。宗教组织是一个“低消费”机构，信徒们捐赠的大量财物可被储蓄起来，遭遇灾难时，这些财物便可用于救助灾民。宗教组织通过这种“经济手段”扩大了社会影响，吸引更多的信徒。

这是有关古代情形的简化说法，它强调了古代社会单个人储蓄的不足，以及集体组织（包括“国家”和宗教机构）以外的专业化储蓄机构的缺位。这两个因素，一方面决定了古代社会个人或家庭的借贷需求经常出现，另一方面也显示了集体组织担当储蓄服务的角色。

由政府和宗教机构提供的储蓄服务，在社会遭遇大规模意外事件冲击的时候特别凸显其作用，如古埃及的尼罗河泛滥、古代中原地区的大干旱等。但是，在风调雨顺之际，古代社会中一些个人或家庭每每仍会出现借贷需求，诸如家庭添丁、罹患疾病、养儿育女、婚表嫁娶、周济亲属、节庆祭祀等都会派生出借贷需求。

向邻里和亲戚朋友借款属于熟悉人之间的直接融资，这种直接融资到处都有，天天发生。但是，熟悉人之间的直接融资具有天生的局限性。邻里和亲朋很有可能与借钱人一样缺少可贷之钱或可贷之物，缺乏流动性。有时即便拥有可贷之物和流动性，他们也可能不愿贷借出去，因为他们愿意持有这些可贷之物和流动性以备自己的不测之需。

当向熟悉人借款失败后，有借贷需求的人只能去寻找不熟悉的有钱人。如果两者达成借贷协议，那么这也属于直接融资。但这是不熟悉人之间的直接融资。

不难想象，不熟悉人之间协商一份借贷协议，立即就会遇到三个问题，或者说三个障碍。第一个问题是信息不对称。有钱可贷的人怎么知道需要借钱的人有能力按期归还借款并支付一定的利息回报呢？借款人不能及时归还本金和利息的情况叫做违约。这里信息不对称指贷者与借者双方对借者的违约风险（或者说发生违约的概率）的认知是不一致的。

第二个问题是借者是否可提供足够的可抵押资产？既然借者有违约风险，既然贷者不认识借者，也不愿意去信任借者的口头或书面承诺，贷者一定会要求借者提供可抵押资产，而且这些资产的价值与贷款数额相挂钩。那么，新问题马上发生。如果借者有足够多的资产，他或她便不会去借。更重要的是，近代以前，人们所拥有的动产（家具、用具和衣服等）种类远少于现代，不动产（房屋和地）市场并不发达。在某些社会（如古埃及和东亚），不动产甚至不准被交易，或买卖不动产的行为得不到法律或官府的正式认可。即使在允许交易的地方（如古代的雅典），其流动性也应相当有限。

第三个问题是借者能否提供第三方担保？如果不能，意味着贷者的损失风险上升；如果能，则意味着借者需要为得到担保付出额外的成本。现代社会中，担保与被担保关系的形成是一种商业性行为，基于参与者之间的信息交换模式。担保者对被担保者（借者）偿还能力或违约风险的认识一定优于贷者。但在古代，已知有强制性的担保组合，即担保者并非自愿地向被担保者提供担保（宋朝王安石变法中即存在这种情形）。这种强制性担保组合的发生，从一个侧面说明，古代社会中自愿形成的担保或许并不多见，至少对有关当事人来说，其难度高于现代社会。

信息不对称、缺少抵押资产、缺少担保，这三件事情对贷者意味着贷款发生违约的风险极高，贷者遭受损失的风险极高。既然如此，为何古代社会中还有贷者愿意贷借呢？古代社会有两个在现代社会中很少见的情况，而且正是这两个情况让贷者愿意向借者（哪怕是高风险的借者）给予贷款。一是利率可由贷者任意确定，贷者拥有利率决定权，而且通常不容借者讨价还价。二是违约发生时，法律和习俗允许贷者（债权人）取得对借者（债务人）的人身控制权。第二种情况之所以出现，很大程度上是由于在签订借贷合约时，借者实际上将自己作为抵押物或担保物交给了贷者，即同意了“人身抵押”或“人身担保”，一旦还款违约，贷者随即获得对借者的人身支配权。

这种情况进而会诱惑一些有钱人处心积虑地设法让别人来借钱，以图当债务人违约时，滥用法律和习俗去实现对债务人的人身控制。换言之，这些有钱人愿意向别人提供贷款并且居心叵测地让借款人无力及时偿还，这不啻是这些有钱人实现对别的社会成员进行控制的手段。

古代社会缺少专业化金融机构，出现个人的借贷需求时只能求助于其他个人。也就是说，借贷需求与借贷供给不匹配，供给相对不足。在这种情形中，贷者往往处于强势地位，他们往往也会据此进一步增强自己的强势地位，通过高利率、财产抵押和违约后的人身控制等手段，趁借者违约之际，不仅实现对借者的产权剥夺，而且实现对他们的剥削和奴役。在这个大背景下，政府和宗教机构对此做出限制性反应是古代和中世纪社会的“理性”行为。

中世纪欧洲的高利贷

3 世纪是罗马帝国的危机百年，4 世纪是它在政治上走向紊乱的时期，也是基督教在欧洲广泛传播并被全面接受的时期。从4 世纪到11 世纪，很少有文献记载欧洲的借贷和金融活动。大量商业性借贷活动或是停止了，或是变形了（如以典当铺为主），或是转为地下，不再被人们公开谈论。既然收息的贷款在道义上被基督教宣判了死刑，公开的谈论莫过于自取其辱。有些国王也制定了法律，禁行高利贷。在这样的背景下，欧洲在数百年间缺少了利率行情的可靠记载。如今可供参考的主要是一些间接的记述。

圣巴西略（St. Basil，330—379 年）是一位出生在希腊的神学家和传教士，曾在卡帕多西亚（Cappadocia，今土耳其东南部地区）一地出任主教。他在365 年就高利贷问题发表讲演时说了一个故事。一位乞求人在借钱时，大费口舌却仍不能打动高利贷人。后者无动于衷，因为前者一直未提到“利息”。当听到乞求人说起“利息”一词后，这位高利贷人立即说，“我来看看手头有没有钱。哦，对了，我一个朋友在我这里放了一笔钱，让我用它赚钱。他规定了很重的利率。不过，我肯定会去掉一部分利息，开好的条件给你”。富人用这种甜言蜜语迷惑可怜的穷人，让他乖乖上钩。然后，他把穷人与抵押保证书捆绑在一起，在其难以糊口的窘境之下，剥夺了他的自由。那个穷人被迫背负起无法偿还的利息，只能自愿接受终身的奴役。①

该故事的真实性无从考察，但可以认为它反映了那时的一般情形。这个故事包含几个要点值得留意。一是法律允许债权人获得对不能偿债的债务人的人身支配权，即债务人一旦无力还债便面临失去人身自由的威胁。二是在这种个人与个人之间的借贷关系中，利率被定在了一个极高的水平，即债务人通常无力偿还的水平。借贷合同中一般会约定“复利”规则，即“利滚利”。对于那些挣扎在生命线上的穷人和小本生意者来说，任何高于10% 的利率都可能是他们承受不了的负担。三是高利贷者通常使用自有资金，所谓“受朋友之托”“借了别人的钱”等实属托词。近代以前的高利贷者通常不属于间接融资的典型事例。

间接融资与金融市场有较为密切的关系，直接融资则不一定。在直接融资中，利率很有可能是借贷双方讨价还价的结果。不过，在实际中，借贷双方常常知晓社会中通行的利率水平，即利率的“一般水平”，他们在借贷合同中采用通行的利率容易得到法律和习俗的认同。因此，在个案中发现的利率具有社会的意义。

只要信息在社会中传播，在任何一个地方看见的利率信息就都有一定的代表性。中世纪早期，10 世纪以前，尽管欧洲的基督教会强烈反对高利贷，但高利贷现象并未完全消失。私人开办的典当铺成为常规性高利贷的活动场所，那里针对无担保贷款流行的利

① 大卫·格雷伯：《债：第一个 5 000 年》，孙碳、董子云译，中信出版社，2012 年，第 270 页。

率是每周25%，换算成年率则为1300%。[①]开办这些典当铺的人据说多为犹太人，他们被称为“显而易见的高利贷人”。10世纪后，这个行业又涌进了别的一些人群，尤其是伦巴底人。

两位研究者报告了12世纪欧洲几个地方的利率数字。在英格兰，个人短期贷款分为三种情形。最佳信誉的借款人所支付的利率水平为43.33%～52%，信誉较差的借款人支付利率为80%～120%，介于两者之间的借款人利率为60%。在欧洲大陆，典当铺的利率为43.33%或更高。意大利热拉亚的商业短期贷款利率为20%。[②]这些数字表明，迟至12世纪，欧洲各地的利率水平都居高位。

这也说明，尽管教会和一些君主竭力反对高利贷，从道义和法规多方面禁行高利贷，而高利贷事实上仍在通行。高利贷在社会经济生活中的消失或退居末流，非凭法规与说教，而是由于正规金融业的发展和专业化间接金融机构的普及。

古代中国社会中的高利贷

先秦时期，借贷在中国社会中已为常见。《史记·孟尝君传》讲述，齐国贤达兼政治家孟尝君曾向许多农民发放贷款，并用利息收入豢养众多门客。他委派了一位代表前往收债，而那位代表在收债现场居然擅自做出决定，给有能力偿还者以还款延期，给无力偿还者们注销债务。史书记道，“能与息者，与为期；贫不能与息者，取其券而烧之”。这里的“券”即为昔时中国贷者与借者分别持有的“左券”和“右券”，两者签约时各持一券，还罢合券了清。这种复式借贷合约形式秦汉以后改为单式。[③]

孟尝君得知消息后当然不悦。但这位代表回答说，对那些还不了债的穷人，催他十年也还不上来。而且时间越长，利息越多，情急之下他们就会逃亡，赖掉债务。催促太紧，适得其反，终将拿不回款项（“不足者，虽守而责之十年，息愈多，急，即以逃亡自捐之。若急，终无以偿”）。

故事并未提到利率有多高，也没有表明是否采用了复利原则计息。总之，债务拖欠连续十年，其负担大到足以让负债人决定逃废债务了。这个故事表明，借债行为那时已十分普遍，有较强经济能力的人会借钱，经济能力不够强的人也会借钱。

《管子》是一部文集，各篇写作时间相差数百年，从战国至秦汉。《管子·治国》提到“倍贷”，并举出四种情形来说明百姓为何要“倍贷”。这四种情形是：交纳官府的追加赋税；农忙季节人手不足时请人助耕；商人秋天买粮时给价为五，春天卖粮时要价为

① 悉尼·霍墨、理查德·西勒：《利率史》（第四版）肖新明、曹建海译，中信出版社，2010年，第58页。

② 霍墨和西勒：《利率史》，第76页。

③ Lien－sheng Yang（杨联陞），*Money and Credit in China*，Harvard University Press，1954，p.92.

十（价差1倍）；各种税、租、费、役合计集于一身（纳税人负担翻番）。[①]参照这些情形，“倍贷”可理解为是一年内“借一还二”。也就是说，“倍贷”指年利率为100%。

《汉书·食货志》有一段文字表达与《管子·治国》意思相近的内容。当人们遭受旱涝灾害并被官府强征赋税时，有人不得不将物品半价出售，没有物品的人只好去借“倍称之息”，还不了时只得出卖田地住房，甚至卖儿鬻女。而那些商家大户则囤积货物，待价而沽，收取高价，犹如赚取翻番的利息收入。[②]这里，“倍称之息”的含义与“倍贷”相同，即指翻倍的利息收入。

中国古代的田地，一般是新朝开启之时由官府分配给各家各户，不许买卖。但随着时间流逝，法令松弛，田地房屋买卖渐渐流行，官府对此往往“睁一只眼闭一只眼。”历朝律令均禁止百姓卖儿鬻女，但悲剧却每每发生。

魏晋南北朝时，佛教传入中原，各地兴建了许多佛教寺院。诗云，“南朝四百八十寺，多少楼台烟雨中。”寺院接受香客施舍，并占有山林田地，从事多种经营活动，俨然成为社会经济中的一种新型机构。许多寺院和侍僧也发放贷款，以钱币或谷物做贷款，并收取高额利息。北魏宣武帝在永平四年（511年）下诏贬斥“僧祇粟”的营运违背了本意，“主司冒利，规取赢息，及其征责，不计水旱，或偿利过本，或翻改契券，侵蠹贫下，莫知纪极”，并指示官府对其进行检查监督，“若收利过本，及翻改初券，依律免之，勿复征责”[③]。这里，“偿利过本”或“收利过本”皆指利息数额超过了本金额。古代中国的不成文惯例是利息额不超过本金额。官府对利率的管制在很长时间中以此为准。这条文献记载也反映出当时的官府对民间借贷中的高利贷行为进行了积极干预。

官府、私人和佛教寺院在昔时中国皆开办典当行，均在唐朝或唐后期。[④]寺院开办的典当行接受抵押物，包括贵金属、农产品和其他物品。早期的典当行叫做质库，它也有其他一些名称（如“长生库”等）。唐朝时，除了寺院开办，一些私人也开办质库或从事抵押贷款。[⑤]典当行在后来的中国社会中一直发挥着重要作用，为城乡人士提供抵押贷款，利率则常常位居高位。

或许是因为民间高利贷活动过于猖獗，南北朝以后历代王朝都出台有利率高限令。唐朝为月息六分，即月利率6%，年率按简单加法为72%。元朝时，开启了月息不过三

---

① 《管子·治国》原文是：凡农者月不足而岁有余者也，而上征暴急无时，则民倍贷以给上之征矣。耕耨者有时，而泽不必足，则民倍贷以取庸矣。秋籴以五，春粜以束，是又倍贷也。故以上之证而倍取于民者四，关市之租，府库之征粟十一，厮舆之事，此四时亦当一倍贷矣。夫以一民养四主，故逃徙者刑而上不能止者，粟少而民无积也。

② 《汉书·食货志》原文是：“勤苦如此，尚复被水旱之灾，急政暴赋，赋敛不时，朝令而暮当具。有者半贾而卖，亡者取倍称之息，于是有卖田宅、鬻子孙以偿责者矣。而商贾大者积贮倍息，小者坐列贩卖，操其奇赢，日游都市，乘上之急，所卖必倍。”

③ 转引自叶世昌《中国金融通史》（第一卷：先秦至清鸦片战争时期），中国金融出版社，2002年，第127页。

④ 刘秋根编《中国典当史资料集（前475—1911）》（河北大学出版社，2016年）第二章分别荟集了历朝文献有关官府、私人和寺院开办典当行的记载，初始时间皆在唐朝。

⑤ 参见曲彦斌《中国典当史》，九州出版社，2007年，第13－24页。

分的官府规定,[①]此规定后由《大明律》和《大清律》分别继承。月息三分，即年率按简单加法不过36%。这些规定在多大程度上得到了遵从，一直是一个不够清楚的事情。同一个朝代，前期、中期和后期的情形也相差极大。高利贷在中国古代社会中的长期蔓延和猖獗，在很大程度上可归因于正规金融机构的羸弱。

二、基督教禁高利贷法的推行

古巴比伦的许多法典对利率高限作出了规定，通常水平为20%～33.33%。罗马帝国也作出过年利率不得超过12%或月息不得高于1%的规定。罗马帝国时期的利率高限低于古巴比伦时期，一定程度上反映了金融业在罗马帝国时期已比古巴比伦有显著的发展。但随着罗马帝国社会管理的松弛和中央集权体制在帝国西部的瓦解，利率管制领域出现了权力真空。随着基督教会势力的兴起，教会成为利率和借贷行为的管制力量，并成为西罗马帝国覆灭后影响各地金融业发展的一个重要因素。

中世纪早期欧洲政治经济形势的基本特点

4世纪到5世纪，不断有许多“野蛮”大军入侵罗马帝国的西部疆域，并在覆灭后的原西罗马帝国境内各地建立起异族政权，它们被称为“野蛮政权”。

西罗马帝国覆灭后，欧洲政治经济形势有以下三个新特点：

（1）中央集权不再存在，各地出现了政治上和经济上的割据局面。在481—751年期间出现的墨洛温王朝统治了今天法兰西的大部分和德意志的西部，但未触及意大利和西班牙。继起的加洛林王朝在雄心勃勃的查理曼大帝（742—814年）带领下，冀图统一欧洲，但他的实际统治范围仍只有原西罗马帝国的一小部分。在他去世后150年出现的神圣罗马帝国（962年成立）不能算做是充分意义上的政治实体，尽管它在宗教信仰和思想精神上对欧洲不同地方的人民具有号召力。西罗马帝国覆灭后，欧洲再没有经济上统一的市场，许多地方退回到半自给的经济状态。在5世纪至8世纪中叶，西欧和南欧的一些城市继续与东罗马帝国和西亚北非保持贸易往来，但此后由于阿拉伯势力在地中海兴起，这种联系受到冲击。有历史学家说，“穆斯林关闭地中海与加洛林王朝登上舞台这两件事的同时发生，不可能仅仅是一种巧合。”[②]国际贸易在8世纪中叶后的衰落，或从一个侧面促成了西欧地区政治经济格局在此后数个世纪中的“碎片化”。

---

① 叶世昌：《中国金融通史》（第一卷），第376页。

② 亨利·皮雷纳（Henri Pirenne）：《中世纪的城市》，陈国樑译，商务印书馆，2019年，第17页。这句话在政治上的对应表述是，“没有穆罕默德，就没有查理曼大帝。”这段话被称为是“皮雷纳命题”（参见罗纳德·芬得利和凯文·奥罗克《强权与富足：第二个千年的贸易、战争和世界经济》，华建光译，中信出版社，2012年，第79页）。

（2）城市经济凋零，庄园经济兴起。罗马帝国后期，在重税压迫下，城市中产阶级奄奄一息。连绵不断的通胀和战乱更使得许多平民逃离城市。600 年时，罗马城人口仅有 5 万人，是繁荣时期水平的 1/20。“西方又回到了原始民族的最简单的经济生活。”[①] 逃离城市的人大多去了乡下，成为那里寄人篱下的依附性劳动者。中世纪早期，欧洲出现了新型劳动力，即依附性的农业劳动者，他们被称为“农奴”。原来的奴隶则“消失”了，其中一些因被允许与自由民通婚而得到自由，有关奴隶的旧法律也不再适用。由于许多自由民事实上已被降为依附民，原有的奴隶们因此并未得到多少“解放感”。

（3）基督教（天主教）教会成为欧洲政治经济的重要新势力，并对社会精神生活和物质生活产生了巨大影响。基督教于公元前后在今天巴勒斯坦和以色列形成后，逐渐在罗马帝国境内传播开来。公元 4 世纪后，罗马帝国的统治者正式认可了基督教，并在后来给予基督教会许多直接和间接的物质支持。天主教会中心设在罗马城中央政务区，即延续至今的梵蒂冈。在西罗马帝国境内兴起的许多异族政权的王公贵族后来纷纷皈依基督教，争当虔诚教徒。教会逐渐获得了许多干预社会事务的权力和权威。一些教会甚至力图将教会法规（Cannon Law）推广到社会事务领域，以教会立法作为政治立法，并在经济领域中频频作为。“随着集权国家的消失，市场日益开始受到教会的调控。”[②]

上述第一个特点说明欧洲在中世纪“四分五裂”的情况，第三个特点却表明由于基督教的出现，中世纪欧洲又具备了新的统一性因素。有研究者认为，“教会的统一性和它的官方语言在整个中世纪产生了一种世界主义”。[③]当然，欧洲在中世纪的统一性因素不仅只有教会，还有其他一些“无声的”因素，例如罗马法传统的继承和拉丁语在上层社会（包括在宗教、学术、法律和医疗等领域中）的广泛使用。不过，相对于法律传统和语言，教会属于最具权威并能主动作为的统一性因素。

在借贷事务上，教会突出地发挥了它的能动作用，带头提议禁行高利贷。并且，教会所反对的不仅是收取高利息的借贷，而是所有收取利息的借贷行为。

基督教推行禁高利贷法

基督教会在 303 年得到罗马皇帝君士坦丁一世的正式承认，随后加快了在欧洲扩张的步伐。323 年第一次尼西亚会议（First Council of Nicaea）在皇帝君士坦丁一世的赞助下召开，会议地点在今天土耳其城市伊兹尼克（伊斯坦布尔东南外 90 公里处，当时称

---

① P. 布瓦松纳：《中世纪欧洲生活和劳动（五至十五世纪）》，潘源来译，商务印书馆，1985 年，第 28 页。但也有经济史学者对这个看法提出过不同意见。前引亨利・皮雷纳（Henri Pirenne）认为，四世纪开始的蛮族入侵没有给西罗马帝国境内的城市带来实质性破坏，是阿拉伯—穆斯林势力在七世纪中叶后向地中海的扩张带来了海洋贸易线路的中断，以及随后的西欧城市的衰落，西欧城市的凋零持续到九世纪末（第一章和第二章）。

② 格雷伯：《债：第一个 5 000 年》，第 269 页。

③ 转引自汤普逊《中世纪经济社会史》下册，耿淡如译，商务印书馆，1984 年，第 261 页。

为“尼西亚”）。会议邀请了欧洲各地多达上千名主教参加，实际出席者据说有 300 人左右。会议确定了许多迄今一直为基督教会（天主教会）所奉承的教仪教条，而且确立了广泛推广教会法规的基本方针。其中一项教规就是，禁止神职人员发放高利贷。

345 年举行的迦太基理事会（Council of Carthage）决定高利贷禁令同样适用于非神职人员。此决议在 789 年的理事会（Council of Aix）得到重申。[①]这两次会议之间，北非的迦太基被异族占领，不再属于基督教势力范围。

米兰大主教安布罗斯（Ambrose，340—397 年）在 380 年发布过一道训诫说，必须将高利贷视为某种形式的暴力抢劫甚至谋杀。但出于严谨，他认可了《旧约·申命记》中有关“借给外邦人（外方人）可以取利”的说法。[②]或许由于这个缘故，安布罗斯大主教对包括犹太人在内的“外邦人”采取了敌视态度，多次劝说罗马帝国皇帝们对他们不采取保护政策。

教皇圣利奥一世（Leo the Great，440—461 年在位）颁布敕令，重申禁止神职人员从事高利贷，宣称发放高利贷的教徒犯有“可耻收益”之罪。

查理曼在欧洲大肆扩张期间，需要借助罗马教廷为自己正名。在此背景下，他所颁布的世俗法吸收了许多教会法的成分，包括禁止高利贷的规定。《查理曼法典》禁止任何人发放高利贷，高利贷被定义为“索取超过给予”。[③]他是第一个下令禁止高利贷的欧洲国君。

“黑暗世纪”时常泛指整个欧洲中世纪，但更多时候指欧洲中世纪早期，即五世纪到十世纪。在此期间，教会和信奉基督教的各地贵族（包括城邦）都对高利贷进行了严厉打击。850 年，凡被发现从事高利贷的人员会被教会开除。11 世纪后，基督教会再次审视高利贷的定义，并制定一些具体措施来实施处罚。

圣奥古斯汀（St. Augustine）说，当“期望中的获得超过给予”时，就是精神上的高利贷。1139 年，第二次拉特兰公会（Lateran Council）宣布高利贷者将被剥夺公权。教皇尤金三世（Eugene III）裁定，“如果放贷人获取抵押物收益时不考虑本金数额，那么他的抵押贷款就是高利贷。”教皇亚历山大三世（1159—1181 年在位）宣称，高于现货价格的赊销是高利贷。

在十字军东征开始后，出现了从军农民的财产权和债务处置问题。教皇英诺森三世在 1215 年颁令说，所有参军战士将豁免捐税等赋税，所欠的利息也都应被勾销，“如果有债权人勒索利息，应以宗教惩罚方法迫使其退还所收利息”。[④]

---

① Charles R. Geisst, *Beggar Thy Neighbor: A History of Usury and Debt*, University of Pennsylvania Press, 2018, p. 21.

② 格雷伯：《债：第一个 5 000 年》，第 271 页。

③ 霍墨和西勒：《利率史》，第 56 页。

④ 汤普逊：《中世纪经济社会史》上册，耿淡如译，商务印书馆，1984 年，第 506 页。

基督教会（天主教会）反高利贷的教规和实践所针对的不仅是收取高额利息的借贷，而且包括所有收取利息的借贷。在这样的禁令下，基督徒都无法正常开展有回报的借贷活动，更谈不上开展商业性借贷活动。后面我们将看到，“禁止收取利息”是一道很苛刻的禁令，迫使许多本来可收取常规利息的商业性借贷活动或停止，或变形，或转为地下。

当然，正如后面将要看到，中世纪欧洲基督教的禁高利贷令并不总是得到充分实施，许多绕过教规限制的做法不断被发明出来，而且，教会的“火刑是留着对待异教徒的，对待背离教义的商人则颇为仁慈”。① 从中世纪中期开始，欧洲逐渐出现了多种法律体系并存的局面，教会法只是其中一种。除了教会法，还有罗马法、封建法、王室法、商人法以及中世纪晚期后逐渐壮大的自然法。②这些互有交叉的法律体系在一定程度上为商业性活动的生长提供了可能性。

三、欧洲禁高利贷的思想和宗教依据

教会和神学家们在为自己的反高利贷立场辩护时，惯常援引《圣经》，尤其是旧约的告诫。《旧约・申命记》第23章说，“你借给你弟兄的，或是钱财，或是粮食，无论什么可生利的物，都不可取利。借给外邦人的可以取利，只是借给你弟兄的不可取利。”此处第一句话明确要求信徒不可对弟兄收取利息，第二句话则表示若贷借对象是外邦人，则收取利息不属禁行。此话被只信奉《旧约》的犹太人广泛接受，他们认为给予非犹太人的所有贷借均不受第一句话的约束。但对欧洲绝大多数非犹太基督徒而言，他们相互间的借贷行为则要受到第一句话的约束。

《旧约・出埃及记》第22章说，“我民中有贫穷人与你同往，你若借钱给他，不可如放债的向他取利。”这表达了与前述第一句话相同之意，即对同行的人，尤其对待同行的贫穷人，贷借不可收取利息。

《旧约・以西结书》第18章说，“未曾向借钱的弟兄取利，也未曾向借粮的弟兄多要，缩手不作罪孽……这人是公义的，必定存活。这是主耶和华说的。”这里称赞了坚守前述第一句话的行为。

《旧约・诗篇》第15篇说 ，“他发了誓，虽然自己吃亏，也不更改。他不放债取利，不受贿赂以害无辜。”这是在赞美不收利息的行为。《旧约・尼希米记》第5章也表扬了不收利息的举动，提到归还1%的利息。

《新约・路加福音》第6章有长长一段宣扬“爱仇敌”之说，“有人打你这边的脸，

① 泰格、利维：《法律与资本主义的兴起》，纪琨译，学林出版社，1996年，第36页。

② 泰格、利维：《法律与资本主义的兴起》，“新法制的前景”，第8－49页。教会法在那里被译为“公教法”。

连那边额脸也由他打……你们若借给人，指望从他收回，有什么可酬谢的呢？就是罪人也借给罪人，要如数收回。你们倒要爱仇敌，也要善待他们，并要借给人不指望偿还……”这里将《旧约》里已有的人道主义原则做了进一步发挥，要求信徒们完全放弃经济利益的计较，一心给予，勿求回报。

《圣经》“旧约”和“新约”上述说法可归纳为两点：基督徒们相互借贷不应收取利息；面对任何借贷需求，最好是给予。“旧约”对外邦人的借贷需求允许收取利息，此非教义所禁止。

《圣经》没有直接说明“去给予”的经济来源如何解决。《圣经》诞生在私有制、货币、政府税收等事物已经普及的时代背景中，显然不可能提出超越现实、不具有可操作性的“只给予、不获取”的单向输出利益的社会关系模式。事实上，从基督教会后来在欧洲各地所提倡的运作模式来看，他们建立了独特的经济运行方式，即在各地建立寺院，获得土地，开展自给性和商业性生产，接受社会捐赠，向罗马教廷缴纳“什一税”（Tither），并以收入为基础向社会成员提供力所能及的慈善救助。后面将看到，寺院经济事实上形成了独特的经济循环，它与更大范围内的社会经济形成了既有区别又有联系的关系。

从1世纪至6世纪，基督教的经济思想是，“信徒们应该出售他们自己的东西，并且布施给穷人，或者他们应该借钱给别人而不指望从中得到任何东西（甚至不指望得到偿还）”。[①]这个时期，基督教神学家们完全以伦理说教代替经济分析，但他们并未对现存社会制度或习俗进行任何“正面攻击”。[②]

中世纪反高利贷传统的另一个思想来源是古希腊哲学家亚里士多德。13世纪前，亚里士多德的著作不为基督教神学家们所知晓，但此后则被广泛传阅。亚里士多德说，“最为可恶的【致富方法】是高利贷，人们这样讨厌它是极有道理的，它是用金钱本身来牟取暴利，而不是通过金钱的自然目的来获利。因为金钱本来是用来交换的，而不是用来增加利息。利息这一词意味着以钱生钱，它可以被用来指钱的繁殖，因为子钱类似于母钱。这就是在所有致富的方式中高利贷何以最违背自然的原因。”[③]

亚里士多德是一位百科全书式的思想家，对许多经济问题都提出了见解，尽管这些见解不一定都得到了适当的论证。他不仅反对高利贷，而且反对一般的借贷行为。他没有准确区分高利贷和一般的借贷，这是他后来被一些经济学家诟病的一个重要缘故。[④]但

① 熊彼特：《经济分析史》第一卷，朱泱等译，商务印书馆，1996年，第113页。

② 熊彼特：《经济分析史》第一卷，第115页。

③ 亚里士多德：《政治学》，吴寿彭译，商务印书馆，1981年，第32页（也见同名书，颜一、秦典华译，中国人民大学出版社，第21页）；也见A. E. 门罗编《早期经济思想：亚当·斯密以前的经济文献选集》，蔡受白等译，商务印书馆，1985年，第19页。

④ 熊彼特：《经济分析史》第一卷，朱泱等译，商务印书馆，1996年，第104页及其附近。

是，亚里士多德之所以那么强烈反对高利贷甚至一般性借贷行为，很可能是因为他看到了借贷或金融行为具有快速催化传统社会关系演变的作用，即第二章讲述古希腊金融时引述恩格斯那段话语所表述的意思。社会若不限制高利贷，利息负担本身很可能会造成许多社会成员破产；如此，社会关系便陷入某种危机状态。从今天的观点看，亚里士多德实际上对这种情况提出了警告。当然，遗憾的是他并未给出正确的应对之道。

13 世纪时，欧洲在经济生活和精神生活上都出现了诸多复苏迹象。此时出现了一位影响巨大的经院哲学家圣·托马斯·阿奎那（1225—1274 年）。他是一位出生在意大利的神童，毕生致力于为基督教（天主教）提供全方位知识指导。他高度赞扬了亚里士多德的思想，追随后者提倡“公平价格”，并为教会的经商活动提供思想和精神依据。在阿奎那看来，“公平价格”依据产品的生产成本和需求来决定，但不用考虑市场竞争因素，因为竞争在经院学派看来是有罪孽的事物。[①]

阿奎那著《神学大全》第二卷第二篇“问题七十八”专门论述利息问题。他完全继承了亚里士多德的思想，认为收取利息违背公平价格法则。利息是为使用货币支付的价格。但从货币持有者的观点来看，货币在使用过程中被消费了，所以同酒一样，货币没有像如房屋那样的可以与其实体分开来的用途，因此对使用货币收费就是对不存在的东西收费，是为非法，是进行高利剥削。[②]

阿奎那谴责了政府借债[③]，反映出在其写作的年代，意大利一些城邦已开始在财政上进行债务融资。但他同意，由于房子这样的物体可以做到所有权与使用权相分离，从而房子的主人是可以收取租金的：“一个人把房子的所有权让渡给另一个人，而在一段时间内仍留给自己使用；或者反过来，一个人在把房子的使用转让给别人的同时，却仍然保留着对它的所有权。因此，一个人可以合法地收取他的房子的用途的代价……”[④]对于贷出的金钱索要一些回报是合法的。“在礼物与礼物之间和在贷款与贷款之间似乎有同样的关系。既然由给出金钱而得到金钱是合法的，因贷出金钱而以另外一种贷款的方式得到补偿也是合法的。”[⑤]此外，他还说，“一个人可以对借出的金钱收取抵押品”。在普通的商业借贷中，贷借人向借款人发放贷款的同时向后者索要抵押物是很常见的做法，阿奎那的说法相当于代表天主教中央认可了这种实践。

仔细比较阿奎那的论述与 10 世纪前基督教人物的言论，可以看出一些区别。虽然阿奎那坚持在原则上反对高利贷，但他对一般的借贷行为却给予了肯定。同时，他同意贷借者获得必要的补偿，尽管最好不以利息的形式。另外，他也认可商业化借贷业务中

---

① 汤普逊：《中世纪经济社会史》下册，耿淡如译，商务印书馆，1984 年，第 322 页。

② 熊彼特：《经济史分析史》第一卷，第 147 页；也参见门罗编《早期经济思想》，第 57 – 70 页。

③ 熊彼特：《经济分析史》第一卷，第 151 页。

④ 阿奎那：《神学大全》问题七十八，载门罗编《早期经济思想》，第 59 页。

⑤ 门罗编：《早期经济思想》，第 62 – 63 页。

收取抵押物的做法。这一切都表明，到了 13 世纪，以阿奎那为代表的基督教神学家们对信贷问题的态度已出现了一定变化。阿奎那本人或许已是“体制内的一位宽松派代表”，不再对借贷行为“一棍子打死”。

在阿奎那之后，欧洲社会继续争论高利贷或借贷问题，但是基督教神学界继续坚决谴责和抵制高利贷或借贷行为。14 世纪末和 15 世纪，一位名叫圣伯纳丁诺的神学士（San Bernardino da Siena，1380—1444 年）大声疾呼“打倒高利贷”，让他们下火海。[①]在文学作品中，高利贷人一直是被丑化的对象。但丁（1265—1321 年）在其名作《神曲·地狱篇》中将高利贷者打入地狱第七层，属于“双眼迸发出痛楚”的那一群人。莎士比亚（1564—1616 年）的戏剧《威尼斯商人》中，反面人物就是高利贷者。

从宏观历史的角度看，中世纪欧洲基督教会反高利贷或反利息的主张其实并不是那里的特殊现象。世界其他所有重要宗教中，都曾有与基督教相同或接近的看法。早于基督教的佛教、印度教和犹太教中都曾谴责高利贷和收取利息，晚于基督教的伊斯兰教在高利贷或利息问题上也采取了与中世纪基督教几乎完全一样的态度。[②]甚至今天世界上的伊斯兰银行和金融机构依然避免直接收取利息。

四、禁高利贷政策的经济根源

基督教会及其思想家们力禁高利贷，表面看起来是遵从《圣经》和古代哲学家的指引，但并非意味着他们的政策决定单纯出于纯粹思想上的引经据典。

基督教会禁高利贷政策有其经济缘故，他们可借以扩充日渐壮大的寺院经济的劳动力来源，与其他世俗经济势力争夺劳动力，以让寺院经济得到更大的发展空间。

美利坚经济史学家汤普逊和法兰西经济史学家布瓦松纳在他们的著作中详细描述了寺院经济在中世纪早期的兴起和壮大历程，从中我们可以看到寺院经济利益的一些特点。[③]

在地中海周围地区，寺院制度最早发轫于埃及。尼罗河中下游地区有许多自然洞穴，一些逃避人间苦难的修行者在那里过起了隐居生活，其简朴生活方式与罗马帝国后期达官贵人们张扬的奢靡生活形成鲜明对比。公元 3 世纪时，有知名基督徒成为类似的修道僧，使修道和寺院随后成为一种社会风尚。

---

① 霍墨和西勒：《利率史》，第 55 页。

② 这篇文章综述了各大宗教对待高利贷和利息的看法和主张，并认为各大宗教的认识包含了许多共同因素。参见：Wayne Visser and Alastair McIntosh. “A Short Review of the Historical Critique of Usury”, *Accounting, Business & Financial History*, 8 (2), 1998: 175 – 189.

③ 汤普逊：《中世纪经济社会史》上册，第五章“寺院制度的兴起和传播”，第 173 – 194 页；以及下册，第二十五章“教会和封建社会”，第 261 – 323 页。

在罗马皇帝瓦伦斯（364—378 年）在位时期，寺院的法律地位获得官方认可，并可拥有财产权。寺院的财产主要来自基督徒们的奉献，尤其是已故信徒的遗产赠予。有记载表明，在君士坦丁于 337 年去世时，罗马帝国境内仅有 15 所寺院，而在 527 年查士丁尼独享帝王御座时，已有 90 所寺院。[①]教会地产不断扩大的进程持续到中世纪中期，即 12 世纪到 13 世纪。在此时，英格兰和爱尔兰超过一半的土地归教会所有，德意志有一半的土地属于教会；在整个西欧，教会占有的土地占全部土地的 1/3 到一半。[②]

寺院掌握大量财产后，需要组织和安排人手进行生产和经营。寺院种植粮食果蔬，畜养家禽，有的还兴办医院、学校等。法兰西等地的一些寺院出产佳酿的葡萄酒，名声日盛，行销远方。一些寺院甚至成为工业制成品生产中心。[③]

在寺院经济兴起的早期，公元 4 世纪到 5 世纪，大量寺院分布在埃及和地中海东部沿岸。迄于六世纪，寺院开始“拉丁化”。寺院不仅陆续在意大利和西欧各地出现，而且在管理和经营模式上也有别于此前在埃及和西亚，产生了“西方寺院制度”或寺院制度的西方模式。“西方寺院模式”的特点是注重实际，不提倡苦行僧。一位在六世纪布道的僧侣圣本尼迪克就表示，僧侣应当勤劳做工，自食其力。[④]

寺院实行了集体所有制，并发展起独特的庄园农业生产方式。许多寺院继承了有关种植、牧畜和果蔬的罗马方式，并传及不谙此术的日耳曼人。一些寺院甚至通过开垦荒地和清整沼泽地等方式来扩大土地经营面积，有些寺院还开展国际贸易。教会和寺院早已获得免税特权，这使得其在从事商业和贸易时具有别的商号和机构所不具备的优势。在今天法兰西（以前称为高卢或法兰克）的一些地方，寺院仍然出产葡萄酒。这些寺院一方面自行消费上等的葡萄酒，另一方面也将它们销往国内外其他地方。

很明显，寺院已经成为一个经济实体，一个具有自我利益的机构。当然，它们并非一定追求利润极大化，它们事实上竟然反对“利润”这个概念。但是，寺院在进行经营时自然需要记账，需要给提供服务和劳动的人们支付报酬。教会和寺院反对高利贷，一方面召唤那些需要借贷的人们来到寺院寻求帮助，另一方面也是遏制那些企图开展借贷事业来寻求致富的人士。

汤普逊认为，“为了开发它的广大地产的利益，教会现在已成为一个农奴制和奴隶制的支持者；它不仅反对解放奴隶，甚至把奴隶制扩充到原来没有这种制度的地方。”[⑤]但布瓦松纳认为，“教皇、主教和僧侣们力求终止奴隶制，而且他们的榜样鼓舞了国王

---

① 汤普逊：《中世纪经济社会史》上册，第 175 – 176 页。

② 布瓦松纳：《中世纪欧洲生活和劳动》，第 125 – 126 页。

③ 布瓦松纳：《中世纪欧洲生活和劳动》，第 105 页。

④ 汤普逊：《中世纪经济社会史》上册，第 181 – 182 页。

⑤ 汤普逊：《中世纪经济社会史》上册，第 106 页。

们和贵族。”[①]另一位中世纪经济史学家在这个问题上采取了折中观点，他认为，包括寺院在内的中世纪庄园既是一个宗教单位，又是一个司法单位；既是一种经济组织，也是一种社会组织；在那里做工的劳动者不同于古代世界的奴隶，也不同于17世纪后来自非洲的黑奴，还不同于19世纪上半期大工厂中的工人；在中世纪的庄园里，惯例（习惯法）具有无上权力，决定了每个人的权利和义务。[②]

可以肯定的是，至少在10世纪以后，教会和主教及僧侣们不仅贷钱款予他人，也从他人那里借钱款。13世纪，科伦的大主教欠意大利银行家的债务按现代货币计算多达4万英镑以上，法兰西和英格兰的主教们也都有类似规模的欠款。[③]从6世纪开始，分布在欧洲各地的教会定期向梵蒂冈（罗马教廷）缴纳“什一税”，每两年或三年一次不等。该税后来主要采取了货币税的形式。但是，欧洲各地铸币千差万别，而且梵蒂冈对各个地方教会也有不同数额的“转移支付”。在此背景下，梵蒂冈和地方教会皆需要借助专业化的支付服务机构来完成税收的转运和汇集，也可能会发生地方教会欠款的情况。也就是说，在各地向教廷缴纳和汇集货币税的过程中，容易产生对支付和借贷服务的需要。13世纪后，罗马教廷与意大利多地的银行发生了密切关系，后者进而享受了罗马教皇的庇护，成为社会中的一支新兴势力。[④]此时，教会软化了对待高利贷和一般借贷行为的态度。

中世纪欧洲经济史研究者认为，“由于信徒的捐献和香客的施舍，只有教会拥有财力能在歉收的时候向世俗的穷人发放贷款。”[⑤]教会和寺院肯定向社会成员发放过不少贷款，尤其是向有需要的穷人们发放过小额贷款。教会和寺院在发放这种贷款时，肯定也不是出于获取利息收益的目的，而是出于笼络人心，实为另一种方式的传教布道，而且也是防止穷人落入高利贷者的陷阱，成为后者的农奴或奴仆。

在中世纪中期以前，教会反对高利贷或一般的借贷行为，怀有争取人心、吸引民众的企图。但在中世纪中期以后，当社会上出现了独立的商业化的借贷和金融活动时，教会对待高利贷和借贷事务的态度发生了一些转变，不再像过去那样视之如水火。这或许也从一个侧面表明，教会或寺院与社会上商业性借贷活动之间，并不存在直接的竞争关系或替代关系。事实上，如前所述，在意大利等地，教会与新兴金融机构已形成一定的伙伴关系，前者完全包容了后者的发展。教会出于自身的利益，不用再去反对金融机构的发展，至少不再那么强烈地反对了。

这里再引述中世纪欧洲经济史研究专家汤普逊的两段话，他对教会的抨击是欧美作

---

① 布瓦松纳：《中世纪欧洲生活和劳动》，第95页。
② 亨利·皮朗（Henri Pirenne）：《中世纪欧洲经济社会史》，乐文译，上海人民出版社，2014年，第44页。
③ 布瓦松纳：《中世纪欧洲生活和劳动》，第172页。
④ 布瓦松纳：《中世纪欧洲生活和劳动》，第172页。
⑤ 皮朗：《中世纪欧洲经济社会史》，第8页。

者中最强烈者：

“从近代标准看，寺院制度的根源是自私自利的，因为僧侣的主要目的是要拯救自己的灵魂，用隔离世俗的方法来使自己的灵魂不受污染，用禁欲的方法来使自己的灵魂洗去渣滓。可是，寺院还发放救济品，给饥饿者以食物，给无衣者以衣服，给孤独者以安慰，给孤儿寡母以保护，给旅舍和学校以维持费。”①这里肯定了教会的社会作用。下面一段话则形容教会是一个集大成者，是一个几乎无所不包的大机构：

“在中世纪，罗马教会是一个行政长官、大地主、收租者、征税者、物质生产者、大规模的劳动雇主、商人、手艺人、银行家和抵押掮客、道德的监护人、关于节约法的制定者、学校校长、信仰的强制者——这一切身份都集于一身。”②从现代经济学观点看，当一个机构十分庞大时，它便可能与周围环境中的其他事物产生竞争关系，从而容易衍生出抵制其他竞争者的动机，采取拒绝改革和转变的政策立场。然而在欧洲，幸运的是，后来的历史发展表明教会虽然在一些事务上曾起到阻挡进步的作用，对科学家和改革者进行过宗教迫害，但在 13 世纪后，意大利和欧洲其他地方的金融业毕竟在教会的眼皮下重生并活跃起来，而这发生在 16 世纪宗教改革之前。

五、禁高利贷传统中的金融活动

这里再引述一段汤普逊的话，“中世纪教会，在范围上如此普遍，在权力上如此独特，在利益上如此复杂；所以，它包含着一大堆矛盾：有的是真实的，有的仅是表面的；它是宗教的，也是世俗的；封建的，也是反封建的；贵族的，也是民主的。”③

基督教会在欧洲中世纪早期和中期实行的高利贷禁令以及它所影响到世俗立法和司法实践，或多或少限制了当时社会中借贷活动的开展。但是，欧洲中世纪中期以后，随着 10 世纪后商业和贸易的兴起，各地不仅发生了借贷，而且出现了商业性的借贷，金融业逐渐有了新的发展。这难道表明基督教会的高利贷禁令没有作用吗？

基督教会的高利贷禁行政策确有作用，但其作用由于几个因素被规避或部分地抵消了。若没有这些因素，中世纪欧洲金融或许仍将处于“万古长夜”之中。这几个因素是：对“外邦人”的弱约束；规避操作；金融创新。

对“外邦人”的弱约束

《圣经》多处地方告诫人们在借贷时不要收取利息，但在《旧约·申命记》中却说，

① 汤普逊：《中世纪经济社会史》上册，第 193－194 页。
② 汤普逊：《中世纪经济社会史》下册，第 262 页。
③ 汤普逊：《中世纪经济社会史》下册，第 297 页。

“借给外邦人的可以取利”。这段话在《新约》里并不存在。因此，基督徒可被要求对所有人贷借时都不得收取利息。然而，仅仅信奉《旧约》的教徒则可以此为据，贷钱给“外邦人”并收取利息。犹太人所信奉的犹太教，恰奉《旧约》为圭臬，因而他们可以在贷钱给非犹太人即“外邦人”时收取利息。

犹太民族是一个拥有悠久历史同时又历经磨难的民族。他们的祖先在公元前就曾做过古埃及王朝的奴隶，后来又被大规模押往古巴比伦王朝做苦工。波斯帝国消灭古巴比伦后，犹太人被允许返归今天巴勒斯坦和以色列的故土。公元后，犹太人成为罗马帝国属民，并遭受了残酷压迫。犹太人起义反对罗马人统治，惨遭镇压。随后犹太人流落到世界各地，主要分布于地中海四周，后来逐渐散居在欧洲大陆各地以及不列颠群岛。此时，犹太人已有了自己的犹太教，而且伴随着犹太教，他们形成了具有鲜明特色的社会习俗和律法。同时，他们也在早期流亡和磨难的经历中磨炼出坚强的生存本领和胜人一筹的多种技艺，包括识别钱币珠宝，打磨加工钻石、翡翠等。他们也颇有语言才能，能够在继续使用希伯来语的同时掌握不同地方的当地语言。

英文里有个词叫“Diaspora”，直译为“散居各地”或“寄居四方”，原意指犹太人流落到了世界各处，成为不同于当地的移民或寄居人群。今天，世界各地皆有华人华裔和印度人印度裔，这个词（Diaspora）也可适用。但是，在近代以前，该词主要适用于犹太人。

本书第一章结束时提及犹太人在巴比伦流亡期间，受到此地许多影响，并将其中一些商业和金融文化要素传承下来，为中世纪晚期和近代初期的欧洲资本主义生长提供了养料。20 世纪初的德意志学者桑巴特是“犹太人贡献论”的鼓吹者，他不仅在代表作《现代资本主义》中论述了此观点，而且还写有专著《犹太人与现代资本主义》。有学者认为，桑巴特的一些论述缺乏严谨，不仅时有虚构之虞（以荷兰东印度公司董事会成员的肖像来断言其犹太人属性），而且还夸大犹太人在 17 世纪荷兰商业革命进程中的构成和作用。[①]记住这些批评意见，并带着必要的小心，看一下桑巴特对犹太人的金钱和借贷经营传统的描述还是能给我们一些启迪：

“犹太人是否发现了金钱的秘密力量？借贷机制是他们创立的，还是他们从巴比伦人那里学来的？现在看来相对确定的是，在犹太人抵达巴比伦之前，钱财即已在当地自由流通，尽管我们在放债发展的规模上没有任何有价值的细节信息。或许，犹太人从事货币活动的种子，是与其近亲巴比伦人的这种种子一道发芽的。在这两个有亲缘关系的民族当中，谁率先结出金色果实，这不大重要。重要的是，后来的时间将放债强加于犹

① 参见芝加哥大学教授、英文学术期刊《经济发展与文化变化》创始人 Berthold Frank Hoselitz（1913—1995 年）为桑巴特《犹太人与现代资本主义》美国版所写序言（中文版收录）。事实上，荷兰东印度公司成立时，其阿姆斯特丹商会的数十位大股东中仅有两位被认定是犹太人（Petram，*World's First Stock Exchange*，pp. 125 – 126）。

太人身上，让他们成为这一领域的行家。由于不停地流浪令他们有必要将财富随身携带，还有什么比钱和珠宝更适合此目的的？被扫地出门时，金钱是他们唯一的伴侣；被迫害者压榨时，金钱是他们唯一的保护者。因此他们学会了爱钱，发现只有通过钱的帮助，才能征服世界上的强权。金钱成为他们——以及通过他们的全人类——无须自身强大就可操纵权力的方式。一个在社会上无足轻重的民族，用放债的细线将封建巨人绑了起来，就像小矮人们对巨人格列佛所做的那样”。①

但是，晚近的学者不再这样看待犹太人的经历和传说。前面引述过的那位人类学者说，“我们不能夸大犹太人在贷款中扮演的角色。大多数犹太人和贷款生意没有关系，而那些做贷款生意的人往往只是些小角色，通常不过是贷出一些谷物或衣服，收取实物的回报。另外一些放贷者根本不是犹太人。早在13世纪90年代，传教士就抱怨说，有领主与基督徒放贷者相勾结，声称后者是‘我们的犹太人’——也由此给予他们特别的保护。到12世纪初，大多数犹太人放贷者就已经被来自意大利北部的伦巴底人和来自法兰西城市的卡奥尔人取代——他们的足迹遍及西欧，成为远近闻名的农村高利贷者。”②

比利时中世纪欧洲经济史学者亨利·皮朗（Henri Pirenne）的看法也与此接近。他说，犹太人在中世纪欧洲金融发展中的作用被夸大了。犹太人在商贸发达的佛兰德斯地区（或称法兰德斯地区，泛指今天比利时和荷兰大部分低凹地势区域）十分少见，他们大部分分散在离莱茵河很远的东欧地区，参与海上贸易的犹太人主要来自西班牙巴塞罗那城。许多犹太人经营典当铺，但他们的客户中有许多人比他们更有权势。犹太人放贷能做到替客户保守秘密。③

莎士比亚的喜剧《威尼斯商人》讲述了夏洛克与借款人之间的纠纷和结局，突出刻画了犹太放贷人的贪婪和苛刻。此剧以威尼斯为背景，因为该地商业氛围是中世纪晚期欧洲最为浓厚的地方。事实上，犹太人直到1589年才在当地获准从事商业并公开进行自己的宗教活动，而且在17世纪30年代再次面临被驱逐出境的威胁。④直到近代早期以前，犹太人在欧洲各地都处于这样的境况，他们不太可能强烈影响那时欧洲主流社会的商业和金融发展。不可否认的是，在中世纪欧洲多个地方，犹太人聚集区周围的非犹太居民以及政府当局不时掀起反犹排犹运动，施害于犹太社区，终究未能阻止犹太商业金融文化的延续和壮大。⑤

这里提到的另外两群人，伦巴底人（Lombards，中文也称“伦巴第”或“伦巴迪”）

① 桑巴特：《犹太人与现代资本主义》，艾仁贵译，上海三联书店，2015年，第241页。
② 格雷伯：《债：第一个5 000年》，第274－275页。
③ 皮朗：《中世纪欧洲经济社会史》，第89－90页。
④ 尼尔·弗格森：《货币崛起》，高诚译，中信出版社，2012年，第32页。
⑤ 陈志武：《犹太历史的量化研究》，载《量化历史研究》第五辑，科学出版社，2019年，第1－27页。

和卡奥尔人（Cahorsins），与犹太人同样的具有移民特征。伦巴底人是西罗马帝国覆灭时进入意大利的蛮族之一，他们在此前生活在德意志北部，以畜牧业为主。他们入侵意大利后，迅速接受了当地文化，并在568—774年在意大利北部波河流域组建了自己的王国，米兰就在伦巴底人统治范围内。该王国后来战败于法兰克人，随之解体。在这个时期，伦巴底人已经形成了自己的借贷法规和传统，基调是宽松对待债务人。例如，允许债务人在五年内无力偿还时可延期至十年，到时倘若仍然无力偿还还可再延期至二十年。到二十年时，如果债权人提出偿还要求，并得到当地王公或法官认可，且借贷约定得到证实，那么债务人或其后裔则必须归还。①

伦巴底人不辞辛苦远走他乡，到处寻求商机并搭建了跨境联络网络。由于一些国家不时迫害甚至驱赶犹太人，伦巴底人多次趁机而入，接手犹太人的典当生意。至中世纪晚期，伦巴底人在欧洲享有了精于银行和金融业务的声誉。因此，欧洲一些城市将自己的金融大街命名为“伦巴底街”。

卡奥尔人（Cahorsins）指来自法兰西南部小镇 Cahors（位于大城市图卢兹往北 115 千米处）的移民人群。他们原属于西哥特人（Visigoths），有自己的法律文化传统，在借贷事务上的做法与古罗马《十二铜表法》很接近。他们坚持12.5%的利率高限，任何书面协议也不得超过此水平。②他们来到意大利后，专门从事放贷活动。一部13世纪的史籍这样说：

“卡奥尔人（Caursines or Cahorsins）得名于 Cahors 市，但这个词通常指贷钱者（Money-Lenders）。真正的卡奥尔人是资本家式的基督银行家，他们的客户是社会中有权有势者。在英格兰，他们之所以臭名昭著乃是因为他们总说自己是教皇的经纪人，并索要高额利息。这些时日，卡奥尔人让人感到无比烦恼的是，在英格兰几乎没有人不欠他们的钱，尤其是主教们。英格兰国王更是欠下无数钱财。他们绝不在意借款人的亟需，总会将高利贷掩盖在贸易交易中，装作不知道只要本金上加价就是高利贷，无论给它取什么名字……”③

从这段描述中可以看到，中世纪中期以后，借贷和银行的兴起不仅与包括卡奥尔人在内的“外邦人”有关，而且更与教皇、国王和主教们的借贷需求有关。教皇、国王和主教们此时明显产生了新的借贷需求。这种新情况出现的原因多种多样。但重要的是，能够满足这些需求并为之服务的是那些“外邦人”：卡奥尔人、伦巴底人、犹太人等。不难想象，中世纪欧洲高利贷禁令的松弛首先发生在这些人身上，然后才逐渐扩散到社

---

① Geisst, *Beggar Thy Neighbor*, p. 25.

② Geisst, *Beggar Thy Neighbor*, pp. 29 – 30.

③ 原文出自《巴黎的马修：1235年卡奥尔人的高利贷》（Matthew of Paris: The Usury of the Cahorsins, 1235）；该引文片段19世纪被译为英文，后被收录进一部中世纪经济史的资料书（A Source Book for Medieval Economic History），并在线供阅览（https: //sourcebooks. fordham. edu/source/1235cahorsins. asp）。

会其他人群。

规避高利贷禁令

经济史学家认为，到了 12 世纪后，欧洲的商业和工业已经苏醒，并且开始进入“无限活跃”的状态。有关“公平价格”和“不收利息”的理论讨论，日益具有实际意义并影响到许多人的切身利益。“对于这些问题，不仅神学家和理论家，而且王公、行政官、法律家、商人、贩子和老百姓都感兴趣。人们的经济实践拒绝接受这些教会的教训了。教会的命令，不是被置之不理，便是大多被阳奉阴违。当代的商业巧计，造出了许多的‘间接例外’”。①

人们规避教会禁令的办法之一是，“在契约中把资本的数目写得比实际的数目大一些，或者用各种赔偿，特别是因延期归还而要求赔偿的方法隐蔽起来”。②

13 世纪及以后，一些法学家竭力重新解释“利息”的含义，从罗马法中引申出它可以用于当下实践的合理合法性。一个新的看法是，利息是对贷借人利益损失的补偿，这种损失出现在贷借出去的钱款未能及时归还时。因此，“利息”的意思一是贷款未及时归还而导致的罚金或滞纳金，二是贷款担保人为提供担保而付出的牺牲（损失金）。③无论此番见解是否被认为是“诡辩”，它却越来越广泛地被社会接受，也让伦巴底人这样的“外邦人”几乎通行无阻地从事贷款交易。

实际发生的一种情形是，按照预先安排，借款人有意延期还款，以便向贷款人支付“罚金”或“滞纳金”。双方如此安排可共同规避教会或世俗法庭的追究。

一位经济史学家认为，由于禁高利贷法的存在，一些意大利放款人为躲避惩罚，以组织团体的方式从事经营活动，借此掩盖自己的身份。“这办法是有危险的，但它可以保护个人。”④这位研究者认为，14 世纪成立于热拉亚的圣乔治银行即为一例（参见下一章）。股份公司的原则恰好体现了马克斯·韦伯所说的资本主义企业的第一要义：生意与家庭的分离，即从事经营的个人仅对经营实体的盈亏承担有限责任。⑤不过，股份公司制度的出现，究竟是高利贷禁令风险的规避动作还是属于金融创新，人们对此看法不一。

中世纪欧洲金融创新与汇票的起源

汇票指国际贸易中进口商向出口商签发的纸质支付票据。在某些国家，汇票与支票

---

① 汤普逊：《中世纪经济社会史》下册，第 323 页。

② 布瓦松纳：《中世纪欧洲生活和劳动》，第 169 页。

③ 霍墨和西勒：《利率史》，第 59 页。

④ 汤普逊：《中世纪经济社会史》上册，第 534－535 页。

⑤ 马克斯·韦伯：《新教伦理与资本主义精神》，马奇炎、陈婧译，北京大学出版社，2012 年，第 11 页。

混称，泛指所有买家开予卖家的支付通知票据，包括转账支票在内。[①]汇票是一种非常方便的非现金支付工具，能够充分体现参与交易各方的信用。欧洲在中世纪中期以后出现了国际贸易的快速增长，与广泛使用汇票有一定关系。

古希腊和罗马已出现汇票的踪迹，在世界其他地方也有使用类似汇票的跨境支付工具。但是，在中世纪欧洲，关于汇票究竟是如何起源或怎样被人们“再次”启用，学者们尚无一致的看法。简单归纳一下，有四种观点。一是认为汇票由12世纪流落四方的犹太人所发明；[②]二是认为汇票是在罗马教廷向各地征收“什一税”及“什一税”汇缴过程中出现的转账工具，时间约在10世纪甚至更早；[③]三是认为汇票由圣殿骑士团发明，时间约在11世纪或12世纪；[④]四是认为汇票由定期参加欧洲集市交易的商人发明，时间约在12世纪和13世纪。[⑤]

桑巴特坚持认为汇票为犹太人发明，并为此收集了许多历史文献。他引述一位研究者的话说，“犹太人作为国际贸易的中间人，大规模使用了外汇机制，这个机制以前一直流行于地中海各国，后来又扩展到其他地区。”[⑥]

启蒙时代的法兰西思想家孟德斯鸠（1689—1755年）在《论法的精神》（1748年出版）中说，“犹太人发明了汇票，这个办法使贸易得以在各地维持下去而避免暴力，最富有的商人也只拥有无形的财产，这些财产可以汇到任何地方，在任何地方都不留痕迹。”[⑦]在给这段话所加的脚注中，他还说，“众所周知，在菲利普二世（1179—1223年在位）和大个子腓力（1316—1322年在位）掌权期间，从法兰西被驱逐的犹太人逃到了伦巴第，他们在那里把汇票交给外邦人和旅客，让后者到法兰西去找他们的委托人换取财物”。为强调汇票的新意义，孟德斯鸠还说，“自从有了汇兑，财富在某种意义上就不再专属于任何一国，而且可以方便地在各国之间流动”[⑧]。

一位当代历史学者发现了中世纪晚期法兰西律师于1645年在波尔多出版的一部著作，该书主题是论述海事规则和惯例，其中引述14世纪前半叶意大利银行家兼政治家乔万尼·维拉尼（Giovanni Villani，约1276—1348年）在其《新编年史》的说法，海事

---

① 现代英美法律不区分汇票与支票，而欧洲大陆国家的法律则区别对待两者。日常意义上的个人支票（银行活期账户持有人向他人开出的银行转账支付通知票据）在英美银行界出现于19世纪中期以前，而欧洲大陆国家则在此时之后。

② 孟德斯鸠：《论法的精神》，许明龙译，商务印书馆，2014年，上卷，第446页。

③ Larry Neal: *A Concise History of International Finance: From Babylon to Bernanke* (New Approaches to Economic and Social History), Cambridge University Press, 2015, p. 29.

④ 威廉·戈兹曼：《千年金融史》，张亚光、熊金武译，中信出版社，2017年，第156页。

⑤ 韦尔兰当：《市场与集市》，载M. M. 波斯坦、H. J. 哈巴库克主编：《剑桥欧洲经济史（第三卷：中世纪的经济组织和经济政策）》，王春法主译，经济科学出版社，2002年，第107-113页。

⑥ 桑巴特：《犹太人与现代资本主义》，第44页。该书中译本译自英文本，而英译者说已删去原著德文本中有关此话题的许多论述和附录。

⑦ 孟德斯鸠：《论法的精神》上卷，第446页。

⑧ 孟德斯鸠：《论法的精神》上卷，第477页。

保险和汇票不为古罗马法官们所知，它们皆为犹太人所发明。[①]《新编年史》之后，“犹太人发明汇票”成为经久不变的传说。

中世纪欧洲的汇票究竟由谁——什么类型的人士——首先使用，虽然扑朔迷离，但并不妨碍我们去理解汇票使用与银行和高利贷禁令之间的关系。中世纪意大利在12世纪和13世纪目睹了最早一批银行的诞生。那时的意大利正处在罗马教廷的掌心之中，它们不可能如现代银行那样开展以收取利息为常规的贷款业务，任何涉及利息的经营举动都会立即被冠以“高利贷”而遭到处罚和禁止。有鉴于此，早期意大利银行便利用“汇兑”（拉丁语 Cambium）与“贷款”（拉丁语 Mutuum）的区别展开了前者名义下的经营活动，并由此取得了教会的认可。

如何通过经营汇兑、不收利息而获得利润并进而展开银行的业务呢？典型的中世纪事例如此这般：一位商户从在佛罗伦萨的银行购买一张价值100弗罗林（Florin）金币的汇票，约定好于2个月后在巴黎兑换埃居（Écu）。[②] 在这场“一买一兑”或“先买后兑”的交易中，先后有4位参与者（4个角色）并涉及2种货币。在佛罗伦萨的买卖双方和在巴黎的兑换双方，其中佛罗伦萨卖出汇票的人（“收讫人”）与在巴黎接受汇票的人（“付款人”）相互有代理关系或同为一家银行的两个分支；而在佛罗伦萨购买汇票的人（“交付人”）和在巴黎的“收款人”两者之间通常存在买卖关系，即前者从后者购买了一笔货物，需要向后者付款，但前者支付的货币（弗罗林）与后者接收的货币（埃居）不同。

设想这两种货币之间在一个时点上存在广为接受的汇率，如1弗罗林兑0.843埃居或者1埃居兑1.186弗罗林（这由“金平价”，即两种铸币的含金量决定）。由于在佛罗伦萨的购买与在巴黎的兑换之间有时间差，所以，在佛罗伦萨出售汇票的银行便可以一个稍有别于当前汇率的水平（如1弗罗林兑0.83埃居）提供给客户，客户接受这个汇率后，佛罗伦萨的银行就可利用当下市场汇率与合同汇率之差（汇差，这里汇差 = 0.843埃居 - 0.83埃居 = 0.013埃居，合计为0.013埃居 × 100 = 1.3埃居 = 1.54弗罗林）赚取毛利，而这不会被教会认为是赚取利息。

类似之事也发生在教会系统内部的“什一税”转运和传送上。英格兰的教会每年需要向罗马教廷支付“什一税”，但前者通常没有教廷愿意接受的铸币。英格兰从1257年开始发行金币，叫金便士，近似足金，标准重2.92克。教廷则偏爱弗罗林，规格成色明显不同于金便士。[③]因此，英格兰教会向罗马教廷缴纳的“什一税”，不仅有传输问题，

① Francesca Trivellato, *The Promise and Peril of Credit: What a Forgotten Legend about Jews and Finance Tells Us About the Making of European Commercial Society*, Princeton University Press, 2019, p. 19 and endnote 1 on p. 298.

② 弗洛林和埃居分别为佛罗伦萨和法兰西13世纪中叶后铸造的金币，皆为近似足金，前者标准重3.54克，后者4.2克（参见彼得·施普福特《铸币与通货》，载M. M. 波斯坦、爱德华·米勒主编《剑桥欧洲经济史》第二卷：中世纪的贸易和工业，钟和等译，经济科学出版社，2004年，第730－731页）。

③ 罗马教廷从1322年开始发行自己的铸币，即财政弗罗林币，初期在法兰西东南部城市阿维尼翁（Avignon），后来在罗马（参见施普福特《铸币与通货》，第730页）。英格兰金便士介绍见第732页。

而且还存在兑换问题。很明显，“什一税”体制催生了汇兑需求。只要有商人或金融机构同时在伦敦、佛罗伦萨和罗马等地开展经营，或者这些不同地点的经营者建立了相互代理的关系，那么，将金便士转换为弗罗林并且将税款从英格兰传送到罗马就变得简单易行了。当然，此过程的两端，英格兰教会与罗马教廷必须要对支付额和入账额给予认可，因为这两个数目分别由不同的通货构成，并且受所用汇率的影响。

仔细查阅过14世纪到15世纪中叶几家意大利银行账户簿记的研究者发现，银行没有赚取贷款利息，其利润或亏损都记录在“汇兑盈亏”（英文为Profit and Loss on Exchange，拉丁文为Pro e danno di cambio）科目下。[①]这样的银行包括美第奇银行（参见第四章第三节）。

中世纪中期意大利银行开展汇票业务是一种金融创新，而且客观上支持了当时的国际贸易和跨境支付，是具有重要历史意义的金融发展。

银行开展汇票业务并从中盈利进而持续经营，与今天各国的金融业务一样，需要应对汇率波动风险。10世纪后，欧洲许多王朝都开始铸造自己的贵金属币，金币和银币，有的王公诸侯也铸造硬币。11世纪开始，跨境贸易复苏。12世纪以后，开展国际贸易在一些城市已成常态。不同硬币之间的兑换比率与今天世界中的情形一样，取决于供给与需求。那时的汇率也是波动的，只是其频率和幅度不如20世纪70年代后如此之大。可以想象，当时的银行已发展起一套办法来应对汇率波动风险，包括将合同汇率确定在一个与当下市场汇率有显著差别的水平上，并发展自己的高效率信息收集和通讯机制。从佛罗伦萨到那不勒斯的距离约为475公里。13世纪时，商人的护送队需要10～12天才能走完这段路程，而银行的急差则只需用5天或6天。[②]

正因为汇兑业务存在风险，银行据此争辩说，汇兑不是贷款，因为贷款收取利息是没有风险的。[③]

有研究者认为，中世纪中期后，汇票和银行业在欧洲之所以能发展起来，在相当程度上得益于几位基督教神学家对有关教义和罗马法的解释，促使教会没有认定汇兑是贷款本金（Loan/Mutuum）。前面曾提到的神学士圣伯纳丁诺和另一位神学士安东尼诺（Sant' Antonino da Firenze，1389—1459年）都是竭力反对高利贷人士，他们对孰为高利贷孰不为高利贷（其实是关于何为借贷何不为借贷）进行了大量辨析。他们的辨析不仅针对《圣经》和教会法，而且也联系罗马法典籍。他们从不同角度定义了本金、汇兑、资本（Capital）、合伙制（Partnership）和买售（Purchase－Sale）等重要经济概念。其

---

① Roymond de Roover，“The Scholastics，Usury，and Foreign Exchange”，*Business History Review*，Vol. 41，No. 3（Autumn 1967），p. 267.

② 布瓦松纳：《中世纪欧洲生活和劳动》，第168页。

③ de Roover，“The Scholastics，Usury，and Foreign Exchange”，p. 267.

中圣伯纳丁诺还提出“当下物品比未来物品价值更大”的观点，实属经济学一大进步。[①]据此，有学者认为圣伯纳丁诺和安东尼诺是“中世纪最伟大的经济思想家”，其成就超过了阿奎那。[②]

从另一个角度看，汇票业务之所以能于彼时开始在欧洲各国之间广泛应用，也与欧洲那些国家和地方的人士相互之间存在一定的认同感和信任有关。不仅他们相互之间不再视对方为任何种类的“野蛮人”或“异端”，而且其在宗教信仰上还有基本的共同性，在交流中也可使用相同语言（拉丁语）。经济史学者熊彼特曾这样评论说，在中世纪欧洲的阿奎那时代，“不仅教皇的权威在原则上是国际性的，而且皇帝的权威在原则上也是国际性的，同时在某种程度上，他们的权威事实上也是国际性的。这并非只是古罗马帝国和查理曼帝国使人产生的联想。当时人们不仅熟悉宗教上的超国家观念，而且也熟悉世俗的超国家观念。民族的划分在当时并不像后来16世纪时具有那么大的意义”[③]。这种氛围显然有利于那时不同国度和地方的商业人士开展交易，而且发展出各种具有长期合作和相对固定格式的交易关系和跨境支付工具，包括结成代理人伙伴或使用汇票等。不仅如此，在各国都基本认同罗马法原则的基础上，这些代理人伙伴关系和汇票工具等还得以进一步机构化或制度化，从而保持长期的延续性，逐步往前发展。这种演进方式为欧洲以外其他地区在相同时间所欠缺。

年金：另一个中世纪欧洲金融创新

与汇票一样，年金也是中世纪中期以来逐渐普及的一种金融创新，而且也是出于规避反对借贷和高利贷的传统束缚。年金（Annuities）在那些具有一定宽容精神的教会看来，因其本金不用偿还，不属于常规借贷，因而可获允许。在现代金融中，年金通常被视为一定数额的本金与一定期限中各个时段现金流之和之间的交换，每一笔现金流都同时包含本金份额和利息份额。但在中世纪，定期支付的现金流可被辩称与利息无关。

在中世纪欧洲，年金的基本形式分为终身年金和永续年金。终身年金的所有人（受益人）在自己生命年限内享受现金流进款权益，这个权益直至生命终点。永续年金的所有人（受益人）则可在自己生命终结时将权益转让给别人，由接手人继续享受权益。两种年金在隐含利率上有显著差别。一般来说，终身年金的利率高于永续年金。由于永续年金具有无限时间的特点，其发行人通常也是具有无限寿命的实体，即政府。

---

① 奥地利知名经济学家庞巴维克（1851—1914年）在其《资本与利息》（1884年出版）中讨论了中世纪经院学者的这个利息见解并在该书结尾时提出，理解利息概念的关键在于“时间”对财货估价的影响（《资本与利息》，何崑曾、高德超译，商务印书馆，2017年，第440页）。后来，他在《资本实证论》（1889年出版）中详细论证了“利息是时间价值的体现”（《资本实证论》，陈端译，商务印书馆，1983年，第285－297页）。

② de Roover, “The Scholastics, Usury, and Foreign Exchange”, pp. 257－271.

③ 熊彼特：《经济分析史》第一卷，第120－121页。

有文献表明，法兰西城市加来（Calais）在1260年发行了年金，佛兰德斯城市根特（Ghent）于1290年开始发行年金。[①]一位研究者对中世纪欧洲年金流行的解释是，“当贷款市场的均衡利率较高而借款人不能支付高于法定利率的利息时，年金就提供了一个绕过‘禁高利贷法’的有效工具。”[②]据文献记载，法兰西的一位神父向北德意志的一位大主教出售了价值为2 400里弗（livre）的年金，后者每年向前者支付400里弗，但权益年限不清楚。[③]这是发生在神职人员之间的交易事例，可见年金这种借贷形式被基督教会基本认可，尽管时常出现争议。

中世纪中期后，在法兰西北部、佛兰德斯、阿拉贡王国治下的西班牙城镇以及一些意大利城邦大量采用年金形式来借款。这被认为是当时这些地方的政治转型在财政金融上的一个表现。伦敦在这方面是唯一接近欧洲大陆做法的中世纪英格兰城市。这些城市有些刚刚获得了自治权，市政当局希望得到长期性资金从事公共项目建设。有的城市则在市民要求下，对已有的强制借款（Forced Loans）方式进行改革。还有的城市则是发现了具有收益前景的公共项目，但需要相应的长期资金来投资。[④]年金代表了长期性公共财政体系的构建，是非自愿融资向自愿融资（金融市场利用）的初始转变。年金制度的实践也带来对政府信誉（承诺的可信度）持久性的考验。总之，年金代表了发行人的长期债务，其普及，尤其是同一发行人的重复发行，反映出发行人具有持久的信誉。

一些城市当局发生违约时有所见，大多是拖延支付，完全爽约（终止一切支付）并不多见。拖欠支付会导致未来发行面临较高的成本。

有学者认为，年金以及与年金相关的人寿保险概念在古罗马已出现。依照罗马法规定，一家长子有权继承家庭财产收益的至少1/4，但如果一位长子寿命足够长，其累积权益有可能超过财产的价值。有鉴于此，罗马时代就有学者专门研究了人口的预期寿命及与遗产赔付能力之间的关系，相当于今天人寿保险领域中的精算学。[⑤]

与长期债务（长期信用）相关的另一个情况是信托法的出现和完善，这在中世纪欧洲以出人预料的方式发生。在英格兰，参加十字军东征的地主出发前将自己的土地委托他人经营，约定收成的全部或部分转交给指定的亲属。很多十字军参战者未能生还，这样委托出去的土地便属于受委托人了（所有权发生了转移）。有的参战者虽然返回了家

---

① 戈兹曼：《千年金融史》，第195页。

② 杰姆斯·波特巴：《早期现代欧洲年金》，载威廉·戈兹曼、哥特·罗文霍斯特主编《价值起源》（修订版），王宇、王文玉译，万卷出版公司，2010年，第218页。

③ 杰姆斯·波特巴：《早期现代欧洲年金》，载威廉·戈兹曼、哥特·罗文霍斯特主编《价值起源》（修订版），王宇、王文玉译，万卷出版公司，2010年，第218页。

④ M. Boone, K. Davids, and P. Janssens, eds, *Urban Pubic Debts: Urban Government and the Market Annuities in Western Europe* (14th – 18th *centuries*), Brepols, 2003，荟辑了多篇文章论述几个欧洲城市使用年金的情况以及与当地政治体制的关系。

⑤ 波特巴：《早期现代欧洲年金》，第217页。

乡，要求回收土地，却受到受委托人的抵制并与之产生了纠纷。

有人将申诉上达英格兰国王，请求国王裁决。国王认为此事应由大法官来审理和裁决。于是，中世纪英格兰出现了“衡平法院”，即后来的大法官法院（Court of Chancery）。该法院受理的案件主要是与土地权益相关的纠纷或契约纠纷，包括口头契约和书面契约，判决原则是“理性”和“公正”，并以此开启了异于基于习俗的普通法（Common Law）的法律传统，也为英格兰法律体系具有比他国更多的公正性提供了巨大支持。[①]中世纪中期以后，尤其近代初期以来，金融市场逐渐在英格兰发轫成长，与此法制变化颇有渊源。

公共当铺

前面提到的圣伯纳丁诺是一位激烈反对高利贷的教会人士。他虽然划出了贷与非贷的区别并为汇票一类的交易工具提供了生长空间，但坚决主张对任何“贷”的活动予以打击。他呼吁城市当局撤回给予犹太人经营典当铺的许可证。他不理解这种撤销营业执照可能带来的后果，例如社会成员的必要需求得不到满足以及造成人员失业等。而另一位教会人士安东尼诺在此事上则表现出了一定灵活性，认为典当铺虽不属善业，但尚可容忍。[②]

在圣伯纳丁诺去世后，其门徒却发起了一场新的努力，即在城市中开办公共当铺，为普通市民尤其是穷人提供贷款服务。这种公共当铺在拉丁文中叫做“Montes Piettatis”（英文称为 Mount of Piety 或 Public Pawnshops），是一位名叫巴拉巴斯（Barnabas of Terni，故于 1474 年或 1477 年）的传教士最早于 1461 年在意大利中部城市佩鲁贾（Perugia）开办。这种当铺具有明显慈善性质，即面向穷人，接受多种物品的存放或转售。他得到了当地一些富人的资助，他们贡献的慈善资金作为当铺的资本。当铺接受普通社会成员的多种物品存放或转售，即作为抵押物而得到钱款或贷款。当铺为此收取物品价值 6% 的费用。该费用是否属于利息，教会人员也发生过激烈争议。但教会高层最终还是做出了让步，允许这种机构的经营。[③]巴拉巴斯也成功地将公共当铺的概念推荐给意大利其他一些城市。

在马耳他首都瓦莱塔有一家小当铺叫圣安娜铺（Monte di Sant’Anna），创办于 1598 年，由慈善机构负责经营。1773 年该店搬进一座 16 世纪的建筑物，营业至今。[④]

公共当铺的经历并非一帆风顺。前面提到的具有开明色彩的圣伯纳丁诺门徒就曾遭受挫折。1488 年他前往佛罗伦萨布道时，被市政当局驱赶，起因是他的言论激怒了当地

---

① Wikipedia 关于 Court of Chancery 的解释，2021 年 4 月 2 日查阅。

② de Roover，“The Scholastics，Usury，and Foreign Exchange”，p. 264.

③ 霍墨和西勒：《利率史》，第 64 页。

④ 参见网页介绍 https：//en. jinzhao. wiki/wiki/Monte_ di_ Piet% C3% A0_ （Malta）。

的一些民众，这些民众走上街头示威游行，差点儿烧了那里犹太人开办的并有当局颁发执照的当铺。[①]他显然未能说服当地开办公共当铺。虽然那时的佛罗伦萨已有美第奇银行的金融机构，但却依然笼罩在浓厚的天主教传统中。

有研究者认为，中世纪意大利出现的公共当铺有些类似后来在欧洲以及北美出现的储蓄银行，[②]即面向中低收入家庭的储蓄机构，接受小额存款，并提供消费信贷和住房抵押贷款服务。这种公共当铺与储蓄银行的确有相似性，但也有不同之处。普通储蓄银行不是慈善机构，一般不接受实物抵押（但发放住房贷款的储蓄银行可接受房屋产权抵押）。有些储蓄银行属于集体所有，另有一些储蓄银行则按照公司法注册。相比公共当铺，储蓄银行向中低收入群体提供的储蓄服务不仅更加规范，而且收益相对高且稳定。虽然就服务于社会中低收入群体的借贷需求而言，公共当铺与储蓄银行的确有共同性和一定的传承性，但后者的服务范围远比前者广泛。当然，也可以说，在中世纪欧洲，如果没有公共当铺，那么，金融对普罗大众的排斥性简直就达到了登峰造极的地步。

官办信贷

前面说过，高利贷在古代中国社会十分盛行，尽管历朝均颁布法令规定了利率高限。利率高限不是官方对付高利贷的唯一办法。古代中国官府对付民间高利贷的常用之法是直接举办信贷业务，向民众（尤其是农民）提供贷款。

官府向百姓提供贷款很可能起自西周。《逸周书・文酌解》提及“五大”：一大知率谋，二大武剑勇，三大工赋事，四大商行贿，五大农假贷。最后一项“农假贷”即指官府给农民借贷支持。《周礼》一书中的“泉府”，即指官方设立的信贷管理机构；“赊”，即指经官方同意的短期生活消费性贷款，可不收利息。[③]历朝商及有关信贷管理事务时，往往引据《周礼》。古代中国官府办贷的事例以王莽新政和北宋“青苗法”最具代表性。

王莽（公元前45年—公元23年）于公元9年篡夺西汉政权，自封新朝皇帝，推行一系列新政，史称“王莽改制”。在经济方面，其改革政策称为“六筦”（六管），即酒、盐、铁专卖，铸钱、征收渔猎税和五均赊贷。据《周礼》，“五均”为管理市场的专职官员。王莽颁令在首都长安及洛阳、邯郸、临淄、宛（南阳）和成都五大城市设此官位，下设交易官（交易丞）和钱府（钱府丞）。交易官进行重要物品的贱买贵卖，以平抑物价和稳定市场供给。钱府也作“泉府”，负责税收和赊贷。纳税对象包括采金、银、铜矿等，以及小商贩、小作坊和行医算卦人士等。赊贷则指官府向民众提供贷款。

---

① de Roover, “The Scholastics, Usury, and Foreign Exchange”, p. 264.

② 霍墨和西勒：《利率史》，第64页。他们在那里谈论的意大利公共当铺实际指20世纪的情况。

③ 叶世昌：《中国金融通史》（第一卷），第15页。

关于“赊贷”，《汉书》有两条记载，意思不完全一致。一条来自《汉书·食货志下》，“民欲祭祀、丧纪而无用者，钱府以所入工商之贡但赊之，祭祀无过旬日，丧纪毋过三月。民或乏绝，欲贷以治产业者，均授之，除其费，计所得受息。毋过岁什一。”这里说，钱府以税收进款（财政资金）作为贷款本钱，向有需要的民间人员提供贷款，这些“需要”既可是生活之需也可是生意之需。“计所得受息”可理解为给予生意者的贷款按其毛利来计息，官府含息收费总共不超年率10%。

另一条记载来自《汉书·王莽列传中》，“又令市官收贱卖贵，赊贷予民，收息百月三。”这里不仅既说交易官，又说钱府，还提到了月息3%。按后者，年率则为36%，远高于前一条说的10%。实况究竟如何，现在不得而知。这也许反映当时的政策细则并不完全清晰和一致，而且在操作层面也多有变动。王莽的改制措施许多看似“亲民”，后来的学者对此褒贬不一。[①]王莽的整套做法后来随其政权被颠覆而弃用，通行时间仅有十余年。

从南北朝到隋唐，一些被称为“公廨本钱”或“公廨钱”的官设机构向社会提供多种贷款业务，但它们的资金来源、贷款对象、利息收取水平和管理方式等与时而多变。

北宋神宗时期（1067—1085年），朝廷高官王安石（1021—1086年）提出的一系列改革建议被采用，其中包括面向农民的小额低息信贷办法即《青苗法》。在“王安石变法”之前，北宋已有诸如常平仓和广惠仓等官设机构。前者负责调节农产品价格，即丰年适当抬高籴米价格，防止谷贱伤农；荒年则适当降低粜米价格，防止价高饿死人。后者向弱势农民免费提供种子等助农物品，待其收获时以低息或无息回收。但这些机构在实际运作中流弊繁多，让普通百姓无从受益。以利率而言，王安石变法前，大部分地区的利率水平为20%，河北地区高达30%。[②]

按《青苗法》规定，官贷对象仅为种植业者，每年正月末和五月末之前分别发放，夏秋两季分别回收，各收息二分。贷出者可粮可钱，贷粮时可按市价换算为钱以便计息。每户可借贷数额与其财产额挂钩，一等户可借15贯，末等户可借1贯。民户请贷时，须五户或十户结为一保，由上三等户作保，即“上户保下户”。官仓有剩余资源时也可贷给坊郭户（城市居民），累计利息最高不超过30%，如遇灾害还可缓交利息。

《青苗法》的政策设计可谓用心良苦，看上去既有利于所有的农业耕作者，同时还能为财政资金（贷款资金，包括官仓中的粮食）的运作降低道德风险，将风险转嫁给农村中的“上等户”，间接达到“以富助贫”的目的。但在实际运作中，各种走样和变招

---

① 参见毕汉斯《王莽，汉之中兴，后汉》，载崔瑞德、鲁惟一编《剑桥中国秦汉史》，杨品泉等译，中国社会科学出版社，1992年，第213-214页。那里介绍，胡适曾说王莽是一位“社会主义者皇帝”。

② Lien-sheng Yang（杨联陞），*Money and Credit in China*，p. 96.

频频现身，歪曲花样层出不穷，真正需要贷款的农民只有支付了高成本才能得到贷款，而不需要贷款的上等户则被官吏们强行捆绑“青苗贷”（这有利于“青苗仓”良好运行）。有关“借粮还钱”（借入时粮为标的，偿还时钱为标的）的做法实践中也遇到时间价差问题，即春播季借时粮贵钱贱，按粮作价借款额便高估；而秋收季还时粮贱钱贵，以钱还贷则无异于加码偿还。①

《青苗法》推行后，北宋的财政资金是否得以改善成为朝廷上下争论不休的问题。王安石允许“青苗仓”给普通商户贷款的做法更被认为是既触动了某些商业大户的利益，也促使政商勾结的现象开始发生。②朝廷内部围绕《青苗法》发生了激烈党争。该法从1069年开始实行，1086年即被停用。《青苗法》及其后续的农贷措施在后来还经历了“刚被启用就被中止”的过山车局面，几乎没有一件农贷政策能够稳定地持续十年以上。

传统中国是农业社会，小农经济是帝国大厦的物质基础。面向小农的官办贷款是历届政府针对民间高利贷猖獗的应对之道，其精神一直延续到近现代。马克思在论述高利贷对传统社会的破坏作用时，敏锐地指出了东西方的一个差别，即高利贷在东方社会中的破坏性作用不如在古代和中世纪欧洲那么大。马克思的原话是：

“高利贷在资本主义以前的一切生产方式中所以有革命的作用，只是因为它会破坏和瓦解这些所有制形式，而政治制度正是建立在这些所有制形式的牢固基础和它们的同一形式的不断再生产上的。在亚洲的各种形式下，高利贷能够长期延续，这除了造成经济的衰落和政治的腐败以外，没有造成别的结果。只有在资本主义生产方式的其他条件已经具备的地方和时候，高利贷才表现为形成新生产方式的一种手段……”③

这里，马克思说高利贷在亚洲“没有造成别的结果”，指亚洲没有出现欧洲那样的资本主义生产方式；“在资本主义生产方式的其他条件已经具备的地方和时候”，指有关财产（产权）界定和转移以及雇佣劳动关系的法律制度已经建立起来并发挥作用。两段话结合起来，马克思的意思可理解为，亚洲与欧洲的法律规范有很大差别，由于这种差别，高利贷在亚洲社会中无论如何蔓延也不会引出资本主义生产方式，但在欧洲则不仅有这种可能性，甚至还有必然性。按照前面的介绍，高利贷在西罗马帝国走向衰落时的蔓延很可能是城市中产阶级破产和农奴制生长出来的一个因素（参见第二章第三节和本章第二节）。关于近代以前亚洲的这个特殊情形，或许可以再推测一下，即亚洲人口的储蓄倾向可能高于欧洲，而这有利于降低亚洲人口对高利贷的依赖。此外，在亚洲地区，调节社会关系的主要机制不是法律，而是习俗；加上持续性的官方干预，高利贷对社会关系和秩序的冲击程度在亚洲就低于欧洲。总之，马克思揭示了亚洲和欧洲经济类

---

① 这种情形类似于前引《管子·治国》中提到的“秋籴以五，春粜以束”所指“倍贷”。

② Lien - sheng Yang（杨联陞），*Money and Credit in China*，p. 97.

③ 马克思：《资本论》第三卷，第675页。《资本论》第三卷第36章“资本主义以前的状态”全文围绕高利贷的历史作用进行阐述。

型的重大差别，而且这种差别早在古代就已出现。就此而言，东西“大分流”绝不是近代之事，也非最近一千年才有。

六、中世纪印度、阿拉伯和奥斯曼帝国中的金融

印度为人类古文明之一，长期以来保持了宗教和文化上的独特性。占统治地位的婆罗门教（印度教）很早就反对高利贷。公元7世纪，在阿拉伯半岛创立的伊斯兰教关于高利贷的许多观点与古代犹太人和早期基督教的看法十分接近，严格禁止收息借贷。中世纪阿拉伯—伊斯兰政权十分重视商业和对外贸易，当时重要的金融活动便为贸易信贷、钱币兑换、跨境支付以及合伙经营。13世纪兴起的奥斯曼帝国奉伊斯兰教为国教，同时也继承了其反利息的政策传统。奥斯曼帝国的金融发展因此受到严重影响。

中世纪印度的信贷与金融

古印度文明出现在印度河流域（今巴基斯坦境内），约在公元前2000年至公元前1000年间产生了文字（古梵文）。《吠陀》（*Vedic*）为古梵文写成的文献汇编，各篇的创作时间前后相距数百年。《吠陀》数次提及“放贷人”（Kusidin），即收取利息的贷款者。在公元前700年至公元前100年出现的另一文献集《修多罗》（*Sutra*，意为“箴言”）以及公元前400年至公元前200年出现的佛教《本生经》（*Jatakas*）更加频繁地提到“付息”。古文献留下的这些蛛丝马迹，表明借贷活动在古印度社会有增多扩散的趋势。

公元前第一个千年为婆罗门教（早期印度教）形成时期，也是印度种姓制度开始出现的时期。在种姓制度中，所有社会成员被分为四大群体：一为婆罗门，主持宗教，为各群体之首；二为刹帝利，为王公贵族，掌管政务；三为吠舍，为商人阶层，也为平民百姓，可从事多种职业；四为首陀罗，为社会底层人员，只能做工务农，身份为奴隶或接近奴隶。四大种姓之外，还有“不可接触者”，其成员往往是遭受处罚的社会成员。

相传，《梨俱吠陀》（*Rigveda*）中的“曼陀罗第7篇”（Mandala 7）主创者为七仙人（吠陀仙人），其中一位是富贵仙人（Vasishtha，也叫瓦什陀）。富贵仙人也是立法者，明令禁止婆罗门或刹帝利从事高利贷或放贷时收取任何利息。佛教《本生经》对高利贷也予以谴责，斥之为“伪善的苦行僧行为”。①

成书于公元前2世纪与公元3世纪期间的《摩奴法典》为古印度社会的“民法和刑

---

① Wayne Visser and Alastair McIntosh. “A Short Review of the Historical Critique of Usury”, *Accounting, Business & Financial History*, 8 (2), 1998: 175 – 189. 一位人类学者却认为，佛教是“世界上少数几个从未正式谴责高利贷的宗教之一”（格雷伯：《债：第一个5 000年》，第225页）。

法大全”，其中规定贷款人不得收取超过法定水平的利息，并认为收取高出规定的利息便是高利贷。《摩奴法典》早先版本规定，所有贷款利率皆为每年15%；后来的修订版则依种姓确定相应利率，贷款给婆罗门最多收取每月2%利率，刹帝利3%，吠舍4%，首陀罗5%。[①]《摩奴法典》还就还款方式作出规定，不同种姓适用不尽相同的方式，例如下层阶级还款可用“身体利息”，在债主家中或田地从事体力劳动（古巴比伦社会有类似规定）。

孔雀王朝（Maurya Dynasty，约公元前324年至公元前187年）的统治范围在鼎盛时期覆盖了南亚次大陆的大部分地区，阿育王（约公元前304年至公元前232年）为该王朝最著名的皇帝。他本人信佛，但并不限制婆罗门教和耆那教等其他宗教。在笈多王朝时期（Gupta Dynasty，约公元320—540年），佛教分裂为大乘佛教和小乘佛教，承袭婆罗门教的印度教兴起并成为中世纪印度的主流宗教。在此宗教环境中，前述《摩奴法典》有关利息的规定一直适用。

11世纪后，穆斯林势力进入印度。至13世纪初，德里苏丹统治北部印度（“苏丹”意为穆斯林政权的君主）。1526年，来自中亚的突厥人—蒙古人势力征服了几乎全部南亚次大陆（包括阿富汗），建立起莫卧儿帝国（Mughal Empire），阿克巴大帝为该帝国第三代皇帝（1542—1605年）。阿克巴是一位征服者，军费需求庞大。为此，他进行了财政改革，不仅将大量土地分封给立功将士，而且采用新的税收评估和征收方式，包括依据土地产量确定税收数额（相当于“相地而衰征”），并收取货币税（但各地领主仍需定期派送士兵、工匠等）。征收货币税的动因是帝国政府需用货币支付行政官僚的报酬。货币用途的扩大促使阿克巴进行了货币改革，尤其是发行新标准的银币。在宗教上，阿克巴取消了过去穆斯林统治者向印度教徒征收的“人头税”和“香客税”，大大缓解了宗教派别之间的矛盾与冲突。这是莫卧儿帝国时期印度教信徒仍占印度人口大多数的重要原因之一。

戈德史密斯在其著作中专章讲述阿克巴去世时印度的货币金融情况。[②]那时，印度实行复合货币制。货币基本单位为卢比银币（Rupee），重11克，纯度为96%。对彼时印度人来说，1卢比价值非常高，相当于普通劳动者20天的报酬。为此，当局发行半卢比、1/4卢比、1/8卢比、1/10卢比及1/20卢比等多种面额银币。即便如此，1/20卢比银币的价值依然偏高，此相当于普通劳动者一天的报酬。铜钱单位为达姆（Dam），重21克，时值1/40银卢比。铜钱也有不同面额。此外，高价值的金币和来自马尔代夫的贝壳币也有流通，但前者并不用于日常交易和普通商业，而后者仅在部分地区流通。金币单位为莫赫尔（Mohur），重约11克，纯金。

铸币皆由官办铸币厂铸造，但官方并不制定金银铸币之间以及其与铜钱之间的比

① 格雷伯：《债：第一个5 000年》，第245页。

② Raymond W. Goldsmith, *Premodern financial systems: A Historical comparative study*, pp. 110 – 122.

价。这意味着各种铸币的比价皆由市场供求决定并随时间而变动。1 莫赫尔金币在 16 世纪末兑约 9 卢比银币，在 17 世纪 60 年代则兑约 15 卢比，即金价上升，银币贬值。官办铸币厂接受私人铸币加工请求，按铸币面额收取约 5% 的铸币税及 0.6% 的加工费。使用 1 年以上的旧银币须以折扣价由铸币厂回炉。官办铸币厂不为私人铸造金银条块。

戈德史密斯估算，17 世纪初，莫卧儿印度人口约 1 亿，国民收入约为 6.5 亿卢比，流通中货币总量约为 2.5 亿卢比。[①]这意味着此时印度的货币化程度（38%）已达很高水平，接近许多国家在 20 世纪的水平。如此高的货币化水平应伴随相应的金融发展，但是，彼时印度的金融发展水平仍相当有限。

可将 17 世纪初印度金融发展的基本特点概括为如下四点。(1) 许多城镇皆有数目不少但规模微小的钱币兑换商和经营者（他们被称为“Shroffs”），其中多数兼做其他小生意。(2) 城镇和乡村皆有大量个人借贷发生，农民负债的情况相当普遍，但土地抵押贷款甚少。在莫卧儿时期，大量土地属于柴明达尔（Zarmindar）所有，其土地和其他权益（包括爵位等）皆为世袭。该概念后来有所变化，为政府承包税收并获得相应权利的权势者也被称为柴明达尔。由于这种体制，常规的土地交易并不常见。(3) 部分城市出现借贷大户，他们接受活期存款和定期存款，支付高达 5% ~8% 的月息，并向政府发放贷款。[②]他们的业务与银行相差无几，但是重要差别在于，对普通商业和手工业的贷款并非他们的主业。这类经营者属于几个固定的种姓及其细分类别，皆为印度教信徒。他们不在其他地方设立分支机构，但与其他商号建立代理关系。此类借贷机构兴起于 17 世纪中叶以后。(4) 在商业和贸易中广泛使用亨第汇票（Hundi/ Hundee）。该票据有不同类别，既可视为单纯的远距离支付工具（由出票人交给受票人并由后者在指定日前到指定商户提取现金），也可视为贷款凭证（上面明确记载归还数额和日期，发行地即为回收地）。作为远距离支付工具的亨第汇票与阿拉伯—伊斯兰地区流行的汇票有很多相似之处，其作用依赖于在民间社会广泛存在的代理人网络。亨第在印度最早出现于 12 世纪，后来长期存在。亨第的普及从一个侧面表明商业和贸易在印度社会中的活跃和普及。

总的来说，尽管货币化程度已达到一定高度并且已有相对发展的跨地区汇票系统，近代以前印度国内市场仍是高度碎片化。正规金融机构几乎无处可寻，虽然已有许多富商和钱商兼营商业性借贷。到 18 世纪印度面临欧洲殖民者入侵时，许多印度农民已陷入债务困境，濒临破产。在印度教和伊斯兰教传统中，印度农民并未找到有利于改善经济境况的金融办法。

---

① Goldsmith, *Premodern financial systems*, p. 100 and p. 111.

② Goldsmith, *Premodern financial systems*, p. 112.

中世纪阿拉伯—伊斯兰金融的特点

阿拉伯半岛西部地区濒临红海，古称汉志（Hejaz），在古罗马时代已为地中海—印度洋贸易通道的中间地带。伊斯兰教创始人穆罕默德（约570—632年）出生在汉志的麦加，后于公元622年率众迁往该地区另一大城市麦地那［该年后为伊斯兰历（回历）元年］。穆罕默德创立伊斯兰教时，世界其他大宗教（犹太教、基督教—天主教、佛教、婆罗门教—印度教等）早已形成。伊斯兰教并非完全“从天而降”，其说教多处与其他宗教相近。

自伊斯兰教创立后，穆斯林从事商业和金融必须遵从《古兰经》《圣训》及伊斯兰教法的有关规定。《古兰经》记载，先知穆罕默德目睹囤积、投机和高利贷给人们带来的苦难和社会不公之后，发布指令，“真主准许买卖而禁止利息”。此说法与中世纪基督教如出一辙，视收取利息为不正当交易行为，理当禁止。在伊斯兰教义中，利息（Riba）指金钱交易中一方获得的固定收益（也为另一方的固定支付）。只要双方的金钱交易合同不体现任何的风险分担或商业合作精神，那便在禁止之列。此规定对阿拉伯—伊斯兰地区金融发展产生了重大影响。

与基督教或其他许多宗教不同，伊斯兰教形成之初便出现高度的政教合一倾向。公元7世纪初起，新兴的阿拉伯—伊斯兰政权与两大外部强权展开领土争夺，并从对方学会铸币。拜占庭帝国（东罗马帝国）流通金币，阿拉伯—伊斯兰政权便在所占领的拜占庭地区铸造金币第纳尔（Dinar）。萨珊帝国（波斯帝国的后继者）流通银币，阿拉伯—伊斯兰政权便在所占领的该地区铸造银币为迪纳姆（Dirham）。[①]第纳尔和迪纳姆的铸造方法和规格与古希腊时代基本相同，例如重量皆为4～4.5克。[②]倭马亚王朝（也称伍麦叶王朝，661—750年）和阿巴斯王朝（也称阿拔斯王朝，750—1258年）在对外征战中，大量使用外族士兵并向其支付金钱报酬。哈里发军队中士兵的工资收入据说为罗马军团的4倍。[③]这种做法是导致马穆鲁克（Mamluk）壮大并最终在埃及夺取政权的重要因素。马穆鲁克原意为“奴隶兵”，成员主要来自中亚突厥地区。

阿巴斯王朝在长达500年的统治时期内，不断对外用武，大量铸造和使用金银铸币，并频繁用金银铸币向奴隶兵发饷。这种做法被评论者称为“军事—铸币—奴隶制复

---

① 历史学者认为，阿拉伯的迪纳姆为希腊银币德拉克马（Drachma）的阿拉伯语发音，希腊银币铸造传统在阿拉伯兴起以前由波斯的萨珊王朝所传承（休·肯尼迪：《大征服：阿拉伯帝国的崛起》，孙宇译，民主与建设出版社，2020年第2版，“序言”第13页）。

② 凯瑟琳·伊格尔顿、乔纳森·威廉姆斯：《钱的历史》，徐剑译，中央编译出版社，2011年，第102页；Goldsmith, *Premodern financial systems*, p.65. 多数时期中，1第纳尔金币重4.25克；早期的迪纳姆银币重2.5克，后来则多为4克重。

③ 格雷伯：《债：第一个5 000年》，第261页。

合体”（Military – Coinage – Slavery Complex）。[①]此处的“奴隶制”非指经济用途的劳工，而指得到金钱报酬的奴隶士兵。在这样的背景下，阿拉伯—伊斯兰政权不仅促进了本地经济的货币化，也极大地推动了阿拉伯与周边地区的国际贸易发展。在阿巴斯王朝，阿拉伯商人的足迹已深入非洲腹地并远至南亚、东南亚和中国。阿拉伯—伊斯兰的兴起是中世纪跨境文化传播的重要因素。

公元 7 世纪末和 8 世纪初为阿巴斯哈里发鼎盛时期，其在西亚北非的国土面积超过 1 000万平方千米，人口多达 2 500 万。戈德史密斯估计，8 世纪初阿巴斯王朝的国民生产总值在 22.5 亿 ~30 亿迪纳姆或 1.5 亿 ~2 亿第纳尔之间（金银比价为 1∶15）；金银铸币存量为 20 亿迪纳姆（不包括铜钱在内）。[②]货币存量与国民生产总值比率（货币化率）高达 66.7%，甚至高于 20 世纪许多国家。

至少有三个因素引起“货币化率”在阿巴斯王朝早期达到如此高水平。第一，阿巴斯王朝实行货币征税。第二，阿巴斯王朝在对外贸易和跨境支付中完全使用金银铸币。第三，由于多种缘故，王公贵族大量储藏金银铸币，社会经济中实际流通的金银铸币远少于其存量。第一点和第二点扩大了对金银铸币的需求，第三点则意味着相当多的金银铸币实际上退出了市场交换。

阿巴斯王朝时期，人们频繁从事远距离国际贸易，同时，伊斯兰教禁止收取利息。这两者明显存在矛盾，前者要求金融支持，后者却限制金融，至少是限制常规性借贷。中世纪阿拉伯—穆斯林发明了两个办法，它们一方面规避利息禁令，另一方面促使交易双方事实上开展金融合作。

一个办法是延期支付。买者承诺支付高于货价 2% ~4% 的金额，即以隐含方式支付利率。此为买方从卖方得到的销售信贷，属于直接融资。这种办法在中世纪已开始流行，促成买卖双方形成紧密的商业伙伴关系。

另一个办法是组建合伙企业（Mudaraba）。当有人需要资金从事新生意，便与出资者组成合伙企业，生意人给予出资者的回报即为红利（利润分成），而非固定数额的利息。这种形式的合伙企业自中世纪以来流行于阿拉伯—穆斯林文化圈，并延续至今。一位阿拉伯—穆斯林富商可同时参与多个合伙企业（成为它们的合伙人），并从每一个合伙企业得到红利回报。在一些合伙企业中，富商可为出资方；在另一些合伙企业中，同一位富商可为经营方。这样，该富商事实上从事了间接融资活动，因为他投入一些合伙企业的资金很可能来自另一些合伙企业中其他合伙人的资金投入。就此而言，阿拉伯—穆斯林的合伙企业可同时兼有直接融资与间接融资的属性。

---

① 格雷伯：《债：第一个 5 000 年》，第 261 页；David Graeber, Debt: The First 5, 000 Years, New York: Melville House, 2011, p. 274.

② Goldsmith, *Premodern financial systems*, pp. 62 – 68.

在中世纪意大利，人们事实上也采用过类似形式开展融资，那里称为“康孟达”合约或合伙组织（Commenda）。[①]很明显，无论在阿拉伯—穆斯林世界还是基督教世界，这种商业组织形式皆出于规避宗教的利息禁令的动机。

穆斯林合伙制（Mudaraba）虽然与中世纪欧洲的合伙制相似，是有限责任企业而不是无限责任企业，但它存在两大局限性。第一，穆斯林合伙制未能分化出合股企业。欧洲在近代早期出现合股企业，早先是王室或政府特许合股，后来是依法注册的合股公司。合股公司不仅具有规模巨大的经营优势，特别适合工业革命以来的产业发展趋势，而且因其融资需求的特点可推动金融市场的创新和发展。但在阿拉伯—穆斯林地区，直到20世纪后半期以前，传统法规不能为合股公司提供任何法律支持。第二，穆斯林合伙制也未演变出法人概念。在欧美，19世纪后的合伙企业多为法人，个别合伙人的去世不再影响企业的持续经营。而在阿拉伯—穆斯林地区，法人概念长期缺失。[②]这样，穆斯林合伙制很多时候更像是项目融资或项目合作小组，具有很有限的经营寿命。

10世纪后，瓦克夫（Wakf）在阿拉伯—穆斯林世界多地陆续出现。该机构类似于基督教世界中的信托机构（实物信托与钱财信托），因此可视为“财物托管所”。但瓦克夫中的“财物”主要是与宗教相关的动产和不动产，因此又可称为“宗教公产所”。任何一个瓦克夫项目或机构的设立，都必须得到伊斯兰正统机构的认可，其用途通常也与宗教相关，例如，房屋用作祈祷场所、托管财物的收益用于资助宗教活动或仅限于直系亲属、托管人由阿訇指定等。简言之，阿拉伯—穆斯林世界中的瓦克夫非为单纯的金融机构，而是具有浓厚宗教色彩并兼做其他事务的综合性机构。至17世纪，大多数财务托管所的规模不大，年收入为500～1 000迪纳姆。[③]但是，基于不动产的瓦克夫机构设立后，在穆斯林社会具有长期延续性和稳定性，它们的数量随时间越来越多，总量规模也越来越大。到20世纪以后，瓦克夫成为妨碍当地社会经济中产权流动的一个重要因素。[④]

倭马亚王朝定都于大马士革，阿巴斯王朝则以巴格达为都。两大帝国幅员辽阔，且都以金银征税，因此产生对远距离支付和钱款转账的巨大需求。这并非为简单的距离远近问题，还涉及钱币兑换。因为即便是在同一个帝国境内，不同地方的铸币也互有差别，需要有专业的钱币兑换商进行价值判断和币种转换。有趣的是，倭马亚王朝和阿巴斯王朝均未建立官办支付和转账系统，而是依赖民间钱币汇兑和汇款系统，即“哈瓦拉支付系统”（Hawala）。哈瓦拉一词同时有阿拉伯语、波斯语和索马里语等多种表达，具

---

① Goldsmith, *Premodern financial systems*, p. 69.

② 第默尔·库兰（Timur Kuran）：《长分流：西方与中东世界的制度歧途》，陈志武、龙登高、马德斌主编《量化历史研究》第二辑，浙江大学出版社，2015年，第63－64页。

③ Goldsmith, *Premodern financial systems*, p. 69.

④ 第默尔·库兰（Timur Kuran）：《长分流：西方与中东世界的制度歧途》，第105－106页。

体起源至今不详。有人认为起源于公元 8 世纪印度，与前述亨第汇票（Hundi/Hundee）有很多相似。[①]在阿拉伯语中，哈瓦拉指“约定好的票据”或“交易用账单”，其具体运作方式是，由相互认识并分布于众多不同地点（这些地点甚至位于不同国家）的钱币兑换商组成资金传送网络，汇款人在甲地将现金交给该系统的一位代理，收款人在一定日期后在乙地另一位代理处取出现金。交付的现金与取出的现金不必然为相同铸币。而且，两地的两位代理并不必然相识，他们之间或许隔着多个代理。每位代理通常仅认识相邻的代理，不认识其他代理。显然，“哈瓦拉支付系统”是基于所有参与者（代理及其客户）之间个人信用的网络组织。令人奇怪的是，包括阿巴斯王朝在内的政府频繁使用这个系统，却未使其发展成中世纪意大利美第奇银行那样的正规大型的跨国金融机构。

史书记载，在开罗和巴格达等大城市中，9 世纪后出现了若干家族大商号，他们同时从事批发和零售商业，也经营钱币兑换和汇款，还接受存款（替人保管钱财）并发放贷款（通过合伙企业形式），经营规模巨大，以至于后人称其为“没有银行的银行家”。[②]当然，在许多地方，从事普通的钱币兑换和放贷的多为犹太人或基督徒。

同样是禁止收息借贷，金融发展在阿拉伯—穆斯林世界与中世纪欧洲基督教世界有显著不同。在阿拉伯—穆斯林世界中，延期支付、合伙企业、财务托管所和哈瓦拉支付系统等金融工具或非正规机构皆建立在个人信用基础上，可以说事实上促进了社会成员（穆斯林）之间的紧密合作。这对后来伊斯兰教在世界范围内的传播也有积极意义（在经济上更重要的是，穆斯林统治者实行对非穆斯林征收“人头税”的政策，此税通常在皈依伊斯兰教后免除）。[③]

奥斯曼帝国时期的金融

13 世纪初，蒙古势力在欧亚大陆兴起，其中一支于 13 世纪中叶摧毁了阿巴斯王朝，一度引出西亚地区的“权力真空”。很快，突厥人在中亚与西亚的交界地带崛起，他们随后向西移动，与拜占庭帝国展开了长达一个半世纪的持久战。1453 年，奥斯曼帝国攻占君士坦丁堡，将其改名为伊斯坦布尔。在 16 世纪，奥斯曼帝国占领了阿巴斯王朝统治过的大部分地区，同时进军欧洲中部地区。苏莱曼一世（1520—1566 年）在位期间，奥斯曼帝国达到鼎盛，国土面积和人口数量与阿巴斯王朝相当。占领巴尔干半岛后，奥

---

① Patrick M. Jost and Harjit Singh Sandhu. *The Hawala Alternative Remittance System and its Role in Money Laundering*. Report prepared by U. S. Treasury Financial Crimes Enforcement Network（FinCEN）in cooperation with INTERPOL/FOPAC, June, 2016.

② Goldsmith, *Premodern financial systems*, p. 68.

③ 倭马亚（伍麦叶）王朝时期，阿拉伯统治者在征服地区向非穆斯林居民征收土地税和人头税（齐兹亚税），同时，对一小部分仍然信奉基督教的阿拉伯人征收“施舍税”，其税率为穆斯林同胞的两倍（肯尼迪《大征服：阿拉伯帝国的崛起》，“序言”第 9 页）。

斯曼帝国统治的人民在宗教和文化上的复杂多样达到空前高度。帝国统治者信奉伊斯兰教，允许人民信奉非伊斯兰教，但对境内所有非穆斯林征收“人头税”。

奥斯曼帝国采用复合铸币体系（Symmetalism），官方同时铸造金币和银币，以银币为主。基本货币单位为阿克切（Akçe），并铸造铜钱作为辅币，一定程度上还允许外国铸币在国内流通［尤其威尼斯达克特（杜卡）金币］。①通货多样性反映了各地区之间经济和用钱习惯上的差别以及奥斯曼帝国与欧洲（尤其意大利）的贸易关系。苏莱曼一世时，1 克重阿克切含纯银 0.65 克。此后，阿克切多次遭帝国当局减值。

奥斯曼帝国遵从伊斯兰教的禁息传统，所有收息或付息的借贷合约皆为非法。奥斯曼帝国采用阿巴斯王朝时期已流行的几个方法，包括延期支付、合伙企业和哈瓦拉汇票系统等，并在此基础上有若干重要改进或变动。一种新型的汇票在奥斯曼帝国时期被称为“同质汇票”（Suftaja），意指汇款人支付和收款人提取的现金毫无差别，即要么是同质金币，要么是同质银币。而且，汇票一旦送至收款人，后者无须等待立即可提取现金。这种与现金一样的同质性与提现的便捷性使其具有与现金同样的声誉。若有商人怠慢或耽误客户持票提现，奥斯曼帝国政府会有严厉处罚。此种汇票广泛流行于安纳托利亚、爱琴海岛屿、克里米亚、叙利亚和埃及等各地之间。②

奥斯曼帝国政府之所以如此维护由私人部门组织和营运的同质汇票，是因为帝国财政体系的顺利运行有赖于它。与阿巴斯王朝一样，奥斯曼帝国征收货币税并在许多地区实行包税制。政府收税或者下拨款项都会借用该汇票系统。

在合伙企业方面，奥斯曼帝国时期的基本情形同于阿巴斯王朝，即该形式大量用于远距离贸易，若遇风险出资方承担本金损失，经营成功则由双方依预先约定分红。奥斯曼帝国时期出现的一个变化是，合伙企业可有不同组合方式，一种是所有合伙人等额出资、等量投入劳动并均分利润或亏损（此为 Mafawada 合伙制）；另一种则是合伙人依协议按不同比例出资与分红（此为 Musharaka 或 Inan 合伙制）。③

阿巴斯王朝时期出现的瓦克夫（财物托管所）在奥斯曼帝国时期的对应物被称为“Vakifs”或“Waqf”，意为“房产基金”或“财产基金”，其中一些纯粹为“现金基金”。该基金的捐款人明确要求受委托人将房产或现金的派生收入（租金或利息等）用于指定用途，受委托人则须获得官方及宗教机构的认可从事经营管理。这类现金基金通常向社区居民发放小额贷款，收取 10% 的利率。研究者依据法庭档案发现，18 世纪一座城市至少 9% 的居民向此类现金基金借款。④针对社会上对此类基金收息的指责，当时一

① Goldsmith, *Premodern financial systems*, p. 87.

② Şevket Pamuk, *A Monetary History of the Ottoman Empire*, Cambridge University Press, 2000, p. 84.

③ Pamuk, *A Monetary History of the Ottoman Empire*, p. 83.

④ Pamuk, *A Monetary History of the Ottoman Empire*, p. 81.

位很有声望的神学家辩解声称，取消收息将给本地穆斯林社区带来重大伤害。[①]在伊斯兰社会，神学家（学者）通常又是法官。

17 世纪和 18 世纪，奥斯曼帝国统治下的安纳托利亚和巴尔干地区，民间信贷十分流行，人们以各种理由或借口收取或支付利息。民间借贷纠纷大量出现，地方法院频繁介入有关诉讼案件并留下许多判例档案。[②]后来的研究者对大量判例进行分析并发现，司法制度存在诸多歧视问题。[③]

奥斯曼帝国的统治范围扩张到巴尔干半岛后，希腊人和犹太人在伊斯坦布尔等大城市中渐渐成了大放贷者。他们不仅贷钱给普通私人，也向政府当局提供短期贷款，大量参与包税人的融资活动。其中一些富商和钱主早在拜占庭帝国时期便已发达，在奥斯曼帝国时期更加壮大。16 世纪起，有富商甚至贷款给波兰和法兰西国王。他们还与来自葡萄牙的钱商合作经营，后者带来 85 万达克特金币，利用亚欧地区广泛存在的民间汇票系统从事贸易信贷和跨境支付。[④]

相比阿巴斯王朝，奥斯曼帝国时期金融有了一定的新发展。但是，此时期的金融发展仍然是滞后的，而且继续停留在非正规的基本状态中。私人银行家在各地出现，但正规的本土银行迟至 19 世纪中期以后才产生。

伊斯兰教的禁息传统与基督教的禁息传统相似，也对中世纪金融发展有抑制作用。在穆斯林地区，伊斯兰教没有阻止民间金融的发展，也没有妨碍政府财政采用包税制。同样，在中世纪欧洲，基督教事实上既没有消除民间借贷，甚至也没有阻挡银行在中世纪中期以后的发展。与基督教世界相比，伊斯兰—穆斯林世界在中世纪缺失正规金融机构。此外，毋庸赘言，在中世纪晚期，伊斯兰—穆斯林世界没有欧洲那样的宗教改革。此差别的影响远远超出金融领域。[⑤]

七、宗教改革与放松借贷管制

中世纪基督教会在欧洲所奉行的禁高利贷政策不仅是针对高利率，实质是禁止和限制所有的商业化借贷交易。尽管中世纪中期以后在意大利等地，在禁高利贷传统的缝隙之中，出现了银行、汇票和年金等新事物，但它们在社会上仍不能够大行其道。欧洲的金融发展总体上仍处于教会法的桎梏中。如果没有一场大规模的思想解放，如果没有发

---

① Pamuk, *A Monetary History of the Ottoman Empire*, p. 82.

② Pamuk, *A Monetary History of the Ottoman Empire*, pp. 78 – 79.

③ 第默尔·库兰（Timur Kuran）:《长分流：西方与中东世界的制度歧途》，第 55 – 62 页。

④ Pamuk, *A Monetary History of the Ottoman Empire*, p. 80.

⑤ 近年来国际学术界积极讨论涉及伊斯兰—穆斯林社会的“大分流”问题，前引第默尔·库兰（Timur Kuran）文章即为代表性成果。另一相关文献是埃里克·查尼（Eric Chaney）“中东世界为何衰落？一个政治经济学框架”，陈志武、龙登高、马德斌主编《量化历史研究》第三、四合辑，科学出版社，2015 年，第 90 – 117 页。

生宗教改革运动，欧洲金融和经济发展无疑会被推迟许多年。

前面提到，经院学派一些学者们在 13 世纪后开始改变态度，逐渐对借贷问题提出了若干新看法。例如，他们区分用于消费或日常开支的贷款，认为投资于商业和工业企业的资本，在面临风险时收取报酬是合法的。教皇在这个时候已与意大利银行家们结成了“同盟”关系，利用精神谴责的恐吓来促使欠债者还款。①

尼科尔·奥雷斯姆（1320—1382 年），是一位法兰西教士和神学家，约在 1360 年前后写到，“高利贷者把钱交给对方，是得到后者的同意的，后者可以用这笔钱应付急需。后者于归还时所付出的超过他原借数额的那个部分，是属于双方都满意的一个固定契约的问题”②。

一位名叫巴尔杜斯（Baldus de Ubaldis，1327—1400 年）的意大利法学家在 14 世纪后半期与其他法学家一起宣布，各种有息贷款是合法的。③巴尔杜斯的学生中有后来成为教皇者（1370—1378 年在位的教皇格里高利十一世）。

这些均属“体制内”的微小进步，尽管在实践中也具有非同小可的意义。16 世纪初开始的宗教改革（新教运动）才代表了真正意义上的认识变化或精神革命。经历了大灾大难的三十年战争后，欧洲多国于 1648 年缔结了《威斯特伐利亚和约》，新教与天主教达成政治和解，相互承认，不再相互迫害。新教作为基督教大体系内的一个开明分支，快速成为荷兰和英格兰等国家和地区的主流宗教派别，许多信奉新教的人物在各自领域内成为领先者、创造者或发明家。

宗教改革的早期领袖、德意志改革家马丁·路德（1483—1536 年）早年曾反对高利贷，甚至谴责收取利息的行为。马克思曾大段引用路德关于商业资本和高利贷具有掠夺性的论述。④后来，路德认为，改革的重点是国君，而不是民众。普通人只须听从世俗的权威，私人财产必须得到尊重。基督徒也可出借自己的钱财。公共机构可提供低利率的贷款。只收取 5% ~6% 利率的人不应被视为敲诈勒索者。收取 8% 也可，只要它基于可以赎回的土地抵押。收取高利者应继续被谴责和制止。⑤

因提倡新教理念而遭受法兰西王朝迫害并逃往瑞士的约翰·加尔文（1509—1564 年）明确提出，应该区分商业贷款和贫困贷款（Distress Loans），前者应收取利息，后

---

① 布瓦松纳：《中世纪欧洲生活和劳动》，第 169 页。

② 奥雷斯姆：《论货币的最初发明》，门罗编《早期经济思想：亚当·斯密以前的经济文献选集》，第 59 页和第 85 页。

③ 布瓦松纳：《中世纪欧洲生活和劳动》，第 170 页。

④ 马克思：《资本论》第三卷，第 370 页注释 48。

⑤ 霍墨和西勒：《利率史》，第 65 页。马克斯·韦伯评论说，马丁·路德关于高利贷和利息的许多看法还不如后期经院学派人物的见解（韦伯，《新教伦理与资本主义精神》，第 79 页）。这个事实从一个侧面表明，在高利贷和利息事情上，新教运动的其他代表人物没有受到路德看法的影响；路德所倡导的宗教改革主要从一般层面推进了人们对待社会事物的客观和理性的认识。

者不仅应分息不取，而且还应该免还，即成为赠予。[1]加尔文倡导低调和稳健的商业精神。他的开明原则和独立于罗马教廷的个性最终赢得了瑞士人民。瑞士后来成为工商业和金融业发达的国度，与加尔文精神有密切关系。

英格兰在女王伊丽莎白一世（1558—1603 年在位）治下已转变为新教国家。曾担任过女王特别法律顾问和朝廷首席检察官及掌玺大臣等要职的弗朗西斯·培根（1561—1626 年）晚年时写过许多政论文，其中一篇为“论高利贷”。那时，舆论认为高利贷是“敲骨吸髓”的恶棍行为。对此，培根以平和语调谈论了高利贷（商业借贷）的消极性和积极性。他没有严格区分高利贷和普通的收息借贷，他的一些观点以现代眼光看难以判定是非。培根主张，让收息借贷合法化，同时对利率进行必要管制（例如控制在5%）。[2]如此见解显然是进步，大大超过教会人士。

此后，知名的英格兰社会活动家、政治家和思想家约翰·洛克（1632—1704 年）也谈论了借贷和利息。在此问题上，思想的进步在洛克这里得到了充分体现。洛克在1691 年发表《论降低利息和提高货币价值的后果》小册子中说，“既然不能颁布一条法令禁止人们把金钱或财产赠送给随便哪一个他所喜欢的人，也就同样不能制订任何法律，来禁止那些精于理财和转移财货之道的人按照当时必须支付的利息来借钱使用。”[3]他的中心思想是，利率是“租用金钱的价格”，而这是无法实施管制的。换言之，利率应当由市场决定，由货币供求和借贷需求决定；在一个小型开放的经济体中，一国利率也受到贸易收支和跨境资金流动的影响。洛克赞成政府在有需要时借债，赞成一国资金不足时可向外借债。洛克关于利率决定及其与国际经济关系的洞见在 21 世纪仍有重要意义。[4]

洛克的著作是反对利率法定的檄文，犹如亚当·斯密《国富论》是驳倒重商主义的犀利战书。顺便一说，洛克也为 1694 年英格兰银行成立时的发起人和股东。英格兰银行成立时许诺给初始投资人 8% 的利率回报。18 世纪中，英格兰（以及与之合并的苏格兰）在经济和金融发展上迎头追赶荷兰，与法兰西展开激烈竞争，并最终取得了胜势。倘若没有这些先行者的思想解放、宗教改革以及世俗法律的调整，这样的成就难以发生。

英格兰及 1707 年后的大不列颠实行了法定利率高限政策，该政策为倡导“自由放任”的亚当·斯密所认同。有人认为这意味着斯密的经济思想在这个问题上前后不连

---

① de Roover, “The Scholastics, Usury, and Foreign Exchange”, p. 258.

② 培根“论高利贷”（Of Usury）的一篇中译文以“谈放债”为题收录在《培根随笔全集》，蒲隆译，译林出版社，2017 年，第 172 – 175 页。

③ 洛克：《论降低利息和提高货币价值的后果》，徐式谷译，商务印书馆，1997 年，第 2 页。

④ 洛克论著发表后，另一位英格兰人士发表了小册子来商榷（约瑟夫·马西：《论决定自然利息率的原因》，胡企林译，商务印书馆，1996 年）。但这个讨论已经无关利率是否应由法律或政府来决定的事情了，而是探讨利率的经济决定因素究竟是什么。马西在他书中认为，利率由工商企业的利润（利润率）来决定。

贯。一位研究者对此撰文专门剖析了一番，认为斯密之所以赞成设定利率高限，乃是因为担心利率完全放开后，在一定时期中会出现借贷资金流向投机和奢侈消费（非生产性活动）的问题。[①]斯密在《国富论》第二篇第四章“论贷出取息的资财”论述了法定利率与市场利率的关系，认为市场利率是一个有一定上限界限的区间，并提出法定利率应略高于市场利率低限的政策建议。他说，“像大不列颠这样的国家中，以货币贷给政府，年息为百分之三，贷给私人，若有稳当担保品，则年息为百分之四或百分之四点五，所以，规定百分之五的法定利息率，也许是再适当不过。”[②]这里，斯密实际上已经触碰到现代金融市场中的基准利率概念。

荷兰和英格兰等新教国家在17世纪已完成了教会法和世俗法对借贷态度的转变，为银行等金融机构的发展给予了充分的空间。这种转变在欧洲大陆仍旧奉行天主教的若干国家中，例如意大利和西班牙，迟在18世纪方才开始。然而，实质性大转变出现得更晚。梵蒂冈宗教法庭（Holy Office）于1822—1833年裁定，世俗法律允许的利息可被所有人收取。直到20世纪中叶（1950年），教皇庇护十二世（Pius XII）才说，银行家们“在诚实地谋生”。此话被认为代表罗马教廷认可了现代金融制度。[③]

我们在前面看到，中世纪基督教会强烈反对商业借贷和利息，不仅出于传统典籍的教义，而且也包含维护自身经济利益的考虑。然而，这些皆非全部原因所在。如前所述，基督教会是既定社会制度和秩序的维护者，教会思想家们显然不希望看到有任何因素会构成对既定社会制度的破坏或威胁。在其眼中，商业性借贷和利息如同在古希腊一样，很可能具有瓦解既定社会关系模式、加速社会分化的作用，即便奴隶制度已经消亡，奴役制度仍然存在。在一个债务流行的环境中，社会成员稍不留意便有可能陷入债务陷阱，即初始债务在利率驱动的循环中（利滚利的循环模式中）永远不会被还清。一旦出现了这种情形，或则“债奴”重现，或则社会动荡。排除了商业性债务，让人们安于现状，也就阻止了成为“债奴”的可能。从这个角度看，中世纪基督教反对高利贷、反对利息，当然包含着保护债务人、保护社会弱势群体的倾向。这与今天世界许多国家立法限制贷款人收取过高利率的做法基本倾向是一致的，都是为了防止债权人滥用权利并对债务人实施“掠夺性贷款”。

但是，从今天的角度看，事后的分析表明，中世纪基督教对商业借贷后果的担忧还有一个深层的因素，即社会那时对基本人权的保护不足。当社会成员获得基本人权保障后，在原则上和法律上，债务都不再成为侵犯个人自由和个人权利的借口，即债权人无

---

① Joseph M. Jadow. “Adam Smith on Usury Laws”, *Journal of Finance*, Vol. 32, No.4 (September 1977): 1195-1200.

② 亚当·斯密：《国民财富的性质和原因的研究》，郭大力、王亚南译，商务印书馆，1983年，上卷，第328页。该中译本原文中的“英国”据英文原文这里改为“大不列颠”。

③ 霍墨和西勒：《利率史》，第66页。

法将债务人变成其奴隶或具有依附性的人格。在这样的社会制度环境中，基督教也就不必再为商业性借贷关系的流行所可能带来的对个人权利的伤害而担忧了。

经济思想史学者熊彼特非常敏锐地看到了这一点。他说，“到15世纪末，习惯上与‘资本主义’这个意思模糊的词相关联的大多数现象都已显露了出来，其中包括大企业、股票和商品投机以及‘资金高速流转’。当时人们对所有这些现象做出的反应与我们现在做出的反应是一样的。”[①]当宗教改革和新教伦理成长后，商业和金融在中世纪晚期的欧洲（至少在欧洲的部分国家和地区）得到了快速发展。就这样，“商业、金融和工业资产阶级的兴起，自然改变了欧洲社会的结构，从而改变了它的精神，如果愿意的话，也可以说改变了它的文明”。[②] 围绕着高利贷和利息，中世纪欧洲经历了从西罗马帝国后期商业和金融文化跌落到窒息状态到商业和金融文化转向苏醒、复活和大放异彩的大转折。

八、本章小结

中世纪是世界历史上一个特殊时代，体现了人类社会发展的起伏升降。中世纪之前，许多文明古国出现过商业繁荣、金融发达和思想活跃的景象。之后，宗教兴起，思想窒息，商业和金融活动面临多种限制。世界各大宗教兴起的时间有前有后，但它们都反对高利贷，甚至反对收取利息的普通借贷。金融发展在各国各地区的中世纪都出现了很长时期的沉寂。

高利贷在近代以前世界各个社会中普遍存在。古代法律和习俗往往允许债权人在债务人违约时获得对后者的人身支配权，这使得高利贷具有破坏社会关系和秩序的巨大作用。在中世纪欧洲，基督教强烈反对高利贷，倡议禁止一切收取利息的商业性借贷，给当地金融发展带来重大影响。基督教会所确立的禁高利贷传统，有多方面原因，包括来自宗教信仰的影响，维护自身经济利益，以及支持现存社会秩序。

中世纪中期以后，由于基督教教会神学家们的“网开一面”和商业人士的创新追求，包括借贷在内的金融业务在欧洲部分地区得以复苏。汇票一类的新型金融工具投入运行，促进了欧洲商业和贸易的发展。欧洲商业和贸易的复苏和增长，还得益于其他若干重要因素的支持。

早于基督教的犹太教虽然反对本邦人之间的收取利息，却不禁止与外邦人的商业性借贷往来。公元初年后，犹太人散布于西亚北非和欧洲各地，保留并传播了金融文化。

在印度社会，婆罗门教—印度教早就形成了反对高利贷的传统，而民间信贷却一直

---

① 熊彼特：《经济分析史》第一卷，第124－125页。

② 熊彼特：《经济分析史》第一卷，第125页。

绵延不断。种姓制度出现后，商业性借贷活动由吠舍阶级的成员承担，但他们很少组建正规的金融机构。公元 10 世纪以后，随着穆斯林势力进入，印度社会及其金融发展受到印度教和伊斯兰教的影响。在殖民时代到来之前，印度经济已达到相当高的货币化程度，商业和贸易也有显著发展，尽管总体而言印度国内市场的基本特征仍为支离破碎。中世纪和近代早期的印度已有发达的民间汇票系统。

在公元 7 世纪伊斯兰教兴起前，麦加是阿拉伯半岛的商业中心和文化中心，彼时当地正在经历高利贷催化下的快速社会分化。与基督教一样，伊斯兰教禁止收取利息。但是，历朝阿拉伯—伊斯兰政权都不反对商业和贸易。在实行货币征税的背景下，阿巴斯王朝的货币化程度甚至高于莫卧儿印度。而且，阿拉伯—穆斯林社会中也有金融创新，延期支付、合伙企业和财务托管所等融合了大量金融因素。而且，与印度一样，阿拉伯—伊斯兰社会发展出了基于个人信用的民间汇票系统，该系统受到官方保护，也为官方财税管理所利用。15 世纪后兴起的奥斯曼帝国继承了伊斯兰教传统，仅在局部有限的范围内放松了对借贷活动的管制。

穆斯林社会与中世纪晚期欧洲社会最大的不同之处在于，后者出现了宗教改革而前者没有。这样，自中世纪晚期和近代早期以来，两地金融发展的差别日益增大。

在世界各大民族中，中国社会的历史传统独树一帜。常规意义上的宗教不是古代中国社会的显著特征，但秦汉以来的历代封建王朝都采取了反高利贷的政策措施，尽管程度有重有轻，效力时有时无。毫无疑问，反高利贷是古代中国政府的一个重要政策传统，并且延续至近代。中国的反高利贷传统与国外有许多不同，也对本国金融发展产生了重要影响。就此而言，中外经济金融“大分流”古已有之，并非始于近代初期或千年之际。

欧洲进入中世纪晚期后，实行宗教改革后的新教国家率先在利息问题上采取了开明政策。在这些国家，随着商业普及和金融机构增加，一般利率水平趋于正常化。工商业和金融业由此进入了新发展阶段。

第四章

中世纪意大利金融发展

12 世纪中叶后，金融在意大利诸多城邦出现绚丽多彩的发展。12—15 世纪，意大利城邦不仅有了汇兑银行和存款银行，还发展出债券和年金等新金融工具。信用不仅支持城邦政府，也开始支持商业和手工业。正是在商业和金融发达的地方，文艺复兴自 13 世纪后逐渐成为欧洲思想与文化发展的新潮流。欧洲在经济发展和思想精神上开始朝着新的方向迈出有力的步伐。

意大利商业和金融在中世纪欧洲的突出发展提出两大问题：一是彼时意大利处于基督教（天主教）的强大影响之下，为何能在商业和金融发展与创新上迈出跳跃性步伐？二是意大利诸邦在经历了 12 – 15 世纪数百年繁荣发展后，为何自 16 世纪却走向衰落，至少不再名列前茅？在研读中世纪中期以来意大利金融发展历程时，这两个问题或需时刻萦绕于心。

在中世纪意大利城邦和其他欧洲城市，金融的生长乍看似无可能，然而，时代背景却使之必然。中世纪欧洲不仅存在诸多封建王朝的你夺我争，一度还出现“三足鼎立”局面。许多城邦和城镇在此背景下生存和生长。威尼斯、佛罗伦萨和热拉亚是其中的佼佼者，那里金融和银行发展体现了商业利益和政治宗教势力的结合。中世纪中期以来，意大利半岛位于欧洲与东方文化的交汇处，在所有欧洲人中意大利人最早、最多接触到阿拉伯、印度和中国文化，他们在金融思想上的创新与此相关。

一、中世纪中期的欧洲政治经济格局和历史大势

在中世纪中期，欧洲的基本政治经济格局有三大特点：一是城邦林立，二是诸侯经

济和庄园经济共存并行，三是“三足鼎立”。此外，11 世纪末以后发生的两件大事极大地影响了意大利城邦商业和金融发展：一是十字军东征，二是法兰西王国走上扩张之路，不断在西欧挑起事端。前一事件给意大利城邦带来商业发展机会，后一事件则间接帮助了意大利城邦的金融发展。

“三足鼎立”的政治格局

中世纪欧洲政治上的“三足鼎立”指西罗马帝国覆灭后，三大政治势力兴起，至 12 世纪大致形成了各据一方的局面。这三大政治势力分别是各地封建国王和诸侯，以罗马教廷为中心的基督教会系统，以及东罗马帝国（拜占庭帝国）。

分布在欧洲各地的封建国王和诸侯是 4 世纪和 5 世纪新兴“蛮族”入侵欧洲的政治遗产。这些蛮族势力在经历上百年的迁移后，逐渐在居住地形成相对稳定的统治体制，其统治者和臣民陆续皈依基督教，许多贵族获得分封，成为各自领地上的最高统治者，行使立法和司法权，并像封建国王一样实行世袭制度。同时，一些心怀大志的封建国王不甘现状，时常对外征伐。8 世纪到 9 世纪，法兰克国王查理曼（742—814 年）多次发动对外战争，将势力扩张至波罗的海到亚得里亚海之间的广袤地域，他通过扶植一位“异端”教皇而获得“罗马皇帝”的称号。在查理曼大帝榜样的鼓舞下，腓特烈一世（1155—1190 年在位）和腓特烈二世（1220—1250 年在位）力图做大做强并做实“神圣罗马帝国”，但其仍是一个在绝大多数时候徒有其表的政治实体。腓特烈一世和二世代表了封建国王的扩张野心。讽刺的是，虽然都高举宗教大旗，他们遇到的第一个强大对手却是罗马教廷。

4 世纪到 10 世纪，基督徒已遍及全欧洲，几乎所有统治者和百姓都皈依了基督教。各地教会、教堂及修道院皆有自己的田地和产业。主教区定期向教皇缴纳“什一税”。在很多地方，教会法规被国王和诸侯认可，成为当地世俗法的一部分。教皇和主教对世俗统治者的加冕成为封建国王和诸侯（领主）在各自辖区内统治合法化的一个重要支柱。教廷始终图谋扩大世俗权力，为建立像东罗马帝国和阿拉伯—伊斯兰国家那样的“政教合一”体制而努力。19 世纪中叶意大利统一前，意大利半岛多地存在持续数百年的“教皇国”（Papal States），尽管规模都不大，却一直是政教合一体制的样板。

中世纪欧洲的第三大势力是东罗马帝国，即拜占庭帝国。13 世纪初以前，拜占庭帝国一直怀抱复活西罗马帝国的梦想和追求。其在意大利半岛上的据点拉文纳（Ravenna）在 8 世纪被伦巴底王国侵吞后，它转而支持威尼斯抵御伦巴底王国。拜占庭从未放弃干预意大利半岛乃至欧洲事务的企图和努力。由于内部腐败和政治纷争，拜占庭帝国首都君士坦丁堡在第四次十字军东征（1202—1204 年）期间重创，此后逐渐衰落，欧洲的“三足鼎立”由此告终。

上述三大政治势力——封建王朝和诸侯、基督教会、拜占庭帝国——各有不同的利益和抱负，时而相互往来，时而冲突互斗，和平则钩心斗角，冲突则兵戎相见。罗马教廷与封建国王和诸侯以及拜占庭帝国之间，在政治关系上属于典型的“蔓藤缠绕、纠葛不清”，然而封建国王和诸侯与拜占庭帝国之间在疆土上则是楚河、汉界分明。欧洲诸多城邦和城镇正是在此种格局中获得了生存空间和发展机遇。

城邦的兴起

中世纪中期开始时，即10世纪至11世纪，欧洲多地出现城市或城邦。有的城市仅有有限的政治权力，属于一国之内的自治地，如法兰克王国或后来的法兰西王国中的一些城市。有的城市则具有完全的主权，可独立对外签订条约，号称“共和国”，如威尼斯共和国和佛罗伦萨共和国。类似城市也出现在法兰西和德意志，出现在后来兴起的佛兰德斯（也称“法兰德斯”，低地地区的中世纪名称）和伊比利亚半岛。

在中世纪欧洲，“城市林立”蔚为壮观。它们究竟是如何起源的呢？中世纪欧洲经济史研究专家汤普逊归纳出学者们的许多看法，其中三种最具代表性，分别适用于德意志、意大利和法兰西的一些城市。①

（1）“公社”起源说。该观点认为城市（尤其是德意志境内的诸城市）的初始形态是古代日耳曼人的自由农村公社“马克”。“马克”具有自治性，因此，自治的城市与农村“马克”之间有相似性。

（2）庄园起源说。该观点认为意大利半岛的城市起源于西罗马帝国后期就存在的大庄园。那些庄园有自己的法院，具有很大的政治和司法独立性。

（3）“市场法”起源说。该观点认为城市主要是那些受到诸侯法院管辖的被保护区，这些保护区得益于市场的发展而演变为城市。法兰西的诸多城市与此接近。

然而，上述说法皆有明显的片面性。不仅未能恰当说明城市在其他地方的起源，甚至也无法解释为何一些强大势力（如前面说的“三强”）允许各自势力范围内的城市享受高度自治权而不横加干涉。很明显，“三强”之间的相互制衡是一个重要因素。

例如，在拜占庭衰落之前，为自身利益计，它一直支持意大利的商业城市。“从十字军初次出现时起，希腊皇帝就害怕它们来到东方，而事件的进展也果然证明了他们的畏惧心理有充分理由。为了尽量利用局势，东方皇帝竭力联络意大利的商业城市，以期它们成为自己有用的同盟”②。这里的“希腊皇帝”或“东方皇帝”即指拜占庭帝国皇帝。他们曾大力支持威尼斯这样的城邦，虽然后来又与它们发生激烈冲突。这种支持有时极为宝贵，否则在强势封建君主的压迫下这些城邦无法存活。例如，史书说，“皇帝

---

① 汤普逊：《中世纪经济社会史》下册，耿淡如译，商务印书馆，1984年，第409－414页。

② 汤普逊：《中世纪经济社会史》下册，第4页。

腓特烈红胡子的政治和社会哲学，是封建传统和复兴的罗马法的混合物；里面根本容不得什么自由城市制度，更谈不上像米兰那样的大胆的城市公社制。”①这里，皇帝腓特烈即前述腓特烈一世（其绰号“红胡子”的意大利语发音为“巴巴罗萨”），他数次率兵入侵意大利，曾摧毁米兰的中心广场。为了抵抗这位暴君的进攻，城邦、罗马教廷和拜占庭一度联合起来，相互支援，方才使米兰诸邦幸免于难。

正是由于教皇与封建君主们存在矛盾，所以在很多时候，教皇支持意大利的城市及公社，与封建诸侯及拜占庭皇帝相对立。许多城市因此分为两派，出现教皇派与封建派之间的激烈政治争斗。腓特烈一世后，腓特烈二世与教皇之间爆发长期战争，烽火遍及意大利，诸多城市遭殃。战争期间，教皇为了争取城市和封建贵族的归顺，自掏钱财代其偿付债款，并归还其土地作为教皇的封邑。②该事例再次表明，意大利城邦生存在封建君主和罗马教廷的矛盾缝隙之中。

研究者认为，中世纪欧洲城市生活有三要素，即贸易、市民和市政府。③贸易指城市在经济上不能自给自足，必须与外部世界开展商业交换。城市既不出产粮食，也没有向周边农民征税权。因此，城市自诞生之日起依赖外部粮食供应。为获得稳定充足的外部供应，一些城市大力发展对外贸易（如威尼斯），另一些城市则大力发展手工业（如佛罗伦萨）。对那些发展手工业的城市来说，本地市场规模明显偏小，因此希望积极开拓外部市场。而在面临外部同类产品竞争时，它们则会竭力保护本地产业。总之，城市保护本地产业，同时，又积极向外寻求商业扩张。

城市有了自己的产业，又有了商业和贸易，自然形成了一大批市民阶层（Bourgeois）。他们大都从事个体工商业，经营家庭小作坊或开办小商店，以及从事某种技艺。城市的另一个重要群体是商人阶层，他们专事商业批发和远距离国际贸易。商人通常比市民具有大得多的经营规模和资金实力。

历史学家认为，“在最初的市民阶级的思想中，没有任何人权和公民权的观念。”④商人或商人阶级是城市自治运动的发起人和推动者，封建诸侯和教会则是与商人争夺控制城市权力的两股力量。这在 11 世纪和 12 世纪的意大利北部和佛兰德斯地区表现得尤其突出。⑤

随着城市经济的发展，财富在城市生长和聚集，城市中的资金流动性也在不断增长。历史文献显示，城市中的有钱人早在 11 世纪和 12 世纪就开始发放贷款，贷款对象

① 汤普逊：《中世纪经济社会史》下册，第 7 页。
② 汤普逊：《中世纪经济社会史》下册，第 41 页。
③ 汤普逊：《中世纪经济社会史》下册，第 420 页。
④ 亨利·皮雷纳（Henri Pirenne）：《中世纪的城市》，陈国樑译，商务印书馆，2019 年，第 108 页。
⑤ 亨利·皮雷纳（Henri Pirenne）：《中世纪的城市》，第 109 – 112 页。

有修道院院长、教区主教、贵族，甚至国王。[①]这些活动具有明显的直接融资性，它们发生在基督教会的中高层人士中，也表明直接融资活动事实上从未曾停止。宗教信仰本身没有，也不可能决定直接融资的发生与否。借贷资金的供给主要由城市经济发展决定，借贷资金的需求则主要来自社会上层人士。

十字军东征与跨境贸易的复苏

以欧洲基督徒占领圣城耶路撒冷及其周围地区为目的的十字军东征（Crusades）始于1096年，终结于1291年。教皇乌尔班二世（Urban Ⅱ，1088—1099年在位）是这场大规模并持续多年的宗教战争的发动者，旨在恢复与拜占庭帝国的关系并借此确立罗马教廷在基督教全境（包括拜占庭在内）的至高权威。[②]此后近200年，欧洲各地几乎所有的封建君主和诸侯都参与了十字军东征，包括欧洲大陆外的英吉利国王和挪威国王等。许多基督徒即便没有亲身参战，也向东征队伍和教会贡献大量财物以示支持。1291年，兴起于埃及的马穆鲁克穆斯林王朝占领耶路撒冷。随后，欧洲人在东地中海沿海地区（也称黎凡特）的据点（基督教小王国）陆续被阿拉伯—穆斯林势力清除。此后几百年，欧洲势力未再返回该地区。

十字军东征对欧洲的政治经济和文化带来广泛而重要的影响。在政治方面，英吉利国王和法兰西国王“亲征”显示两国的中央集权体制已发展到相当高度。在文化方面，中世纪欧洲人借助阿拉伯发现了古希腊的典籍，点燃了欧洲文艺复兴的明灯。早期文艺复兴作家但丁（1265—1321年）和薄伽丘（1313—1375年）等皆受到阿拉伯文学的影响。十字军东征在经济方面的影响更是十分深远，从多个层面催生金融在中世纪欧洲（尤其是意大利半岛）的复活和生长。

首先，意大利半岛上多个港口城市享受到十字军东征直接带来的巨大商业利益。在地理上，意大利位于西欧、拜占庭和穆斯林世界的交汇处。由于这个地理优势，十字军东征带来的所有商业利益首先由意大利获得。[③]从法兰西出发的十字军队伍走海路时，需要借助热拉亚、威尼斯和比萨等港口及其船只，这些意大利城邦在提供运输服务时皆收取费用。十字军东征造就了这些城邦在11世纪末和12世纪初的“初次繁荣”。

其次，十字军东征带来了现金需求的迅猛增长。许多参战的骑士、诸侯和君主们奔赴中东地区时，除携带武器和衣物外，还会携带大量现金，以便在行军各处购买物品和服务。十字军东征期间，西欧与中东地区（尤其是黎凡特）的贸易得到显著发展。西欧从黎凡特进口大量香料、药材和奢侈品，出口谷物和皮革皮毛等。西欧在此贸易关系中

---

① 亨利·皮雷纳（Henri Pirenne）：《中世纪的城市》，第140页。

② 海伦·尼克尔森：《十字军》，刘晶波译，上海社会科学出版社，2013年，第21-22页。

③ 汤普逊：《中世纪经济社会史》下册，第1页。

长期处于逆差状态，这也派生出对金银贵金属的显著需求。对金银贵金属现金的新增需求促进了西欧地区经济的货币化，也推动了各地自然经济或半封闭经济的解体。

再次，十字军东征在一定程度上促进了西欧部分地区的产权关系调整，基督教会的经济势力得以扩大，而犹太人因一些封建国王和诸侯的政策惨遭迫害，非犹太人趁机进入犹太人的传统经营领域，尤其是借贷业务。农民响应教皇号召并成为十字军的主体。许多农民为了参战，变卖财产，包括动产和不动产。土地房屋的买主往往是附近的教会或教堂，它们借机扩大了土地占有。有证据显示，在十字军东征期间，西欧一些地方的土地价格出现下降。①

最后，十字军东征带来了欧洲地区内部以及欧洲与中东之间国际交往和国际冲突的陡然增加，由此促使许多城邦迸发出新的借贷需求和制度创新。在此背景下，大批新事物涌现，涉及国际关系、法律和金融保险等诸多领域。在近现代商业生活中人们常见的事物或制度，例如领事、商业法院、海事法、汇票、银行、股份公司以及商业公会等，皆从十字军东征以来的意大利商业城市中产生。②

圣殿骑士团的覆灭及意大利银行业发展的机会

圣殿骑士团（Knights Templar）是十字军东征期间兴起的三大军事性宗教团体之一（其他两个分别是条顿骑士团和医疗骑士团）。该骑士团始建于1119年，初期总部设立在耶路撒冷的圣山（Temple Mount）。骑士团于1128年得到教皇何诺二世（Pope Honorius II）接见，并在1139年荣获认可。初始，骑士团主要由参战人员组成，后来大部分成员为非军事人员，他们主要从事商业性经济活动。这些活动包括受人之托传送钱财、货物和信函等，同时代人保管财物。圣殿骑士团在欧洲和中东多地设立据点和门店，事实上形成了一个庞大的通信和交易网络。其客户（地方诸侯、富人和商人们）可在甲地将钱财交给圣殿骑士团的门店，经过一段时间后在远在千里之外的乙地，即圣殿骑士团的另一个门店取出，此为“欧洲版的飞钱”。③

当代研究者认为，圣殿骑士团已发展出一套金融服务功能，除了代管财务之外，它接受钱币存款，并向有权有势者（国王、王室成员和封建诸侯等）发放贷款；它是委托人的信托经理和财务管理人。尽管不清楚其如何收费（包括如何支付存款利息和收取贷款利息）以及如何积累财富（除了接受他人捐赠），但可以肯定，圣殿骑士团的经济实力在13世纪中期已有很大规模，在欧洲多地拥有城堡和地窖。

另外，十分确定的是，圣殿骑士团不是营利性机构，其贷款不是常规经营，所有权

---

① 汤普逊：《中世纪经济社会史》上册，第487页。

② 汤普逊：《中世纪经济社会史》上册，第535页。

③ 威廉·戈兹曼：《千年金融史：金融如何塑造文明，从5000年前到21世纪》，张亚光、熊金武译，中信出版社，2017年，第155页。

属集体性质。

13世纪中期，圣殿骑士团失去了其在中东地区的网点，但它继续在欧洲开展金融服务，并将总部设在巴黎附近。令人意外的是，1307年10月的一天，法兰西国王腓力四世（1268—1314年）下令袭击了圣殿骑士团总部，没收了其财产。此后，在教皇许可下，法兰西和英格兰以及其他一些西欧王国都遣散了当地的圣殿骑士团，将财产没收，其所属城堡教堂和人员等合并于医疗骑士团。圣殿骑士团总团长被处以火刑。

此后，骑士团的所有金融服务不复存在。“骑士团的没落留下来公共机构上的真空，最终这一真空被意大利的银行家占据。”[①]

圣殿骑士团的故事看似是历史偶然事件，其实不然。在此之前，腓力四世（1285—1314年在位）在法兰西做过另一件事，虽不如袭击圣殿骑士团那么残忍，但效果类似。该措施最终导致香槟集市的没落。

香槟集市位于巴黎东南方向的纳瓦拉王国（诸侯领地），在11世纪初至13世纪末近200年中，一直是欧洲跨境贸易中心。早期，香槟所在地为地方诸侯辖区。当地诸侯出于地方经济发展的考虑，为香槟市场提供了硬件和软件两方面的基础设施服务。硬件方面为改善市场附近的道路交通条件。软件方面包括加强市场行政管理，设立专门法庭解决商业纠纷，与周边诸侯开展合作，为商人提供便于往返的“市集通行证”等。[②]香槟集市繁荣之际，参与者来自欧洲和中东各地，包括埃及人、叙利亚人、亚美尼亚人、希腊人、意大利人、法兰西人、西班牙人、德意志人、荷兰人、布拉邦人（Brabant）、弗拉芒人（Flemish）、英吉利人、苏格兰人等。[③]伴随国际贸易，香槟集市出现了欣欣向荣的钱币兑换业，而信贷则从钱币兑换业中滋生出来。

腓力四世于1285年继承王位后，推行中央集权政策，对内对外不断挑起事端，强化君主统治体制。为此，他急需大量资金。腓力四世迎娶香槟地区领主即纳瓦拉王国女王后，随即成为纳瓦拉国王，之后便决定向香槟集市开征新税。新税立即引起商人们的抱怨和抗议，但他们无法改变国王的主意，被迫陆续放弃参与该集市贸易。碰巧的是，大概在14世纪初以前，罗盘（指南针）技术经由阿拉伯人传入欧洲，借助此技术，航海者可不必再紧贴海岸线航行。在香槟集市渐渐消沉之际，热拉亚人和威尼斯人于13世纪末和14世纪初开辟了经直布罗陀海峡和英吉利海峡前往伦敦和布鲁日的航海路线。此路一开，更使香槟集市在欧洲跨境贸易中的重要性进一步下降。

希克斯说，“英法之间的‘百年战争’保护了意大利的文艺复兴。”[④]此话意为，英法百年战争（1337—1453年）是两国走向中央集权体制的催化剂，对外争霸与对内集权

① 戈兹曼：《千年金融史》，第163页。

② 汤普逊：《中世纪经济社会史》下册，第202－203页。

③ 汤普逊：《中世纪经济社会史》下册，第204页。布拉邦人和弗拉芒人即来自今天比利时同名省区的人。

④ 约翰·希克斯：《经济史理论》，第56页。

互有关联。在法兰西，争霸和集权先后引出两大事件，一是快刀斩杀了圣殿骑士团及其多样化的金融服务，二是用加税缓慢而无声地窒息了香槟集市的繁荣。出乎所有人的预料，这两件事却使意大利城邦得到了商业和金融发展的良机。

二、威尼斯共和国的商业和金融

12—15 世纪，威尼斯共和国获得商业上的巨大发展，同时在金融上进行了诸多开创性尝试。中世纪中期的威尼斯虽小但强大，独立且富裕，它是彼时意大利乃至欧洲的楷模。

威尼斯的政治体制与商业传统

从中世纪到近代，威尼斯一直实行总督制。总督（Doge，也可称为首席执政官）是威尼斯共和国的政府首脑。第一任总督始自 726 年。1797 年，拿破仑率领的入侵大军兵临城下，威尼斯放弃了独立，才不再有总督。在这 1072 年中，威尼斯先后有 129 位总督，平均一位总督执政 8.3 年。[①]当然，也有总督执政不到一年。总督由多人组成的委员会推选产生，方法类似于基督教大主教的产生办法。与大主教一样，总督职位不世袭。因此，威尼斯政治体制异于封建政体。

8 世纪，当威尼斯刚成为一个行政单位时，它还是拜占庭帝国的附庸，其总督同时也是拜占庭帝国的官员。此后，威尼斯在政治上与拜占庭分道扬镳，开始独立发展。11 世纪中叶后，总督的选举体制得到改进，治理结构的透明度有所提升。威尼斯对外宣称自己为共和国。

该共和国掌握实际权力的是商人贵族，即那些经商和从事贸易而发家致富的显贵人士。14 世纪后半叶的一份数据表明，威尼斯城有 117 位公民（富裕公民），每人财产价值在 1 万至 1.5 万杜卡（Ducat，威尼斯金币名，也译达克特），其中 91 人为贵族，26 人为平民。[②]1 杜卡为 3.55 克黄金，他们的人均财产价值可换算为 60 万至 90 万美元，或人民币 370 万至 560 万元。这些拥有大量财产的人士组成威尼斯城的多个委员会，包括可推选总督的专门委员会。

在伦巴底人入侵以及拜占庭官员到来之前，意大利各地的商人移居威尼斯，将威尼斯从“渔民的乐园”改造成“商业冒险家的天堂”。[③] 威尼斯位于海岸线之外，与陆地不连接，由此使它在中世纪长期免受来自陆地的威胁。在后来的发展中，威尼斯不断建

---

① John Julius Norwich, *A History of Venice*, *Penguin Books*, 2003, pp. 641－642.

② 芬纳：《统治史》（卷二：中世纪的帝国统治和代议制的兴起），第 408 页。

③ 芬纳：《统治史》（卷二），第 401 页。

设和加固防波堤，抵御海浪冲击。12 世纪是威尼斯强盛之时，一度还成为腓特烈一世与教皇之间的调停者（1177 年）。在调停中，威尼斯促使双方都认可其主权地位，并得到教皇默许拥有对境内宗教事务的管辖权，包括主教任命和司法裁判等。威尼斯在居间调停期间还设计，诱导欧洲多地的十字军部队掉转进攻方向，从中东改为拜占庭帝国首都君士坦丁堡。此事发生于1204 年第四次十字军东征期间。当君士坦丁堡沦陷后，威尼斯如愿以偿，从拜占庭得到亚得里亚海东岸一长片地区中的诸多据点，以及爱琴海中的若干岛屿。借助这些据点和岛屿，威尼斯成为东地中海的贸易和军事强国。

威尼斯的商业扩张很快遭遇竞争对手，即另一个意大利城邦共和国热拉亚。两城陆上距离仅有 400 公里，相互冲突主要发生在海上。从 13 世纪后半期到 14 世纪后半的一百年，两国数次爆发海战，堪称史上贸易战的经典案例。

威尼斯在发展进程中遇到的劲敌，除了热拉亚和拜占庭，还有后来的奥斯曼帝国。① 1141 年，威尼斯人强迫附近小镇法罗（Fano）签订城下之盟，后者同意每年给威尼斯圣马可大教堂和总督官邸捐赠灯油。这种无期限的年度固定“贡金”安排与威尼斯人后来发明的年金债券相似。两年后（1143 年），威尼斯首次在陆地与另一个邻近城邦帕多瓦（Paduo）发生冲突，并使用雇佣军与之作战且获全胜。威尼斯使用雇佣军而不是本地将士的做法，旨在防止获胜将军日后居功作大，参政干政，甚至拥军自立。②中世纪意大利称雇佣军首领为“佣兵队长”（Condottieri），该词原意为“合同工”。在 15 世纪意大利中部的城邦混战中，佣兵队长们大显身手，其乖戾和易变让雇佣他们的许多城邦叫苦连天。威尼斯似是最早使用雇佣军的意大利城邦。

至 15 世纪上半叶，威尼斯是欧洲首屈一指的富国。彼时威尼斯城人口约 10 万，其统治区内人口约 150 万。一年有 3 000 艘船只运送威尼斯货物。城邦一年岁入为 75 万 ~ 80 万杜卡，规模堪敌当时法兰西国王或英格兰国王所掌握的财政资源。③

威尼斯共和国的债券融资与年金制度

作为历史文化名城的威尼斯主岛有 20 多座教堂，岛上常住人口不过 5 万余人，平均每2 500人享用一座教堂，大概是世界上教堂密度最高的地方。自中世纪以来，威尼斯人代表了基督教（天主教）世界在商业上最开明的部分。凡是有利于发财的商业交易在威尼斯均被允许。所以，在马可 · 波罗时期（1254—1324 年），威尼斯码头和广场上挤满了各式各样的商人和金融交易者，包括钱币兑换商、放贷人、投机家、银行家、保险代

---

① 历史学者认为威尼斯人并不“好战”。有这个说法，15 世纪时，“当热拉亚派出武装桨帆船时，威尼斯则一次次地派出外交官”（罗杰 · 克劳利：《财富之城：威尼斯海洋霸权》，陆大鹏、张聘译，社会科学文献出版社，2015 年，第 324 – 325 页）。

② Norwich, *A History of Venice*, pp. 94 – 95.

③ 芬纳：《统治史》（卷二），第 407 页。

理人以及税务官及其代理等。①

威尼斯人大量从事转口贸易。他们从拜占庭和中东地区进口货物，贩运到阿尔卑斯山以北地区。以往，威尼斯商人使用拜占庭金币作为交易媒介。1282 年，拜占庭皇帝出于财政目的改铸金币，并实行了减值政策。威尼斯遂于1284 年发行本地金币杜卡，模仿了当时佛罗伦萨和热拉亚已经发行的金币格式。此后杜卡金币在地中海地区流行数百年。

中世纪欧洲各地的国王、诸侯和主教都曾举借债务，但因为付息债务为基督教所反对，其借债信息不公开，存世文献也不见有关记载。在一篇论述法兰西、英格兰、德意志和低地地区“公共负债”的专题研究中，提到的许多案例都是君主或权贵人物向私人的借款，若干有担保，若干没有担保，借者对贷者的回报包括授予贵族身份和给予精神表彰等。②这些事例表明，在中世纪晚期以前，欧洲各国各地的官方借贷大都不规范。规范的官方借贷首先出现在意大利半岛，威尼斯、佛罗伦萨和热拉亚为先行者。

威尼斯共和国于1164 年尝试借债。是年，督政府与12 位大商人签署一份借贷协议，前者答应以里亚尔托（Rialto）集市广场未来 11 年的税收为担保，从后者借入折合为270 千克银的钱款（此时威尼斯尚未发行杜卡金币）。③按照当时 1:11 金银比价换算，这笔借款折合 24 545 克金，相当于今天 147 万美元或 900 万元人民币。

里亚尔托集市是威尼斯政府的主要税收来源地，该市场每天交易从国外进口的谷物、葡萄酒和盐等基本生活品，政府派遣税官坐地征收交易税。威尼斯除了造船和制造兵器，几乎没有其他制造业，故间接税是政府的主要岁入来源。将税收作为借债担保，一来可以快速筹集资金（贷者不用担心借者的违约），二来有利于降低借贷成本（尽管未见此次借款的利息安排信息），三来倘若发生借款违约，税款转让也算是落入“自己人”手中。

威尼斯政府将税收作为担保抵押给债权人的做法，被认为类似于西班牙加泰罗尼亚国王采用过的“人口年金合同”，该协议规定债权人可得到国王领地中的行政权和岁入。④但是，加泰罗尼亚的做法事实上更像罗马共和国末期的包税商制度，此方法也为后来的法兰西王朝所采用，其与威尼斯的做法有不同之处。

1172 年，威尼斯遭遇重大外交危机，督政府推出一种新借贷方式。该危机始于拜占庭帝国在其首都君士坦丁堡扣押威尼斯居民，理由是后者攻击了也在君士坦丁堡城区居

---

① 戈兹曼：《千年金融史》，第 171 页。

② E. B. 弗里德和 M. M. 弗里德“公共信贷”，作为第七章载 M. M. 波斯坦、E. E. 里奇、爱德华·米勒主编《剑桥欧洲经济史（第三卷：中世纪的经济组织和经济政策）》，周荣国、张金秀译，经济科学出版社，2002 年，第368 - 478 页。这篇综述没有提及意大利诸城邦以及西班牙。

③ 卢西恩：《意大利城邦的政府债券和政府债务》，载威廉·戈兹曼、哥特·罗文霍斯特主编的《价值起源》（修订版），王宇、王文玉译，万卷出版公司，2010 年，第 159 - 160 页。

④ 戈兹曼：《千年金融史》，第 172 页。

住的热拉亚人。威尼斯政府策划一场针对君士坦丁堡的重大军事行动，急需大量经费。

按照时任总督的计划，威尼斯城被划分为6大区域，每个区域按税册资料来评估区内公民的财产水平，然后按比例征收借款并转交给共和国的大理事会（Grand Council）。该机构为当年新设，功能类似日后许多欧美国家掌握财权的国会或议院。这种按人口征集借款的办法明显属于“摊派”，为强制借款。因其基于税收信息，故其有着很高的可操作性。

正是由于这种面向全体居民的借债举动，威尼斯产生了对统计科学的需要。后来的学者们认为，威尼斯和佛罗伦萨是现代统计科学的发源地，它们的举债需求是统计科学诞生的驱动力。①

这次借债的新特点是，借者为全国公民，不再局限于少数富人。在前一次借债时，威尼斯政府对债权人许诺权利转让，例如转让里亚尔托集市税收。在最近借债时，威尼斯政府做出的权利转让受益对象是全体公民。“大理事会”正是为此出台的一项政治制度改革。借助该机制，威尼斯共和国平民参政的机会得以增加。大理事会由6区各80位代表构成，合计480位，大大多于传统贵族的人数。威尼斯以往的“寡头治理模式”在此刻发生了微妙而重要的变化。

1262年，威尼斯政府通过“政府债券法”（Ligato Pecuniae），将之前所借的不同债务合并为单一基金，规定每年分两次支付利息，利率为5%。②这是“统一公债”的最早事例。18世纪中叶，大不列颠政府也推出“统一公债”，此为其彼时财政金融革命的重要内容。大不列颠做法优于威尼斯的地方在于，前者有了成熟的金融市场而后者没有。

“政府债券法”授予威尼斯政府“召回”债券的权利，同时也开启了固息债券模式。利息支付的做法突破了基督教教义的桎梏。对当地居民而言，购买政府债券虽然是“义务”，却也是有回报的金融交易，不再是过去那种几乎完全无偿的、强制性的，甚至是掠夺性的财务安排。1262年债券法之后，债券允许转让，此后发行的债券也称为可流通的债券（Floating Debt）。

但是，威尼斯总督亲自指挥的远征军不仅未获任何军事成果，反而遭受瘟疫侵袭，远征完败。威尼斯政府无力偿还本金，无法“召回”债券。面对全体公民债权人，威尼斯政府坚持履行按5%利率定期支付利息的做法。年金（Annuities）概念由此诞生。

威尼斯政府发生过债务危机。第三次热拉亚战争（1378—1381年）时，威尼斯政府出现债务违约，无力按期支付利息。不过，它没有宣布废弃债务，而是采取变通之策，包括暂停利息支付（推迟支付）、减少利息支付额、使用摇号抽签方式仅给少数债券持

① 雅各布·布克哈特：《意大利文艺复兴时期的文化》，何新译，商务印书馆，1981年，第68-70页、第75-78页。

② 戈兹曼：《千年金融史》，第174页。

有人支付利息等。[①]违约后的威尼斯政府再发行债券时，只能打折出售，即发行债券的实际筹资额少于债券面额，这是为债券违约所付出的代价。

1463 年，威尼斯共和国开征直接税，向公民征收所得税和财产税。在已背上高额债务、债息支付已成头号财政支出项目的背景下，开征直接税有重要意义。对公民而言，所持债券是其资产；持有债券越多，其固息收入就越多，按比例计算其应交纳的直接税也就越多。换言之，公民债息收入与其应交所得税存在比例关系。由此而论，开征直接税大大缓解了威尼斯政府的财政负担，借此在政府债息支付与税收进款之间建立起资金“回流”机制。

威尼斯（以及其他意大利城邦）政府债券的发行和流通促进了当地金融市场的形成和发展。政府债券在市场上能够公开交易，表明债券二级市场已经形成。后来，该市场还吸引国外投资者（以及投机者）的参与。14 世纪末，热拉亚被威尼斯打败后，富裕的热拉亚人外出寻求金融投资机会，来到威尼斯并投资当地政府债券。威尼斯金融市场也对热拉亚投资者开放。[②]

威尼斯金融发展的示范作用

从威尼斯政府借债和发债的经历可看到，其债务融资方法的转变与政治体制调整紧密相关。由此可见，政府债务融资不仅是一个经济行为，同时也具有政治意义。面向公民发债意味着公民参政程度的相应提高。

另外，在中世纪欧洲，政府债务融资牵涉到宗教。13 世纪以来，威尼斯政府向债券持有人支付利息不仅未遭教会禁止，而且还被其他意大利城邦所效仿。威尼斯何以如此？至少有两个因素发生作用。一是前面提到，1177 年后威尼斯当局从梵蒂冈得到对境内宗教事务的管辖权，教会不再干预本地世俗事务。二是威尼斯建立了与教会及神学家们的友好关系，使他们中的知名人物对反高利贷教义给予新注解，缓和了宗教界对威尼斯做法的指责。

对贷款收息的代表性辩解有三点。[③]（1）威尼斯政府发行的债券不是贷款，因为不要求归还本金，而所有贷款原则上都必须归还本金。这种说法显然支持了威尼斯政府将有期限债券转变为永续债券以及实行固定年金（固息支付）的做法。

（2）对债券支付的利息本质上不是利息，而是风险投资的回报。依此说法，债券购买人以及债券转让后的新持有人从威尼斯政府得到的支付，不是利息，而是前者有风险的投资回报，因为该回报在数额上和时间上皆有不确定性，而且威尼斯政府作为债券发

---

① 卢西恩：《意大利城邦的政府债券和政府债务》，第 161 页；戈兹曼：《千年金融史》，第 175 页。
② 卢西恩：《意大利城邦的政府债券和政府债务》，第 162 页。
③ 参见戈兹曼《千年金融史》第 179 页。

行人和资金使用者也无法确定债券资金的收益。这个说法明显为威尼斯政府利息支付的不稳定性辩解。

（3）从债券购买人和持有人的构成看，债券发行是合理之事。购买债券的主体是平民大众，其中也有来自罗马教廷的人士，他们都是虔诚的基督徒，怎么可能从事不合教规之事呢？

关于上述第（3）点，有文献显示，开始时威尼斯政府要求所有在纳税人名册上的个人都必须购买政府债券，后来又出台债券购买人的财产额起点，凡达到起点者必须购买政府债券。该起点在1280—1325年为50里拉，1325—1339年为100里拉，1339—1446年为300里拉，此后为200里拉。当时，1杜卡可换4至6里拉。上述起点偏高，意味着实际上仅有少数人被强制要求购买政府债券。[①]后来，债券转让市场的形成，事实上使得更多的、财产和收入相对低的平民参与政府债券投资。

1348年爆发的黑死病（鼠疫传染病）首先出现在威尼斯，病毒由船员从拜占庭城市带入。面对高传染性疫情，不少医生也加入逃亡大军。威尼斯当局制定新政策，优待那些志愿留下并从事医护工作的医生，其退休后每年可从市政当局领取25杜卡的年金（退休金）。[②]黑死病疫情在当地引发了债务宽限和减免运动。

一位历史学家这样描述14世纪末和15世纪初威尼斯的国际声望，"闪亮的圆形杜卡金币上，是执政官跪在圣徒面前的画像，威尼斯金币的纯度和可靠性超过了所有对手。威尼斯海军舰队定期巡航扫荡，商船队无比雄壮。身着黑衣的威尼斯商人操着口音为货物标价，各种仪式庆典和宗教节日的庆祝活动无比盛大隆重，威尼斯的建筑物彰显帝国气派。威尼斯人无处不在。"[③]

威尼斯商业金融文化的效法者和竞争者，近有佛罗伦萨和热拉亚等意大利城邦，远有地中海西海岸的巴塞罗那等。后来的低地国家和英格兰多少也是威尼斯文化的学生。

三、佛罗伦萨和美第奇银行

14世纪和15世纪是银行业在佛罗伦萨快速发展的时期。此时期不乏重大意外和冲突事件，例如14世纪中叶的黑死病和15世纪上半叶的意大利内战。佛罗伦萨银行业的突出发展很大程度上归功于美第奇家族的苦心经营。银行业的发展也让佛罗伦萨旧貌换新颜。

---

① 卢西恩：《意大利城邦的政府债券和政府债务》，第169页。

② Norwich, *A History of Venice*, p. 216.

③ 克劳利：《财富之城》，第290－291页。

佛罗伦萨的政治经济特点

相比于威尼斯或热拉亚，佛罗伦萨的第一个特点是小。佛罗伦萨的管辖面积仅有1.1万平方千米，在近代以前人口达到峰值时仅有30万。不像威尼斯或热拉亚，佛罗伦萨没有海外殖民地，它实际上是一个内陆城市共和国，位于意大利中部平原与丘陵相间的托斯卡纳地区。1405年，佛罗伦萨入侵邻近的比萨市，方才得到一座已遭破坏的港口。佛罗伦萨周围分布有一些农场和牧场，此外还有一些小城镇。①至15世纪，佛罗伦萨已有手工业，以羊毛加工业（呢绒织造）最为有名。1308年，约有3万人在佛罗伦萨羊毛加工业做工。②

佛罗伦萨不仅有制造业，还有多种多样的行业公会。规模巨大的毛纺织业长期存在"阶级斗争"，1378年爆发过有名的"梳毛工人起义"。行业公会的作用就是树立市场进入门槛，限制过度竞争，并规范经营行为。

佛罗伦萨的政治体制与中世纪意大利其他城邦类似，皆属于"寡头民主制"。佛罗伦萨政治体制的特点是复杂的机构设置和相对广泛的市民参与。数十个大大小小的工商业协会（行业公会）可推选代表参加城邦执政团成员的选举，执政团成员最多不超过9人，其中6个来自大团体，2个来自小团体。在立法和对外政策方面，执政团需要与另一些委员会协商。执政团有首席执政官，该官员理论上有很大的行政权。但佛罗伦萨还设立一个与之并列的职位，即"总理大臣"（Chancellor），通常由一位外聘的学者担任，主要负责卫生、治安和礼仪等。③"佛罗伦萨人对自己的政治制度感到无比骄傲，并标榜它为实现他们所吹嘘的自由的保障。"④实际上，佛罗伦萨的政治过程很大程度上排斥了下层民众和传统贵族，主要由商人（富裕市民）参与和掌控。商人之间充满竞争，不时爆发激烈的甚至血腥的拼斗。

在此背景下，虽然中世纪佛罗伦萨没有当今欧洲各国那样的权力分工和制衡关系，却有着异常激烈和频繁的党派斗争。一位政治史学家评论道，佛罗伦萨是"暴力、大家族和世仇，以及摇摆不定的机构和暴徒挑战的缩影"⑤。出生在佛罗伦萨，并在那里参与政治事务而且一度遭受政治迫害的马基雅维利（1469—1527年）曾感叹，这座城市有过

---

① 金德尔伯格认为，农业部门的存在使佛罗伦萨未能像威尼斯或热拉亚那样免遭封建主义的强烈影响（查尔斯·P. 金德尔伯格：《世界经济霸权1500—1990》，高祖贵译，商务印书馆，2003年，第83页）。

② 汤普逊：《中世纪经济社会史》下册，第40页。

③ 克里斯托弗·希伯特：《美第奇家族的兴衰》，冯璇译，社会科学文献出版社，2017年，第14–15页；芬纳：《统治史》（卷二），第381–385页。在现代欧洲各国，"总理大臣"或"首相"（Chancellor/prime minister）常用于权力较大的政府首脑，例如德意志联邦共和国和联合王国；"总理"（premier）则多见于权力较小的政府首脑，例如法兰西共和国和俄罗斯联邦。但在中世纪佛罗伦萨，总理大臣的职权小于首席执政官。

④ 希伯特：《美第奇家族的兴衰》，第16页。

⑤ 芬纳：《统治史》（卷二），第378页。

的“分裂能够摧毁每一座强大的城市。然而，我们的城市似乎却因此变得强大；这就是那些市民的优点，他们的才能和运筹的力量使他们自身和国家变得伟大……”①

威尼斯或热拉亚距离罗马超过500千米，而佛罗伦萨到罗马的路程仅为其一半。这或许是佛罗伦萨银行家能够与罗马教廷发展良好关系的一个因素。

与其他意大利城邦一样，佛罗伦萨采用了8世纪和9世纪在欧洲流行的加洛林王朝铸币体系，即在银币交换分类中，1磅重（也是1里拉重）的银可铸造20枚苏尔迪银币（Soldo，复数为Soldi），1枚苏尔迪银币等于12枚第纳尔银币（Denari或Denier）。这种进位制在墨洛温王朝时期就已启用，完全不同于古罗马时代的做法。加洛林王朝铸币体系带来一个重要后果，即推广了银币在欧洲地区的广泛使用，事实上使银币成为欧洲各地的主流铸币。

1096年开始并延续至13世纪末的十字军东征，在货币领域产生了两个效应，一是欧洲境内的银币铸造质量下降，二是欧洲接触到中东地区的阿拉伯—穆斯林文化，接触到那里流行的金币。13世纪中叶前后，欧洲多地开始铸造金币。热拉亚于1252年铸造了本地金币格诺威（Genovino，重3.56克），佛罗伦萨紧接着也在当年始铸弗罗林金币（Florin，俗称“百合花币”）。1枚弗罗林重3.53克，1402年后减重至3.33克（此时轻于威尼斯杜卡金币）。弗罗林金币发行初期，与银币苏尔迪的比价是1∶20，到1430年该比价超过1∶80。在弗罗林金币发行后，当地机构继续以银币作为记账货币单位，说明佛罗伦萨发行金币的目的显然不是为改变本地的通货使用规则，而主要是为了促进国际贸易和跨境支付。当然，这也可能是为便利本地经济中的大额交易和部分赋税征收。②

美第奇家族的银行业

至14世纪，佛罗伦萨已有许多银行营业，且有两大家族银行已成为全欧洲的显赫金融机构，它们是巴尔迪（Bardi）和佩鲁兹（Peruzzi）。两者在欧洲多地设立分支机构，并与宗教团体关系密切，还从事与羊毛相关的工商业活动。羊毛生意促使两个家族前往英格兰，并因此与英格兰皇室往来。英王爱德华三世（1312—1377年）在位期间与法兰西交战，他向这两个家族及其他意大利富人大量借债（“无担保借债”），然而却在1345年宣布违约。由此巴尔迪家族损失90万弗罗林，佩鲁齐损失60万弗罗林。③两个家族的

---

① 芬纳转引马基雅维利的话，见芬纳《统治史》（卷二），第378页。

② Raymond W. Goldsmith, *Premodern financial systems: A Historical comparative study*, Cambridge University Press, 1987, p. 157.

③ 有关英王欠款和违约的详情可参见 Ephraim Russell, “The societies of the Bardi and the Peruzzi and their dealings with Edward III”, in *Finance and Trade Under Edward III the London Lay Subsidy of* 1332, ed. George Unwin (Manchester, 1918), pp. 93 – 135. British History Online http://www.british-history.ac.uk/manchester-uni/london-lay-subsidy/1332/, pp. 93 – 135. 巴尔迪和佩鲁齐两家银行的后续情况参见，詹姆斯·W. 汤普逊：《中世纪晚期欧洲经济社会史》，徐家玲等译，商务印书馆，2018年，第592页。

后人与美第奇家族银行有合伙关系或商业往来。这次银行危机后，佛罗伦萨仍有许多银行营业。

中世纪佛罗伦萨城中自称“银行”的机构实际上有三类，即典当铺、小银行和大银行。典当铺由市政当局颁发执照，被教会蔑视。小银行往往是珠宝商所开，兼做钱币兑换和小额抵押贷款。大银行（Banchi Grossi）不仅资金规模大，业务范围也广泛许多，同时从事存款、贷款和汇兑业务。[①]有数据显示，1422 年佛罗伦萨有 72 家商号从事国际银行业务，即便在大动荡后的 1470 年也还有 33 家这样的商号，美第奇银行便是其中之一。[②]

在佛罗伦萨银行界，美第奇家族属于后来者，1397 年从罗马迁入。美第奇银行虽未带来新业务模式，但它是 15 世纪前半期意大利银行界的杰出代表。它的四大特点是巴尔迪和佩鲁齐事迹的缩影。一是发展迅速，经营规模大；二是在欧洲多地开设分行，形成了国际网络；三是从事多种经营，尤其兼营与羊毛相关的生意；四是与罗马教廷关系密切。后来，美第奇家族卷入佛罗伦萨复杂而血腥的政治纷争，使其银行业务在 15 世纪末戛然而止。

史书有许多关于美第奇家族与教皇的关系以及美第奇银行兼营工商的记载。传闻美第奇曾扶植一位教皇上台，并陪他远行参加国际会议，会议主题是解决悬而未决的教皇地位。[③]美第奇银行的创始人同时拥有两家羊毛工厂，还是羊毛公会成员。[④] 1466 年，教皇宣布与美第奇银行联手展开经营活动，垄断欧洲的明矾贸易（明矾是当时毛纺织加工必须添加的辅助剂）。[⑤]这些皆属当时的典型情况，即大银行兼营工商业，并与罗马教皇关系密切。

1397 年，美第奇在佛罗伦萨设立美第奇银行，同年设立罗马分行。此后开办分行的时间和地点依次是 1400 年那不勒斯，1402 年威尼斯，1426 年日内瓦（该分行后来迁往里昂），1433 年巴塞尔，1436 年安科纳，1439 年布鲁日，1442 年比萨，1446 年伦敦和阿维尼翁，1452 年米兰。[⑥]

阿维尼翁（Avignon）位于法兰西南部，教皇克雷芒五世（也称克莱蒙五世）于 1309 年迁居于此，正值法王腓力四世处置圣殿骑士团。此后至 1376 年，阿维尼翁一直是教皇居所，并在 1791 年以前也是教皇领地。在美第奇于 1446 年设立该地分行前，巴尔迪和佩鲁兹等意大利银行家已在此地设有分支机构，为教皇代理钱款入账和转账业

---

① Raymond de Roover, *The Rise and Decline of the Medici Bank*, 1397 - 1494, Harvard University Press, 1973, pp. 14 - 15.

② Goldsmith, *Premodern financial systems*, p. 158.

③ 希伯特：《美第奇家族的兴衰》，第 25 - 29 页。

④ 希伯特：《美第奇家族的兴衰》，第 24 页。

⑤ 蒂姆·帕克斯：《美第奇金钱》，王琴译，中信出版社，2007 年，第 155 - 159 页。

⑥ 帕克斯：《美第奇金钱》，“年表”，第 VII - IX 页。

务。美第奇于此地设立分行，显然出于同样目的，同时也反映其与教皇的特殊关系。

从上述美第奇各地分行设立日期看，15 世纪前半期明显是美第奇银行的辉煌时期，除佛罗伦萨外，先后有 12 座城有美第奇银行，其中 6 座城市在意大利之外。接近 1450 年时，个别国外分行发生经营问题，安科纳和巴塞尔分行于 1443 年停业。

这些设在不同城市的分行并不都是美第奇家族的独资机构，有些是与合伙人合资开办并独立注册的经营机构。通常，分行主管持有分行 10% ~40% 的股份，他们不一定是美第奇家族成员。而且，一家分行可以有几位合伙人。分行合伙人享受基于业务的薪酬和基于股份及业绩的红利。[①]该做法与现代企业高管的复合型薪酬激励计划完全相同。

合伙制的做法不限于设立分行。美第奇银行在开展贸易融资业务时也推行合伙制。对此，需要略作说明。

按照当时汇兑公会的规定，像美第奇银行这样的机构主营业务有三，即出售珠宝，接受分期付款；接受存款，每年送出相当于 9% ~10% 利率的礼物；钱币兑换，即为客户兑换各种金银币。[②]就美第奇银行而言，主营业务为汇兑和贸易融资。

第三章第五节曾叙及汇兑，说明美第奇银行一类机构可通过在不同城市的分行为客户提供远期汇票服务，并从合同汇率与市场汇率的差价中谋取利润。据历史文献，美第奇银行在伦敦、布鲁日和威尼斯进行的 67 笔汇兑交易中，仅有 1 笔入不敷出，其他皆盈利，利润率为 7.7% ~28.8%。[③]有研究者汇集了美第奇银行 1444—1463 年在威尼斯与伦敦之间的汇票交易数据，显示汇票在威尼斯开出时使用汇率及 3 个月后在伦敦兑现时使用汇率，皆以 1 达克特（杜卡）兑英镑（Sterling）数来表示，两者之差以达克特为分母，毛利润率为 7.9% ~20.8%。[④]在威尼斯与布鲁日之间的类似数据（布鲁日当地货币为格罗特，groat）也显示了几乎完全一样的汇兑交易毛利润率。[⑤]

但是，那些牵涉贷款（尤其是收息贷款）的业务却非如此，包括美第奇在内的中世纪意大利银行，对此必须小心翼翼地应对和处理。“应对”指找到合适且合法的途径从事营利性银行业务，“处理”则指将不合法的经营活动隐藏在合法的会计科目之下。

---

① 帕克斯：《美第奇金钱》，第 42 页。

② 帕克斯：《美第奇金钱》，第 28 页。

③ 帕克斯：《美第奇金钱》，第 37 页。

④ Raymond de Roover, *The Rise and Decline of the Medici Bank*, 1397 -1494, Harvard University Press, 1973, Table 22, p. 117.

⑤ de Roover, *The Rise and Decline of the Medici Bank*, Tables 23 and 25, pp. 118 -120.

表 4－1　　1427 年美第奇 3 家分行资产负债并表①　　单位：%

资产			负债与净值		
1	现金	5.0	1	对代理行负债	5.8
2	在代理行资产	20.6	2	应付款	59.9
3	贷款	33.2	3	贸易欠款	2.0
4	贸易贷款	3.8	4	欠美第奇其他公司款项	16.3
5	在美第奇其他公司资产	25.7	5	合伙人负债	1.4
6	合伙人资产	3.6	6	其他负债	1.8
7	其他资产	8.2	7	负债合计	87.3
			8	资本	6.6
			9	未分配利润	6.1
			10	净值	12.7
	资产合计	100.0		负债与净值合计	100.0

表 4－1 显示 1427 年美第奇 3 家分行的资产负债并表信息，该 3 家分行分别位于佛罗伦萨、罗马和威尼斯。3 家分行的资产负债构成互有差别。表中所列数皆为百分数（相对数），其资产或负债总额（绝对数）为 31.5 万弗罗林（按当前金价可换算为1 890 万美元或人民币 1.16 亿元）。各个构成项目的含义如下。

资产方和负债方下分别出现与“代理行”相关的项目，并分别占一定比重（20.6%与 5.8%），此项与银行的汇兑业务密切相关。资产方下的“贷款”系后来的研究者归纳得出，非为当时的会计科目或类别。美第奇总部与各分行的约定是，贷给红衣主教不超过 300 弗罗林，给朝臣不超过 200 弗罗林，不能贷给任何罗马商人，他们皆非善类，永远不能贷给德意志人，因为那里的法院不会尊重你的权利。②这些“内部规定”似乎表明，美第奇银行认真应对信贷风险，因为信贷环境远不够理想。

资产和负债方下皆有“贸易信贷”（贸易贷款或贸易欠款，Trade Credits/Debts），即给予商业客户的垫款或欠款。此项目以及“应付款”（占负债与净值的 59.9%），极可能反映美第奇银行当时从事商贸仓储一类的经营活动。既然贷款或收取利息被认为不合法，那么，为借贷客户的服务实际上可采取货物交易的方式进行。例如，借款客户同意以高价从银行购买珠宝，而其中的“溢价”事实是利息支付。由此，从美第奇银行的资产负债表可看出，中世纪教会对贷款和利息的限制措施迫使银行无法从事“纯粹”的银行业务。1437 年，佛罗伦萨当局颁布法令，所有基督徒均不得从事借贷。

此外，资产和负债方下皆有“美第奇其他公司项目”，这也反映该银行的综合经营

① Goldsmith, *Premodern financial systems*, Table 9－6, p. 159. 该表系根据 de Roover, *The Rise and Decline of the Medici Bank* 所提供各分行的数据而编制。

② 帕克斯：《美第奇金钱》，第 42 页。

业务属于关联交易。而且，此关联交易也扩展到“合伙人”项目，该项目也是同时出现在资产和负债方下。依通常理解，合伙人为给银行带来资金的人士，那么他们带来的资金或记入“资本”项下，或记入资产项下（“合伙人资产”）。然而，它怎么会出现在资产负债表的负债方之下（表4－1中的“合伙人负债”）？依据当时的经营环境，可以推测，“合伙人”在这里实际上是银行借贷经营的一条途径。如果有人欲从银行借款，银行也乐于同意，但银行也许更愿意将该借款人先变成“合伙人”，并从此合伙人处取得一定资产，然后再予放贷。此种做法，为19世纪后欧洲各国信用合作社通行的经营模式一样，借款人首先要成为合作社的成员（“社员”），然后才有资格从合作社获得贷款。

利用合伙制来扩大银行的信贷业务，或许是美第奇银行的一个新办法。由于合伙人不少来自商界和金融界，美第奇银行利用此方法为意大利乃至欧洲的商业金融发展作出了贡献。当然，表4－1所列合伙人相关数字很小（分别为3.6%和1.4%），因此，也不能夸大该做法在美第奇银行的作用。

1397—1494年，美第奇家族前后5代成员从事银行经营。① 1464年第三代家族核心去世后，美第奇新掌门人决定调整业务，“把他父亲过去借给国内外无数公民的款项全部收回”，而此时美第奇银行走下坡路已有十余年（一般认为美第奇家族银行从1454年其创始人去世后开始下行）。社会对美第奇银行收回贷款的反应十分强烈。佛罗伦萨众多人士对此强烈谴责。不久之后，“有一批商人破产”，当地社会对美第奇掌门人更加怨恨，后来甚至图谋加害于他。②该事件被认为是银行抽贷引致经济衰退的一个事例。据估算，1427年时，佛罗伦萨国民产值一年为300万弗罗林③，表4－1显示美第奇3家分行合计资产额为31.5万弗罗林，后者为前者的10.5%，这是一个很高的比例。该事例表明，当一家银行经营规模足够大时，其信贷政策调整可对当地经济带来严重冲击。类似情况在1345年巴尔迪和佩鲁齐银行遭受巨大损失时也有发生。

德鲁弗（de Roover）的专著《美第奇银行的兴衰1397—1494年》提供了里昂分行的损益表信息，显示该分行1466年以当地金币埃居（Écu）为单位的毛收益额为12 955，其中，来自汇兑的收益为4 661，占比36%；来自为教皇传送各种证章的收益为3 630，占比28%；代理丝绸贸易收益为2 600，占比20%；出租办公室收益为700，占比5.4%；经纪中介收费523，占比4%；其余6.6%的收益来自现金剩余和杂项贸易服务。在支出方面，支付存款的利息2 532，其他费用1 930；扣除此两项后该分行净利润

---

① 他们5人除了相同的姓（di Medici）外，依时间顺序其名字分别为乔万尼（Giovanni）、科西莫（Cosimo）、皮埃罗·科西莫（Piero di Cosimo）、索伦佐（Lorenzo）和皮埃罗·索伦佐（Piero di Lorenzo）。

② 尼科洛·马基雅维利：《佛罗伦萨史》，李活译，商务印书馆，2012年，第368－369页。

③ Goldsmith, *Premodern financial systems*, p. 148.

为 8 493。[①]有意思的是，支出项中有利息，收入项中却没有。

德鲁弗的著作还提供了美第奇银行 1433—1450 年各分行利润数据。在 261 292 弗罗林利润总额中，罗马分行占 33.9%，为各行之首；威尼斯和日内瓦分别占 22.2% 和 17.6%，超过佛罗伦萨（占 9.4%）。此外，分别与两位合伙人经营的羊毛生意及丝绸店贡献了 29 498 弗罗林的利润，占分行利润和生意利润总和的 10%。[②]罗马分行贡献利润最多，或许表明来自教皇的“关照”对利润极端重要，而威尼斯和日内瓦分行的数据则表明地处商业中心同样十分重要。美第奇银行兼做不属于银行业务的羊毛和丝绸店铺生意是中世纪欧洲银行机构的普遍做法，即“混合经营”和关联交易。

佛罗伦萨共和国的财政与金融

从美第奇家族银行的经营方式及其特点可看出，15 世纪佛罗伦萨共和国的经商环境有诸多不利之处。银行不仅面临教会对借贷活动和收息行为的强烈反对，而且也面临显著的客户违约风险。前面提到，美第奇银行对存款客户支付 8% ~10% 的礼物回报（隐蔽利息），表明资金来源的成本十分高昂。能够在这样的环境中连续几十年获得可观利润，表明美第奇银行经营者们不凡的才能和超常的运气。[③]

而对佛罗伦萨政府来说，其财政状况却令人担忧。在 15 世纪前 30 年，共和国政府岁入为 25 万 ~30 万弗罗林，常规性财政支出为 20 万弗罗林。单看这两者，佛罗伦萨政府的财政收支可做到平衡有余。但是，该 30 年正是佛罗伦萨与其他城邦连续爆发冲突的时期，军费开支不断增多，年均在 30 万弗罗林之上，为常规支出的 1.5 倍。[④]财政缺口必须设法弥补。

与威尼斯的早期做法一样，佛罗伦萨共和国实行“摊派”发债。所有公民都得报告和登记财产信息，其认购政府债券的数额与其财产水平挂钩，通常为财产额的 0.5%。摊派是不合理的强制性行为，但它与财产水平挂钩，不至于对中下层百姓带来过大的财务压力。

佛罗伦萨政府为管理债务设立了专门机构，即“公债库”（Monte），此可理解为政府债务的登记系统（接近今天许多国家的全国性债券登记公司）。该机构记录历年政府所欠之款及累计余额。13 世纪时该机构成立后至 14 世纪初，所登记的债务数额仅有 5

---

① de Roover, *The Rise and Decline of the Medici Bank*, Table 63, p. 298. 第三章第四节提及，金币埃居的标准重为 4.2 克，重于 1402 年后的弗罗林（3.33 克）。但不同年份的埃居金币其成色和重量并不统一。

② de Roober, *The Rise and Decline of the Medici Bank*, Table 17, p. 69.

③ Goldsmith, *Premodern financial systems*, Table 9 -7, p. 161，提供了美第奇各银行 1397—1450 年汇总的利润数据，显示这 54 年中银行平均每年盈利 1.1 万弗罗林。

④ Goldsmith, *Premodern financial systems*, Table 9 -8, p. 165.

万弗罗林，而到1400年则达到300万弗罗林。[①]此后，由于政府债券的二级市场已经活跃，该“债库”统计的累计余额便依市场价值计算，而不再是发行面额。1427年，依该算法的余额为260万弗罗林，此时佛罗伦萨政府历年发行债券的面额合计已有500万弗罗林之多。15世纪初以来，佛罗伦萨政府未偿还任何本金，故两数之差意味着债券的市场价值已跌落到面值的近一半。[②]

与威尼斯一样，佛罗伦萨政府尽管债台高筑，利息支付屡有拖欠，但却坚持不废债。此做法相当于将已发债券当作永续债。现代研究者分析政府债券持有人的情况，发现许多债券持有人属高净值人士，其财产额大大高于社会平均水平。[③]政府债券持有人即为政府的债权人，而政府的债权人主要为当地富人，此事或有特殊的政治意味。当然，这是题外话。

在佛罗伦萨，外国人购买政府债券须得到特别批准。1423—1433年仅审批通过35件案例，涉及债券面额51.5万弗罗林，占历年发行面额累计数的10%。[④]这个水平不算高，但也不低。佛罗伦萨当时正处于意大利内战中心，能在如此环境中对外开放政府债券市场，佛罗伦萨实属不易。

1425年，佛罗伦萨政府别出心裁地发行一种新式基金，以隐含高利率（15%~21%）吸引长期存款（5~15年）。该基金名为“嫁妆基金”（Monte delle Doti），初衷主要为鼓励储蓄并为缓解家庭嫁女的财务压力。彼时当地的社会风俗是，嫁妆多的女儿才能出嫁，不足者则只能独守空房。此风俗造成许多未婚青年，显然不利于人口增长，而黑死病灾难后的佛罗伦萨亟须人口快速增长。“嫁妆基金”的安排是，家长在女儿满5岁时开始向该基金定期缴存钱款，存满7年或其他规定年限后，可提取本金及高额利息。如果未婚女儿遭遇意外或皈入修道院，本金退还。

该机制的设计者未曾料到的两个情况是，首先，参与者不多，近20年后（1442年）基金账户总数仅1 800户，截至当年累计进款额减去付款额仅余3.4万弗罗林；其次，后来发现，该机制的付款额超过进款额，而且该差额随时间越来越大。差额须由财政（税收）资金填补。也就是说，该机制不仅未带来财政效益，反而成为财政负担和财政资源的转移支付。[⑤]

当代研究者认为，相比威尼斯，佛罗伦萨城邦的财政和债务管理效率偏低，政府债

---

① Goldsmith, *Premodern financial systems*, p. 167. 前引布克哈特提到，1353年佛罗伦萨第一次确定发行monte公债（布克哈特：《意大利文艺复兴时期的文化》，第76页）。

② Goldsmith, *Premodern financial systems*, p. 167.

③ Goldsmith, *Premodern financial systems*, p. 168.

④ Goldsmith, *Premodern financial systems*, p. 168. 该书此处认为外国人持有债券占比为3%。但前述佛罗伦萨政府历年发行债券面值为500万弗罗林，故实际应为10%。

⑤ Goldsmith, *Premodern financial systems*, p. 169.

券的平均利息成本偏高。[①]当然，威尼斯政府债务管理也存在诸多问题，例如政府债券种类繁多，政策变动频繁，商人群体时常干扰政策决策等。[②]总体来说，在中世纪历史条件下，意大利诸城邦运用债务工具应对紧急财政需求，并由此多少促进了金融市场的发展，值得肯定。

四、热拉亚的圣乔治行与金融创新

热拉亚与威尼斯和佛罗伦萨并称中世纪意大利城邦“三巨头”，其也对金融发展作出重要贡献。地理上，热拉亚与威尼斯和佛罗伦萨形成大致的等边三角形。热拉亚与威尼斯同为港口城市，很早即大量从事航运和国际贸易，为此两国发生持续多年的竞争和冲突。热拉亚共和国与罗马共和国末期的情形相近，贵族和平民以及商人群体都积极参政。在此背景下，热拉亚人开展了诸多金融创新。

圣乔治行的起源和发展

1407 年在热拉亚成立的圣乔治行（Casa di San Giorgio），被认为是“现代银行和公共银行”的前身和原型。[③]“现代银行”的含义是银行接受公众存款并向公众发放贷款，“公共银行”的含义则是银行由政府组建并服务于公共目的。难道圣乔治行早在 15 世纪就做到此两点了吗?

马基雅维利在讲述佛罗伦萨与热拉亚的冲突时，详细介绍了圣乔治行的创建和运行情况。1407 年，热拉亚在与威尼斯的贸易战中失利，城邦发生财政危机，不能按期足额支付对债权人的欠款。这些债务皆为有担保的借款，即城邦先已承诺债权人以城邦所控制的若干收益款项为抵押。该收益款项主要为贸易关税（货物通行费）。依照协议，热拉亚城邦的债权人接管了这些权益并立即成立一个委员会，下辖专门的执行机构，整合所有债权并将其划分为很小数额的份额（拉丁文 luoghi，英文 shares，此不同于后面将要述及的马奥那）。此事表明，热拉亚城邦彼时的债权人有大有小，但小债权人为数不少。后来，债权份额成为可转让的权益证书。圣乔治行为该执行机构。

两年后，热拉亚城邦再次遭遇财政危机，亟待得到新借款。此时圣乔治行展现良好

---

① Luciano Pezzolo, “The Venetian Government Debt 1350 – 1650”, in M. Boone, K. Davids, and P. Janssens, eds, *Urban Pubic Debts: Urban Government and the Market Annuities in Western Europe* (14th – 18th *centuries*), Brepols, 2003, pp. 61 – 74.

② 金德尔伯格引述他人研究成果指出，威尼斯富人有时从其拥有的短期资产得到的收益超过其上缴的赋税，该短期资产主要构成为政府债券（金德尔伯格：《世界经济霸权》，第 103 – 104 页）。

③ Vincent Boland, “The world's first modern, public bank”, *Financial Time*, April 18, 2009. 该文为书评，标题是“世界上第一家现代和公共银行”。“Casa di San Giorgio” 中的 Casa 相当于英文的 House，接近昔时汉语中“商行”之意。这里将之统称为“圣乔治行”而非“圣乔治银行”。

业绩，不仅将所属贸易关卡管理得井井有条，而且财源滚滚，现金流充足。热拉亚城邦向圣乔治行提出借款请求，同意为此让渡若干政府权益，包括热拉亚已经和将要控制的海外殖民地管辖权和收益权。类似的借款请求和权利转让此后还出现过多次。

圣乔治行在接管热拉亚城邦让渡的管辖权后，自行遴选和委派官员前往各地行使地方管理和保安职责，并为地方治理和秩序制定了严密的行事规则，不容热拉亚城邦官员插手，久而久之，各地民众欢迎圣乔治行的程度远甚于热拉亚城邦。此外，当热拉亚城邦各派政治势力发生矛盾和冲突时，圣乔治行保持中立，要求各方尊重法律和协议。在城邦经常发生政治冲突的双方皆为商业富豪家族，他们几乎轮流坐庄。两大家族眼见圣乔治行羽翼丰满，还有自己的武装，便对之毕恭毕敬。对此，马基雅维利感叹说：

“像圣乔治行这样机构的事例，在古今学者所曾撰述或想象过的任何共和国当中从来没有过。在同一个社会中，在同一批公民中，竟然出现自由和暴政、廉洁与贪污、公正与不公正两种不同的现象：因为圣乔治行保留着许多历史悠久的古制。假如这个机构（早晚很可能）占有整个共和国的话，那么这个共和国一定会比威尼斯共和国还要优越”。①

启蒙时代法兰西思想家孟德斯鸠，参阅一位英吉利作者在18世纪初写的意大利游记时评道，“在贵族政治中，如能通过间接途径使人民摆脱毫无地位的状况，那将是一件大好事。例如在热拉亚，圣乔治行的大部分业务由人民中的重要人物来管理。人民因而在政府中拥有一定的影响力，政府则因此而欣欣向荣”②。这里，孟德斯鸠认为热拉亚共和国为寡头贵族统治的政治体制，“人民”则指参与组建圣乔治行的众多份额持有人。不少份额持有人所持份额来自其祖先，那些很久以前就已是热拉亚共和国的债权人。

曾经有人认为热拉亚共和国与意大利半岛的其他城邦一样，在政治体制上为“商人所治、商人所有、商人所享的政府”。实际情况却不尽相同。③在热拉亚，行政权力长期为少数富贵所把持，他们持有大量政府债务；纳税人却主要是普通民众。两个群体存在严重的利益纠纷和冲突。这也是圣乔治行得以组建的一个重要背景因素。

圣乔治行后来接管的地方包括科西嘉和撒丁岛，一度还有千里之外克里米亚半岛上的卡法［Caffa，现名费奥多西亚（Feodosia）］。在这些地方，圣乔治行俨然就是政府，行使公共机构的权力，并为征税收租而竭力维护当地治安和秩序。

热拉亚大学一位精通拉丁文的经济史教授，利用所查阅的丰富历史档案与合作者写

---

① 马基雅维利：《佛罗伦萨史》，第451页。该中译书将圣乔治行译为“圣焦尔焦银行”。

② 孟德斯鸠：《论法的精神》，许明龙译，商务印书馆，2014年，上卷，第23－24页。

③ Avner Greif “On the Political Foundations of the Late Medieval Commercial Revolution: Genoa during the Twelfth and Thirteenth Centuries”, *Journal of Economic History*, Vol. 54, No. 2 (Jun., 1994), p. 272；戴维·斯塔萨维奇：《信贷立国：疆域、权力与欧洲政体的发展》，席天扬、欧恺译，格致出版社，2016年，第128－129页。

了一本意大利文和英文双语书——《热拉亚与金融史：诸多第一?》[①]。他们认为，热拉亚在12个领域进行了金融创新：（1）公债（Public Debt）；（2）政府债券（Government Bonds）；（3）公债改革（Public Debt Reforms）；（4）创建圣乔治商行和银行（House and Bank of St. George）；（5）打折出售公债（Discount of Public Debt Coupons）；（6）建立偿债基金以偿还公债本金（Repayment of Public Debt and Sinking Funds）；（7）在公共领域实行复式记账（Double Entry and Public Accountancy）；（8）以抽采方式选举和委任官员（The Lottery and Selection to Public Offices）；（9）打造金币之举实为创立欧元的远祖（A Euro d'antan for European Finance）；（10）建立和发展汇兑集市及结算中心（Exchange Fairs and the Clearing House）；（11）订立必要的协议条款以确保借贷资金的购买力不变（Protection of Financial Capital）；（12）持久保护圣乔治行档案，确保历史资料为后人使用（The Archive of the House of St. Georges）。以下依次简述该12点"金融创新"。

两位作者认为，"公债"（第1点）与"政府债券"（第2点）有区别。"公债"指热拉亚政府向少数私人的借债，以政府岁入项目的权益为抵押；"政府债券"则为热拉亚政府同时面向众多购买者出售的债券（"份额"），购买者可买一份或多份，每位持有者在获得本金偿还和利息支付上的权利是相同的，他们也可转让"份额"。两位作者出示的档案文献显示，热拉亚政府发行的"公债"最早出现在12世纪，"政府债券"最早出现在13世纪。13世纪初"公债"转换为"债券"时，每份债券面额为100里拉（lire，在当时指重量为12盎司或373克的纯银）[②]。很明显，债券面额巨大，当时只可能由富商购买和持有。热拉亚发行公债和政府债券的时间是否早于威尼斯及意大利其他城邦，有待研究核实。

第3点"公债改革"指热拉亚城邦对政府债务及已发行债券进行整顿，相当于当代世界中常见的债务重组，主要涉及债务种类调整、重新安排还本付息时间等。热拉亚城邦于1407年发生债务违约并将部分征税权让渡给圣乔治行一事本身即是一次债务调整。圣乔治行的档案显示，1408—1412年，债务整顿后利率由以前的8%、9%和10%下降至7%。[③]

就第4点而言，在两位作者看来，圣乔治行是一家银行，因为它经常给热拉亚城邦发放贷款。每次发放贷款前，圣乔治行都会与热拉亚城邦签署协议，后者同意给前者让渡某些权益。据此，圣乔治行的经营范围不断扩大。[④] 1408—1445年和1531—1797年，

---

① Giuseppe Felloni and Guido Laura. *Genoa and the history of finance: A series of firsts?* 4th edition, Genova, 2017. 该书初版于2004年。前面提到的《金融时报》（*Financial Time*）书评即针对此书。

② 当时热拉亚城邦一位高官年薪为10里拉（Felloni and Laura, Genoa and the history of finance, p. 65）。

③ Felloni and Laura, Genoa and the history of finance, p. 33.

④ Felloni and Laura, Genoa and the history of finance, p. 41.

圣乔治行实际上还是热拉亚城邦的存款银行和清算银行，城邦在该行设立专户，随时存取钱款，存款来源包括税收进款。但在1445—1529年，圣乔治行未从事该类金融业务，而是专注于它已承接的行政管理和商业经营活动。从这些描述看，圣乔治行仅在有限意义上是“存款银行”或“公共银行”。所谓“存款银行”，主要指它在一段或两段时期中为热拉亚城邦提供了账户服务，而非为普通公众或商户提供类似服务；所谓“公共银行”，同样指它为热拉亚城邦提供银行服务，也非为普通公众提供银行服务。

第5点为“打折出售公债”。两位作者提供的信息，未明确打折出售公债系初次发行还是二次交易。①从所列举的许多附带姓名以及各项折扣率大相径庭（从30%到90%不等）的信息来看，“打折出售公债”应为二次交易中出现的情况。不过，利息支付实行分期付款为热拉亚城邦在15世纪所用办法，此办法也为威尼斯城邦所用。

第6点为“建立偿债基金以偿还公债本金”。该项指的是，1371年热拉亚城邦一位市民自愿捐献给政府一笔钱款，指明该钱款用于购买可生息股份，并在未来由城邦当局将此款本金连同收益用于支付其债务。②在计算股份生息时，该捐献者使用了复利方法。虽然此事由私人动议首创，但运用于公债管理领域，确有重要意义。18世纪上半期，英格兰（大不列颠）政府设立偿债基金（也称“减债基金”），即为彼时公共财政革命的重要内容（参见第六章第一节）。

第7点“在公共领域实行复式记账”和第8点“以抽采方式选举和委任官员”，字如其意，毋庸赘言。第9点“打造金币之举实为创立欧元的远祖”，指热拉亚于1252年发行金币格诺维诺（Genovino，近似足金，标准重3.56克）。此事稍早于佛罗伦萨发行其金币弗罗林（也在1252年）。除了个别昙花一现的事例，热拉亚是中世纪意大利城邦乃至西欧各国中首个金币发行者。热拉亚铸造金币的目的十分明确，专用它开展国际贸易和进行跨境支付，非为本地商业。就此而论，热拉亚铸造格诺维诺金币体现了它追求欧洲统一支付工具的志向，此币也可视为“超国家通货”（Supranational Currency）的一个萌芽。

第10点“建立和发展汇兑集市及结算中心”，指热拉亚于1580—1630年在本地建立了许多交易集市，来自欧洲乃至世界各地的商人常年聚集于此，交易额占彼时欧洲交易总量的一半。③此时经由直布罗陀和英吉利海峡的贸易线路已经开通，大西洋贸易业已蓬勃发展。而且，为便利国际交易和支付，当地发展出清算服务，私人商行可同时为多个客户开立账户，相互划转资金并进行轧差结算。

第11点“订立必要的协议条款以确保借贷资金的购买力不变”，此见于1191年热

---

① Felloni and Laura，Genoa and the history of finance，pp. 47 – 49.

② Felloni and Laura，Genoa and the history of finance，p. 55

③ Felloni and Laura，Genoa and the history of finance，p. 83.

拉亚两位商人之间的借贷合同。其中约定，借款一方到期偿还时，所用铸钱必须符合香槟集市流行通货里拉的银含量标准。此约定旨在防止借款一方使用不达标准的铸币，由此损害贷款人的利益。很明显，此项协议得到当地司法的支持，并非个例。该条款的意义在于，即便在商品货币时代，借贷双方已经清楚地认识到，作为标的资产的通货其价值可因多种缘由发生改变，借贷合同需订立必要条款以保持标的资产的贵金属价值不变。应当指出，前引两位作者在此处使用“购买力”一词，但此概念不等于“保持标的资产的贵金属价值不变”（购买力概念还涉及物价变动因素）。

第12点“持久保护圣乔治行档案，确保历史资料为后人使用”，本身不属于金融创新，但为保存历史资料作出了巨大贡献，当然值得赞赏。

毋庸置疑，热拉亚城邦和圣乔治行在诸多方面进行了金融创新，借助这些金融创新，热拉亚城邦为解决财政困难找到了出路，而圣乔治行则不断扩大经营范围，成长为可与城邦并驾齐驱的独立力量。圣乔治行奉行“商业利益至上”，其政策兼顾全体股东或至少多数股东的利益，其中多为中小股东。以今日眼光看，圣乔治行是“政商一体”或“政商不分”，也为“国中之国”（a State Within a State）。[①]此种“政商不分”的经营方式为16世纪后若干新兴的西欧国家所继承并发扬光大，包括荷兰（尼德兰）和英格兰等。

圣乔治行的经营持续到1803年，当年热拉亚沦陷入法兰西入侵大军。此前，圣乔治行在欧洲多国都有借贷客户，包括名声显赫的王公贵族。克里斯多夫·哥伦布与圣乔治行有过往来，虽然后来是西班牙国王夫妇资助他发现美洲的航行。总而言之，圣乔治行在漫长经营历史中，频繁涉足银行相关业务，为当地政府提供了准银行服务。称其为“现代银行和公共银行”的前身和原型，虽略显牵强，但不算偏颇。

热拉亚人与股份公司、信托和海事保险

除前述领域，热拉亚还有不少金融创新。中世纪欧洲经济史专家汤普逊，在其著作中用相当多篇幅介绍热拉亚人的金融发明。[②]热拉亚人的创新传统与其起源有关。热拉亚共和国起源于11世纪末的“公社”（Commune）。公社即为城邦的雏形，彼时已形成一套集体决策机制，凡遇重大事项（包括执政官人选）皆由委员会投票决定。此时恰逢第一次十字军东征伊始，热拉亚抓住机遇，由此开始国际航运和远距离贸易的冒险事业。

与古希腊一样，当时地中海上的航行一年仅能在风平浪静的几个月份中进行。热拉亚人的贸易据点多位于今天叙利亚沿海的几个基督教城邦。每次船队出发前，热拉亚有钱人汇聚一处，分别通过两种形式投资船队和贸易团队，一是“航海联营者”，二是“信托公司”。

---

① Felloni and Laura，Genoa and the history of finance，p. 39.

② 汤普逊：《中世纪晚期欧洲经济社会史》，第626－635页。

在“航海联营者”形式中，两位投资人组成“驻在合伙人”，二人出资占全部资本的2/3，但不随船队出海。一位投资人为船主或经营者，出资1/3，他不仅负责航行，而且负责在贸易据点采办货物。货物销售后，全部利润在所有投资人之间平分。

信托公司形式为后来的发明。12世纪中叶前，“航海联营者”合伙人在每次船队出发前都须订立合同，即所有合同皆为一次性合同。12世纪中叶后，人们开始使用新的合作形式，即信托公司形式。船主或经营者此时已被称为“代理商”（Agent），他们可同时接受多个合伙投资人的委托并从事不同种类的货物运输和买卖。代理商自己投入的资金不按旧办法与其他投资人平分利润。此种新形式一则有利于吸引更多投资者参与海洋贸易，其次让经营者（代理商）更有实力扩大经营规模，发展“二级代理”（如在贸易据点委托他人成为采货坐商）。汤普逊认为，这是热拉亚人在其国际贸易中采用信托组织的实例。[①]该信托组织为投资与商业（国际贸易）的结合，不完全等同于当代世界中流行的金融信托（投资与证券组合投资的结合）。毫无疑问，在热拉亚商业实践中，信托组织中的委托与受托的合同关系以及风险分担和收益分配等重大事项的规则已开始明确。

热拉亚的另一项重要金融创新是“马奥那”（Maona，拉丁文为Societas Comperarum）。该词既可指股份，也可指股份公司。此概念由热拉亚城邦于13世纪付诸实践，早于圣乔治行成立。当时，热拉亚人远行至科西嘉、塞浦路斯和开俄斯岛（Chios，爱琴海上的希腊岛屿，紧邻土耳其）等地，并在此从事商业开发和建立贸易中转据点。为此，热拉亚人兴办代表城邦的大型企业组织，面向投资人发行“马奥那”权益证书，发行者（企业）即为债务人。最早使用这种方式来登记对热拉亚城邦的债权，发生在1234年，当年热拉亚与休达（位于北非海岸）的穆斯林政权发生冲突并获胜，之后，热拉亚城邦召集债权人以及可向穆斯林政权提出索赔的人士，登记在册，核实他们可得到的马奥那。[②]热拉亚城邦从穆斯林政权获得一些赔款，但不足以支付所有马奥那持有人。有鉴于此，城邦将征服地区的使用物权抵押给马奥那持有人，直到城邦债务了清为止。此做法后来又运用到科西嘉、塞浦路斯和开俄斯岛等地的开发事业中。

开俄斯岛事例发生1346年。当年正值与威尼斯贸易战，热拉亚城邦向平民发出远征号召，由后者代表城邦出征。平民远征军凯旋归来，城邦却无力支付费用。于是，两者达成协议，由平民远征军组织一家特许公司代表城邦经营所占领的土地（开俄斯岛），城邦授予其20年征税收租的权利，直至城邦债务还清。[③]地理大发现后，特许公司的做法被推行殖民主义政策的西欧国家（尤以尼德兰和英格兰为代表）纷纷采用。

马奥那实行后遇到的问题包括是否允许转让。若不允许转让，遇到持有人病故而继

---

① 汤普逊：《中世纪晚期欧洲经济社会史》，第628页。
② 汤普逊：《中世纪晚期欧洲经济社会史》，第629页。
③ 汤普逊：《中世纪晚期欧洲经济社会史》，第630页。

承人亟须兑现的情况就难以处理。倘若允许转让，则又可能使债权（股权）渐渐集中于少数人之手。已知热拉亚曾出台一些限制马奥那转让的规定，而且没有发生马奥那过于集中的情况。显然，马奥那可转让，只是转让“市场”未有充分发展。

马奥那是债权证书还是股权证书？当时，两者的区分不很清楚。特许公司承诺给予马奥那持有人固定收益回报，但每每不能兑现承诺。同时，特许公司有一套固定的治理模式，其经营活动非为马奥那持有人可任意施加影响。因此，马奥那不是现代意义上的债券凭证或股权证书，但又同时兼有两者的部分属性。

海事保险的诞生与热拉亚人也有密切关系。汤普逊认为，在中世纪，保险也为商界人士躲避教会高利贷禁令的一项做法。1442 年，佛罗伦萨商人对比萨—伦敦和米兰—布鲁日的海运保险开出了费率报价。同时，热拉亚商人在布鲁日成立了正规的海事保险公司。这些比伦敦劳埃德早至少 200 年。汤普逊的这些说法似乎来自德鲁弗，那位中世纪欧洲商业和金融史专家，他在一篇长文中概述意大利早期海事保险的文献资料。①德鲁弗查阅 12 世纪和 13 世纪热拉亚公证材料，审读许多资本家（出钱人）与航运者（出海人）关于前往黎凡特的贸易合同，其中有关于利润分配和风险分担的条款。②在意大利许多城市，类似合同常被称为“保险贷款”（Insurance Loan），而不用正确名称“保费”（Premium Insurance），这反映当时不够成熟的概念。③热拉亚人的做法不是“保险贷款”，而是海事保险。在他们的合同中约定，投保人不用给保险人返还任何贷款，保险人承诺在投保人的船只或货物遭受损失后支付一定钱款。海事保险的实质在此已充分体现，只不过隐藏在“贷款”条目下。④

德鲁弗的研究表明，海事保险在中世纪欧洲的出现和普及，不全是热拉亚人的功劳，其他意大利城邦和西欧商人均有贡献。当然，热拉亚人是佼佼者。

五、公共银行和存款银行在意大利和南欧的涌现

从金融发展角度看，公共银行和存款银行在中世纪欧洲为全新事物，它们的出现与地方政府（市政当局）有密切关系。

公共银行的普及

前述圣乔治行于 1407 年成立时未取名为“银行”，其银行业务于 1444 年中止。一

---

① Florence Edler de Roover, “Early Examples of Marine Insurance”, *Journal of Economic History* Vol. 5, No. 2 (Nov., 1945), pp. 172 – 200.

② de Roover, “Early Examples of Marine Insurance”, p. 174.

③ de Roover, “Early Examples of Marine Insurance”, p. 177.

④ de Roover, “Early Examples of Marine Insurance”, p. 185.

百多年后，热拉亚于1586年组建圣乔治银行（Banco di San Giorgio）。[①]此时公共银行概念在意大利已传播开来。以下几家机构皆为公共银行：西西里岛上的巴勒莫银行（始建于1552年）、北部都灵的圣保罗银行（1563年）、南部的墨西拿银行（1587年）以及米兰的圣安布罗齐奥银行（1593年）等。[②]

在所有公共银行中，最值得一提的是威尼斯里亚尔托广场银行（Banco della Piazza di Rialto）。该银行依据威尼斯议会决议成立于1587年。此前，威尼斯已有十余家私人银行，其中最早一家成立于1430年。[③]这些银行皆被认为是“签转银行”（Banchi di Scritta），即它们要求存款客户转账时以书面签字为准。这种签字划转的做法也可称为“背书”，但“背书”说法更适用于可转让支票或汇票。[④]

金融史学者认为，“签转银行”是中世纪欧洲最早出现的“清算银行体系”，或者说现代清算银行体系的雏形。[⑤]在威尼斯，里亚尔托广场银行的前身是一家身陷困境的私人银行。为防范信贷风险，议会关于设立里亚尔托广场银行的法令禁止该银行发放贷款，因而银行的基本业务是存款、转账和签发汇票。几年后，威尼斯市政当局于1593年颁布法令要求，商人的汇票业务须通过银行及其分行来进行。后来发布的规定还要求，所有超过100杜卡（达克特）的交易都必须通过银行转账。[⑥]

威尼斯于1619年组建另一家公共银行，即转账银行（Banco del Giro）。该机构的初衷是管理威尼斯政府的债务，面向公众发行有息债券（Parite）。政府保证每月向债券持有人支付定额回报，如此频繁的支付安排当然最好通过某种低成本且高效率的支付途径。一段时间后，政府债券在市面上升值，商人们认为该银行运作十分成功，于是纷纷前往开设存款账户和委托转账。转账银行的成功迫使里亚尔托广场银行于1638年关门停业。[⑦]

17世纪初以后，“转账”或“划转”（Giro）概念开始在欧洲流行。荷兰独立后于1609年成立的阿姆斯特丹汇兑银行借鉴了威尼斯里亚尔托广场银行的经验，而成立于1619年的威尼斯转账银行则借鉴了阿姆斯特丹汇兑银行的经验。欧洲各地的经济和金融发展在许多事情上相互学习并相互影响。

---

① 赫尔曼·范德尔·维：《货币、信贷和银行制度》，作为第五章载E. E. 里奇、C. H. 威尔逊主编《剑桥欧洲经济史（第五卷：近代早期的欧洲经济组织）》，高德步等译，经济科学出版社，2002年，第290页。与圣乔治银行（Banco di San Giorgio）完全同名的另一家意大利银行出现于1987—2012年。

② 维：《货币、信贷和银行制度》，第290页。

③ Frederic C. Lane, “Venetian Bankers, 1496 – 1533: A Study in the Early Stages of Deposit Banking”, Journal of Political Economy, Vol. 45, No. 2 (April 1937), p. 189.

④ Lane, “Venetian Bankers”, p. 190；维，“货币、信贷和银行制度”，第289页。

⑤ 维：《货币、信贷和银行制度》，第288 – 292页。

⑥ 维：《货币、信贷和银行制度》，第290页。

⑦ 维：《货币、信贷和银行制度》，第291页。

巴塞罗那存款银行

14 世纪和 15 世纪后，银行不仅在意大利各地，也在与之相邻的法兰西、西班牙和德意志等多地陆续出现。在意大利，银行不仅出现在威尼斯、佛罗伦萨和热拉亚这些商业发达的城邦，也出现在其他地方。目前，世界上成立时间最早并且仍在经营的银行为“锡耶纳牧山银行”（Banca Monte dei Paschi di Siena SpA）。锡耶纳位于佛罗伦萨以南，中世纪一直独立于佛罗伦萨。该银行前身为成立于1467 年的公共当铺，当时为非营利性银行。锡耶纳市政府于 1472 年将其接管，并改变为当铺银行。此年被视为该银行创始年。1624 年，该银行所在地的行政区划发生调整，遂改为现名。虽然在中世纪意大利和欧洲其他地区诞生的诸多银行未能像锡耶纳牧山银行存活下来，但可以肯定的是，自银行在 13 世纪前后最早出现于意大利之后，它陆续遍布各地。

前已述及，15 世纪美第奇银行大量接受王公贵族、教皇和主教的存款，成了这些达官贵人的“私人储蓄所”。美第奇银行通常不向存款客户支付利息，而是馈赠礼物。如此，美第奇银行及其类似机构显然不属于“存款银行”。至于圣乔治行，其存款业务鲜为人知。

一位探究现代银行在中世纪欧洲起源的学者认为，一家机构是否发放贷款不是它是否为银行的分界线。历史上很多机构都发放贷款。现代意义上的银行是那些使用存款资金来发放贷款的机构，或者说，是那些以银行信用提供贷款的机构，而只有通过一套转账和清算机制才能充分利用见票即付的存款资金。①此话的含义是，如果没有一套行之有效的转账和清算机制，银行所吸收的见票即付的存款资金便无法被银行“挪用”为贷款，因为，面对“活期存款”（Demand Deposits）或“往来账户存款”（Current Account Deposits），银行若将存款资金贷放出去，存户一旦来提取存款，银行便会发生资金（现金）短缺。但是，如果银行有一套转账和清算机制，银行将存款资金贷放出去，则不必然意味着库存现金的相应减少。因此，即便此时有存款客户提取现金，银行也不必然发生现金储备不足问题。换言之，是否吸收存款并以何种方式吸收存款和运用存款，是决定一家机构是否具备现代银行特征的基本因素。

以当代观点看，机构使用自有资金发放贷款，是直接融资，与银行概念毫不相干。如果机构使用非存款方式集资，使用了“别人的钱财”，例如，发行证券募集资金，并向别人发放贷款，这也不是银行，而是财务公司或投资基金。银行之所以是银行，是因为它运用其存款资金发放贷款或从事其他金融服务。

由此而论，弄清楚历史上的机构从何时开始大规模吸收公众存款并以何种方式吸收

---

① Abbot Payson Usher, “The Origins of Banking: The Primitive Bank of Deposit, 1200 - 1600”, *Economic History Review*, Vol. 4, No. 4 (April 1934), pp. 399 - 400.

以及为这些存款提供何种金融服务，对于认识现代银行的起源至关重要。

美利坚经济史学者阿什尔（Abbot Payson Usher，1883—1965 年），利用西班牙加泰罗尼亚地区丰富的中世纪档案资料，对此问题进行了系统的溯源研究。他聚焦 1401 年成立的巴塞罗那存款银行（Bank of Deposit，西班牙文 Taula de Cambis），深入挖掘该银行及相关机构的文献资料，以此为据清晰勾画出存款银行起源和发展的历史脉络。[①]巴塞罗那属于拉丁文化圈，其在 15 世纪初创立存款银行一事当然可视为中世纪源于意大利半岛银行业发展长河中的一部分。

阿什尔认为，在 12 世纪末或 13 世纪初，接受存款的银行已在欧洲若干地方出现，但它们属于“存款银行的原始类型”，因为它们皆不提供支票或发行可转让的商业票据（银行票据）。有些早期银行甚至不使用复式记账法，不将存款与贷款分别记载。正由于此，该类型的意大利银行大量参与商业贸易活动，但不能有效预防流动性风险，在 16 世纪招致灾难性后果。意大利各地政府后来出台了针对银行的监管措施，强迫银行大量削减贷款。[②]

阿什尔提到若干历史事件或事物，它们皆影响了早期欧洲存款银行概念的萌生。它们包括，叙利亚商人从近东向欧洲人传来存款银行的做法、圣殿骑士团接受存款的做法、在意大利钱币兑换商与银行家两个词语的混用、罗马法对商业法的影响，等等。[③]在法律调整方面，影响存款银行的几个重要因素是，法律认可口头约定（Verbal contract）；民事司法中，公证人和目击者的极端重要作用；银行建立日账制度（Journals），以及实行复式记账法并报告资产负债。[④]这些法律要求特别适用于 1401 年组建的巴塞罗那存款银行的经营活动。

在中世纪，巴塞罗那及所在的阿拉贡王国与意大利有着频繁交往，两者同属拉丁文化圈，前者完全参照了后者的铸币体系。巴塞罗那在 15 世纪初以前已有一些私人银行，其中几家先后成为市政当局的财务代理（Fiscal Agent）。彼时，私人银行实行合伙人制度，任何一位合伙人的去世都会导致合伙企业（银行）倒闭。为避免此情况影响政府财政管理，巴塞罗那市政委员会（City Council）于 1400 年达成一致意见，认为市财政不能再继续依赖私人银行提供财务管理，决定成立一家公共机构，即巴塞罗那存款银行。[⑤]

市政会决议的最初版本十分粗略，既没有明确规定存款银行的资本金规模和来源，

---

① 阿什尔的该项研究成果主要体现在此部著作，Abbot Payson Usher，*The Early history of deposit banking in the Mediterranean Europe*. Harvard University Press，1943. 全书 650 页，一些重要观点则概述于他的前引论文。

② Usher，“The Origins of Banking”，p. 401.

③ Usher，“The Origins of Banking”，pp. 402 – 409.

④ Usher，“The Origins of Banking”，pp. 410 – 412.

⑤ Usher，*The Early history of deposit banking*，p. 269.

也未明确银行的寿命期限。市政会决议规定了银行负责人的年薪、职权和责任，并规定银行须接受市财政的透支，不可向私人发放贷款（此规定旨在防止该公共银行与私人银行发生正面竞争）。[①]后来，市政会以及比市政会更具权威的大委员会（“百人会”）出台了有关该存款银行的经营规则，例如接受国外铸币存款的细则。1412 年，该存款银行得到授权监督市财政的预算过程，并依规控制市政当局的开支，以防止其过度透支。[②]

就其性质而言，透支（Overdraw/Overdraft）为某人使用了当下不属于自己所有的钱款，因而等于借款。但是，透支与普通意义上的借款有重大区别，借款可发生在任何个人或机构之间，透支却只能发生在银行与银行账户持有人之间，即透支只适用于那些已获得银行信用的存款客户并使用银行提供的信用工具（如支票）。

透支的发生过程是，账户 A 持有人向账户 B 持有人开出一张数额为 X 并得到银行认可的支票，B 提供 A 所要求的货物或服务，并在收到支票后将其存入银行（可为同一家银行也可为不同银行），银行据此将 B 的账户增计 X，将 A 的账户减计 X，并约定 A 在未来存入 X 数额的硬币（现金）的最后期限。在 A 补存现金之前，如果账户 B 持有人提取现金，那么，银行将动用现金储备来支付。通常情况下，不是所有拥有存款净额的开户人都会在同一时刻提取现金。如果 A 与 B 账户开立在不同银行，则两银行需要安排结算机制方能允许各自客户向对方开具支票。

能够为客户提供支票或转账服务并同时接受客户存款的机构就是银行。银行是否或怎样从事贷款，并非关键因素。银行之所以是银行，在于它能提供支票存款服务。而提供支票存款服务的关键则在于它同时吸引多个存款客户，这些存款客户之间可进行资金划转或支票结算。

该过程也称为非现金结算，可由在本地同时拥有诸多商业客户的一家银行操作，也可由若干银行通过建立转账代理关系的结算系统进行，还可由一家中央银行带领本地和外地众多银行加入统一资金划转系统完成。这里，账户连接系统是关键，此事也关系到商业银行与普通储蓄银行的区别。

阿什尔概述了巴塞罗那存款银行透支业务发展情况。当时，该银行未发行人们现在熟悉的纸版支票簿，但银行储户的透支可通过发布口头通知，得到公证人和目击者的见证，以及核对银行日账的流水等途径和形式来进行。换言之，巴塞罗那存款银行成立后，其客户已频繁利用事实上的支票工具进行透支。

16 世纪中叶前后，在意大利和西班牙多个城市，一些银行已建立并发展相互往来关系。史料记载，1527 年在威尼斯，当客户前往开户银行提取现金时，该银行职员会带他

---

① Usher, *The Early history of deposit banking*, pp. 270 – 271.

② Usher, *The Early history of deposit banking*, p. 274.

去相邻的另一家银行，并将他的存款额也转往那家银行。[1]此事表明，这两家银行已经建立往来关系，即“你在我行开户，我也在你行开户”。甲银行在本行现金储备不足而在乙银行尚有一定现金存款时，便可将取款客户带往乙银行，反之则相反。此外，若银行遇到本行取款客户的支付对象为本行或关联银行的存款客户，那么，银行也可使该取款客户不必提取现金便可完成支付，例如通过增计关联银行在本行存款数额而完成转账。前述1527年发生在威尼斯一银行的事例，即为两种情形中的一种。在威尼斯，私人银行早在15世纪初便允许非居民储户使用支票，但自1526年起，威尼斯当局禁止本地使用支票。[2]

巴塞罗那存款银行的事例表明，银行概念包含三大核心要素：（1）资金来源主要为活期存款（短期存款）；（2）为存款客户提供支票服务（非现金支付服务）；（3）通过账户连接形成资金划转系统，由此推动流动性管理跃上新台阶。这样的银行虽然主要依赖于短期存款资金，事实上可以将部分资金用于长期或较长期限的贷款或证券投资，从而实现了资产转换。资产转换即为银行革命的重要内涵。

15世纪初巴塞罗那存款银行的创立和运行，推动了存款银行概念在欧洲的普及，它也体现了中世纪意大利金融的发展。第五章将要讲述的荷兰阿姆斯特丹汇兑银行就是存款银行概念的发扬光大。

六、现在值概念和复式记账法的创立

除了国债、银行、股份和海事保险等事物，中世纪意大利对金融发展的贡献还有思想和方法上的创新，它们同样十分重要。现在值是现代金融学中一个重要的基础概念，成型于中世纪意大利。复式记账法为现代企业广泛使用，是财务管理的基础，也为意大利人发明。中世纪意大利处于世界重要文明的交汇处，意大利人在金融思想上取得巨大成就并非偶然。

菲波纳奇和现在值概念

菲波纳奇（Fibonacci，也译“斐波那契”，生卒年约在1170—1240年）也称为“比萨的列奥纳多”（Leonardo of Pisa），常被誉为“中世纪欧洲最具才华的数学家”，代表作为《珠算算术》（Liber Abaci，英译名为Book of Calculation，中文也可译为《算经》）。此书如古代中国《九章算术》，是一部综合性的数学解题和解析文章汇编，不仅涉及纯

---

① Usher，“The Origins of Banking”，p. 416，脚注2；亦见：Frederic C. Lane，“Venetian Bankers，1496－1533：A Study in the Early Stages of Deposit Banking”，Journal of Political Economy，Vol. 45，No. 2（April 1937）：187－206，p. 202.

② Usher，“The Origins of Banking”，p. 418 and p. 419.

粹抽象的概念，也有关现实生活，包括如何计算买卖盈利。有学者认为，《珠算原理》实为“商业手册”，教人如何评估商品价值、易货交易和计算企业利润等。[①]

有国外学者仔细比较了菲波纳奇的《珠算原理》和汉朝的《九章原理》，认为两书在基本内容和数学思路上有很多相似性，两书作者在应用题选择上所表现出的商业倾向以及对利息计算的重视程度几乎完全一样。[②]《九章算术》使用了特殊的记数方法，可谓在数学运算中突破了方块字的局限（当时尚未使用阿拉伯—印度数字符号）。《九章算术》提出的一个利息计算应用题是，月息三分按 9 天计算应为多少，并给出答案为 0.27。[③] 0.27 看上去与自然对数 e 的略数（2.7）存在倍数关系，尽管彼时人们尚未发明对数或自然对数概念。《九章算术》成书于两汉之间或东汉初期，相当于罗马帝国早期，比菲波纳奇及其作品早一千年。这表明两千年前，中外商业思维不仅没有显著差别，而且在一些领域中古代中国人的商业思维或领先于国外。

菲波纳奇的《珠算原理》给欧洲带来两大贡献。第一是在欧洲首次使用阿拉伯—印度数字符号，即 0—9 数字表达。在他之前，欧洲人使用拉丁大写字母表示数字，如同古代普通中国人使用方块字表达数字。阿拉伯—印度数字表达法十分简洁，方便计算，特别有利于复杂和大额商业金融交易中的运算。菲波纳奇之后，阿拉伯—印度数字符号在欧洲广泛流行。菲波纳奇在书中明确说该数字符合法由印度人首先使用。[④]

菲波纳奇《珠算原理》的第二个贡献是引入现在值概念。他在书中提出一个问题，如果国王改变士兵的年金发放办法，从一年四次改为年末一次性发放，士兵会减少多少收益？这个问题的背景是，国王为了诱使已经获得封地的士兵参战，答应每年给他 300 拜占特金币（Bezant）的年金，这个数目相当于该封地的年产出。而且，国王早先同意每个季度给士兵支付 75 拜占特。菲波纳奇的设想是，士兵每季度收到款项后，都会进行财务投资并得到相应的收益。然而，按照国王后来改成年末支付，士兵则会失去连续季度投资带来的收益。菲波纳奇的问题是，士兵会损失多少收入？

一个快速但不正确的解答是，计算每个季度的收益并累计全年收入，将之与 300 进行比较。也就是说，运用复利方法，将一年前三个季度的进款和前期收益相加再乘上收益率（利息率），连续四个季度相加，便可得到一个大于 300 的数字。两者之差就是士兵的“损失”。

但是，菲波纳奇并不这样推理。他的思路是，比较一年之初得到 300 拜占特与一年

---

① 戈兹曼：《千年金融史》，第 181 页。

② 威廉·戈兹曼：《斐波纳契与金融革命》，载戈兹曼与罗文霍斯特（主编）《价值起源》，第 134 – 157 页。该文是作者另一篇文章的缩写，参见：William N. Goetzmann, Fibonacci and the Financial Revolution, *National Bureau of Economic Research Working Paper* 10352, March 2004.

③ 前些年，中国人民银行每次调整人民币基准存贷款利率时，调整幅度为 0.27 个百分点，此不同于国外中央银行利率调整时常用的 0.25 个百分点。

④ 鲁宾斯坦：《投资思想史》，第 3 页。

之末得到300拜占特在价值上的差别，即先设想了一个“顺推”的情景，即第一季度收到75拜占特后进行投资，在收益率为2%时，第二季度可投资额为151.44拜占特并以之再投资，第三季度可投资额则为228拜占特，第四季度结束时全部在手的金额为307.6拜占特。然后，菲波纳奇问，如此这般，年末才能得到的300拜占特相当于年初时的多少拜占特呢？这个问题显然只能用“倒推”法计算，即使用今天常说的贴现因子方法。菲波纳奇运用这个方法得出的结果是，在2%利息率的条件下，年末得到的300拜占特的现在值是256拜占特。[①]换言之，士兵按照国王年末一次性支付的方法会损失44拜占特金币。

一个对金融发展具有重大意义的现在值概念由此形成。在菲波纳奇发明此概念后，现在值或贴现因子在一段时间中并未得到广泛运用，但随着金融投资（尤其是证券投资）的参与者越来越多，人们逐渐形成统一的投资收益判断尺度，使用贴现率（市场利率）来计算未来收益的现在值。

菲波纳奇对欧洲数学和现代金融的重大贡献与他早年在阿拉伯世界的游历有关。他父亲是比萨城邦驻北非城市的海关官员，他随父在那里生活多年。后来，他前往埃及和叙利亚等地旅行，大量接触阿拉伯人以及在阿拉伯地区的非阿拉伯人士。

卢卡·帕乔利与复式记账法

卢卡·帕乔利（Luca Pacioli，1445—1517年）是一位传教士，他是继菲波纳奇后另一位对现代金融作出巨大贡献的中世纪意大利人。菲波纳奇的论述已经涉及记账事务，但不够明确。1494年，帕乔利出版意大利文著作《算术、几何与比例论》（也叫《数学大全》），清楚阐述了复式记账法，使得该方法推广开来。《数学大全》的拉丁文版于1523年问世，更使得该方法为意大利以外的欧洲人知晓（彼时欧洲知识界通晓拉丁文）。

帕乔利出生在托斯卡纳地区，童年时代接受过数学（珠算）教育。他于1464年前往威尼斯，时年不足20岁，在那里为一位商人的子女担任家庭教师，同时继续自学研修。几年后，他加入方济会，成为一名修士，但未放弃数学教学和研究。《数学大全》是他的第一本著作，出版于威尼斯。之后，他前往米兰，在那里结识了列奥纳多·达·芬奇。

自古以来，记账是所有商业和非商业组织都必须进行的管理工作。对商业金融机构和政府财政来说，进款和付款通常分别记账，即采用“收支两条线”的做法。分类账（Ledger）是一个古老概念。但是，对一家机构而言，在任何一个时期或时点上，收与支、资产与负债是什么关系，却是每天都可能遇到而不明就里的问题。

与以往不同，复式记账法要求对每一笔金融交易都在借方（Debit）和贷方（Credit）进行登录，并始终保持两者一致。该方法本身及其原则，对后人定期编制资产

---

① 戈兹曼：《斐波纳契与金融革命》，第143页。

负债表和盈亏表具有极其重要的指导意义。没有复式记账法，便没有现代资产负债表和盈亏表，也就没有现代商业和金融企业。

近年来的会计史研究成果表明，复式记账法在卢卡·帕乔利著作出版之前，已为一些意大利企业使用。例如，人们发现了13世纪末两家从事欧洲跨境贸易的意大利商号遗留下来的账簿，里面使用了复式记账的方法。其中一家企业账簿中的借贷记录附有交叉索引，它们分别汇总的数字相互抵消，恰好符合复式记账原理。此外，该企业将提前4年支付的房租，第一年款项记入当期费用，其余款项继续留在自有资金账目中，显示为“递延支出”。[①]出于方便税收审查的目的，佛罗伦萨当局于1427年通过一项法律，要求每位房地产主和商人都必须用复式记账法做账，以便政府官员审查。这样的财产登记账簿保留至今。[②]

与复式记账法相吻合的实践或许很早便出现在世界其他地方，包括古代中国、印度、波斯或阿拉伯。在这些地方，会计和财务管理的实践历史悠久，内容丰富。不过，这些地方毕竟缺少像卢卡·帕乔利那样的人物，在近代之前就将复式记账法以清晰简练的语言归纳总结出来，作为规范泽被后世。

当代会计学者认为，自从帕乔利500年前发表《数学大全》以来，会计核算的基础内容几乎没有变化。[③]卢卡·帕乔利是当之无愧的“现代会计学之父”。

七、本章小结

本章起始提出两个问题，中世纪意大利金融繁荣的原因及中世纪晚期后意大利经济金融为何相对衰落，至此可以作答如下。

希克斯在论述“货币、法律与信用”的相互关系时，特别指出，在欧洲，西罗马帝国的覆灭，给中世纪留下了货币和法律（商法）两大遗产。[④]货币指罗马帝国初期创立的复合铸币体系，法律则指由查士丁尼委托专业人士编撰后的《罗马法》以及该法后来被吸收入欧洲各国民商法体系。此外，基督教会势力的扩大客观上抑制了世俗封建势力在这一时期的横行霸道，间接支持了城邦在中世纪欧洲的兴起和繁荣。城邦商业经济的发展是中世纪欧洲金融发展的基础。

有研究者认为，10世纪到14世纪，欧洲在城市和乡村同时发生了一场商业革命，

---

① 雅各布·索尔：《账簿与权力：会计责任、金融稳定与国家兴衰》，侯伟鹏译，中信出版集团，2020年，第23页。该书注释提到了多篇近年来发表的英文论文和书籍论述卢卡·帕乔利之前意大利商界使用复式记账法的情况。

② 索尔：《账簿与权力》，第49－50页。

③ 索尔：《账簿与权力》，第71页。

④ 希克斯：《经济史理论》，第65页。

两者都以农业生产率的显著提升为基础。这场革命进展缓慢，但却具有划时代的意义。[①]所谓“划时代的意义”，一是指欧洲的农业生产率相比古罗马时期有了实质性的提高，二是欧洲地区的城乡经济发展水平相对其他地区有了提升。

中世纪，意大利束缚在基督教禁高利贷传统的桎梏之下，但它恰处于东西方交汇之地。十字军东征开始后，意大利诸城邦最早享受到国际贸易复苏的利益。意大利商人和学者受到阿拉伯—穆斯林文化的影响，还直接或间接接触到印度和东亚文化。意大利紧邻拜占庭帝国，人员往来频繁，由此使得意大利在中世纪欧洲最早接触古希腊思想，成为文艺复兴发源地。

13 世纪末和 14 世纪初，法兰西王朝开始追求中央集权并与周边封建王朝争霸，消灭了圣殿骑士团，也窒息了香槟集市的成长。此二者客观上为意大利城邦的商业发展和美第奇家族银行的壮大腾挪出巨大空间。

概括地说，多种因素促成了金融在中世纪意大利诸城邦的繁荣发展，包括：（1）城邦体制的长期存在和创新活力；（2）十字军东征带来的商业发展机遇；（3）诸如圣殿骑士团和香槟集市这样的“外部竞争者”的消退；（4）罗马教廷对跨境支付和私人储蓄的需要；（5）意大利人对罗马法的继承和学习与借鉴外来文化。

在此背景下，中世纪金融发展陆续出现在意大利及其周边的诸多城邦和自治城市。威尼斯在公债发行及二级市场发展上做出了表率。佛罗伦萨的美第奇家族则利用其关系网在 15 世纪欧洲各地建立起庞大的私人跨国银行经营网络。热拉亚通过圣乔治行创生了公共银行概念，并发展出股份、信托和海事保险公司等新金融事物。15 世纪初成立的巴塞罗那存款银行，在性质上属于中世纪拉丁金融文化圈的一部分，该银行的运作清楚地揭示了银行作为金融中介的特征以及转账和结算系统的革命性意义。

此外，中世纪杰出的意大利人创立了现在值概念，以清晰语言阐述了复式记账法的原理和规范，成为后来所有商业活动与财务管理的基础。

希克斯说，在中世纪中期后，即文艺复兴开始以来，“货币正在改变它的性质，开始与信用和金融相结合。文艺复兴是金融发展的一个关键时期”[②]。文艺复兴与中世纪意大利金融发展在时间上是巧合，事实上是相得益彰。美第奇家族银行的高管都是艺术和知识的爱好者。

金融发展在中世纪意大利及周围地区的直接效应是利率水平出现下降。一份材料显示，约在 15 世纪及前后（中世纪末期）的意大利和德意志，商业贷款利率为 4% ~ 10%，远低于犹太人和伦巴底人索取的 20% ~86% 的水平。[③]

---

① Robert S. Lopez, *The Commercial Revolution of the Middle Ages*, 950 – 1350, *Cambridge University Press*, 1976 (reprint 1998).

② 希克斯：《经济史理论》，第 66 页。

③ P. 布瓦松纳：《中世纪欧洲生活和劳动（五至十五世纪）》，第 293 页。

利率下降的好处在中世纪欧洲主要惠及城邦政府、商人群体以及王公贵族及宗教人士。部分实业经营者（如美第奇家族所涉足的毛纺织企业）多少也分享到融资成本下降的好处。但对普通民众而言，中世纪金融发展基本与其无关，他们的借贷需求仍主要通过传统当铺来满足，银行不向其提供储蓄服务。

中世纪意大利虽然在金融发展上取得巨大成就，但其金融发展仍存在诸多不足。如前所说，中世纪金融的服务对象主要为三者，即政府（城邦、城市和部分封建王朝）、王公贵族（包括宗教团体领袖）和商人。中世纪金融对产业发展的支持作用十分有限，仅有部分手工业企业能得到正规金融机构的融资服务，而且通常还必须通过关联交易途径。

政治和宗教势力的干预是中世纪金融发展不稳定的一大因素。美第奇家族银行的发迹得益于与政治和宗教势力的瓜葛，最后却也毁于城邦政治派别的倾轧和碾压。

中世纪意大利的金融发展与其商业繁荣紧密相关。然而，欧洲商业重心自 14 世纪后渐渐北移和西移。15 世纪末地理大发现以后，大西洋贸易的发展远甚于地中海贸易。意大利在国际贸易发展的新浪潮中被日渐边缘化。

意大利自中世纪晚期的滞后发展，很大程度上也与其长期处于分裂状态有关。虽然诸多意大利城邦早在中世纪中期已达到经济金融发展的很高水平，但是它们仅有狭小的国内市场，难以获得规模经济效应。当法兰西和英格兰等封建王朝走上中央集权并发展出国内市场时，意大利城邦在规模经济效应上就相形见绌了。放眼世界，无论中世纪意大利在金融发展上取得多么辉煌的成就，其经济发展在中世纪晚期和近代早期的衰落在所难免。

[第五章]

17 世纪荷兰金融革命

中世纪意大利金融的基本特征是，尚在政治和宗教势力襁褓中生长，虽对于商业及部分手工业有些支持，但与实体经济的联系远不够紧密。17 世纪荷兰的金融发展，走的是一条与中世纪意大利迥然不同之路。中世纪意大利人以地中海为舞台，而近代早期的荷兰人则驰骋全球。在荷兰，金融发展紧密围绕国际贸易和殖民事业，金融与政治的关系已发生很大变化。荷兰在 17 世纪政治独立，普及新教，已很不同于意大利城邦。荷兰人笃志于生意，商业至上为基本原则。

17 世纪荷兰金融发展，以阿姆斯特丹汇兑银行、阿姆斯特丹股票市场、债券市场和期货交易为标志。很多事物早在荷兰共和国之前业已出现，尤其股票、债券、年金和存款银行等。然而，荷兰人不断推陈出新，更新了它们的运用方式。尤其重要的是，荷兰人在实践中将金融工具与商业发展紧密结合，赋予金融工具和金融市场以前所未有的新功能。17 世纪荷兰开启了金融面向平民的发展之路，虽然当时尚未完成现代金融体系的建设。因此，以“金融革命”来形容荷兰在 17 世纪推行的诸多金融创新实不为过。①

1636 年，荷兰发生郁金香狂热，此事仅为荷兰经济和金融在“黄金时代”发展进程中的一个插曲，它意味着，当金融面向平民的发展时，泡沫在所难免。

首先回顾一下 17 世纪荷兰金融革命的历史背景。

---

① 经济史学家金德尔伯格明确说，“荷兰没有发生过金融革命”（查尔斯·金德尔伯格：《西欧金融史》，徐子健等译，中国金融出版社，2007 年，第 173 页）。此话仅就荷兰共和国政府的财政而言，并未涉及 17 世纪荷兰股票和债券市场的发展，也忽略了彼时荷兰地方公债的发行和交易等。

一、欧洲经济重心的北移和北方联省（荷兰共和国）的兴起

汉语“荷兰”对应三个英文词（英语与荷兰语在此处类似）。第一个英文词尼德兰（Netherlands），意为“低地”，但“低地国”（Low Countries）则还包括比利时和卢森堡。第二个英文词 Dutch，为区域居民称谓词（Demonym），即对长期生活在某一地区并有一定共性人群的称呼，可视为地名的衍生词。第三个英文词荷兰（Holland），为尼德兰内一省区名，该省人口和经济规模为本国最大，故常被当做该国国名，但为非正式说法。“尼德兰”与“荷兰”相比，后者更加常用。[①]

因地表下沉，荷兰大片国土位于海平面之下。为防止下沉的陆地被海水淹没，古代荷兰人（当时称为“巴达维人”）早就开始围海造田工程。[②]上千年来，荷兰人以“愚公移山”精神，一代又一代地前仆后继，累积建造的围海大堤保护着今天全国一万多平方千米低于海平面的土地。荷兰人自豪地称自己的经济模式是“围海造田”（Polder Model）。[③]此事从一个侧面表明，治水并非必然与专制政体共生。

直到中世纪中期以前，包括荷兰在内的西欧并不是欧洲经济和人口重心。以往，欧洲跨国贸易的主要线路是，来自中东的货物经海路抵达意大利港口，后由陆路翻越阿尔卑斯山或绕道香槟集市前往佛兰德斯（法兰德斯），再从那里分运至包括不列颠在内的西欧和北欧各地。意大利毛纺织手工业兴起后，该线路也是不列颠出产的羊毛输往意大利的通道。佛兰德斯的一些自治城市，例如布鲁日和根特，位于此线路的中间地带，因而享受到跨境贸易的诸多利益。它们在中世纪中晚期成为欧洲的明星商业城市。

13 世纪中期，德意志北部的自治城市结成商业和安全同盟，即汉萨同盟（Hanseatic League）。在它的推动下，开通了中欧与北欧（斯堪的纳维亚）的贸易线路，也开辟了西欧与东欧之间经波罗的海的贸易线路。佛兰德斯恰好位于旧贸易线路和新贸易线路的交汇点，自然得益最多。港口城市、航运业和海洋捕鱼业在佛兰德斯及其周边，即今天荷兰、比利时和法兰西西北地区，随之兴旺起来。西欧第一大河莱茵河的出海口位于荷兰南部，荷兰因此分享河流航运的效益。15 世纪后大西洋贸易兴起，低地地区的地理优势愈加凸显。

地理大发现后，西班牙人和葡萄牙人成为全球殖民扩张的先锋，而荷兰人与英吉利

---

① 法兰西哲学家笛卡尔（1596—1650 年）于 1628 年移居荷兰，说过一句广为传颂之言，“God created the world, the Dutch created Holland.”（Marius van Nieuwkerk, *Dutch Golden Glory: The Financial Power of the Netherlands through the Ages*, Becht, Haarlem, 2006, p. 22）。此话依习惯用语即为，“上帝创造了世界，荷兰人创造了荷兰”，此处两“荷兰”在原文中不是同一个词。

② 荷兰谚语说，“上帝创造了海，巴达维人使之变成陆地”（莫里斯·布罗尔：《荷兰史》，郑克鲁、金志平译，商务印书馆，1974 年，第 7 页）。此话与前条注释中笛卡尔的话有相似性。

③ van Nieuwkerk, *Dutch Golden Glory*, pp. 22 – 23.

人等为追赶者。荷兰奋力拓展海外殖民和国际贸易，使经济得以快速增长，并超越处于西班牙统治下的比利时。此前，荷兰经济发展落后于比利时（佛兰德斯）。

人口趋势反映经济格局的变化。从 1500 年左右到 1600 年左右，欧洲人口总数从 8 180万增加到 1.05 亿，增加了 28%。同期，荷兰、比利时和卢森堡人口从 190 万增加到 290 万，增加了 52.6%，增速近两倍于欧洲整体水平。①该时期与荷比卢人口增速接近的还有不列颠、北欧和俄罗斯。1600—1700 年，荷兰人口年均增长 0.24%，高于比利时（0.22%）。②

中世纪晚期，荷兰是西欧文艺复兴和宗教改革的重镇。欧洲宗教改革运动的精神领袖伊拉斯谟（1466—1536 年）出生在鹿特丹，是一位学术成果丰硕的人文学者。他痛斥教会的堕落和腐败，主张人先有自由意志而后有道德责任。他在思想上支持路德，反对天主教会处罚路德。伊拉斯谟立场温和，从未直接参与路德教派的活动，终身未脱离天主教。他这种温和且独立的个性体现了彼时已近成型的荷兰民族的性格。

16 世纪上半期，今天属于荷兰和比利时的地区并入勃艮第（Burgundi）大公查理的管辖区，此前该地区诸多城镇和地方为半自治领地。大公查理于 1477 年去世，唯一的女继承人嫁给奥地利哈布斯堡家族的马克西米安一世（1459—1519 年），生下一男孩。马克西米安一世于 1508—1519 年为神圣罗马帝国皇帝，其子成年后迎娶西班牙公主，生下一子，即查理五世（1500—1558 年）。查理五世 6 岁即位为尼德兰君主，16 岁加冕为西班牙国王，20 岁登基为神圣罗马帝国皇帝，开始了西班牙对低地地区的统治。

查理五世君临低地地区，实行集权治理方针，客观上推动了当地的统一进程。他于 1548 年召集“国会”，组建由十七省构成的“勃艮第联合体”，所覆盖范围大于低地地区。联合体给地方当局保留部分权利，包括财权。查理五世统治时期，加尔文新教已传入荷兰，获得民众支持。然而，查理五世却大力打击新教，令宗教裁判所对新教领袖处以火刑。

查理五世在低地地区实施暴政，但他出生在根特，通晓当地语言，与出生地多少有情感牵连。而他的继承人，西班牙国王菲利普二世（1527—1598 年）则毫无此种情结。菲利普二世实行了比其父更激烈的反新教政策，且更顽固地推行中央集权措施，企图剥夺尼德兰地方机构（包括王公贵族）的诸多权利。菲利普二世的倒行逆施引发了尼德兰人民的反抗。人民暴动于 1566 年初起时，所求仅是信仰新教的权利。但在遭到西班牙统治者的无情镇压后，起义者们在开明贵族的率领下，决心寻求政治独立，摆脱西班牙统治。

---

① 卡洛·M. 奇波拉主编《欧洲经济史》（第二卷：16 世纪和 17 世纪），贝昱、张菁译，商务印书馆，1988 年，第 29 页。

② 麦迪森：《世界经济千年统计》，伍晓鹰、施发启译，北京大学出版社，2009 年，表 1a，第 29 – 30 页。

16 世纪 70 年代后半期，属于新教派别的领导人物数次召开有商人和平民代表参加的“三级会议”，由此扩大民众支持。1579 年，北方七省的代表们聚会于乌特勒支并宣布建立联盟，史称“乌特勒支联盟”，以区别于不同意脱离天主教和西班牙统治的南方联盟。这就是“联省共和国”（Republic of United Provinces）的由来。新政体名称中的“联合”（United）一词也被“联合王国”（United Kingdom）与“合众国”（United States）采用。自此，“联邦”（Federation）作为一种新型政治体制出现于世界政治舞台。

西班牙国王菲利普二世决心剿灭这个地盘狭小且力量薄弱的新政权，但新生共和国积极利用国内国际两方面资源抗击西班牙，成功幸存且发展壮大起来。1588 年，信奉新教的英格兰女王伊丽莎白派遣海军大败西班牙无敌舰队。此后，联省共和国与西班牙的战事虽未完全平息，但对双方皆已无碍大局。

17 世纪荷兰金融革命便发生在如此政治与国际关系背景之下。

二、阿姆斯特丹汇兑银行的成立及其运作模式

北方联省宣布独立后，与西班牙长期处于战争胶着状态。双方于 1608 年开始和谈，次年达成“十二年停战协议”。虽然该协议仅为双方冲突按下暂停键，却给荷兰带来新发展机遇。阿姆斯特丹汇兑银行成立于 1609 年，即为和平红利的成果。1618 年爆发“三十年战争”，欧洲多国卷入。战况惨烈，多国人民的生命财产遭受巨大损失。荷兰基本未参战，主要为新教国际联盟提供资金援助。三十年战争结束时，西班牙正式承认荷兰独立，终结两国长达八十年（1568—1648 年）的战争状态。此时，荷兰已成为欧洲头号经济强国，阿姆斯特丹也为当时世界金融中心。然而，两者皆离不开阿姆斯特丹汇兑银行的贡献。

阿姆斯特丹汇兑银行的由来

荷兰独立后，一方面保持与南部地区的商业往来，另一方面大力拓展国际贸易。在争取独立的战争中，联省得到活跃在附近海域中“海盗帮”的支持。独立后，“海盗帮”合法化，他们转而投入新政府大力支持的海外贸易和殖民扩张事业。阿姆斯特丹为当时荷兰人口增长最快的城市，1500 年仅有 1.4 万，1600 年增加至 6.5 万，1700 年更达到 20 万。①独立后，荷兰和阿姆斯特丹迎来黄金发展时期。

独立前，低地地区铸币体系十分复杂，包含多种银币和铜钱。其中，银币单位为盾（Guilder/Gulden），标准重 10.5 克，纯度 91%，1 盾可换 20 斯蒂弗斯（Stivers）。盾在

① van Nieuwkerk, *Dutch Golden Glory*, p. 60.

当地也称为弗罗林（Florin），但与佛罗伦萨的同名金币无关。[①]联省独立后，各地区继续流行该铸币体制，但各地铸币的规格和成色不仅出现差别，且差别日益扩大。有一个时期，铸币厂竟多达 14 家，所有铸币皆取名为盾或斯蒂弗斯。

荷兰那时已为高度开放的经济体，大量从事转口贸易。彼时国际贸易常以硬币作为跨境支付工具，荷兰也因此成为各国铸币的流转地。1606 年出版的一本通货目录显示当地流通有 341 种银币和 505 种金币。[②]而且，由于荷兰商人从波罗的海、黎凡特（中东）和远东地区进口货物时，必须向当地商人支付高品质金银硬币，国内所剩则多为成色不足的钱币或破损钱币。此情况在荷兰独立前的低地地区早已出现。来自英格兰的托马斯·格雷汉姆（Thomas Gresham，1519—1579 年），1543 年后作为商务代表长期生活在安特卫普，他敏于观察并善于思考，从低地学习借鉴了许多金融发展经验，多次上呈伊丽莎白女王关于货币金融事务的意见，并得到女王首肯创办皇家交易所。他关于通货混杂流行的看法被后人称为"劣币驱逐良币"法则，也称"格雷汉姆法则"（或"格雷欣法则"）。

很明显，独立后的荷兰大量开展国际贸易，身处通货混乱状态之中，倍感其陋。汇票虽是当时国际贸易中的常用支付工具，但商人们抱怨，汇票到期时，他们无法及时便捷兑现汇票，获得应得良币。1608 年，阿姆斯特丹的钱币兑换商甚至愿意以超过面额 9% 的价格收购高品相硬币。[③]

对此，阿姆斯特丹市政会（City Council）采取措施力图消除同币价差。初时，市政会要求钱币兑换商对待所有铸币一视同仁，此举遭到钱币兑换商的一致反对。而后，市政会吊销了钱币兑换商的营业执照，意图让他们从市场消失，以此实现同币同价。此举更遭到全城商人的一致反对。后来，各方形成妥协，由市政会出面组建一家专门机构负责大额钱币兑换，私人钱币兑换商继续营业，但仅限小额零星的钱币兑换。此为阿姆斯特丹汇兑银行的由来。

阿姆斯特丹汇兑银行的运作

1609 年成立的阿姆斯特丹汇兑银行（Exchange Bank of Amsterdam，荷兰文 Wisselbank，也可简称"阿姆斯特丹银行"）为公共银行，也为存款银行，与 200 年前巴塞罗那存款银行有不同之处。创办者在制定阿姆斯特丹汇兑银行的经营方针时参考了威尼斯里亚尔托广场银行的章程。[④]

---

① Raymond W. Goldsmith, *Premodern financial systems: A Historical comparative study*, Cambridge University Press, 1987, p. 212.

② van Nieuwkerk, *Dutch Golden Glory*, p. 122.

③ van Nieuwkerk, *Dutch Golden Glory*, p. 123.

④ 赫尔曼·范德尔·维：《货币、信贷和银行制度》，作为第五章载 E. E. 里奇、C. H. 威尔逊主编《剑桥欧洲经济史（第五卷：近代早期的欧洲经济组织）》，高德步等译，经济科学出版社，2002 年，第 311 页。

自始，阿姆斯特丹汇兑银行的定位就十分明确，即作为一家支付服务机构，确保使用现金的大额交易免受汇率波动的困扰。这里，“汇率波动”不仅指不同品相的硬币与足值硬币之间存在价差，而且不同的钱币兑换商给同一询价人的报价也不同。阿姆斯特丹银行承诺，无论金币还是银币，该行提供的皆为足值钱币，均统一定价。足值钱币持有人在该行存款时，存款额按面额，银行仅略收手续费。客户若存入非足值钱币，银行将收取溢价费（Seigniorage），并依规定将之回炉重铸。[①]阿姆斯特丹银行关于存取钱币的做法为市政会所规定，并以法规形式公之于众。

依规定，客户必须满足最低存款额，不少于 300 盾，且交存零钱不得超过其存款额的 3% 的要求。[②]所有存款，无论何种硬币，一律按照汇兑牌价转换为荷兰盾，银行有义务保持牌价不变。这些规定表明，该银行宗旨确为确保荷兰盾的价值稳定，消除因钱币汇兑因素而引起的汇率波动。

为实现该宗旨，逻辑上要求尽量减少实物钱币的使用和磨损。为此，阿姆斯特丹银行向客户提供转账服务，也为非现金支付服务。市政会要求在阿姆斯特丹，凡数额在 600 荷兰盾以上的支付皆需使用银行转账方式，不得从银行提取现金。该规定使阿姆斯特丹银行获得开展转账业务的经营优势。

在巴塞罗那存款银行，银行转账主要通过转让方和受让方在同一银行的不同账户之间头寸划拨来进行（当时的实践要求交易双方同时出现在银行或至少有公证人在场）。在阿姆斯特丹银行，转账采取新方式，即银行开出转账支票供客户使用。这是银行应客户请求，按固定格式向受票人开具一定数额的、见票即付的支付凭证，持票人可转交给受票人充当支付工具，受票人既可将支票兑现于开票银行，也可将它作为存款存入开票银行。

受票人为何愿意接受客户的转账支票而不索要硬币现金？当时，存款并不取得利息，故银行存款在价值上似等同于现金。但是，有两个因素决定了银行存款（转账支票）价值上高于现金。第一，转账支票作为支付工具节省了现金携带和保管的成本及不便；第二，客户提取现金时，转账支票可确保提取到足值现金。

阿姆斯特丹银行在收到客户硬币存款时，清点核实后便封存在保管箱中，银行职员不得再去触碰。银行开出的转账支票意味着已在保管箱中的存款钱币可在诸多客户的账户中来回划转，形成循环往返（Giro）。由此，阿姆斯特丹银行成为转账银行，硬币存款即变成转账资金（Giro Money）或活期存款（Demand Deposits）。

自此开始，阿姆斯特丹银行就以捍卫现金价值和存款安全为旗号，打造让存户绝对

---

① Stephen Quinn and William Roberds. “The Big Problem of Large Bills: The Bank of Amsterdam and the Origins of Central Banking”, *Federal Reserve Bank of Atlanta Working Paper No.* 2005 – 16, August 2005, p. 8.

② van Nieuwkerk, *Dutch Golden Glory*, p. 124.

放心的形象。1609 年开张第一年，银行吸引 730 位商人前来开户。17 世纪 60 年代时，存户超过 2 000 户。最能体现银行稳健经营的事例是 1672 年，不可一世的法兰西国王路易十四率大军入侵荷兰，阿姆斯特丹随时可能沦陷，银行遭遇挤兑。大文豪伏尔泰几十年后这样描述该事件，并对比于当时英格兰国王查理二世的作为，“拥有钞票的百姓，成群结队涌向阿姆斯特丹银行。大家担心国库已经被人触动，遭到盗窃，于是迫不及待去银行兑换被认为还可能剩在那里的一点银子。行政长官叫人打开存放银子的地窖。银子在地窖里原封不动，和六十年前存放时一模一样……于是就用这些银钱来付给那些希望兑付的人们。像这样讲究信义，而财富又这样丰裕，这在英格兰国王查理二世为了对荷兰人发动战争以及获得个人吃喝玩乐之所需而使臣民破产的时候，相形之下，就显得可敬可赞。英格兰国王破坏国家信誉，何其可耻；而阿姆斯特丹的官员，在似乎可以破坏这种信誉的时刻，却加以维护，何等光荣”①。

当年，荷兰人顽强抵御法兰西入侵，并再次施展外交魔力，迫使路易十四退兵，捍卫来之不易的自由和独立。

表 5 -1 为阿姆斯特丹银行成立后不久的资产负债表，构成非常简单。资产全由银行持有的贵金属条块和硬币构成，负债则由存款和市财政应付款两部分构成。资产与负债的关系显而易见，因为该银行为市政会组建的公共银行，资产超过存款数额的部分即属于市财政的应收款，也为银行的应付款。此数来自前述银行对客户存入现金时收取的溢价费（Seigniorage）。此做法，后来被称为银行收取“扣头”或“贴水”（Agio）。在银行创办初期，仅对被认为是不合格的硬币收取，合格硬币则免收。17 世纪 60 年代后，银行对所有存入银行的轻币（Light Coin）或“通用钱币”（Current Money）都要加收“扣头”，只有重币（Heavy Coin）或高纯度金银条块才免收。②

表 5 -1　　　1610 年 2 月 1 日阿姆斯特丹汇兑银行资产负债表③

资产		负债	
硬币及其他		存款数额	805 562
金库中的贵金属	925 562	市财政应付款	120 000
其中：			
“新”银币	402 405		
匈牙利杜卡币	239 700		
其他	283 457		
合计	925 562	合计	925 562

注：计价单位为弗罗林（Florin），也等于盾。

① 伏尔泰：《路易十四时代》，吴模信等译，商务印书馆，2018 年，第 135 页。

② Quinn and Roberds，“The Big Problem of Large Bills”，p. 11.

③ Quinn and Roberds，“The Big Problem of Large Bills”，p. 45.

表5－1也表明，阿姆斯特丹银行没有资本金，它不发放贷款。它就是一家“简单的”存款银行或汇兑银行（转账银行）。包括亚当·斯密在内的众多经济学家都认为，该银行看似简单，但它实则带来了支付服务和货币概念的革命。

阿姆斯特丹汇兑银行的历史意义

阿姆斯特丹银行自称汇兑银行，类似说法还有“转账银行”（Giro Bank）。欧美学术界公认“转账银行”于1584年出现于威尼斯，早于阿姆斯特丹银行25年。而且，威尼斯转账银行同样使用了“银行货币”（Bank Money）概念。[①] 然而，学者们之所以对阿姆斯特丹银行的关注远高于威尼斯转账银行，主要在于16世纪末威尼斯银行业仍带着浓厚的中世纪特色，资金大量用于政治目的，而且随着威尼斯在国际贸易中地位的下降，其银行与商业的关系日渐疏远。与此相反，阿姆斯特丹银行为“纯商业”型银行，其经营活动与国际贸易关系紧密。

亚当·斯密在批驳重商主义经济政策的弊端时，论及国际贸易如何受到汇率影响，并由此联系到阿姆斯特丹汇兑银行通过发明“银行货币”为国际汇兑服务。为此，他长篇大论阿姆斯特丹银行及其汇票运作，并为自己的“冗长议论”表示歉意。他总结到，凡在实行银行转账制度的地方（如阿姆斯特丹、汉堡和威尼斯等），用于兑付汇票的货币总能保持价值稳定，并与造币厂标准一致；而在不实行该制度的地方（如伦敦、安特卫普和里斯本等），货币价值持续变动，并低于造币厂水平。[②]

在斯密时代，国际贸易的最终支付工具为贵金属。商人们常用汇票进行跨境支付，而汇票常以某种硬币为标价。由此，汇票兑现经常遇到硬币因成色差别而发生价值差异。例如，伦敦商人开出一张需两个月后在阿姆斯特丹以荷兰盾兑现的汇票，依1英镑等于11荷兰盾的市场汇率，开出一张面值100万荷兰盾的汇票按理只需交付9.09万英镑现金。但若此汇票指定由阿姆斯特丹某个代理机构以当地硬币兑现，而阿姆斯特丹那位出口商人（汇票的受票人）确认以此方法得到的硬币在价值上必有不可靠之处，便会索要额外费用，比如合计为105万荷兰盾的汇票。此时，伦敦商人为同一笔交易需支出9.55万英镑购买汇票方能完成交易，相当于他因硬币是否足值的问题而“贴钱”。若该伦敦商人能预先在阿姆斯特丹汇兑银行存入资金，并据此使后者接受所开汇票，他按市场汇率购买100万荷兰盾汇票付给对方便无任何问题。但是，当伦敦商人在阿姆斯特丹银行存入英镑硬币时，其汇率相对市场汇率会有一个价差（汇差），按亚当·斯密的估

① Frederic C. Lane, “Venetian Bankers, 1496－1533: A Study in the Early Stages of Deposit Banking”, *Journal of Political Economy*, Vol. 45, No. 2 (April 1937): 187－206.

② 亚当·斯密：《国民财富的性质和原因的研究》，郭大力、王亚南译，商务印书馆，1983年，下卷，第60页。斯密对阿姆斯特丹银行的论述从49页到60页。

算约为 5%。[①]

为何会有如此价差（汇差）？斯密认为，根本原因在于，“银行货币”（Bank Money）作为支付工具优于“通用货币”（Current Money，即流通中的钱币）。如前提及，前者不仅节省现金携带和保管的费用，减少磨损和丢失风险，而且确保提取时得到足值现金。有鉴于此，阿姆斯特丹银行的存户不仅不得利息，而且还得向银行支付一定费用。存户所得好处即为“银行货币”（Bank Money）相对现金的升水（升值）。对商人来说，宁愿交存 105 荷兰盾现金而仅得 100 荷兰盾“银行存单”，即银行存单相对现金升值 5%。

阿姆斯特丹银行给存户开出的存款收据不同于现今流行的生息存单（Certificate of Deposit）。它开具的存款单据为“受领证书”（Receipt），上面注明存入金银铸币或条块的数额及六个月持有期限。该证书还注明，归还证书时存户需向银行交付 25‰（针对银）或 50‰（针对金）的存款保管费用。若存款人不交此费用，银行将按照市价以荷兰盾（弗罗林）收购金银条块，即不再退还存户所存的金银条块。

斯密说，阿姆斯特丹银行发放的受领证书为可转让单据。人们购买此证书，等于购买它在银行所对应的金银条块。斯密还说，这些金银条块的造币厂价格高于银行价格 5%，即同等重量和纯度的金银条块卖给造币厂得到的硬币价值比银行多 5%。[②]这也意味着，阿姆斯特丹银行存户相当于将自己持有的金银条块打折存入银行，即前面提及存户向银行支付“扣头”（Agio），并且还要在六个月后向银行另交保管费。

人们为何接受这种看似不合理的做法？概括起来，有四个原因。一是当时尚未有其他银行提供付息存款服务，阿姆斯特丹银行没有同业竞争。二是如前所述，对商人而言，将金银条块存入银行可以节省保管费用和避免盗窃风险，而且好于卖给造币厂，因为卖出再需要买回时须支付额外费用。三是存户将现金存入银行后得到“受领证书”，它的市场价值高于存款金额，相当于获得利息收入。四是存户将存款用作非现金转账支付时更加便捷。既然有如此多的理由，商人自然愿意在阿姆斯特丹银行开立账户，存入现金。

如前所述，在阿姆斯特丹，大额交易按要求必须以非现金的银行转账方式进行。此为一个重要的“保护现金”和节省现金使用的政策规定，同时利于提高支付效率。“保护现金”意即原来分散于私人手中的现金由此集中于银行，由银行保管，减少硬币换手和旅行及其磨损与丢失风险。

或许有人认为，既然阿姆斯特丹银行不从事贷款，它就不像现代商业银行那样具有信用创造或货币创造的功能，因此，它便不具有宏观经济意义。这个看法失于片面。既

① 斯密：《国民财富的性质和原因的研究》，下卷，第 49 页。
② 斯密：《国民财富的性质和原因的研究》，下卷，第 55 页。

然阿姆斯特丹银行通过转账服务帮助社会节省现金使用，那么它必然促使同等数量的现金存量在同一时间之内发挥出更大的经济作用，仿佛无形之中增加了货币（现金）供给总量。这毫无疑问为一种实质性的宏观经济效应。事实上，阿姆斯特丹银行通过推动大额交易的非现金支付，提高了支付效率，加快了现金流通速度，从而支持了当地经济增长。

理解阿姆斯特丹银行的宏观经济作用，可以联想货币数量论公式中货币流通速度因子。在等式一端，货币流通速度与货币供给总量一起决定了等式另一端的名义总产出。这意味着，即便一定时期中货币供给总量保持不变，但只要货币流通速度加快，等式另一端（总产出与价格水平的乘积）即会相应变化。阿姆斯特丹汇兑银行所影响的正是货币流通速度因子。

当代学者对阿姆斯特丹银行的赞誉集中于两点。一是认为它事实上起到“稳定币”（Stablecoin）的作用，或者说通过它所提供的“银行货币”而成为史上提供“稳定币”的最早样板。[①]“稳定币”是一个当代概念，指在多货币环境中，一个在使用上不受限制的通货能够与其挂钩的货币单位长久保持价值上的固定比例。阿姆斯特丹银行所实行的“银行货币”实质上即为此种“稳定币”。二是通过提供“稳定币”或“银行货币”，该银行事实上发挥了原则上应由中央银行发挥的作用，即为社会提供一个具有稳定性的计价单位和支付工具（交易媒介）。在此意义上，阿姆斯特丹汇兑银行可称为世界上第一家中央银行。[②]现代中央银行皆是“发行的银行”，而阿姆斯特丹银行没有发行现代意义上的纸钞，它发行的是“受领证书”（也为“存款单据”）。在赞扬者看来，如果不拘泥于细节，此“受领证书”已具备纸钞的基本特征，如可转让性、价值稳定性和非生息等。当然，此“受领证书”也有不足之处，如仅限于大额交易、有期限并且不够标准化。

当然，严格地说，阿姆斯特丹银行远非中央银行。它所服务的对象主要为商人群体，不是普罗大众；它所在的市场环境缺少多样化的金融机构，远非为一个金融体系。

尽管有局限性，阿姆斯特丹汇兑银行为17世纪荷兰经济和金融发展作出了重要贡献，也促使阿姆斯特丹成为当时世界的金融中心。亚当·斯密说，“阿姆斯特丹银行，过去好几年来，是欧洲最大的金银条块仓库。”[③]世界各地的金银条块源源不断地流往该地。17世纪末，“阿姆斯特丹银船队”常由30～40艘船只组成。西班牙在美洲大陆开采

---

① Jon Frost, Hyun Song Shin and Peter Wierts. “An early stablecoin? The Bank of Amsterdam and the governance of money”, *DNB Working Paper No.* 696, November 2020.

② Quinn and Roberds, “The Big Problem of Large Bills”; Stephen Quinn and William Roberds. “An economic explanation of the early Bank of Amsterdam, debasement, bills of exchange, and the emergence of the first central bank”, *Federal Reserve Bank of Atlanta Working Paper* 2006－13, September 2006.

③ 斯密：《国民财富的性质和原因的研究》，下卷，第56页。

的银，至少一半流往阿姆斯特丹市场。17 世纪初，在阿姆斯特丹银行成立前，荷兰资金市场上的利率通常在 10% 以上。1650 年，利率下降到 6% 以下。17 世纪下半叶，利率不高于 5% 。[①] 17 世纪为荷兰社会经济发展的“黄金百年”。

阿姆斯特丹银行的后续发展

阿姆斯特丹银行成立后，既不对外贷款，也不设立分行，此运作模式坚持了很长时间。但有研究者仔细检查银行账目，发现它早在 1615 年便给荷兰东印度公司提供短期贷款，尽管数额不多，期限也很短。它在 1624 年后向阿姆斯特丹市政府也发放过贷款，成为市政府的债权人。但所有的贷款合计数目额并不大，且从未给银行的资产头寸带来实质影响。[②]银行显然注意防范信用风险，对彼时荷兰政府参与兴办的另一家大企业荷兰西印度公司分毫未贷。[③]

1650 年后，阿姆斯特丹银行业务政策有两项重要调整。一是 1650 年后不准客户直接提取存款，存户只能以转账或汇票方式使用所存资金。二是 1683 年后实行“受领证书”制度（System of Receipts），即银行向客户发行资金持有证书，客户须在 6 个月内退还证书并存入资金，另支付一定利息。[④]前一项政策调整的意义在于让银行存款变成“外在货币”（Outside Money），即存款货币数额不再直接受到存户的掌控，而后一项政策调整则相当于银行推出预付短期资金（六个月期限短期贷款）的新业务模式，从此前的“先收存款后发证书”方式转变为“先发证书后收存款”方式。此两项改革都意味着阿姆斯特丹银行的经营活动更接近于有特色的中央银行。

阿姆斯特丹银行的经营持续近 180 年，其间经历过数次重大事件，包括 1635—1637 年郁金香狂热、1672 年法兰西入侵、1720 年国际金融危机等。18 世纪中叶及以后，荷兰与英格兰爆发三场大战，阿姆斯特丹银行未受重大冲击。但在 18 世纪下半叶，不列颠已经发展壮大，荷兰相对衰落，阿姆斯特丹银行抵押风险的能力有所减弱。在 1763 年的经济动荡中，荷兰富商因亏损而违约，阿姆斯特丹银行被迫停业一段时间。此次经济危机波及全欧洲。

1780—1784 年爆发第四次英荷战争。在战争期间，阿姆斯特丹银行大量贷款给荷兰

---

① van Nieuwkerk, Dutch Golden Glory, p. 134, 悉尼·霍墨、理查德·西勒《利率史》（第四版，肖新明、曹建海译，中信出版社，2010 年，第 162 – 166 页）介绍 18 世纪初以后荷兰利率情况，总体格局是荷兰利率是当时欧洲各国中最低者，因此，当国外的安全资产收益率升高时，荷兰资金便流向它们。

② Goldsmith, *Premodern financial systems*, p. 216, 表 11 – 6, 此处汇总 1610 年到 1700 年每隔 10 年阿姆斯特丹银行的资产负债表构成，显示 1620 年起有对东印度公司（VOC）的债权，1630 年起有对市政府的债权；这两个债权合计数最多时为 1680 年，数额为 368 万弗罗林，占当年银行资产的 36.3%。银行持有的现金额从 1650 年后明显少于银行负债额，1680 年时前者为后者的 77.5%，即此时银行不再是“百分之百的发行银行”（或“百分之百的储备银行”）。

③ van Nieuwkerk, *Dutch Golden Glory*, pp. 131 – 132.

④ Quinn and Roberds, “The Big Problem of Large Bills”, p. 10.

东印度公司和市政府，而两者皆无财力偿还债务。阿姆斯特丹银行早先调整“扣头”（Agio）影响市场资金流入，此时却无力回天。此后阿姆斯特丹银行日见衰微。1794 年荷兰爆发“巴达维亚革命”，下层民众起义要求进行激进政治改革。随后十年，荷兰内外动荡。在此期间，阿姆斯特丹银行业务急剧萎缩。1802 年银行停止所有贷款业务。1806 年银行资产额为 520 万弗罗林（盾），仅为 1763 年高峰时 3 100 万弗罗林（盾）的 1/6。①

在拿破仑的操弄下，1806 年成立荷兰王国（也称“尼德兰王国”），由其弟任国王。当地的威廉亲王（1772—1843 年）利用国际反法同盟力量夺取政权后，很快于 1814 年组建一家新公共银行，即荷兰银行（De Nederlandsche Bank NV）。该银行即为荷兰王国后来的中央银行。阿姆斯特丹银行于 1820 年清盘，从此退出历史。

阿姆斯特丹汇兑银行的运行给近代早期的欧洲带来示范效应，受其影响的先后有汉堡银行、瑞典银行和英格兰银行等。有研究者认为，阿姆斯特丹银行的业务模式并非当时独创，此模式在 16 世纪的安特卫普即已出现。但是，为何仅阿姆斯特丹银行才在欧洲产生巨大影响，至今尚缺理想答案。②

三、股份公司和股票交易市场的诞生

荷兰东印度公司（VOC）被称为世界上第一家股份公司（合股公司），它所发行的股份不仅出售给普通投资者，而且持有者可转让他人。由此，荷兰在 17 世纪初便发展出股票二级市场。荷兰东印度公司发行股票原本是吸引风险投资者的新型金融工具，而二级市场的诞生则成功地为所有股票投资者提供了规避流动性风险的交易平台。荷兰东印度公司的股份概念大大超越了热拉亚的圣乔治行。

荷兰东印度公司的股票发行

1590 年前后，独立后的荷兰亟待寻求经济发展出路。在狭小共和国的北部和东部，农业相当发达，但显然不足以支撑经济快速增长。沿海地区繁荣的渔业，充其量只能使人民基本温饱。新荷兰需要的是能快速增强经济和军事实力的产业，而这非国际贸易和航运业莫属。荷兰位于低地地区的北部，本不在欧洲主要商路的交汇口。独立运动造成低地地区南北分离。在仍被西班牙控制的传统商业大都市安特卫普等地，众多商人北上，移居阿姆斯特丹市和其他城市，为新生共和国带来了商业知识和资金。

地理大发现后，欧亚香料贸易被葡萄牙人控制。葡萄牙在印度、马六甲和印度尼西

---

① Quinn and Roberds, “The Big Problem of Large Bills”, p. 44.

② 赫尔曼·范德尔·维：《货币、信贷和银行制度》，第 320 页。

亚等地建立多个军事和贸易据点，在当地采购大量胡椒，运往里斯本，再由葡萄牙王室控制的商业机构收购后转销欧洲各地。由于欧洲人对香料的需求不断增长，葡萄牙从香料贸易中获利巨丰。葡萄牙在西欧各国中最早组建东印度公司，1500 年起即开始运作。1580 年发生王位继承之事，西班牙强行合并葡萄牙，由此引发葡萄牙政商动荡不安，香料在欧洲的售价大幅波动。此时荷兰已脱离西班牙统治，趁机攻占葡萄牙的海外殖民据点，尤其是葡萄牙在印度洋和太平洋地区的战略要地。荷兰很快取代葡萄牙垄断了欧洲香料贸易。

1595 年起，全副武装并得到荷兰政府授权的船队穿越印度洋，前往马来群岛和印度尼西亚群岛，到达他们称为“香料群岛”的地方。1599 年，一支荷兰船队在惨重伤亡后，满载香料货物归来，取得超乎预料的商业成就，顿时激起众多商人参与亚洲贸易和海外探险。

高涨的商业热情引出新问题。来自国内不同地区的商人们激烈竞争，相互杀价，让原本暴利的国际贸易变得利润稀薄。1595—1601 年，荷兰先后有 15 家公司远征海外，各自拥有船只数少至 2 艘，多则 9 艘。[①]这些公司大多注册在阿姆斯特丹或西兰省（Zeeland），两地皆有发展海外贸易的强烈追求，互不相让。1600 年，阿姆斯特丹和西兰两地各自整合海外贸易公司，分别成立联合公司，商业对峙剑拔弩张。

伊丽莎白一世治下的英格兰于 1600 年成立东印度公司，是皇家特许公司，享有 15 年的亚洲贸易垄断权（后来总会被展期），意味着不允许其他国内企业在同一贸易线路上与其竞争。荷兰人受此启发，也希望能找出一个可联合国内各地商人的万全之策。荷兰时为共和体制，不同于英格兰及其他欧洲国家流行的君主制。因此，荷兰的解决办法有其特色。

阿姆斯特丹商会提议，组建并授予一家联合公司 20 ~ 25 年的特许贸易权，同时让共和国全体居民皆可成为投资人或股东。此提议于 1601 年 11 月提交共和国议会通过，并得到西兰商人同意。

由此成立的荷兰东印度公司实为原来分散在荷兰各地的贸易公司的整合。从此，以前的地方公司成为新公司的地方“商会”（Chambers of Commerce），也是新公司的重要出资方，有权委任新公司董事。作为新公司的大股东，它们代表着荷兰 6 省的商业利益。董事共有 76 位（后来因去世不增补而减少为 60 位），执行董事会则由 17 人组成。执行董事会为公司的决策机构，阿姆斯特丹商会占 8 席，虽不拥有绝对控制权，但也占了第一大地位。由此可见，荷兰东印度公司的执行董事会构成具有防止一股独大的特点，体现了权力制衡原则。但是，公司治理结构中尚未有小股东的位置。公司股份的发行在一定程度上带有定向发行特征，即按地区（商会）分配发行数额。

---

① 费莫·西蒙·伽士特拉：《荷兰东印度公司》，倪文君译，东方出版中心，2011 年，表 1，第 9 页。

荷兰东印度公司由议会决议而获得授权，按理应受议会监管。但在后来的实践中，议会监管微不足道。①议会授予它对外动用武力的权力，使之在海外的殖民据点成为准军事机构。此与中世纪热拉亚的圣乔治行类似。这也表明，与当时其他西欧国家综合性商业贸易机构一样，荷兰东印度公司在一个远不同于国内的经商环境中运行。这些商贸机构身处世界政治经济改观换貌的转折时期，它们也为马克思所说“资本原始积累”的典型代表之一。

正因为如此，对荷兰东印度公司的投资显然是风险投资，投资者预期得到高回报，但风险也很大。特许条款规定，荷兰东印度公司货物卖出后的现款一旦达到初始资本的5%，公司应向投资者分派红利；公司经营10年时，必须提交财务报告，说明盈利和分红情况。至1612年，这两条规定都未被执行，可见公司管理层具有极大的自主权，内部和外部监管皆有缺失。不按期分红，甚至将第一次分红拖欠10年之久，体现了荷兰东印度公司早期管理层追求长远发展、竭力将公司做大做强的意志。

如同圣乔治行，荷兰东印度公司所发行的份额究竟是股份还是债券，难以确认。它好似股份，因为它没有固定收益，且各地商会认购的份额与委派董事和执行董事的数目相挂钩，但它也像债券，因为个人持有者无法对公司事务行使投票权。事实上，荷兰东印度公司的股份分为两个级别。一是大股东（Bewindhebbers），有权参加或委派公司董事；二是普通股东（Participanten），只参加分红，无权过问公司管理事务。荷兰东印度公司股份的这些特点及在当时的普遍流行，表明西欧诸国近代早期成立的公司远非现代股份制公司，有关法律规定也不成熟。顺便一提，荷兰东印度公司长期不对外公布账目。

公司以发行股票的方式筹资，属于直接融资。此直接融资非同于个人间借贷。荷兰东印度公司面向公众发行股份，不仅由融资规模所决定，而且体现融资来源分散化的政治要求。此外，该融资模式的成功还要求额外的相关条件。例如，潜在投资者的分散性，即众多有经济实力的投资者分布在社会各处，筹资者事前并不知晓，否则筹资者便会进行“定向发行”。而且，投资者须对筹资者具有基本的信任，相信后者为诚实经营者。再者，个人投资者希望购买和持有的股份在需要时可转让，即存在二级市场为换手提供便利。简言之，当大型公司以股份形式面向大众开展直接融资，逻辑上要求存在一个有效率的股份交易市场，否则该融资模式不可持续。

股票交易市场的诞生

荷兰东印度公司成立时，出售股份募集642.4万弗罗林（盾）初始资本。认购者中

---

① 伽士特拉：《荷兰东印度公司》，第15页。

有外国人，已知至少有三位德意志人和两位意大利人。[①]同时期英格兰东印度公司发行股票时，仅限本国公民购买。17 世纪初荷兰领先英格兰之处，由此可见一斑。

当时的流行做法是，公司每组织一次海外航行（“远征”），便进行一次机构和财务清算。而荷兰东印度公司改变此种做法，无须每次远征每次清算，但可 10 年左右清算一次。荷兰东印度公司的首次执照为期 21 年，长于当时的其他股份公司。公司早期的章程规定，若有股东对分红不满意，可赎回股本，即撤回投资。这条规定看上去兼顾了个别投资者对现金（流动性）的需求。但在公司成立后第 8 年，董事会宣布投资不可撤回。[②]此时，公司尚未进行第一次分红。这些情况表明，当时绝大多数投资人都是长期投资者，而且，公司创建者和管理层对部分投资者的流动性需求并不给予特别关注。或许，公司管理层在初创时期一度有着自信，冀望公司股份成为像“开放式基金”那样的可赎回份额。

三大因素决定荷兰东印度公司股票采取市场化发行并促使股票交易转变为规范的市场体制。第一，公司股份采取市场化发行方式，众多投资者中必然出现流动性需求。荷兰东印度公司筹资规模巨大，议会决议已要求投资者不能仅限于少数人。虽然股份发行带有一些“地域定向发行”特征，但在阿姆斯特丹这样的“发达”地区，公众成为股票认购主体。截至认购结束日，阿姆斯特丹共有 1 143 人认购 367.99 万荷兰盾的股份，占公司总股份的 57%。[③]认购者中，购买最多者买进 8.5 万荷兰盾股份，最少者则仅买 20 荷兰盾股份。[④]股份出售和购买于 1602 年 4～8 月进行，地点为公司一大股东私人住宅临时改成的对外销售处。人们得知公告消息后自愿前来购买，完全是市场化认购。8 月 31 日午夜为股票出售截止时点，最后时刻前的两位购买者中一位是女佣，用其长期储蓄买下 100 盾股票；另一位是户主，为其家庭女佣买下 50 盾。[⑤]

既然公司股份持有者人数众多且高度分散，其财务需求势必千差万别，有些投资者随时会出现现金需求，需要转让股份。早先公司曾规定股份购买者可以办理赎回，但随着公司经营规模扩大，现金储备减少，此规定难以履行，后被宣布取消。如此，满足股份投资者的现金（流动性）需求唯有转让这一途径。

第二，对投资者而言，公司股份是长期风险资产，他们时刻需要资产价格发现以便

---

① Larry Neal：《荷兰东印度公司的风险股份》，载威廉·戈兹曼、哥特·罗文霍斯特主编《价值起源》（修订版），王宇、王文玉译，万卷出版公司，2010 年，第 175 页。

② Neal：《荷兰东印度公司的风险股份》，第 173 页。

③ Lodewijk Petram，*World's First Stock Exchange*，Columbia University Press，2014，p. 9. 荷兰东印度公司（VOC）股票发行筹资额总共为 650 万盾。该书作者认为，按购买力平价，此数相当于 2010 年 1.3 亿美元（p. 13 and endnote 5 on p. 260）。若依购买力平价换算，此数也至少相当于 2021 年 1.6 亿美元（换算结果由专业网站 www.measuringworth.com 提供）。

④ Neal：《荷兰东印度公司的风险股份》，第 175 页。

⑤ Petram，*World's First Stock Exchange*，p. 8. 当时女佣一天的工薪为 50 分（半盾）。

优化自身投资（财务）管理。荷兰东印度公司在成立后的诸多作为表明，公司股份不仅是风险资产（收益不明确），而且是长期资产（不准赎回且二级市场尚欠发达）。该长期资产的价值、收益和付现时间等关键参数，对股份持有者和潜在投资者来说，皆有诸多不确定性。股票转让需买卖双方对股票的现时价值（市场价格）达成一致意见，而最好通过公开询价报价方式来实现价格确认，即通过规范化的公开市场方式来进行。换言之，股份的买卖双方都希望找到一个合理机制来发现股票价格，为投资需求和财务管理提供资产估值的帮助。

第三，公司股票发行后发生过异常交易，股价遭到打压，公司管理层和市政当局均希望规范股票交易。1605 年，一位名叫勒梅尔（Isaac Le Maire）的公司大股东，因与管理层意见不合辞去董事职位，策划一系列操作，旨在推动公司股价“崩盘”，以从中渔利。他联合其他有实力的投资者共同做空市场，散布公司船只遭遇不测的虚假信息，并暗中勾结法兰西王室，企图另建一家东印度公司与荷兰公司竞争。[①]勒梅尔来自安特卫普，从商经历丰富，与荷兰东印度公司高管们甚为熟悉，他持有公司股份多达 8.5 万盾。勒梅尔与数位股东和投资者组成了辛迪加（临时合作同盟），在股票交易市场上采用“卖空”做法，与买者订立远期交易合同，指望价格下跌后买入股票，然后转手以合同价（较高价）卖给对方。此情况 1609 年被公司管理层发现，冻结了勒梅尔在公司的股票账户（不准他卖出股票以获取现金），为此，勒梅尔与东印度公司进行了长达数年的诉讼。勒梅尔被认为是第一个敢于公开批评东印度公司管理层政策的股东，[②]当然也是在当代金融中流行的积极股东主义的早期代表。

在得到东印度公司的报告后，阿姆斯特丹市议会很快通过决议禁止股票“空卖”（“裸卖空”），即未持有股票者不得向市场预售股票。东印度公司声称，公司股票持有人中有孤儿寡母，打压股价即压榨社会弱势群体。[③]市政会听取了公司意见，随后订立的政策实为股票交易规则。

1612 年，阿姆斯特丹商人交易所大楼竣工，从此股票交易不仅有固定场所，而且也有明确的交易规则和认证体系。官方向 300 位股票交易经纪人和场内交易员颁发资格证书，他们在交易所大楼内外开展业务。经纪人（Broker）是面向公众的证券买卖中介，场内交易员（Jobber/Dealer，也称“交易商”或“做市商”）则为“经纪人之经纪人”，不直接与公众接触，仅在交易所里承接经纪人或其代理传递的交易指令。交易所大楼里的交易标的除了荷兰东印度公司股份，还有若干商品期货。股票交易的二级市场由此正

---

① J. G. van Dillen, Geoffrey Poitras and Asha Majithia. “Isaac Le Maire and the early trading in Dutch East India Company shares”, in Geoffrey Poitras ed. *Pioneers of Financial Economics*, volumes I, Edward Elgar Publishing 2006, p. 45. 此文为 J. G. van Dillen 关于同一题目 1930 年荷兰文和 1935 年法文文章的英文摘译和内容介绍。

② Petram, *World's First Stock Exchange*, p. 68.

③ 萧拉瑟：《阿姆斯特丹：世界最自由城市的历史》，阎智森译，译林出版社，2018 年，第 119 页。

式诞生，并与商品期货交易并列运行。

早年，荷兰东印度公司向公众出售股份，实际上仅仅是向认购者开具“收据”。该“收据”为实名，本身不可转让。早期股份转让程序十分烦琐，买卖双方须同时在公司簿记员见证下开始交易，转让合同须得到公司两位董事的签署，还得同时缴纳税款（“印花税”）和簿记员劳务费。①规范、简明和容易转让的股票证书问世还有待时日。

股票交易在当地金融市场中已是高度程序化并对当事人来说极为易行的事情。但在17世纪初的荷兰，股票交易远非如此。它不仅涉及股权所有人的资格确认，而且牵涉交易数量及其价格的确认。交易过程必须以相关的法律规范（诉讼、法庭判决、当事人认可及执行）为保障。对荷兰东印度公司股票交易相关档案资料的研究发现，17世纪初荷兰省法庭的确有多桩围绕股票交易的诉讼案件，而且，后来，更多的私人之间的股票交易事实上遵循了由法律判决所形成的制度规范。②这项研究也显示，相较于1609年，1639年的股票交易更多地发生在较少的交易者之间，即股票交易很可能更多地出于投机目的，由投资者因看涨或看跌股票价格而买卖股票。换言之，现金需求似不是当时股票交易的主要动机。

历史数据显示，荷兰东印度公司股份的市场价格自初次发行后长期高于面额。1605年前，股价溢价率（市价高于面值的比率）为14%～15%。坏消息使其跌至3%，好消息使其跳升至40%。1612年以前，最高水平一度达到100%，即市价高于面额一倍。③1618年以前，多次分红仅用实物，例如一位持股人1610年分到5 000磅肉豆蔻干皮，其市场价值为3 600荷兰盾，此数等于股份购买时价值的75%。④总的来看，荷兰东印度公司在17世纪，尤其是该世纪前期，给予其股东丰厚的红利回报。一位在1604—1650年长期持股股东，年均回报率达到27%。⑤

荷兰东印度公司在初次发行后，未再发行新股，此不同于许多当代企业。公司高管们或许出于维护公司既定股权结构及治理模式的缘故而采取该政策。很明显，公司发展需要后续资金支持。虽然公司总体上盈利，但其大部分利润都作为红利而分配给股东了。这就产生出一个问题，既然公司不拟发行新股，为何情愿多分红利给股东？换言之，若少分红利，公司便可多积累，从而获得新增可用资本。

这是一个莫迪利安尼—米勒（Modigliani - Miller）问题。公司分配红利以维持较高股价，进而发行较低成本的新股并获得融资，与公司不分红并将股息直接转为公司资

① 萧拉瑟：《阿姆斯特丹》，第117页。

② Lodewijk Petram, “Contract Enforcement on the World's First Stock Exchange”, in Piet Clement, Harold James, and Herman Van dee Wee, eds. *Financial Innovation, Regulation and Crisis in History*, Pickering & Chatto, 2014, pp. 13 - 35.

③ van Dillen, Poitras and Majithia, “Isaac Le Maire and the early trading”, p. 54.

④ 萧拉瑟：《阿姆斯特丹》，第120页。

⑤ 罗纳德·芬得利和凯文·奥罗克：《强权与富足：第二个千年的贸易、战争和世界经济》，华建光译，中信出版社，2012年，第204页。

本，哪种方式更有利于公司价值的增长呢？人们对此问题没有相同答案。荷兰东印度公司的做法是，如前提及，约从1630年起，公司向外借债（例如从阿姆斯特丹银行借款），并在1735年以前100余年中一直保持相对稳定的债务—权益比率（数字为2，即借款两倍于自有资本，或债务—资产比率相当于67%）。[①]在如此长时间保持基本不变的债务—权益比率，意味着公司未遇到显著借贷困难，借贷成本至少在公司财务可承受的范围内。荷兰东印度公司能够如此，离不开其股价长期处于较高水平。若无积极的红利分配政策，公司股价难以长久保持高位。以此而论，荷兰东印度公司的红利政策支持了其经营规模扩大，避开了莫迪利安尼—米勒问题的困扰。

值得一提的是，荷兰东印度公司的股票发行及交易模式未被全部应用到荷兰西印度公司（Dutch West India Company，简称GWC或WIC）。西印度公司原拟于1609年前后组建，但因荷兰与西班牙当年签订“12年停战协议”而推迟至1621年。该公司业务与东印度公司一样，以海洋贸易为主，地域则限于美洲和非洲。初始发行时，西印度公司也实行“区域定向”方式，将筹资额分配给5个地区商会。东印度公司大股东遵照共和国执政官指示向西印度公司注资，但荷兰普通投资者对西印度公司股票发行的反应却并不积极。为吸引国外投资者，西印度公司还将招股书译成英文，认购者中有法兰西、瑞士和威尼斯等国人士。[②]西印度公司股票筹资额为280万弗罗林（盾），不及东印度公司一半。在17世纪大部分时间，西印度公司的经营业绩远不如东印度公司。荷兰股票市场的投资者似乎自始就有先见之明。

荷兰股份公司和股票市场的国际意义

1688年，英格兰爆发“光荣革命”，议会代表邀请在荷兰联省共和国担任首席执政官的奥兰治亲王（Prince Orange，1650—1702年）前来取代旧国王。这是一件十分有趣的历史事件。英格兰与荷兰在1652—1674年先后爆发三场大战，冲突不仅发生在两国之间的海域和海岸线，还波及两国在北美和亚洲的许多殖民据点。和平后将近15年，英格兰国会议员出于对旧国王詹姆士二世复辟天主教的强烈不满，邀请信奉新教且与旧国王沾亲带故的荷兰大公“名正言顺”地即位英格兰国王。[③]新国王威廉三世从荷兰带来一支庞大顾问团队，其中包括犹太裔贸易金融专家们。此为荷兰经验传入英格兰的一条捷径。

威廉三世入主英格兰后的重要目标是，带领英格兰加入由荷兰和神圣罗马帝国组建

---

① Neal：《荷兰东印度公司的风险股份》，表9-1，第178页。该页表9-2显示，1602—1791年各年度公司股价溢价率，其中没有一年该溢价率为负数（即市价低于面额）。

② Charles Ralph Boxer. *The Dutch in Brazil*, 1724-1654. Oxford: Clarendon Press, 1957, pp. 13-14.

③ 奥兰治亲王于1689—1702年成为英格兰国王（此时称为威廉三世）。其母玛丽为旧国王詹姆斯二世姐姐，其妻玛丽为詹姆斯二世女儿（她也为威廉三世同时期英格兰女王）。

的反法国际联盟，打击“太阳王”路易十四在欧洲的称霸野心。为此，他需要大量资金扩军备战，但却无加税权（此权力归英格兰议会）。他多次借款，其中为获得 120 万英镑借款，同意皇室授权以股份制方式组建英格兰银行，股份登记册和转让名册的印制格式几乎全盘照搬荷兰东印度公司文本。第六章将要述及，股份制的英格兰银行恰为当时“公共财政金融革命”的重要事项，这场革命的显著成就之一就是利率水平在英格兰（大不列颠）的持续下降。

荷兰东印度公司股份后来是荷兰金融市场上的优良资产，在二级市场上，股份持有人可将其作为抵押资产对外借款，据此还可得到优惠贷款利率。很明显，英格兰银行成立后，英格兰金融市场也发生了类似积极变化。金融市场上利率水平的下降有利于工商企业控制财务成本，促进投资增长。

18 世纪后，英格兰金融发展超越了荷兰。

四、期货市场在荷兰的发展

17 世纪的荷兰金融发展不限于阿姆斯特丹银行、东印度公司股份及阿姆斯特丹股票市场。期货市场的繁荣和发展也是 17 世纪荷兰金融革命的一部分，尽管期货市场并非起源于荷兰。

期货市场的一般特征

在一定意义上，所有的金融交易都是远期合同，哪怕是最简单的个人之间的借贷合同。按借贷双方的约定，贷方将一定数额本金转让给借方，借方会在未来某时刻将本金和利息偿还给贷方。通常，此远期合同要求双方都需等合同约定最后期限完成全部交易，在此之前，不可将合同的权利与义务转让给第三方。如果交易合同依照标准程序和规范有偿转让给第三方，该合同即从远期合同变为期货合同。远期合同与期货合同，看似只有毫厘之差，实则相差千里。

如金钱交易一样，大宗商品交易也可采用远期合同，尤其是那些季节性农产品或遥远产地的初级产品。在农产品生产者与中间商之间，在大宗商品进口商和出口商之间，远期合同有利于化解价格短期波动的不利影响，有利于生产者安排生产计划，也有利于中间商安排销售计划。当商业发展到一定程度，几乎所有品质和规格相对稳定的商品交易都会采用远期合同的方式。

期货合同具有远期合同所不具有的突出优点。一是快速价格发现。远期合同是个人之间或机构之间的面对面协议（OTC），虽也有价格发现功能，但效率低下。期货作为标准化和可转让的远期合同，吸引大批交易者参与，能够瞬间发现市场价格。二是规避流动性风险。在期货市场中，期货合同持有人无论出于何种缘故，若希望合同到期前兑现现金，可随时出售其合同而无须等待太久。此优点使期货市场参与者得到极大便利进行财务管理、调整投资策略，应对不期而来的流动性风险（现金流危机）。

期货市场的出现至少需要三个前提条件：一是商品贸易的发展，二是相关法律规定和交易规则的确立，三是清算机制健全。此外，交易标的（商品或证券）的规范性及其价格波动性也是必要条件。

早期期货交易

有学者认为，公元前2000年古巴比伦和公元前5世纪古希腊已出现期货交易，两者均从事远距离国际贸易。①中世纪中期以来，欧洲商业和贸易首先在威尼斯等意大利城市显著发展，后又扩散至布鲁日和安特卫普等地。在这些城市，商人们开始远期交易。16世纪30年代，安特卫普建立了新的商品交易所，当地商人在那里积极推动远期合同的可转让，发展期货合同。彼时统治者查理五世颁布法令，认可票据背书、票据到期前向第三方转让等交易行为的有效性。②荷兰独立前，安特卫普和阿姆斯特丹等地皆有大量以谷物、鱼类、胡椒和金属等为标的的远期合同，外汇投资活动也有出现。③历史文献显示，阿姆斯特丹交易市场中的青玉价格从15世纪便开始被记载下来，一直持续至18世纪，数百年的月度数据（时间序列数据）保持不断，且呈现出显著波动性。④如前提及，价格波动性也为期货市场的必要条件之一。若无价格波动，商人便无利用期货合同应对价格波动风险之必要。

期货交易在阿姆斯特丹的出现和发展

16世纪70年代以后，低地地区南北分离后，安特卫普大批商人移居北方，阿姆斯特丹交易市场的发展步伐由此加快。如前提及，荷兰东印度公司股票发行后的1605年，有投资者做空该股票，股票投资者得以感知“期货”甚至“期权”概念。荷兰政府随之出台禁止股票卖空法令，但没有阻止商品期货市场的发展。

荷兰西印度公司在1621年初次发行股票后，也遭遇勒梅尔那样的卖空攻击，市场价格跌落到面额以下，与东印度公司股票形成鲜明对比。⑤

研究者发现，荷兰东印度公司在17世纪的分红情况年度差别甚大。1635年后，虽然每年皆有分红，但分红数额相当于股值的比率经常变动，低可至15%，高竟达65%。

---

① Geoffrey Poitras. *The Early History of Financial Economics*, 1478 – 1776: *From Commercial Arithmetic to Life Annuities and Joint Stocks*, Edward Elgar Publishing, 2000, pp. 416 – 417.

② Oscar Gelderblom and Joost Jonker:《现代期货和期权交易的摇篮：阿姆斯特丹》，载戈兹曼与罗文霍斯特主编，《价值起源》，第199页。

③ Gelderblom and Jonker:《现代期货和期权交易的摇篮》，第199 – 200页。

④ Gelderblom and Jonker:《现代期货和期权交易的摇篮》，第200 – 201页。

⑤ Gelderblom and Jonker:《现代期货和期权交易的摇篮》，第203 – 205页。

因此，东印度公司股价也有大幅波动。[①]股价年度变动幅度超过 10% 甚至 20% 十分常见。这种频繁而显著的价格波动显然为股票投机带来机会。由于交易量的大幅增加，股票交易商提高了股票交易额的低限，1640 年前为 3 000 ~ 6 000 荷兰盾，此后提高至12 000 ~ 15 000 荷兰盾。[②]

17 世纪荷兰股票交易的清算工作主要由持有政府执照的经纪人承担。彼时法律未要求所有股票交易皆须经由经纪人，但多数交易事实上均由经纪人结算。由于历史材料缺失，人们现在并不清楚经纪人从事清算工作的细节，例如对交易者存款的具体要求和划拨支付的具体方式等。研究者见到荷兰股票经纪人于 1739 年经办的一份期权合同。[③]毫无疑问，实际发生的股票期权交易早于该年。

当代金融业中的期权交易合同多由大型金融机构（商业银行和投资银行）使用复杂数学模型，并依据 1970 年后的学术研究成果来定价。17 世纪或 18 世纪的股票交易者和商品交易者，在数学计算上肯定未达到 20 世纪后半期的水平。既然如此，当时的交易者如何解决期权合同的定价问题？研究者认为，两篇历史文献表明，当时的交易者能够准确理解金融衍生证券的定价原理。[④]两篇历史文献的作者皆为阿姆斯特丹犹太人，一位名叫约瑟夫·德·拉·维加（Joseph de la Vega，约 1650—1692 年），1688 年出版《混乱中的混乱》，里面详述股票和钱币投资方法，并为投资者给出了投资戒律。该书当时以西班牙语发表，知者不多。[⑤]另一位是伊萨克·德·品托（Isaac de Pinto，1717—1787 年）[⑥]，1771 年出版《论通货和信用的流通》，以清晰语言描述阿姆斯特丹交易所的股票期权交易过程，包括看涨期权（Call Options）和看跌期权（Put Options）。不仅如此，两位作者均已能充分理解看涨期权与看跌期权的等价公式。[⑦]或许，阿姆斯特丹交易所里的期权交易即在上述两书间隔的一百年中发展起来。

顺便一提，15 世纪末以后，许多葡萄牙和西班牙犹太人移居荷兰，并集聚在阿姆斯特丹等城市，他们被称为“伊比利亚犹太人”（Sephardic Jews）。这些犹太移民利用与原住地以及其他地方犹太人的关系网络，积极从事跨境贸易并由此形成浓厚的经商传统。17 世纪以来，阿姆斯特丹的犹太人成了当地金融交易和投资的积极参与者。毫无疑问，维加和品托是他们中的杰出代表。

---

① Gelderblom and Jonker：《现代期货和期权交易的摇篮》，第 205 – 206 页；图 11.3，第 206 页。

② Gelderblom and Jonker：《现代期货和期权交易的摇篮》，第 205 – 206 页。

③ Gelderblom and Jonker：《现代期货和期权交易的摇篮》，第 211 页。

④ Poitras, *The Early History of Financial Economics*, p. 416 and pp. 426 – 427.

⑤ 该书中文摘译以《困惑之惑》为名收录在查尔斯·马凯（麦凯）、约瑟夫·德·拉·维加《投机与骗局》，向桢、杨阳译，海南出版社，2000 年，第 201 – 339 页。

⑥ 马克思在《资本论》第一卷将他比喻成“阿姆斯特丹交易所的品德（以写赞美诗闻名的古希腊诗人）”（《马克思恩格斯全集》第 23 卷第 172 页脚注）。

⑦ Poitras, *The Early History of Financial Economics*, pp. 436 – 438.

日本的稻米期货交易

世界金融史上一件有趣的事情是，亚洲的日本在17世纪末发展出颇具民族特色的商品期货市场，即稻米期货，而它看上去与欧洲毫无关系。依照日本学者记述，早在17世纪初以前，葡萄牙和西班牙传教士作为首批欧洲人前来日本，他们的传教活动取得一些成就，不断有信教的日本民众参加遭统治者反对的宗教聚会。1635年德川幕府实行锁国政策，将所有欧洲人逐出日本。然而，荷兰东印度公司的代表却被允许留住长崎。在日本的荷兰人不像葡萄牙人或西班牙人热心传教，而是专心做生意。1635年后，在长崎的荷兰商馆被要求定期向日本提供世界形势信息。[①]此种知识和信息交流是否或在多大程度上与日本后来发展出商品期货交易有关，不得而知。

日本的稻米期货带有鲜明的日本特色。位于大阪的堂岛米会所（Dōjima kome kaisho）组建于1697年，后在1730年被政府进行整顿，此后继续营业一段时间。有学者认为，德川时代的堂岛米会所是世界上第一家有组织的期货交易所。[②]

稻米为日本国民的基本食物，不时充当支付手段。农民以稻米交税，余粮则卖至市场。商人和封建主将各地收购或征收的稻米运到大阪贩卖，大阪为彼时日本的稻米中心市场。在此过程中，各地运来的稻米首先进入大阪的粮仓。1673年大阪有91座稻米粮仓，1730年增加至124座。粮仓会向入库稻米的主人发放“米券”（Rice Bill），也就是稻米在库证书。早期的稻米在每年秋季拍卖会上交易，由来自各地的商人和封建主出价和成交，“米券”即为拍卖会参与者的保证金。后来，人们组建了堂岛米会所，专门组织稻米拍卖会，所要求的“保证金”比率由原来的100%下调至30%，携带一张100千克稻米在库证书者可竞卖多于300千克的稻米。交货日期从此前的数月延长到一年以上。由此，“米券”本身成为交易对象（标的），而且有了远期价格。

后来，“米券”进一步分化成“拍卖券”（Auction Bill）和“偿还券”（Repayment Bill），前者为所有权证书，后者是商人给予粮仓的信用额度。“拍卖券”可有实物支撑（“交割券”），或没有实物支撑（“道士券”）。无实物支撑的“拍卖券”（“道士券”）节省仓库费。粮仓在“偿还券”到期时连同本金利息一起偿还。所有这些“米券”都可参加交易，各自有相应报价及交割兑现日期，它们共同构成日本稻米期货交易的基本框架。

1730年，日本德川幕府对大阪稻米交易所进行整顿，制定了若干新规则。持执照的

---

① 信夫清三郎：《日本外交史》，天津社会科学院日本问题研究所译，商务印书馆，1992年，上册，第25－26页。

② Poitras, *The Early History of Financial Economics*, pp. 439 – 440. 最早提出这个看法的学术文章是，Ulrike Schaede, “Forwards and Futures in Tokugawa – period Japan: A New Perspective on the Dojima Rice Market”, *Journal of Banking and Finance*, Vol. 13, 1989, pp. 487 – 513.

交易商被分为批发商和经纪人。1732 年，持牌批发商有 500 名，经纪人有 800 位，此外还有持牌清算所 50 家。大阪稻米交易所已具备现代期货交易所的几乎所有基本特征。（1）有限合同期限；（2）所有合同都标准化了；（3）划分稻米品质等级；（4）合同期限互不重叠；（5）所有交易执行皆由指定的清算所负责；（6）交易商都必须与清算所建立信用关系。最后一条显然出于预防交易对手风险的目的，此为当代世界各交易所都高度重视的一种风险。

直到 19 世纪中期前，日本如东亚其他国家一样，为封建体制，也属前近代社会。日本也有与其他东亚国家不同之处。它相对平和地容纳荷兰人，而且当时金融在日本已有相当高度的发展。17 世纪后半期，大阪成为日本的商业中心和金融中心，聚集着 10 家大钱庄，其业务很接近银行。大钱庄与幕府密切往来，代表政府从事现金储备并向其他金融机构发放贷款（此事通常为中央银行所为）。10 家大钱庄之外，大阪当时还有 150 家中小金融机构。[①]这些情况说明，彼时日本在金融上已很不“前近代”。日本当时能够获得灵感，发展出既有自身特色又符合基本规范的稻米期货，或许不是偶然。

五、永续债券与“金融民主化”

中世纪欧洲金融发展具有两个突出特点，一是以私人银行、公共银行和公债为代表的正规金融，服务对象为政府、社会权贵人士及商业机构；二是面向普通百姓的金融机构，它们要么是非正规的，要么为初级发展程度的机构，如私人当铺或公共当铺。社会阶层固化，金融活动因此受到严重影响。

荷兰独立后，财政进行大改革，在税收和支出两方面清楚划分省与中央的权限及职责，确立了财政联邦制。[②]在省市两个层次担任公职的人士多数同时也为政府年金债券的投资人。[③]在政治体制上，虽然进展迟缓，独立后的荷兰总体上朝着民主化方向发展。随着经济增长，城乡中产阶级人数逐渐增多，渐成社会主体，并开始参与多种投资活动。金融发展因此出现重要变化。年金及年金债券日益成为普及型金融投资工具。

年金（Annuities）的基本含义是，机构以其稳定收入向合格对象定期发放固定金额的钱款。该金额与某些条件挂钩，例如雇主向工龄达到一定年限的退休员工发放退休金。在威尼斯和佛罗伦萨等中世纪意大利城邦，当政府无力按约偿还债券本金但许诺继续支付固定利息时，其债券事实上成为年金或年金债券。

---

① Goldsmith, *Premodern financial systems*, pp. 156 – 157.

② 刘守刚、王培豪：《荷兰共和国时期的财政金融革命及历史启示》，《金融评论》2021 年第 3 期，第 20 – 34 页。

③ 戴维·斯塔萨维奇：《信贷立国：疆域、权力与欧洲政体的发展》，席天扬、欧恺译，格致出版社，2016 年，第 158 页。

对合格的受付人而言，年金是未来年份稳定的预期现金流，有利于消费者实现跨期平滑消费及跨期财务管理。理性消费者在进行财务决策时当然会考虑到预期现金流的时间价值，计算未来年金的现在值。对支付者来说，年金是金额固定的义务，属于财务成本。

年金在现代金融中有广泛应用。作为一种长期性金融工具，年金应用于债券发行、人寿保险和养老基金等多个领域。可交易的年金产品是组合投资的重要对象。

在欧洲，年金问世很早。基督教兴起后，不时有信徒在生前将诸如葡萄园、房屋和土地等自有财产捐赠给教堂，后者同意每年将此类财产的部分收益返还给指定受益人，并在捐赠人去世后每年为其灵魂做弥撒。[①]类似事例还发生在地主与投资者之间。后者给予前者一定数额的钱款，前者答应以后每年向后者支付固定数额的报酬。这些早期事例发生在个人之间，或个人与宗教机构之间，体现了人们对契约关系及其稳定性的信任，这是年金合同的基本条件。在契约关系得不到当事人和社会尊重的背景下，年金合同不可能普及并持续。

年金在中世纪欧洲多地皆有使用，一个重要原因是它成为规避教会禁高利贷令的手段。既然本金不用归还，那么，年金就不同于“借贷”，本金之外的交易数额也就不是利息，教会的禁高利贷法则对年金合同无效。只要本金不用归还，资金交换就不是贷款。此观点被中世纪基督神学接受，故年金不受限制。

中世纪中期，佛兰德斯地区若干自治城市发行债券，为投资者提供固定利息收入。有统计表明，布鲁日在1284年10月至1305年2月举债10次，借款总额超过46万里弗(Livre)。[②]佛兰德斯的富裕投资者被称为“北方的金融家”，他们不接受存款，不从事汇票业务。他们购买不动产，收取租金，自13世纪末起成为“富裕的食利者”。[③]该情况表明，当时佛兰德斯地区已有不少富裕人士，他们不仅享受和平红利，还精于财富管理，为世界上最早的一批“食利者”群体。

16世纪末荷兰独立后，年金融资在以下四方面得到重要发展。

第一，将基础设施建设和维护纳入发展计划，并采用年金债券融资。荷兰境内河流纵横，多处低于海平面，需要不断筑坝护堤防范海水侵蚀陆地。水务管理是地方政府的重要任务。据统计，19世纪荷兰境内各式各样的水务委员会多达3 500个，至21世纪时仍有50多个。[④]这些水务委员会不仅有权在遇到紧急水情时调集人力资源，平时还负责向本地地产所有者收费，其数额依地产与堤坝距离来确定。该收费为水务委员会的基本

---

① 戈兹曼与罗文霍斯特：《历史上的永续年金：来自荷兰金融鼎盛时期的一个支付工具》，载戈兹曼与罗文霍斯特主编《价值起源》，第187页。

② 亨利·皮朗（Henri Pirenne）：《中世纪欧洲经济社会史》，乐文译，上海人民出版社，2014年，第87页。

③ 亨利·皮朗（Henri Pirenne）：《中世纪欧洲经济社会史》，第88页。

④ 戈兹曼和罗文霍斯特：《历史上的永续年金》，第183页。

收入来源。在非常年份，若出现额外开支，水务委员会便发行年金债券筹资。他们给该类债券取了特殊名称，即“退休金债券”，意为终身债券，每年付息，永不停歇。

此类债券的早期样本现被博物馆收藏，可见最早发行时间为1624 年，即荷兰共和国时期。债券标明资金用途，如维修某某堤段或新建某个附属工程等。多数债券可赎回，也有部分不可赎回，即为永续债券（年金债券）。

17 世纪中叶后，荷兰数次发生对外冲突，但水务委员会基本未发生任何严重违约，可见信誉优良。多数债券的固定利率为 5%，属相对温和水平，未给发行者带来过重财务负担。

第二，债券面额小，促进“金融民主”。中世纪晚期在威尼斯、佛罗伦萨和热拉亚等意大利城邦发行的政府债券，多为大面额，仅富裕家庭有财力购买。17 世纪，荷兰许多市政债券和水务委员会债券都为小面额，低至 50 荷兰盾。[①]此面额应在当时荷兰中产阶级的购买能力范围内。统计估算表明，1650 年荷兰人均国民收入按当前价格计算为 110 盾，南部城市豪达（Gouda）户均财富值 1625 年为 1 860 盾。[②] 50 盾面额数对于人均国民收入（110 盾）似偏高，但对于户均财富则微不足道。

年金档案资料显示，许多年金领取者为寡妇和退休人士，许多儿童的生活依赖于家庭的年金收入。城镇面向所有人发行债券，并不限于本地居民。[③]年金债券成为荷兰共和国中产阶级生活方式的一部分，也成为他们参与社会事务的一个途径。市政府和水务委员会等机构通过债券融资，也为改善公共服务募集了资金。

所谓“金融民主化”，意指参与金融投资的人数越来越多，投资者身份日益平民化。过去以富商富裕人士为主，后来普通市民越来越多地参与债券投资为主。此为“投资者革命”的开始。研究者认为，17 世纪初荷兰共和国出现的金融民主化和投资者革命，并非突然发生之事，而是中世纪晚期以来佛兰德斯自治城市中已有趋势的发扬光大。[④]

第三，债券转让市场出现。早期的债券发行皆为“记名”证书，清楚记载认购者的个人信息。早年的发行者很少考虑债券转让问题。而且，许多债券发行非为连续性的，即发行者仅在遇到特别财政需要时才进行债券发行。彼时，债券认购者通常会长期持有，债券转让仅为个别偶尔事例。因此，早期债券的转让需要履行复杂烦琐的程序。

荷兰政府债券和市政债券的市场交易大约出现在 16 世纪 70 年代，其原因可能是彼时法兰西入侵所造成的政府债券拖欠支付的问题。政府债券市场价格一度跌至其面额以

---

① 戈兹曼和罗文霍斯特：《历史上的永续年金》，第 189 页。

② Goldsmith，Premodern financial systems，Table 11 – 1，p. 201 and Table 11 – 4，p. 207. 户均财富值数不包括公共财富。

③ 戈兹曼和罗文霍斯特：《历史上的永续年金》，第 189 页。

④ 戈兹曼和罗文霍斯特：《历史上的永续年金》，第 189 页。

下，相当于8折左右。[①]与中世纪意大利城邦相比，荷兰政府和市政当局未有发生“废债”，其债券虽然出现债息支付拖欠，但仍被投资者视为未来收益的资产证书。在此背景下，荷兰政府债券和年金债券转让和交易此时大量增多，其二级市场后来也步入股票市场那样的规范发展之路。

第四，创立债券和年金的估值工具。人们在交易长期债券和年金一类金融工具时，遇到的突出问题是如何估值。金融学教科书对此有详细说明，演绎出债券价值计算公式，其原理并无深奥之处。但是，人类花费了很长时间才达到如此水平。菲波纳奇13世纪初提出现在值概念，已触及估算未来现金流的市场价值问题。但明确以此为分析工具列出年金债券价值计算公式，是荷兰人约翰·德维特（Johan de Witt，1625—1672年）发表于1671年的学术成果，[②]此时已距菲波纳奇至少450年。显然，在此400多年中，金融市场总体上发展十分缓慢，人们缺少有关金融交易的知识需求。正是金融市场在荷兰的显著发展，促生了德维特成果的产生。

德维特是荷兰共和国著名的政治家。17世纪60年代，他在荷兰最大省区（“荷兰省”）任执政官，后为全国大议长，是当时荷兰共和国的核心领导人。但他只重视发展造船业和海外贸易，忽视扩军备战，反对加强中央集权。1672年法兰西大军入侵，荷兰一度兵败如山，民众怪罪于他，他和他的兄弟皆不幸亡于国内暴乱。他被后人怀念是因其发明债券估值工具，这是对金融经济学的伟大贡献。

德维特至少有两大学术贡献。一是发明终身年金和债券价值的计算公式。终身年金的定义是，一笔款项交给公共机构后，由该机构每年付给指定受益人一定金额，直至该受益人去世。债券则为有固定期限的借款，每年支付一定数额的利息，到期返还本金。按照德维特的算法，如果两者本金数额一致，在债券利率为4%时，终身年金利率应为6%。当时荷兰政府发放终身年金的利率水平为7%，在德维特看来实属偏高，加重了政府自身的财政负担。二是终身年金的价值实际上为未来各年度年金现在值按预期寿命概率的加权平均数，开创了将概率应用于经济分析。德维特的分析思路后来被莱布尼兹和伯努利等著名数学家和思想家所引用。[③]

六、郁金香狂热

独立后至1650年为荷兰经济快速增长时期。如前所述，此时期荷兰金融发展始现平民化倾向。回顾历史，金融泡沫往往发生在金融发展平民化倾向突出之际。17世纪30

---

① 戈兹曼和罗文霍斯特：《历史上的永续年金》，第190页。

② 简·德·维特论文题目为“年金与可赎回证券的价值比较”（The Worth of Life Annuities Compared to Redemption Bonds），发表于1671年。

③ 戈兹曼和罗文霍斯特：《历史上的永续年金》，第192页。

年代荷兰郁金香狂热即为金融泡沫的早期代表。

历史背景

从 16 世纪 80 年代脱离西班牙统治至 17 世纪 30 年代中期鼠疫暴发，荷兰经济蒸蒸日上。东印度公司牢牢占据印度尼西亚群岛上贸易通道，垄断香料贸易。西印度公司在南北美洲大肆扩张，从葡萄牙人手中夺走巴西的大片土地。荷兰商船队驰骋在大西洋、印度洋和太平洋，是 17 世纪前半叶世界首屈一指的远航大军。新兴的荷兰共和国成了当时国际社会的“暴发户”。荷兰人勤劳节俭，勇于创新，大量财富源源不断从世界各地流向荷兰。

三大因素构成了 1636—1639 年郁金香狂热的历史背景。郁金香狂热发生前，荷兰社会出现了快速的城市化、城市居民收入增长（中产阶级群体的壮大），平民百姓投资热情高涨。

1600 年荷兰全国人口为 100 万～150 万，其中荷兰省占一半稍多。荷兰省的阿姆斯特丹市人口为 15 万～20 万，占全国人口至少 10%。除了阿姆斯特丹，荷兰各地还有许多城市。仅荷兰省的哈勒姆市（郁金香狂热的发源地）和莱顿市，17 世纪初分别有人口 4 万～6 万。[①]此时荷兰人口城市化的特征已形成，即城市人口相对分散地分布在诸多中小城市，并不集中于阿姆斯特丹等少数大城市。历史文化名城乌特勒支 17 世纪初时人口不足 4 万。[②]类似人口规模的城市在当时荷兰至少有 10 多个，人口合计 30 万以上。荷兰全国城市人口数不少于 50 万。简言之，荷兰人口城市化在 17 世纪初接近或达到 50%。

依据麦迪森提供的国际比较数据，以 1990 年国际美元固定值为基数，[③]荷兰人均 GDP 在 1500 年为 761 美元，低于意大利（1 100 美元）和比利时（875 美元），与法兰西、不列颠和丹麦相当。1600 年，荷兰人均 GDP 为 1381 美元，超过意大利（1 100 美元）和比利时（976 美元），成为欧洲第一。1700 年，荷兰人均 GDP 为2 130美元，不仅继续领先欧洲诸国，而且大大高于第二位不列颠（1 250 美元）。荷兰在 1500—1700 年的经济增长，主要发生在 1590—1650 年期间。

17 世纪初荷兰一城市的统计数据显示，该市人口中，中产阶级占 20%～30%，上中产阶级和社会精英占 8%～10%，家庭佣人占 10%，穷人占 10%～15%，工人则占 30%～50%。[④]该人口构成数表明，以自由职业者和文职人员为主体的中产阶级已成为城市人口的重要组成部分（1/5 至近 1/3）。

① 奇波拉主编《欧洲经济史》（第二卷），第 33－34 页。

② 马尔腾·波拉：《黄金时代的荷兰共和国》，金海译，中国社会科学出版社，2013 年，第 103 页。

③ 麦迪森：《世界经济千年统计》，表 1c，第 53－54 页。

④ 波拉：《黄金时代的荷兰共和国》，第 138 页。

仅就工人而言，其工资水平在16世纪末至17世纪初快速增长。数据表明，1580—1620年，荷兰工人的名义工资增长3倍，扣除物价水平，实际工资增长20% ~40%。此意味着，40年中，荷兰工人实际工资年均增长0.8%。这在前工业社会为很高的增长率。而且，由此也可以推测，荷兰中产阶级在该时期实际收入增长率不会低于工人，即很有可能达到1%年均增长率。如此，荷兰中产阶级的生活水平和财富水平在1620—1630年达到相当高度。

前已提及，17世纪初，阿姆斯特丹交易所开张，在那里很快出现东印度公司股票投机风潮。针对阿姆斯特丹交易所的新颖之处，布罗代尔有段简洁评论，“人们往往说它是第一家证券交易所，但这并不完全正确。威尼斯很早就有公债买卖，……所有这些都证明，证券交易在地中海地区早已存在。阿姆斯特丹的新鲜之处在于，交易不但数额大，而且有流动性、公开性和投机性”①。此处，“投机性”是重点。历史学家们对此已有共识，认为阿姆斯特丹交易所的成立促使越来越多的荷兰人参与金融投机。曾花费许多时间探究“黄金世纪”荷兰文化的学者这样写道，“如果说阿姆斯特丹银行是审慎保守主义者的堡垒，阿姆斯特丹交易所则是无拘无束的激情和肆无忌惮的热情的游乐场。此银行是荷兰资本主义的教堂，而那交易所则为其马戏团。”②

16世纪已接受加尔文新教的荷兰人，不仅在精神上追求商业发展和物质财富，而且在社会机构设置和法律框架上也彻底摆脱了中世纪基督教关于生息借贷的禁令。17世纪初，在阿姆斯特丹市政厅大楼里，破产商会（Bankruptcy Chamber）占据突出位置。该机构拥有类似法院的权力处理债权人和债务人的清算事务，而且其做法通常是让债务人宣布破产并以保护可豁免的资产，其中包括女儿嫁妆等。而且，破产商会作出决议后，债权人和债务人必须面对公证人签署“和解书”。③相比古代和中世纪，此种做法不仅大大减轻了债务人负担，而且也从此告别将违约债务人抛入社会底层、任由借贷契约加速社会分化的历史传统。法律和社会机构的转变明显朝向以宽松方式对待债务人。

郁金香狂热是一场大型投资泡沫，众多社会成员卷入其中。很多人投进去“小钱”，也有人投进去“大钱”。其结局与古往今来的历次金融泡沫一样，凡在最后时刻将资金押在“看涨”的投机者都损失惨重，不仅血本无归，甚至负债累累。

荷兰政府在前述勒梅尔股票操纵案后，于1610年出台法规限制“空卖”交易。1621年、1630年和1636年分别颁令重申此限制。④但是，这些法规皆未被很好地执行。

① 费尔南·布罗代尔：《十五至十八世纪的物质文明、经济和资本主义》第二卷“形形色色的交换”，顾良、施康强，商务印书馆，2017年，第99页。

② 译自 Simon Schama, *The Embarrassment of Riches: An Interpretation of Dutch Culture in the Golden Age*, Vintage Books, 1997, p. 347.

③ Schama, *The Embarrassment of Riches*, pp. 343 - 344.

④ 彼得·加伯：《泡沫的秘密：早期金融狂热的基本原理》，陈小兰译，华夏出版社，2003年，第32页。

在阿姆斯特丹和其他荷兰城市中，人们继续从事买空卖空投机交易，而且使用“轧差”的办法来结算。[①]这种既能节省资金又有利于快速致富的方法，让更多的人参与到投机活动中来。

投机与套利不同，前者基于预期，是投资者在时间维度上的快速交易操作；后者基于价差，是利用同一时间上价格的空间差别获取收益。投机不仅需要快速信息流动，而且要求有一套高效交易机制和规则，尤其在运用期货和期权一类金融工具时更是如此。

郁金香狂热的发生过程

郁金香每年春季开花，花期虽短，却十分令人喜爱。欧洲人大概于 16 世纪中叶首次在奥斯曼帝国目睹郁金香花朵的美丽。荷兰人引入郁金香后，不辞辛劳开发新品种。以郁金香为主的花卉业渐成该国一大产业。直到 21 世纪花卉业仍为荷兰重要的经济部门。至 17 世纪 30 年代，荷兰已培植出多个郁金香品种，皆有响亮名号，如“永恒的奥古斯都”“总督”“上将”“将军”等。爱花人士既买开放的鲜花，也买球茎待来年观赏。郁金香球茎越大，开花时间就越早。直径大于 8 厘米的球茎来年必会绽放。郁金香球茎是当时频繁交易的对象。

不寻常的是，被某种病毒感染的郁金香据说最为艳丽芬芳。而人们在买卖球茎时却无法确认其是否感染病毒，或者将来开花时会有怎样的花型及颜色。因此，球茎交易带有赌博的意味，就像今天人们参与翡翠原石拍卖活动一样，买卖双方均不确定其中的真实构成。

郁金香狂热大概于 1634 年始于荷兰城市哈勒姆，该城距离阿姆斯特丹不到 20 千米。当年来自巴黎的消息说，一朵郁金香花品在彼处零售价达到 1 000 荷兰盾。此类消息为投机者津津乐道。[②]人们开始聚集在酒馆和咖啡馆里谈论和交易郁金香球茎。

1634—1637 年荷兰暴发鼠疫，病亡人数剧增。疫情期间，哈勒姆和阿姆斯特丹两市人口减少 14%。[③]奇怪的是，疫情发生后，郁金香狂热开始升温。

球茎交易很早便采取期货交易形式，即球茎培植者与买家成交后，并不立即交货，而是等待一段时间，例如当年 6 月或 9 月，完成钱货交割。1636 年后阿姆斯特丹有了正规的期货交易市场，尽管那里并不交易郁金香。郁金香球茎价格崩溃前，交易几乎全用期货方式。当年夏天，交易者们定期聚会于一个名为“学院”的酒馆中，在此处，有人代表卖家为各种球茎开出价格，买家同意后便签署预先准备好的书面合同。现场没有球茎实物，买家也不用缴纳预付款，仅需支付合同金额的 2.5% 给卖方当做“酒费”。若买家未按合同在约定日期付款，合同自动失效。

---

① van Dillen, Poitras and Majithia, “Isaac Le Maire and the early trading”, 对此有描述。

② 加伯：《泡沫的秘密》，第 43 页。

③ 加伯：《泡沫的秘密》，第 35 页。

交易双方似乎皆无诚意去执行合同，即卖方准备好约定的郁金香球茎，买家准备好相应钱款。双方实际上都盼望着郁金香球茎价格在合同到期前会发生变化。卖家指望价格下跌，到时以低价买进球茎转卖给买家；买家则指望价格上涨，可以高价出售所买入的球茎。显然，双方对价格走势有不同预期，皆期盼自己会赚钱盈利。

此类交易虽然为期货交易，但远不够成熟，完全基于个人之间的信用。所有郁金香期货交易都发生在交易所之外，无金融机构介入。而且，球茎价格并不每天公示，交易双方无须缴纳任何保证金。若遇违约，当事人需要清算合同总额而非合同价格与现货价格之间的“差额”。[①]这意味着郁金香投机的信用风险很高。

当代研究者整理出几个品种郁金香球茎当时的价格走势。“永恒的奥古斯都”球茎为年度价格，单颗价格在1623年为1 000荷兰盾，1625年为2 000荷兰盾，此后涨至1637年初的5 500荷兰盾。[②]依前述铸币标准，1荷兰盾折合9.555克纯银，再依17世纪开始流行的金银比价（1∶15），1荷兰盾时值0.637克纯金。如此，1637年1颗“永恒的奥古斯都”球茎相当于3 503.5克或109盎司纯金，而同重纯金按时价超过19万美元或126万元人民币。荷兰杰出画家伦布朗（1606—1669年）生活在那个时代，他于1639年以按揭方式购买了售价为13 000荷兰盾的阿姆斯特丹中上街区一栋5层新楼房（现为伦布朗博物馆）。[③]如此，1637年的3颗“永恒的奥古斯都”便足以买下伦布朗的这栋房屋。

按重量计算的其他郁金香品种球茎，在1636年12月或1637年1月至2月，价格皆快速上涨，多数翻两番，若干甚至上涨4倍。[④]

1637年2月第二个星期后，郁金香球茎价格停止上涨，随即忽然崩溃。已知的后续事件是，种花者代表于当年2月24日在阿姆斯特丹召开会议，要求所有于1636年11月30日之前签订的郁金香买卖合同均须得到执行，该日期后签订的合同则可按修订办法来执行。4月27日，荷兰议会决定悬置所有合同，允许手头有球茎的卖方在悬置期内按照市场价格出售，包括已订合同的球茎；市场价与当局最后确定的合同交割价之间的差额由合同的买方承担。议会决定是折中的，减轻了高价位时买进者的赔偿负担，同时酌情给予卖者一定补偿。然而，议会决议中提到“当局最后确定的合同交割价”究竟在什么时候揭晓，当时并未确定。

哈勒姆市议会于1638年通过法令，允许买方按合同价格的3.5%进行支付并解除合同。此为荷兰其他城市的类似决议开了先例。[⑤]该规定的意思极有可能是，3.5%价款相

---

① 加伯：《泡沫的秘密》，第45页。

② 加伯：《泡沫的秘密》，图1，第49页。

③ 数据来自en. m. wiki. sxisa. org/wiki/Rembrandt。

④ 加伯：《泡沫的秘密》，图2—图16，第49-56页。

⑤ 加伯：《泡沫的秘密》，第60页。

当于买者付给卖者的违约罚金，因此，买者支付此金额后不能从卖者得到合同中约定的郁金香球茎。

郁金香球茎的价格信息在 1637 年 2 月后的数年全部缺失，表明交易市场此段时间中完全中断。1643 年后部分价格信息才再次出现。一项资料显示，同类品种的球茎价格比 1637 年 2 月高峰时水平下降 38.7%。[①]这大概是郁金香市场复苏后的价格水平。倘若如此，那么，在低谷时，多数郁金香球茎价格已到腰斩地步。

关于郁金香狂热性质和后果的学术争议

上述荷兰郁金香狂热，自 1634 年初显迹象至 1637 年 2 月价格冲顶，前后 3 年时间。其间，价格疯涨主要发生在 1636 年末至 1637 年初。

许多书籍将“郁金香狂热”当做近代世界的首次金融泡沫或首场金融危机。该词近来十分流行。《新帕尔格雷夫经济学大辞典》（3 卷本版）和《新帕尔格雷夫货币金融大辞典》于 20 世纪 90 年代出版时，收录“郁金香狂热”（Tulipmania）一词，但未予注解，而是请读者交叉参见两词条，一为“崩盘”（Crashes），二为“理性泡沫”（Rational bubbles）。《新帕尔格雷夫经济学大辞典》2009 年第二版（8 卷本版）不仅再次收录“郁金香狂热”，而且配有长文解说。该词条由彼得·加伯撰写，他的专著曾详细追踪郁金香狂热的历史文献，并对数据进行检验和分析。加伯认为，20 世纪以来，人们有关郁金香狂热的知识，主要来源于查尔斯·麦凯（Charles Mackay，1814—1889 年）1841 年出版的书籍，[②]而此书提到的信息来源仅有一例，但该信息来源对 1634—1637 年荷兰郁金香价格暴涨却仅“轻描淡写”，迥然不同于麦凯的渲染。在加伯看来，麦凯的诸多说法为孤证，得不到其同时代以及更早时期其他作者相关论述的佐证。前面提到，阿姆斯特丹犹太人德·拉·维加于 1688 年出版《混乱中的混乱》，里面详述各种投机方法，堪称彼时荷兰社会中的一部“投资大全”，但该书却未提及“郁金香狂热”。

加伯本人发现的几本早期文献记载了郁金香价格信息，其中有的明确指出，“郁金香狂热”发生后，荷兰当局发动了一场宣传运动，强烈谴责民众的愚蠢跟风行为。在此期间，市面出现数本讲述“郁金香狂热”的小册子，其中一本刊载有详细的郁金香价格信息。

麦凯叙述的“不可靠”之处或可从此段引文中略见一斑，他说，“每个人都觉得大家对郁金香的热爱会持续永远，世界各地的财主们都会来到荷兰，不管郁金香价格涨多

---

① 加伯：《泡沫的秘密》，第 61 页。

② Charles Mackay. *Extraordinary Popular Delusions and the Madness of Crowds*（惊人的大众幻觉和群体疯狂）。此书 1841 年首次在伦敦出版时书名是 *Memoirs of Extraordinary Popular Delusions*（惊人的大众幻觉回忆录）。此书在英文历史上首次使用 Tulipmania（“郁金香狂热”）一词。该书中文摘译（16 章中的前 3 章）收录在马凯（麦凯）和德·拉·维加《投机与骗局》，第 1－197 页。

高，都有人会买下。来自欧洲各地的富人将拥挤在须德海滨，贫穷在荷兰将不见踪迹。贵族们，市民们，农民们，机械工们，水手们，男仆们，女佣们，甚至烟囱清洗工和年迈的洗衣女工们，都来涉足郁金香交易。各路人士都把房子卖了，换了现金去投资郁金香。人们竞相出售房屋和地产，它们的价格跌得一塌糊涂，有时它们直接就在花市那里作价被卖了出去。外国人也加入到这股热潮中，钱从四面八方涌向了荷兰。生活必需品的价格再次节节攀升：房屋与土地、马匹与马车、各种奢侈品，价值都一起高涨了。过去数月以来，荷兰成了财神爷频频光顾之地”。[①]

这段话，前面说房价因为人们投资于郁金香而跌落，后面却说房价与其他物品（奢侈品等）一起上涨，前后矛盾，一目了然。麦凯从事过多种活动，英文维基百科说他是一位诗人、记者、作家、人类学家、小说家和歌词写作者，但广为后人所知的却主要是他讲述《大众幻觉》那本书。该书显然有相当多的夸张。

彼得·加伯提出的另一个重要问题是，如果说“郁金香狂热”是一场大型投资泡沫，那么，泡沫破灭后一定会带来经济后果。可是，“郁金香泡沫”破灭对当时荷兰经济的不利影响表现在何处呢？似乎找不到任何相关数据来支持此判断，即 1637 年或 1638 年荷兰经济发生了危机或衰退。

加伯的结论是，1634—1637 年荷兰出现的“郁金香狂热”是一场“理性泡沫”。理性泡沫的含义是，投资者凭借对相关参数的知识和信息形成价格预期并做出投资决策，决策与实际价格的偏差从事后观点皆为短期和偶然现象，也为部分投资者为幼稚或冒险而付出的必要“学费”。常言道，“不跳入水中怎么能学会游泳？”事后的发展表明，17 世纪 30 年代以来，荷兰致力于培育高端郁金香品种，其价格长期处于高位，“郁金香狂热”及其破灭没有改变此趋势。

加伯力图证明的是，“郁金香狂热”的故事被许多人误解，其中包括职业经济学家。他们借用该故事去说明，大众行为常常是不理性的，而且不能自行纠错，因此需要政府帮助。加伯的观点是，若能及时得到正确知识和信息，大众行为总是理性的，非理性行为是个别和暂时的，自我纠错也是可能的。

著名经济史学家金德尔伯格就近代以来历次重要金融危机的专著，归纳金融危机演变过程的特征，并就金融危机的原因、后果和如何防范作了说明。该书早前版本论及金融危机的国际传播，更新版还增加一章论述金融危机的国内扩散过程，该章特别以荷兰“郁金香狂热”为例。[②]金德尔伯格认为，“郁金香狂热”的破灭给荷兰经济带来不利影

---

① Charles Mackay. *Extraordinary Popular Delusions and the Madness of Crowds*, Harmony Books, 1980, p. 94. 译文参考了中译本，即《投机与骗局》，第 190－191 页。

② 查尔斯·金德尔伯格：《经济过热、经济恐慌及经济崩溃：金融危机史（第 3 版）》，朱隽、叶翔译，北京大学出版社，2000 年，第七章。该书英文初版于 1978 年，第 3 版于 1996 年。

响，举出的事例是荷兰运河建设在 1640 年后出现停顿。[①]金德尔伯格并不否定加伯的研究成果，承认后者的看法得到某些历史材料的支持。金德尔伯格的基本观点是，"市场总体运行良好，但有时也会超负荷，需要帮助。"[②]

如前所述，"郁金香狂热"的历史背景是城市化和城市中产阶级的兴起及其投资热情的高涨，是金融朝着平民化方向发展过程中难以避免的事件。也如前述，发生类似事件与正规金融机构或金融市场并无直接关系。17 世纪 30 年代荷兰郁金香球茎的交易既非发生在交易所，也无金融机构介入。此外，虽然许多交易合同具有远期合同、期货合同甚至期权合同的特征，但它们皆非规范的证券工具，市场交易性很低。此类事件在历史上和现实中无数次反复发生，不足为奇。

发生在 17 世纪 30 年代荷兰的"郁金香狂热"给后人留下多方面启示。第一，投资泡沫在金融平民化过程中在所难免。第二，大型投资泡沫往往出现在经济景气时期。第三，投资泡沫即使没有正规金融机构和交易所参与也会出现。如果金融机构和交易所卷入其中，如同后来多次金融危机中的情形，投资泡沫不仅必然会更大，而且可能给社会经济造成严重后果。第四，投资者教育是必要的。第五，投资泡沫破灭后，恰当的处置以尊重合法且合理的合同为原则，应有分寸而不是笼统地兼顾债权人和债务人利益。

七、本章小结

低地北方七省于 16 世纪末摆脱西班牙统治，成为新教共和国。出于稳定货币的目的，政府组建了阿姆斯特丹汇兑银行，据此发展当时世界上价值稳定的"银行通货"。这是荷兰为追求货币稳定而进行金融创新的一大成功。

在 17 世纪初西欧，组建海外殖民开发企业已不鲜见。荷兰东印度公司在金融上的新颖之处在于，它面向公众发行新股，随后设立世界上第一家股票交易所。至此，二级市场诞生并在后来不断发展。

荷兰政府和地方公共机构也面向公众发行债券和年金债券，促进了近代早期的"金融民主化"。17 世纪荷兰金融革命以荷兰政治独立、宗教宽容、商业和国际贸易大发展为背景，也与荷兰人口城市化、中产阶级兴起和大众参与金融投资有密切关系。在荷兰金融发展进程中，金融与经济的关系日益紧密，而与政治的关系相对弱化。

在金融发展的平民化过程中，金融泡沫随之而起。1636 年"郁金香狂热"发生在正规金融交易所之外，也没有金融机构参与，参与者主体为普通市民。尽管学者们对郁金香泡沫的性质和经济后果各抒己见，总体而言，它是一场众多投资者价格预期出错的事

---

① 金德尔伯格：《金融危机史》，第 146 页。

② 金德尔伯格：《金融危机史》，"序言"，第 19 页。

件。预期出错有多种原因，也不排除许多个人投资者盲目跟风。但是，由于没有金融机构或交易所牵涉其中，“郁金香狂热”的破灭并未对荷兰经济带来严重不利影响。

荷兰金融革命助力经济发展。至17世纪中叶，人口不足200万的荷兰跻身欧洲列强行列。荷兰在17世纪与英格兰发生三场战争，皆为争夺航运权利和海洋霸权。“太阳王”路易十四在法兰西亲政后，欲趁英荷交战之机，于1661年率兵入侵小国荷兰。他未曾料到荷兰立即与昨日劲敌英格兰握手言和，很快带头组建规模庞大的反法国际联盟，于1668年迫使不可一世的“太阳王”遣使和谈。荷兰谈判代表为年方三十的阿姆斯特丹副市长范·博伊宁（Van Beuning）。伏尔泰形容他以“共和主义者的坚忍不拔”来对抗法兰西君主的专横倨傲及其代表高人一等的口吻。在谈判中，范·博伊宁说出一句国际关系中实力政治学的经典名言：“我不关心法兰西国王想要什么，我只考虑他能做什么”。[①] 经多边国际谈判，法兰西被迫撤离占领的荷兰领土。荷兰人的智慧和实力在此次国际较量中得到充分展现。

与17世纪荷兰发展形成鲜明对比的是西班牙的衰落。在世界历史上，西班牙是第一个全球性殖民大国，16世纪后占领了南北美洲的广袤土地以及亚洲的菲律宾。美洲是当时世界的主要银产地，西班牙因而有能力铸造价值稳定的银币，并使之享有广泛国际声誉。在16世纪，西班牙皇室发行的债券（Juros）甚至一度被认为是国际“安全资产”（Safe Asset）。[②]与荷兰一样，西班牙有发达的航运业和造船业。但是，与荷兰很不一样的是，金融业在近代早期的西班牙发展迟缓（撇开15世纪巴塞罗那存款银行不论）。在16世纪和17世纪乃至18世纪，西班牙皇室融资一直大量依靠热拉亚银行家。[③]

然而，荷兰毕竟是人口小国。其倚重商业和金融的经济发展模式在17世纪虽然带来巨大财富，但终究未能衍生出现代产业革命。17世纪荷兰没有出现后来大不列颠那样的多样化金融机构，因而也谈不上形成现代金融体系。当英格兰和法兰西等新兴殖民大国兴起，尤其18世纪中叶大不列颠开始工业革命之后，荷兰的国际经济地位日渐下降。荷兰经济发展水平、收入水平或财富水平并未绝对下降，主要是其相对水平的落后。

如果说17世纪是荷兰的“黄金百年”，是荷兰经济、商业和金融大发展时期，那么，18世纪则为转型时期。此后，荷兰不再是“世界的马车夫”，而变为一个资金输出国、对外投资者、世界经济增长的红利分享者。

18世纪荷兰对外投资规模呈增长趋势，可从英格兰银行股份资本构成的历史变动中略见一斑。1694年英格兰银行初创时，发行120万英镑的股份资本，荷兰人认购其中1.53万英镑，占比1.9%；1724年英格兰银行股份资本扩大至980万英镑，荷兰人持有

① 伏尔泰：《路易十四时代》，第116－117页。

② Ethan Ilzetzki, Carmen M. Reinhart, and Kenneth S. Rogoff, Rethinking Exchange Rate Regimes, National Bureau of Economic Research Working Paper 29347, October 2021, Table 1, p. 61.

③ 金德尔伯格：《世界经济霸权1500—1990》，高祖贵译，商务印书馆，2003年，第123页。

102.4 万英镑，占比 10.5%；1750 年英格兰银行股份资本为 1 007.8 万英镑，荷兰人持有 326.2 万英镑，占比 30.3%。最后一个数字也意味着，当年英格兰银行股份资本中，荷兰占所有外国人（非不列颠人）持有数的 85.8%。[①]荷兰对英格兰（大不列颠）的投资或金融投资，当然不限于英格兰银行。1750 年，荷兰（United Netherlands）持有英格兰银行股份、英属东印度公司股份、南海公司新旧年金债券合计为 539 万英镑，占这 3 家机构外资持有总额 678 万英镑的 79.5%。[②]荷兰学者认为，18 世纪中叶荷兰对大不列颠国债的投资额（存量）相当于此时荷兰国民收入（流量）的一半。[③]

马克思《资本论》是一部理论巨著，在很大程度上也为一部世界经济史，其中大量评述世界金融史和国际贸易史上的经典事例。关于近代早期荷兰经济发展的历史地位，马克思说，"我们可以拿英国（英格兰）和荷兰来比较一下。荷兰作为一个占统治地位的商业国家（民族）走向衰落的历史，就是一部商业资本从属于工业资本的历史"。[④]英格兰（大不列颠）自 18 世纪后步入世界舞台中心，既归功于其贸易和产业发展，也受益于其金融创新。

① Van Nieuwkerk, *Dutch Golden Glory*, Table 14, p. 145.

② P. G. M. Dickson, *The Financial Revolution in England: A Study in the Development of Public Credit*, 1688 – 1756, Ashgate Publishing, 1993, Table 51, p. 324.

③ Van Nieuwkerk, *Dutch Golden Glory*, p. 146.

④ 马克思:《资本论》第三卷,《马克思恩格斯全集》第 23 卷，第 372 页。

[第六章]

金融与 18 世纪英法竞争

艾琳·鲍尔（1889—1940 年）是 20 世纪不列颠知名经济史学家和中世纪研究专家。她年轻时，知名历史学家汤因比追求过她，庄士敦爵士（末代皇帝溥仪的英文教师）一度是她的未婚夫。她后来嫁给了自己的学生波斯坦，即 8 卷本《剑桥欧洲经济史》的主编。20 世纪 20 年代初，她前往亚洲三国（印度、中国和日本）做学术旅行，由此对中国文化产生了浓厚兴趣，几年后还数次回访中国。她就读于牛津大学、剑桥大学和巴黎大学（索邦）。她将她法兰西老师的著作译为英文，并为之写了一篇导言。在导言中她说：

“英格兰在整个中世纪时期内，而且实际上在进入近代后的一个很长时期内，在经济上还是一个落后的地方。正如宗教中心是罗马、文明中心是法兰西一样，基督教世界的商业中心起初是拜占庭，后来是意大利、德意志，以及法兰西中部和尼德兰的各城市。意大利垄断了同黎凡特，即东方的繁盛的贸易，而德意志则垄断了大的南欧贸易通道与波罗的海和北海。这两股商业川流的清算所是香槟集市和尼德兰的各个城市。英格兰离开这个主流较远……在中世纪初期没有人会预见它将是未来的海上强国……同样地，在中世纪没有人会预见英格兰将是一个主要的工业强国……”①

艾琳·鲍尔在这段话中表达了两层意思。直到近代早期（17 世纪前），英格兰在经济上还是欧洲一个不足为道的国家，无人预见它后来的强盛；理解英格兰日后的强盛应放在欧洲的大框架之中。她在为另一本书的序言中也说，“在现代社会最初的几个世纪，

① 艾琳·鲍尔，“导言”，P. 布瓦松纳《中世纪欧洲生活和劳动（五至十五世纪）》，潘源来译，商务印书馆，1985 年，第 1 –2 页。

不列颠是学生而非老师，是追随者而非领袖，并仅在有限程度上是其他欧洲大国的竞争者”①。但是，艾琳·鲍尔对此并未做更多的解释，她的译书也没有涉及这个问题。

不列颠为世界上第一个工业国。②工业革命的胜利为不列颠在19世纪中叶成为世界霸主奠定了物质和技术基础。但是，不列颠成为欧洲列强并接近世界霸主的地位，早在18世纪便已出现，而在18世纪中期以前，工业革命尚未发轫。不列颠的强盛，不可都归于工业革命。

英法竞争是18世纪国际冲突的焦点。拿破仑战争结束时（1815年），大不列颠是战胜者，也是维也纳国际和谈的主角，此时工业革命初见端倪，但蒸汽机和铁路尚未普及。仍在实行君主制的大不列颠为何得以战胜高举“自由、平等、博爱”三色旗并拥有人口和经济规模优势的法兰西帝国，实非显而易见的问题。

人们在此问题上的看法可归结为三种。一是“经济决定论”，即认为国际竞争中经济强势一方必然胜出。的确，到1815年拿破仑战争结束时，大不列颠的经济规模已超过法兰西。但是，在18世纪初，情况完全相反。依据麦迪森数据，按固定国际美元值计算，1700年法兰西GDP为195亿美元，近两倍于不列颠（107亿美元）。若有人在18世纪初遵循“经济决定论”去预测英法两国竞争在世纪末的结局，无人会同意“英胜法败”的预判。

二是“政治决定论”。其倡议者认为，“金钱并没有推动世界的运转……政治事件，尤其是战争，造就了诸如税收机构、中央银行、证券市场、股票交易所等现代经济生活体系。此外，国内政治冲突——不仅限于财政开支、税收和信贷这类经济问题，也涉及宗教和民族等非经济问题——推动了现代政治体制的演变，尤其是议会和政党的演变”③。该观点明显有其合理性。路易十四的宗教政策导致众多胡格诺教徒逃难，法兰西因此损失了一大批科技和经济人才，而英格兰却意外获得一批知识精英。但是，该观点也有明显的不合理性，它不能回答诸如统治者如何做出政治决策以及倒行逆施的政治决策为何有时能畅通无阻的问题。而且，必须看到，诸如“税收机构、中央银行和证券市场”等现代经济机构并非都是天才政治家或社会改革者的预先设计。就证券市场而言，在中世纪或近代早期，它并非是私人部门的自发性创新，而是政府部门与私人部门良性互动的结果。对金融市场上私人企业的创新活动来说，所幸之处在于，当它们尚在襁褓或幼童状态时，避免遭到大权在握的政治家或君主们的扼杀或窒息。因此，不能将所有

---

① 艾琳·鲍尔，“前言”，G. 勒纳尔、G. 乌勒西《近代欧洲的生活与劳作（15—18世纪）》，杨军译，上海三联书店，2008年，第ii页。

② 本章所说“不列颠”或“联合王国”即指“英国”。但是，考虑到该国18世纪初以来在国界上发生数次重要历史变化，特使用几个专门词语来指称。“英格兰”或“英吉利”指1706年以前时期（1536年后包括威尔士）；“大不列颠”指1707年至1800年时期，包括英格兰、威尔士与苏格兰；“联合王国”指1801年以后时期，包括大不列颠和爱尔兰（1921年以后包括北爱尔兰但不包括爱尔兰）。相应地，“英格兰（大不列颠）”指跨越1706年的历史时期。使用简称时，“英”表示该国。

③ 尼尔·弗格森：《金钱关系》，唐颖华译，中信出版社，2012年，第12页。

新生事物的发展简单地归结为一个政治问题。

第三种观点是“（国家）政权能力论”。此观点接近“政治决定论”，但十分重视（国家）政权与社会经济的互动关系。其核心看法是，16 世纪以来包括英法在内的欧洲多国卷入持续性国际竞争和冲突关系中，自那以来，战争给予封建君主强烈动力去提升政权能力并进而在国际冲突中取胜。那些政权能力得到提升的国家继续参与并可主导国际竞争，那些未能提升政权能力的国家则退出竞争。政权能力（State Capacity）泛指一国君主（政治决策者）动员、组织、协调和运用国内资源的能力，具体来说，主要指政府化解国内矛盾、避免国内分裂并在对外冲突中发挥其财力优势的能力，此财力优势来自征税和借债以及控制借债成本的能力。广义的“政权能力”还可包括军事指挥和战场决胜的能力。①自 21 世纪初以来，“（国家）政权能力论”流行于国际学术界，许多讨论者津津乐道于此派的一句名言，“政权带来战争，战争成就政权”（States Made War, and War Made States）。②

但是，“政权能力论”尽管有许多新意，尽管也有显著的现实针对性，但仍带有局限性。它不能回答这个问题，同样积极参加国家竞争的一些国家为何不能有效提升自身的政权能力。“政权能力论”的一些倡议者将金融市场视为政治创造的产物更是有违历史事实。

本章以下首先回顾 18 世纪英格兰（大不列颠）金融革命的来龙去脉，旨在说明这场革命是历史传统、政治改革、财政追求、政策宽松和私人部门创新等多种因素相互作用的结果。第二节概述金融市场在 18 世纪英格兰（大不列颠）的萌生，旨在说明其自发性及与“光荣革命”后君主立宪政府的新关系。第三节考察金融在路易十四以来法兰西的演变以及约翰·罗金融冒进计划的失败及其历史影响，旨在说明法兰西金融发展的滞后性及金融冒进计划的不成功。第四节对比法兰西大革命和拿破仑战争期间英法两国在金融上的不同做法及后果，旨在说明金融发展影响历史进程。第五节为小结。

一、18 世纪上半期英格兰（大不列颠）“金融革命”

研究世界利率史的两位学者认为，“1689 年威廉三世继位时，英格兰的国家债务总额不到 100 万英镑，而且都是临时性质的债务。没有减债基金型的债务。但是，128 年之后，也就是拿破仑战争结束时（1815 年），大不列颠国家债务合计达 9 亿英镑。在 18

① Nicola Gennaioli and Hans - Joachim Voth, “State Capacity and Military Conflict”, *Review of Economic Studies*, Vol. 82, No. 4 (October 2015): 1409 - 1448.

② 此话为查尔斯·蒂利（Charles Tilly）名著《强制、资本和欧洲国家（公元 990—1992 年）》第三章标题，该书英文本初版于 1990 年。如正文所述，后半句话“战争成就政权”的含义不同于“枪杆子里面出政权”：前者指为争取战争的胜利而提升政权能力，后者指通过战争而夺取政权。

世纪上半叶，大不列颠很好地学习了荷兰筹措公共债务的方法，并增加了两项改革：每次发行都全面披露债务规模和期限；通过大规模发行结转类似债权的债务来实现统一性和互换性。通过使用国家信贷，大不列颠成了一个世界强国”。[①]

两位作者这里所说的“国家债务”（National Debt）指“光荣革命”后，英吉利（大不列颠）政府对公众的全部负债，包括所发行的各类债券、年金和彩券以及对机构的欠款等。“国家债务”概念出现于1688年“光荣革命”后。“光荣革命”以前，政府财政与皇室财政常常混淆不清，所以不能用公共财政或国家债务（或国民债务）去泛指由皇室决定的财政和债务安排。“光荣革命”次年（1689年），议会开始将财政支出划分为“皇室经费”和“公务经费”。1697年，议会通过“公务员名册法”（Civil List Act），以立法形式明确皇室经费一年为定额70万英镑，财政收入扣除此数后皆为公务费。税收及债务的性质由此发生了巨变。

两位作者上述说法的重点是，英吉利（大不列颠）政府债务总额在128年漫长时间中增多900倍（相当于每年增加5%），不仅没有遇到债务危机，而且利用债务融资所得到的实物资源取得了包括拿破仑战争在内的多场重大胜利；政府债务融资助力大不列颠成为世界强国；大不列颠在政府债务融资上的做法，部分取自荷兰经验，更多是自己的创新。

从1688年到1815年，英格兰（大不列颠）至少发动或卷入了六场重大战争，即九年战争（1688—1697年）、西班牙王位继承战（1701—1714年）、奥地利王位继承战（1740—1748年）、七年战争（1756—1763年）、北美独立战争或第一次英美战争（1775—1783年）、第一次反法同盟战争（1792—1797年）以及拿破仑战争（1802—1815年）。九年战争实为反复辟战争（阻止詹姆斯二世及其同党的复位企图），也为抵制路易十四在欧洲大陆的扩张野心。在西班牙王位继承战和奥地利王位继承战中，大不列颠皆为欧洲均势而参战目的。七年战争则是英法两国为争夺全球殖民事业的主导权而战，此场冲突也为北美独立战争的一个导因。在世纪之交的两场大战中，大不列颠为反法主力军，并最终取得胜利。

在上述历次战争中，大不列颠未能取胜的仅有北美独立战争和1812—1814年第二次英美战争（一些史书将此作为拿破仑战争的一部分）。除此之外，英格兰（大不列颠）在各次战争中都实现了参战目的，包括消除詹姆斯二世复辟的图谋、确保欧洲大陆不被任何一个霸主所控制、扩大海外殖民地。这些战争耗费大量资源，其规模远超一般经济建设的需要。统计数据表明，大不列颠在第一次反法同盟战争和拿破仑战争中的耗费约为10亿英镑，而那时它为国内运河建设和棉纺织工业的投资仅为2 000万英镑和1 000万英

---

① 悉尼·霍墨、理查德·西勒：《利率史》（第四版），肖新明、曹建海译，中信出版社，2010年，第142页。

镑。[1] 17 世纪末即有评论，“现在打仗可以说主要是打金子而不是打铁器，除非我们钱足够多，否则没法打败敌人”。[2] 有学者估算，16 世纪欧洲的一场战争仅需几百万英镑，17 世纪末则需要几千万英镑，而 18 世纪末和 19 世纪初的拿破仑战争，主要交战国一年的军费开支超过一亿英镑。[3]战争带来了巨大的融资需求，而融资必有成本。如果没有恰当的融资方法，战争和社会的前景都难以预料。

图 6 – 1 显示，1697—1815 年，英格兰（大不列颠）政府债务余额持续增加，而利息支付与债务余额的比率却在 18 世纪上半期显著下降并持续保持低位。这里，“利息支付与债务余额的比率”非指债务的合同利率，而是各类债务的混合平均利率，反映全部债务的平均融资成本。一般而言，在其他条件不变的前提下，一个实体欠债越多（债务余额越大），它出现债务违约的概率（风险）就越高，债权人索取的利率也会越高。可是，图 6 – 1 却表现出相反的情况，虽然政府债务余额不断扩大，政府债务的利息负担却不断下降。尤其是在 1702—1739 年，这个指标由 9.4% 降至 4.3% 。此后，该指标进一步降至 1757 年的 3.5% ，并在之后稳定在这个低水平。

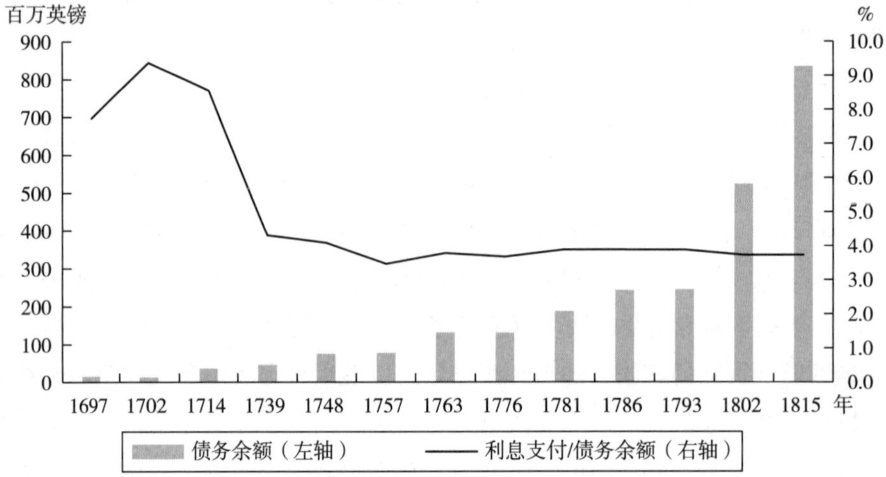

注：原数据来自查尔斯·金德尔伯格《西欧金融史》，徐子健等译，中国金融出版社，2007 年，表 9.1，第 178 页。

图 6 – 1　1697—1815 年英格兰（大不列颠）政府债务余额与利息支付

很多研究者认为，1688 年“光荣革命”到 1750 年，大不列颠发生了“金融革命”（也称“公共金融革命”），特征是公共财政制度的确立和金融市场的兴起。这场革命不

---

① Henry Roseveare, *The Financial Revolution* 1660 – 1760, Routledge, 2014, p. 73.

② Henry Roseveare, *The Financial Revolution* 1660 – 1760, p. 1.

③ 保罗·肯尼迪：《大国的兴衰：1500—2000 年的经济变迁与军事冲突》，陈景彪等译，国际文化出版公司，2006 年，第 73 页。

仅促使金融活动开始摆脱中世纪特征，而且为1750 年后的工业革命奠定了制度基础，筑起了初步的市场体制构架。与此同时，以法兰西为代表的欧洲大陆国家在金融发展上开始落后于大不列颠，并因此而受到诸多不利影响。

英格兰（大不列颠）金融革命并非从天而降，也非一夜之间完成。英格兰（大不列颠）金融革命有着悠久的历史背景。以下依次简述：（1）“大宪章”以来的英吉利财政体制演变；（2）“光荣革命”的财政金融意义；（3）“光荣革命”后英吉利政府债务融资的混杂局面；（4）财政金融大整顿。

“大宪章”以来的英格兰财政体制演变

新制度主义经济学代表道格拉斯·诺斯（1920—2015 年）认为，近代早期首先发生在欧洲（英格兰）的经济变革的终极原因是产权（所有权）制度的确立。诺斯及其合作者认为，对私有产权的保护和激励，以及政府恰当的社会政策，促使社会成员（个人）经济努力的私人收益与社会收益相吻合，正是“西方世界兴起”的缘由。①这个观点被经济学界广泛认同。但是，它并不能够解释英格兰为何在 18 世纪的欧洲脱颖而出，因为那时欧洲其他国家在产权保护上与英格兰没有明显差别。

尽管英格兰与欧洲大陆国家在近代早期存在很多共性，但却有一个重要差别，即自中世纪中期后英格兰便有了皇室税权有限的传统。与此相似的欧洲大陆国家仅有意大利城邦共和国和荷兰联省共和国，但它们又缺少英格兰那样雄心勃勃的中央政权和相对大的国内市场及其规模经济效应。

英格兰皇室的有限税权，始于 1215 年“大宪章”（Magna Carta）。当年，国王约翰（1199—1216 年在位）在与贵族诸侯的角逐中失利，签订了城下之盟，即以拉丁文书写的“权利宪章”。该文件许多条款语义模糊，不易解读，而且也仅为一时之用。然而，其中几项规定却有持久意义，被英格兰各阶层人民后来反复援引，作为争自由和权利的法律依据。这几项规定：（1）非经贵族会议同意，国王不得加税；（2）城镇的自治权利应得到尊重；（3）自由民应享有公正司法的权利；（4）英格兰教会的权利应受保障。第（1）条是对国王及其皇室税权的宪法限制，由此衍生出议会（众议院或下议院）的诞生及其对国王税权的政治制约。第（2）条则保护了伦敦市（今天伦敦金融城所在地）的独立性。

签署后的几年，国王和诸侯都没有遵守“大宪章”，他们之间继续争斗。内战结束时，国王重申接受“大宪章”并将之纳入英格兰成文法体系。“大宪章”由此确立其在英格兰的根本法地位。专门比较中世纪英法两国政治体制和财政体制的研究者认为，在

---

① 道格拉斯·诺思、罗伯特·托马斯：《西方世界的兴起》，厉以平、蔡磊译，华夏出版社，1989 年，第 1 章。

中世纪，“法兰西君主能够随意征税，而英格兰君主则必须争得议会同意”。[①]

这也是中世纪英格兰历朝君主不停借款，并经常负债累累的一个重要原因。英格兰是中世纪欧洲各国中保留皇室借贷资料最完备者，其借贷规模在13世纪中期以前（“大宪章”签署之前）无足轻重，但此后成为皇室财政的重要支柱，而且在一段时间外国成了借贷资金的重要来源（尤其意大利商人和银行家）。[②] 14世纪中叶后，英格兰皇室发生债务违约，部分原因是当时的借款有许多未有担保或资产抵押。英格兰皇室债务违约后，经常面临财政困难，皇室（中央政府）与诸侯之间的矛盾不断激化。[③]自此之后，皇室借款通常与税收挂钩，即皇室以税款为抵押（担保）与贷款人签署借贷合同。这种方法流行于皇室与国内债权人之间。[④]

英格兰国王们向意大利商人和银行家频繁借款，客观上有利于中世纪英格兰与意大利的经济往来，前者向后者出口羊毛。但大量国外借款使英格兰没有发展威尼斯和佛罗伦萨那样的国债市场。15世纪中叶后，即都铎王朝以来，英格兰皇室“不再享有违背承诺的自由”，“在中世纪结束前，英格兰确实已经开始推行一种非正式的公共财政体制”。[⑤]此时，国内借款人开始成为皇室的主要债权人。简言之，皇室有限财权的传统已使英格兰区别于许多欧洲大陆国家，而国内债权人力量的成长则推动了政治改革进程。没有前一点，则不会有后一点，因为在许多欧洲大陆国家，同样出现过国内债权人力量的成长，但那里直到19世纪中期以前很少出现皇室有限财权的情形。

“光荣革命”的财政金融含义

1688年“光荣革命”是17世纪初以来发生在英格兰内外诸多事件的一个“完美结局”，同时又是它在17世纪末和18世纪初步入世界舞台中心的一个“良好开局”。

执政时间长达45年的伊丽莎白一世于1603年无嗣而终。临终前，她示意让已皈依新教的苏格兰国王詹姆士四世继任英格兰王位，从而实现两个王朝的合并。詹姆士四世摇身一变，成了英格兰詹姆士一世，由此开始斯图亚特王朝在英格兰的统治。不列颠历史学者认为，“由于斯图亚特王朝的臭名而引起的对于国家管理的不信任”是后来导致工业革命的诸多因素之一。[⑥] 但他在英格兰登基后，不尊重业已壮大的英格兰国会（众

---

① W. M. 奥姆罗德：《中世纪的英格兰》，载理查德·邦尼主编《欧洲财政国家的兴起1200—1815年》，沈国华译，上海财经大学出版社，2016年，第19页。

② 刘景华：《外来因素与英国的崛起：转型时期英国的外国人和外国资本》，人民出版社，2010年，第110－117页，综述了13世纪20年代至15世纪50年代英格兰历朝皇室向意大利银行家和商人的借款情况。

③ E. B. 弗里德和M. M. 弗里德：《公共信贷》，作为第七章载M. M. 波斯坦、E. E. 里奇、爱德华·米勒主编《剑桥欧洲经济史（第三卷：中世纪的经济组织和经济政策）》，周荣国、张金秀译，经济科学出版社，2002年，第368－478页；尤其第4节，第387－406页。

④ 奥姆罗德：《中世纪的英格兰》，第35－36页。

⑤ 奥姆罗德：《中世纪的英格兰》，第37页。

⑥ 哈孟德夫妇：《近代工业的兴起》，韦国栋译，商务印书馆，1959年，第9－10页。

议院），为继承人查理一世（1625—1649 年在位）埋下了政治动荡的祸根。查理一世亲近天主教的做法引发了国内冲突。在 1649 年第二次内战中，查理一世战败，被送上断头台，成了欧洲历史上第一位被公开处死的国王。

1649—1658 年，英格兰在执政官（“护国公”）奥利弗·克伦威尔治下成为“共和国”（Commonwealth）。克伦威尔当政后向荷兰建议两国合并为一国，但在英格兰通过新“航海法”后不久，两国却为航海利益兵戎相见（1652—1654 年）。克伦威尔病逝两年后，议会决定让斯图亚特王朝的查理二世（1660—1685 年在位）复辟。1660—1688 年虽然被称为“复辟时期”，国会势力已比詹姆士一世和查理一世时期大大增强。查理二世实行积极的重商主义政策，并使英格兰再次因航海权利和海外殖民地与荷兰爆发战争（1665—1667 年）。英格兰在战事中失利。为复仇，查理二世与信奉天主教的路易十四联合进攻荷兰，挑起第三次英荷战争（1672—1674 年）。战争爆发当年，查理二世对伦敦私人银行家信贷违约。他 1685 年去世，其弟詹姆士二世继位。这位信奉天主教的国王一上台便在宗教和财政问题上与国会发生矛盾，三年后发生“光荣革命”。

从 1603 年詹姆士一世到 1688 年詹姆士二世，包括中间的克伦威尔护国公，英格兰在对外政策和重商主义经济政策上保持了连续性，在此期间经济显著发展。斯图亚特王朝的问题在于其宗教政策和财政政策，这是他们最终被废黜的根本原因。

查理二世在位时，皇室开征土地税和消费税等许多税目（包括“人头税”和“烟囱税”），卖官鬻爵，向私人银行家（伦敦的金匠）借钱不还，通过财政部（国库部）发行木符作为短期借款的凭条，一度甚至谋划推行包税制，招致民怨沸腾。国王与国会的矛盾本已十分尖锐，继位的詹姆士二世在宗教事务上的鲁莽行径无异于火上浇油。

1688 年，议会中的激进人士决定邀请信奉新教的荷兰执政官威廉（奥兰治亲王）及其妻玛丽（詹姆士二世之姐）前来英格兰发挥“护民”职责。威廉率兵登陆，詹姆斯二世出逃未遂，在羁押中同意逊位。次年，威廉三世和玛丽二世作为共同君主签署了国会通过的“权利法案”（Bill of Rights）。法案第 4 条规定，“凡未经国会准许，借口国王特权，为国王而征收，或供国王使用而征收金钱，超出国会准许之时限或方式者，皆为非法”①。显而易见，这是重申“大宪章”原则。英格兰议会（下议院）据此拥有财政预算的终审权。由此，英格兰（以及后来的大不列颠）在财政体制和政治体制上进入到一个新时代。

1689 年“权利法案”剥夺了君主的征税权，同时又将君主的借款权置于议会的管制之下。当时许多议员有商业背景，他们日益认识到，皇室（政府）借款有利于商人—金融家的群体利益，因为前者一旦承诺并在事实上做到不违约，他们便可得到源源不断和

① 蒋相泽主编《世界通史资料选辑》近代部分，上册，商务印书馆，1972 年，第 28－29 页。这里，“金钱”英文原文为“money”。

几乎毫无风险的利息回报。由此，君主（政府）、议员和商人—金融家群体便形成利益共同体。这是“光荣革命”后皇室（政府）借贷行为流行的重要制度原因。当然，对皇室（政府）而言，借贷成本（债务融资的利率）是必须面对、无法回避的重要问题。

但是，在“光荣革命”之年，在九年战争爆发之际，英格兰社会没有人能够预料签署“权利法案”后的君主政府在财政上会有怎样的未来，新的金融制度框架会是如何。

“光荣革命”后的多样化政府债务融资

1688 年，英格兰皇室（政府）税收为 300 万英镑，其中关税和各种消费税合计 210 万英镑，占比 70%；人头税 70 万英镑，占比 23.3%；“烟囱税”（Hearth Money）11 万英镑，占比 3.6%。当年英格兰国民生产总值（GNP）为 5 080 万英镑，税收占比 5.9%。[①]

亚当·斯密《国富论》最后一章是“论公债”，其中写道，“战时为国防设备所需的费用，须三倍四倍于平时，因此在战时的收入，也须三倍四倍于平时收入”。[②] 以 1688 年为例，按斯密的推论，若英格兰对外开战，所需军费为经常性关税和消费税 200 万英镑的三倍到四倍，即 600 万～800 万英镑，相当于国民生产总值的 18%～24%。当时的英格兰绝无这样的财力，政府举债在所难免。

斯密在这里提出了战争融资问题。他说，一旦爆发战争，君主不仅需要大量费用，而且急需新财源。即便该国有充足税源，税收也无法在时间上满足这种需要。斯密提到，税款开征后通常需要 10～12 个月才到达国库，倘若战事已发生，根本来不及等那么长时间。[③]斯密在这里区分了资金（军费）的一般可得性与快速可得性，并得出结论，应对战争的最快财政办法就是借债。

对此，有人认为，应对战争最有效的财政办法是储蓄，即官方资金储备。倘若政府能做到财政盈余，这当然是上策。在亚当·斯密时代，大不列颠政府财政没有盈余，尽管它拥有大量土地资产。在当代，一些国家的政府拥有大量资金储备（包括外汇储备），而这在一定程度上是国际金融市场发展的结果。可以说，以债券方式融资与将财政或货币经营的盈余资金存放于金融市场，皆与金融市场发展相关。而金融市场的顺利发展则有赖于政府债务融资的规范行为。

“光荣革命”后一段时间，英吉利政府大举借债，但其债务融资上的行为远不够规范。“公共金融革命”主要发生在政府债台高筑之后的 18 世纪 20 年代及之后。此前，

---

① Phyllis Deane and W. A. Cole, *British Economic Growth* 1688 - 1959: *Trends and Structure*, Cambridge University Press, 2nd edition, 1967, Table 1, p. 2.

② 亚当·斯密：《国民财富的性质和原因的研究》，郭大力、王亚南译，商务印书馆，1983 年，下卷，第 472 页。

③ 斯密：《国民财富的性质和原因的研究》，下卷，第 472－473 页。

英吉利（大不列颠）政府进行了种类繁多的债务融资。

其一是向富人借款。威廉三世向伦敦金匠银行家（英格兰最早一批的私人银行家）借款利率最高时达到30%。[①]这显然是为了应急，不可持续。

其二是面向公众发行短期债券。“光荣革命”后，英吉利政府多次发行短期债券，财政部先后发行木符和财政券，海军部发行海军券和食品券等，名目繁多。木符（Exchequer Tallies）启用于17世纪60年代（查理二世时），威廉三世在位时继续发行，是政府给贷借者的“白条”，不受社会欢迎。在伦敦持有人打折出售木符，折扣率高达25%～35%。1692年中止发行木符。[②] 财政券（Exchequer Bills）于1696年发行，100英镑每天支付3便士利息（相当于日息0.0125%或年息4.5625%）。政府宣布持有人可用它缴纳税款，面额最小为5英镑，明显是促其成为交易媒介和支付工具。但这些办法效果欠佳，社会认购数经常低于计划发行数。其利率后来则上调至7.6%（日息5便士），面额也增大到几十到一百英镑。英格兰银行成立后，大量收购市面上打折出售的财政券，并随之成了财政券的管理者，从政府得到高额手续费。英格兰银行的纸钞发行与此有密切关系。[③]

上述两种借款属于短期融资，没有解决战争融资的主要问题。在长期融资方面，英吉利政府也多方筹措，包括发行名为唐提的年金和抽采债券，以及从新成立的特许公司得到长期借款。

英吉利政府于1692年开始发行“唐提”（Tontine）年金，[④] 邀请投资者认购，持有人在一定时期后只要在世便有资格获得固定数额的回报。例如，该年金一年固定回报15万英镑，今年有100位幸存的合格者，每人可分得1 500英镑；明年若有75位幸存的合格者，则每人可分得2 000英镑，依此类推。这个机制对预期长寿者有很大吸引力，同时也带有博弈色彩。英吉利政府在1692年和1693年发行“唐提”年金，募集到77.3万英镑，1694年的发行仅募集到30万英镑。很明显，它并未给政府带来大量进款，而且因皆有税收担保并规定了实际的高利率，“唐提”计划以及抽采债券给英吉利政府的未来财政构成了显著压力。

英吉利政府于1694年发行名为“百万彩券”（Million Adventure/Lottery）的债券，

---

① 霍墨与西勒：《利率史》，第137页。

② Henry Roseveare, *The Financial Revolution* 1660－1760, p. 35.

③ Henry Roseveare, *The Financial Revolution* 1660－1760, p. 39; P. G. M. Dickson, The Financial Revolution in England: A Study in the Development of Public Credit, 1688－1756, Ashgate Publishing, 1993, Chapter 14, pp. 365－392.

④ Tontine（唐提）原为一位意大利人士的姓（洛伦佐·唐提），1653年（路易十四时期）他献策于时任首相（金德尔伯格：《西欧金融史》，第176页；鲁宾斯坦：《投资思想史》，第31页）。《新帕尔格雷夫货币金融大辞典》中文版译为“联合养老法”。此种年金计划曾在欧美多国的国债发行和人寿保险业中流行。19世纪末，不列颠著名作家罗伯特·路易斯·史蒂文森与人合写黑色幽默小说《入错棺材死错人》（*The Wrong Box*），即以此为题。该小说后被改编为同名电影和音乐剧。

每券 10 英镑出售给个人，共发售 10 万券。以抽采方式确定每年可得到高额回报的号码，空彩者也可在 16 年内每年分息 1 英镑。彩券以进口盐税为担保，国库每年付息总额为 14 万英镑。这个筹资方法不仅利息成本高，而且也面临认购不足的风险。英吉利政府在 18 世纪初再次启用此措施时，甚至出台政策禁止私人彩票发行，防止它们与该“公彩”或“国彩”竞争。

“光荣革命”后，给英吉利政府提供大量长期借款的是新成立的特许公司，包括 1694 年成立的英格兰银行，1696 年成立的土地银行，1698 年成立的新东印度公司，以及 1711 年成立的南海公司。前两家成立于九年战争期间，第三家成立于该战争结束之际，南海公司则成立于西班牙王位继承战争期间。这四家机构中，英格兰银行后来成为英吉利政府的债务管理人，并由此将政府债务与金融市场紧密连接起来。英格兰银行的设立及后来的发展是“公共金融革命”的重要内容。

1694 年通过的“英格兰银行法”要求该银行成立后 4 个月内向政府送交 120 万英镑，政府为此每年支付 8% 利率，另外再给 4 000 英镑管理费。政府利息的担保品是“轮船吨位税和啤酒、麦芽酒和其他酒类的税收和关税”。因此，“1694 年英格兰银行法”也被称为“吨位法”（Tonnage Act）。实际做法是，英格兰银行派员前往吨位税征收点，直接将税款转为银行的利息，前述“4 000 英镑管理费”即由此而来。

8% 利率在今天是很高的水平，但却是英吉利政府 1693—1698 年所发各项长期债中最低的。前述“唐提”和彩券等发行利率实际高达 14%。[①]很明显，英吉利政府在 1694 年前后正处于财政危机之中，表现为：（1）财政缺口大；（2）财政需求急迫；（3）支付利率高；（4）为借款交出税款管理权。就利率而言，英吉利政府支付的水平高于它所规定的私人借贷法定利率。设定法定利率高限的做法始于都铎王朝后期，在 1571—1624 年为 10%，1624—1651 年为 8%，1651—1714 年为 6%。[②] 政府借债利率高于私人部门流行利率（市场利率），表明彼时英格兰政府信用不足，且“光荣革命”并未自动地给政府财政带来任何红利。

苏格兰商人威廉·帕特森（1658—1719 年）为英格兰银行创建者之一，早在 1692 年便向政府提交了开办银行的申请和计划书，其中关于发行“房产券”（Bills of Property）并使之成为流通媒介的想法明显借鉴了当时荷兰的做法。[③] 该申请未获批准。两年后，当政府财政再度紧张时（此年威廉三世所率英军在尼德兰与法军作战失利），来自潜在借款人（商人—金融家群体）关于向银行借款（银行向政府发放长期贷款）的建议才被政府采纳。简言之，若当时没有财政紧迫情况，创办英格兰银行的计划恐怕难以得

---

① Dickson, *The Financial Revolution in England*, Table 2, pp. 48 - 49.

② 霍墨与西勒：《利率史》，第 113 页。

③ Dickson, *The Financial Revolution in England*, p. 51.

到政府批准。

英格兰银行作为一家合股公司，资金（资本）来自商界人士的股份认购。统计表明，认购英格兰银行股份约有1 300人，人均认购900多英镑。[①] 认购人数比以前的特许合股公司增加很多。英格兰第一家特许合股公司为1553年成立的莫斯科公司，时有股东约160人，1600年成立的东印度公司则有股东218人。[②] 这些数字表明，英格兰银行成立时，该国的富人大为增多。股份认购后，可上市流通，由此解决了投资人收益与流动性需求之间的矛盾。而且，政府以船舶吨位税做担保，保证了收益安全（违约风险）。当初，"吨位法"未就发行银行券作出明确规定，但英格兰银行成立后不久，便模仿伦敦金匠们的做法发行了银行券。[③] 所有这一切都表明，英格兰银行的成立及早期作为已经属于重要的金融创新，但它们并非出自某位政治家或改革家的预先设计。

"吨位法"还规定，若英吉利政府12年内返还借款，则英格兰银行失去经营资格，自行解散。这条规定意味着，当时的议会和政府并未决意使英格兰银行成为永久性经营机构。而且，在18世纪和19世纪上半期，每次英格兰银行特许权更新时，它得到的都是有限期限。此做法同时适用于其他特许机构。这种做法表明，彼时英吉利政府（皇室、行政机关和议会）对自身财政的前景和特许机构的未来都缺少确定的看法。

议会当时还有一个担心，如果对英格兰银行的经营权利不加限制，它很有可能通过集资而获得几乎无限大的放贷和赚钱能力。例如，它可以利用先期募集的资金购买公有土地，再以公有土地收入作为抵押进一步募集资金，在放贷给皇室的同时，继续循环这样的操作。因此，"吨位法"禁止英格兰银行购买公有土地。[④]

前面提到的第二家机构，即1696年设立的土地银行，表明当时英格兰政治家们并未单纯指望英格兰银行来解决政府的债务融资问题。"光荣革命"前，曾有不少人提议建立"土地银行"，以期在金融发展上追赶荷兰和欧洲大陆国家，其中包括知名人士威廉·配第。[⑤] 该提议拖至"光荣革命"之后才获政府许可，后者显然出于财政紧迫的压力。1696年2月议会批准后，发起人推出了作为合股公司的"国民土地银行"（National Land Bank），向公众出售股份，按约定于当年8月初将集资总额256.4万英镑的一半，作为给予政府的长期贷款，政府承诺年回报率7%，以盐税作担保。英吉利政府对该计划抱有更大期待，因为贷款数额和利率两项指标皆优于两年前的英格兰银行。然而，土地银行的发行计划遭受失败。至1696年7月，仅有数人认购了合计几千英镑的股份。

---

① 约翰·克拉潘：《简明不列颠经济史：从最早时期到1750年》，范定九、王祖廉译，上海译文出版社，1980年，第375页。

② 克拉潘：《简明不列颠经济史》，第365页。

③ 约翰·H·伍德：《英美中央银行史》，陈晓霜译，上海财经大学出版社，2011年，第36页。

④ 伍德：《英美中央银行史》，第36页。

⑤ Henry Roseveare, *The Financial Revolution* 1660－1760, p. 27.

至少有两个因素导致土地银行股份发行计划的失败。一是当时英格兰缺少硬币，政府那时正忙于硬币重铸；二是英格兰银行管理层敦促该银行的投资者和利益关联者不要参加土地银行的投资。[①] 很明显，土地银行股份发行计划与英格兰银行产生了商业利益冲突，背后甚至可能还牵涉某些复杂的政治因素。

前述第三家与政府债务融资相关的特许机构是新东印度公司。英格兰于1600年组建了东印度公司，该公司自成立后发展良好、盈利丰厚。由此它激起了同行的嫉妒。“光荣革命”后，议会于1698年通过决议，特许组建新东印度公司，与旧东印度公司形成竞争。为回报政府，新东印度公司答应给政府贷款200万英镑，后者许诺8%年息支付。旧东印度公司为缓和与新公司的紧张关系，认购了后者许多股份，新东印度公司的股份发行获得成功，而且也在后来取得经营业绩。1708年，西班牙王位继承战仍在进行时，议会同意新旧东印度公司合并，合并后的东印度公司为此给政府贷款120万英镑。至此，东印度公司合计给英吉利政府贷款320万英镑，成了政府当时最大的债主。

1711年成立的南海公司，是与政府长期债务融资相关的第四家特许合股公司。此时大不列颠有望在西班牙王位继承战中获胜，政府日益感到债务整顿的需要。罗伯特·哈利（Robert Harley，1661—1724年）曾是辉格派，后转为托利派，于1710年出任财政大臣。在听取许多建议主张后，他同意成立一家新的特许合股公司，即南海公司，由该公司接手当时已近900万英镑的全部短期债，[②] 而政府付给南海公司6%年息。通过南海公司这家新机构，大不列颠政府不仅将短期债转换成长期债，并将高息债转换成低息债。毫无疑问，这是一次债务融资的创新。

财政大臣哈利在这番金融操作中，没有触碰英格兰银行。他有意使南海公司成为英格兰银行和新东印度公司的竞争对手，明显出于政治考虑。

几大因素促成了南海公司股份发行的成功。[③] 第一，西班牙王位战接近尾声，大不列颠胜利在望。英荷联军已于1704年占领直布罗陀，后来的1713年“乌特勒支条约”确认西班牙割让该地给大不列颠。西班牙帝国的前景不被看好，不少人甚至认为西班牙帝国会瓦解，它在西半球拥有的广阔殖民地之后会让南海公司大发横财（“南海”指大西洋南部，即接近南美洲的海域）。第二，南海公司获得了政府对指定区域的垄断经营权，包括贩卖奴隶和走私货物等。这种垄断经营权过去由西班牙帝国授予自己的特许公司（西班牙语称为“Asiento”），现在却由大不列颠政府授予南海公司。第三，南海公司船舶将得到大不列颠海军的保护，而且它自己也会拥有一定的军事行政权。这在当时被

---

① Anne L. Murphy, *The Origins of English Financial Markets: Investment and Speculation before the South Sea Bubble*, Cambridge University Press, 2009, p. 57.

② Dickson, *The Financial Revolution in England*, p. 65.

③ Helen Paul, *The "South Sea Bubble"*, 1720, online at EGO - European History Online. 该作者著有 *The South Sea Bubble: An Economic History of its Origins and Consequences*, Routledge, 2013.

认为是可增加公司盈利的利好因素。第四，政府承诺给南海公司定息回报（6%年利）以及每年8000英镑的管理费，此为当时市场利率趋于下降的背景下可观的投资回报。第五，对投资者——海军债券、食品债券和“木符”等短期债券的持有人——来说，他们以所持债券交换南海公司股票，即“债转股”，虽然短期收益可能略低，但也降低了风险，而未来长期收益却可能更高（如股票价格上涨带来资本利得）。

上述因素促成了南海公司股份发行计划的成功，一方面让大不列颠政府调整了负债期限结构，另一方面也让投资者完成了“债转股”的资产置换。

综上所述，“光荣革命”后至1711年，英吉利（大不列颠）政府发行了大量短期的和无担保的债券，其中一些发生过延期支付。同时，它也发行多种形式的长期债，包括面向公众和较高利率的唐提和抽采债券，以及面向特定机构和较低利率的借款。由于缺乏足够信用，英吉利（大不列颠）政府的长期借款或长期债券皆以相应税款为担保（抵押）。无论是短期债还是长期债，政府所支付的利率很少低于8%，有时甚至超过10%。如此高水平不仅意味着高昂的融资成本，也表明当时社会缺乏可靠的基准利率。

华尔波尔财政整顿和统一公债的形成

罗伯特·哈利担任财政大臣后的另一项创新是设立偿债基金（Sinking Fund，也称为“减债基金”）。这个概念专为区分长短期债以及进行债务期限转换而发明。此后，所有短期债务就被称为“未有基金支持的债”（Unfunded Debt），所有长期债务便被称为“有专门基金支持的债”（Funded Debt）。大不列颠政府每次发行新债时，皆会公告该债务是否得到专门基金的支持。在早期，减债基金来自税收（包括专门税或新增税）。[①]

1714年西班牙王位继承战结束时，大不列颠政府债务总额已达4 036万英镑，其中彩券为1 140万英镑，三大特许公司持有债1 575万英镑（其中英格兰银行337万英镑，东印度公司320万英镑，南海公司918万英镑），以及其他不可提前撤回的长期债1 254万英镑。[②] 政府债务总额相当于当时国内生产总值的44%。这是一个很高的水平，与21世纪众多新兴市场经济体的政府债务率不相上下。若无良好财政管理，政府随时可遭遇财政危机。

1720年末，南海公司股价暴跌，政府债务再融资面临新挑战。危急关头，罗伯特·华尔波尔（Robert Walpole，1676—1745年，也译为“沃波尔”）于1721年出任首席大臣，开始了进一步的财政管理改革和债务整顿。政府此前先后为英格兰银行、东印度公司和南海公司持有的政府债券分别设立了减债基金。华尔波尔将它们合并，组成了一个

① 斯密论述过“减债基金”，并提及1655年荷兰实行过，1685年教皇领地也有同样做法（斯密：《国民财富的性质和原因的研究》，下卷，第484页）。斯密还说，这种办法，实际上相当于政府以“预支办法来筹款”（第478页）。

② Dickson, *The Financial Revolution in England*, p. 80.

规模巨大的综合性减债基金。利用和平时期的税收增长以及依靠发行低息债去替代高息债所结余的利息支出，减债基金得以加快增长。实力增强后的减债基金有利于政府进一步发行更低利率的长期债，进而替代较高利率的短期债或不同期限的其他债。由此，减债基金成了政府降低债务成本的法宝。

华尔波尔当政的22年（1721—1742年），介于两场大战之间（西班牙王位继承战和奥地利王位继承战），为大不列颠在18世纪少有的长期和平时期。大不列颠人均GDP在1700—1750年年均增长0.35%，超过此前200年（1500—1700年）的0.12%和此后70年（1750—1820年）的0.2%，高于同期所有欧洲国家（荷兰在这50年中没有增长）。[①]

被称为“华尔波尔减债基金”的规模在此期间逐渐增长，其用途也不断扩大，包括债券转换、债券利息支付、支持皇室开支、支持政府财政开支（充当军费）和支持减税。减债基金由此成为大不列颠国债管理中的固定设置。

统一公债的诞生

如图6-1显示，至1748年，大不列颠政府债务余额达到7 580万英镑，相当于当年国内生产总值的77%。这些债务名目繁多，长期和短期债券皆有，发行方式和担保安排各异。相当多的债券发行并非面向公众，而是定向发行给关联公司，如英格兰银行和南海公司等。政府为这些债务支付的利率也有差别，大部分为4%，有些低至3%。除部分债务由“减债基金”作保，很多长期债以特定税目为抵押。政府时常借口偿债而开征新税。有批评者认为，政府实际上在税款征收与债息支付之间建立了利益输送机制，那些给政府贷款（认购政府债券）的富人由此得到纳税人资助（因为税款被用于支付债务利息）。[②] 约翰·伯纳德爵士（1685—1764年）曾任伦敦市长，也为伦敦选区议员，严厉谴责证券交易商与政客们的合谋，呼吁捍卫公共利益不受侵犯。他的呐喊推动了时任首相亨利·佩勒姆（Henry Pelham，1743—1754年在位）的公债改革及统一公债的诞生。

有四个因素支持了佩勒姆首相的公债改革。第一，奥地利王位继承战于1748年结束，作为和平红利之一，市场利率趋降。整顿公债若能实现将较高利率债券转换为较低利率债券，则可进一步节省债务融资成本。第二，国内金融市场持续良性发展，政府债券的投资者人数不断增长，到1750年前后已规模显著。据统计，1719年投资于政府债券的人数约为4万，1752年则增至5.9万。[③] 金融市场的发展已使政府可以直接向公众

---

① 斯蒂芬·布劳德伯利、凯文·H. 奥罗克：《剑桥现代欧洲经济史1700—1870》第一卷，何富彩、种红英译，中国人民大学出版社，2015年，引言，表0.1，第2页。

② Henry Roseveare, *The Financial Revolution* 1660-1760, p. 65.

③ Dickson, *The Financial Revolution in England*, p. 284 和 Table 39, p. 285. 政府债券投资人数为英格兰银行、东印度公司和南海公司股份持有人数和政府债券个人认购者的合计，其中，三大机构股份持有者为3.3万，政府债券个人认购者为2.6万。

大规模发债，而不必再通过诸如南海公司和东印度公司那样的“中介机构”。第三，至18世纪中叶，“国债”（National Debt）概念已深入人心，公众日益反对将国债发行与特定机构挂钩，使之成为少数群体的获利工具。公众在此问题上的认识变化与伯纳德爵士的抨击呐喊有关。人们已明白，政府用于还本付息的资金完全来自税收，是公众（纳税人）在承担政府债务融资的成本。因此，公众呼吁政府改进债务融资方式。第四，传统定向发行机制发生流标或不足额认购情况。1750年政府向南海公司发行的366万英镑债券全部流标，当年向该公司另发行的年金债券也未得到足额认购。①

基于上述情况，佩勒姆首相于1751年推出“统一公债”（Consols），将早先发行的不同类型的政府债券合并为单一类型（品种），即无期限定息年金债券。“无期限”指永续，“定息”指固定利率3%。而且，这些债券不再与特定税目挂钩，仅由“减债基金”担保。如前所说，减债基金信息公开。

“统一公债”的推出具有三大历史性意义。第一，政府债券发行从机构定向方式转变为公开市场方式，个人投资者和机构投资者都可直接参与政府债券的初次公开发行（IPOs）。这样，政府债务融资与特定机构之间可能存在的利益输送关系被阻断。英格兰银行也不再是常规意义上的政府债券承销人，而主要是为政府债券发行及其管理提供服务的代理机构（当然，英格兰银行继续是政府短期债务的承销者）。

第二，通过规范政府债券的登记和利息支付等事项，极大地方便了政府债券在投资者之间的转让，从而促进政府债券以及其他债券二级市场的发展。二级市场的发展，方便投资者的债券变现，有利于吸引更多的个人投资者和机构投资者参与。

第三，具有显著规模和高流动性的统一公债（也是国债）成为金融市场上最重要的交易对象，对投资者而言它们往往是风险最低和流动性最高的金融资产，也即安全资产，其收益率因而日益成为金融市场的风向标，开始发挥基准利率的作用。基准利率是无风险金融资产的市场收益率。从此，大不列颠金融市场有了一个稳固的发展基础。

“统一公债”推出后，以3厘定息国债取代了以前的4厘国债，政府的付息支出减少。有鉴于此，佩勒姆首相随之也实行了减税政策，将田赋（land tax）税率降低一半。

综上所述，我们可将“光荣革命”至1750年在英格兰（大不列颠）所发生的“公共财政革命”更准确地称为“财政金融革命”。它包含丰富内容，其要点：（1）凡遇财政增支压力，政府主要走债务融资途径（不轻易加税或变卖皇室资产及国有资产）；（2）政府坚守承诺，尽力不发生债务违约；（3）尝试多种债务融资方法，包括特许建立英格兰银行，为新型金融机构的创立和发展开放绿灯；（4）进行债务管理创新，利用外部金融机构和金融市场对债务结构进行调整，将短期债转为长期债，将高息债转为低息债；（5）设立减债基金，规范政府财政管理和债务管理行为，提高债务融资的透明度；（6）

① Dickson, *The Financial Revolution in England*, Table 29, p. 239.

建立统一公债，促使政府长期债发行完全面向公众，并确保政府债务融资利率水平处于低位；（7）英格兰银行经过一段时间的“市场选择”，脱颖而出成为政府债务的管理者和纸钞发行者，并自觉或不自觉地成了金融市场发展的推动者。总之，英吉利（大不列颠）政府自“光荣革命”后开始的一系列改革措施不限于传统财政领域，也不仅是围绕债务管理，而是牵涉新型金融机构和成长中的金融市场。

这场财政金融革命具有两大历史性意义。第一，它为大不列颠政府提供了充足财力资源，为它在18世纪历次战场上取胜作出了贡献（北美独立战争除外）。第二，随着政府信誉的确立，政府债券利率成为国内金融市场上的基准利率；而且，这个基准利率在1750年后长期保持在3%的低位，为此时期兴起的工业革命提供了极端重要的间接的金融支持（参见第四节）。

二、英格兰（大不列颠）金融市场的发展：现代金融体系的萌生

英格兰的金融市场并不始自“光荣革命”。金匠银行家萌生于都铎王朝时期，到斯图亚特王朝时期已为成型。证券市场的建立借鉴了低地地区的经验，得到伊丽莎白女王的赞助。海事保险和财产保险皆出现于“光荣革命”以前。查理二世的财政行为虽多任意性，但也不乏创新性。短期财政券和“木符”等即为该时期的新措施。总之，“光荣革命”时的英格兰以及苏格兰已有了金融发展的良好起点，虽然一切皆有待于生长发育。

前面已经指出，“光荣革命”后初期，英吉利（大不列颠）政府的发债计划不仅利率成本高，而且时常遇到发行不畅。即便完成了发行计划，但债务期间长和利率偏高的问题始终困扰着政府财政管理。所有这些问题背后，实质都是政府如何与市场打交道。1696年土地银行股份发行计划的流产充分说明了这一点。亚当·斯密就此论道，在像大不列颠那样已有许多“商人和工厂主”的国家中，能够给政府借钱的人已足够多了，问题在于政府如何能从他们那里快速借到钱。在斯密看来，人们愿意借钱给政府，首先是他们的产权得到保障；同时，政府遵守信誉，不会发生债务违约，甚至出现“国家破产”。①

斯密指出了两种借债情形。一是“无担保公债”，全凭借方的信用；二是指定资源抵押借债。英吉利（大不列颠）政府因为信誉历史良好，且有银行支持，在18世纪发行的债券大多数都属于前者（这里指短期债券），债券可按照面额发行。而法兰西政府

① 斯密原话是：“巨额债务的增积过程，在欧洲各大国，差不多是一样的；目前各大国国民，都受此压迫，久而久之，说不定要因而破产！”（斯密：《国民财富的性质和原因的研究》，下卷，第474页）。

则因缺少银行支持，其债券通常打折出售，折扣率达到六成或七成。[①]为支持这个说法，斯密特别提到，在 17 世纪初，当英格兰银行未能提供支持时，英吉利政府发行债券也打折。后来，伦敦成为金融中心，而巴黎却未如此，二者的差别对两国政府债券发行带来重要影响。[②]

斯密的论述展示了政府财政行为与金融市场的互动关系。这种互动关系，既可互惠，也可互损。以下事例表明，在 18 世纪的大部分时间中，大不列颠政府的财政和债务管理与金融市场的关系更多为互惠。

1696 年英镑重铸与政府信誉的增强

布罗代尔认为，阿姆斯特丹银行的成功是因为它创造了稳定的记账通货，而约翰·罗后来在法兰西的失败乃因为他无法稳定所依赖的记账通货（纸里弗）；但英格兰银行却不必操心币值稳定，因为英镑已经稳定。他紧接着论道，“英镑的历史是个令人恼火的问题，也是一部荒诞的小说，因为小说逐章展开，却始终不向我们披露它的秘密，而这里应该有，必定有一个秘密，有一种解释”[③]。

按照布罗代尔的记述，1694 年英格兰发生了一场通货危机，起因是英吉利政府出于战事缘故需要将收集到的大量现金（足值金银铸币和金银条块）输往国外。该做法很快引起国内现金短缺，并进而引发银行券、支票和非足值钱币的贬值和遭遇拒收。通货短缺也引起了当年经济困难和财政困难。在此背景下，人们提出应当重新铸币并向社会提供足值钱币。对此，两种意见相互对立并激烈争论。一派认为应借机减值，以缓解流通中钱币的不足；另一派则坚持按照已有标准铸币，保持英镑的贵金属价值不变。前一派包括时任财政大臣，后一派则以约翰·洛克为代表。[④] 应该承认，前一种，主张有利于已经负债累累的英吉利政府，因为推出减值的铸币后，政府的还债负担便可相应减轻。但这等于对债权人利益的隐性侵损，其后果是损害政府的信誉。从长远看，这种做法会使政府将来需要借债时面临较高的利率成本。

一部英格兰史学名著认为，洛克和牛顿等知名人士在反减值问题上的结盟，促使政府最终采纳了他们的意见，但后来有学者经过仔细考证发现，牛顿在早些时候曾赞成减值。[⑤] 布罗代尔提供了一个解释，说明为何洛克等人的反减值主张最终胜出。他认为，威廉三世（奥兰治亲王）来自荷兰，追随他来到英格兰的荷兰商人和金融家都希望英镑

---

① 斯密：《国民财富的性质和原因的研究》，下卷，第 475 页。

② 斯密：《国民财富的性质和原因的研究》，下卷，第 475 页和第 482－483 页。

③ 费尔南·布罗代尔：《十五至十八世纪的物质文明、经济和资本主义》第三卷（世界的时间），顾良、施康强译，商务印书馆，2017 年，第 444 页。

④ 洛克的观点反映在他的著作《论降低利息和提高货币价值的后果》，徐式谷译，商务印书馆，1997 年。

⑤ 蒙代尔：《格雷欣法则在货币史上的运用和滥用》，载《蒙代尔经济学文集》第六卷，向松祚译，中国金融出版社，2003 年，第 96－97 页。

保持币值不变，唯有如此，他们作为债权人的利益才不受影响。是这些人的诉求被威廉三世的英吉利政府采纳，抵挡了减值重铸的诱惑，不惜巨大花费在1696年完成了英镑重铸，史称“1696年大重铸”（Great Recoinage of 1696）。英镑重铸后，英吉利国债发行状况确有改善，1697年发行的短债和长债不仅多于1696年，利率也有所下降。① 英格兰银行发起人和股份持有人的利益没有受到任何损害。

英镑重铸的一个附带结果是，由于当时金银比价定的金价偏高（英格兰为1∶15.9，荷兰为1∶15），重铸之后出现了“金入银出”的情形。牛顿（1643—1727年）应财政大臣之邀于1696年出任皇家铸币厂（Royal Mint）主管，1699年起担任总监。他在1717年再次确定国内金银比价，使金价略高于荷兰和法兰西。这样，大不列颠境内的货币金逐渐增多，货币银则逐渐减少，事实上开始转向金本位。英格兰银行在这个过程的早期阶段并未发挥特别的作用。英格兰银行在19世纪中叶成为英镑纸钞的主要发行者和联合王国黄金储备的管理者（意即发挥中央银行的作用），此时已为工业革命完成之际（参见第七章第六节和第七节）。

私人银行业的复苏和初步发展

银行在英格兰的出现晚于欧洲大陆。至16世纪和17世纪初，意大利、西班牙和德意志的重要商业城市皆有银行。那些地方银行的创办人多为功成名就的商人。然而在英格兰，最早一批私人银行却由金匠转型而来，时间约在17世纪上半期（斯图亚特王朝和共和时期）。

英格兰地区的金匠（Goldsmiths）早先很可能仅仅是手艺人，为客户打造各种贵金属用品。都铎王朝时期，皇室建立了多家铸币厂，同时允许私人依照官方标准铸造金银币。对外贸易的发展带来了大量贵金属跨境流动。英格兰与近邻欧洲国家和地区之间的金银比价常有差别，此也引起贵金属跨境流动。此背景下的金匠进入外汇（国外铸币）业务，包括兑换、铸币熔化和金银条块铸造等。后来，一些金匠发展出贵金属保管业务，即接受客户的贵金属存放委托并向他们发放纸质的存放凭证。渐渐地，这种存放凭证（资产证书）成了可转让的信贷工具以及交易媒介，朝着具有标准面额和设计规格的银行券（Banknote）方向转变。此种银行券在英格兰地区即为后来的纸钞（Paper Cur-

---

① 图6－1所用数据在1697—1702年期间是，政府债务余额从1 550万英镑减少至1 280万英镑，利息支付与债务余额的比率由7.74%上升至9.38%。这与正文说法相矛盾。实际情况是，依据具有连贯性的数据来源，政府债务余额在1695年和1696年分别为840万英镑和1 060万英镑（重铸当年和之前的情况），1697年和1698年则分别为1 670万英镑和1 730万英镑（重铸之后的情况）；1702年为1 410万英镑（稍不同于图6－1数据来源）。以上数据来自B. R. Mitchell, British Historical Statistics, Cambridge University Press, 1988, Public Finance Table 7, p. 600。利率方面，Dickson, The Financial Revolution in England, Table 2, pp. 48－49，提供1693—1698年长期借款利率，由期初10%或14%下降至期末8%，1697年低时为6.3%；Table 59, p. 371，提供1697—1710年财政券（短期债）利率，由10%下降到1%。因此，正文说法基本正确。

rency）的前身。在欧洲大陆国家，银行券或纸钞却出现于迥然不同的背景下。例如，在被公认为欧洲最早发行纸钞的国家瑞典，斯德哥尔摩银行于1661年发行了大面额的纸质银行券，其目的是应对当时的现金（银及铜块）短缺。该银行后来无法维持银行券与现金的可兑换，由1668年成立的瑞典国家银行（Riksbank）所接管和重组。此后很长时间里，该国未再发行银行券或纸钞。[①]

随着自身资金实力的增强以及接受客户委托存款的增加，金匠开始发放贷款。他们给予私人的贷款利率常为6%，此为当时法定利率高限。伊丽莎白女王时期，出现了将金匠称为银行的说法。[②] 至17世纪中叶（克伦威尔共和国时期），伦敦已聚集数十位金匠银行家。他们大量接受有钱人的存款，并向商人发放贷款。他们之间甚至还发展银行间清算的初级合作形式。[③]

查理二世在位时，财政部以发行财政券方式向伦敦私人银行家借钱，但该部在1672年停止兑现财政券，金额约120万英镑，涉及私人银行家至少25位，受害的银行客户不计其数。[④] 该事件史称"财政部停付"（Stop of the Exchequer）。几年后，查理二世采取一些补偿措施试图挽回声誉，但恶劣影响难以消除。"光荣革命"后，新皇室（新政府）借款必须支付高额利息，即为"财政部停付"事件的苦果。

1672年事件后，私人银行复苏缓慢。1725年，整个英格兰仅有24家私人银行，1785年才增加到52家，[⑤] 平均两年多才新增一家银行。这些银行大都在伦敦。位于伦敦东区（"金融城"）的私人银行，主要从事政府债券和三大特许机构股票的买卖，并担任荷兰投资者和乡村银行的金融代理。位于伦敦西区的私人银行，则主要为富商、缙绅和贵族服务，从事抵押贷款和透支业务，也为前往欧洲旅行的人士提供旅行支票服务。[⑥]

乡村银行（Country Banks）是分布在伦敦以外的私人银行，它们其实并不在乡村，而是在各地的城市。1750年，英格兰（和威尔士）仅有12家乡村银行，主要受理企业主的收付款，代理政府的税款交付，以及帮助公证人和其他委托人在本地与伦敦之间进行资金划拨。这些乡村银行为当地经济（实体经济）服务，十分"朴素"。它们的一个重要作用是将英格兰各地的经济活动与全国商业中心和金融中心伦敦紧密连接起来。从

---

① Rodney Edvinsson, "The Multiple currencies of Sweden - Finland 1534 - 1803", in Rodney Edvinsson, Tor Jacbson, and Daniel Waldenström, eds. *Historical Monetary and Financial Statistics for Sweden: Exchange Rates, Prices, and Wages, 1277 - 2008*, Ekerlids Förlag, Svergiges Riksabank, 2010, pp. 162 - 163.

② Peter Temin and Hans - Joachim Voth, *Prometheus Shackled: Goldsmith Banks and England's Financial Revolution after 1700*, Oxford University Press, 2013, p. 31.

③ Stephen Quinn, "Goldsmith - banking: Mutual Acceptance and Interbank Clearing Restoration London", *Explorations in Economic History* 34 (1997): 411 - 432.

④ 布鲁斯·G. 卡拉瑟斯：《资本之城：英国金融革命中的政治与市场》，李栋飚译，上海财经大学出版社，2019年，第67-69页。

⑤ 金德尔伯格：《西欧金融史》，第87页。

⑥ 金德尔伯格：《西欧金融史》，第87页。

它们的主要业务类型也可看出，乡村银行的出现与当地对支付和转账服务的需要密切相关。对存贷款的需要那时似乎并非银行发展的重要推动力。乡村银行的出现和增多，是全国性金融市场发展的重要标志。

私人银行和乡村银行的早期发展表明，在工业革命之前，英格兰（大不列颠）已发生了商业革命，全国性商业市场和金融市场皆出现了向一体化方向的发展。银行的复苏和发展是这场商业革命的一部分，也是顺应商业发展的需求。银行遍及国内重要城市之后，当制造业开始大量创新时，它们不仅予以资金支持，而且还激励更多的新银行涌现出来。

证券市场的演进

格雷汉姆（格雷欣）有过低地国家的工作经历，见证了那里的金融发展。他向爱德华六世和伊丽莎白一世提供过金融咨询服务，颇获嘉许。1565 年，他向伦敦市建议，完全参照安特卫普模式兴办交易所。交易所大楼落成之际，伊丽莎白女王驾临祝贺。交易所由此被称为“皇家交易所”（Royal Exchange）。在很长时间中，交易所只进行商品交易，不涉及证券交易。那些自发从事证券交易的人只得聚集在交易所附近的咖啡馆里。一个原因是，证券交易过程十分吵闹，会严重干扰其他交易员的正常工作。

1655 年伦敦大火后，交易所大楼重建。新建的大楼允许证券交易员入住。“光荣革命”后议会于 1697 年通过立法，出台了对证券交易的监管措施，强调证券经纪人必须取得执照后方可经营，否则将被处罚。开始时只给不超过 100 位人士颁发执照，后来增加了执照颁发。所有交易员都被要求签署诚信誓约，避免与客户发生利益冲突。交易数据须向英格兰银行报告。[①]

一些无法进入交易所以及自行离开交易所的人士开始了“场外”交易，自发形成了“交易小巷”（Exchange Alley）。议会一直试图禁止这类不受监管的证券交易活动。证券交易却以多种方式在 17 世纪末和 18 世纪初继续发展。尽管一些经纪人（Brokers）尚不能依赖代理证券买卖获得可观报酬，专业化的股票交易商（Stock - Jobbers）在这个时期已经出现。后者经常囤积股票，同时从事买卖（双向交易）。而且，他们中一些人已开始涉足衍生品交易。[②]

证券交易市场的活跃使许多企业创办者开始想方设法利用它募集资金（资本），即组建合股公司。“光荣革命”前，英格兰仅有 15 家合股公司，而在 1688—1695 年则冒出 100 家合股公司。[③] 大量新合股公司都想在成长中的股票市场一展身手。英吉

---

① 乔纳森·巴伦·巴斯金、保罗·J. 小米兰蒂：《公司财政史》，薛伯英译，中国经济出版社，2002 年，第 122 页。

② Murphy, *The Origins of English Financial Markets*, p. 33.

③ Murphy, *The Origins of English Financial Markets*, pp. 20 - 23.

利政府在 17 世纪 90 年代数次发行小面额的彩券，刺激了普通民众的投资热情。18 世纪初，英吉利社会初现普通民众参与证券投资。但其历史性意义还得待一百年后才充分显现。

作为早期机构投资者的保险公司

中世纪中期后，海事保险出现在商业化程度非常高的意大利城邦。中世纪晚期，低地地区加入航海贸易大潮，海事保险在那里得到普及。此后，英格兰后来者居上。曾任英吉利东印度公司董事的托马斯·孟（1571—1641 年），为反驳反对发展对外贸易的观点，专门写了一本小册子。他在书的开篇写道，从事对外贸易的商人必须具备 12 项优秀品质方可成功，其中第 7 项是投保，为航运及其货物购买合适的保险，熟悉国内外保险机构的有关规则。①

1666 年伦敦发生火灾，四天四夜烧毁了上万座房屋，超过 10 万人流离失所，民众生命和财产损失惨重。此后，有识之士积极倡议发展保险事业，预防和减少意外事故带来的损害。尼古拉斯·巴尔本（Nicolas Barbon，约 1640—1698 年）在伦敦市政当局支持下，组建了当地第一家火险公司，随后另有几家火险公司也相继创立。巴尔本拥有医生执业资格，为自学成才的经济学家和精明的银行家兼房地产开发商。② 文献未提及他如何管理保险公司的资金，但从他后来投身组建土地银行可以推测，他利用保险公司的资金投资过证券。巴尔本很可能还涉足早期信托的经营活动。保险公司显然是金融市场上最早的机构投资者。保险公司的出现对金融市场的发展具有重要推动作用。

有证据显示，1706 年英格兰出现已知最早的互助社（Friendly Society，也称为“友谊社”），一种迄今仍然存在的互助型人寿保险机构。③ 这是一种小型的、合作性质的人寿保险机制，参加人数有一定上限，参与者需要缴纳的份额与未来可得到的回报皆非大额资金。互助社是人寿保险的早期形式，当时并不普及。

在证券市场早期发展的几方面，经纪人和交易商、私人银行和早期保险公司等，英吉利（大不列颠）政府很少直接介入。如前提及，政府出台过一些针对证券交易的限制性规则，但这些政策并未扼杀场外交易。此外，政府债券业务使用代理人的做法很有利于交易市场的成长。早期，政府的唐提和抽采债券由财政部直接发行，并在财政部窗口办理兑付业务。后来，这些业务转由英格兰银行代理，由此英格兰银行大楼及其周边街道成为金融交易中心。财政部办公大楼在西敏寺区，英格兰银行则在伦敦东区，两地相距将近 10 千米，在马车和步行时代当属遥远。

---

① 托马斯·孟：《英国得自对外贸易的财富》，袁南宇译，商务印书馆，1997 年，第 2 页。

② 巴尔本著《贸易论》中译文收录于托马斯·孟、尼古拉斯·巴尔本、达德利·诺思编《贸易论》，顾维群等译，商务印书馆，1982 年。巴尔本关于利息的见解受到熊彼特等人的称赞。

③ 克拉潘：《现代英国经济史》上卷，姚曾廙译，商务印书馆，1974 年，第 386 页。

1714 年西班牙王位战争结束后，迎来一波投资热潮。社会上，许多人士踊跃开立新项目，创建新公司，发行新股票。麦凯记述过一桩案件。有人印制了公司招股书，其中未披露投资计划细节，但宣称其为一家“优势显赫、占尽先机”的企业，需要 50 万英镑资本，现按每股 100 英镑发行 5 000 股。投资人只要存入 2 英镑，便可在年内得到按面值认购股票的权利，相当于认股权证（Warrant）。此人独自坐在租来的临街办公室内，从上午 9 点至下午 3 点竟售出 1 000 股，收款 2 000 英镑，晚上溜之大吉，从此人间蒸发。[①] 这出骗局反映了当时十分火爆、缺少监管、极不成熟规范的投资市场。至 1720 年，数百家招股书面世，争抢投资者，而人们完全不明白其真假虚实。

针对这种情况，议会采取了“一刀切”办法，于 1720 年 6 月通过“泡沫法”（Bubble Act，又称“1720 年皇家交易所和伦敦保险公司法”），明确规定，未经皇室特许不得组建合股公司。这条规定剥夺了民间自行组建合股公司并发行股票的权利。这当然有防止股票欺诈的作用，但同时明显保护政府特许的合股公司在股票市场上的垄断地位，阻止民间合股公司的竞争。[②] 这部法律一百年后才被取消，延迟了私人合股公司在大不列颠的发展。但是，从另一个角度看，该法律保护了襁褓中的股票市场，使它在百年中徐徐成长，除个别时候深陷诸如南海泡沫那样的危机。

南海泡沫事件及其影响

前面提到，罗伯特·哈利 1710 年出任财政大臣，之后着手整理政府债务。前也提及，1711 年成立的南海公司发挥了政府债务结构转换器的作用。1719 年苏格兰人约翰·罗在法兰西轰轰烈烈推行他的金融计划，给不列颠很大刺激。在此背景下，议会提议两大特许公司（南海公司和英格兰银行）投标，提出政府债务重组的计划。当时政府面向个人发行的“不可赎回债券”（唐提和抽采债券）多达 1 650 万英镑，利率多在 10% 以上。若有适当方法将它们以低成本方式回收，大不列颠政府便可节省大量财政资源。

南海公司的方案比英格兰银行激进许多，而且它在许多议员身上花费了大量“公关”资金。议会于 1720 年 3 月通过初次决议（“清偿协议”），同意南海公司增发股票，并接受投资人持政府债券换取公司股票（债转股），由此转为南海公司对政府的债权。转换后，南海公司持有政府新债券的利率 7 年内为 5%，之后降至 4%。政府的得益是，以前发行的债券不用偿还本金，而利息支出也大为减少；南海公司的得益是，通过股票增发扩充经营资本。

---

① 查尔斯·马凯（麦凯）、约瑟夫·德·拉·维加：《投机与骗局》，向桢、杨阳译，海南出版社，2000 年，第 126－127 页。

② 人们对立法者当时通过这部法案的动机有一些不同看法，包括：（1）为南海公司消除竞争对手；（2）为政府日后组建新垄断性公司提供便利；（3）为了整顿当时已见紊乱迹象的股票市场（布莱恩·柴芬斯：《所有权与控制权：英国公司演变史》，林少伟、李磊译，法律出版社，2019 年，第 169 页）。

1719—1720年，南海公司在经营业绩上并无特别表现，但有几件事情被认为是导致南海公司股价上涨的利好信息。一是议会倾向于选择南海公司方案而不是英格兰银行方案，二是荷兰资金大量流入不列颠，三是传说南海公司的海外贸易将有重大进展。

南海公司股价在1720年1月为120英镑，2月后开始上涨，当时议会尚未通过任何决议。从4月到8月，南海公司进行了4次面向公众的股票发行（股票增发），而且发行方式新颖。首次增发每股300英镑（合计22 500股），其中1/5须立即支付现金，余额分8次每2月支付一次。第二次发行价为每股400英镑（合计15 000股），1/10须立即支付现金，余额分9次每3月或4月支付一次。从这两次发行的申购中，南海公司收到现款200万英镑。

到1720年6月，股价超过700英镑，南海公司进行了第3次增发，每股1 000英镑（合计50 000股），1/5须立即支付现金，余额分9次每隔半年支付一次。这个增发计划推出后，股价跳涨至950英镑。8月下旬，第4次增发，每股1 000英镑（合计12 500股），1/5须立即支付现金，余额分4次每隔9个月支付一次。可以看出，从第1次到第4次股票增发，分期付款的时间间隔逐次拉长，明显为吸引更多中小投资者认购。

在4次增发过程中，南海公司数次进行了“债转股”操作，即让投资者以所持政府债券换取公司股票。至8月，当时市面上积存的81%不可赎回债券和85%可赎回债券都置换成了南海公司股票。[①] 其中，面额为1 440万英镑的可赎回债券换取了18 900股公司股票；若按每股800英镑计算，这相当于每100英镑债券作价105英镑股票。[②] 这些债券持有人之所以同意“债转股”，主要出于两个方面考虑：股价上涨（资本利得）和未来红利分配。资本利得在当时已成现实，股价最高时达950英镑（8月行情，但年底12月跌至130英镑）。

按照当代研究者的推算，如果只计算南海公司可从政府得到的确定性利息支付（1727年前每年190万英镑和之后每年150万英镑），并按4%的长期贴现率，公司资产价值为4 000万英镑。但是，按照高涨后的股价计算，公司4次股份发行合计10万股，每股950英镑，市值为9 500万英镑，此数超过资产价值仅6 000万英镑。[③] 很多人因此认为，南海泡沫是投资者失去理性、股票市场天生就易出错的一个明证。无论如何，这个事件表明，当时许多投资者没有足够的真实信息，他们对公司未来业绩的预测被误导，他们对资本利得的预期也发生严重错误。

但南海泡沫不同于法兰西发生的密西西比泡沫。两场泡沫几乎在同一时间发生和破灭，但两者的后果却很不同。在大不列颠，问题主要是南海公司股价崩盘，英镑铸币和

---

① 彼得·加伯：《泡沫的秘密：早期金融狂热的基本原理》，陈小兰译，华夏出版社，2003年，第114页。

② 加伯：《泡沫的秘密》，第113页。

③ 加伯：《泡沫的秘密》，第117页。

纸钞价值均未受到牵连；而在法兰西，密西西比泡沫破灭同时伴随着大银行倒闭、纸钞贬值、贵金属外流和商业凋零等。

在南海公司事件的清理过程中，华尔波尔早先在议会表示对南海公司“清偿决议”的不同意见，被公认是稳健派代表。他关于“救火先于抓纵火犯”的观点使他在议会中赢得许多赞同。华尔波尔很快出任首席大臣（“首相”职位在该国的开始），并主持整顿政府债务。英格兰银行也参与了南海公司后来的债务重组。南海公司高层管理人员，一些被查办，一些隐匿起来或外逃了。该公司的资产负债规模时为全英第一大，但后来不再重要。大不列颠金融市场和政府债务融资在1720年后继续发展。

三、法兰西：创建体系的早期努力及其失败

英法两国的竞争关系早在中世纪中期便已形成。地理大发现后，法兰西经济发展与英格兰的差距渐渐拉大。路易十四统治时期，法兰西经济“突飞猛进”了一段时间，产业和金融皆有相当进步。但在路易十四后期，经济政策的倒退给法兰西财政金融带来严重不利影响。“光荣革命”后，英格兰政治体制变革给财政金融发展注入了新活力，法兰西却在旧体制中停滞不前。路易十四之后，摄政王执政。约翰·罗迎合了法兰西统治者追赶大不列颠的意图,[①] 获准贸然创建他的“体系”，却惨遭失败。此后多年，法兰西金融发展几乎完全处于停滞状态。七年战争期间（1756—1763年），法兰西王室的借款利率（主要是终身年金利率）为6% ~6.5%，高出大不列颠可比利率至少2个百分点。[②] 法兰西金融发展滞后产生了深远影响。

路易十四时代的金融遗产

17世纪中叶前后，“太阳王”路易十四登上法兰西国王宝座时，意大利半岛政治上四分五裂，位于德意志的神圣罗马帝国徒有其名，普鲁士和俄罗斯尚在半开化状态，西班牙虽然完成了统一并开始拥有大量海外殖民地，但在商业上却处于欧洲的边缘，荷兰和新兴的英格兰在国际贸易和海外殖民地事业上固然积极进取，但两国的人口和国土面积远远小于法兰西。法兰西那时最有希望成为欧洲霸主。成年后的路易十四果然不负众望，雄心勃勃地追求这个目标。

---

① 约翰·罗向摄政王提出了两个问题，并因此打动了后者：“在欧洲各主要国家中，为何单独法兰西、西班牙和葡萄牙仍未设立全国性银行？土地如此富饶、人民如此聪颖的法兰西，为何仍然平躺在经济停滞状态中？”（威尔·杜兰：《世界文明史·伏尔泰时代》，台湾幼狮文化公司译，天地出版社，2017年，第10页）。

② 扬·卢滕·范赞登：《通往工业革命的漫长道路：全球视野下的欧洲经济，1000—1800年》，隋福民译，浙江大学出版社，2016年，第263页。那里提及，荷兰公债利率为2.5%，欧洲之最低；奥地利、丹麦、瑞典和俄罗斯王室等公债或借款利率一般为5%，西班牙为6%。法兰西利率水平接近西班牙。

当时，在经济政策上的重商主义和政治上的中央集权，法兰西明显走在英格兰前面。科尔贝尔（Jean-Baptiste Colbert，1619—1683年）得到路易十四重用，长期担任财政大臣。科尔贝尔将重商主义理念发挥到了极致，把法兰西的贸易政策打造成了“奖出限入”的范本。他在国内大兴土木，大搞基础设施建设和开办国营工厂，整顿财政，广开财源，小心翼翼地维护商人阶层和中产阶级利益。科尔贝尔的做法被后人称为“科尔贝尔主义”，它是多种政策倾向的混合物，集干预主义（强调政府对经济活动的调节）、工业主义（高度重视制造业）和贸易保护主义（“奖出限入”）等为一体。路易十四凭借科尔贝尔经济政策带来的富国强兵成果，多次发动对外战争，争当欧洲霸主。

科尔贝尔于1683年去世，后继者没有沿袭他的政策。由于多种原因，法兰西经济在17世纪最后十多年遭受重创。路易十四中年以后，宗教倾向出现变化，1685年颁布枫丹白露敕令，取消了一百年前承认胡格诺新教徒信仰自由的南特敕令。一场宗教迫害和驱赶运动发生在法兰西大地上，20万胡格诺信徒逃离国土，其中许多人拥有一技之长。法兰西因此失去了大批杰出人才。

法兰西在九年战争和西班牙王位继承战中虽未丧失国土，财力上却损失巨大。路易十四1715年驾崩时，留下半空的国库、巨额的债务和凋敝的经济。法兰西在中世纪便存在“三级会议”，但路易十四从未召开。所有税收政策、财政政策和经济政策都由朝廷一小撮有权者决定。每遇入不敷出，便大举借债，不惜支付高息。但在路易十四时期（对应于英格兰复辟时期和威廉三世时期），法兰西王室借款利率水平与英吉利皇室相差无几。研究这个时期法兰西财政史的学者说，“只有通过营造国王的契约承诺对他有约束力这样一种信任的氛围，利率才可能下降到可接受的程度”①。

16世纪以来，发行年金债券并实行包税制是法兰西财政金融的特色。早先的法兰西年金债券参照中世纪意大利城邦的经验，面向个人发行，属于发行人（朝廷）与持有人（投资者）之间以本金认购（借款）与未来定期付款（固息）进行交换。某些年金债券可以赎回，另有一些年金则付至终身。在16世纪和17世纪，法兰西朝廷多次拖欠年金支付，信誉不时受损。发行年金的利率水平有升有降。在此背景下，出现了“年金中介人”，他们向王室年金债券的购买人承诺，在王室支付发生拖欠时，由他们垫支，从而为投资人承担风险。② 这显然是一项创新，有利于王室年金债券面向中小投资者出售。但是，这不一定能有效降低年金债券发行的利率成本和运行成本，因为“年金中介人”不仅需要具备相当的资金实力，还须与朝廷高官们构建“伙伴”关系。

法兰西王室债务融资的另一招数是“卖官”和“招租”税收（包税制）。法兰西的官僚体制和文化传统在中世纪中期便已逐渐成型，“由商进侯”是许多商人中晚年的选

---

① 理查德·邦尼：《法国：1494—1815年》，载邦尼主编《欧洲财政国家的兴起》，第132页。

② 金德尔伯格：《西欧金融史》，第180－181页。

择。王室及地方官府乐于满足这样的需求，给予出高价者相应官职。从地方到中央，从科员到部长，以当时的通货单位里弗（Livre）计算，价位从几万到百万不等。17 世纪末，卖官所得占法兰西王室支出的 39%。①

与卖官鬻爵并行的是包税制，即指定某人在担任某个官职后具体负责为政府征收一定名目的税费，或者为政府操办某项采购事务。税目涉及盐税、烟草税、土地税等，收费项目则有道路通行费、检查费等，操办事务包括军需品购买和运输代理等。全国各地从上到下，从里到外，大小官员皆可承包此类事务。他们与上级达成协议，仅需在指定时间将承包金额交给指定的人。

包税制在法兰西流行多年，遍布全国，已成为财政传统。它与罗马共和国末期的包税制有很多共同性，即承包人需要垫支并在一定条件下向纳税人（或缴费人）收取利息。对政府而言，包税制的好处是税款按时入库，坏处是不得不给包税人大量“折扣”，政府实收数额大大少于纳税人交付数额。金德尔伯格认为，法兰西包税制是“肥了承包人，瘦了王室”。②

路易十四时期，科尔贝尔试图在 1661 年改革包税制，未获成功。路易十四之后，力图摆脱财政困境的摄政王将希望寄托在金融冒险家约翰·罗身上，由此演出一场金融大戏。

约翰·罗的金融冒险计划

苏格兰人约翰·罗（1667—1729 年）出生在爱丁堡，其父为金匠兼银行家。他天资聪慧，青年时游历荷兰和法兰西，也在伦敦生活过。1705 年他在爱丁堡出版《论货币和贸易及为国民提供货币的建议》。③ 该书得到知名经济学家熊彼特的高度评价，认为罗是“管理通货思想的鼻祖”（此话显然仅就欧洲经济思想史而言）。熊彼特说，罗的金融计划虽然失败，而且给法兰西经济造成损伤，但它不是“欺骗性的或毫无意义的”，“从一个理论到一项银行业务计划之间有很长一段距离，所以这个失败在理论的法庭上并不是证据”。④

约翰·罗在其著作中表达的经济货币思想和金融计划要点：（1）商品价值取决于供给与需求，因而受到交换的影响（第一章）。（2）货币促进交换，而白银作为货币优于黄金或铜（第一章）。（3）贸易依赖于货币，货币越多，贸易越通畅（第二章）。（4）信贷若能流通，信贷便成了货币（第二章）。（5）银行是增加货币的最佳办法（第

---

① 大卫·斯塔萨维奇：《公债与民主国家的诞生：法国与英国，1688—1789》，毕竟悦译，北京大学出版社，2007 年，第 85 页。

② 金德尔伯格：《西欧金融史》，第 182 页。

③ 约翰·罗：《论货币与贸易》，朱泱译，商务印书馆，1986 年。

④ 熊彼特：《经济分析史》第一卷，朱泱等译，商务印书馆，1996 年，第 480－481 页。

三章)。(6) 控制贸易或调节币值(减值或增值)的措施不能增加货币(第四章)。(7) 银作为货币其价值近年是下降的,因而具有价值不稳定的特点,但土地价值是升高的(第五章)。(8) 有人建议发行以土地为抵押,同时也与银挂钩(一比一可兑换)的纸币,表面上与本人的建议相同,实际有差别;此建议行不通,因为银的价值是下降的,土地的价值是上升的,不可能发行一种纸币与这两者同时挂钩(第六章)。(9) 本人建议,由国会授权成立专门的纸币管理委员会,以土地为抵押发行纸币,国内只允许纸币流通,并以不超过抵押土地价值(一年地租收益乘20)的2/3发放纸币贷款,纸币对银币的溢价不得超过10%,而银币等金属货币事实上退出流通领域(第七章)。(10) 若采纳本人建议,苏格兰在可见将来有望赶超荷兰(第八章)。

上述观点之间的逻辑关联可以这样归纳。第(1)点来自约翰·洛克,但罗不同意洛克关于金银货币的价值是"假想"的说法。罗认为银作为货币有其真实价值;同时,正因为银的价值有变动(下降)的特点,因而它作为货币是有缺陷的(金或铜同样如此);货币要充分发挥作用,价值必须要稳定,这只有依靠挂钩于某种价值长期稳定并趋于上升的标的,即土地。因此,罗计划的要点就是发行纸币并与土地挂钩。纸币是有价值的,不是"假想的",因为它已挂钩于土地,而且会对银产生溢价。

简言之,发行一种以实际价值为基础或担保的纸币优于使用商品货币,不仅方便商业交换,而且使当局拥有宏观调节能力。这后一点,罗实际上已经接近"中央银行"的运行原理。

罗了解已在运行的英格兰银行和苏格兰银行,而且清楚两者的差别——前者以政府债券为担保品在伦敦地区发行银行券,后者以实缴资本为基础在苏格兰全境发行银行券,但认为两者都没有达到可调节货币信用的高度(苏格兰银行那时还遭遇过挤兑危机)。[①]

罗未能将自己的计划推销给苏格兰议会,但他巧遇法兰西政局变化,幸得摄政王赏识,在那里大胆开展了一场金融大实验。

约翰·罗体系的运行和问题

摄政王执政和太阳王留下的财政烂摊子,给罗带来了机会。他在1715年进言摄政王,设立一家100%储备的全国性公共银行,代理政府的所有税款进账和金融交易。该建议因有内阁成员反对而搁置。但摄政王批准罗于1716年5月成立一家私人银行,即"通用银行"(Banque Générale),初次公开发行1 200股,5 000里弗一股,购买者可以现金和公债券(Billets d'État)支付,并且不用立即交付股价全款。罗用自有资金购买部分股份。"通用银行"的股份实际打折出售,开张时募集到37.5万里弗现金和112.5万

① 罗:《论货币与贸易》,第27页。

里弗公债，合计不到计划募集金额 600 万里弗的 1/3。但这些资金是银行的周转资金，并部分用于支付利息（初期一年 4.5 万里弗）。[1]

依照政府规定，通用银行主营业务是贴现票据、吸收存款、发行见票即付的可兑换银行券，但不可从事贸易和借贷。“见票即付”指，给银行券持有人兑付银币埃居。1718 年末，通用银行转制为“国有”的皇家银行（Banque Royal）。此前，通用银行发行了银行券合计为 3 950 万里弗，贵金属储备为该发行额的一半。三年中给银行持股人的红利相当于年回报率 15%。1718 年进行的铸币减值调整被认为有利于“通用银行”的股价和业务扩张。同时，通用银行的贴现业务也被认为是成功的，促使当时的市场贴现率从 6% 降低到 4%。

摄政王相信罗的经营是成功的，且有前途。他决定出资收购通用银行，将其转制为国有。通用银行早先的投资者都得到了现金回报，按复利计算总和回报率高达 64%。转制后，罗直接对摄政王负责，成了法兰西金融界的显赫人物。

在这之前，罗通过运作成立了“西方公司”（Compagnie d'Occident），该公司拥有在北美路易斯安那殖民地 25 年的垄断贸易权。1717 年 9 月西方公司初次发行股份时，2 周内售出 2 900 万里弗股票，罗自购 1 330 万里弗。至当年底停售时，共售出 1 亿股，其中 40% 由摄政王持有，他的支付款是刚印制好的公债券。对王室来说，未来只要股票回报多于债息，以债换股即为白赚。

从 1718 年 8 月到 1720 年 9 月，罗通过西方公司（后来成为印度公司的一部分）收购了许多企业和机构，包括几家贸易公司、一家银行、一家烟草包税商号和一家直接税包税商号等。罗收购包税商号，是因为王室拖欠了公债利息支付，影响到罗的现金流。罗认为，用所持公债收购包税商号，一来可加快现金流，二来或可增加现金收入，借此减少王室欠款的不利影响。罗的实际操作是，出让所持债券换取包税商号在约定年份中的税款，事实上相当于金融资产期限结构调整，以远期收益换取当期（近期）收益。

罗的收购资金主要来自印度公司的股票发行。在股票发行上，罗使用了若干新措施，包括分期付款、认股权证、看涨期权、以债换股（投资者以所持公债来换取公司股票）。在股票上涨期间，这些便利于中小投资者的措施极大地刺激了股票购买需求。印度公司原来每股 1 000 里弗上涨到 5 000 里弗，原来 2 000 里弗上涨8 000 ~ 9 000 里弗。在股价上涨过程中，罗还推出了“供股”或“认股权发行”（Rights Issue/ Offer），即持有早先发行股票者拥有优先权认购新发行股票。这种方法让历次发行股票按时间顺序分成了“父母股”“儿女股”和“孙子股”。

---

① 这里有关“通用银行”和相关公司的主要信息来源是：François R. Velde. Government Equity and Money: John Law's System in 1720 France, Federal Reserve Bank of Chicago Working Paper WP 2003 - 31; François R. Velde, “John Law's System.” American Economic Review, Vol. 97 , No. 2 (2007): 276 - 279.

1720 年初，罗荣升为王室财政总监，同时仍兼任西方公司和皇家银行总裁，他让王室颁令，赋予银行券以法偿性。罗得到总监职位主要靠之前在 1719 年 8 月与王室达成的债务转换协议，即公司借给政府 12 亿里弗（后来增至 16 亿里弗），政府答应以年息 3% 的永久年金偿付公司；公司取得总包税司的租权，即可直接收取每年 3 600 万里弗（后来增至 4 800 万里弗）当作年息付款；政府则以所收到的资金去赎回已发行的多种长期债务；按照安排，政府可先行向公债持有人发给预支票据（Draft），由持票人在未来决定是接受硬币还是银行券。经此番操作，王室债务几乎瞬间化为乌有。

然而，问题是，印度公司没有那么多现款。罗曾计划发行低息债券（3% 利率）筹集资金，后来改为发行股票。在股价上升过程中，数次申请增发股票，由此获得了一些现款。但由于采取了“创新性”增发方法（包括投资人以公债抵现款以及延期付款等），罗的现款筹集难以迅速完成。而且，在整个过程中，罗必须设法将股价维持在高位，以免影响投资者的热情，妨碍他实现“债转股”计划。

到 1720 年初，罗建立起了三位一体的“体系”：一家发行纸钞并发放贷款的银行（皇家银行）；一家发行股票吸收现金并转而持有政府低息年金的公司（印度公司），该公司的背后支撑是正在密西西比河流域进行开发并有良好盈利前景的企业；一个支持该银行和该公司的金融及实业计划的法兰西财政部。这里，“体系”非指由多样化金融机构组成的金融体系，而是专指由三大要素（发钞银行、实业公司和政府财政）构成的经济体系。在罗看来，三大要素之间的资金循环流通已在他掌控之下，该体系将永续运行，并为振兴法兰西作出贡献。

事实上，该体系的良好运转有赖于公众对公司股价和银行纸钞的信心，两者缺一不可。如果公众对股价的信心不足，公司可从银行得到贷款并去购买股票（股票回购），以支持股价。这解决了股价问题但却提出一个银行纸钞问题。换言之，该体系最为关键的问题是公众对银行纸钞的信心。该“体系”投入运行时，皇家银行所发行的纸钞皆可兑换。先前发行之所以顺利，是由于当时的纸钞发行有现金储备保障以及币值调整，使持钞人得到了额外收益。

1720 年初以后，形势日渐微妙。皇家银行的纸钞发行大增之后，现金储备日益不足，同时，维持公司股价又需要发行大量纸钞来支撑，两者形成矛盾。这是罗体系的“特里芬两难”，即维持股价与维持纸钞价值之间存在矛盾。解决矛盾的一个办法是废除纸钞的可兑换性，全部交易只许使用纸钞。作为财政大臣，罗下达了这样的指示，超过 100 里弗以上的支付必须使用纸钞。这个看似合理的政策，与阿姆斯特丹关于超过 600 盾的支付必须通过银行转账的规定确有相似之处，但也有显著差别。罗是针对公众发布命令，阿姆斯特丹则是针对自己的客户作出规定；前者限制了公众的支付选择，后者则是为客户增加了一项更加高效的服务。罗的措施激起公众反对，数月后被取消。

罗的另一个办法是让硬币贬值，这样银行便可向兑换现金的客户支付贬值的铸币，节省现金。1720年3月，他以财政总监的身份采取了铸币减值政策，让里弗贬值1/3。这项措施立即遭到公众强烈反对，他很快被迫取消这项措施。王室一度对罗失去信心，解除其职务并将他软禁。但这导致局势的进一步恶化。王室随即将他释放，命其出面救急，企图挽狂澜于既倒。

罗当年6月复出后，采取三项措施来回收纸钞和挽救自己的“体系”：（1）发行终身年金或永久年金；（2）吸收存款客户；（3）增发公司股票。这些措施取得些许进展，但皆未能阻止纸钞贬值和股价跌落。在政府介入调查和准备清理时，罗于12月自行离开法兰西，一场“密西西比泡沫”就此破灭。

密西西比泡沫破灭的后续影响

约翰·罗的“体系”是一个早产儿，其中有银行、通货（纸钞）和商业企业这三大要素，而且得到财政支持。然而，这个体系缺少与现代金融紧密相关的现代产业部门（制造业），其纸钞发行者（皇家银行）也缺乏足够信誉。罗的货币金融思想虽有天才洞见（如关于贵金属货币价值趋势的分析），但也有重要缺陷。货币与土地价值挂钩，言之符合逻辑，实践却无可能。房地产如何能够做到钱币那样的价值分解？一栋房屋的价值不可能以门窗或平方米来分解，一块土地也是如此，不可能按平方米甚至平方厘米进行交易。法兰西大革命期间，新政府发行指券并将之与房地产挂钩，结局也是一场货币灾难。罗在货币金融思想上敢于大胆推论，在推行“体系”的实践中更是勇于冒险。他把失败归咎于摄政王停止支持，归咎于密西西比公司开发事业进展迟缓，归咎于投资者缺乏耐性，却没有反思其“体系”的内在缺陷。将近300年后，雷曼兄弟末任总裁富尔德（Richard Severin Fuld Jr）在公司倒闭后也与罗持同样的看法，将责任归于外部。①

罗的金融计划使法兰西王室明显受益，以“变戏法”（“签证”）方式将王室债务大幅减少，数额为2.57亿~7亿里弗。②就此而论，法兰西的密西西比泡沫与大不列颠的南海泡沫是“姊妹花”，两者都是失败的金融策划，但结果都是削减了政府债务。法兰西王室债务减少意味着西方公司（印度公司）和皇家银行持股人以及皇家银行发行的纸钞持有人遭受巨大损失。密西西比泡沫破灭后，大量纸钞变成废纸。在罗的“体系”运行期间，巴黎物价上涨，一度十分严重。③钞票贬值和铸币减值与物价上涨形成巨大反差，迫使法兰西很快返回贵金属本位，长期不再发行纸钞。路易十六（1774—1792年在位）

---

① 2008年10月因雷曼兄弟倒闭而引发的国际金融危机爆发十年后，富尔德接受媒体采访时继续坚持此观点，参见：Justin Baer and Gregory Zuckerman, “Branded a Villain, Lehman's Dick Fuld Chases Redemption”, *Wall Street Journal*, September 6, 2018.

② 邦尼：《法国：1494—1815年》，第145页。

③ Earl J. Hamilton, “Prices and wages at Paris under John Law's system”, *Quarterly Journal of Economics* 51 (November, 1936): 47–70.

遇到财政困难时，仍不敢采用纸钞发行办法。显然，罗发行纸钞失败的后遗症还在隐隐作痛。

在里弗减值重铸期间，法兰西黄金外流，有钱人将金币金块转移到日内瓦、阿姆斯特丹和伦敦等地。这也是罗计划带来的严重后果。此后很长时期，法兰西实行商品货币制度，同时流通金币与银币，实际以银币为主，因为金币或金块相对不足。法兰西实行金银复本位至19世纪末，它因为缺少黄金而不能像大不列颠较早便转为单一的金本位制。

密西西比泡沫破灭后，法兰西王室在财政事务上变得保守。1727—1768年，财政收入从2.07亿里弗增加到3.44亿里弗，年均增长1.2%。这是经济增长的成果，与罗的计划无关。罗的税收整顿仅是合并直接税，而且并未得到完全贯彻。不仅如此，法兰西在18世纪长期实行包税制，直到大革命爆发。在1726年到1730年，包税制覆盖法兰西所有经济领域，运作方法日臻完善。[①]

罗计划的破产是否让法兰西的政府债务市场降低了弹性，即政府较难通过市场化方式进行低成本债务融资，难有确切答案。不可否认的是，此后法兰西王室尽量避免财政开支过大，也不再大肆举债。1720年至18世纪末，法兰西军队规模显著缩小。18世纪中叶前后的几次战争都未给法兰西王室带来财政灾难。[②]

金德尔伯格认为，约翰·罗的金融冒险计划及其破产有两个直接的重要影响，一是大量现金流向境外（前已叙及），二是法兰西人在后来一百多年中对“银行”一词感到恐惧。[③]

法兰西人后来创立的许多金融机构都谨慎地避免冠名为“银行”。直到19世纪最后25年，唯一称为“银行”的金融机构是拿破仑时期创立的“法兰西银行”（Banque de France）。那时和现在，法兰西众多金融机构常用名称是“钱柜”或“金库”或“行”（Caisse）、“信用”（Crédit）、会社（Société）或者“账房”（Comptoir）等。

布罗代尔认为，虽然罗的计划失败，但金融市场在巴黎仍在发展。政府于1724年在巴黎开办新交易所，使之具有在法兰西的领先地位。可是，18世纪的法兰西在金融发展上仍然有两大不足。首先，巴黎不临海，不是海港城市，没有伦敦或阿姆斯特丹那样的国际吸引力。其次，法兰西社会对商人的敬重程度低于荷兰或大不列颠。[④]

通信和信息传播以及短期跨境资金流动，在18世纪最初20年已有相当发展，尤其在法英荷等国之间。有学者将1719—1720年一系列事件的跨国因果链条做了梳理，大致情形是，首先，罗计划在1719年法兰西的成功刺激了大不列颠议会，后者启动了类似的

① 布罗代尔：《十五至十八世纪的物质文明》，第二卷，第660页。
② 邦尼：《法国：1494—1815年》，第145页。
③ 金德尔伯格：《西欧金融史》，第111页。
④ 布罗代尔：《十五至十八世纪的物质文明》，第三卷，第414-415页。

“债转股”操作，其运作工具和平台是南海公司。接着，南海公司股价上涨催生国际投机热潮，巴黎、阿姆斯特丹和欧洲其他大都市都出现一些新公司，新旧公司的股票轮番上涨，并且可以股票作为质押，借款购买新股票。股价上升的财富效应随后显现，土地价格上升。荷兰政府积极组建与南海公司一样的企业，借以减少公债存量。1720 年 3 月，罗的印度公司股价最早开始下跌，起因是他决定实行股票定息政策（2% 低利率）。三个月后，大不列颠议会通过“泡沫法”，市场解读此为行情转折的信号。荷兰和瑞士等国投资者开始从伦敦和巴黎撤退，抽取现金进行其他投资。此后，南海公司和印度公司的股价轮番下跌，“南海泡沫”和“密西西比泡沫”一起破灭。[①] 不难看出，1719 年法英两国的做法相似，股票上涨行情互动。此后两国股票行情的下跌也是相互影响。整个过程中，共同因素是资讯和资金的快速跨境流动。

不用说，密西西比泡沫和南海泡沫与多年前的荷兰“郁金香狂热”有相似性，皆为资产价格快速上涨吸引众多投资者参与。很明显，至 18 世纪初，英法两国皆出现金融市场朝平民投资不断增多的方向发展。英法两国的差别在于，泡沫破灭后，大不列颠继续沿此方向前进，而法兰西却几乎止步不前。

四、法兰西大革命和拿破仑战争期间英法货币金融的不同表现

有关 1789 年法兰西大革命的研究文献卷帙浩繁，几乎所有学者都认为这场大动乱和大变革的直接导因是路易十六王室的财政危机，而引致此财政危机的重要因素之一则是法兰西金融体制的不健全和金融市场的不成熟。大革命爆发两年前，财政总监提议进行财政改革，却终究因为得不到足够的政治支持而作罢。当路易十六试图以其政治权威强制推行改革措施时，不期触发了全社会的反对。[②]

七年战争于 1763 年结束时，大不列颠明显占了上风，从法兰西手中抢走了在北美和印度的殖民地和据点。半个世纪后，拿破仑战争以法兰西再次战败告终。在长时间和大规模冲突中，英法不仅拼军事实力，也在拼财政金融和经济实力。按人均 GDP 指标，大不列颠在 18 世纪末和 19 世纪初高于法兰西，但法兰西人口较多，经济规模并不逊于大不列颠。

金德尔伯格撰文比较英法两国在 18 世纪和 19 世纪中金融与经济发展，认为法兰西

---

① 杰弗里·帕克：《1500—1730 年欧洲近代金融的产生》，载卡洛·M. 奇波拉主编《欧洲经济史第二卷：十六和十七世纪》，贝昱、张菁译，商务印书馆，1988 年，第 502－506 页。

② 威廉·多伊尔：《法国大革命的起源》，张弛译，上海人民出版社，2016 年第 2 版，第 4 章“财政危机”，第 51－61 页。

金融发展显著落后于大不列颠。[①] 18 世纪三大事件凸显两国差别。在法兰西，1720 年皇家银行垮台、1776 年贴现金库（La Caisse d'escompte）因给路易十六贷款过多而被迫重组、1795 年大革命时期中指券滥发，这些灾难性事件和惨痛记忆给拿破仑的财政体系带来严重不利影响，并是他不能最终获胜的重要因素之一。

两位经济史学者长期关注近代早期以来英法金融发展的差别及其意义，著有专文剖析法兰西大革命和拿破仑战争时期英法两国债务融资和货币政策差别。[②] 数据显示，大不列颠在 18 世纪历次战争时期，税收与国内总产出的比率基本保持不变。18 世纪中叶前一直在 10%～20%，中叶以后上升到 15%～25%。战争期间新增的大部分支出（财政赤字）主要由债务发行来弥补。1797 年，在反法同盟战争期间，英格兰银行为预防挤兑而中止纸钞兑换。直到拿破仑战争结束，大不列颠事实上一直实行不可兑现纸币制度，并相当成功地进行了一场“通胀融资”。而在法兰西，政府开支主要由税收来支撑，税收数额保持基本稳定，其在国内总产出中的份额低于大不列颠。政府发行债务的规模也显著小于大不列颠。同时，政府债务的利率成本一直高于大不列颠。以两国“统一公债”收益率衡量，1770—1820 年，大不列颠一直在 3%～6% 波动，均值约为 4%；法兰西则在 5%～10% 波动，有时超过 10% 甚至高达 70%（70% 为政府债务违约之年的特殊情况）。在大革命时期指券滥发和超级通胀后，拿破仑政府回归贵金属通货制度，忍痛告别“通胀融资”。

这篇文章对大革命时期法兰西财政措施的概述是，新政府一开始顺应民意实行减税，但立见财政赤字无法填补。新政府没有借债，因为借债的利率成本太高，于是发行指券，采用“通胀融资”办法，但很快陷入超级通胀的旋涡。通胀激起民怨。为摆脱通胀，新政府转而加税，不仅再次失信于民，更使民怨愈加沸腾。

与此同时，英格兰银行 1797 年中止纸钞可兑换后，继续实行“审慎”的货币金融政策（发钞和贴现政策）。大不列颠政府新增短期借款的大部分由英格兰银行购买，这是当时通胀上升的因素，但通胀率上涨幅度有限。当时金融市场上利率水平的上升“自动地”产生出遏制需求膨胀和物价上涨的效应。大不列颠政府在 1799 年开征直接税，也有助于缓解通胀压力。通过上述多种办法，转向不可兑换纸钞的做法以及一定程度上的“通胀融资”，并未引发超级通胀，而这与法兰西形成了鲜明对比。

拿破仑在 1799 年“雾月政变”后实行的财政金融政策，包括设立“减债基金”（1799 年）、规定以现金支付税款和债务（1800 年）、建立法兰西银行（1800 年）、确立金银复本位制（1803 年）。同时进行了税制改革，整顿了直接税，恢复征收间接税，提

---

① Charles Kindlerberger. “Financial institutions and economic development: a comparison of Great Britain and France in the 18th and 19th centuries”, *Explorations in Economic History*, 21 (1984), 103-124.

② Michael D. Bordo and Eugine N. White. “A tale of two currencies: British and French finance during the Napoleonic War”, *Journal of Economic History*, 51 (1991), 303-316.

高了全国的税负水平，基本实现财政收支平衡，不再依靠借债扩张财政开支。法兰西政府债券收益率此时出现下降，重要原因之一是政府借债在该时期已大大减少。而且，拿破仑对新占领地区（奥地利、普鲁士和意大利等）实行了财政掠夺政策，让被占领者支付大量贡金。

简言之，英法两国在法兰西大革命和拿破仑战争期间的财政政策和债务融资方式上存在显著区别。大不列颠的财政效率高于法兰西，而债务融资成本（利率水平）则低于法兰西。何以如此呢？前引两位作者认为，根本原因是大不列颠政府在此前的长期债务融资实践中已确立自身信誉，赢得了国内外金融机构和金融市场的信任。中止英格兰银行纸钞可兑换的公告宣称此举是暂时的，市场选择了相信。事实上，“中止”持续近20年，至拿破仑战争结束5年后才全部恢复纸钞可兑换（此时也为联合王国正式实行金本位制之年）。

反观法兰西，财政金融不断发生戏剧性变化，来回折腾多个回合。在一位研究者看来，1789年大革命的导火索是纳税人拒绝交税，食利者（王室债券持有人和包税商们）拒绝债权减记。革命者取得政权后，没收教会财产以缓解财政困境，而战争爆发和税款流失则给指券（Assignats）发行计划带来严重干扰。巴黎民众遭受高通胀伤害后，将矛头转向了财主（房地产所有者）。工商业主纷纷各显神通逃避价格管制和货物征用，迫使政府财政不得不更加依赖货币创造（通胀融资）。食利者们由于手中的资产（债权证书）被强行换成了一文不值的指券，遭到重创而不得不投降。抵抗最久的纳税人群体，在拿破仑上台后也屈从于新的高税率。最讽刺的是，1815年维也纳会议后，法兰西新王朝的债务猛然恢复到旧王朝的高水平（此为支付战争赔款所引致），而且它竟强迫人民缴纳更多的税，与旧制度毫无二致。[①] 简言之，血雨腥风的法兰西大革命在财政上没有带来任何新变化。

约翰·罗以后，法兰西王室尝试过新改革。路易十六登基后，朝廷一度重用杜尔哥这样的杰出经济学家。杜尔哥（1721—1781年）为重农学派代表之一，对经济体系和财政问题素有研究，长期担任地方税务官，1774—1776年出任财政总监。在位期间，他倡议税制改革，并与荷兰金融家商讨降低公债利率。尽管由于政见分歧他被迫离职，其后继者中也不乏有推进财政改革的举动，但是，在大革命爆发前10年，改革进程中止，旧式包税制不仅复活，而且还增多了繁文缛节与贪污腐化。法兰西政府的债务融资需要继续依赖包括荷兰投资者的国际投资者的大力支持。当这些国际投资者发现法兰西政府债务水平大幅增多，开始意识到它的财政风险和债务风险，随后决定撤资。法兰西政府债券收益率（市场利率）随之大幅飙升。在此形势下，继续发债已不再可行。路易十六

---

① Eugine N. White, “The French Revolution and the politics of government finance, 1770 – 1815”, *Journal of Economic History*, 55 (1995), 227 – 255.

政府决定加税，而这立即招致三级会议代表们的强烈反对。在此关头，一切有效和善良的改革措施都为时已晚。很快，事件的演变就转向爆发巴士底狱风暴的方向。①

学者们在比较英法两国金融发展，尤其是两国财政和债务融资行为时，提出了另一个问题。为何大不列颠政府为历次战争而发行的大量债务没有产生显著的挤出效应，没有妨碍工业革命的发生呢？“挤出效应”的含义是，政府为弥补财政赤字而增加债券发行时，在金融市场上形成与私人部门证券融资相竞争的关系。如果政府新增债券发行抬高了市场利率，那么一部分企业证券融资（及其投资）将被挤出市场，由此导致私人部门的产出和就业增长受到限制。按此思路，一位研究者检查了1727—1840年，大不列颠（联合王国）私人部门投资回报率和产出增长与政府债务有关指标之间的相关性，发现诸如房地产投资实际回报率、砖瓦生产指数（企业部门的一个典型产出指标），在考察期间内皆未受到政府债务或军费支出（均以它们与国民生产总值的比率为考察对象）的影响。19世纪初，联合王国政府债务总额已为国民生产总值的2.5倍。这个数字若放在20世纪末和21世纪初仍为世界最高水平，世界上尚未有任何一个新兴市场经济体可有这水平的一半而不担心债务危机的发生风险。此处的焦点是，联合王国彼时不仅未面临债务危机，而且似乎未使私人部门的经济活动受到任何显著不利影响。换言之，在政府债务堆积如山的背景下，不列颠私人部门（企业部门）的经营却一切如常。这如何解释？

前引研究者认为，几个看似有道理的解释——“李嘉图等价说”（储蓄者在当前消费与未来消费即储蓄之间进行抉择）、外资流入说、金融市场分割说等——皆不能得到数据的很好支持。因此他认为，该时期大不列颠（联合王国）政府债务膨胀与经济增长之间的关系是一个不解之谜。② 他的猜想是，该时期大不列颠人口增长导致了租金收入（影响房地产投资收益的关键变量）相对下降，进而未使资本市场紧张，即企业融资活动可正常进行。

其实，一个简单分析便可破解这个谜团。政府债务扩张是否带来“挤出效应”，关键在于市场利率的走势。利率上升必然产生挤出效应，利率下降则无“挤出效应”；倘若利率不变，那么结果难以判断。从前面图6-1可看到，在整个18世纪，英吉利（大不列颠）政府利息支付与债务余额的比率趋于下降，而且自1750年后一直停留在不高于4%的低位。图6-2比较了英法两国国债收益率在19世纪的走势。此图显示，大不列颠政府债券收益率继续呈下降趋势，而且自1820年后长期处于3.5%以下低位。与此同时，法兰西国债收益率虽在19世纪初大幅下降，但在此后长期高于不列颠，1880年

① Eugine N. White, “Was there a solution to the ancient regime's financial dilemma?”, *Journal of Economic History*, 49 (1989), 545-568.

② Gregory Clark, “Debt, Deficits, and Crowding out: England, 1727—1840.”, *European Review of Economic History*, Vol. 5, No. 3 (2001): 403-436.

以前一直位于5%以上，高出不列颠1.2～2.3个百分点。

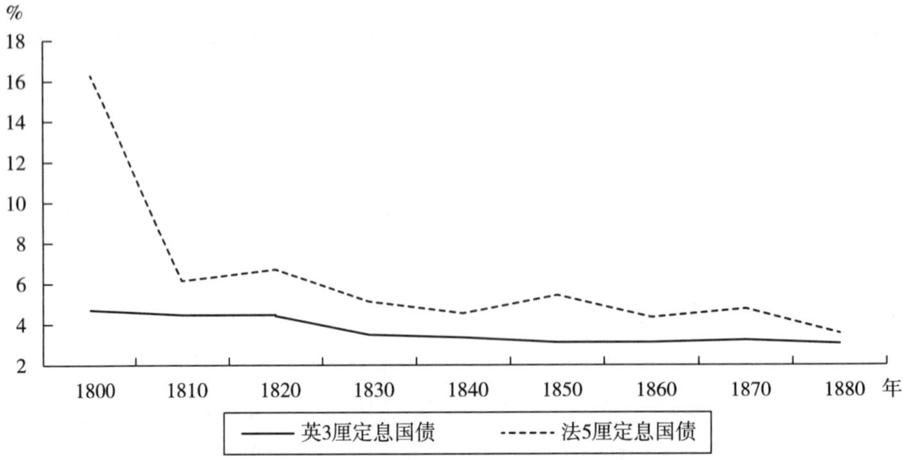

注：霍默和西勒：《利率史》，表19（英），第183－185页；表25（法），第208－210页；法兰西1860年及以后各年为3厘国债收益率。

图6－2　19世纪英法国债收益率

需要注意，图6－1后半时期（1748—1815年）和图6－2覆盖的全部时期（1800—1880年）已是工业革命在不列颠启动之后。倘若不列颠政府的大规模债券发行具有显著的“挤出效应”，那么工业革命则难以在1750年前后启动，更难于在19世纪初形成燎原之势。而在法兰西，工业革命的迟到一定多少与政府债券的较高收益率（市场利率）有关。

上述判断的道理显而易见。英法两国政府在19世纪在各自金融市场上都有良好信誉（不列颠政府则早在18世纪便已如此），因此，两国国债收益率便成了各自金融市场上的基准利率（无风险证券投资回报率）。当该利率上升时，风险投资资金（如给予制造业企业的投资或信贷）趋于回撤，流入无风险证券市场；当该利率下降时，风险投资趋于增加，进而支持工业革命相关的企业及其创新活动。在法兰西，由于政府债券收益率长期偏高，工业投资必定相应受到不利影响。

进一步追问，为何大不列颠（联合王国）可在18世纪中叶至19世纪初做到政府债务率高升的同时而市场利率却维持在低位？究其缘故，这里不仅仅有政府信誉的因素，还有金融机构和金融市场的发展带来了社会储蓄增长和社会资金供给不断增多的因素。没有后者，仅有政府信誉改善这一个因素，难以阻止政府债务大规模增加所带来的利率拉升效应。

值得一提的是，“光荣革命”前后，经济学家们开始大力倡导公共财政的观念，在思想观念上不仅促使政府税收和债务管理政策的转变，而且推动了财政支出政策的改进。威廉·配第（1623—1687年）被马克思誉为“政治经济学之父，在某种程度上也可以说是统计学的创始人”①。他写于第二次英荷战争后的《政治算术》（1676年）指出，赋税若管理得当，可发挥积极的经济作用。② 这个关于生产性财政概念的早期表述，后由亚当·斯密发扬光大。斯密说，赋税和政府借债都要从“公共目的”出发，只能用于四个用途，即国防费（安全费）、司法费（国内正义费）、公共物品费（公共工程和公共机构费）和“维持君主尊严的费用”。最后一项带有历史色彩，第三项则是一个新重点。但是，英格兰（大不列颠）在财政支出方面的转型来得很晚。由于债务负担高昂，还本付息一直是财政支出中的最大项目，在1720—1729年为47%（此为大不列颠政府），在1820—1829年则高达59%（此为联合王国政府）。在整个18世纪和19世纪，财政支出的第二大项（有时为第一大项）是军费，占比最高时至66%（1700—1709年）。第三大项是行政费，19世纪末以前其占比通常在6%～17%波动。用于教育的财政支出至1850年才达到1%。③

斯密还说，赋税和政府借贷均不能过度，否则将损害私人部门的生产力，损害土地和资本的活力。斯密已近乎形成“挤出效应”概念，清楚认识到政府债务增加与私人部门生产力之间可能存在的对立关系。斯密说，热拉亚、威尼斯和荷兰这样的共和国皆因政府过度借债而衰弱，更遑论西班牙和法兰西了。④ 这无疑是对大不列颠政府债务扩张的警告。

五、本章小结

17世纪英格兰奋起直追荷兰，18世纪大不列颠在经济金融发展上全面超越法兰西而成为欧洲的领先者。学者们对英格兰（大不列颠）为何能在近代早期以来的欧洲脱颖而出给出了若干不同看法，有的强调经济因素，有的强调政治因素，还有的强调政府治理能力。

强调经济因素的论者特别重视商人群体的成长及其作用，强调政治因素的论者特别看重“光荣革命”的历史意义，而强调治理能力的论者则看重政府的协调能力和执行能力。这些观点都有其合理性，但历史发展却是众多因素共同作用的结果，任何聚焦于单一因素的观点都有一定局限性。

就英格兰（大不列颠）而言，很明显，一些重要变化早在1688年“光荣革命”之

① 马克思《资本论》第1卷，《马克思恩格斯全集》第23卷，人民出版社，1972年，第302页。

② 威廉·配第：《赋税论：献给英明人士货币略论》，陈冬野等译，商务印书馆，1972年。

③ Peter Matthias, *The First Industrial Nation: The Economic History of Britain* 1700 - 1914, 2nd ed., Routledge, 1979, Table 13, p. 429.

④ 斯密：《国民财富的性质和原因的研究》，下卷，第491-492页。

前就已出现。政治上，1215 年“大宪章”已确定了君主税权有限的原则，1689 年“权利法案”对此再度确认；经济上，都铎王朝晚期以来商业和金融发展已成势头，财富追求和财富创造的社会氛围已经形成。简言之，17 世纪末的英格兰已拥有诸多适于其后续发展的历史背景因素，尽管它还必须做出新的更大努力才能在激烈的国际竞争中最终胜出。

“光荣革命”具有不可否认的重要财政金融意义。它强化了议会对政府（王室）财政行为的约束，促使政府将财政开支“超额”需要（填补财政赤字的需要）转化为借贷需求，并使借贷需求进一步转化为证券融资需求，进而促使政府的财政运行与本国金融市场紧密连接。政府对金融市场形成了需求，因而也乐意支持金融市场的发展。但是，“光荣革命”本身既不是财政革命，更不是金融革命。它只是为后来的财政金融改革和发展开启了新通道，为政府与市场之间的良性互动提供了新的可能性。

在新的社会制度和市场环境中，政府很快发现，倘若恪守承诺，提高财政政策和财政行为的规范性及透明度，则可促使政府债务融资成本不断下降。连绵不断的对外战争带来了巨大的借债需求，债台高筑让政府倍感降低债务成本（利率）的极端重要性。从 17 世纪末至 18 世纪中，英吉利（大不列颠）政府不断尝试，多次改革调整，终于弄出了成熟的国债市场和国债管理方式，并大幅度降低了债券发行利率，成功规避了财政风险。

英格兰银行和伦敦证券市场这样的新事物，并非英吉利政府的预先设计。英格兰银行在发展初期，先后有过不同的竞争对手，它远非成熟的中央银行。在纸钞发行和票据贴现业务的经营范围上，它主要限于伦敦地区，这个地域特点使它与伦敦金融市场关系紧密，使它逐渐成为政府与金融市场之间的中介。

至 18 世纪中叶，随着统一公债的推出，不列颠金融市场拥有了低风险和高流动性的证券资产，其收益率成为市场基准利率。大不列颠基本完成财政金融转型，在金融上做好了迎接工业革命的基本准备。

1720 年“泡沫法”颁布以后，至 1825 年，伦敦股票交易所仅交易政府债券和特许合股公司证券。在这期间，私人银行和保险公司等新型金融机构悄然生长，仿佛默默地为现代金融体系的形成做着春雨润物的铺垫。

在英吉利海峡对岸，曾经不可一世的法兰西王朝在太阳王落山之后陷入财政困境。摄政王不甘落后，重用金融冒险家约翰·罗，由他试建“体系”。这个由银行、纸钞和高度风险性的商业企业拼凑起来的体系自始便存在不可克服的内在矛盾，完全是一个“早产儿”。不久，印度公司股价跌落与皇家银行纸钞贬值同时发生，二者互为因果。

与多年前的“荷兰郁金香狂热”一样，法兰西密西西比泡沫与不列颠南海泡沫也发生在金融走向平民化发展的大背景下。而且，至 1720 年，英法荷各国之间的跨境资金流动出现加快势头。英法两国金融泡沫的同时破灭实为同一场国际金融危机的表现。但是，两者造成的后果却大不相同。大不列颠的金融继续发展，法兰西却陷入停滞。这种差别及其影响持续至法兰西大革命和拿破仑战争时期，甚至到 19 世纪后半期仍可感到它的余波。

第三篇

现代金融体系的形成

工业革命带来了全新的和多样化的金融需求及供给方式，商人和企业家纷纷参与金融创新。新型金融机构不断涌现，证券市场不断发展壮大。19 世纪中叶至 20 世纪初，以同时拥有多种金融机构、活跃的证券市场和中央银行为特征的现代金融体系陆续在多个工业化国家形成。然而，正如每个国家皆有独特的历史传统和制度框架，各国的金融体系也有鲜明的民族特色。

[第七章]

不列颠工业革命与第一个现代金融体系的诞生

大不列颠金融业在 18 世纪的发展，首要作用在于支持了联合王国政府的低利率和高效率债务融资，其次是促进了当地的商业和贸易发展，并开始为后来的金融市场发展提供基准利率信号。银行和证券市场业已出现，但规模微小，尚不足以支撑现代经济的全面发展。

18 世纪中期以前，不列颠地区的制造业以手工业为主，且许多手工生产采取农村家庭分包制，即商人兼制造商给分散在各地的农户提供订单和原材料，后者在自己的居所并主要使用自制工具进行加工，并在完成后将制成品交给前者。这些商人兼制造商通常完全使用自有资金，不需要外部融资，他们仅在销售和采购环节才与其他商人发生商业往来，其大部分本地交易以及很多国内交易皆以现金进行，大额交易间或使用汇票和银行券等新兴支付工具，而银行券的流通范围通常只在数十公里范围内。超过一定距离，银行券时常面临要么被拒付，要么打折使用的问题。

工业革命以工厂制造业和基础设施建设蓬勃发展为特征。相比传统的分散型手工制造业，工业革命是人类创造财富方式的巨变。同时，工业革命也带来了交通和通信的极大改善。在此背景下，金融与社会经济的关系出现了前所未有的变化。在大不列颠，当工业革命在 18 世纪后期初起时，金融对工业革命的支持作用尚不够显著。随着经济增长和企业家创业活动在社会中的普及，金融对工业革命的支持不断增强。在工业革命进一步开展时，尤其是当证券市场向合股公司（铁路企业）开放后，金融市场对工业革命的支持作用被提升到空前高度。诸如商人银行的新兴金融机构则不仅助力新兴制造业产品拓展海外市场，而且促进了制造业厂商群体的结构性调整。在不列颠工业革命进程中，银行机构的数量、规模和经营行为都发生了巨大变化。

金融支持了不列颠工业革命，工业革命也使不列颠金融业日新月异。若无工业革命，大不列颠不可能在19世纪中期成为世界第一强国。然而若无金融发展，大不列颠的工业革命则难以在当时取得其达到的成就。同时，归功于工业革命，大不列颠成为世界上第一个工业国，也建成了世界上第一个现代金融体系。至19世纪中叶，大不列颠金融体系还拥有一个“中央枢纽”调节着境内和跨境资金流动，为金融市场的正常运行“保驾护航”。伦敦也随之成为世界金融中心。

一、不列颠工业革命的进程和基本特点

不列颠经济史多将1760年视为工业革命的起点，终点则为1840年或1850年。这长达80~90年的时间又可细分为三个时段：一是1760—1790年，这30年中诞生了棉纺织和蒸汽动力运用上的许多技术突破；二是1791—1820年，这30年中重大技术突破数量上相对少一些，但工厂制度继续普及，同时，大不列颠的国内经济和对外贸易在这期间受到反法同盟战争和拿破仑战争的严重不利影响；三是1821—1840年或1821—1850年，这20年或30年中铁路建设大规模开展，到1850年前后，大不列颠全境布满了铁路、公路和运河线路，它们的干线和支线相互连接，组成了全国性现代交通网络。大不列颠脱颖成为一个工业社会。

工业革命不仅仅是一场技术变革，而是一系列社会经济变革的集合。有学者说过，“工业革命不是棉花时代，不是铁路时代，也不是蒸汽时代；工业革命是改良和进步时代”[①]。阿诺德·汤因比（1852—1883年）在英语界首次提出“工业革命”（Industrial Revolution，也译为“产业革命”）这个概念，他说“产业革命的本质，是以竞争取代了以前控制财富生产和分配的各种中世纪规章制度”[②]。概括地说，在大不列颠工业革命期间，社会经济至少发生了以下多方面的重要变化。

人口革命：大不列颠人口增长率在工业革命期间大幅度提升，死亡率大幅度下降，而出生率一直保持在高位。统计数字显示，英格兰人口每10年增长率，1750年以前不超过3%，在1751—1780年为6%，此后持续升高，1811—1821年达到18%，创造了历史最高水平。[③]这些增长率数字与20世纪后半期许多国家相比不算奇迹，但在世界历史

① Donald McCloskey. “The Industrial Revolution 1780 - 1860: A Survey”, in Roderick Floud and Donald McCloskey eds. *The Economic History of Britain since* 1700, Vol. 1: 1700 - 1860, Cambridge University Press, 1981, p. 118 (Donald McCloskey 后来改名为 Deirdre McCloskey)。

② 阿诺德·汤因比：《产业革命》，宋晓东译，商务印书馆，2019年，第77页。该书英文版是作者生前讲座笔记的汇集，初版于1884年，1908年增订再版时由他的侄子汤因比（Arnold Joseph Toynbee，1889—1975年）作序。

③ 阿诺德·汤因比：《产业革命》，第80页。

上，却是一个经济体在持续近一个世纪的时间中首次达到的高水平。这些人口数字的深刻意义，表明人类社会由此突破了马尔萨斯陷阱，即从此告别了“人口增长—衰退”的循环格局。关注人口构成的经济史学者认为，当时英格兰（大不列颠）人口迅猛增长的主要原因是早婚大量增多以及由此而形成的“生育革命”。①

劳工市场革命：在人口加快增长的同时，劳动力供给也迅猛增长。劳工市场革命绝不简单地意味着劳动年龄人口的增多，更重要的是，越来越多的劳动年龄人口参加了非农业就业，大量来自乡村和小城镇的人口流向城市和工厂。而且，劳动年龄起点自发降低，妇女外出做工也大量增加，童工和女工一度是许多工厂的主要劳动力。大量劳动人口在寻找工作期间或被雇主解雇期间，成为“产业后备军”。就业劳动的技艺要求在工业革命时期也出现重大变化，中世纪的“手艺人”相对减少，工厂大量招聘非熟练工人。

农业革命：耕作制度发生重要变化，农业生产引进了新的和更高效率的生产工具，许多劳动力从土地耕作和畜牧业中解放出来。18 世纪 80 年代在英格兰中部地区运用的科学耕作方法使土地产出提高了 10 倍。②是时，农业生产相关制度也发生了重要变化。工业革命前数百年中英格兰业已发生的“圈地运动”在工业革命期间继续以新形式进行。公有地日渐私有化，租佃关系不断调整，自耕农逐渐减少。各种类型的土地交易日益增多，土地“资本化”倾向愈加突出。然而，在土地所有方面，唯一不变的是少数人口继续占有全国几乎所有土地。③

动力和能源革命：木材和煤油为传统农业社会的主要热能来源。但是工业革命以来，煤却成为工业和家庭能源的主要来源。蒸汽机的发明和使用更推动了工业动力的变革，工业生产的机械化由此开启。机械动力的普及大大提高了制造业所要求的劳动力的聚集性和劳动的纪律性。新动力和新材料的使用带来了对新工业设备的需求，这些因素共同促使工业部门成为资本密集型行业，即固定资本在全部资本使用中的占比越来越高。

材料革命：1851 年 5 月至 10 月在伦敦举办了“万国工业博览会”（世界博览会的前身），主办国借机大力展示其工业化成就。当时来自大不列颠各地和世界多国的游客参观了这场规模空前的博览会，而会上最引人瞩目的是水晶宫建筑物，其整体长 564 米、宽 124 米、高 39 米，主体材料是钢铁和玻璃，这是不列颠工业革命创造出来的两大新材

---

① E. A. 里格利：《延续、偶然与变迁：英国工业革命的特质》，侯琳琳译，浙江大学出版社，2013 年，第 91－92 页。

② F. E. Halliday. *A Concise History of England: From Stonehenge to the Atomic Age*, Book Club Associates, 1975, p. 154.

③ 汤因比说，19 世纪末联合王国一半的土地掌握在 2 512 人手中（《产业革命》第 7 页）。他没有提到另一半土地属于谁所有，很有可能，那一半土地由皇室和教会所有。

料。事实上，当时的化学工业也在蓬勃发展，新材料正在被不断地创造出来。

交通运输革命：自 17 世纪中期，英格兰当局即十分重视国内交通建设，这或许受到了此时法兰西执掌经济事务的科尔贝尔政策的影响。当时大力推进的建设工程是城际大道（Turnpike，也译为“关道”），即符合道路宽度要求并且由首都伦敦直达各重要口岸城市的道路。18 世纪工业革命开始后，又兴起了运河网络的建设热潮。时至 18 世纪 30 年代，铁路建设热潮继而又起。工业革命期间，不列颠的交通改善可从这例小事略见一斑：著名发明家博尔顿和瓦特 1786 年从伯明翰出发前往巴黎，单程仅用 6 天时间，[①] 而在此前，同样旅行要用十多天甚至两周。

工厂制度革命：同时雇佣上百人的手工作坊在工业革命前就出现在许多国家，造船和武器制造业都曾有此情形。与前工业时代不同，工业革命开始后，工厂规模越办越大。理查德·阿克莱特（Richard Arkwright，1732—1792 年）是棉纺织业的先驱者，他于 1768 年申请了纺纱机专利，几年后在诺丁汉开办了纺织工厂，雇佣工人 300 名。然而，他与后继者经营的企业随后开办的新工厂所雇佣的人数不断增加，1792 年 1 200 名，1815 年 1 500 名，1833 年 2 000 名。罗伯特·欧文（1771—1858 年）出生在威尔士的一个普通家庭，凭借自身努力擢升为大型棉纺织企业的高级管理职位。1800 年在其岳父协助下，他扩建了在苏格兰新拉纳克的纺织厂，雇佣工人多达 2 000 人（其中包括 500 名童工）。一位 21 世纪的作者说，这个事例意味着，“巨型工厂出现了”[②]。工厂制度的新意义并非简单在于生产规模扩大或工人人数增多，它还必须是确保劳动作业协同性和执行劳动纪律的完整机制。因此，工厂制度革命实为组织革命和管理革命，其后续发展还带来了所有权与管理权关系上的挑战。

国际贸易和供应链革命：一国加工来自另一国原料的做法在中世纪已出现，彼时英格兰羊毛即输往意大利进行加工。近代早期，荷兰人从印度尼西亚采购香料，运至欧洲诸国。工业革命超越这些先例之处在于，在英格兰以及后来在苏格兰建立的大型棉纺织工厂，不仅完全依赖来自海外的棉花原料，而且世界棉花种植基地随着大不列颠棉纺织业的不断增长而移动。大不列颠棉纺织业的原料来源早期为印度，后来是土耳其，随之是北美和埃及等。同时，其棉纺织品除了供国内消费外，还行销世界各地。大不列颠成了名副其实的“世界工厂”，并以此连接了全球的原料生产和市场销售。简言之，全球供应链概念的雏形于彼时得以确立了。

以上八个方面虽未展现工业革命的全貌，但也足以体现这场革命的基本特点。接下来的问题是，这些革命与金融发展有何关系？我们已知 18 世纪前半期英格兰（大不列

---

① Joel Mokyr, *The Enlightened Economy*: *Britain and the Industrial Revolution* 1700 – 1850, Penguin Books, 2009, p. 203.

② 乔舒亚·B. 弗里曼：《巨兽：工厂与现代世界的形成》，李珂译，社会科学出版社，2020 年，第 18 页。

颠）发生了一场“公共金融革命”（公共财政革命），即政府财政收支和债务管理体制朝着基于透明和规则的方向转变。这个转变总体上有利于不列颠金融市场和金融机构的生长。但是，关于金融市场和金融机构与工业革命的关系，学术界却一直存在不同看法。回顾学术讨论的诸种观点，将有助于深入认识金融发展与工业革命的关系。

二、关于金融与工业革命关系的不同看法

金融与工业革命的关系是20世纪70年代前后欧美学术界热烈讨论的一个话题。事实上，在这之前与此相关的若干深层次问题已经被提了出来。

马克思在《资本论》中提出，资本主义生产过程就是资本的循环过程。资本家在生产过程中首先投入货币资本G，用于雇佣工人去生产商品资本W，然后将其在市场上出售，获得新增G’。这个新增资本G’在价值上大于早先投入的货币资本G，此为资本增值，而且周而复始。马克思提出的深刻问题是，最早一批资本家手中的货币资本G来自哪里？当然，在马克思的问题中，资本的原始积累问题还包括劳动力来自何处。马克思认为，在工业革命开始后，资本家变成了社会财富的主要所有者，货币资本G的来源遂不是重要问题。关键问题是，在工业革命之初，当首批资本家出现时，他们手中的货币资本G来自哪里？谁为他们提供了资金（资本）支持？显然，不回答这个问题，对资本主义诞生过程的理解就不完整。

20世纪知名经济学家熊彼特也提出过类似的问题。在他看来，在任何一国的经济发展或工业革命进程中，主角都是企业家，他们是创新活动的发起者、组织者和执行者，是哈姆雷特剧中的丹麦王子。他这样描述企业家与借贷的关系：“如果这个企业家恰恰是一个没有购买力的人——如果他有购买力，那不过是先前发展的结果——那他必须借入购买力。如果他借不到，那么显然他就不能成为一个企业家……企业家只有先当债务人，才能成为企业家。企业家由于发展进程的逻辑而成为债务人，或者换句话说，他之成为债务人是由于事理之必然，不是什么不正常的事情，也不是用特殊情况来解释的偶然事件。他首先需要的就是信贷。在他需要任何商品之前，他需要有购买力。在资本主义社会，他是典型的债务人”①。熊彼特对“谁向企业家提供资金（资本）”的回答是：银行。他认为，资本对企业家来说，是一种杠杆；在信用体系中，它是一笔“购买力基金”，并非18世纪法兰西经济学家魁奈或不列颠经济学家亚当·斯密所说的“预付款”（Advances）。熊彼特认为，早先的银行并不特别区分长期贷款和短期贷款；即便企业开始发行债券和股票，银行仍然是企业资金的基本来源。因此，银行在工业革命过程中必

---

① 约瑟夫·熊彼特：《经济发展理论：对于利润、资本、信贷、利息和经济周期的探究》，何畏、易家详等译，商务印书馆，2019年，第117－118页。

定发挥了极其重要的作用。

21世纪以前的发展经济学中，一度有过很有影响的说法，认为一国经济在“起飞”时期会见证投资率的大幅度升高。投资率也叫“积累率”，指一定时期中国民收入或国内总产出中用于当期固定资产投资或资本形成所占比例。两位美利坚经济学者，刘易斯（W. A. Lewis）和罗斯托（W. W. Rostow）在20世纪50年代和60年代分别提出了这种见解，并认为投资率在相对短的“起飞”阶段（持续20～30年）从5%左右提高到10%以上。这个看法被称为“刘易斯—罗斯托观点”。另一个代表性看法是，金融在工业革命期间所发挥的重要作用是支持固定资本投资，即从金融的旧定位（仅仅提供周转资金或短期资金融资）转变为新定位（支持长期实业投资）。此看法也被称为“希克斯—兰尼斯—费观点”（Hicks - Ranis - Fei）。[①]由于18世纪后半期开始的不列颠工业革命是人类历史上的第一次经济“起飞”，因而尤为众多经济学研究者特别关注。

据经济史学者估算，大不列颠国内生产总值（GDP）中的固定资产形成占比，在1761—1770年为8%，1791—1800年为14%，此后直到1851年一直维持在该水平上。[②]可资对比的另一个估计是，固定资产投资与国民生产总值（GNP）之比在1760年为6%，1780年为7%，1801年为7.9%，1821年为11.2%，1831年为11.7%。[③]这几个数字表明，最大的变化发生在1801—1821年，此20年中，投资率上升了3.3个百分点。

可以认为，在不列颠工业革命的早期和中期阶段，投资率的确出现了明显上升；而在工业革命的后期阶段，投资率则保持在两位数水平上，显著高于工业革命之前。没有投资率的持续高升，工业革命就无法开展下去。不列颠工业革命期间投资率上升的事实以及后来许多经济学家对此的强调，不同程度上影响了20世纪后半期许多国家的经济发展政策，它们努力通过多种措施和途径来提高本国的投资率（储蓄率）。

但投资率上升本身并未说明其所以然，也没有传达有关金融的作用及其转变的信息。有学者将金融（私人银行和其他私人金融机构）在工业革命时期的作为比喻成柯南·道尔小说《银色马》那只夜晚不叫喊的狗，[④]意思是，正是由于狗在案情之夜的不出声引导福尔摩斯最终发现破案线索。私人部门金融机构在不列颠工业革命早期阶段不突出的作为不仅与18世纪公共金融革命形成了鲜明对比，而且也是那个时期不列颠经济

---

① Joel Mokyr, “The Industrial Revolution and the New Economic History”, in Joel Mokyr ed. *The Economics of the Industrial Revolution*, George Allen and Unwin, 1985, pp. 33 - 34; Joel Mokyr, *The Enlightened Economy: Britain and the Industrial Revolution 1700 - 1850*, Penguin Books, 2009, p. 260.

② C. H. Feinstein, “Capital accumulation and the industrial revolution”, in Roderick Floud and Donald McCloskey eds. *The Economic History of Britain since 1700*, Vol. 1: 1700 - 1860, Cambridge University Press, 1981, Table 7.2, p. 131. Mokyr, The Enlightened Economy（Table 12.3, p. 261），也引用了这个研究成果。

③ 转引自里格利《延续、偶然与变迁》，表4.1，第110页。

④ Peter Temin and Hans - Joachim Voth, *Prometheus Shackled: Goldsmith Banks and England's Financial Revolution after 1700*, Oxford University Press, 2013, p. 4.

增长十分缓慢的重要原因。[①]

20 世纪 80 年代以前，有关金融与工业革命的学术研究成果尚不多见。一篇发表于 1937 年的文章说，关于工业革命的几部“经典”著作皆不重视金融问题，仅有少量篇幅叙述了工业革命时期的资本或资本家的资金来源。该文章认为，这不意味着金融问题不重要。其理由是，在不列颠工业革命早期阶段（1790 年以前），新工业企业（尤其是棉纺织行业中的新企业）的创始资金需求通常不大，其中很多既不需要新建厂房，也不需要购置新设备，即便在需要新建厂房和添置新设备时，规模通常也很有限。在资金供给方面，许多事例表明，亲朋好友之间即能解决大部分资金来源问题。[②]但这篇文献考察的企业对象和时间范围均不够广泛，主要局限于英格兰工业革命早期的若干制造业企业。的确，在工业革命早期阶段，企业规模相对小，资金需求量不大，那时尚未出现专门投资具有风险的制造业企业的金融机构。

截至 20 世纪 80 年代的主导观点认为，在不列颠工业革命早中期阶段，现代部门的资本需求相对“温和”，它对现代金融机构和金融市场的需求不显著。理由有三：企业家的创始资金主要来自“内部”，由本人或家人提供；那时的资本市场主要是个人之间且非正规，多数借贷或投资发生在亲朋之间；正规金融机构（银行、保险公司和证券市场等）彼时的作用主要是信息聚集和分散投资。[③]一位为了回应罗斯托“经济起飞论”的法兰西学者在 20 世纪 60 年代就工业革命中的金融问题写了一篇长文，其基本结论是，那个时期大多数英吉利企业家利用自有资金来源，地产资金和银行资金均很少参与企业创业和经营活动。相比于英格兰，法兰西企业家在自身工业革命时期更加依赖内部融资，因为那里的资本市场更加不发达，资金的流动性更低。而且，英法两国的资金供给和积累在那段时期都呈现出显著的不连续性，时常受到诸如战争爆发等事件的影响。[④]

金融在工业革命初期的作用或许还受到企业投资回报率的高低和风险大小等因素的影响。以现代眼光看，18 世纪后半期棉纺织业中的早期技术突破大多数由“业余”发明家创造。当新技术尚处于构思和试验阶段时，其商业应用前景显然不够明朗。那时也缺少 20 世纪 90 年代以后大量涌现的专业化创业投资基金之类的金融机构。在此背景下，多数发明家“闭门造车”，一旦初获成果，便自行投入运行。金融涉足于技术创新的早

---

① Temin and Hans - Joachim Voth, Prometheus Shackled, p. 4. 两位作者的基本观点是，在工业革命早期阶段（19 世纪 20 年代以前），大不列颠尚未拥有有效的国内金融体系，而且还存在“金融压抑”（由于大量政府债券融资的缘故）；那时，普通民众和许多中小企业都无法充分享受到技术革命的果实。

② Herbert Heaton, “Financing the Industrial Revolution”, first published in the *Bulletin of the Business Historical Society*, Vol. XI, No. 1 (February 1937), reprinted in F. Crouzet, ed. Capital Formation in the Industrial Revolution, Methuen, 1972, pp. 84 - 93.

③ Mokyr, “The Industrial Revolution and the New Economic History”, p. 35.

④ F. Crouzet, “Capital Formation in Great Britain during the Industrial Revolution”, in F. Crouzet, ed., *Capital Formation in the Industrial Revolution*, p. 220.

期开发和应用，在不列颠大约始自铁路技术投入应用前后（19 世纪 10 年代前后）。

有的学者十分重视基础设施的作用，认为道路设施的改善在大不列颠工业革命进程中发挥了至关重要的作用。1830 年时，不列颠仅有不到 200 公里的铁路线，1850 年则有9 800 公里，[①] 20 年中增多了 48 倍，平均每年增长 21.5%。在 19 世纪 20 年代，在不列颠资产形成毛额中，大约 15% 投资于道路、港口和运河各种交通设施；到 19 世纪 40 年代，铁路建设热潮到来，比该率上升到 40% 以上，有的估计数甚至超过 50%。[②]在工业革命时期，大不列颠中央政府和地方政府在基础设施建设上，充其量仅提供了一小部分投资资金来源，绝大部分投资资金来自非政府部门，尤其来自金融市场（全国性股票交易所和地方金融市场）。理解金融与工业革命的关系，基础设施建设是其中一个重要方面。

另一个重要问题是，金融是否支持了工业革命时期的制造业发展和对外贸易扩张？在发展经济学 20 世纪 60 年代的讨论中，一些学者认为，制造业发展和对外贸易扩张是不列颠经济起飞的重要支撑。制造业中的棉纺织业不仅体现了不列颠工业革命的特色（工厂制度最先普及的行业，也是雇佣童工和女工最多的行业），而且也是出口创汇最多的制造业部门。棉纺织业和对外贸易堪称大不列颠经济起飞时期的“主导部门”。[③]

曾经在学术界颇具影响的观点是，近代早期的资金市场偏好商业和航运，并非制造业。出于多种理由，早期的“商人资本家”不愿意投资于制造业，或许因为制造业投资的回报率在工业革命早期低于商业或航运业。[④]这个看法的含义是，如果没有一些企业家（包括在早期金融市场的投资家）具有甘冒风险的意愿和态度，工业革命将踌躇前行。

另一个有影响的看法是，工业革命早期阶段中资本市场的不完善并未影响企业家们的资金供给，因而也没有妨碍工业革命进程。“用 20 世纪的眼光看，18 世纪资本市场组织得差强人意，但现代工业的初创者们好像并没有受到多少限制……比起欧洲大陆，英吉利工业似乎到处都充斥着资本”[⑤]。此种说法的意思是，大不列颠在 18 世纪后半期工业革命开始之际，已经拥有大量流动性财富，尽管这些财富的流通渠道或流通机制今天看来远不够完善。与此相似的另一个说法是，“18 世纪开始时，这片国土上已有足够多的富人去资助经济发展的追求，其程度远远超过了工业革命领袖们的温和作为所需要的水平……那时社会所缺少的不是储藏起来的财富的数量，而是它们的行为。储蓄的水库

---

① Mokyr, *The Enlightened Economy*, p. 215.

② Mokry, *The Enlightened Economy*, p. 214.

③ 罗斯托：《从起飞进入持续增长的经济学》，贺力平等译，四川人民出版社，2000 年修订版，第 1 章“主导部门和起飞”和第 4 章“英国的起飞”。

④ Douglass C. North, “Capital formation in the United States during the early period of industrialization: A Reexamination of the issues”, in Robert W. Fogel and Stanley L. Engerman, eds. *The Reinterpretation of American Economic History*, Harper & Row, 1971, pp. 275 – 276.

⑤ Mokyr, “The Industrial Revolution and the New Economic History”, p. 38. 此处引用法兰西经济史学者 F. Crouzet 语。

已经填得够满了，但连接到工业车轮的渠道少之又少”①。这些话仿佛在说 19 世纪的大不列颠已经完成了“资本的原始积累”，资金供给不再构成产业创新的重要制约了。这种观点间接地承认了马克思说过的“资本原始积累”的重要性，同时也留下了值得进一步去探究的问题。当工业革命产生出越来越大的资金需求时，资本市场或信贷体系如何去适应？这个问题不仅事关 18 世纪后半期和 19 世纪前半期的大不列颠经济发展，且对工业化进程中许多后进国家也具有重要意义。

在大不列颠经济起飞之前，已有某些国家成为富裕国，例如荷兰和威尼斯。在这些国家，造船业和武器制造已有相当的发展，但它们却没有发生不列颠式的工业革命。如此而言，资金供给的丰裕程度的确并非工业革命是否发生的决定性因素。

金融发展在工业革命进程中的作用，可以归结为两个问题。一是其是否有助于社会储蓄率的提升，即是否发挥储蓄动员的作用？二是它如何支持储蓄向实业投资（包括工业投资和社会基础设施投资等）的转化？此外，从金融发展的角度，我们关注的问题在于，工业革命给不列颠金融业带来了什么影响？不列颠金融业由于工业革命得到了哪些发展？为何世界上第一个现代金融体系在不列颠形成？

以下依次叙述不列颠工业革命时期金融与基础设施投资、金融与制造业企业投资、金融与对外贸易发展之间的关系，然后考察工业革命期间不列颠金融部门本身的变化。

三、金融与基础设施建设

经济学中，基础设施与另一个概念“社会先行资本”（Social Overhead Capital，有时也译为“社会间接资本”等）有密切关系。基础设施指道路、铁路、机场和港口等，有时也包括城市各种管网设施等；而社会先行资本，除了指交通运输设施和城市水电气，还包括医院、学校和公园等。基础设施与社会先行资本有几点共性。公共性，即这些设施的效用可为社会大众同时享受，不限于个别社会成员（或者说在消费上通常不具有排他性）；非直接性，即不与任何特定的生产活动相关联；政府关联性，即它们通常由政府来提供。20 世纪后半期的流行经济理论认为，它们体现了公共物品的特点。历史上，绝大多数公共物品的投资和提供主要由政府来承担。

在公共物品领域，交通设施与医院、学校等设施有所不同。一般而言，交通类的基础设施可实行“用者付费”，且收费标准可依成本而定，甚至可采取需求导向的定价方法（如在拥挤的运河河段或繁忙时间段实行高峰价位）。面向大众的学校和医院等机构则不一定能够实行“用者付费”，或依据完全成本法来定价。由于这种区别，政府对社

① Mokyr, “The Industrial Revolution and the New Economic History”, p. 38. 此处引用不列颠经济史学者 M. M. Postan 语。

会先行资本的介入程度在学校或医院领域中高于其他领域。

另外，基础设施投资具有一些不同于普通工业投资或企业投资的特点。首先，项目投资所需资金规模大；其次，项目建设周期长；最后，项目建成投入运行后，即便按照成本定价原则，收益前景也具有不确定性，投资者或将面临收益风险。在前工业社会，私人部门无法依据适当程序和方法建立规模足够大且持续时间足够长的组织，并且找到有效途径和机制分散投资和经营风险。因此，在前工业社会，鲜有私人投资介入基础设施建设。政府承担基础设施投资的资金筹措、负责工程实施并承担收益风险是前工业社会各国的通行做法。

工业革命的基本特征是，一大批企业家发明和运用新技术并建立工厂，批量生产面向大众的工业制成品。显然，这首先需要有一个初具规模的国内市场。而国内市场的存在和发展，除了有具备消费力的社会成员，还离不开必要的和高效运行的交通运输设施。工业革命初始时，大不列颠已有初具规模的国内市场。工业革命勃兴之后，大不列颠的基础设施建设保持不断加快的趋势。金融在早期道路建设上的作用初显端倪，而它更大的辉煌体现于运河和铁路建设之中。基础建设投资融资方式在工业革命期间发生了重大变革，由政府主导变为市场主导。以市场化方式进行的基础设施投资融资之所以大获成功，根本原因在于筹资者与投资者之间形成了基于规则的互惠和互动关系，资本市场运行总体上能够确保长期资产（公司债券或股票）得以依据收益和风险获得正确定价。

道路建设

查理二世时期（1663 年），英格兰议会通过了第一个通行税法。该税的征收和道路养护工程的实施皆由各郡任命的特别委员会负责监督，收入用于道路养护和建设，由此确立了道路的使用者付费原则（使用者负担保养道路费用）。依照这个立法原则组建的机构被称为“大道信托”（Turnpike Trusts）。1663 年建成了第一条依据通行税法而建设的大道，1690 年建成了第二条，进展十分缓慢。尽管如此，“光荣革命”几十年后，英格兰一些地方仍然爆发了抗议通行税的骚乱（18 世纪 30 年代）。[①]有的道路使用者缺少足够经济能力来付费使用道路。

“大道信托”的繁荣出现在诞生后的一百年，此乃工业革命开始之际。1760—1774 年，议会通过了超过 452 项有关道路建设和保养的决议。[②] 1773 年议会通过了“普通大道信托法”（General Turnpike Trust Act），简化了申报和设立大道信托的程序。1748 年有

① 保尔·芒图：《十八世纪产业革命：英国近代大工业初期的概况》，杨人楩等译，商务印书馆，1983 年，第 89 页。

② 芒图：《十八世纪产业革命》，第 90 页。

150 个此种信托，1770 年有 530 个，1820 年有 1 100 个。[①]显然，“大道信托”的数目与工业革命保持同步发展。

“大道信托”是一种地方导向的基础设施建设项目融资（Project Finance），即当地融资，当地建设，并主要由当地人来享受直接收益（向道路使用者收费并用于道路养护和回报）。这种做法的优点是能充分调动道路建设的“地方积极性”，缺点是各地道路建设进度不一，全国的道路建设不平衡。“大道信托”的发起人通常是地方政府机构（郡县市政会）。可以认为，正是由于出现了工业革命，地方官绅才越来越意识到道路交通对本地经济的重要性，因此才乐意出面组织或出资建设道路。

在大不列颠，唯国王大道（King's Highway）由中央政府财政拨款建设和维护，不向使用者收费。此做法不非同于欧洲大陆国家，且延续至今，并且适用于 20 世纪后半期在全国普及的高速公路网。在大不列颠，道路建设融资模式基本延续传统，其中有一部分（“大道信托”）是半开放性的。

运河建设

欧洲的运河（人工水路）建设很早就出现在意大利和荷兰等地。法兰西在科尔贝尔时代建设了连接地中海和大西洋的运河，此举意在避开使用直布罗陀海峡。在大不列颠，1750 年前的国内水路建设主要限于人工改善自然河流的通航条件。开挖人工河流从 18 世纪下半期开始，最早的几条小运河均为将煤从矿坑运送到附近可通航的自然河流而建。[②]工业革命期间，大不列颠的运河建设实现了由“私家水路”向公共水路的转变，由此也出现了融资方式的转变。大规模地使用煤作为动力资源是推动运河建设及其融资方式转变的关键因素。

大不列颠于 18 世纪 70 年代开始了本土运河建设热潮，在 1830 年基本建成运河网络。运河干道连接了东西两岸的大城市，并与一些东西走向和南北走向的河流相连接，在英格兰和苏格兰形成了相互连通的网状水道。多数运河宽度在 20 米以上，水深 6 米，可通行货船。一些运河能直接通行远洋船舶，使其直达内陆城市。推动运河建设的动力是商业运输，尤其是蒸汽动力普及后煤矿运输的需求大增。自 19 世纪 20 年代后，伦敦这样的南部城市也能经运河体系从英格兰北部舶来大量煤炭，致使煤价降低到当地企业和人民能够消费的水平。[③]

多数运河项目由私人投资者发起，并以公开募集股本资金的方式筹资。偶尔一些具有重要意义的运河项目在遭遇财务困难时，得到政府资金投入。然而，政府资金介入的

---

① R. B. Jones, *Economic and Social History of England*, 1770 – 1970, Longman, 1971, p. 38.

② Simon Ville. “Transport”, in Rodrick Floud and Paul Johnson, eds. *The Cambridge Economic History of Modern Britain, Vol. I Industrialization*, 1700 – 1860, Cambridge University Press, 2004, p. 299.

③ 克拉潘：《现代英国经济史》，上卷，姚曾廙译，商务印书馆，1974 年，第 110 页。

两条运河项目被认为是“商业上的失败”。①运河项目的商业性在于，项目发起人在得到政府授权和相关的土地权益后可对来往船只收取通行费，并对沿途的商业设施收取租金。1825 年的一项统计显示，全国 80 条运河的资本总额（投资额）为 1 320. 5 万英镑，所得股息为 78. 2 万英镑，平均回报率为 5. 75%；其中，10 条商业上最成功的运河所用资本（投资额）为 112. 7 万英镑，平均回报率为 27. 6%。这也表明，其余投资的平均回报率不到 4%（精确计算为 3. 9%）。②

欧洲大陆的运河建设项目主要由政府（中央政府或市政当局）投资。大不列颠则是私人投资基础设施建设的先驱。私人投资基础设施项目的商业可行性在于，项目建成后管理者得到授权可实施“用者付费”的制度。再进一步探究，“用者付费”制度能否获得商业上的成功，关键在于是否存在足够大的社会需求。正是对煤的广泛使用带来了这个“足够大的社会需求”。

由私人投资积极参与的运河建设热潮兴起于工业革命初期，表明了当时私人投资家对社会经济新动向的敏感和追随。在运河建设热潮的早期阶段，其主要竞争者是道路交通。在运河建设的晚期阶段（19 世纪 20 年代后），它的主要竞争者又变成了铁路。所以说，运河项目自始就处于竞争性的经济环境中，这或许有助于防止投资过度和产生大型泡沫。

大不列颠运河建设及融资方式为世界后来的运河建设提供了有益借鉴。美利坚合众国在 19 世纪上半期的经济发展中，也出现运河建设热潮，且项目建设规模更加巨大。连接大西洋与五大湖的大型运河项目由地方政府发起，并由证券市场提供了重要资金来源（参见第八章第二节）。

铁路建设融资

作为世界上第一个推出铁路建设的国家，大不列颠当时面临的挑战不仅是技术问题，而且还有经济问题。技术问题——铁路机车的蒸汽动力以及铁轨线路的材料和铺设等——当时分别有技术专家提供了可行的解决方案，而经济问题——铁路线路建设成本的高低和铁路运输相对于其他运输方式的经济效益等，则需要反复经过市场检验才能发现正确答案。应当认为，对于依靠市场方式来筹资的铁路建设发起人而言，解决经济问题最为要紧。

铁路建设不仅是工业革命进程中的标志性新技术创新，而且涉及复杂的融资问题，从而给金融市场乃至金融体系带来了巨大挑战。从后来的国际经验看，许多国家都未能像大不列颠那样，在 19 世纪前半期主要依靠证券市场来解决铁路投资融资，而是多少

---

① 克拉潘：《现代英国经济史》，上卷，第 109 页。

② 克拉潘：《现代英国经济史》，上卷，第 115 页。

依靠或借助政府财政体系来应对。政府介入铁路融资，不仅影响到铁路建成后的营运方式，而且也影响到金融市场的发展模式。从这个角度看，19 世纪上半期的大不列颠为世界提供了基本依靠市场化方式解决铁路建设融资的“经典”范例。这种做法，虽为许多欧洲大陆国家所借鉴，但其皆有自己的“修正”。世界范围内完全照搬不列颠经验的是 19 世纪中期后的美利坚，而后者的巨大经济规模又使得它在后续进程中演绎出诸多不同于不列颠的金融发展特色（参见第十章）。

在大不列颠，作为生产企业和运输企业附属设施的铁路早在蒸汽动力诞生之前即已出现。这些铁路线路修建在矿区，连接矿坑和主要交通站点（运河和关道）。著名游记作家阿瑟·杨记述了 18 世纪 60 年代以前修建的纽卡斯尔铁路线。由于这些铁路是为生产企业或交通企业服务，尚不具公共性或间接性，因而由相关企业家直接出资兴建。由此而论，19 世纪初开始的铁路建设也与运河一样，发生了“私家线路”向公共线路的转变。

而且，与运河建设项目类似，铁路的铺设涉及公有土地产权及其转移，超出了普通的私人土地产权转让的范围。这样，在大不列颠的法制框架内，早期铁路建设项目立项需要专门的国会决议。1825 年，一条连接煤矿和炼铁厂、长度为 21 英里的铁路线建成，50 万英镑投资额由 4 位企业家贡献。[①]

1820 年前后，英格兰和苏格兰多地有工程师和企业家积极探讨铁路建设，努力将新的蒸汽机车技术运用到未来的铁路交通中。有人发表了题为《论普通铁路或陆路蒸汽运输；用以取代一切公共交通工具中所必需的马匹……》的小册子，该书多次重印，读者不断增多。[②]显然，铁路建设计划已成为当时经济界人士热议的话题。因为对煤的需求不断增加，促成了对交通运输需求的不断增长，人们遂想方设法探寻更加高效和经济的办法将煤从产地（英格兰北部的纽卡斯尔等地）大规模地传送到消费地（数百公里之外的伯明翰和伦敦等地）。

1825 年，大不列颠议会通过了新法案，取消了 1720 年“泡沫法”，组建合股公司的权利由此不再限于那些获得皇室授权的机构。继 1823—1824 年的贸易繁荣之后，1825 年又出现了 19 世纪合股公司的“第一次大涌现”。在此期间，产生了 624 项招股（IPO）计划书，其中 143 项未说明募资数额而遭拒绝，236 项通过初审但最终放弃发行，118 项刚完成 IPO 却很快被发起人放弃，127 项成功募集到 1 520 万英镑资金（但它们的市值在 1825 年衰退到来时跌到了 930 万英镑）。[③]幸存者中有一家是曼彻斯特—利物浦铁路股份公司。这家公司的早期财务状况被认为是“令人不解的”。[④]当时还有不少的其他铁路

① 克拉潘：《现代英国经济史》，上卷，第 120 页。
② 克拉潘：《现代英国经济史》，上卷，第 123 页。
③ 克拉潘：《现代英国经济史》，上卷，第 341－342 页。
④ 克拉潘：《现代英国经济史》，上卷，第 475 页。

公司也有类似表现。1834 年出版的一本小册子标题为《铁路欺骗性的败露：证明曼彻斯特—利物浦铁路从未付过百分之一的净利；伯明翰等铁路不但现在是，而且一定永远是纯粹骗人的事实和论证》。①

1836—1837 年出现了第一次铁路建设狂潮，1844 年前后又出现新一波铁路建设狂潮。每一次狂潮来临时，许多公司提出新线路建设计划书并发行新股，吸引投资者参与。大量社会资金通过这种形式投入铁路建设，每年新建成并投入运营的铁路不断增多。但是一些铁路公司遭遇到建设成本大幅度上升的问题，致使计划资金不足。还有的铁路公司线路建成后经营上面临未曾预料的问题，无法给投资者带来预期的回报。困难降临时，银行停止向铁路公司提供支付服务，后者签发的支票被拒收。一些铁路公司的股票跌破了发行价，还有的铁路公司新股即须打折出售。②有的资金筹集计划甚至包括个人承担巨额债务的条款。③

铁路建设公司和线路经营公司以发行股票作为资本来源的主要方式，无疑将自身置于资本市场和公众的密切关注之下，这让它们的经历充满了波折，曲折迂回为外人知晓。有两个因素被认为给予了大不列颠工业革命后期铁路建设以有力支持，并使之渡过了艰难的起步期。一个是政治性的因素，即许多铁路建设项目不仅得到地方政府的首肯，而且也获得越来越多议员们的支持。地方政府支持是因为当地官绅看到了交通改善对地方经济有利。更重要的是，议员制度的改革使来自伯明翰等新工业地带的议员代表人数增多，其对铁路项目的支持压倒了反对铁路建设的传统政治势力（地主利益的议员代表）。没有来自政治层面的支持，后续许多铁路建设项目无法在议会通过。同时，应该看到，对铁路建设项目的政治支持并非意味着不列颠政府直接资助铁路建设。

一个经济上的新因素是利率水平走低。市场贴现率在 1843—1844 年长时间处于 2.5% 的水平，为大不列颠历史上从未有过的情形。这个低水平“挽救了”一些铁路公司，因为它们需要借新债偿还利率水平较高的旧债。如果利率水平不下降，这些负债累累的铁路公司难逃破产。

从市场发展的角度看，铁路公司之所以能够持续不断地从证券市场获得融资，基本因素是因为没有铁路公司能够操纵铁路证券市场，也没有金融机构能独立地或与铁路公司合谋操纵铁路证券市场。长期观察表明，不列颠铁路证券市场的投资者总体上享受到了应有的投资收益，尽管他们在个别铁路证券投资中蒙受损失。在铁路股票泡沫膨胀的时期，大量媒体的负面报道和评论发挥了市场警示的作用。投资者从铁路证券的涨跌中不断体验资产价格的波动风险，这从根本上有利于证券资产的合理定价。

---

① 克拉潘：《现代英国经济史》，上卷，第 475 页。
② 克拉潘：《现代英国经济史》，上卷，第 482 页。
③ 克拉潘：《现代英国经济史》，上卷，第 483 页。

铁路是资本密集型产业。19 世纪 30 年代后，不列颠证券市场成功解决了铁路融资问题，它在后来的发展中也成功解决了大型制造业企业的融资问题。

四、金融与制造业企业投资

一位不列颠学者在研究工业革命时期棉纺织业发展时，从几家历史悠久的保险公司的档案中找出了它们当年承保的棉纺织企业数据。18 世纪 90 年代初，保险公司在为棉纺织工厂提供火灾保险时，对厂房、设备以及所使用的动力源进行了仔细检查，因此留存下来的许多资料可用于估算当时这些棉纺织企业的资本状况。其中一家火险公司的官员曾对 1786—1806 年棉纺织工厂 900 份保单进行过调查和整理。[①]到 1812 年，大不列颠 673 家棉纺织企业中，472 家（70%）拥有不到 1 万支飞梭，个别大企业（工厂）则拥有超过 10 万支飞梭。直到 19 世纪上半期，大不列颠棉纺织业中的集中化趋势并不十分突出。有数据显示，从 1797 年到 1834 年，工厂数目一直保持增长，从 900 家增加到 1 200家，超过同期内企业数目的增加，企业拥有的工厂数目有所增加。同时，产量的增长却快得多。以原料消费而言，原棉消费量从 3 000 万磅增加到 3 亿磅。[②]这意味着企业和工厂的生产规模在不断扩大，远远超过它们数目的增加。直到 19 世纪中期前后，大不列颠棉纺织行业仍然存在众多中小企业。

新兴产业在其初创阶段由小型企业担当主角，不仅意味着企业对资金的需求高度分散，而且也使产业活动在一开始较少受到权贵家族或大金融机构的支配。欧洲大陆多个国家和地区的情况显示，15 世纪末以后许多矿山和纺织企业的投资都是大型项目，动辄需要数十万弗罗林金币的启动资金。资金的提供者往往是像雅各布·富格尔（Jacob Fuger，1459—1525 年）和美第奇家族那样的权贵。18 世纪中叶前后，德意志等欧洲大陆地区一些纺织企业规模均超过大不列颠。[③]

对大不列颠棉纺织业资本构成的调查统计显示，1834 年，全部棉纺织企业拥有固定资本 1 480 万英镑，购货周转资本 740 万英镑，销售周转资本 1 180 万英镑；1856 年，固定资本 3 100 万英镑，购货周转资本 1 450 万英镑，销售周转资本 3 000 万英镑。[④]在这 22 年期间，固定资本和购货周转资本增加了 1.1 倍，销售周转资本增加了 1.5 倍。同时，固定资本在资本总额中的占比从 43.5% 下降到 41%。棉纺织资本构成中固定资本占比的下降，表明该行业在当时还算不上是资本密集型产业。同时，销售周转资本的较快

① S. D. Chapman, *The Cotton Industry in the Industrial Revolution*, Macmillan, 1972, p. 28.

② Chapman, *The Cotton Industry*, p. 33.

③ 赫尔曼·凯伦本茨：《工业生产的组织》，作为第七章载 E. E. 里奇、C. H. 威尔逊主编《剑桥欧洲经济史（第五卷：近代早期的欧洲经济组织）》，高德步等译，经济科学出版社，2002 年，第 432－434 页。

④ Chapman, *The Cotton Industry*, Table 4, p. 31.

增长则反映该行业的市场营销压力不断增大。

对两家大型纺织企业资本构成的调查数据显示，第一家企业在1812年有固定资本5 400英镑，周转资本1.6万英镑；两个数字在1826年分别为7.5万英镑和16.3万英镑，固定资产增长稍快。第二家企业在1836年有固定资本11.2万英镑，周转资本17.8万英镑，两个数字在1842年分别为14.2万英镑和21.1万英镑，也为固定资本增长稍快。①这表明，棉纺织行业中较大型企业在朝着资本密集化方向发展，尽管它们仍未改变周转资本多于固定资本的基本格局。

经济史研究者注意到18世纪90年代前后，大不列颠棉纺织业企业得到的信贷时间长度有所增加，而18世纪90年代正是票据这类短期融资工具在英格兰迅猛发展的时期。

许多小企业和创业者感受到在资本融资上的限制。棉纺织业中一些有实力的经营者不时抱怨资金困难，包括得到新增资本和请求银行贴现票据的困难。尤其在拿破仑战争期间，一些棉纺织企业的资金困难更加突出。

但有资料显示，棉纺织投资在那时通常能得到很高的回报。例如，一则材料显示，1784年投资于棉纺织工厂可得到100%的回报率。②可见那时技术进步和市场扩大造就了多么好的投资机会。然而，当时一些制度因素限制了创业型企业家快速获得创业资本。1720年出台的“泡沫法”直到1825年才被废除，该法不允许企业合伙人超过8位。这条规定相当于限制了带资入伙的人数，从而限制了企业初创时可能以这种方式筹措到的资本数额。合股制当时尚未出现在制造业。

棉纺织业中大多数企业的初始资本来自企业家个人、家属和当地的各种“关系户”，包括商人、教士、丧偶者、律师等。有的还发行不规范的债券（借条）。1812年英格兰北部一家棉纺织企业的账簿上记载有97位投资人，而该企业得到的资本总额仅3.6万英镑。③土地所有者是当时有可能成为创业资金来源的一个重要群体，在英格兰北部地区的确存在土地所有者资助棉纺织企业的事例。④可见那时的创业资本来自非正规的、地方性的无形金融市场。这种市场提供的资金总量有限，但客观上也阻止了棉纺织业彼时发生过度膨胀甚至泡沫的问题。

前已提及，阿克莱特是不列颠“棉纺织业的先驱者”，早在1768年即与两位亲戚合伙在诺丁汉开办了棉纺厂。次年阿克莱特取得专利权后，以便宜价格得到一块土地使用权，初始投入仅需105英镑，以后每年交50英镑租金即可，租期长达91年。但运转工厂所需要的费用则大得多，阿克莱特不得不寻找外部资金来源。诺丁汉两位银行家对此

---

① S. D. Chapman, Financial Restraints on the Growth of Firms in the Cotton Industry, 1790 – 1850, Economic History Review, 1979, 32 (1), Appendix III, p. 69.

② Chapman, *The Cotton Industry*, p. 37.

③ Chapman, *The Cotton Industry*, p. 38.

④ Chapman, *The Cotton Industry*, p. 39.

有兴趣，但认为自己资金不足，于是将他介绍给投资家萨缪尔·尼德（Samuel Need），后者与另一位企业家联合出资 500 英镑换得阿克莱特企业的一半股权。[①]此事发生于 1770 年，实为工业革命初期的典型情形。

前面提到另一位人物罗伯特·欧文，在经商成功后转变为一位社会改革家，[②]晚年写了长篇《自传》，其中记述了若干与创业和企业管理有关的逸闻。他 18 岁时遇到一位发明爱好者，后者告之仅需 100 英镑作为资本投入，两人便可合伙开办企业，利润平分。欧文向兄长借入 100 英镑，遂与此人开始合伙经营并开局良好。为时一年，两人分手，欧文得到一些设备，便“因陋就简”自办一家纺纱小厂，也取得成功。名声外扬后，一位拥有数家纺织厂的资本家与他洽谈，开出一年 300 英镑年薪聘他担任一家大厂的经理（后来还提出了利润分享计划）。此时大不列颠人均国内生产总值仅为 18 英镑稍多，欧文年方二十。这位资本家兼为商人，拥有多个企业和工厂，终年奔波忙碌，故聘请像欧文这样的职业经理。1799 年，欧文造访苏格兰时邂逅未婚妻，决意在此安家。其岳父慷慨相助，使其与合伙人开办了雇佣工人多达 2 000 人的工厂。欧文如此形容其岳父：“戴尔先生当时是苏格兰工商界最了不起的人物之一，一位大工厂主、棉纺织老板、商人、银行家和传道士”[③]。欧文的经历表明：（1）小企业的创始资本来自个人，与金融机构和金融市场没有关系；（2）有规模的新企业多来自有经商背景的企业家；（3）私人银行家（乡村银行家）同时也从事实业，而且可能涉及多个行业；（4）合伙制是一种创业融资手段。

统计数字显示，18 世纪 90 年代，在英格兰开办有 1 000 个纱锭的棉纺厂需要投资 3 000英镑用于厂房建设和设备安装，开办有2 000个纱锭的棉纺厂需要投资大约 5 000 英镑。到 19 世纪 30 年代，开办棉纺厂需要 2 万到 5 万英镑的启动资金。初始投资数额的增加，意味着该产业中的多数投资只有通过“金融系统”（金融机构和金融市场）才能得到支持。[④]

在所有金融机构中，乡村银行可谓是给予棉纺织企业周转资金信贷最多者。乡村银行给予棉纺织企业的短期贷款通常以后者的厂房或土地为抵押，最常见的信贷是票据贴现。英格兰中部诺丁汉郡开办最早的一家乡村银行，在 1792 年为当地 10 家棉纱厂提供了 3 万英镑贷款，占该银行全部贷款的 30%，时值棉纱厂大扩建时期。[⑤] 18 世纪末到 1830 年前，棉纺织业在英格兰兰开夏地区迅猛发展。兰开夏棉纺织业的许多企业使用被

---

① 罗杰·奥斯本：《钢铁、蒸汽与资本：工业革命的起源》，曹磊译，电子工业出版社，2016 年，第 170 页。

② 不列颠历史学者称他为“社会主义之父”（Halliday, A Concise History of England, p. 167），但更多的人认为他是“空想社会主义的创始人”之一。

③ 罗伯特·欧文：《自传》，载《欧文选集》第三卷，马清槐等译，商务印书馆，2014 年，第 103 页。

④ 奥斯本：《钢铁、蒸汽与资本》，第 270 页。

⑤ Chapman, *The Cotton Industry*, pp. 40 – 41.

称为“汇票”（Bill of Exchange）的票据。它由供货商开具给购货商，注明 3 ~ 12 个月内后者支付一定数额的钱款，经购货商签署后寄回供货商。此后，供货商可将其转让给其他企业作为支付工具，而且持票人可在汇票到期前多次背书转让，或交给某家银行提前贴现。有一段时间，此类汇票甚至被认为比某些银行开出的本票（Promissory Note）还要可靠。到 18 世纪末，兰开夏地区的乡村银行很少发行自己的银行券，企业大多使用汇票作为支付工具。①

21 世纪的一项新研究成果认为，工业革命时期英格兰一些乡村银行在一些领域中给高风险企业发放贷款或给予投资，发挥了风险投资家的作用。铜矿是乡村银行资金曾进入过的新领域。②兰开夏和约克夏的乡村银行积极参与了当地企业家的创业活动，他们相互之间有着密切的资金往来关系。那时的情景远不同于后来的维多利亚时期（1837—1901 年）。

19 世纪 20 年代以前，绝大多数乡村银行都是合伙企业。一家乡村银行的任何一位合伙人若遇财务困境，整个银行都有可能因此解体。一些乡村银行的合伙人同时兼营其他生意，倘若其中某项生意失败，其参与的乡村银行也会因此受到牵连。这是乡村银行在工业革命时期不够稳定的重要原因。但是，从这些情况也可以看出，早期的乡村银行不那么依赖外界的存款资金，其主要资金来源首先为合伙人的出资，其次为关联企业的存款。这意味着早期乡村银行的主要资金来源是长期性的，不是短期性的。这个特点也就决定了早期乡村银行在资金使用上具有很大的任意性，不必刻意仅仅投放于短期贷款或其他短期资产。

不可否认的是，大不列颠许多乡村银行自 18 世纪末以后，每隔一段时间便要经历一波经济收缩并受其冲击，而且每一次经济危机或金融恐慌发生时，都有一些乡村银行难以为继、破产倒闭。现代研究者发现，1793 年和 1816 年银行危机中倒闭的许多乡村银行皆是由于它们将大量资金用于长期贷款或投资，即由于发生了流动性短缺而倒闭。③这也从一个侧面表明，早期的乡村银行在资金配置上具有高度的灵活性和任意性，很少受到固定规则的约束。随着时间演进，越来越多的金融机构加入吸引存款资金或储蓄资金的市场中，乡村银行以及城市私人银行（包括后来的股份制银行）的资金来源在结构上不断变化，它们日益依赖普通存款，而且存款的期限缩短。由此，银行对资金的安全顾虑（包括对信用风险和流动性风险的担忧）与日俱增，银行家们的经营行为也随之趋

---

① T. S. Ashton, “The Bill of Exchange and Private Banks in Lancashire, 1790 - 1830”, *Economic History Review*, 1945, Vol. 15, No. 1/2, p. 25.

② Liam Brunt. “Rediscovering Risk: Country Banks as Venture Capital Firms in the First Industrial Revolution.” *Journal of Economic History*, Vol. 66, No. 1 (March 2006): 74 - 102; 又见, Mokyr, *The Enlightened Economy*, p. 222.

③ Peter Matthias, *The First Industrial Nation: The Economic History of Britain* 1700 - 1914, 2nd ed., Routledge, 1979, p. 157.

于保守，其对银行资金的使用和配置也做出相应调整。

工业革命时期，大不列颠棉纺织业长时期存在众多的中小企业，这似乎令人费解。如前提及，到1850年，大不列颠棉纺织企业数目超过1 000家，其中许多企业和工厂拥有纱锭不足1万支。如果用当时的企业所面临的规模经济效应欠佳来解释这种现象，则又与一些工厂的经营规模在不断扩大相矛盾。对此，研究者认为，此现象的根源在于工业革命时期棉纺织业的发展面临显著的融资制约。[①]研究者找到了支持此看法的证据。

当棉纺织业于1760年在曼彻斯特起步时，那里尚无一家银行。当地一家重要的棉花商号须将票据快寄到100千米以外的诺丁汉银行去兑现，而后者则要将价值2 000英镑的金条安排寄送曼彻斯特。1770年在曼彻斯特开张的首家银行是一家伦敦私人银行的分行，该行在1778年因将大量贷款放给一家企业（棉布印染厂）而倒闭。随后，一个成功的茶商家族在曼彻斯特开办了第二家银行，但这显然不能满足当时迅猛成长的棉纺织业对银行支付服务和融资服务的需求。1786年，几位商人游说利物浦的一家银行来到曼彻斯特，专门向当地几家大棉企提供信贷服务，抵押物为这些棉企的仓储物资。1794年有一家棉企破产，当时欠银行近1万英镑。到1800年，由当地商号（棉布印染企业）开办的银行仅有1家，而且几个月后便夭折告终，理由是银行的盈利无法与经营风险相匹配。[②]

前面提到银行接受棉企的仓储物资作为抵押物，在工业革命进程中具有重要意义。首先，这是银行接受抵押物的新鲜标的。在此之前，银行能接受的抵押物大都为土地产权和其他有价证券。银行接受制造业企业的仓储物资作为抵押物，这是银行经营观念的重大革新。其次，制造业企业的仓储物资，不管是原材料还是产成品，可作为银行抵押物，这意味着这些企业事实上得到了一件“金融杠杆”。企业将仓储物资抵押出去获得贷款，运用贷款资金扩大生产，由此而增加仓储物资，遂又可将其再抵押出去获得新贷款。如此过程理论上可无限循环，它意味着，如果没有来自其他方面的约束，银行信贷可以无限扩大，制造业企业的产品也可以无限增多。但是，由此市场供给最终也会超过需求。这就是工业革命后，银行接受企业仓储物资作为抵押物带来的新问题，也是造成经济波动变得频发的一个重要原因。

1815年拿破仑战争结束后，大不列颠和许多欧洲国家迎来了持续20年的和平，和平红利随之到来。下一节将考察这个时期大不列颠经济中诞生的新型金融机构，即商人银行。商人银行的发展不仅顺应时运支持了大不列颠制成品的出口增长，而且还带来了经济结构的一个重要新变化，即传统的商人兼制造厂主（Merchant－Manufacturer）模式逐渐让位给专业化制造厂主，商业企业家与制造业企业家相互分离，贸易商不再兼做制

① Chapman，“Financial Restraints”，pp. 50－69.

② Chapman，“Financial Restraints”，p. 51.

造厂主，制造厂主也不再兼做贸易商。这是新一代企业家分工模式，而它的出现很大程度上要归功于商人银行的兴起。

为什么会出现这种转变？这是因为随着海外市场的不断扩大，商人兼制造厂主模式无法很好地应付遥远的市场行情，旧模式在信息掌控和决策执行上的局限性日益明显。但更深刻的原因则是，海外贸易已经成为一个需要将支付和融资相结合的过程，即在参与贸易的各方相互传送汇票（支付工具）的同时，需要相应的信贷服务，需要由商人银行或独立的票据承兑商给予贴现或垫款服务。而这些商人银行和票据承兑商在发展客户时是高度选择性的。商人银行偏好那些具有专业优势的客户，即或为擅长海外市场的贸易商，或为擅长制造工艺的厂商。当然，还有一个“自然的”因素，即老一代的商人兼制造业主因年龄而退出了经营，其“接班人”不由自主地选择了相对专业化的经营模式。大不列颠制造业的工厂主们19世纪初以来的这个变化，很大程度上是其与金融机构关系日益紧密的一个“自然的”结果。

五、商人银行、贸易融资与海外贸易扩张

工业革命促进了大不列颠工业制成品产业的迅猛发展，并大大增强了自身国际竞争力。工业革命使得大不列颠不仅扩张了海外市场，而且将自身的工业发展与海外原料供给紧密地联系起来，这在棉纺织业中表现得尤为突出。工业革命开始后，大不列颠不再出产棉花，其棉纺织工业所需要的棉花全部来自进口，尤其是来自北美地区的进口。1776年前后的北美独立战争没有中断这个经济和贸易关系。不仅如此，美利坚合众国成立后，其南部各州还扩大了棉花种植面积，它们积极发展对大不列颠的棉花出口，并使之成为当地经济的“主导部门”。

大不列颠商品出口总额在1760年为830万英镑，1780年为870万英镑。这20年是工业革命的早期阶段，出口增长十分缓慢。大不列颠商品出口额在1801年为2 840万英镑，是20年前的3.2倍，相当于年均增长6%。这个速度不仅超过了经济增长，而且无疑是当时世界第一高水平。该年，商品出口额相当于国内生产总值（GDP）的12.3%；同时，工业品出口相当于工业总产出的34.4%。到1851年，大不列颠商品出口总额达到6 730万，相当于GDP的13.3%，工业品出口额相当于工业总产出的24.7%。[①]此时，大不列颠一国独占世界贸易1/4的份额，成了“世界工厂”。

出口增长不仅要依靠产品质量和用户适应性，而且需要市场营销和金融服务。就金融机构而言，其对国际贸易的支持主要表现在四个方面。一是提供跨境支付服务。即使在商品货币时代，由于两国使用不同的铸币，且铸币不出境。若使用金银条块作为国际

① Mokyr, *The Enlightened Economy*, Table 8.1, p.167.

支付手段，交易者则面临跨境金银搬运的高昂成本。正是在此背景下，银行之类的金融机构可通过建立往来关系（代理行）并使用票据工具，以免搬运贵金属条块，而且准确地把握汇价行情，减少跨境支付过程中的不便和风险。二是提供信贷服务。国际贸易是大宗货物的长途贩运，买卖双方均需要为此垫支大量资金，出现周转资金不足十分常见。金融机构向贸易商家提供周转资金融资服务（流动性支持）是国际贸易发展的必然要求。三是信用担保服务。在国际贸易中，出口商一般不会接受缺少专业化担保机构出具保函的进口订单。詹姆士·瓦特在1795年给商业伙伴的一封信中说，“我们不接受不附有来自该国担保人的外国订单，不管这担保人是工程师还是商人”①。19世纪初以后，随着国际贸易在全球范围的普及，越来越多的贸易担保由金融机构或综合商社来提供。四是航运保险服务。在19世纪，此服务主要由海事保险公司提供。在贸易实践中，前三种服务可由同一家金融机构提供，它们是从事贸易融资的专业化金融机构。工业革命以来，尤其19世纪后，在大不列颠，提供这些金融服务的重要机构是成长中的商人银行。

商人银行（Merchant Banks）指那些仅向商人和企业提供融资信贷服务以及参与金融市场交易的金融机构，它们通常不向个人提供普通的存贷款服务。在不列颠，商人银行成了与普通商业银行不同的金融机构，前者又被称为“批发银行”，后者则被称为“零售银行”或“高街银行”（High Street Banks）。商人银行所从事的贸易融资主要是为进出口企业提供汇兑、支付和信贷服务，主要的金融工具是汇票。

汇票是欧洲中世纪中期后逐渐普及开来的跨境支付工具。早期汇票的计价单位是贵金属铸币，通常由进口商所在地的银行开具，并由出口地的代理行在指定日期负责兑现。这个过程所涉及的信用关系主要发生在出票人与受票人之间以及开票行与代理行之间。19世纪初后，由于大量贸易活动发生在大不列颠与世界各国之间，许多汇票便以英镑作为计价单位，许多开票行和受票行都设在伦敦，包括海外殖民地银行和国外银行在伦敦的分行。缘于此，这些期限通常为60~90天的汇票也被称为“伦敦汇票”（Bills on London）或“英镑汇票”（Sterling Bills）。②

与早期汇票相比，新型汇票的最大特点是，在计价单位和结算期限等细节上十分规范，而且，随着开票行市场声誉和认知度的鹊起，其所开出汇票的可转让性也日益提升。伦敦汇票不仅可在商人之间转让，而且可由包括银行在内的金融机构给予贴现或再贴现服务。随着更多的不列颠商人银行成为开票行，它们以及其在国外的代理行便成了“票据承兑商”（Acceptance Houses）。很多不列颠商人银行本身也为国外银行在伦敦的代理行。

---

① Stanley Chapman, *The Rise of Merchant Banking*, *Routledge*, 1994, p. 6.

② Michael Collins, *Money and Banking in the UK: A History*, Croom Helm, 1988, p. 151.

在汇票（以及国内票据）最后期限到达之前，票据贴现和再贴现意味着持票人得到了信贷支持或流动性支持，这些持票人（商业企业或制造业企业）因而可加快资金周转，在订单充足的前提下更加紧凑地安排生产，抑或追加投资，扩大产能。

商人银行在此过程所发挥的重要作用是，将汇票这种传统的常规性跨境支付工具与金融市场紧密联系起来，方便了更多的投资人参与短期票据投资。这不仅有利于降低票据贴现业务中的隐含利率，而且增加了市场的流动性，进而加快了企业的资金周转。

罗斯柴尔德（Rothschilds）和巴林（Barings）是19世纪初不列颠的两大商人银行，他们皆为来自欧洲大陆（德意志）的移民。巴林家族的已知祖先15世纪末生活在德意志北部地区，他们不是犹太人，很早便信奉路德新教，并主要从事教会工作。17世纪末，婚姻带来了职业变动，家族成员开始经商，而且开展了与英格兰商人往来的羊毛生意。1714年，北德意志的汉诺威选侯意外地成为大不列颠新国王。三年后，年轻的约翰·巴林（1697—1748年）于1717年只身前往英格兰西南部羊毛城镇埃克塞特（Exeter），成为当地一家商行的学徒。家里给他500英镑作为这次远行的费用，但在一年后约翰决定留住埃克塞特，在当地结婚生子，并以此地为基地开展国际贸易。约翰病逝后，他的两个儿子于1762年在伦敦组建“巴林兄弟公司”。[①]巴林兄弟公司从其商品贸易中渐渐发展出来贸易融资业务。至18世纪末和19世纪初，巴林公司涉猎证券承销业务，并因此而转型成为商人银行。

罗斯柴尔德家族早年在德意志南部（法兰克福）从事贵金属交易，其第二代中的一员（五位兄弟中一位）于1798年前往英格兰，其初始生意仍然是贸易，后来涉足汇票、证券和贵金属交易等。汇票和证券后来是罗斯柴尔德商号的主营业务。巴林和罗斯柴尔德都是从商人转变为银行家的典型。

这两家商号在经营上有一些共同特点，都在欧洲大陆多地（包括德意志、法兰西、俄罗斯和荷兰等）有着广泛的家族关系和长期的合作伙伴网络。罗斯柴尔德的另外几位兄弟在拿破仑战争期间，分别移居到巴黎和意大利那不勒斯等地，他们与在伦敦和法兰克福的兄弟形成了紧密的伙伴关系。这些分布于各地的商号虽不属于同一家企业，但他们联系密切、互通信息，并相互介绍客户。巴林兄弟公司没有像罗斯柴尔德家族于彼时有众多兄弟分布于欧洲各地，但却同样拥有很多商业伙伴，遍布欧洲各地，并远至北美。

罗斯柴尔德在拿破仑战争期间大量投资于联合王国政府债券，并采取了一套异于其他投资者的策略，其低价时买进高价时售出，与“追涨杀跌”反其道而行之。这套投资策略，不仅让他获利颇丰，而且事实上也促进了国债市场收益率的相对平稳，进而也有

---

① Philip Ziegler, *The Sixth Great Power: A History of one of the greatest of all banking families*, the House of Barings, 1762 - 1929, Alfred A. Knopf, 1988, pp. 14 - 18.

利于联合王国政府的债务融资。罗斯柴尔德对国债的大量投资使其与大不列颠政府及皇室建立起了融洽的关系。

巴林兄弟公司在拿破仑战争结束后与荷兰的一家私人银行联手成为法兰西政府战争赔款债券的主承销商，并在这笔史无前例的主权债国际推销中大获成功。此后，“巴林是欧洲第六大列强”的说法在国际金融界悄然流传。巴林除了参与证券承销，始终从事贸易融资，同时继续进行商品贸易，也涉足一些新兴产业的股权投资（包括参股铁路公司等）。

身居伦敦的罗斯柴尔德体现了传统金融机构的极度保守风格，不轻易“跨界”经营，也不热衷于新事物（如铁路），与合股公司（尤其铁路公司）保持距离，对组建合股银行更是退避三舍。①他标榜自己的事业为“纯金融”，唯从事证券投资和交易、接受存款与发放贷款而已。他的这些业务大都高筑门槛，并不屈尊普通客户。偶尔，罗斯柴尔德也会做出非同寻常的投资举动，例如在1824年作为主发起人参股组建了一家大型保险企业（合股公司）。②他在巴黎的兄弟于19世纪50年代是法兰西铁路投资浪潮中的领军人物之一，与另一大铁路投资先锋佩雷尔兄弟公司展开过激烈竞争。

至19世纪中叶，大不列颠金融业中有数十家商人银行，其中大多数的经营规模都无法与罗斯柴尔德或巴林相匹敌。不少商人银行专长于某个地区或某些商品，例如有的专门从事与亚洲地区的贸易融资，有的则专注于北美；有的专长于纺织品，有的则专长于粮食。商人银行支持了大不列颠对外贸易的增长，并因此而助力工业革命。

六、大不列颠现代金融体系的确立

第六章第二节讲述了大不列颠金融业到18世纪中期的基本情况，金融机构以为数不多的私人银行和乡村银行为主，辅之以零星稀少且规模不大的保险公司和储蓄机构；证券市场虽已出现，但交易对象全部为政府债券和特许公司股票。此时的金融与同时的工业一样，皆处于“初级发展”阶段。大不列颠的经历表明，在工业革命之前，社会上尚无一个面向私人部门的繁荣并发达的金融行业，更遑论层次丰富、相互竞争而又合作的现代金融体系。不列颠金融业的繁荣和发达出现在工业革命之后；伦敦超越阿姆斯特丹和巴黎一跃而成为世界金融中心，很大程度上归功于不列颠工业革命。

工业革命开始后，大不列颠金融发展获得了新动力，步入了新轨道。由此，机器制造业成为社会经济中的现代部门并对金融业提出了新需求，金融与社会经济的关系继而发生深刻的变革。工业革命之前，金融主要为商业服务，为政府财政服务，为少数富裕

---

① Chapman, *The Rise of Merchant Banking*, pp. 34 – 36.

② Chapman, *The Rise of Merchant Banking*, p. 19.

的社会成员服务；工业革命之后，金融同时而且更多地为工业服务，为长期投资与大规模投资服务，为人口众多的社会大众服务。金融发展不仅推动社会储蓄倾向的上升，而且促使社会储蓄转化为投资，扶植社会经济增长。

然而，不能简单将工业革命之后社会储蓄倾向的上升全都归功于金融发展。社会成员之所以愿意将收入的一部分（甚至新增收入中的较大一部分）储蓄起来并通过各种形式和渠道存放于或委托给金融机构，不仅因为这些金融机构作为服务一方业已存在，更重要的是这些金融机构为之服务的另一方——使用社会储蓄资金的实体企业——能够有效运用这些资金从事工业生产，创造出新增财富并将其中一部分经金融机构回馈社会储蓄者。企业部门源源不断的财富创造是社会储蓄增长的终极原因，金融业是畅通连接两者并使之畅通的桥梁，是不可或缺的中间角色。

可以说，工业革命与金融发展相辅相成，二者总体上良性互动。但这并非意味着两者之间或其内部没有摩擦，一切皆是水到渠成。在大不列颠工业革命期间，各类金融机构的数目和经营规模的增长呈渐进趋势，但新型金融机构的涌现和证券交易类别的扩大却是带有革命意义的“突变”。

19 世纪初以后破土而生的新型金融机构包括商人银行、合股银行和储蓄银行等。在证券交易类别的变革方面，1825 年废除持续长达百年的“泡沫法”不仅为合股公司股票上市扫清了制度障碍，也为合股银行的超快成长提供了可能，尽管当时无人预料到这项改革的深远意义。正是合股银行等金融机构的快速发展，推动了大不列颠金融市场的结构性变化，从而间接促使英格兰银行转型为中央银行。至 19 世纪下半期，联合王国发展出了世界上第一个基本成熟和相对完备的现代金融体系，伦敦成为世界金融中心。

以下简述大不列颠各类金融机构和金融市场自工业革命以来的发展概况。

乡村银行和私人银行的起伏

乡村银行（Country Banks）是 18 世纪中叶在英格兰出现的金融机构，泛指分布在伦敦以外的所有私人银行，并非特指设在乡村的银行。这类机构与日俱增。在英格兰地区，1784 年有 119 家，1798 年有 312 家，1809 年达到高峰，有 799 家。此后，随着合并和退出，乡村银行数目减少。乡村银行（以及其他私人银行）的经营行为大约此时出现明显变化，逐渐告别了过去那种“综合经营”和不重视流动性管理的特点。

英格兰乡村银行在 1815 年有 699 家，1825 年减少到 544 家，10 年间减少了约 150 家。1825 年爆发严重经济危机，同时出现金融恐慌，当年即有 80 家乡村银行关闭。乡村银行的减少一直没有停止，1830 年为 439 家，1840 年则为 332 家。[①]

以上各年份的数字表明，乡村银行在 18 世纪末或 19 世纪初（工业革命的中期阶

---

① R. B. Jones. *Economic and Social History of England*, 1770 - 1970, Longman, 1971, p. 82.

段）已普及于英格兰。总体上，那时英格兰各城市皆有了银行，银行服务已达全国工商业活动的所有重要地点。在工业革命第三阶段，即 1820 年，尤其于 1830 年后，合股银行陆续出现，乡村银行的重要作用自此便逐渐让位于合股银行，后者通过分行模式在全国经济中发挥更加重要的作用。

在所有制上，乡村银行属于“私人银行”（Private Banks），与在伦敦的私人银行属同一类型。两者相同之处在于，它们均主要服务本地的富人和工商客户。不同之处是，伦敦私人银行为个人客户设置的金融资产门槛更高，它们还为客户代理复杂的证券交易。伦敦以外的乡村银行如欲为本地客户提供较为复杂的金融服务，包括远距离支付和跨境支付以及证券交易，则需要与伦敦的私人银行以及商人银行建立代理行关系。当合股银行兴起后，包括乡村银行在内的私人银行在支付服务方面都不再具备任何优势。

合股银行（股份制银行）的兴起

合股银行就是股份制银行（Joint－Stock Banks），即通过公开发行股票募集资本金的银行。1694 年成立的英格兰银行是合股银行，更准确地说，是皇家特许合股银行。此后，大不列颠很长时间没有第二家合股银行。这个局面的“罪魁祸首”是 1720 年通过的“泡沫法”。该法于 1825 年被废除后，1826 年通过了新的“银行法”，其中规定，在伦敦 65 英里之外设立合股银行不可以发行面额 5 英镑以下纸钞。此规定颇有令人费解之处，且具深意，值得详述。

曾有多人以为 1826 年银行法的规定有两层含义，其一是可在距离伦敦 65 英里之外的地方设立合股银行。的确，直至 1833 年新银行法通过之前，没有一家合股银行在伦敦成立。

1826 年银行法的第二层含义（关于面额的规定）具有历史悠久且复杂的背景。在英格兰和苏格兰，银行很早就有发行银行券（纸钞）的权利，但发行何种面额的银行券则由议会立法来规定。继英格兰银行于 1694 年在伦敦成立后，苏格兰银行（Bank of Scotland）次年在爱丁堡建立。1727 年，另一家苏格兰银行（皇家苏格兰银行，简称 RBS）也在爱丁堡成立。这两家银行均为合股银行，规模十分接近，由当地议会特许成立。从此，苏格兰出现了两大银行长期竞争的局面。而且，与英格兰银行不同，两家苏格兰银行的名称尽管“官味”十足，但皆非政府银行，为苏格兰皇室和当地政府提供的银行服务仅占其业务量的一小部分。根本上，两家银行都是商业银行，所以相互竞争特别激烈。

在 18 世纪，皇家苏格兰银行做出了许多创新。它首先发行了 1 英镑面额的银行券，而且还发明了透支信贷法（允许存款客户在一定数额和期限内开出超过存款余额的支票，银行负责给支票持票人兑现），并最早在苏格兰开设异地分行。①到 1826 年，苏格兰银行已有 16 家分行，不列颠亚麻公司（British Linen Co.）有 27 家分行，苏格兰商业银行公司（Commercial Banking Co. of Scotland）有 31 家分行。②它们当中，不列颠亚麻公司来自英格兰，其主业本来是商贸，来到苏格兰后发现做银行可成为一门新生意，于是在那里大肆组建异地分行。这反映了当时苏格兰实行“自由银行制度”的历史背景。

18 世纪末的一段历史清楚地表明了苏格兰银行业在大不列颠金融体系中的特殊性。1797 年，不列颠卷入欧洲大陆因法兰西大革命而引发的国际冲突中，一度面临法兰西入侵的威胁，伦敦及多个城市出现了银行挤兑风潮。经政府许可，英格兰银行宣布中止银行券可兑换性。这项决定立即引起社会骚动。将近 25 年后，英格兰银行于 1821 年恢复了银行券的黄金兑换，由此联合王国正式步入金本位制。另外，在这 20 多年时间中，苏格兰地区的银行一直保持可兑换，未发生挤兑。有鉴于此，议会在 1826 年讨论新银行法时，同意将发行小面额银行券的权利仅授予苏格兰的银行，并因此限制了英格兰地区合股银行发行小面额银行券的权利。③

直到 19 世纪下半期以前，苏格兰为大不列颠银行业的“先进代表”。苏石兰（Sir Thomas Sutherland，1834—1922 年）在 19 世纪 60 年代任香港一家英资航运公司主管，他在一次前往汕头和厦门航行途中，头脑突发奇想，“若有适当计划，世界上最简单的事情之一就是依据苏格兰原则在中国开创一家银行”。④ 苏石兰出生于苏格兰，大学毕业后在伦敦 P&O 公司总部工作，1865 年以前未有任何银行工作经验，也未开办过银行账户。显然，他头脑里的“苏格兰（银行）原则”来自时人言传。

苏格兰银行业在当时的先进性不是偶然的。苏格兰的宗教改革（新教运动）稍晚于英格兰，发生在 16 世纪中叶，但其势头和效果或优于英格兰。在教会的强力推动下，苏格兰教育事业发展迅猛，至 1750 年男性人口识字率升至 75%，远高于英格兰的 53%。在该指标上，英格兰迟至 19 世纪 80 年代才追平苏格兰。⑤在海外贸易上，苏格兰起步晚于英格兰，但在 18 世纪前半期奋起直追，短短几十年时间便获巨大成就，并使本地经济大为改观。在此过程中，新兴的银行与新兴的工商业活动紧密结合、相互促进。⑥

---

① 两家银行在格拉斯哥开设分行的背景饶有趣味。开始时，这两家爱丁堡银行分别联合格拉斯哥的商业伙伴组建了银行，并将之视为本行的“子行”。后来，格拉斯哥的一家银行宣布“独立”，解除了与爱丁堡“母行”的特殊关系。于是，爱丁堡的苏格兰银行决定在格拉斯哥开设分行（Lawrence H. White，“Free banking in Scotland before 1844”，in Kevin Dowd ed. *The Experience of Free Banking*，Routledge，1992，pp. 158 – 172）。

② White，“Free banking in Scotland before 1844”，Table 9. 1，p. 169.

③ William Graham，*The One Pound Note*：*In the History of Banking in Great Britain*，London：Simpkin，Marshall & Co.，Ltd.，2nd edition，1911，p. 191.

④ 毛里斯·柯立斯：《汇丰—香港上海银行（汇丰银行百年史）》（中华民国史资料丛稿），李周英等译，中华书局，1979 年，第 2 – 3 页。此书原名对应“汇丰”的英文词为“Wayfoong”（旧式汉语拼音）。

⑤ 阿瑟·赫尔曼：《苏格兰：现代世界文明的起点》，启蒙编译所译，上海社会科学院出版社，2016 年，第 22 页。

⑥ 赫尔曼：《苏格兰：现代世界文明的起点》，第七章“经济起飞”，第 151 – 176 页。

对1826年银行法的另一个解释是，1825年经济危机冲击了一大批乡村银行，其中许多曾发行小面额的银行券。公众对这些乡村银行及其银行券发行行为多有抱怨。故此，议会作出决定限制了伦敦以外地区合股银行（以及乡村银行）的小面额银行券发行权。[①]不言而喻，不限制大面额银行券发行的原因是这类银行券的使用者多是商人和富人，他们比普通民众具有较高的判断力和抗风险能力。

上述情况表明，1826年银行法实际上并没有限制在伦敦地区成立合股银行，只是规定除英格兰银行之外的新合股银行不得在距伦敦65英里的范围内发行小面额银行券。误会持续一段时间后，1833年通过的新银行法明确规定，可在伦敦地区组建合股银行，同时重申伦敦地区的合股银行不得发行银行券（英格兰银行除外）。总之，1833年银行法为合股银行在英格兰地区的发展扫除了制度障碍（如前所说，苏格兰因实行“自由银行制”而没有这种障碍，它与英格兰在银行制度上的差别由1844年银行法消除）。

托马斯·乔普林（Thomas Joplin，1790—1847年）是英格兰北部城市纽卡斯尔的木材商，对法律和政治经济学很感兴趣，著书赞誉苏格兰银行制度（包括它的分行制做法），强烈抨击英格兰银行的垄断地位。他仔细研读早期银行法，认为当初规定旨在限制银行券发行，而非限制合股银行本身。他呼吁议会推出新法案，在设立合股银行事务上“还权于民”。1826年和1833年银行法的通过皆有他的功劳。[②]

伦敦和西敏寺银行（London and Westminster Bank）系依据1833年银行法注册的第一家合股银行。当年注册成立的合股银行还有国民省区银行（National Provincial Bank），以伦敦为总部，所有分行均在外地，也通过并购将外地银行（乡村银行）转制为分行。按法律规定，每家私人银行的合伙人数不得超过6人。在此背景下，分行制发展空间主要使合股银行受益。

在乔普林等人的影响下，国民省区银行将吸收存款的重点由传统私人银行的“极少数的大存户”转变为“大多数的小存户”。这种转变反映了当时英格兰银行和金融市场的深层次趋势性变化，即随着储蓄银行、人寿保险公司和信托公司等新型金融机构的出现，长期存款资金或储蓄资金正从传统银行体系分流到这些新型金融机构；同时，伴随工业革命的进展，城市工薪阶层正在成长，中小业主的人数不断增加，他们渐成普及型银行服务的主体。从这个角度看，英吉利合股银行的兴起是顺应工业革命的潮流并享受工业革命的红利。

19世纪30年代后，一大批日后在大不列颠金融界叱咤风云的零售型银行涌现出来。米德兰银行（Midland Bank）1836年创建于伯明翰。当时，此地已有一家创建于1765年的私人银行，即劳埃德银行（Lloyd Bank），它在1865年转制为合股银行（该银行与保

① Collins, *Money and Banking in the UK*, pp. 16 – 17.

② Graham, *The One Pound Note*, p. 369.

险业的劳埃德船级社并无关系）。巴克莱银行（Barclay Bank）的前身是1690年在伦敦创建的私人银行，更早则是当地的金匠（Goldsmith）。该银行的转型相对较晚，于1890年才转制成为合股银行。前文提及的伦敦和西敏寺银行与国民省区银行在19世纪末之前已成为英格兰的全国性银行，分行机构遍布各地。在一些人口数万或十万左右的中小城镇，这些银行的门店设立于当地主街。此类街道通常被称为“高街”（High Street），故而这些银行也被称为“高街银行”。

若干统计数字可说明合股银行及其分行制的发展。英格兰和威尔士的合股银行数1850年为99家，1875年增至122家，1913年则减至41家。同时，每家合股银行的门店数从1850年的6家增至1913年的157家。这个水平竟然超过了苏格兰地区合股银行（156家）的水平。另外，私人银行的数目到1913年低至29家，每家私人银行的门店数仅为5家。[①]

银行间支付结算是一个“自然生长”的过程。在工业革命前，当有关银行需要对相互持有的票据进行结算时，便在两家银行之间的某地搭建临时或固定的联络所，委派人员核对账目并办理清偿。在这之前，银行职员甚至在马路边支起桌椅办理结算。[②] 18世纪中期后，私人银行和乡村银行在英格兰开始扩张，银行券和票据在英格兰多地开始流行。在此背景下，银行日益感觉有需要建立常规性的银行券和票据结算机制。1773年，伦敦的一些私人银行家联合成立了伦敦清算所（London Clearing House），参与者通过该机制进行日常票据对账和轧差。后来，很多乡村银行也加入此清算所，由此使之成为全国性的银行结算机构。除该清算所外，另有一些专业化的清算中介机构，其中不乏是规模较大银行的附属机构，也有以前代表银行做清算工作的职员另起炉灶专为有关银行代理清算业务。1827年伦敦有一份名录，记载有32家“清算银行”。

1854年，伦敦清算所接纳了首家合股银行。此后，合股银行逐渐成为该清算所的主角。没有直接参加清算所的中小银行以及外国银行，可通过与这些大型合股银行建立代理行关系而间接参加清算所，获得清算所提供的银行间结算服务。20世纪初以后，大不列颠若干家合股银行发展成为全国性零售型银行（“高街银行”），并开始被称为“清算银行”（Clearing Banks）。这个称号表明，这些银行成了不列颠支付体系中的中心角色。伦敦清算所的发展历程显示，在像英格兰或大不列颠这样规模的经济体中，银行间结算体系可通过银行“自发性的”合作而建立，并不必然需要借助中央银行或政府的力量。直到20世纪最后20年，英格兰银行与那些清算银行同为伦敦清算所的会员，并不在该体系中发挥特别作用。但在美利坚合众国，由于银行体系在19世纪受联邦制（州立银行制）的极大影响，银行间跨州结算发展迟缓、效率低下，最后借助1913年成立的美

---

① Collins, *Money and Banking in the UK*, Table 2.4, p.52.

② 克拉潘：《现代英国经济史》，上卷，第355页。

联储方得以显著发展。大不列颠和美利坚在这个领域的不同经历表明了国情因素对银行体系发展的重要影响。

储蓄银行的诞生和发展

与合股银行一样，储蓄银行和后面将要叙述的人寿保险公司也是工业革命后诞生的新型金融机构。而且，正是由于储蓄银行、人寿保险公司和证券公司等新金融机构的涌现，银行市场受到了极大的影响。长期性存款资金和投资资金渐从银行分流，包括合股银行在内所吸引的资金日益多为短期存款，这驱使它们愈加重视流动性管理，尽可能减少长期性项目信贷或证券投资。

工业革命造就了大批城市中低收入人口，即工薪阶层，他们因收入微薄而少有储蓄。并且，在1830年新立法予以禁止之前，许多工厂采用实物工资制（Truck System），即以各种物品来充当部分工薪。毫无疑问，工薪阶层也需要储蓄，需要为购房和育儿等目的而储蓄。然而他们却无法得到私人银行或乡村银行的存款服务，因为他们达不到这些银行的最低存款限额要求。虽然18世纪初便在英格兰出现的互助社（友谊社）为部分人群提供了小额储蓄的服务，但远非普及和有效。随着工业革命，城市工人大量增加，储蓄需求强烈，社会改革的呼声也日益增强。一个说法是，1810年大不列颠首个储蓄银行（Savings Bank）出现在苏格兰南部的城镇拉斯韦尔（Ruthwell）。该银行只接受工人们的小额存款并支付利息。到1815年，这种储蓄银行遍及苏格兰。苏格兰储蓄银行的利息收入来自其在私人银行（商业银行）的转存款。[①]

在英格兰，储蓄银行的概念受到抵制。英格兰的私人银行不接受储蓄银行的转存款。社会改良人士呼吁政府进行改革，在英格兰推行储蓄银行。1817年议会通过了“储蓄银行法”，允许储蓄银行按照信托规则注册成立，并让业已成立的类似机构得到该法认可。[②]储蓄银行早先的做法是，凡存款25先令以上并存满一年者，给息5厘。“储蓄银行法”通过后，储蓄银行吸收的资金转存入英格兰银行并投资于政府债券，由政府担保储蓄银行的收益率。早先确定的5%利率后来有所降低（联合王国政府债券收益率在19世纪长期保持在4%以下）。1817—1847年，英格兰银行代管的储蓄银行资金平均每年增加100万英镑。[③]

1828年的调查发现，英格兰和威尔士已有信托储蓄银行408家，存户42.5万户，存款总额为1 433万英镑。按照这些数字，每户平均存款超过33英镑，这被认为高出当

---

① Stephen Quinn, “Money, Finance, and Capital Markets”, in Rodrick Floud and Paul Johnson, eds. *The Cambridge Economic History of Modern Britain*, Vol. I Industrialization, 1700 – 1860, Cambridge University Press, 2004, p. 171.

② Michael Ross and Iain Russell. *An Invaluable Treasure: A History of the TSB*, Weidenfeld and Nicolson, 1994, p. 33.

③ Quinn, “Money, Finance, and Capital Markets”, p. 171.

时工薪阶层的实际储蓄能力。[①]这意味着，储蓄银行当时的主要服务对象并非工薪阶层，而是经济境况较好的个体工商户和自由职业者。显然，工薪阶层的储蓄需求有待于另外的专门金融机构去服务。

信托储蓄银行将吸收来的资金主要用于国债投资，并将给予储户（委托人）的利率回报与国债收益率相挂钩。按照信托法则，管理人仅收取资金的管理费用（包括经理的报酬和其他经营成本支出）。这种类型的金融机构坚持透明度原则，所有负债和资产以及营收支出都向储户（委托人）公开。由于绝大多数储户（委托人）在这种银行都是长期储蓄（投资），它们因而不需要准备大量库存现金。直到 20 世纪 70 年代以前，这类银行通常不从事贷款，因而也不必安排大量坏账准备金。它们对储户（委托人）的回报与金融市场行情紧密相关，而这正是它们能够长期吸收储蓄客户（委托人）的重要缘由。

但是，信托储蓄银行显然不能满足工业社会所有成员的储蓄需求。在工业革命基本完成的 20 年后，大不列颠政府于 1861 年通过了专项立法，促成了设立邮政储蓄银行（Post Office Savings Bank）。它是由政府出资组建的公共储蓄银行，即政府主管的邮政局负责银行的组建和管理，并将所吸收的资金全部投资于国债（“统一公债”）。这种在邮局附设储蓄窗口吸收小额储蓄的做法很快取得成功，后来为世界多国效法。这家银行完全参照信托储蓄银行的经营模式，更加注重吸收小额存款。当时规定储户一年存款额不超过 30 英镑，任一储户包括未提取利息在内的累计存款额不超过 200 英镑，利率一律为 2.5%，低于同期信托储蓄银行水平 0.5 个百分点。[②]

前已提及，互助社或友谊社早在工业革命兴起以前就出现于英格兰社会。工业革命明显促进了这种具有金融性质机构的普及和生长。1815 年的一项统计表明，各个领域和行业中的互助社会员总数已达 92.5 万人，相当于当时人口总数的 1/8。[③]互助社皆依据互助原理组建，各机构的参与者人数相差很大。直至 1875 年议会方通过专门立法规范互助社的运作，并严格限制其涉足保险业务。数目众多的互助社事实上是小额储蓄机构，服务对象多是低收入家庭，在很大程度上就是信用合作社。但是，虽然是非营利性的，一些互助社的经营也不时遇到问题，有的甚至倒闭。[④]政府对互助社及其问题的关注部分地反映在前述 1817 年出台的“储蓄银行法”中。

在 18 世纪末和 19 世纪初出台的多部相关立法中，储蓄银行和互助社便被定位为非

---

① 克拉潘：《现代英国经济史》，上卷，第 375－376 页。那时的一些信托储蓄银行还实行了储户存款额度上限，即一位储户不可存入超过限额的存款。

② Ross and Russell, *An Invaluable Treasure*, p. 73. 联合王国的邮政储蓄银行于 1969 年改组为“国民储蓄银行”（National Savings Bank），主管者由邮政局转变为财政部。2002 年后该机构名称中的“银行”换为“投资”（Investment）。

③ 克拉潘：《现代英国经济史》，上卷，第 372 页。

④ 克拉潘：《现代英国经济史》，上卷，第 374 页。

营利性的社会慈善机构，无须交税。[①]这既是对这些机构的优惠，又限制了其与普通银行机构的竞争。类似的非银行金融机构还有按揭社。

与储蓄银行和互助社相比，按揭社（building societies）更能有效服务于城市普通家庭购买住房的需求。已知的最早事例出现在1775年的伯明翰。当地一位房产主参照互助会的原理，设立了一个可供多人参与的购房基金会。参与者定期缴纳储蓄存款，意在获得购房的资金（首付或全款）。基金若为参与者提供了购房贷款，则所购房屋的产权抵押在该基金会。此为住房抵押贷款的基本做法。当年伯明翰的这个按揭社以及后来陆续出现的许多类似机构都是“一次性的”，即当所有参与者（会员）均按计划得到了贷款并按期偿还后，机构即寿终正寝。50年之后到1825年，全国已有250家按揭社，多数仍属“一次性的”。1836年议会通过了第一部专门法，正式认可按揭社的特殊法律地位，它既非互助社，也非储蓄银行。政府委任了一名大律师掌管按揭社的注册事务，他随后也成为该行业的监管负责人。上议院后来也出台了有关按揭社的监管细则。

19世纪40年代是不列颠工业革命基本完成的年代，按揭社此时开始接受不以购房为目的的储户，扩大了自己的资金来源和经营规模，并借此为更多的购房者提供贷款。按揭社的利率与国债收益率密切相关，因为储蓄客户会计算金融市场的投资收益率与自身的储蓄需求并安排相应的储蓄投资计划，再者当时已经出现诸如信托储蓄银行一类有竞争性的金融机构。

1845年出现了已知的首家“永久性”经营的按揭社。市面上随即出现一本专论永久性按揭社的好处，以及详细介绍使用按揭贷款所涉及的利率、成本和收益的书籍。此书不仅帮助使用按揭贷款的个人理解有关知识，也可供开办按揭社的人士参考。到1860年，仅伦敦地区就有750家按揭社，伦敦以外地区则有2 000家。[②]按揭社是新兴的专业化金融机构，其普及和成长有助于满足城市中产阶级和部分中低收入家庭在工业革命开始后的购房需求，并成为社会经济和金融业日益重要的一部分。

上述这些存款类金融机构，储蓄银行、信托储蓄银行、邮政储蓄银行、互助社和按揭社等，共同之处是吸引长期存款资金。如前所述，这些金融机构的兴起，意味着存款资金从商业银行分流。

应该承认，无论是信托储蓄银行还是按揭社以及当时初生的信用合作社等，它们在工业革命时期的大不列颠均未达到今天“普惠金融”的程度。那时仍然有相当多数的社会人口无法得到这些金融机构的任何服务。或许主要缘故在于许多工人的工薪太少，家庭负担太重，以及那时劳资关系远远落后于社会期待。在这个问题上，社会发展不足之

---

① Collins, *Money and Banking in the UK*, pp. 58－59.

② Building Society Association, “Fact Sheet: The History of Building Societies”, online at https://www.bsa.org.uk/information/consumer－factsheets/general/the－history－of－building－societies.

责似乎大于金融发展不足之疚。

保险市场发展和人寿保险的快速增长

大不列颠保险业在工业革命时期依然集中在三个领域，即海事保险、火险和人寿保险。这三大保险在社会经济中的覆盖面于19世纪上半期蓬勃扩展。

劳埃德（又称为“劳埃社”或“劳合社”）从普通的咖啡馆演变成为保险平台的过程，充分反映了市场经济在近代不列颠社会中渐进成长的特征。这个过程的起点最早可追溯到1688年，即爆发“光荣革命”之年。文献记载，当年以经营者姓氏（劳埃德）命名的咖啡馆位于泰晤士河畔，顾客盈门，其中很多人是船运相关人士，包括船东、货主和保险商等。每天目睹客人们在店里不停地交换航运保险信息，劳埃德认识到信息的价值和吸引力，创造性地发行了周刊《劳埃德航运新闻》。1760年，劳埃德咖啡馆的后人开办了公益性的劳埃德船级社，专门汇集各国商船信息并对船舶安全等级进行科学评估。海事保险人依据这些信息和评估给航运保单定价（费率和赔率）。此时，劳埃德船级社已成为伦敦金融社区的一个重要组成部分，是各保险机构与其客户交换信息和进行商务洽谈的场所。

劳埃德本身并不提供保险服务，但却为来自全国乃至世界各地的保险机构和投保人提供交流和交易的规范服务。一位来自荷兰的保险商在1771年提议建立“新劳埃德”事务所，以便适应日益扩大的保险交流业务。这项提议获得了商界的积极响应，最终形成了由数十位出资人共同参股组建的新劳埃德事务所。一位在俄罗斯圣彼得堡经商的德意志人后裔因在此过程中发挥了重要作用而被誉为“劳合社之父”。

至19世纪20年代中期以前，火险主要由在18世纪已取得皇室特许的合股公司来经营。18世纪五六十年代工业革命刚开始时，火险业务曾出现跳跃式增长，但后来变得缓慢。1810—1850年又出现快速增长，火险投保的实际财产额由人均28英镑增加到80英镑。锅炉蒸汽和内燃机等新技术给社会带来了新增险情，促使人们重视保险。有估计认为，到1850年，大不列颠所有的“可投保的”财产均已投保。①

人寿保险是工业革命时期经历变化最大的金融行业。在18世纪末以前，人寿保险通常被认为是带有赌博性质的业务，投保人往往出于对他人的寿命预期而做出购买决策。议会在1774年通过的“人寿保险法”常被戏称为“赌博法”（Gambling Act），其意实为“反赌博法”。因为该法禁止投保人为不具直系亲属关系的人购买保单。在此之后，人寿保险才逐渐走上了相对规范的道路。

1800—1850年，人寿保额（被保人亡故时受益人可领取赔付额）从1 000万英镑增

① Mokyr, *The Enlightened Economy*, p. 228.

加到 1.5 亿英镑，年均增长 5.5%。[①]对比这两个年份大不列颠的国民收入或国内生产总值（分别为 1.98 亿英镑和 5.23 亿英镑），[②]人寿保额的比率从 5% 上升到 28.7%。

人寿保险业的快速增长给金融业带来重要影响。首先，人寿保险公司成为证券市场上的重要机构投资者，它们将所得到的保费收入投资于证券市场，由此促进了长期资金市场（资本市场）的成长。其次，对投保人来说，人寿保单作为抵押资产并因此被用作获得信贷的“杠杆”，也使人寿保险发挥了支持信贷增长的作用。另外，人寿保费的快速增长，意味着部分存款资金从传统银行分流出来，银行存款资金的短期化趋势因而变得更加明显。

毫无疑问，在工业革命时期，购买人寿保险的主要是富裕人士，包括房地产主、商人和高级职员等。此后，当城市中产阶级兴起后，他们才成为人寿保险的重要客户。

证券市场的发展

直到 19 世纪初，大不列颠证券市场主要交易政府债券和少数几家皇家特许合股公司股票。此为 1720 年“泡沫法”带来的后果。不过，证券交易者队伍却一直在扩大，这可归因于政府债券市场发行量的庞大和二次交易的活跃。1727—1751 年，大不列颠政府通过英格兰银行发行年金债的数额增加了 8 倍，证券投资人和交易商因此而日见频繁地汇集在英格兰银行附近，而不再前往财政部大楼。英格兰银行在 1765 年新办公楼开张时，将圆形大厅（Rotunda）向交易商开放，使之成为事实上的证券交易所。人们聚集于此买卖国债和英格兰银行股票。[③]

1802 年当伦敦证券交易所迁往新址时，登记的股票经纪人和交易商有 500 之多。[④]还有一些因各种原因未在登记名单上的从业者在交易所外的巷道里招徕生意并代客买卖证券。

大不列颠证券市场在 19 世纪初出现一波“爆炸性”增长行情，这归功于拿破仑战争结束后，法兰西政府为了尽快支付战争赔款而在伦敦发行主权债。这是外国主权债券首次登陆伦敦市场。此后 10 年中，陆续有许多欧洲和欧洲以外的国家来此发行主权债。1823 年伦敦专门成立了外国证券交易所，并使用一个不同于国内证券交易的固定场所来交易此类证券。但该安排很快被取消。此后十年，外国证券交易仍然在英格兰银行的大厅里。[⑤]外国证券发行和交易提升了伦敦证券市场交易的活跃度与国际地位。

---

① Mokyr, *The Enlightened Economy*, p. 229. “保额”不同于“保费”，后者指投保人购买保单的费用。

② B. R. Mitchell, *British Historical Statistics*, Cambridge University Press, 1988, National Accounts I and II, p. 821 and p. 822.

③ Quinn, “Money, Finance, and Capital Markets”, p. 170.

④ 克拉潘：《现代英国经济史》，上卷，第 378 页。

⑤ 克拉潘：《现代英国经济史》，上卷，第 379 页。

1825 年以后，随着“泡沫法”的废除，国内合股公司股票发行和交易出现迅猛增长。运河股、港口股、煤气股、自来水股、桥梁股以及保险公司股等都登陆伦敦证券交易所，反映了当时踊跃组建基础设施和城市公用事业合股公司并竞相发股的火热场景。尤其是铁路公司的创建和证券发行，在 19 世纪 60 年代前是伦敦股票交易所上市企业证券的最大贡献者。1853 年大不列颠铁路公司市值为 1.94 亿英镑，占伦敦股票交易所当年全部非金融企业市值的 69.5%；1863 年该类公司市值为 2.45 亿英镑，占当年全部非金融企业市值的 48.5%。①

大不列颠铁路证券发行的成功吸引了外国铁路建设者，他们有些甚至也来到伦敦股票交易所发行铁路证券，利用大不列颠的证券市场融资，支持本国铁路建设。据统计，美利坚铁路证券在伦敦股票市场上的市值在 1873 年为 8 270 英镑，1883 年为 3.1 亿英镑，到 1903 年则达到 11.08 亿英镑，超过不列颠铁路证券市值（11.05 亿英镑）。②伦敦证券市场自 19 世纪中期后，对国外主权政府和企业筹资者十分开放。

工业革命刚开始时，大不列颠一些重要经济领域似乎已开始享受“自由放任”的政策。1760 年（乔治三世即位之年），伦敦的多位谷物贸易代理商、买家和航运社联合成立了一个谷物交易所，还共同出资兴建了固定交易场所。这是一家私人联合企业，委员会由 80 人组成，并有专人负责交易所管理事务。后来一段时间，交易所经营权落入一小部分会员手中，使交易所业务受到不利影响。在“谷物法”实施期间（1815—1846 年），交易所成功地逃避了社会指责，而且未受政府检察官的干预。③伦敦谷物交易所在 19 世纪中期后是当地很成功的交易所之一，多少带动了其他商品交易所的创立。商品交易所是大不列颠对外贸易不断增长的果实，同时也有力地支持了其对外贸易的平稳发展。

英格兰银行的转型

工业革命之前，英格兰银行在大不列颠金融市场中所扮演的角色主要体现于三大职责。（1）充当联合王国政府的债务管理人，包括提供短期性融资、承销政府长期债券以及托管偿债基金等；（2）开展商业票据贴现业务，并逐渐发展出银行票据再贴现业务，成为本国乃至欧洲最重要的票据贴现机构；（3）发行可兑换英镑银行券，并使英格兰银行券流通范围逐步扩大，成为本国最具影响力的发行银行。英格兰银行在这三个方面的作为颇具特点，它与其他金融机构的关系在这三个方面也各有不同。

上述第一点体现了英格兰银行作为“政府之银行”的定位，而此定位主要由联合王

① Ranald C. Michie. *The London Stock Exchange: A History*. Oxford University Press, 1999, Table 3.2, p. 88.

② Michie, *The London Stock Exchange*, Table 3.2, p. 88.

③ 克拉潘：《现代英国经济史》，上卷，第 291 页。

国政府与英格兰银行之间的“政治契约”来界定。到18世纪末，这项“政治契约”已存在百年，成了不列颠政治和金融传统的一部分。

上述第二点是英格兰银行的商业行为，它主要依靠自身的资金实力和专业化经营来与其他银行展开竞争。当然，在该领域中，英格兰银行与其他银行并非全然为竞争关系。当英格兰银行逐渐增加了其银行票据再贴现业务时，它与其他银行具有了更多的合作关系。票据贴现业务量与商业繁荣程度息息相关，也是作为金融中心城市领先金融机构必须努力拓展的重要业务领域。

英格兰银行设立异地分行的做法始于1826年，当年即在伦敦以外的三个城市设立了分行，到1833年已在英格兰地区11个城市有了分行。这些分行以低于当地水平的利率办理票据贴现业务，并为企业客户提供一些免费支付服务。在吸收存款方面，英格兰银行分行的做法也与当地银行有不同之处，它对某些种类存款不支付利息。

在银行券发行和流通方面，英格兰银行与乡村银行发生了矛盾。与英格兰银行一样，乡村银行也有权发行银行券，两者都希望扩大自己银行券的流通范围。但是，英格兰银行具有明显优势，因为其存款客户和票据贴现客户多为大商户。除了在1797—1816年因国际冲突而暂停银行券兑换，英格兰银行发行的银行券在可兑换性上优于乡村银行。它从1826年起设立异地分行的做法，更是扩大了其在银行券发行和票据贴现领域中的竞争优势。于此之后，许多地方银行认为，英格兰银行的外地分行“不但是一个享有特权的竞争者，而且还是一个半官方的纸币监察人”。①

在伦敦地区，英格兰银行与当地银行的关系相对融洽。伦敦私人银行已经习惯于接受和使用英格兰银行所发行的钞票，并将自己的金储备（条块）存放于英格兰银行，需要时将票据与其进行贴现（再贴现）。对于英格兰银行而言，它在外地城市设立分行的意图则是希望通过“复制”在伦敦的做法而获得全国性的优势地位。英格兰银行与一些银行和睦相处而与另一些银行龃龉不断，实为前者在逐渐“转变身份”过程中的必然。

1840年前后，大不列颠围绕英格兰银行特许权的展期而发生了一场激烈争论，焦点是是否以及如何推动英格兰银行转型，是否以及怎样实行银行监管，如何看待货币概念以及宏观经济波动。争论的结果是议会于1844年通过了新的银行特许法，众议院（下议院）以185票对30票通过，贵族院（上议院）全票通过。②该法由时任首相罗伯特·皮尔所推动，故称为“皮尔法”。

“皮尔法”的主要内容是：（1）英格兰银行为英格兰地区银行券的主要发行者，那些已有银行券发行权的乡村银行可继续发行，但发行规模以历史水平为限，若银行倒闭或歇业，其发行权自然终结；（2）英格兰银行划分“发行部”和“银行部”，前者负责

① 克拉潘：《现代英国经济史》，上卷，第347页。

② 克拉潘：《现代英国经济史》，上卷，第639页。

银行券发行，资产仅由黄金储备（金块）和联合王国国债组成；（3）银行券发行额与黄金储备挂钩；（4）英格兰银行持有的国债实行定额管理。上述规定 1845 年后推广至苏格兰和爱尔兰。上述规定第（2）点参照了李嘉图在 1826 年提出的建议，该做法延续至今。

这部新法通过后，英格兰银行在大不列颠金融体系中的定位更加清晰了，它是政府的银行，是发行的银行，也是银行的银行。在银行券发行上，英格兰银行成为大不列颠境内银行券发行的领军者。虽然其他银行（尤其是苏格兰境内的银行）也一直发行银行券，但唯有英格兰银行的银行券发行保持增长。英格兰银行发行的银行券（Banknotes）遂成为大不列颠通行纸钞（Paper Currency）。

在“银行之银行”方面，英格兰银行逐渐退出普通的商业票据业务，重点发展银行票据贴现业务，并通过对贴现率的操控来影响金条的跨境流动，进而以此稳定英镑汇率。大约到了 19 世纪 50 年代，大不列颠和国际金融市场公认英格兰银行的极端重要地位与作用。至此，英格兰银行已实质性地成为一家中央银行，它与国内其他银行不再是竞争性的关系。当然，英格兰银行扮演它“最后贷款人”的角色，还有待 19 世纪末。

白芝浩（Walter Bagehot，1826—1877 年）是 19 世纪中叶活跃在伦敦商界、政界和媒体的人物，1873 年出版了文集《伦巴第街：货币市场画像》。该书大量叙述 1844 年皮尔法之后的英格兰银行，认为大不列颠已有一个庞大的信用体系，而它“建立在以英格兰银行为轴心和基础之上”。[①]白芝浩的观点可以归结为，境内的或跨境的大规模短期资金流动都受到英格兰银行的重要影响，而长期资金流动则完全由市场决定，无须英格兰银行所忧；大不列颠的“庞大信用体系”已可以满足现代工业化经济对融资的多样而复杂的需求，英格兰银行的职责是维护该体系的稳定。换言之，现代金融体系的框架和构成已基本完备，保其稳定运行的“保护神”也已驾临。

英格兰银行本为一家合股银行，即便它是发钞银行似乎也没有什么特别之处，因为在 19 世纪中叶，联合王国境内尚有数十家合股银行和非合股银行仍在继续发钞。按照白芝浩的见解，英格兰银行在大不列颠金融体系中的特殊地位仅由这一点决定：英格兰银行掌管着全国银行体系的黄金储备。由此，英镑纸钞的黄金可兑换性以及英镑与其他货币的汇率便完全由英格兰银行的货币市场操控所决定。而且，这个过程并非完全由政府立法所决定，而是在数代人的漫长时间中由英格兰银行通过自己的市场运作以及通过自己“逐渐强化的信用”而一点一滴地形成。[②]

英格兰银行当时是一家合股银行，也非政府机构，但却要承担维护英镑货币市场稳定运行的公共职责，两者之间如何协调成了 19 世纪中叶前后当地社会热烈讨论的话题。

---

① 沃尔特·白芝浩：《伦巴第街》，刘璐、韩浩译，商务印书馆，2017 年，第 49 页。
② 白芝浩：《伦巴第街》，第 49 页。

白芝浩的建议是，不采用法兰西模式，那里由政府任命法兰西银行行长（法兰西银行与英格兰银行皆为合股银行，政府不持有银行股份），而是由政府告诉英格兰银行行长其肩上的公共职责。同时，英格兰银行的治理结构应增多“专业性”，减少“业余性”，言下之意是银行董事会人员中应少一些业界的“利益代表”，多一些不代表任何行业利益的独立董事。①直到第二次世界大战结束时工党政府决定对英格兰银行实行国有化之前，英格兰银行的运作模式和公司治理结构在很大程度上都参照了白芝浩的意见。

英格兰银行的转型过程与大不列颠其他金融机构的发展经历均体现了“自然”演变的特征，同时，政府的立法调整也在一些领域中发挥了积极作用。对此，白芝浩不无庆幸地说，“追溯到历史的开端，我们发现政府做了社会想要做的所有事，禁止了社会不希望发生的所有事”。②专门研究不列颠工业革命进程的不列颠学者却认为，那里由政府主导的改革方案，几乎全都可以送上一句题词“经常走慢了的时钟”。③可以肯定的是，随着英格兰银行转型为中央银行，大不列颠金融体系的基本框架得以形成，它同时融合了市场导向与政府参与调节。

七、金融发展的宏观经济意义

综上所述可以归结为两方面。一方面，金融支持了工业革命，而且，金融对工业革命的支持作用与时俱增；另一方面，工业革命推动了金融发展。不仅如此，随着工业革命的深入，金融业内部构成愈加丰富，彼此相互影响，各类金融机构的行为和作用渐次调整，生生不息。

以上述结论为基础，可以进一步认为，工业革命时期大不列颠金融发展还展现出另一层意义，即现代金融改变了宏观经济运行的周期法则，金融市场行情和金融机构行为开始具有突出的和常规性的宏观经济意义。在前工业社会，金融机构的作为引起宏观经济波动的情况仅偶尔发生，例如中世纪意大利城邦的个别时候。不列颠工业革命进入后期以来，宏观经济波动成为常态化或呈周期性情形，这与金融发展密切相关。

常态化经济周期的出现

常态化经济周期（Business Cycles）指每隔数年便发生的显著经济波动。在当代，经济波动常以总量经济指标来度量，例如国内生产总值（GDP）、一般物价指数（包括消费物价指数 CPI 和生产者物价指数 PPI 等）、就业率或失业率等。这些常规性总量经济

---

① 白芝浩：《伦巴第街》，第 51－52 页。
② 白芝浩：《伦巴第街》，第 56 页。
③ 哈蒙德夫妇：《近代工业的兴起》，商务印书馆，1959 年，第 212 页。

指标的数据由各国政府设立的专业统计机构定期发布。这种做法20世纪30年代后陆续在一些国家实行，并在20世纪后半期普及全世界。现在人们看到的20世纪以前各国GDP等总量数据，皆为研究者们回溯性的估算结果。

19世纪初以后，在工业革命中期阶段，大不列颠社会开始关注“商情”（State of Trade）问题，希望政府采取应对措施的呼声日渐增强。“商情”是当时人们对经济衰退或经济下行的委婉说辞，从现代观点看就是指总产出下降、物价水平下降和失业率上升（“两降一升”）。定居在瑞士法语区的学者西斯蒙第1819年发表了其代表作《政治经济学新原理》，7年后（1826年）该书再版。他在再版序言中说，他访问英格兰时，看到那里工业发达，财富充裕；但是，同时，那里“商业尽管范围极广，却不能容纳谋取职业的青年人；哪里都没有空额，绝大多数人都找不到工作，不能获得工资”。[①]西斯蒙第此处谈论的是1825年经济衰退，此种情况于1837年再度发生。

现代经济学家普遍认为，在工业革命之前，人类社会存在“马尔萨斯陷阱”，即一个社会的收入水平因某种缘故上升后，例如风调雨顺带来农业增产或技术改良带来生产率提高，人口数量会随之增长，但增多的人口转而会使人均收入水平趋于下降，最终回归到上升前的低水平。此谓“马尔萨斯循环”或“马尔萨斯模式”。[②]尽管研究者们不能准确断定这种循环在前工业社会以何种频率和幅度出现，但均同意，工业革命终结了“马尔萨斯陷阱”或“马尔萨斯循环”。然而，一种新的经济循环却出现了。

它就是商业周期，是工业革命后的“新常态”。工业革命带来了商业周期。有一些研究者认为，商业周期在工业革命之前已经出现。他们认为，英格兰（大不列颠）在18世纪上半期已出现过数次经济下行，1702—1745年合计出现12次，相当于每3年半就发生一次；同时，工业革命开始以后，1754—1815年，大不列颠合计出现13次经济下行，[③]平均每4年半就发生一次。而且，在此60多年中，在大不列颠经济下行时，欧洲大陆的一些国家，包括法兰西、低地国家、德意志和意大利等，也在同时或前后出现经济下行。[④]毫无疑问，在工业革命以来的60多年中，欧洲国家相互间已有了相当紧密的贸易关系，并且出现了跨境资金流动（贵金属的跨国流动），这使得它们的宏观经济走势产生了前所未有的同步性。

---

① 西斯蒙第：《政治经济学新原理》，何钦译，商务印书馆，1964年，第8页。

② 莫克思（Joel Mokyr）和沃斯（Hans－Joachim Voth）：《理解1700—1870年欧洲的经济增长：理论和证据》，载布劳德伯利（Stephen Broadberry）与奥罗克（Kevin H. O'Rourke）编《剑桥现代欧洲经济史：1700—1870》第一卷，何富彩、钟红英译，中国人民大学出版社，2015年，第8－9页。

③ 有关18世纪大不列颠经济下行或金融危机的发生时间及波动程度，研究者们有一些不同的看法。例如，1763年或1788年是否发生了危机，人们的看法完全不同（Julian Hoppit. “Financial Crises in Eighteenth－century England.” *Economic History Review*, Vol. 39, No. 1 (Feb 1986), pp. 39－40）。

④ 克雷格（Lee Craig）和加西亚—伊格莱西亚斯：《经济周期》，载布劳德伯利（Stephen Broadberry）与奥罗克（Kevin H. O'Rourke）编《剑桥现代欧洲经济史：1700—1870》第一卷，表5.1和表5.2，第110页。

但是，工业革命之前的商业周期与之后的商业周期有重要不同之处。前者主要由农业部门的产出波动所引起，属于由自然因素（天气等）引起的供给冲击。后者则主要由工业部门的产出波动而引发，且在很大程度上属于由社会经济因素引起的需求冲击。工业革命之前，农业是社会经济的第一大产业部门，而且农业生产与国际贸易并无紧密联系。工业革命之后，工业在国民经济中的地位不断上升，同时工业生产与国际贸易的联系日益紧密（原材料供应和产品市场两方面均与国际市场相关）。工业革命所带来的经济结构变化，决定了商业周期的差异。工业革命以来，除了国际贸易影响商业周期，金融也影响商业周期。不仅如此，如前所述，金融还影响国际贸易，例如大不列颠商人银行积极参与国际贸易支付和融资业务。毋庸置疑，19 世纪以来，世界范围内的国际贸易发展与国际金融发展紧密相关。

经济思想的新发展

如果亚当·斯密是工业革命前夕预见到“资本之胜利”的经济学家，那么托马斯·罗伯特·马尔萨斯（1766—1834 年）则是在工业革命进程当中预见到“资本之后果”的经济学家。马尔萨斯最有名的著作是《人口原理》（1798 年初版），但其《政治经济学原理》（1820 年初版）也同样重要。该书提出了一个重大命题，即市场经济极有可能遭遇生产能力过剩和有效需求不足的问题。马尔萨斯与西斯蒙第是最早明确认为需求不足会导致经济波动的经济学家。此二人旗帜鲜明地反对法兰西经济学家萨伊（1767—1832 年）关于“供给能自行创造需求”的观点，后者否认需求不足的可能性。

本章已说明，到 18 世纪末，已有许多不同类型的金融机构现身于大不列颠经济之中，棉纺织企业彼时的支付和融资中大量使用短期票据，银行信用已成为社会经济运行的一个重要组成部分。针对这种情况，商人兼政治家亨利·桑顿（1760—1815 年）于 1802 年发表《大不列颠票据信用的性质和作用的探讨》一书，开拓性地将信用部门纳入社会经济体系的分析之中，他还运用今天被称为一般均衡的方法进行分析探讨。①他在书中论述了“自然利率”概念，认为市场利率的升降意味着经济走势的波动。

前面提到，19 世纪 40 年代初，大不列颠议会围绕英格兰银行立法条款的修改发生过激烈争论。这场争论中的对立观点分别被称为“通货学派”和“银行学派”。前者认为货币和金融因素可引起经济波动，后者则认为经济波动即便发生也会自动消失，社会市场具有自行恢复平衡的能力。通货学派认为，货币因素使商情加剧，那里“所发生的商业危机的大部分，均应归咎于银行券量没有随着黄金量的增减而伸缩”。②通货学派因

---

① Robert L. Hetzel, “Henry Thornton: Seminal Monetary Theorist and Father of the Modern Central Bank”, Federal Reserve Bank of Richmond *Economic Review*, July/August 1987, pp. 3 - 16. 这篇文章称桑顿是“现代中央银行之父”。

② 刘絜敖：《国外货币金融学说》，中国展望出版社，1983 年，第 122 页。

此主张对银行券的发行加以适度调节。

在银行学派代表托马斯·图克：（1774—1858 年）看来，引起商情变动的是供求因素，是社会商品和服务的供求关系发生了变化，从平衡走向了不平衡；而通货变动并不是引起变化的主要因素。他说，通货学派认为低利率带来高物价（相当于通货膨胀），高利率带来了低物价，这是谬误。他认为，正确的逻辑关系是，低利率促使生产成本降低，供给扩大，从而推动物价下降；高利率则有相反的效应。图克承认，低利率可促使投机活动增多，即有人会借钱进行投机，引起证券价格上涨，但它不会引起一般商品的价格上升。[①]

在通货学派与银行学派大争论之前，19 世纪初还发生过一场大争论，即金块主义者（Bullionists）与反金块主义者（Antibullionists）的争论。1797—1816 年，英格兰银行中止了其银行券的可兑换。这 20 余年期间，英格兰银行券持有人可用它购物、存款和投资，但不得换取金条金块。其间，大不列颠参与反法同盟和拿破仑战争，对外贸易一度受到严重不利影响，物价在几个年份大幅上涨。包括李嘉图在内的许多经济学家和社会人士此时都在争论究竟为何引发了通货膨胀，是英格兰银行中止银行券可兑换的政策和它“滥发”纸钞的行为，还是供给冲击（拿破仑大陆封锁政策引致的不列颠进口商品价格上涨）？金块主义者认为是前者，反金块主义者则认为是后者。

在经济理论界迄今仍有影响的观点“实际票据学说”（Real Bill Doctrine）也在此时形成。该学说的早期代表有约翰·罗和亚当·斯密等。[②]他们认为，签发商业票据（相当于提供短期融资的数额）只要坚持面向实业和面向实际需求的原则，便不会过度发行，也不会引致通货膨胀。当代经济学界大部分学者不赞同这个看法，但也有少数学者坚持认为“实际票据学说”是正确的。

金融发展的新宏观经济意义

工业革命带来了银行的普及，也促进了证券市场的发展，金融业由此出现日益丰富多彩的发展局面。在工业革命后期，社会经济逐渐感到需要专业化的货币管理机构，中央银行即在此背景下由早期金融机构蜕变而生。各式各样的金融机构随着工业革命的进程，一点一滴地诞生和成长，初起悄然无声，汇聚起来却形成了人类历史上前所未有的金融革命，彻底改变了金融与经济的关系，也使金融发展步入了一个遵循市场竞争规律并服从于法律调节的轨道。

可以将金融发展的新宏观经济意义概括为以下四点。

---

① 托马斯·图克：《通货原理研究》，张纪胜译，商务印书馆，1993 年，第 78－85 页。

② Thomas M. Humphrey, “The Real Bills Doctrine”, Federal Reserve Bank of Richmond *Economic Review*, September/October 1982.

第一，银行体系的发展更新了货币的概念。几千年来，人们总是认为货币（钱）是贵金属，是贵金属铸币，抑或是可随时随地与之兑换的银行券（纸钞）。这种观念根深蒂固，直到工业革命已取得根本胜利和银行制度已在大不列颠各地普及之时，少数“先知先觉者”才开始意识到，货币（钱）竟然不再仅为现金，不再是非可兑换的纸钞莫属，它还包括可用作支付工具的银行活期存款。这个认识的转变，不仅影响到人们如何正确看待银行的性质及其作用，而且也关系到如何正确树立宏观经济调节原则。

前面提到，给予银行账户持有人提供透支的服务，始于18世纪中叶的皇家苏格兰银行。之后，大不列颠所有银行陆续都采用“往来账户”（Current Account）做法，授予符合条件的开户人签写支票的权利。同时，银行向所有接受支票的商户承诺及时“兑现”支票，或支付现金或在其往来账户中存入相应数额的款项。而且，为了促进银行间银行券和包括支票在内的各种票据的互换和结算，它们还建立起专门的清算所，加快银行业的“互联互通”。由此，通过银行系统的支付快速增长。

很快，在大不列颠，银行存款总量超过了硬币现金。英格兰和威尔士有现金（铸币）和纸钞流通统计数的最早年份是1688—1689年，两者分别为1 000万英镑和200万英镑；有银行（活期）存款统计数最早年份是1800—1801年，即为4 500万英镑（现金和纸钞分别为2 000万英镑和2 500万英镑）。[①]至1850年，大不列颠加爱尔兰银行体系以外流通的硬币总额为6 100万英镑，英格兰银行的银行券和公众存款分别为1 890万英镑和940万英镑，所有其他商业银行的银行券和存款分别为1 410万英镑和1.52亿英镑。也就是说，在货币总量2.55亿英镑中，银行券合计为3 300万英镑（占比12.9%），银行存款合计为1.614亿英镑（占比63.3%），硬币占比仅为23.9%。到1913年，硬币流通量为1.44亿英镑，占比进一步降至12%；银行券合计为4 530万英镑（其中英格兰银行为2 770万英镑），占比低至3.8%；存款合计为10.32亿英镑（其中英格兰银行为1 330万英镑），占比升至84.2%。[②]

若没有银行和银行券（纸钞），则经济增长就要求流通中的硬币供给量保持同步增长。显然，在贵金属货币制度下，任何国家都难以长期做到这一点。银行普及后，银行券发行增加，由此减轻硬币流通增长的需求压力。但银行券作为支付工具仍有诸多局限，尤其不方便商户之间的支付。基于存款账户的支票和其他票据的运用，解决了工业革命以来支付需求急剧膨胀的问题。由此，人类社会踏上了解决支付问题的新道路，货币（钱）的概念也随之不断更新。

第二，银行普及为信用创造开辟了新天地，而且也因此促使信用变动对经济的影响不断增强。我们已经看到，银行接受制造业企业的存货作为抵押物而发放贷款，从而使

---

① Matthias, *The First Industrial Nation*, Table 39, pp. 460 - 461.

② Collins, *Money and Banking in the UK*, Table 2.1, p. 40. 原表格缺1850年以前数据。

得企业存货成了“金融杠杆”。此外，在银行的存款和贷款之间也存在一定的联动关系，即存款增加可带动贷款增加，反之则相反。总之，现代银行的贷款能力已经摆脱了其初始资本金的束缚。合股银行利用证券市场补充资本金的做法，理论上意味着资本金可与经济增长同步。也就是说，只要经济总量保持增长，就没有什么因素可限制银行资本金和信贷能力的增长。

在此背景下，信贷对经济的影响也在增大。如前所述，大不列颠棉纺织业企业大量使用票据贴现等信用工具，使得信贷供给与企业存货的关系日益紧密，前者的变动可迅速传递到后者，进而影响工业部门的产出和就业。工商企业大量使用诸如汇票和转账支票这一类的短期融资工具，意味着它们容易遭受流动性短缺这种新型财务困难。在某些时候，流动性短缺足以置企业于死地。曼彻斯特地区最成功的自我奋斗者，是拿破仑战争结束后成长起来的一位新一代棉纺织企业家，其产品远销至巴西、合众国和世界其他地区。在1847年经济衰退中，此人因不能及时偿还短期债务（主要是价值10万英镑的票据）而被迫倒闭，清算时发现其资产总额高达35万英镑，其中20万英镑是准备出口的产成品。①

第三，多层次金融体系的形成给各类金融机构和金融市场的互动提供了巨大空间，金融发展由此进入崭新阶段。在大不列颠，17世纪末国债市场开始发展，后来又有特许公司股票和债券，再后出现了各种商业票据和银行票据，1825年之后则出现了合股公司股票市场的爆炸性增长。此外，大不列颠金融市场一直保持对外开放，跨境资金流动几乎从未中断。

在金融机构方面，工业革命期间，大不列颠不仅见证了大量私人银行和乡村银行在早期和中期阶段的涌现，更重要的是目睹了合股银行的诞生和壮大、储蓄银行的创立和普及、人寿保险公司的转型和扩张等。所有这些金融机构同时活跃于同一个充满竞争的金融市场，各自必须发挥自身经营优势方可生存和发展。竞争和法律调整是金融机构分化和发展的基本动力与保障。

同时，在这个多样化的金融市场中，参照利率水平差别进行套利是市场参与者的基本行为模式，由此决定了利率水平及其变动（尤其是风险度最低的国债收益率水平及其变动）对国内金融市场与国民经济产生了越来越大的影响和作用。一篇专门探讨18世纪英格兰金融危机的研究成果认为，1770年后，“金融危机很大程度上由经济增长所引发”。该文的实际意思是，工业革命以来，经济景气往往带来工商界和金融界的信心倍增，从而助长信贷扩张，鼓励风险偏好和投机取巧。②换言之，经济上升时期出现了信贷需求和信贷供给同时增加，而信贷供给在短期内不可能无限增长，因此，信贷成本（利

---

① Chapman, “Financial Restraints”, p. 63.

② Hoppit, “Financial Crises in Eighteenth – century England”, p. 51.

率）迟早会发生不利变动。亨利·桑顿和托马斯·图克皆表达这种看法。

第四，金融发展和货币化趋势造成国际金融关系的变化，国际物价差别和利率差均成为影响跨境资金流动的重要因素。工业革命前的主导观点认为，一国贸易收支的差额决定跨境资金流动的方向和规模。这个看法最早由18世纪苏格兰学者大卫·休谟提出。在他的“价格—现金流动机制”（Price－Specie Flow Mechanism）中，一国货币存量完全取决于贸易收支差额，贸易顺差国进口贵金属从而使国内货币存量增加（进而物价上升），贸易逆差国出口贵金属因而使国内货币存量减少（进而物价下降）。

随着工业革命和金融市场的发展，有关国家开始出现大规模的跨境资金流动，而且与贸易差额的关系并不紧密。“纯粹资金流动”特指以套利和投机为目的的跨境资金流动，这在18世纪已经出现于伦敦和阿姆斯特丹金融市场。19世纪初拿破仑战争结束后，进出伦敦金融市场的国际投资资金大幅增加，伦敦的重要性已显著超过阿姆斯特丹（部分原因是阿姆斯特丹市场遭到国内政治事变和法兰西入侵的冲击）。战后，伦敦、巴黎和阿姆斯特丹等欧洲金融中心之间的联系更加紧密。①商人银行和大型保险公司俨然成了国际金融市场的新角色，它们对国际投资机会的捕捉是影响“纯粹资金流动”的重要因素。

金融发展的上述四点新宏观经济意义，用简洁生动的表达，可分别称为：（1）货币概念革命；（2）信用创造革命；（3）多样化金融体系革命；（4）国际金融关系革命。在所有这些“革命”中，最大者为银行革命，即银行由传统类型的金融中介（地方性的、小规模的、面向少数人和商业企业客户）转变为现代类型的金融机构（全国性的、大规模的、面向公众和制造业企业客户）。

伴随着上述金融革命和金融发展的新宏观经济意义，金融与公众的关系也在发生变化。广大的庶民成了储蓄者，成了货币和金融资源的持有者，他们比以往更加关心金融市场行情和金融机构运行，其利益与金融的相关度不断升高。工业革命后，在许多欧美国家，公众政治权利扩大，对政府社会政策和经济政策的影响力也相应提高。由此，公众意见和公众行为也成了影响金融发展进程的一个因素，这是前工业社会未曾有过的事情。

简言之，工业革命以来，金融发展具有全新的宏观经济意义，它不再仅仅影响商业，而且影响工业；它不仅可为普通企业提供信贷服务，而且可为大型企业和大型项目提供多样化融资支持；它不再仅为少数人服务，而是为公众服务；它不仅影响金融流量（贷款和证券投资数额等），而且影响货币总量（流通中硬币加纸钞和活期存款）；它不仅影响本国市场，而且影响国际市场。

---

① Larry Neal. *The Rise of Financial Capitalism: International Capital Markets in the Age of Reason*. Cambridge University Press, 2010, Chapter 11: The Amsterdam and London Stock Markets, 1800－25.

八、本章小结

经济学家们在20世纪曾热烈讨论金融与不列颠工业革命的关系。如今，结论已相当明确。在工业革命早期阶段，基础设施建设和工业企业融资的方式开始发生转变，尽管彼时金融的作用尚不够明显和突出。随着工业革命进展，大不列颠金融发展开始加速，继而对工业革命提供了越多且越大的支持。在工业革命早期阶段，银行零星资助了一些创业者，而到了工业革命中后期，转型后的银行和新的商人银行为制造业企业提供周转资金或贸易信贷，新开放的证券市场则向大型合股公司提供长期资金融资。显而易见，没有金融发展，大不列颠工业革命不可能顺利展开。

大不列颠的经历表明，金融发展并非工业革命的“绝对前提”，但工业革命也绝对不会在“零金融”的空间中发生。

同时，工业革命极大地推动了大不列颠金融发展，金融革命在多个维度发生。银行不仅在全国得以普及，而且银行本身也发生了巨大变化。分行制成为合股银行的基本发展模式。经过多次金融恐慌冲击，所有银行都日益重视流动性管理。英格兰的合股银行借鉴了苏格兰银行业的先进做法，跻身成为信贷市场的主角。储蓄银行等新金融机构的出现引起了面向公众的金融服务革命。

在金融机构多样化发展和金融市场日趋发达的背景下，英格兰银行向中央银行转变，相应的法律调整为转变提供了制度支持。

到了19世纪中叶，大不列颠金融体系趋于“完备”，国内金融市场既生机勃勃又高度开放。伦敦日渐成为世界金融中心，不仅是国际贸易融资的中心，同时也是长期资金跨境流动的中心。

在金融大发展背景下，货币概念发生了重要改变，加入了存款货币新成分。社会有了新的信用创造机制，它是一个理论上可以无限扩张的机制。多样化金融体系中的各个部分（金融机构和金融市场）相互作用、相互影响，利率成为调节社会经济运行的基本工具。同时，由需求因素引致的宏观经济波动演化为工业化经济的“新常态”，金融成为经济周期中的重要因素。

总之，工业革命之后，金融发展跨越到一个崭新天地。在竞争因素不断增多的市场环境中，金融再也不是一个暮气沉沉、停滞不前、古老而陈旧的行业。

世界金融史

从起源到现代体系的形成

[第八章]

银行制度演变：美利坚与法兰西的经历

19 世纪末，不列颠知名经济学家阿尔弗雷德·马歇尔发表了他的长篇著作《经济学原理》，扉页引用了一句广为人知的名言："自然界没有飞跃。"他想借此表达的基本意思是，如同自然界一样，人类社会的经济过程和经济制度变化也是演进的，没有突变，也不应该有突变。马歇尔是一个渐进主义者，也是改良主义者。

但是，两千年前古希腊哲学家也说过，"自然界厌恶真空"。此言意为，自然界不容许出现真空；当真空在某个地方快要出现的时候，自然界一定会以某种方式将气体引入。从经济学角度可这样解读这句名言：在市场经济中，当需求出现时，一定会将信号传送至供给，促使供给也出现；当供给因为某种原因受到限制时，一定会有另外的供给来满足需求；市场经济不允许需求得不到供给或满足。

前一章叙述了银行和金融制度在大不列颠工业革命期间发生的重要变化。这些变化大都属于渐进式的经济过程，仅有个别事件可谓"突变"，例如 1825 年议会废除了 1720 年通过的"泡沫法"，为合股公司的证券融资扫除了制度障碍。而像乡村银行的生长、商人银行的壮大、合股银行在全国各地开设分行等，皆为渐进过程，在这些事情发生数十年之后人们才意识到它们的重要意义。

然而，在大不列颠以外的国家，银行制度的发展似乎很少有如此的"自然性"，即便是 19 世纪的美利坚和法兰西，这两个与不列颠经济体制有很多相似性的国家，由于国情不同和指导思想的差别，其银行制度不仅与大不列颠有诸多不同，而且在发展进程中还经历了许多"突变"。

美利坚合众国采用联邦制，联邦政府和州政府在银行事务上的作用在不同时期差别甚大。在此背景下，美利坚银行体制在 19 世纪 70 年代前经历了多个转折，全国性银行办了又停，停了又办，最后还是停了；美利坚由此进入州立银行体制。之后，一些州转向“自由银行”体制。内战爆发后，联邦政府的债务融资需求催生了国民银行制度的诞生，此后，随着不允许设立分行的国民银行数目增多，合众国又进入“单一银行”体制。到19世纪70年代，美利坚的现代金融体系仍不够成熟。

在法兰西，大革命期间出现过短暂的“自由银行”体制，而拿破仑的执政很快就带来了一个垄断性机构（法兰西银行）。在随后的王朝复辟时期，法兰西金融发展处于停滞状态，民间利率居高不下，困扰着中小企业发展和工业化进程。在第二帝国时期，拿破仑三世奉行圣西门主义，力图让法兰西经济和金融后来居上，采取了诸多激进措施鼓励大银行和大企业的发展。法兰西若干大型金融机构一度走上全能银行发展道路。然而，在日趋竞争性的市场经济环境中，专业化才是法兰西银行机构发展的基本方向。到了19世纪末和20世纪初，随着大型银行的转型，法兰西基本形成现代金融体系。法兰西银行制度是突变和渐变的结合。

一、历史背景：高通胀和指导思想

在美利坚独立战争和法兰西大革命期间，两者都遭遇了高通胀，两国人民对此都留下了深刻的历史记忆，两国后来的货币银行制度也因此受到了重要影响。然而，两国有一些迥然不同的政治哲学和经济学说，分别极大影响了两国的货币银行体制和经济政策。

大革命期间的高通胀

1776年，北美13个州发表了“独立宣言”，由此走上了民族独立和民主政体的道路。1789年，巴黎爆发巴士底狱风暴，法兰西大革命开始。但是，两个新生政权都出现了严重通货膨胀。而且，事后观察，高通胀给两国后来的经济和金融发展都带来了重要影响。

在美利坚，独立战争时期出现的高通胀或许与那里的货币传统有关。加尔布雷思说过，“如果商业银行史属于意大利人，中央银行史属于不列颠人，那么，官府发行纸币的历史当之无愧地属于美利坚人”①。其言显然指近代欧美诸国。此话的意思是，在英属殖民地时期，由于大不列颠一直在钱币事务上坚持重商主义做法，限制贵金属流向外国和殖民地，北美地区长期缺少硬币作为支付工具。为了克服硬通货不足带给当地商业的不利影响，一些殖民地当局发明了各种替代性支付工具，包括烟草和纸钞等。本杰明·富兰克林（1706—1790年）在1729年发表文章，题为“试论纸币的性质和必要性”，呼吁大不列颠当局允许殖民地正式发行纸钞作为通货使用，并认为一国货币流通量的多

① 约翰·肯尼斯·加尔布雷思：《货币简史》，苏世军、苏京京译，上海财经大学出版社，2010年，第35页（个别文字据英文版有改动）。

少会影响该国的利率水平。[①]

北美高通胀的直接原因是大陆议会发行了过多的“信用券”（Bills of Credit），其数量远远超过了新生政权所掌握的硬通货资源。1776 年，按美元计价的商品价格指数上涨 14%，第二年上涨 21.9%，1778 年上涨 29.7%。[②]这三年中，物价累计上涨 80%。1781 年时，印制大陆美元纸钞的成本超过了其面额，[③]这通常是超级通胀才有的典型情形。

法兰西大革命爆发后，当政者与北美同行一样也面临财政资源短缺问题。他们在经过一段时间犹疑和彷徨后，开始发行付息的“指券”（Assignats）。发行初期，指券未作为支付工具。1792 年法兰西共和国成立时，也是对外战争爆发之际，财政形势的恶化促使指券发行大幅度增加。这时起，指券被用作支付工具。这也意味着，发行者试图以其支付工具的功能来扩大指券发行。有位时评家在 1790 年时曾说，“暴政下的纸币是危险之物，因为它偏爱腐败；但在一个宪政治理体制中，发行纸币的危险再也不存在了，因为纸币的发行数量和用途都会被很好地加以关照”[④]。以当时货币单位里弗衡量的物价水平在 1790 年为 100，1795 年为 3 100（相当于 1790 年的 31 倍），1796 年 5 月更达到38 850（相当于 388.5 倍）。[⑤] 1796 年，督政府决定以“汇券”（Mandats）代替指券（Assignats），其实不过是换汤不换药，通胀犹如脱缰野马仍未得到控制。当年，物价水平上涨 4 235%。[⑥]加尔布雷思评论说，指券给法兰西人留下的记忆恰如断头台那么强烈。[⑦]

高通胀给两国人民都留下了深刻记忆。高通胀之后，两国都决定回归贵金属本位制，而且长期固守商品货币制度。在一定程度上，有段时间，美利坚人和法兰西人对通胀的态度多少杯弓蛇影。美利坚人在联邦政府成立后，一方面强烈要求实现“健全货币”，另一方面反对全国性银行发行纸钞；[⑧]拿破仑掌握政权后，多次对外战争所引发的

---

① 富兰克林：《试论纸币的性质和必要性》，载《富兰克林经济论文选集》，刘学黎译，商务印书馆，2007 年，第 1－18 页；关于货币与利率的关系，见第 14－15 页。

② Carter, et al, eds. The Historical Statistics of the United States, Millennial Edition, Vol. 5, Colonial statistics, Table Eg247, pp. 5－674.

③ 杰瑞·马克汉姆：《美国金融史》第一卷，黄佳译，中国金融出版社，2017 年，第 83－84 页。

④ 时任国民议会议员 M. Matrineau 之语，参见 Andrew Dickson White, *Fiat Money Inflation in France: How It Came, What It Bought, and How It Ended*, 1896 (Reprint: Cato Institute, Paper No. 11, 1980), pp. 3－4.

⑤ 约翰·F. 乔恩：《货币史：从公元 800 年起》，李广谦译，商务印书馆，2002 年，表 25.1，第 377 页。

⑥ Stanley Fischer, Ratna Sahay and Carlos A. Végh. “Modern Hyper－ and High inflations.” *Journal of Economic Literature XL* (September 2002), Table 1, p. 838.

⑦ 加尔布雷思：《货币简史》，第 49 页（译文略有调整）。

⑧ 这段时间出现的一个插曲是，18 世纪 80 年代和 90 年代初，新政权仍然面临严重的通货短缺问题。对此，新政权坚持不求助于纸钞发行，而是允许境内交易使用外国铸币。国会甚至一度通过法令允许外国铸币在境内合法流通，该法令通过于 1793 年，规定西班牙硬币和其他外国硬币在合众国境内具有法偿性。以今日之观点看，这相当于在实行“法定美元化”（境外通货在境内具有法偿性）。1794 年，合众国铸币厂开始运行并自铸美元银元（称为“自由元”或“解放元”，Liberty dollar），纯银重 371.25 格令（24 克），当年随即取消了 1793 年规定（马克汉姆：《美国金融史》第一卷，第 102 页；Jerry W. Markham, *A Financial History of the United States*, M. E. Sharpe, 2002, Vol. I, p. 83）。

巨大财政需求也没有让他去运用发钞融资的手段。这些行为的背后，显然有两国对通胀的难忘记忆。两国在19世纪数次遭遇金融恐慌并被迫暂停银行券可兑换，虽然事后都快速返归可兑换制。这都反映了两国当时对稳健货币的坚定追求。

共和主义者杰斐逊及其影响

托马斯·杰斐逊（1743—1826年）是“独立宣言”的主要起草人，“人人生而平等”是其名言。在1801—1809年他两次当选合众国总统。作为一位旗帜鲜明的共和主义者，杰斐逊强烈反对主张中央集权的联邦主义，他是“联邦主义者”，认为应给各个州而非联邦政府更多的权力。在社会成员的权力（权利）分配上，杰斐逊的基本观点是个人理当拥有不受政府胁迫的基本权利。

杰斐逊之后，担任合众国总统的人士多属于共和主义者。19世纪前半期，合众国政治的主流是共和主义倾向，这极大地影响了其时银行制度演变。

在杰斐逊当政时，美利坚已有几家大银行，包括由私人建立的北美银行（Bank of North America）和由政府建立的合众国银行。在联邦主义者和首任财政部长亚历山大·汉密尔顿的力主之下，[①]联邦政府于1791年同意设立合众国银行（Bank of the United States），旨在取代北美银行提供的金融服务。杰斐逊和詹姆斯·麦迪逊等共和主义者对此提出了明确的反对意见。杰斐逊甚至说，“银行业对我们自由的危险性比在明面上的敌人还要大”[②]。按照汉密尔顿的设想，合众国银行不仅要管理联邦政府的债务，而且要为新生的美利坚民族提供标准化的通货，一劳永逸地解决货币问题。由于杰斐逊等人的反对，最后由总统华盛顿敲定的方案明显含有一些限制性条款。例如，银行营业期限为20年，到期时由国会决定是否给予展期（后来的国会没有同意展期）；在美的外国人可购买银行股份，但外国人所持股份不得拥有投票权（这是“优先股”概念的一个早期事例）；银行不得购买联邦政府债务（借款给联邦政府）；银行可依自己所持有的资本金和贵金属铸币发行银行券（Banknote），但该银行券不是全国通用券（Currency）；等等。

在合众国银行营业期间，它在全国各地设有5家分行，总部设在费城。1811年参议院讨论该银行的展期时，投票结果难分伯仲，时任副总统兼议长最后投了反对票。很快，一位私人企业家购买了该银行资产并将之改造为私人银行。

杰斐逊等人有三个理由反对设立全国性银行。（1）担心这样的金融机构会拥有发行通货的垄断权利，由此而与民争利。（2）担心联邦政府据此得到一个可靠“财源”，可以不加征赋税就让政府膨胀起来，从而让公民社会变得“小”且“弱”。（3）大银行这

① 美利坚合众国“财政部”（Department of the Treasury）本意为“国库部”，早先仅为一个技术官僚机构，在税收和财政资金分配等重要事项上没有决策权，与其他国家常用的“财政部”表达法（Ministry of Finance）有一定区别。当然，在后来的历史发展进程中，随着联邦政府总统职权的扩大，其“财政部长”的权限也有相应扩大。

② 马克汉姆：《美国金融史》第一卷，第109页。

样的机构很可能会鼓励投机风气，让商业欺诈肆行，从而损害农业种植者的基本利益。杰斐逊等人的观点代表了农民群体的利益，其基本要求是稳定的物价水平和不复杂的商业环境。为此，在杰斐逊等人看来，社会治理结构应当尽量向基层倾斜，减少叠层架屋的“上层建筑”（包括全国性政治机构和金融机构）以及其所拥有的权力。

1812 年，合众国卷入欧洲事务中，与不列颠发生第二次冲突。这场战争持续到 1815 年，给联邦政府财政带来巨大压力。为此，原本是共和主义者的麦迪逊总统不得不同意设立一家全国性银行，以缓解财政压力。合众国银行（Bank of the United States）再次于 1816 年成立，已于 1811 年消失的合众国银行随之被称为“合众国第一银行”，1816 年成立的这家则被称为“合众国第二银行”。

前后两家合众国银行都采用了相同的股份安排、治理结构和业务模式，即政府认购 1/5 股份并委任 1/5 董事会成员，私人部门认购 4/5 股份并委任相应比例董事；接受政府存款、禁止购买国债、在规定条件下发行银行券、在规定条件下发放商业贷款、不从事贸易信贷；总部设在费城，可在其他地方设立分行；等等。很快，合众国第二银行在全国各地分行多达 19 家。①

1823 年，年仅 37 岁的尼古拉斯·比德尔（Nicholas Biddle，1786—1844 年）出任合众国第二银行总裁。他奋发有为，努力让银行“做大做强”，使之变得愈发像中央银行。尽管彼时尚未有“中央银行”概念，但管理全国通货和调节国内货币市场行情这些要素已经逐渐流行开来。后来的美利坚人因此称他为“中央银行家”。②在他的领导下，合众国第二银行的业务得到长足发展。但是，两个情况让这家银行的展期问题变得困难起来。一是比德尔卷入与时任总统安德鲁·杰克逊（1829—1837 年在位）的政治纠纷中，杰克逊的政治观点十分接近杰斐逊一派；二是一些地方银行家抱怨合众国第二银行抢走了他们的生意。波士顿一位银行家甚至称比德尔是“金融寡头”。③事实上，在 1836 年合众国第二银行正式清算之前，它的许多业务已经收缩。在 1836 年合众国银行停业后，直到 1913 年，美利坚就再没有一家全国性的银行机构了。在货币管理和联邦政府债务管理等事务上，这段时间的美利坚似乎出现了“真空”。而这也正是 1863 年国民银行制度推出的重要缘故。

圣西门主义及其影响

圣西门（Henri de Saint - Simon，1760—1825 年）是一位阅历和思想都十分丰富的法兰西人士，曾前往北美参加独立战争，还向墨西哥总统提出过开凿连接大西洋和太平

---

① 小阿尔弗雷德·钱德勒、托马斯·麦克劳、理查德·特德洛：《管理的历史与现状》，东北财经大学出版社，2007 年第 2 版，案例 5：美国第二银行，第 60 - 61 页。

② 钱德勒等：《管理的历史与现状》，第 61 - 64 页。

③ 钱德勒等：《管理的历史与现状》，第 68 页。

洋运河的政策建议。巴士底狱风暴后，他返回法兰西，积极支持这场以“自由、平等、博爱”为旗帜的解放运动。圣西门似乎有着强烈的“实业救国”抱负，一度利用大革命时期社会经济剧烈波动提供的机会，捞金建立一所工艺学校，几乎取得了成功。在高通胀时期，他被当局当做投机分子关进监狱，后来得到释放。1794 年巴黎理工学院（Ecole Polytechnique）成立后，圣西门参加了那里的教学活动。圣西门的主要著作写于 19 世纪初，经济和金融方面的论著以《加强实业的政治力量和增加法兰西的财富的制宪措施》（1818 年）、《论工业制度》（也译为《论实业体系》，1821 年）和《实业家问答》（1823 年）为代表。[①]他有关经济发展和银行作用的主要观点可归结如下：

（1）英格兰在经济和社会发展上已经走在法兰西前面，法兰西应该向英格兰学习实业制度（Industrial System），并可比英格兰做得更好（第一卷第 186 页）。

（2）实业家（industrialists）由农民、工厂主和商人组成，他们是两千多万法兰西人的主体；实业家是劳动者，劳动是财富的源泉；“实业家将成为社会的第一阶级”（第一卷第 193 页，第二卷第 51 页和第 70 页）。

（3）实业家的私人利益与社会的公共利益是一致的（第一卷第 232 页）。

（4）实业家要联合起来，相互团结。王朝政权要提携实业家，因为实业家从来都是爱国的（第一卷第 231 页和第 261 - 262 页）。

（5）路易十四时代法兰西出现了大工厂和大商业，后来还有了银行。正是银行的出现帮助解决了大工厂和大商业之间繁芜庞杂的往来账目管理难题，并促进了整个社会经济的发展。但是，那时王权继续从传统而且是没落的贵族阶级中提拔公务管理者，最终导致了财源枯竭和国库空虚（第二卷第 63 - 64 页）。

（6）要委托最卓越的实业家来管理共有财产，这样社会便可得到安宁（第二卷第 53 页）。

（7）地产动员是筹集资本的基本方式。地产动员就是要让地产的价值资产化，成为可抵押的资产。法兰西的全部财产据估算为 400 亿法郎，其中 350 亿法郎为不动产，50 亿法郎为动产。如果以不动产为抵押的信用充分动员起来，法兰西经济中流通的资金量便会大大增加，社会经济也会快速增长（第一卷第 203 页）。

（8）要鼓励银行家开展新业务，“银行家的利润同成交和经办的业务的多少成正比”（第一卷第 204 页）。

圣西门反对的是不劳而获的传统贵族阶级，他们是财富和资产的所有者，却不参加农工商活动。同时，圣西门认为所有参加劳动和经营的阶层在基本利益上是一致的，或者说没有根本利益冲突。前者体现了其反封建原则，后者则让他得到了“空想社会主义者”的称号。使其进入“空想社会主义”行列的另一个因素，是他赞成在一些领域中实

① 这三篇文献分别收录于《圣西门选集》第一和第二卷，董果良译，商务印书馆，2004 年。

行国有制。

圣西门对法兰西经济政策最重要的影响，在于他主张提升银行家的作用，在全国范围内推动以不动产抵押为依托的金融运作，提倡银行积极扩大经营范围。正是如此，他的一些追随者在19世纪三四十年代开始了实际运作。法兰西第二帝国的拿破仑三世即是一位圣西门学说的信奉者。讲述19世纪上半期法兰西金融发展的许多书籍都会提到"圣西门主义"。[①]

圣西门提到法兰西银行家在路易十四时代的成长并在经济发展中发挥了重要作用，所指萨缪尔·伯纳德（Samuel Bernard，1651—1739年）。伯纳德是那个时代法兰西富豪，曾在西班牙王位继承战期间向路易十四大量贷款。他提出过建立公共银行的倡议，并在自己的金融活动中大量发行票据。然而，路易十四的违约让他遭受重大挫折。[②]

但圣西门显然不是一位严谨的思想家。他读过亚当·斯密、威廉·配第、阿瑟·杨格等不列颠学者的著作，也研究过法兰西经济学家萨伊的政治经济学，但他使用的经济学概念大多缺乏论证。圣西门希望通过政府与实业家的联合以及发挥银行的作用来促进法兰西经济发展，提升法兰西相对于不列颠的国际经济地位。他的主张具有很强的精神号召力，却不具有充分的实践可操作性和可持续性。圣西门去世二十年后，有几家法兰西银行机构在他的思想影响下，率先朝着全能银行发展，并未取得预期的成果。这几家银行机构的不成功经历表明：一方面，全能银行模式在竞争性的市场环境和经济金融体制中难有可持续性；另一方面，圣西门经济学说和政策主张的空想色彩浓厚。

二、美利坚：州立银行和自由银行体制的确立

如前所述，在殖民时期，北美许多州缺少足够的支付工具，不得不寻找或发明替代物。一些殖民当局发行了信用票据，以土地为抵押，形成了事实上"土地银行"。但在当时，北美没有一家正规的银行。那时的借贷或货币流通活动被认为是"没有银行的银行业"。[③]正规的银行机构出现于革命时期，而且，在独立后的多年中，美利坚合众国一直在探寻适合自身经济发展并符合政治哲学原则的银行制度。

州立银行制的胜出

美利坚第一家经履行正式手续而成立的银行是1782年1月在费城诞生的北美银行，

---

① 查尔斯·金德尔伯格：《西欧金融史》，徐子健等译，中国金融出版社，2007年，第116－117页；弗朗索瓦·卡龙：《现代法国经济史》，吴良健、方廷钰译，商务印书馆，1991年，第44页。

② 金德尔伯格：《西欧金融史》，第108－109页。

③ Benjamin J. Klebaner, *American Commercial Banking: A History*, Twayne Publishers, 1990, p. 3.

之前它在1781年5月得到大陆议会批准，[1]后在宾夕法尼亚州政府完成注册程序。新政权的国库总长罗伯特·莫里斯称该银行是“美利坚信用的支柱”，它将促进合众国的财政事务管理。[2]莫里斯是汉密尔顿的朋友，两人都欣赏英格兰银行那种全国性银行的模式。北美银行事实上由莫里斯一手操办，但采取了对外公开招股和政府认购相结合的“公私混合”股份方式，总共发行1 000股，每股400美元，以金或银认购。计划书写明，共设12位董事席位，股份持有人有权选举董事，由董事会选举总裁并任命审计官；审计官每个工作日检查现金库存和银行券发行情况，并报告给美利坚国库总长。[3]

创立北美银行的初衷是创立一家全国性的银行，不仅代理联邦政府的国库（钱币）和债务事务，还可以通过发行银行券和发放贷款促进工商业发展。但是，出乎设计者预料的是，这样一种全国性金融机构很快与一些地方的经济利益发生了冲突。当时，一些州自行批准设立了银行，1784年成立的马萨诸塞银行是其中第一家。[4]纽约银行于1784年在曼哈顿开业，虽然迟至1791年才得到州政府颁发的营业执照。[5]

北美银行与地方的矛盾首先爆发在它的注册地宾夕法尼亚州，起因是该银行在1785年拒绝接受州议会发行的信用券，意在维护自己的银行券流通。宾夕法尼亚州一度吊销了北美银行的营业执照，后来在限制了其营业范围后才重新颁予。[6]

联邦政府于1789年完成组建，汉密尔顿出任首任财政部长。他觉得北美银行已不适合担当他所认为的“全国性银行”的使命，因而提议组建一家新银行，即前面提到的“合众国银行”。此时，美利坚合众国宪法已获通过。围绕如何解读宪法有关条款及其对设立新银行的程序的理解，杰斐逊与汉密尔顿发生了意见分歧。

时任国务卿杰斐逊在1791年1月至2月向总统华盛顿表达了不同意设立合众国银行的意见，他援引宪法第10条修正案（“本宪法未授予合众国、也未禁止各州行使的权利，保留给各州行使，或保留给人民行使之”）提出，既然宪法未涉及银行一事，那么该事务之决定权便不在联邦政府。汉密尔顿在华盛顿指示下对杰斐逊的意见做了长篇回复，要义是设立这家银行符合美利坚民族的根本利益。议会表决该法案时，39票赞成，20票反对，勉获通过。[7]与以前的北美银行不同，合众国银行（第一和第二）不再在任何一个州政府注册，而是直接由联邦政府在国会通过法案后组建。

---

① 大陆议会投票的情况是：马萨诸塞2位代表全反对；宾夕法尼亚1位赞成，1位反对；弗吉尼亚3位赞成，1位反对；13州合计20位赞成，4位反对（Herman E. Krooss, ed. *Documentary History of Banking and Currency in the United States*, Chelsea House Publishers, 1983, Vol. 1, p. 141）。

② Klebaner, *American Commercial Banking*, p. 4.

③ Krooss, *Documentary History of Banking and Currency*, Vol. 1, pp. 141－143.

④ 该银行英文名是“Massachusetts Bank”，1786年由美利坚出发首次前往中国的航运船队据说由该银行资助（参见http：//en. m. wiki. sxisa. org/wiki/BankBoston）。

⑤ Klebaner, *American Commercial Banking*, p. 8.

⑥ 马克汉姆：《美国金融史》第一卷，第107页。

⑦ Krooss, *Documentary History of Banking and Currency*, Vol. 1, p. 145.

1784—1801 年，共有 10 个州另加华盛顿哥伦比亚特区向 31 家银行颁发了营业执照，其中包括北美银行和前面提到的马萨诸塞银行与纽约银行。除了这 3 家，28 家银行都注册于 1792—1801 年期间。它们当中，纽约州、康涅狄格州和罗德岛州各有 5 家，为各州最多。这些银行被称为“州立银行”（State – Chartered Banks），由州议会通过法令并由来自私人部门的发起人组建。它们不是州政府的银行，但可为州政府提供一些银行服务。在纽约州，这个时期除了两家设立在曼哈顿的银行（纽约银行和曼哈顿银行），首府奥班尼也有一家银行（就叫“奥班尼银行”）。

在当时的经济环境中，在一些重要城市设立分行的全国性银行（北美银行和前后两家合众国银行）势必与当地的州立银行出现一些业务上的交叉。按照当时的法律，各家银行都可以发行自己的银行券，一些州议会也发行自己的信用券（至少直到 1789 年修正案之前）。各个发行者都希望自己的发行有尽可能大的流通范围，而且不希望这个流通范围受到“外来发行者”的不利影响。因此，在银行券或信用券的发行上，全国性机构与地方机构便有一定的矛盾。

此外，当时的全国性银行从事普通的工商贷款并吸收普通存款，这两项业务与州立银行形成了竞争关系。尤其在财政存款上，如果没有全国性银行，联邦政府的税款（关税进款）便只能存入纽约等口岸城市的州立银行。在那时美利坚市场经济尚未发达和繁荣的条件下，在银行市场中的分工和专业化趋势尚不够明确的背景下，全国性银行与地方银行之间出现矛盾和摩擦实为必然。

倘若追根溯源，这种矛盾也可归因于北美殖民地独立后所实行的联邦制。如果北美 13 个州采取英格兰或苏格兰那种单一政治体制，似乎便不会有这个矛盾，或者矛盾便不会如此突出。但这个假设和推理显然不符合北美独立运动的初衷。在北美，一个州的面积堪比欧洲一国。纽约州有 14 万平方千米，超过英格兰的 13 万平方千米。联邦制是北美人民“自然的”选择。

在这样的政治体制中，一个后果就是当共和主义倾向（分权倾向）占上风时，全国性银行便不得不让位于州立银行体制了。[①]北美银行作为合众国政府的关系密切机构，自 1791 年联邦政府成立后便被“边缘化”了；而合众国第一银行（1791—1811 年）和合众国第二银行（1816—1836 年）皆没有得到营业执照的展期。在全国性银行退出后，直到 1863 年国会通过“国民银行法”之前，美利坚合众国便只剩下州立银行制了，州立

---

① 19 世纪 10 年代后，美利坚目睹了共和主义倾向的上升，而这被认为与一个“偶然”事件有关：汉密尔顿与时任副总统阿伦·伯尔在 1804 年的私人决斗及其结果：前者因伤亡故，后者政治生涯告终。两人其实都是联邦主义者，尽管伯尔那时是共和主义者杰斐逊第一任期的副总统（这个格局是两派妥协的结果，而非杰斐逊的选择）。汉密尔顿之所以接受伯尔的决斗邀请，是想借此机会“除掉”这位具有独裁者野心的前伙伴。不巧的是，两位联邦主义者都因此告别了合众国政坛，而且也因此让公众对联邦主义产生了不够好的印象（J. T. W. Hubbard, *For Each, the Strength of All: A History of Banking in the State of New York*, New York University Press, 1995, p. 55）。汉密尔顿和伯尔都是那时刚刚兴起的纽约银行界中有影响的人物。

银行制便在那时“自然地”胜出了。

州立银行的早期发展：纽约为例

独立伊始，美利坚便寻求发展自己的银行制度。纽约银行（Bank of New York）的创立体现了这种探索。该银行发起人是罗伯特·利文斯顿（1746—1813 年），他拥有大量土地，担任纽约州大法官，曾是“独立宣言”起草人之一，但此人的银行观念相当陈旧。他在 1784 年提出设立纽约银行的计划要点，公开募股 75 万美元，1 000 美元 1 股；认购者首先以现金支付 1/3 数额，其余以地产为抵押（数额不超过认购者地产价值的 2/3）；银行以资本金作为营运资金，向农场主和农村居民发放长期贷款，以他们的土地为抵押，收取 4% ~5% 的利率。①

这个计划公之于众时，亚历山大·汉密尔顿正在纽约。他立即敏锐地觉察到此事非同小可，事关新生政权的商业利益，并采取了反对立场。他在曼哈顿召集许多商人和知名人士聚会讨论该银行开办计划，并在会上发表了尖锐的批评意见。他质疑道，殖民时代的“土地抵押银行”已被证明是破坏农村生产关系的因素，这份纽约银行的计划岂非重蹈覆辙？他表示，按计划，银行的实缴资本仅为全部资本的 1/3，也就是说，即现金准备只有区区 25 万美元而已，一旦遇到金融恐慌，银行必会遇到流动性不足问题。汉密尔顿还指出，殖民时代在纽约和马萨诸塞等地的土地银行大搞裙带关系的借贷活动，致使自己发行的财产证书大为贬值。汉密尔顿最后强调，若要让这家新银行取得成功，则必须按照“开明原则办银行”，资本金必须以现金足额缴纳，贷款的抵押物不应再是土地，而是商人和交易商日常生意中使用的短期本票（汇票）。②

汉密尔顿不愧是杰出的金融人才，既通晓历史，又洞察世界。他的见解为纽约银行指明了前进方向。1784 年 6 月，纽约银行顺利发行了 1 000 股，每股 500 美元，募集到 50 万美元资本金。首任银行总裁是一位退役将军，司库却是一位没有跟随英军撤离的保皇派人士。银行开业后，虽然也进行了一些土地抵押贷款，但主营业务的确按照汉密尔顿的主张发展成了商业票据贴现，贴现利率统一定为 6% 。③

由于在纽约州府出现了联邦主义者与共和主义者的分歧，纽约银行迟迟不能得到正式的营业执照。7 年之后，也就是 1791 年，当合众国（第一）银行准备成立时，纽约州的政治家们预感到这家全国性银行将来会在纽约开设分行并可能掌控本地经济，才决定授予纽约银行特许资格。④此时，纽约银行经过多年营业，已经羽翼丰满，拥有了完全由贵金属构成的 130 万美元资产，另加 9.5 万英镑现金（那时 1 英镑值 5.5 美元左右）。

---

① Hubbard, *For Each, the Strength of All*, pp. 40 – 41.

② Hubbard, *For Each, the Strength of All*, pp. 42 – 43.

③ Hubbard, *For Each, the Strength of All*, p. 43.

④ Hubbard, *For Each, the Strength of All*, p. 47.

纽约银行事例显示出这家银行以及纽约商业环境当时的开明，即（1）银行实行了合股制并公开招股；（2）银行在得到执照之前便已开始营业；（3）银行参照“高人”指点采用了更加适合的经营方针；（4）银行以商业优先为原则，在任命高管时政治上不计前嫌。

纽约州议会于 1804 年通过法律，规定从此以后任何组织（Associations）若未得到银行特许，不得接受存款或贴现票据。按照这部法律，纽约银行在 1784—1791 年属于非法经营。当然，法不咎既往。而且，1804 年法律也不禁止个人接受存款或贴现票据，因为当地遵从普通法（Common Law），而普通法赋予了人们以个人资格从事包括银行和其他金融交易的权利。[①] 19 世纪末 J. P. 摩根那样的华尔街合伙企业大量从事存贷款业务，并未注册为银行，其所适用的法律就是普通法。当然，这些企业名称中不得带有“银行”字眼，否则即需注册。在统计中，这些企业都被归入私人银行类别。

伊利运河建设是纽约州乃至美利坚经济发展和银行业早期经历中的重要事件。纽约州立法会于 1817 年通过决议，同意兴建连接五大湖和哈德逊河（及大西洋）的运河。当时估算，运河造价为每英里 2.1 万美元，总长度超过 300 英里，投资总额为 600 万 ~ 700 万美元。纽约州政府当时参股的两家银行（总部皆设在州府奥班尼）立即向该项目发放了数十万美元的授信。同时，运河公司公开发行运河股份（实际为债券），定息 6%，20 年到期还本。纽约州政府为此目的还设立了运河基金，其资金来源除了运河建成后的通行费用，还包括运河区域的土地出让金以及运河区域中的矿物开采税等。运河股份发行十分顺利，认购者包括两家不列颠保险公司。刚成立的纽约储蓄银行（Bank for Savings in New York）认购了最多数量的运河股份，而该银行的资金是来自普通工薪阶层的存款。这家新银行的章程规定它只投资于州和联邦政府证券。[②]

1825 年，伊利运河建成。此后，大量谷物从五大湖周围的中西部产地经运河运往纽约港出口到欧洲，美利坚作为农产品出口大国迈上一个新台阶。伊利运河是一个大获成功的商业项目。1815—1825 年被称为“股票时代”（Age of Stock Notes）。[③]包括私人银行在内的几十家新银行在此期间诞生于纽约州。

当时，不列颠驻纽约总领事上呈国内的机密报告对比了纽约与仍在不列颠统治下加拿大的经济状况，认为纽约经济在快速发展。他尤其对纽约人追求创新和不怕挫折的精神大加称赞，同时也指出了纽约地区银行业存在的种种问题。[④]

到 1828 年，纽约州注册在案有 11 家城市银行（分布在纽约市和奥班尼市）和 11 家乡村银行（分布在纽约州各县城）。前者拥有 1 125 万美元实缴资本并发行了 352 万美

---

① Hubbard, *For Each, the Strength of All*, p. 51.

② Hubbard, *For Each, the Strength of All*, p. 65.

③ Hubbard, *For Each, the Strength of All*, p. 69.

④ Hubbard, *For Each, the Strength of All*, p. 71.

元银行券，后者拥有 290 万美元实缴资本并发行了 313 万美元银行券。[①]乡村银行的银行券发行数额超过了实缴资本。纽约州长委托约书亚·福尔曼（Joshua Forman，1777—1848 年）对银行业的安全情况进行调查。福尔曼专业背景是法律，曾为推动伊利运河工程立项作出过重要贡献。他很快发现一些银行存在严重的安全问题。例如，一家银行实缴资本仅有 11 万美元，发出去的银行券却有 27.5 万美元，该银行库存现金（金银铸币）一度低至 7 965 美元。[②]福尔曼还对银行券流通量与物价水平变动以及企业生产的关系进行了分析。

在调查和分析的基础上，福尔曼提出了两点政策建议。第一，建立一个集体安全机制，让银行出资参加。当一家银行遭遇资金不足无法兑现所发行的银行券时，由这个集体机制出钱赎回，保证公众（银行券持有人）免遭损失。银行每年出资额应为其资本金的 0.5%，连续 6 年缴纳，合计为 3%。第二，银行资本金必须足额收缴，同时，银行券发行额不得超过实缴资本金的两倍。[③]这是正规的银行监管之发轫。

福尔曼关于设立集体安全机制的意见得到采纳。纽约州随后成立了“安全基金”（Safety Fund），而且将保障范围扩大到了存款。这样，1829 年的纽约州便成了世界上第一个推出存款保险机制的地方。十分有趣的是，福尔曼关于集体安全机制的想法据说是受到了清朝广州十三行联保制度的启发。[④]在福尔曼看来，银行虽然可以如普通企业一样分散经营，但它们之间存在关联性，一家出现问题，别的银行也会受到牵连。因此，某种联保机制在道理上讲得通。这里，福尔曼事实上运用了现代经济学中的外部性概念。

安全基金成立后，很快便开始实际运作，将资金用于赎回失败银行的银行券和支付存款。为此，安全基金的官员们开始着手银行监管工作，定期收集银行的财务数据并加以分析。这种工作的性质与 1933 年后联邦存款保险公司（FDIC）官员们所做之事如出一辙。但是，纽约州安全基金的负责人很快发现，该基金的资金数额不足以应对所有可能出现的问题。1837 年修订后的安全基金条例规定，对任何一家失败银行，安全基金的偿付额不得超过基金余额的 2/3。这虽然降低了安全基金的负担，但实际上并未解决问题，因为失败银行数量的增多所引起的赔付需求完全有可能超出基金的赔付能力。此后采取了一些办法来应对安全基金赔付能力不足的问题：一是将赔付范围退回到银行券部分，不再负担失败银行的存款；二是让安全基金发行债券（利率为 6%），以债务融资方

① Hubbard, *For Each, the Strength of All*, p. 72.

② Hubbard, *For Each, the Strength of All*, p. 73.

③ Hubbard, *For Each, the Strength of All*, pp. 74 - 75.

④ Hubbard, *For Each, the Strength of All*, p. 74. 有为著者为此事进行了长时间研究，并发表了专著，即葛富锐（Frederic Delano Grant, Jr.）：《现代银行业的中国基石：广州十三行担保制度与银行存款保险的起源》，何平等译，中国金融出版社，2020 年，尤其参见第八章。就“联保”制度传统而言，中国显然具有悠久历史。本书第三章第五节在论述“官办信贷”时提及北宋王安石“青苗法”，其中一个制度设计便是“上户保下户”，即下户若违约，则上户担责。在这样的机制中，官府既不承担责任，也不进行针对性监管。

式来扩大赔偿能力。后一个做法似乎也非一劳永逸的办法。1864 年国民银行法推出后，联邦政府对州立银行银行券发行开始课税，州立银行纷纷退出银行券发行业务，安全基金便再无理由继续营业。它于当年进行了清算，账上余额仅有 1 万美元。①

在马萨诸塞州，较早的时候也有类似的稳定化做法。波士顿多位商人联手在1818 年创办了一家名为萨福克银行（Suffolk Bank）的机构。按照初衷，该银行并不以常规存贷款为主业，而是为银行券兑现和票据贴现提供支付和清算服务。其做法是，波士顿周围任何一家乡村银行只要预先向它交存一定数额的现金，任何人持有这家乡村银行发行的银行券均可向萨福克银行提出兑现请求。初始，这个想法或许只是为一些商人提供兑现便利，后来它逐渐扩大了银行间往来范围，并发展出了支票转账和票据贴现业务，成了在没有中央银行的银行体系中开展银行间合作的楷模，也是代理行模式的一个起源。纽约州 1829 年建立的安全基金和后来的银行清算所在一定程度上受到了萨福克银行模式的影响。

自由银行和单一银行体制的出现

州立银行制度在改革之前是“特许制”，每家银行获得特许（Charter）都须按个案原则经州议会审议并批准。但是，州议会按照什么原则进行审议却并无预先说明。这就为任意操控和腐败留下了空间。几大事件促成了该银行制度的改革。

首先，19 世纪二三十年代是美利坚经济相对平稳增长的时期，使用机械和蒸汽技术的棉纺织工厂已在新英格兰地区出现，商业的持续发展造就了一批富人和投资者。经济的发展不断产生出对银行的新需求。

其次，1830 年初爆发了总统与合众国第二银行总裁之间的“银行战”。在这场带有浓厚个人恩怨的冲突中，杰克逊总统在第二银行营业执照到期（1836 年）之前，就采取了一系列措施来削弱第二银行的经营。他决定让联邦资金存入他指定的若干州银行中，这些“意外”得到联邦政府存款的州立银行很快被媒体称为“宠物银行”，1833 年时有22 家。当时，联邦政府一年的税款超过 3 000 万美元，这意味着一家“宠物银行”短时间内可增加上百万美元的存款。而且，联邦政府存款不要求高息，接近于“免费午餐”。它激起了美利坚银行界的激烈竞争，各家银行都希望分一杯羹。1936 年时有 90 家银行加入“宠物银行”行列。②不难想象，那时一定还有许多人士希望能开办银行，加入分享政府存款资金的行列中。

---

① 马克汉姆：《美国金融史》第一卷，第 208 页。
② 马克汉姆：《美国金融史》第一卷，第 176 页。

再次，1836 年合众国第二银行的改组和退还大部分股份，[1]让一大批持股人得到了可观的现金，这些人亟须找到新的投资出路。他们中有很多居住在纽约，客观上使得纽约成了要求解除开设银行限制和简化新银行审批手续呼声特别强烈的地区。

最后，1837 年金融恐慌让一些州出现了抵制银行和抵制银行券发行的社会运动。爱荷华州和附近的一些农业州 1837 年通过法令禁止设立银行，回归“硬钱”（Hard Money）体制，即人人都使用贵金属铸币，抛弃银行券。立法者们认为，银行是银行券滥发的罪魁祸首，要实现“健全货币”（Sound Money），必须限制银行活动。到 1852 年，特许银行在伊利诺伊、威斯康星、阿肯色、得克萨斯和加利福尼亚等州受到禁止。金融恐慌后出现的反银行和反银行券的社会运动引出了两个对立的后果：限制银行业或开放银行业，即转变为自由银行业。

纽约州在 1838 年 4 月通过了“自由银行法”（Free Banking Act），其要旨是，任何人都可申请成立组织从事银行业务，当然需要满足最低资本金要求（10 万美元）。当时有政治家声称，这项立法“不啻是第二次独立宣言”。[2]

纽约州“自由银行法”的重要意义在于，它引起了其他许多州的效法，它们后来通过了类似法案。最早的跟随者是佐治亚州，于当年底（1838 年 12 月）就通过了立法。1850 年后，跟随形成潮流。1850 年亚拉巴马州和新泽西州，1851 年马萨诸塞州、佛蒙特州、俄亥俄州和伊利诺伊州，1852 年康涅狄格州、威斯康星州、印第安纳州和田纳西州，1853 年路易斯安那州和佛罗里达州，1858 年爱荷华州和明尼苏达州，1860 年宾夕法尼亚州，1861 年堪萨斯州，均通过此类法案。[3]各州对最低资本金的规定互异，纽约州的 10 万美元是当时的高水平。

这个跟随过程中有一段插曲。密歇根州事实上第一个通过自由银行法，时间在 1837 年 3 月。该州通过这项立法后，一家新注册的银行在自己的银行券上印有野猫图案，该银行券很快就被拒付，该家银行随之倒闭。在密歇根州通过新法的一年内，40 余家新银行依照新法注册成立，但全部在一年内因资不抵债被强行接管。1839 年 4 月，密歇根州通过决议取消了 1837 年法。但在 1858 年，将近 10 年之后，当其他许多州已经通过类似法律之后，密歇根州再次通过了自由银行法。

密歇根州和其他一些州在 1837—1839 年出现的新银行涌现和银行券滥发的情况，人们觉得“自由银行”（Free Banking）如同“野猫银行”（Wildcat Banking）。1836—1865 年，可以说美利坚处于自由银行时代。

---

① 持有联邦政府营业执照的合众国第二银行于 1836 年 3 月停业并进行了部分清算，剩余部分作为“宾夕法尼亚合众国银行”（United States Bank of Pennsylvania）继续营业，直到 1841 年 2 月破产（Klebaner，*American Commercial Banking*，p. 251）。

② Klebaner，*American Commercial Banking*，p. 13.

③ Klebaner，*American Commercial Banking*，p. 13.

狭义的“自由银行”概念，指开办新银行由以前的特许制变为注册制，而且注册手续相对简单，相关条件和规则公之于众，透明且稳定。广义的“自由银行”概念还包括另外两种特殊情况。一是各州不再给新银行颁布特许权，有的州还将以前颁布的特许权收回，让所有的银行都变成按常规手续注册的机构。二是一些州允许私人银行发行银行券，成为与州立银行几乎完全相同的经营者。私人银行发行银行券的做法早在18世纪80年代便在一些州出现，后来遭到禁止。1837年金融恐慌后，中西部一些州禁止州立银行发行银行券，事实上给私人银行留出了一定的运作空间。一些私人银行引入在其他州发行的银行券到本州来推广使用，或者成立保险公司并让后者发行事实上的银行券。芝加哥的一家私人银行在1852年通过这种方法在邻近一些州发行了多达150万美元的银行券。①

但是，自由银行制度也有它的反面，即一些州完全禁止开办银行和使用银行券。得克萨斯州分别在1845—1869年和1876—1904年两度出台过这样的政策，加利福尼亚州也在1849—1879年30年中长期如此。得州和加州是合众国面积最大的两个州，当时经济以农业为主，对银行业的需求不如在后来发展时期中那么强烈。缺少银行和银行券使得一些州的居民不得不使用替代性的支付工具，包括实物，社会经济仿佛退回到以物易物的原始状态。马克·吐温在其自传中回忆起1847年，在家乡密苏里州汉尼拔市一家印刷店当店员时遇到的收款情况。有人来店里一次支付16美元预订印刷教会读物，店员们为之惊呆，因为从未有人付过这么多现金，“人们印广告或买纸根本不给钱，而是用纺织品、糖、咖啡、山核桃木、橡木、萝卜、南瓜、洋葱、西瓜这些东西交换。实际上，几乎没有人付过钱，以至于如果有人付钱的话我们都会认为他不正常”。②很明显，1837年金融恐慌后，以及一些新的州加入联邦后，在银行和银行券问题上各地各自为政、五花八门。这种情况也算是“自由银行制度”的一个表现。

在那些开办银行和发行银行券几乎没有任何限制的州，银行券流通量出现快速增长。在一些地方同时流行着多种银行券，价值可能互不相同。“价值”主要指银行券与金银铸币的可兑换性。虽然各家银行原则上发行的都是可兑换的银行券，但具体兑现办法千差万别。有鉴于此，“银行券检测”月刊悄然问世，专门介绍各种银行券的发行和流通情况，以及各银行的兑现政策，帮助人们识别和挑选。③这类杂志通常由大城市里的钱币经纪人创办。当时常见的一种情形是，可兑现银行券在其发行银行邻近地段具有与面额一致的价值，与发行地点距离越远，其价值低于面额的程度便越大。一般而言，城

① George D. Green, “Financial Intermediaries”, in Glenn Porter ed. *Encyclopedia of American Economic History: Studies of the Principal Movements and Ideas*, Charles Scribner's Sons, 1980, Vol. II, p. 712.

② 《马克·吐温自传》，姜贵梅、楚春礼译，中国书籍出版社，2017年，第110页；Klebaner, *American Commercial Banking*, p. 12.

③ Green, “Financial Intermediaries”, p. 714.

市是发行银行的所在地，而在远离这些发行银行所在城市的地方，人们接受银行券时通常会打折扣；距离发行城市越远，折扣就越大。

一些钱币经纪人意识到这种价差提供的赚钱机会。他们于是设法大量购买折价的银行券，将它们送往发行银行，要求后者按照其面额予以兑现。①这种情形是市场的合理反应。当一个市场上充斥着其价值互有差别的类似商品时，帮助人们去判断价值并进行挑选的专业化工具和机构便应运而生，市场参与者愿意为此付费以便得到相应的价值回报。后来在美利坚证券市场上活跃的证券评级机构，事实上就是依据这样的原理产生的。

这种情况也可以解读为美利坚人对“健全货币”的追求。他们使用和接受包括金银铸币、银行券和其他支付工具都是出于寻求价值稳定和便捷媒介的目的。在缺少全国性的统一的通货（货币制度）的背景下，确立稳定通货的政策便由各个州政府自行决定。早先，许多州政府认为实行特许银行制度有利于解决“健全货币”问题；尔后，它们又认为，放开银行准入并严格执行银行券可兑现政策有利于实现“健全货币”。还有一些州政府的认识完全相反，认为只有禁止银行及其银行券发行才能带来“健全货币”。也就是说，19 世纪大部分时间中，美利坚合众国各州政府在银行和银行券发行上所采取的种种措施，都出于它们追求“健全货币”的目的。

在 19 世纪，许多州对“健全货币”的追求还表现在对银行设立分行的限制政策上。反对跨州设立分行最初来自各州对合众国第一银行和第二银行在各州设立分行的抵制。其后，将抵制银行设立分行的大棒又打在本州范围的银行身上，即限制州立银行在本州不同地方开设分行。限制令最早由纽约州 1848 年的法律修改加以明确。②当时自由银行法在该州已实行十年之久，不仅出现了许多新银行，而且也有一些银行开办了分行。在此背景下，某些银行不仅大量发行银行券，而且也利用它在遥远地区设立的分行折价回收自己发行的银行券。这种做法之所以流行，乃是因为存在前面提到的情况。当时，由于许多银行实行限制性的银行券兑现政策，只在指定的营业地点并在有限的营业时间进行兑现，同一银行券的价值在不同时点便出现了差别，远地低于近地。很明显，如果允许银行远地设立分行并允许分行打折兑现本银行的银行券，那么，则无异于“同券不同价”的做法合法化。纽约州和其他一些州相继出台禁止银行设立分行的做法旨在限制“同券不同价”的情况。立法者认为，如果某个“远地”出现了对银行券的显著需求，那么，当地便会有新银行出现，并且可在当地发行可兑现的银行券。本地发行的银行券不会出现“同券不同价”的问题。

---

① Murray N. Rothbard, *A History of Money and Banking in the United States*: *The Colonial Era to World War II*, Ludwig von Mises Institute, 2002, p. 78.

② 马克汉姆：《美国金融史》第一卷，第 214 页。

自此，美利坚不仅采用了自由银行制，而且发明了单一银行制。单一银行制有两个含义：一是不允许银行在主营业地点之外设立分行；二是银行不得跨州经营。几乎每个州都不准银行跨州设立分行或开展业务，但并非所有州都不准银行在本州范围内设立分行。总之，不允许银行开办分行是19世纪美利坚银行业的普遍情形。

单一银行制是美利坚人的独特实践，完全背离了传统的银行概念。我们已知，像美第奇那样的银行早在中世纪欧洲就开始在不同城市设立分行。银行设立分行进而形成网络，借此可为客户提供便捷高效的支付服务，从而为社会经济发展提供有力支持。在19世纪上半期的合众国，虽然工业革命已经启动，社会经济仍然以农业为主，跨地支付的需求在彼时尚不突出，故而单一银行制未对经济发展带来过多的不利影响。

而且，跨地支付问题在一定程度上通过银行间合作得到缓解。从1836年合众国第二银行停业到1914年美联储投入运行的78年时间中，美利坚银行业中无一家全国性的银行，在许多州中也无银行分行。在漫长的时间中，银行的跨地支付和结算主要依靠各个银行“自发地”形成的双边或多边往来关系（代理关系）来进行。前面提到的萨福克银行是此领域中的早期事例。1853年在纽约市诞生的银行清算所则是银行间支付清算合作的一大发展。

清算所成立之前的典型情形是怎样的呢？以纽约市为例，每个星期五是银行结算日，当天，各银行的收银员跑遍全城各处去进行结算，以金银铸币兑现银行券，并与相关银行进行支票结算。这样，星期五当天，全城银行的正常业务事实上陷入停顿。而且，为了结算便利，大银行经常会在其他银行（往来银行或代理行）存放多达2 000～3 000美元，作为结算资金或备付金。这套做法显然既昂贵且效率低下。

52家纽约城市银行于1853年成立了全美首家清算所，发起者是纽约市的大银行，开始了每天结算的做法。两年后的1855年，波士顿也成立了清算所。到1913年，全美已有162家银行清算所，清算金额超过1 700亿美元（其中纽约的数额为1 000亿美元）。有学者称赞纽约清算所是合众国早期的中央银行。[①]清算所是那个时代银行间合作的产物，同时也使参与者在同业竞争中取得一些优势，尤其是对于外地银行而言。

在发展过程中，清算所除了为会员银行提供结算服务外，还创造出了短期融资（流动性支持）工具。在1857年的经济危机（美利坚人常称为“恐慌”）中，一家名为俄亥俄人寿保险信托公司宣布破产，随即引出连锁反应。纽约上州（纽约州北部地区）的一些银行很快无法兑现自己所发行的银行券。如果这些银行不能得到及时救助，也将倒闭。此时，纽约清算所为这些银行应急性地发行了以它们的贷款组合作为担保并且利率为6%的短期凭证，其相当于融资票据，持有它的银行从清算所可换到金银铸币并将之

① Gary Gordon. “Clearing houses and the origin of central banking in the U. S.” *Journal of Economic History* 45 (1985): 277–284.

用于支付取款客户。当然，在票据到期之前，这些银行需要以自己的回笼现金赎回票据并支付利率。6% 是一个较高的利率，与大不列颠经济学家沃尔特·白芝浩在其著作《伦巴第街》中所表达的主张十分接近，它使清算所觉得这是一项有利可图的新业务。

借助于这种短期融资凭证，纽约上州的乡村银行避免了破产命运。这进一步凸显了纽约清算所的巨大作用，使得纽约作为区域金融中心的地位得以发扬光大。此后，清算所发行短期票据成了常规，它实际上为会员银行提供了再贴现业务。

银行间的合作发挥了积极作用，同时使单一银行制得以长期存在。但是，合众国的银行在跨州支付和结算方面的效率，直到 20 世纪初美联储的联邦结算系统投入运行之后方才改善。后面我们还将看到，单一银行体制使得银行业在各州的发展很不平衡，地区银行市场或多或少具有分割性。而且，随着经济的进一步发展和企业规模的扩大，单一银行体制越发不能适应大企业的融资需求，而证券市场和投资银行则获得了更多的机遇和发展空间。

银行对美利坚工业化的支持作用

独立前，美利坚地广人稀，主要产业为农业（种植业和渔业）。独立后，本土技术创新逐渐增多，在高关税政策的保护下，新英格兰地区的制造业有了显著增长，土生土长和来自移民的创业者日益成为社会经济中的突出群体。直到内战爆发，美利坚的劳动者和经商者不需要向联邦政府纳税，联邦政府岁入来源主要是关税。19 世纪前半期的合众国可以说是当时世界赋税最轻者。这种低赋税、低地价和高开放的环境，加上移民人口的持续增加和土地面积的不断扩大，经济增长速度当然会雄冠于世界，包括正在进行工业革命的大不列颠。麦迪森提供的数据显示，1820—1860 年期间，按固定价格估算的合众国国内生产总值（GDP）年均增长率接近 4.4%，人均 GDP 增长率则接近 1.4%，这两个指标都高于同时期的大不列颠（分别为 2% 和接近 1.3%）。

这个时期美利坚经济中，除众多银行机构外，保险公司和证券市场皆已出现并开始发挥作用。但金融对经济发展的支持作用，仍主要由银行机构来承担。银行业发展对美利坚经济增长的积极作用，主要表现在四个重要方面。

一是推动货币供给量对经济总量的适应性增长。在州立银行制、自由银行制和单一银行制下，美利坚银行业在 19 世纪前半期保持了快速增长趋势，尤其在内战前 20 年里增速加快。1840 年时，全国仅有 900 家银行，到 1860 年则超过 1 500 家。在 1840—1860 年，货币供给量从 3 000 万美元增加到 6 亿美元，相当于年均增长 16%。而且，后一个数字（6 亿美元）的 80% 由流通中的银行券和州立银行存款构成，[1]意味着银行业的发展是该时期货币供应量增长的最大贡献者。如果没有银行业的发展，实行商品货币制度的

---

① Green, "Financial Intermediaries", p. 713.

美利坚经济则必须主要依靠贸易顺差才能实现货币供给增长。这要么难以实现，要么会导致合众国与欧洲各国之间更多的贸易摩擦。银行业发展为社会经济提供了新的更多的便捷支付工具，包括银行券和支票，同时使存款（尤其是支票账户）具有了积极的宏观经济意义。

二是在新英格兰地区向制造业企业提供贷款，利率保持在远低于高利贷的水平。19世纪初的绝大多数银行都实行以不动产为抵押的贷款政策，这项政策十分不利于制造业发展，因为早先的一些制造业企业主并不拥有大量不动产。即便是像波士顿洛威尔家族那样成功的纺织业主，在19世纪20年代时据说也不容易得到银行贷款。[①]但是，银行向有关联的制造业主提供贷款也正是于此时开始增加。纽约发生的一件事例是化学银行的开办。19世纪20年代初，申办银行获得纽约州政府特许十分不容易，因为州政府一般只将特许权授予那些与实业有密切关系的新银行。为此，几位合伙人首先成立了纽约化学公司，进入了化工制造业，然后于1823年得到了化学银行的特许。[②]这家银行在后来很长时间一直与化工业有着密切资金往来关系。

新英格兰地区是银行业相当发展的地区，普通工商业贷款利率在大多数时候都保持在10%以下，6%~7%最为常见。这样的利率水平已接近于工业革命时期的不列颠。

三是支持农业经济发展。早期的州立银行无一例外都是商业导向，很容易忽视来自农业和农村的贷款需求。富裕农场主们的金融需求往往可通过私人银行的服务得到满足。农业和农村金融的问题主要在于如何为远离城市的大量普通农场主提供银行贷款服务。19世纪初以来，在新英格兰和其他许多地方，众多农民发出政治呼吁，促使州政府重视这个问题，在颁发银行执照或行使监管权时要求银行给予农业部门以必要关照。在政治压力下，一些州陆续出台了相关政策。例如，马萨诸塞州很早就决定一家州立银行将其1/5贷款配置于波士顿市以外地区的农业，1803年后又将此决定扩大到所有州立银行，农业贷款占比统一为1/8。[③]其他很多州，尤其那些以农业为重要经济部门的州，都有类似政策。

四是支持基础设施建设。前面提到的伊利运河建设项目（1818—1825年）曾得到总部设在奥班尼两家州立银行的大量长期贷款，这个案例似乎更多地体现了州政府的影响力，也表明那时的政治家已经认识到银行在经济建设中可发挥重要作用。在纽约市，1798年发生了一场夺走上千人性命的传染性黄热病，卫生专家认为病源是城市的饮水系统。于是，市政府号召商界寻求解决之道。曼哈顿公司在此背景下成立，一开始就集资200万美元，成为当地最大的企业。阿伦·伯尔和汉密尔顿都是这个项目的热心参与

---

① Klebaner, *American Commercial Banking*, p. 33.

② https://www.company-histories.com/Chemical-Banking-Corporation-Company-History.html.

③ Klebaner, *American Commercial Banking*, p. 31.

者。[①]在这些有影响人物的积极支持下，曼哈顿公司银行很快成立并于当年就得到州政府特许。该银行（后称为曼哈顿银行）后来长期是纽约名列前茅的大银行。它最早的生意就是投资纽约市的供水设施建设。

除了以上四个方面，银行在其他一些领域也为社会经济提供了有用的服务，例如为国内商业、房地产业和国际贸易提供资助，为联邦政府和州政府的财政管理提供钱币管家和一定的流动性管理服务，在大城市中的一些大银行还发展起了与证券交易所和保险公司等非银行金融机构的合作关系。值得说明的是，在这些领域，银行或州立银行往往不是有关金融服务的唯一提供者。在国际贸易和跨境支付服务领域中，最活跃的机构是私人银行。在19世纪前30年中，合众国第一和第二银行曾在其营业期间担负了为联邦政府提供金融服务的主职责。这两家银行的营业中止后，州立银行部分地填补了合众国银行留下的银行服务缺口，主要是钱币存款和支付服务。南北战争爆发前，联邦政府在大多数年份做到了财政收支平衡，借债需求并不显著。

需要指出，当时的银行不论是内部管理还是来自政府的监管都存在许多不足。银行在银行券发行、存款吸收和贷款发放以及票据服务等多方面都有很多不规范之处。不少银行卷入过投机活动。监管者也是逐渐才学会区分银行总资债比（Solvency）与银行流动性（Liquidity，短期资债比）问题。[②]

三、国民银行制度的诞生及意义

如果说州立银行制和单一银行制是美利坚人在19世纪上半期的独创，那么国民银行制更是他们在南北战争期间的一大发明。州立银行制和单一银行制已经体现了美利坚人对“健全货币”的追求和共和主义者（分权主义者）的政治哲学原则，并且随时间而融进越来越多的自由银行要素。相应地，国民银行制度是联邦主义和共和主义的政治哲学原则的“新综合”，是自由银行制度和银行监管新模式的混合。国民银行制度既有对早先银行制度的继承，同时又有重大创新。内战期间出现的美利坚国民银行制度在国内外都产生了广泛而深远的影响。

国民银行制度产生的四大背景因素

国民银行法出现在南北战争期间，是联邦政府应对战时融资需求剧增采取的措施。但它并不是一项临时性措施。国民银行法体现了当时政治家们对合众国银行制度、联邦政府财政管理体制和相关的全国性货币事务管理原则问题的反思。国民银行制度的出

---

① Hubbard, *For Each, the Strength of All*, pp. 47 – 48.

② Green, “Financial Intermediaries”, p. 715.

现，有四大背景因素，即州立银行体制、独立国库系统、健全货币的可持续性和联邦政府融资需求。

如前所述，州立银行在各州的发展差别很大，19 世纪四五十年代，有的州甚至不批准成立新的银行。在很多已设有大量银行的州，州政府对银行的监管也不尽相同。尽管总体原则均强调所有银行券都必须实行可兑换，但在越来越多的州转向了自由银行体制的背景下，各州维护银行券可兑现性的做法及其效果又很不一样。

在 1837 年和 1857 年两次严重的金融恐慌中，许多银行无力应对所有的硬通货兑现需求，出现了硬通货暂停兑付的问题。关于 1837 年恐慌的原因，人们说法不同。一个说法是合众国第二银行总裁在与总统的暗斗中，于 1836 年终止营业前实行了紧缩政策，继而引发了全国性的紧张。另一个说法是总统杰克逊为了阻止土地投机而发布了“硬通货通告”，要求购买公有地须以硬币支付，因此减少了银行券的使用范围。这项措施使得硬币“升值”，许多银行券持有人随后便去挤兑银行。[①]这种情况于 1857 年再次出现，在一些城市特别严重。在纽约，仅有化学银行和信托公司两家机构有能力继续履行硬币兑现义务，其他银行全部停兑。这些情况似乎在提示，州立银行体制存在显著的不稳定性问题。

前面提到，在 19 世纪 30 年代的“银行战”中，杰克逊总统委托了一大批“宠物银行”代理联邦政府的税款和支付事务，引起了许多人的反感。19 世纪 40 年代后出现了多种改革方案，包括再次设立全国性银行或“合众国财政银行”（Fiscal Bank of the United States）。[②]这些意见很容易被打上联邦主义的标签而在政治上无法获得多数票。国会于 1846 年通过了“独立国库法”（也译为“独立财政法”），规定联邦政府的赋税和土地出售等只能接受现金（贵金属硬币），并在全国指定地点设立专用库房予以保管，这些库房既不属于联邦政府某个部门，也与所在地的银行无关。这是“独立”一词的基本含义。从另一个角度看，“独立国库体制”指联邦政府的国库管理（钱币进款与钱币支付）与所涉及的货币事务（进款和付款由何种货币形式构成、这些货币存放何处）相分离，两者分别处置。

这个机制貌似解决了联邦财政体系中曾出现过的与银行的矛盾，但实际上又蕴含新的问题。首先，这个机制的一个用意是限制联邦政府使用信用工具（银行券和支票等）的能力，却使联邦政府的财政管理相应地缺少了弹性。其次，这个机制在应对周期性经济波动方面更是容易出现缺少弹性的问题。例如，在经济下行时，独立国库体系仍要求所有支付必须以现金进行，相当于从社会经济中继续抽走现金（“银根”），使经济形势更趋恶化。最后，独立国库体制要求现金支付，等于在该体系“入口处”设置了统一的

① 马克汉姆：《美国金融史》第一卷，第 180 页。

② 马克汉姆：《美国金融史》第一卷，第 184 页。

支付工具标准，但对“入口处”之外全社会使用的各种各样的支付工具，该体制或者整个联邦政府却缺少监管，情况长期处于混乱状态。各种银行券和票据打折出售比比皆是，民怨不绝。“健全货币”问题的继续存在，该问题及其与银行体系的密切关联，是联邦政府迟早要应对的事情。①

促使国民银行法出台的第四个背景因素是，联邦政府急剧增加的债务融资需求。南北战争前，合众国联邦政府的财政收支大多数年份保持平衡并有盈余。19世纪50年代末出现了财政逆差，联邦政府发行了付息国库券。联邦政府债务余额在1860年不到6 500万美元，相当于人均2.06美元。②内战的爆发使北方的联邦政府在财政上感到措手不及。联邦政府在19世纪50年代中一年支出约为7 000万美元，1862年增加到4.2亿美元。这一年，南北军事斗争形势很不明朗，北方取胜的前景一度十分渺茫，这更加大了军费支出的压力，也使得债务融资问题变得急迫。后来，联邦政府通过国民银行和发行公债，顺利解决了债务融资问题。在内战结束的1865年，联邦政府债务余额达到27亿美元，相当于人均75美元。

如前所说，独立国库体制的实行让联邦政府没有自己的银行可以领用。若向留在联邦体系的北方各州的州立银行去借款，不仅会有高昂的交易成本，而且还可能引起整个银行体系的动荡，因为联邦政府借款意味着从银行抽走硬币，使得所有向联邦政府提供贷款的银行都会面临现金储备不足并无法维持银行券可兑现的难题。如果需要继续向银行借款，一定得另辟蹊径。

联邦政府曾向不列颠的巴林兄弟公司借款50万英镑，后者只同意6个月期限，而且还要求前者提供400万美元债券作为质押。③向国外借款显然并非良策。在国内增税也是一个办法。事实上内战是合众国税制发展上的一个转折点。内战爆发后，联邦政府陆续推出了印花税、遗产税和所得税以及对股票交易商的许可证收费等，这些在当时的美利坚都是前所未有的税种。但是，加税收入对庞大的军费需要来说仍然是杯水车薪。

时任财政部长切斯（Salmon Portland Chase，1808—1873年）早先是一位坚定的“现金主义者”，认为现金就是最好的通货，只有在大额交易中才可使用银行券。④联邦政府在内战爆发前发行的短期国库券一度需要支付高达10%～12%的利率，接近于高利贷水平。⑤这种国库券被设计成小面额，旨在促使其成为普通支付工具，而发行者却要为此支付高额利息，可见当时的窘境。造成这个问题的主要原因是联邦政府的硬币储备不

① 基于现金收付的独立国库体系在运行效率上是很低的，需要耗费大量人力物力去维护现金收付、保管和转运等。一般而言，现金收付的低效率会随着经济增长而日益突出和严重起来。

② 杰里米·阿塔克、彼得·帕塞尔：《新美国经济史：从殖民地时期到1940年》，罗涛等译，中国社会科学出版社，第369页。

③ 马克汉姆：《美国金融史》第一卷，第247页。

④ Paul B. Trescott, *Financing American Enterprise: The Story of Commercial Banking*, Harper & Row, 1963, p. 42.

⑤ 马克汉姆：《美国金融史》第一卷，第248页。

足，无法满足国库券持有人的兑现要求。

在切斯的安排下，利率为 7.3% 的 3 年期国库券分批自 1861 年 8 月开始向银行推销。或许是受到了高利率的诱惑，许多银行认购，并且为此支付银币。多少有些意外的情况是，许多银行不仅没有遇到现金储备不足和维持银行券可兑换的困难，反而发现银行存款和贷款都快速增加了。导致这个意外的因素很可能是联邦政府收到现金借款后快速使用，使得社会成员将之回存至银行，同时，在联邦政府支出扩大的背景下，社会总需求也有相应增长，进而使得银行可以增加对私人部门（当时主要是企业）的贷款。

这本来是一个“利好”消息，但财政部长切斯和一些国会议员注意到银行券质量下降的问题。有位议员指出，1862 年有 1 500 家银行发行银行券，其中只有 253 种银行券没发现伪券，另外有 1 861 种仿券，3 039 种变造券，1 685 种全假券。[①]切斯在 1861 年 12 月财政部年度报告中提出，需要探讨为全国提供统一钞票的问题。他当时的一个想法是，由一个银行协会来负责发行银行券，再由一个联邦机构来监管该银行协会。

1862 年伊始，许多银行宣布暂停兑付银行券。这类事件立即引起切斯和许多国会议员的强烈反感。他们借此机会加快了货币和银行体制改革步伐。1862 年 2 月国会通过了“法偿法”（Legal Tender Act），授权财政部发行 1.5 亿美元全国统一纸钞（“绿背美元”）并规定绿背美元具有法偿性。1863 年 2 月通过了“国民通货法”（National Currency Act），确立了国民银行制度的基本要点。该法在 1864 年改名为“国民银行法”，并增加了一些新要点，使国民银行制度更具可操作性。1862—1863 年，共有 4.5 亿美元的绿背纸钞进入流通，是当时造成北方地区通货膨胀的一个因素。

“国民银行法”将通货发行（纸钞流通）、银行准备金和联邦政府债务融资这些看似不同的问题一揽子解决，体现了宏大的构思，而且有意地兼顾联邦和州两个层面的利益关系。这是 19 世纪美利坚人在银行和货币制度设计上的一大发明。

国民银行制度的基本内容和特点

由 1864 年“国民银行法”确定的国民银行制度可以归结为以下 8 个要点。

（1）创设一个新银行类别，即国民银行，由联邦政府颁布这类银行机构的营业执照并负责监管。在财政部之下成立通货监理署（Comptroller of Currency），专职负责国民银行和国民通货领域中的事务。

（2）任何发起人只要拥有 5 万美元资本金并同意使用其中至少 3 万美元购买联邦政府债券，便可申请开办国民银行。

（3）国民银行所用银行券统一印制，统一格式，由财政部负责印制和发行。这种美元纸钞在全国流通，具有法偿性，各家国民银行皆不得拒收，即它们在各国民银行之间

① Trescott, *Financing American Enterprise*, p. 47.

实行“互联互通”。

（4）国民银行可用所持有的联邦政府债券来交换美元纸钞，1 美元面额债券最多可换 90 美分纸钞；美元纸钞具有现金可兑换性，兑现日期留待战后确定。

（5）国民银行换得美元纸钞后，可在纸钞上面加印本行名称并对外发行；若以冠名纸钞换取未冠名纸钞（“法定纸钞”），需要交纳一定费用；若有国民银行无法兑现其冠名纸钞，联邦政府将出售其抵押资产（债券），用于兑现。

（6）联邦政府确认在征税和借款事务中接受平价美元纸钞，不予歧视；联邦政府对纸钞发行实行总量限制政策，即每次增加发行总额前都通过国会决议并予以公告。

（7）每家国民银行都必须实行现金准备金制，即将现金准备（储备）与银行券（纸钞）发行和存款总额相挂钩；乡村国民银行须将其法定准备金之一部分存入城市国民银行；所有国民银行都定期接受通货监理署的审查，以便后者进行银行券（纸钞）发行和流通的“质量控制”。

（8）未授权国民银行设立分行，包括在国外设立分行。

我们从上述国民银行制度的勾画中，可以看出这个制度的四个基本特点。一是自愿性或者说非强制性。联邦政府既不要求停办州立银行，也不强行推广美元纸钞发行和流通。申办国民银行完全由私人部门发起人提出，联邦政府仅依据事先公布的准则和程序予以履行审批手续。美元纸钞的发行同样如此。不存在“摊派”。州立银行体制中原有的自由银行要素，在国民银行制度中得以体现。

二是发钞与银行相结合的机制设计。将国民银行定位为新钞发行渠道，由此将纸钞发行与银行运行紧密结合起来，相辅相成。这似乎是一种“水到渠成、风来帆速”的机制，一旦搭成框架，并掌握好总量调节和个体行为监管，整个体系的运行便会顺畅，无须再做过多的调整。

三是半中心化的发行机制具有透明性。美元发钞中心名义上属于联邦政府财政部，但它并不拥有发钞总量的决策权。因此，财政部只是“半个发行中心”。如前所述，发钞总量由国会决定，通过后向社会公布。财政部仅负责发钞的技术操作。

四是正式引入了银行监管的全国性框架和原则，由此开启了银行监管的专业化道路。在州立银行体制中，银行监管由州政府任命的官员负责，各州的具体做法互有差别。“国民银行法”赋予通货监理署对国民银行的审批权和监管权，并强调了实际工作重点在监管而不是审批。用现代语言表达，国民银行制度与州立银行制度的一个显著区别是，前者重视“事中监管”而在审批事务上体现了自由银行的原则，后者则不容易区分“事前监管”与“事中监管”。

需要说明，不能机械地理解国民银行制度的上述四个特点。例如，关于“非强制性”，国会在 1865 年通过法律对所有流通于国民银行体系之外的银行券，即州立银行发行的银行券，开征税率 10% 的新税（这项提案在议会中以微弱多数通过）。这条规定明显旨在“杀死”州立银行。[①]但是，包括纽约市在内的许多州立银行对此规定漠然冷淡，它们并不热衷转变为国民银行，因为其生意并不依赖于发行银行券。

在国民银行的监管措施上，后来进行过一些调整。1864 年通过的新法案进一步限制了“野猫银行”行为，禁止国民银行发放地产贷款，给予股票投资借款人的贷款占比不得超过 10%，并且还提高了城市国民银行的最低资本金要求以及所有新开办国民银行的实缴资本比例要求。

国民银行制度的意义和影响

1863 年创立的国民银行制度是美利坚银行业发展过程中的重要事变，是一个“渐变”兼“突变”的变化。说它是“渐变”，一是在新体制中吸收了原有的自由银行原则，二是保留了以前的州立银行体制，三是继续实行单一银行经营体制。这三点体现了制度的连续性。说它是“突变”，一是引入了新角色，即让联邦政府成了美元纸钞的新发行者和新银行机构的监管者，二是引入和明确了新的银行监管框架。由此，美利坚步入银行监管新时代。

这个新时代中的美利坚银行体制是一种混合类型体制，是“双轨制”，即国民银行和州立银行体制并存。在这个体制中，没有明确的中央银行，没有全国性银行，但有一个全国性的同时又是分散化的发钞机制。在银行监管上，联邦政府监管机构与州政府监管机构并存，各司其职，对各自负责的银行机构实施监管。

1863 年 2 月通过了第一版的国民银行法后，到当年 11 月有 134 家银行注册成国民银行，其中 112 家是新组建银行，22 家由早先的州立银行转换而来。按照当时的法律要求，国民银行一定要在银行名称中加“国民”（National）一词。而且，如果是城市国民银行，则还需要按照申请的先后顺序加上数字编号，例如某某城市的“第一国民银行”和“第二国民银行”等。该规定引起了许多本想转换为国民银行的现有银行的不满，它们希望保留原名，特别是那些享有市场声誉的名字。例如，早在 1782 年就得到联邦政府颁发营业执照的北美银行希望转换为国民银行，但不想对名称做丝毫的变动。这件小事情表明，联邦政府为了在全国推广国民银行制度，在名称等细节上也做出了相当“僵硬”的规定。

到 1864 年末，共有 600 家国民银行注册成立，其中接近 200 家为转制而来。当时全国范围内有超过 1 500 家银行（主要是州立银行）。在 1865 年旨在打击州立银行的银行券征税法出台后，不少州立银行转而注册为国民银行。但是，州立银行继续存在，后来还逐年增加。相比国民银行，州立银行（以及私人银行）仍然有一些经营优势。首先，

---

① 据说联邦政府在引入此法时运用了大法官马歇尔的名言“征税权就是摧毁权”（the power to tax is the power to destroy）。参见 Trescott，*Financing American Enterprise*，p. 53.

开办新银行的资本金要求和储备金要求低于国民银行，在最低资本金上，许多州只要求1万美元，而国民银行则为5万美元。其次，在诸如房地产和股票投资贷款方面，州立银行面临的限制少于国民银行。最后，在一些州，州立银行可开设分行。

1865—1885年，国民银行数目从1 294家增加到2 689家，资产额从11.3亿美元增加到24.2亿美元（年均增长3.9%）。州立银行缺少这段时间前10年的数据，它们在1875—1885年期间的数目由586家增加到1 015家，资产额由3.9亿美元增加到8亿美元（年均增长7.3%）。[①]州立银行资产增长速度高于国民银行。

国民银行和州立银行两种体制之间存在着某种竞争，私人部门在这两者之间也肯定有着监管套利行为，即主动去选择对自己较为有利的注册方式并接受相应的但有所不同的监管。在一定意义上，这种复合体制适应了社会对银行的多样化需求，也使得银行开办者的来源得以多样化。可以说国民银行制度支持了自由银行的原则，促使美利坚银行业在内战后加快发展，适应了内战后经济发展的需要。这是国民银行制度以及复合型银行体制的第一个积极意义。

国民银行制度的第二个积极意义是，它极大地促进全国统一纸钞的发行和流通，为美利坚人民在使用银行券（纸钞）上节省了许多成本，避免了因为过多伪钞等带来的损失或不便。

绿背美元纸钞在内战期间的流通引起了一定程度的通货膨胀，物价上涨率在1862—1864年位于15%～25%，远低于南方接近于超级通胀的水平（1864年4月环比上涨40%）。[②]内战结束后不久，绿背美元纸钞实现了硬币可兑换，美元发展历程又上了一个台阶。这当然也是得益于国民银行制度。

国民银行制度的第三个积极作用是，为联邦政府债务融资提供了便利和支持。在设计上，国民银行必须认购一定数额的联邦政府债券作为准备金，这就为联邦政府债券提供了一个当然销路。但这个直接意义不应被夸大，因为作为准备金的联邦债券规模在1865年以前相当有限。前面提到，国民银行总资产额在内战结束当年不过11亿美元左右，即便它们持有的联邦债券占比高达10%～20%，那也不过是1亿～2亿美元，而且是3～4年合计数。前已提及，1865年联邦政府债务余额高达27亿美元。

国民银行制度对联邦政府债务融资和战时融资的间接支持更加重要。如前提及，内战爆发后，联邦政府采取了加税和对公众发债的措施。在国民银行制度推出之前，公众纳税和债券认购都使用硬币，所交硬币均须首先进入独立财政系统。因此，如果大规模征税和发行债券势必会给国民经济带来“紧缩银根”的强烈冲击。但是，在1862年推

---

① U. S. Bureau of the Census, *The Statistical History of the United States: From Colonial Times to the Present*, Series X 634－655, p. 1027; Series X 683－688, p. 1031.

② 尤金·M. 勒纳：《南部邦联1861—1865年的通货膨胀》，载米尔顿·弗里德曼等编著《货币数量论研究》，瞿强、杜丽群译，中国社会科学出版社，2001年，表2，第184页。

出绿背美元和1863年实行国民银行制度后（后者促进了绿背美元的流通），公众可用他们持有的绿背美元纳税和认购债券，这样就极大缓冲了加税和国债发行带来的紧缩效应。国民银行制度所提供的这种间接支持作用可能数倍于它的直接作用。

还需要指出的是，如果内战中的联邦政府将国民银行当做它战时融资和债务融资的便捷工具，成为其“提款机”，则北方的通货膨胀一定会比实际发生的高得多，联邦政府的铸币税收入和通货膨胀税可能因此而大打折扣，而且国民银行制度也不可能取得成功。事实是，联邦政府并未这样做。它采取了三管齐下的战时融资办法，即加税、对公众发债和银行认购。每一种办法都有不可取代的重要作用；如果联邦政府仅使用其中之一，那么，它的战时融资很可能无法顺利完成。

除了上述三点积极作用，国民银行制度也有局限性。首先，美元纸钞发行总量由国会决定，因此缺少了依宏观经济走势而进行灵活调节的弹性。其次，在一年之内，联邦政府进行季节性调节的能力也很差，例如在秋季农民大量出售农产品和纸钞需求猛增时，联邦政府无力通过银行体系加以应对。最后，由于复杂原因，国民银行制度促进区域经济的作用很不平衡。在该制度推出时，参加者主要来自北方地区。内战结束后，本该大量接受南方参加者时，美钞发行数量已接近其上限，联邦政府又开始回收债券，国民经济中发生了一定的收缩倾向，南方地区的潜在参加者同时又面临筹措资本金的突出困难。因此，国民银行制度在北方地区普及较快较好，而在南部地区则较慢较差。[①]此外，在南部地区，内战前的许多州立银行都设有分行，但在后来的转换过程中，分行都转变成了独立的单一银行。内战后南部经济的增长迟缓或许与此有关。

国民银行制度的普及推动了单一银行体制的发展。有个说法是，当初的政策设计者未重视这个问题，不经意间取消了国民银行设立分行的权利。[②]很有可能这并非一个“不经意”的事情。有研究者认为，“国民银行法”于内战期间通过，政治考虑在这部法案起草过程中具有重要导向作用。[③]此法通过前，林肯行政当局与国内银行的关系不够融洽，也与英法等国处于紧张的外交关系中。从事后观点看，国民银行不设分行的规定（包括不允许在国外设立分行）客观上起了阻止其快速扩张的作用。

后来，当国民银行可否设立分行的问题再次提交政策层面讨论时，代表许多中小银行利益的议会代表坚持单一银行制的主张，并认为这是体现自由银行原则、防止大银行摧毁小银行的模式。[④]单一银行制既有好处，也有局限性。不仅是州与州之间，包括州内部地区之间，银行发展程度出现差别是非常可能的。此外，除了在一些大城市，绝大多

---

① Trescott, *Financing American Enterprise*, pp. 58 – 59.

② 马克汉姆：《美国金融史》第一卷，第259页。

③ Benn Steil and Robert E. Litan. *Financial Statecraft: The Role of Financial Markets in American Foreign Policy*, Yale University Press, 2006, p. 11.

④ Klebaner, *American Commercial Banking*, p. 70.

数地方的国民银行规模很小，不一定能有力支持当地经济的快速增长。

美利坚的国民银行制度对国外也产生过重要影响。日本在明治维新后曾参考美利坚国民银行制度构建了自己的银行体系（参见第九章第四节）。

四、法兰西银行制度的演变历程

自路易十四以来，法兰西代表了近代金融发展中的一个特例，在其进程中“突变”和“缓变”此起彼伏。路易十四时代，法兰西出现了大金融家甚至大金融机构，之后于1720年更有约翰·罗的金融“大体系”运作，而在法兰西大革命和拿破仑掌权初期，还一度实行“自由银行”制度。[①]每次这些大动作之后，都有一段长时间的金融发展“消沉”期，大型金融机构不再扮演突出角色。但是，“消沉”之后，新型大型金融机构仿佛从天而降，又成为引领潮流的新主角。19世纪的法兰西再次见证了这一轮回。

大革命和拿破仑的金融遗产

大革命爆发后，巴黎陆续出现了一些大型金融机构，它们大都由与新政权关系密切的人士组建，而且采用股份制，旨在既适应新环境中的金融需求，又借鉴国外先进经验，发展法兰西本土的金融事业。

一家机构叫“抵押银行”，以国库税款为担保发行票据，并在公开市场上买卖国债以维持国债的低利率。这家机构后来有了一个绰号叫“还债金库”，是一家在二级市场上进行专业化操作并能够疏通法兰西短期资金（票据）市场的金融机构。另一家称为“往来存款银行”的机构成立于1796年（共和国4年），也是由一批知名人士采用股份制而组建，雄心勃勃地希望其成为法兰西领先的综合性金融机构，可为政府提供多方面银行服务。[②]第三家机构叫“贴现行”（Caisse d'Escompte，也译为“贴现银行”），其名称来自大革命前既有的同名机构。该机构创立于1776年，重农学派经济学家杜尔哥曾积极参与。顾名思义，贴现行专门从事票据贴现。大革命前的法兰西流行包税制，不少包税人都会发行一些票据进行季节性融资，贴现也因而成了那时的一项重要金融业务。该机构也发行银行券，借此扩大自己的影响力和经营范围。大革命爆发前两年，路易十六迫使该机构向政府贷款（数额高达1亿里弗），并要求它改组成一家“公共机构”。[③]但

---

① 有学者认为，1796—1803年是法兰西“自由银行”时期，在该时期起始年，督政府事实上准许私人自由创办银行，而到了1803年，即法兰西银行成立后的三年，拿破仑给予了该机构在银行业中的垄断地位，终结了在法兰西的自由银行制度（Philippe Nataf, “Free banking in France (1796—1803)”, in Kevin Dowd ed. *The Experience of Free Banking*, Routledge, 1992, pp. 123 – 136.

② 乔治·勒费弗尔：《拿破仑时代》，河北师大翻译组译，商务印书馆，1985年，上卷，第85页。

③ 金德尔伯格：《西欧金融史》，第112页。

由于声誉受到打击，该行于1788年停止兑现所发行的银行券。

拿破仑在1799年发动“雾月政变”时，得到了巴黎两位银行家的资助。他听从了后者的建议，上台后同意成立法兰西银行（1800年），并同意让上述3家金融机构先后并入法兰西银行。[①]它是19世纪法兰西唯一一家在名称中包含“银行”字眼的机构。其资本金定为3 000万法郎，1 000法郎一股。200名主要股东选举产生15名董事和3名监事，其中3位董事负责制定贴现率并掌管贴现业务。[②]

法兰西历史学家说，“在很长一段时间中，波拿巴也像督政府一样听任银行家和承办商的摆布”[③]。此话可能指拿破仑同意组建法兰西银行及其运行构架的政策建议，避免了此前几家金融机构同时并存的局面以及由此可能出现的相互竞争。法兰西银行在1803年得到了在巴黎独家发行银行券的特权，期限为15年；1806年该特权被延长为25年，并将资本金扩大1倍，总裁任命权归政府首脑。[④]法兰西银行的银行券在1805年11月遭到挤兑，并在事实上暂停兑换。[⑤]

拿破仑财政政策的基本特征是不依靠债务融资，也不进行发钞融资。那时，法兰西财政来源主要是本国居民的税收和占领国的贡赋。拿破仑指示将新增的财政收入用于偿还共和国政府历年积欠的债务。很大程度上由于政府财政状况的改善，旧政府发行的5厘年金债券的市场收益率在1800—1808年期间大幅下降，从16.28%降低到5.98%，高于同期内联合王国同款债券利率不到1个百分点。[⑥]即便市场利率已经下降到如此低水平，拿破仑也基本没有考虑过使用债券融资方式为后来的战争提供资金。1815年复辟后的波旁王朝在这一点上的做法与拿破仑很不一样，它将利用低利率市场行情发行国债作为应付财政问题的一个重要办法。

按照中央银行三大功能来评价法兰西银行，可看出它的定位特点。首先，法兰西银行自成立之时便是“政府之银行”，这并非指它由政府出资设立，而是指它为政府提供金融服务。它为政府提供的金融服务主要有代收税款、代管现金、代理支付、从事与国库管理相关的流动性融资事项，包括短期票据贴现等。拿破仑在欧洲进行扩张后，法兰

---

① Nataf, “Free banking in France (1796—1803)”, pp. 132 – 134.

② 勒费弗尔：《拿破仑时代》，上卷，第86页。法郎由共和国政府于1795年推出，为5克重银币，纯度为90%。法郎的价值接近旧币里弗，但前者采用10进位制，后者用旧式进位制。拿破仑时期及以后，法兰西一直沿用法郎单位。

③ 勒费弗尔：《拿破仑时代》，上卷，第86页。

④ Nataf, “Free banking in France (1796—1803)”, p. 134.

⑤ 拿破仑十分看重法兰西银行，并将之视为自己的创造物。他在本国旅行时，每到一个地方就指示手下在那里设立一间贴现所（法兰西银行之代表处），作为对他到此地访问的纪念碑（金德尔伯格：《西欧金融史》，第115页）。

⑥ 悉尼·霍墨、理查德·西勒：《利率史》第四版，肖新明、曹建海译，中信出版社，2010年，第14章表25（法兰西），第208页；第13章表19（联合王国），第183页。

西国库事务日益繁重，1801 年专门设立了国库部，或者说将它从财政部分离出来。[①]法兰西银行主要为国库部服务。

其次，法兰西银行只是有限地行使“发行之银行”的功能。法兰西银行在 1805 年挤兑危机后调整了发行方针，由发行银行券为主转变为本票为主。本票虽然也是纸质支付工具，但其流通性远远低于银行券。正因为在票据和纸钞发行上的保守性，法兰西银行在 1814—1815 年的政局动荡期间也保持了可兑换性，没有遭遇挤兑危机。[②]到 1840 年，法兰西银行所发行的银行券最低面额为 500 法郎，1846 年还曾发行面额为5 000法郎的银行券。[③]到 1857 年法兰西银行才发行了面额 50 法郎的纸钞，此前的最小面额是 200 法郎。[④]彼时，一个成年男性工人一天工薪为 1 法郎，一个月为 30 法郎。显然，这些面额设计并非为普通百姓使用，主要是为商人携带便利。法兰西银行的银行券在 19 世纪很长时间中未被赋予法偿性。

作为“政府之银行”，法兰西银行为政府管理现金储备，怀着指券高通胀和挤兑危机的历史记忆，对贵金属条块一直有着强烈的储藏偏好。它储备的贵金属规模在 19 世纪很多时候大于英格兰银行。[⑤]

最后，作为“银行之银行”，法兰西银行起初并未定位于此。它自己大量从事普通的银行存贷业务，而且以短期票据为主。在票据贴现业务中，它与其他一些银行发生了同业往来，但尚未分化出再贴现的专门功能。法兰西银行的“银行之银行”功能在 19 世纪后几十年中才逐渐发展起来。

总之，在 19 世纪上半期，法兰西银行作为本国最大金融机构，尚未定位为中央银行，也没有建立起全国性经营网络。它的主要业务局限在短期融资市场。虽然支持了政府的国库管理，但对全国金融市场和经济发展的促进作用有限。

拿破仑时代留下的一个重要制度遗产是民法典，也称为“拿破仑法典”。这部法典内容广泛，大量涉及财产权和相关交易事项，包括互易、租赁、借贷、委托、担保和抵押等。这些领域中，当事人的权责界定是金融活动普及的法律基础。从这个角度看，拿破仑法典对金融业在法兰西的长远发展具有重要意义。拿破仑法典公布后，法兰西律师和公证行业有较快增长，不少私人银行家就来自该职业。

拿破仑时代还产生了一部重要法典，即 1807 年颁布的“商务法”。该法规定了三种企业组织，即简单合伙制、有限责任股份制和联合股份公司（合股公司）。申办简单合

---

① 勒费弗尔：《拿破仑时代》，上卷，第 85 页。

② 克拉潘：《1815—1914 年法国和德国的经济发展》，傅梦弼译，商务印书馆，1965 年，第 149 页。

③ Charles Rist, *History of Monetary and Credit Theory from John Law to the Present Day*, Augustus M. Kelly, 1966, p. 230. 十九世纪初，法兰西知名经济学家萨伊（1767—1832 年）就主张只发行大面额的纸钞，供商人之间使用，而不是供消费者使用（萨伊：《政治经济学概论》，陈福生、陈振骅译，商务印书馆，1982 年，第 313 页）。

④ 克拉潘：《1815—1914 年法国和德国的经济发展》，第 428 页。

⑤ 霍墨和西勒：《利率史》，第 206 页。

伙制企业的门槛很低，仅需要至少两位人士并得到一位公证人的认可。就有限责任股份制企业而言，法律区分了资本提供者和经营管理者，同时也认可两者可为同一个人。关于合股公司，当时的法律设定了许多限制条件，包括必须经过国会批准（特许），经营者必须接受政府监管，每半年提交一份财务报告，等等。①在合股公司的规定上，这部法律有“超前”之处。联合王国迟在1825年才取消“泡沫法”，让合股企业成为企业发展的主流。在法兰西，1815—1848年政府仅批准设立342个合股公司，它们的资本额合计为20亿法郎。②这些数字意味着，在这33年中，每年平均新设立10家合股公司，一年新增资本6 000万法郎。如果说合股企业的股份发行要通过股票市场，那么，这期间每年如此小规模的新股上市，显然无法支持一个繁荣的股市（不论就初级发行还是二级交易而言都是如此）。

概括地说，大革命和拿破仑给法兰西留下的金融遗产包含：（1）一家大银行垄断了全国正规金融市场；（2）回归贵金属通货制度，纸钞流通不发达；（3）奠定了合股公司的法律基础。在这三点中，前两点明显影响后来的法兰西银行业，而后一点的实际作用则主要由后续政府的经济政策来决定。

19世纪前半期的迟缓发展

18世纪后半期，不列颠开始了工业革命，法兰西却起步迟缓。拿破仑执政后，军事相关需求猛增，带动了一些制造业部门的成长。但拿破仑对当时正在兴起中的铁路技术缺乏兴趣，一定程度上延缓了这项新技术在法兰西的发展。波旁王朝复辟后，经济政策上乏善可陈，经济进步既少且慢，法兰西与不列颠的经济差距有渐渐拉大的倾向。1830年的政治动乱导致“七月王朝”上台。此后，一些金融界人物崭露头角，开始了新作为。在经济衰退的阴影下，法兰西在1848年再次出现政治动乱，第二共和国随即成立。拿破仑侄子路易·波拿巴（拿破仑三世）成了法兰西历史上第一位民选总统。但他很快谋划了一场“自上而下的政变”，将共和体制转变为帝国体制，于1852年开始了他长达18年的君主统治。波拿巴是一位有作为的君主，决心带领法兰西走上复兴之路。正是在第二帝国时期（1852—1870年），法兰西金融和经济突飞猛进。

但在1848年之前，法兰西金融发展处于相对停滞的状态。

法兰西本不缺富人，不缺中产阶级，也不乏金融人才。大革命的动荡赶走了一批富人，还摧毁了一批商人和金融从业者，但也有新金融人才成长起来。加布里埃尔·乌夫

---

① 克洛德·弗朗（Claude Fohlen）：《19世纪法国的企业家和企业管理》，载彼得·马赛厄斯、M. M. 波斯坦主编《剑桥欧洲经济史（第七卷上册：工业经济：资本、劳动力和企业）》，徐强等译，经济科学出版社，2002年，第439页；克劳德·福伦（Claude Fohlen）：《1700—1914年法国的工业革命》，载卡洛·M. 奇波拉主编《欧洲经济史》第四卷上册，王铁生等译，商务印书馆，1989年，第24－25页。

② 福伦：《1700—1914年法国的工业革命》，第25页。

拉尔（Gabriel Julian Ouvrard，1770—1846 年）运筹帷幄，在拿破仑称帝后不久与荷兰银行家合作，将价值数千万法郎的西班牙在墨西哥的白银经纽约、伦敦和阿姆斯特丹等地金融机构转换为现金汇票，交予拿破仑政府，代西班牙政府完成欠款支付。①

波旁王朝复辟初期，法兰西向反法同盟国支付战争赔款，同时也赔付了一些前期受害者。战争赔款本来意味着资源将从法兰西外流，但借助于国外借款（长期主权债的对外发行），法兰西避免了对外赔款带来的强烈紧缩效应，而且也使部分国内人群得到了经济补偿。1817 年，波旁王朝通过巴林兄弟公司和荷兰的霍普公司在伦敦等地先后三次发行主权债，合计金额为 3.15 亿法郎。法兰西投资者认购了前两次发行的 1/4 和第三次发行的一半。利用外国金融机构进行这种方式的主权债发行，一个重要意义在于“修复”法兰西政府的公共信用，因为若无巴林和霍普这样声名显赫的机构作为承销者和担保者，法兰西国内的投资者绝不情愿接受波旁王朝债券。②虽然有此改进，但波旁王朝在随后多年的统治中却未能有力实行有利于经济发展和金融发展的政策，这是造成 19 世纪前半期法兰西金融和经济落后的一个重要原因。

研究者认为，在 19 世纪前半期的法兰西，金融发展不足，人们普遍抱怨利率偏高，羡慕不列颠人的低利率。法兰西分布在全国各地大量的私人银行所面临的资金来源成本通常为 4% ~5%，它们贷给当地小企业的资金则要收取至少 7% ~10% 的利率。在一些农业地区，借贷利率更高，向地主收取的贴现率通常为 15% ~20%。有数据显示，1820 年前后的波尔多地区，葡萄收获季节的资金利率为 15%，其他季节为 5%；中部城市沙托鲁 19 世纪 30 年代记载的利率为 6% ~12%。③

研究者认为，到 19 世纪中叶，像支票这样的支付工具仅被极少数权贵和精英人士使用，远不如同时的不列颠社会那么普及。巴尔扎克小说《交际花盛衰记》（1846 年发表）中的一段描述可为例证：“金融家从自己的口袋里拿出了像书本一样的小册子，上面印有银行签发的字样，他填写好了数字，签上名，并从中撕下一大半页，交给了来人”。④这是使用支票的一个事例，而显然仅流行于当时的上层社会。

大革命和拿破仑时代之后，法兰西社会普遍存在着对金融业的负面看法，认为这个行业充斥着投机、哄骗、欺诈、违规交易、腐败堕落等，是劣迹行为的渊薮。对金融和银行的负面刻画是巴尔扎克（1799—1850 年）和左拉（1840—1902 年）多篇作品的主题。不仅如此，19 世纪上半期以来，法兰西媒体也对金融和银行颇有微词，不时刊载一些“阴谋论”文章，讲述金融家、银行家的“小集团”如何操纵世界。总之，19 世纪

---

① 勒费弗尔：《拿破仑时代》，上卷，第 228 –231 页；金德尔伯格：《西欧金融史》，第 252 –253 页。

② Philip Ziegler, *The Sixth Great Power*: *A History of one of the greatest of all banking families*, the House of Barings, 1762—1929, Alfred A. Knopf, 1988, p. 81.

③ 霍墨和西勒：《利率史》，第 223 页。那里也说，所有这些利率数字“定义模糊，而且随意性很强”。

④ Rist, *History of Monetary and Credit Theory*, p. 230.

初以来许多法兰西文学作品和主流媒体在读者中产生的广泛影响，拉开了社会大众与金融和银行界的心理距离。①

统计数据显示，法兰西国民产出中投资份额在1810—1819年为7.1%，1820—1829年为8.2%，1830—1839年为9.3%，1840—1849年为10.5%。②在这40年中，投资份额每10年升高1个百分点。这个速度显然偏低。而且，法兰西的铁路建设始于1830年，在此后本应有的投资份额快速上升的势头却未出现。

1840年前后，在联合王国围绕着英格兰银行执照展期发生了通货学派与银行学派的激烈争论。两派就何为通货（货币）、应否或如何限制银行的银行券和票据发行业务开展争论。而海峡对岸，在法兰西货币信贷史研究专家看来，法兰西人对这些事物的认识水平相差甚远。③当时法兰西金融界的主流看法是，为了维护银行的安全，发行票据（生息、记名并有期限的银行券）优于发行银行券（不记名、无期限并不计息的票据），因为前者一般不存在过度发行问题。在公开表态中，法兰西银行声称，票据对持有人绝对安全，而银行券则不然，前者既不怕丢失也不怕被盗，而后者一旦离开了持有人便意味着损失。法兰西银行尝试发行过银行券，但到1839年却转为发行本票，而且是一种记名的和期限仅有15天的票据。④

法兰西银行的问题不止于此。到1840年前后，它在国内许多城市已设有分行，原可通过它的存贷业务和分行网络形成对法兰西经济发展的有力支持。但是，它却越发只关注票据业务，尤其首都巴黎的票据贴现业务。由于它不热心于外地的贷款和票据业务，它通过分行网络吸收的资金事实上也集中于巴黎总部，主要参与巴黎短期资金市场的交易。这样，法兰西各地信贷市场中的资金供给反而因为法兰西银行的作为而相对减少了。

法兰西银行的营业执照在1840年需要展期，此时法兰西金融界对它提出了批评意见，尤其质疑其垄断地位。如前所说，法兰西银行对票据业务的偏好，应该与其对贵金属的储藏偏好有关系，而它的分行网络和在国内的垄断地位更将这种偏好的不利效应层层传递，并且在经济中扩散。

雅克·拉斐特（Jacques Laffitte，1767—1844年）是波旁王朝时期法兰西金融界和政界的资深人士，曾于1814—1820年担任法兰西银行总裁，之后长期担任众议员，一度

---

① Hubert Bonin, “French banks and public opinion: The Public’s negative perception of the French banking establishment (from the 1800s to the 1950s), in Carmen Hofmann and Martin L. Muller, eds. *History of Financial Institutions: Essays on the history of European finance*, 1800—1950, Routledge, 2017, pp. 77 – 104.

② 莫里斯·莱维—勒布瓦耶：《1820—1930年间法国的资本投资与经济增长》，载彼得·马赛厄斯、M. M. 波斯坦主编《剑桥欧洲经济史（第七卷上册：工业经济：资本、劳动力和企业）》，徐强等译，经济科学出版社，2002年，表45，第312页。

③ Rist, *History of Monetary and Credit Theory*, pp. 230 – 234。

④ Rist, *History of Monetary and Credit Theory*, p. 231.

出任财长。他创办过以自己名字命名的金融机构拉斐特行（Caisse Lafitte），发行生息或不生息的短期票据（期限通常为3个月），它们只能在巴黎地区贴现。[①]在巴黎有许多这样从事票据贴现的金融机构，与法兰西银行共同组成了巴黎货币市场。这些票据也被称为“巴黎票据”（Bills on Paris）。但它不同于伦敦票据（Bills on London），前者是国内票据，后者则为国际票据。但是，从事巴黎票据业务的金融机构，包括法兰西银行和1812年由德意志迁来巴黎的罗斯柴尔德家族企业在内，都认为自己在从事“高级金融”（Haute Finance）。[②]

雅克·拉斐特和后来创办了大型金融机构的佩雷尔兄弟在思想渊源上都属于圣西门学派。这个学派的人物直到19世纪60年代还热衷于短期票据，不明白银行券的道理。[③]在这个意义上，法兰西货币信贷史研究者认为，法兰西银行业在19世纪中叶达到的水平相当于英格兰在18世纪。其时的法兰西，在首都的中央银行发行银行券并拥有大量现金储备，地方银行因持有中央银行票据而与首都发生紧密联系，它们可向中央银行的地方分行兑现票据并得到硬币；巴黎有一个国际票据市场，但容量甚小；不多的几家私人银行在这个领域拥有极高的声誉，被称为“超银行”（Hors Banque），它们提供的贴现率甚至低于法兰西银行，部分原因是它们与外国金融机构，尤其是伦敦的银行，保持有密切往来。这些机构支持了法兰西的进口贸易。[④]

19世纪50年代开始的突飞猛进

法兰西金融发展在19世纪50年代突然发力，一批大型金融机构犹如井喷似地涌现出来。19世纪五六十年代为法兰西在19世纪后半期乃至20世纪的金融发展奠定了基本框架。在机构建设方面，拿破仑三世在19世纪50年代参照圣西门主义的精神，倡议成立了抵押贷款信用社，专门资助沼泽地改造，并在法兰西许多地方组建农业信用社，向农民提供贷款。这些信用机构是地方性的，同时也是非营利性的。此时期还出现了数家新型银行，即全国性存款银行，它们分别是1859年成立的工商信贷行（Crédit Industriel et Commercial，CIC），1863年成立的里昂信贷（Crédit Lyonnais）以及1864年成立、现存的法兰西兴业银行（Société Générale）。[⑤] 这些新机构很快突破了地域限制，同时在首

---

① Rist，*History of Monetary and Credit Theory*，p. 231.

② “高级金融”（Haute Finance）有时也称为“高级银行”或“精英银行”（Haute Banque），主要指像罗斯柴尔德一类的私人大银行和商行，它们不向普通企业或百姓提供服务，仅与大企业和富贵人士打交道（参见 Ziegler，The Sixth Great Power，p. 78）。

③ Rist，*History of Monetary and Credit Theory*，p. 234.

④ Rist，*History of Monetary and Credit Theory*，p. 238.

⑤ 这家机构的原名很长，对应英文为“General Company to Support the Development of Commerce and Industry in France”（直译为“支持法兰西工商发展的通用公司”），该名称显然参照了1836年拉斐特创立的企业以及更早的比利时同名公司的取名法。

都和地方中心城市开展业务，后来逐渐在全国设立分行。它们吸收公众存款，向客户提供支票服务，并将资金用于多样化的贷款和证券投资，特别重视发展与工商企业的资金往来关系。这三家金融机构虽然未取名“银行”，但实际上都是银行。它们在很大程度上继承了早先的工商通用行和动产信贷的综合经营风格，十分接近于全能银行模式。得益于这些新型机构的涌现，法兰西金融业在19世纪60年代实现了一次“腾飞”。

三大因素推动了法兰西金融从19世纪50年代开始的突飞猛进，即第二帝国的经济政策，以铁路建设为标志的工业革命在法兰西的起步，以及积极借鉴邻国比利时的经验。

拿破仑三世青年时期阅读过圣西门的著作，是其崇拜者。他登基后奉行实业主义（工业主义）政策，十分重视基础设施建设。他于登基之际对法兰西人民说，“我们需要开垦辽阔的处女地，需要开辟道路，需要开凿港口，使河流适于通航，需要完成我们的铁路网”。① 依其意，法兰西第二帝国放宽了对设立合股公司的法律限制条件。他鼓励成立新型银行，并且鼓励银行向实业和基础设施建设项目发放长期贷款。帝国政府甚至直接为铁路建设公司的债券发行提供担保。②

法兰西的第一条铁路线始建于1830年，长度仅为39千米。③1848年，全国铁路长度合计为4 000千米，仅相当于大不列颠的一半。在这之后，铁路建设快马加鞭，形成了一浪又一浪的建设高潮。1853年铁路长度达到8 000千米，1866年则达到1.6万千米。19世纪60年代时，法兰西人对不列颠人说，你们渡过英吉利海峡后，从加来坐火车可一直抵达地中海岸的马赛。④铁路建设和线路运营带动了许多其他产业的增长，尤其是钢铁、煤矿、铁矿、木材加工和机械制造等，这也意味着社会的融资需求猛增，尤其对长期信贷和证券市场发展都提出了新要求。

大约在1830年前后，很多法兰西人已感觉到，在工业发展上他们不仅落后于不列颠，而且也赶不上邻国比利时。中世纪晚期以来，比利时长期处于西班牙或奥地利王朝统治之下。在法兰西第一共和国和拿破仑帝国时期，比利时归入法兰西治下。1815年维也纳会议决定，比利时与巴达维亚共和国合并为尼德兰联合王国，旨在预防法兰西将来再度吞并该地区。在这个新生的联合王国中，南部地区（比利时）拥有丰富的煤和铁矿石储藏，很快就在工业发展上大大超过缺少这些自然资源的北部地区（荷兰）。比利时成了“复制”不列颠工业革命模式的第一个欧洲大陆国家（地区），而这极大地得益于尼德兰联合王国国王对南部地区工业化的支持，他让政府出资参与许多项目的建设，而

① 皮埃尔·米盖尔：《法国史》，蔡鸿滨等译，中国社会学科出版社，2010年，第268页。

② 莱维—勒布瓦耶：《1820—1930年间法国的资本投资与经济增长》，第343页。

③ 1828年在圣太田与卢瓦尔河之间建成了一条马车牵引的铁路线，而蒸汽机车牵引的铁路线通车于1832年，在里昂与纪埃河之间（鲁道夫·吕贝尔特：《工业化史》，戴鸣钟等译，上海译文出版社，1983年，第64页）。

④ 米盖尔：《法国史》，第268－269页。

且自己还参股了1822年经他授权组建的大型金融公司。该公司总部设在布鲁塞尔，为许多工矿业项目提供融资支持。1830年南部地区爆发革命，比利时在不列颠支持下获得独立。当年该公司随即改组为比利时通用公司（Société générale de Belgique）。此后，该公司愈加大胆作为，资助了从铁路到煤钢机械制造等许多重工业企业以及公用事业项目，方式多种多样，包括长期信贷和股份持有等。比利时的铁路自始便实行国营体制，该国1834年通过的铁路法明确了国营铁路公司的特权。[①]比利时的这个做法，对欧洲大陆其他国家产生了巨大影响。当然，比利时鼓励私人企业和金融机构积极参与铁路投资并从中分享收益。

后来，比利时通用公司与巴黎的罗斯柴尔德合作，联手开展比利时和法兰西两地的跨境投资。[②]

前面提到的拉斐特是旧体制中的开明人士，他于1836年组建了一家新型大型金融机构。他本来想给这个机构冠名“银行”，因遭法兰西银行反对而作罢，只得使用“Caisse”（行）一词。它就是法兰西的“工商通用行”（Caisse Générale du Commerce et de l'Industrie）。该机构后来被认为是法兰西第一家投资银行，[③]但这并非是准确的说法。拉斐特的工商通用行堪称法兰西全能银行的一个起点，尽管它没有取得完全的成功。它不仅为各种企业提供信贷，也参股甚至控股其中的一些企业。拉斐特不仅是金融家，而且也是当时的政治家。他在作为私人银行家的时候已经投资过纺织厂、煤矿和铁厂等，还参股于保险、运河、巴黎房地产、宝石切割和玻璃制造等。[④]工商通用行在一定意义上是将他个人的投资方法系统地运用于这家合股公司。当然，从企业名称上也可看出他借鉴了比利时通用公司的做法。

拉斐特显然利用政治资源为这家机构以及关联企业的经济利益服务，因此也让一些政治纷争多少影响到了企业的经营活动。工商通用行以多种方式广泛资助工业企业，为彼时法兰西社会开创了一个先例，此前那里很少有金融机构为工业企业提供信贷，多数工业企业必须由创业者自带启动资金或寻求金融机构以外的资金来源。

但工商通用行的经历表明，全能银行模式难以取得成功。这家金融机构在1837—1846年调整了政策，决定只放贷于公用事业，不再借款给工业企业。这个决定或许反映了工业企业贷款或投资面临较高的信用风险，而公用事业投资的回报率不仅相对稳定，而且可由该公司与当地政治人物的关系来加以“巩固”。不幸，在1848年经济危机期

① 吕贝尔特：《工业化史》，第53页。

② 龙多·卡梅伦和拉里·尼尔：《世界经济简史：从旧石器时代到20世纪末》，潘宁等译，上海译文出版社，第278页。

③ Fritz Redlich. "Jacques Laffitte and the Beginnings of Investment Banking in France," *Bulletin of the Business Historical Society*, Vol 22 (December 1948).

④ 金德尔伯格：《西欧金融史》，第118页。

间，工商通用行未能幸存，此时拉斐特已经去世数年。法兰西银行在当年曾为稳定金融市场救助了一些企业和巴黎交易所，但并未对工商通用行施以援手。

佩雷尔兄弟在1852年创建的动产信贷（Crédit Mobilier）也有类似作为。他俩是圣西门学派的忠实信徒，特别强调将银行与实业结合起来、相互支持。在第二帝国皇帝的钦鉴之下，佩雷尔兄弟成立了合股公司，向公众发行固息债券筹集资本金（这是彼时法兰西经济中的流行做法）。他们初始集资额为6 000万法郎，而且据此进一步借贷以扩充资金使用规模。在取得初步成功后，佩雷尔兄弟和动产信贷公司还参股别的银行机构和保险公司，包括国外的金融机构。此外，他们还持股于一家新闻日报。佩雷尔兄弟和动产信贷公司在一段时间中成为多样化投资的巨人和榜样，也成了法兰西金融界向罗斯柴尔德家族企业发起挑战的“领头羊”。佩雷尔兄弟属伊比利亚半岛犹太人后裔，不同于罗斯柴尔德家族那样的德意志宫廷犹太人背景。与工商通用行一样，佩雷尔兄弟和他们的动产信贷公司不向制造业企业发放贷款或参股，他们的主要投资领域是铁路、航运、城市交通和公用设施等。[①]

基础设施或城市公用设施与制造业的最大区别，是前者面临较小的竞争，而后者则有可能充满竞争。竞争性的高低是影响投资收益确定性的一个重要因素。如果银行投资于高竞争性的行业，不论是以长期贷款还是股票持有的方式，都会面临显著的收益波动，给自己带来显著的信用风险和流动性风险。这是妨碍工商通用行或动产信贷公司成为真正的全能银行的重要因素。

另外，在基础设施和城市公用设施领域，如果投资项目多少得到政府部门的支持，尤其是得到收益担保和股份参与，那么，来自私人部门的投资者所面临的风险就会大幅减少。这就是工商通用行或动产信贷公司积极参与基础设施和城市公用设施投资的重要原因。19世纪30年代后，法兰西中央政府和地方政府日益重视基础设施和城市公用设施建设，并经常给予各种支持。1842年颁布的铁路法借鉴了比利时经验，但并未照搬。铁路建设中的“法兰西模式”，是中央政府制定全国线路规划，征用铁路建设所需要的土地，并承担地面工程和车站建设费用；私营特许公司负责轨道和机车建造；线路建成后，特许公司持续经营99年，之后全部财产无偿充公。[②]这样的规定，消除了铁路线路之间的竞争，此种竞争在19世纪中叶后的北美大陆尤为突出；同时，部分减轻了私人投资的资金压力和投资收益不确定性。有鉴于此，不难理解法兰西私人部门的企业和金融机构陆续均积极参与包括铁路在内的公共设施和基础社会领域的投资。

佩雷尔兄弟及其动产信贷公司直接参与铁路线路建设，可能还有另一个原因，即法兰西证券市场对专业化铁路公司提供的融资服务尚不充分。在不列颠，伦敦股票交易所

---

① 弗朗：《19世纪法国的企业家和企业管理》，第462页；金德尔伯格：《西欧金融史》，第123－124页。

② 吕贝尔特：《工业化史》，第65页。

自19世纪20年代中期起对铁路股份开放，大量铁路证券陆续上市。铁路公司将股份发行和争取银行信贷有机地结合起来，客观上使得银行或非银行金融机构不能成为铁路建设融资的主要提供者。在法兰西，19世纪30年代以后，证券市场虽然对合股企业有开放，但十分有限。相对于不列颠，法兰西证券市场发展不充分由几个因素造成。

第一，由于历史缘故，直到19世纪50年代以前，巴黎交易所（Paris Bourse）几乎完全交易政府债券，合股公司证券长期处于边缘地位。第二，巴黎交易所限制交易商人数，最多60位。这样，由于他们已经忙碌于政府债券生意，无暇顾及公司证券，迫使后者的交易转移至场外。[①]第三，场外证券交易缺乏规范，布满人为操纵的陷阱。如前所说，19世纪法兰西文学作品和主流媒体对金融界有大量负面看法，这应该与场外交易不规范行为密不可分。法兰西金融家们投资媒体的举动，也使得媒体报道不被普通投资者看好。

前述第一个因素（巴黎交易所大量交易政府债券）还可以从另一个角度加以分析。1815年和平条约签署后，法兰西政府为支付战争赔款发行了主权债，这是政府的长期债务。为此，法兰西政府每年都大量发行5厘固息债券。与此同时，法兰西银行将其贴现率固定在4%水平上（仅1847年短暂提高到5%）。这两个利率指标实际上为法兰西金融市场上的普通投资者划定了最低预期收益率。如欲使其从事有风险的投资，比如购买公司债券或股票，则预期收益率必须大大高于这个最低预期收益率水平。很明显，在工业革命初期阶段，包括铁路证券在内的投资收益率难以稳定地超过6%。这样，至19世纪中，法兰西证券市场上的投资者所期待的回报率显著高于其不列颠同行的水平，但法兰西投资者较高的预期回报率在企业证券上也伴随着较高的波动率，从而使得法兰西证券市场在公司融资上的功能受到不利影响。

法兰西和其他一些欧洲大陆国家，证券市场与不列颠或美利坚的另一个不同之处是，大型银行可以较大程度地影响合股公司证券发行过程。在不列颠和美利坚，商人银行和投资银行逐渐成为证券市场和合股公司证券融资的中介人，而普通商业银行参与较少（当然，金融中心城市的大型商业银行也热衷于企业债券发行和交易过程）。但在法兰西和其他欧洲大陆国家，大型银行成了合股公司证券发行的承销人。也就是说，在这个领域中，那时的法兰西还没有出现像英美那样的专业分工趋势和格局。整体而言，法兰西距离现代金融体系的形成仍有一步之遥。

有文献记载，法兰西企业在证券上市过程中寻求承销时，甚至会找到普通的地方商业银行，而不必然是前面提到的像里昂信贷或兴业银行那样的超大型全国性金融机构。[②]

---

① Ranald C. Michie, *The Global Securities Market: A History*, Oxford University Press, 2006, p. 63 and p. 71. 从1816年到1830年，巴黎交易所交易商席位的价格从3万法郎上涨到85万法郎（霍墨和西勒：《利率史》，第206页），可见其需求之旺盛。但是，这种需求主要来自政府债券交易。

② 弗朗：《19世纪法国的企业家和企业管理》，第464页。

虽然大型银行在企业上市过程中会有更大的影响力，并因此会让企业（包括大企业在内）与它们形成更加紧密的关联关系。

法兰西第二帝国时期是工业革命加快进展的时期，法兰西经济规模和实力有了显著提升。在这个时期，拿破仑三世实行对外扩张政策，并在1870年发动普法战争。法兰西战败后再次面临必须在短时间中支付巨额战争赔款的问题。

法兰西在1871—1873年偿付战争赔款的做法与其在1815—1817年那次有一定差别。虽然两次都对外发行了主权债，但第二次更多地利用了国内债券市场和国内金融机构。而且，包括法兰西银行在内的国内金融机构相当成功地对冲了大量贵金属货币资金外流而给国内金融市场和社会经济可能带来的紧缩效应。可以说，法兰西金融在第二帝国时期所取得的成就，为1871年开始的迅速而有效地支付战争赔款以及后来相对顺利的经济发展提供了支持。

法兰西银行体制的转型

佩雷尔兄弟的动产信贷公司在1860年卷入了大规模的房地产开发投机并遭受损失，两兄弟于1867年被迫辞职离开了一手创建的综合性大型金融机构。这个事件与1848年倒闭的工商通用行都表明，综合性金融业务模式在法兰西的市场环境中存在显著风险，即便对那些拥有相当多经济和政治资源的机构来说也是如此。

19世纪60年代以后，随着几家新的大型银行的创立以及它们随后积极参与工业企业投资，法兰西经济界和金融界发生了某种风向转变，大型银行再次朝着全能银行的方向发展，它们与工业企业开始形成更加紧密的关系。

该时期的确有许多银行家进驻工业公司董事会。有记载显示，里昂信贷的一位高级经理同时兼任当地许多冶金公司的管理顾问。这种情形通常被视为欧洲大陆国家全能银行的一个典型，银行派人员“坐镇”于持股或放贷的对象企业。但是，更多的实际情况是，银行与这些关联公司的关系并不是稳定的，而是时有变化。里昂信贷的经历可为佐证。在1863年成立后不久，里昂信贷购买了一家新染料公司发行的3 000股，该企业总共发行8 000股，每股500法郎。此后，里昂信贷还为这家企业提供了信贷。但到了1870年，里昂信贷不得不以“重大损失”为由接受这家企业的破产清算。此后，里昂信贷调整了政策，不再直接参与工业企业的融资活动，而是将银行资金投向既没有过多长期负债、利润又较为可观的出口业务。[①]这里，“过多长期负债”显然指重工业企业——那些需要大量固定资产投资的工业企业。很明显，里昂信贷进行的这项政策调整是基于资金安全考虑，即认为，对重工业企业的资金投资（证券和信贷）不仅会降低银行的资金流动性，而且在当时的条件下还存在很高的信用风险。文献记载，里昂信贷在这个事

① 弗朗：《19世纪法国的企业家和企业管理》，第463页。

件后还做出了增加政府工程项目贷款的决定。

在法兰西所有大型金融机构中，前面提到的兴业银行（Société Générale）与钢铁业的关系最为密切。形成这种特殊关系的原因不难理解，因为当时法兰西钢铁业的两位巨头就是兴业银行的发起人之一。[①]正是在此背景下，法兰西兴业银行成立后的第一笔贷款就给予了大股东所有的一家锻造厂。而且，按照专业研究者的看法，这笔用于技术改建的贷款，如果遵从常规财务评估，似乎不应发放。用今天的眼光看，法兰西兴业银行的所作所为，就是关联贷款，即将银行贷款资金投放于股东企业。法兰西学者说，这种情况表明，兴业银行与企业之间存在“私人关系”，但这种关系并不必然是“稳定和持久的融资关系”。[②]

研究者找出了一家法兰西钢铁企业在1872年资金来源表的信息，发现该企业私募发行了700股，共有138人认购。其中，前三大投资者是“地主、工业家和律师及公证人”，他们合计为67人（占比48.5%），认购433股（占比61.8%），而来自银行界的认购人仅有1位，也仅认购1股。[③]这个事例表明，银行参股于法兰西工业企业，但相对于其他参股者，并不一定是主要的参股者。

而且，还必须看到，直到19世纪末以前，在法兰西，包括铁路企业在内的合股公司在证券市场上所发行的证券不是股份，而是债券。导致这种情况的一个因素或许是，法兰西证券市场中的投资者长期坚持要求公司提供像国债那样的固息回报。在国债收益率已经不低的背景下，法兰西投资者显然不希望持有预期收益率比国债收益率高不了多少、但波动率却十分显著的公司股票。从这个角度看，法兰西国债市场的“过度发达”可能是造成股票市场发展迟缓的一个因素。

真正意义上的公司股票市场在法兰西出现的时间晚于不列颠和美利坚。这种情况意味着，在19世纪末以前，法兰西许多新成立的合股公司所发行的股份，绝大多数是通过私募途径。可以认为，法兰西工业企业的股份在19世纪末以前主要在私募市场上进行交易。这样，工业股份的流动性和交易成本都会受到不利影响。在此情形中，银行如果大量持有工业股票，不仅会遇到突出的信用风险，而且也将面临显著的流动性风险。即便是大型银行也不能忽略这种风险，尤其当它们的资金来源越来越依赖于存款市场，即资金来源的短期化倾向明显。

两家大型法兰西银行在“美丽时代”（Belle Époque，法兰西人对1880—1914年的常见说法）的经历清楚地显示了这一点。法兰西兴业银行刚成立时，董事会中有不列颠银行界人士，这很可能意味着兴业银行起初要借鉴不列颠主流银行的分行模式。事实

① 弗朗：《19世纪法国的企业家和企业管理》，第464页。
② 弗朗：《19世纪法国的企业家和企业管理》，第464页。
③ 卡龙：《现代法国经济史》，表4.4，第70页。

上，兴业银行将发展分行当做了一项工作重点。1870 年它在巴黎有 15 家分行并在巴黎以外省区有 32 家。分行数目到 1889 年为 148 家，到 1910 年为 220 家。大量拓展分行的主要目的是吸收存款资金。此时，法兰西已有大量储蓄机构，与兴业银行等综合性金融机构相比，它们有自己的独特优势，如可享受政府免税或低税待遇与较低的人员成本等。相应地，兴业银行这类机构在存款市场上的竞争优势主要在于它们的支付服务，而这也决定了它们所吸引的存款资金大多是短期性的。

1894 年时，兴业银行的资本和资金规模已有了很大增长，跃居法兰西前三大综合性银行机构。当年银行对其战略方针进行了调整，开始向工商企业提供短期信贷，同时吸收企业和私人存款。①显然，兴业银行此时已将零售银行业务作为发展重点。

这可以理解为，法兰西兴业银行主动“退出了”它早先一度追求的全能银行业务模式。导致这个转变的根本原因就是其资金来源越来越短期化，它对流动性风险的顾虑迫使它减少持有长期性风险资产。当然，更进一步说，可以认为，深层次的原因是法兰西工业结构在此时已具有很高的竞争性，公司股份的价值波动明显上升。

巴黎巴（Paribas）是“美丽时代”法兰西另一家大金融机构。②该行由来自荷兰和比利时的私人银行与巴黎的私人银行联合组建，初衷是参与承销普法战争后法兰西政府为支付战争赔款而发行的主权债。该行在“美丽时代”的经历是一篇专题文章的主题，因为它是那个时代的一个典型。它一方面很像伦敦的私人银行和商人银行，但却是一家合股公司；它不仅具有广泛的国际商业联系，也与法兰西政府保持良好关系；它雇佣的职员是国际金融市场的顶尖专家，表明该行在当时拥有业界中最好的智力资源。③从现代观点看，如果那时的法兰西大型金融机构都谋求发展成为全能银行，巴黎巴显然可为其中的佼佼者。

事实是，巴黎巴不仅没有发展出全能银行模式，而且自成立后长期一直仅在几个专业化领域中从事经营，即外汇、短期票据、贸易融资、国际证券承销和交易等。很明显，它避开了在法兰西国内金融市场上与其他金融机构的全面竞争，也很少涉足普通工商企业的贷款和证券承销等。其中的原因可能多种多样，有一点十分清楚，即到了“美丽时代”，巴黎巴银行的资金来源由三部分构成：与地方银行的经常往来账户存款、海外机构外币存款、海外机构法郎存款。④在这三类资金来源中，后两类也是短期性质。不

---

① Emma Thelwell. “Société Générale: A history”, *The Daily Telegraph*, January 24, 2008.

② 这家机构在 1872 年成立时的名称是“巴黎与尼德兰银行”，简称为 Paribas（巴黎巴银行）。该银行 2000 年与巴黎国民银行（Banque Nationale de Paris，其前身成立于 1932 年）合并，改称为 BNP Paribas（中文仍称为巴黎巴银行）。

③ 马克·弗兰德鲁和弗朗索瓦·加里斯：《巴黎、伦敦和国际货币市场：巴黎巴银行的教训（1885—1913 年）》，载尤瑟夫·卡西斯、埃里克·博希埃编《伦敦和巴黎：20 世纪国际金融中心的嬗变》，艾宝宸译，格致出版社，2012 年，第 106－107 页。

④ 弗兰德鲁和加里斯：《巴黎、伦敦和国际货币市场》，表 5.1，第 116 页。

难明白，这样的资金来源格局决定了该银行必须将大部分资金配置在流动性较高、信用风险较低而且收益率相对高的证券资产上，如法兰西政府债券和外国政府债券以及货币市场上的成熟票据。其中显然不包括法兰西企业的股票。

法兰西学者的一个研究成果表明，19 世纪 70 年代后，法兰西金融体系事实上形成了一种“二元结构”。一方面是一些大型金融机构拥有全国性分支机构网络，或者以巴黎为总部，大量从事货币市场和国际金融业务；另一方面是分布在全国各地的中小银行机构，它们常被称为“乡村银行”或地方银行，其数量在 1870 年已多达 2 000 ~ 3 000 家。[①] 19 世纪 80 年代以前，这两类金融机构虽然从事一些相似业务，但因地域距离并不发生直接竞争。19 世纪 80 年代以后，全国性综合银行在法兰西各地加快设立分行，两类金融机构的竞争便趋于激烈，在存款市场和融资市场均如此。但是，全国性综合银行机构逐渐退出了传统的长期性工业信贷业务，这个市场主要留给了一些“旧银行”和新近成立的专业化的投资银行，同时也留给了地方银行。这样，19 世纪 80 年代法兰西金融体系中出现了不寻常的局面：大型银行距离全能银行模式渐行渐远，小型地方银行却与之日益接近。

当然，说法兰西小型地方银行具有全能银行的倾向，仅仅指它们大量参与长期性工业融资活动，包括提供长期贷款和持有企业证券，并非指它们从事全方位的综合性银行业务，例如同时从事零售和批发业务、国内和国际业务以及各类证券承销等。中小型地方银行不可能具有综合经营所需要的资金规模。

另外，法兰西中小型地方银行在 19 世纪最后几十年大量卷入工业企业的长期融资，也给它们带来了新的问题，即如何控制流动性风险。研究者发现，这个问题部分地由法兰西银行的新作为来“解决”了。1880—1913 年，法兰西银行给予商业银行的全部信贷中，83% 由地方银行获得。在该时期，法兰西银行明显向地方和中小银行倾斜，因为它与法兰西其他大型银行之间尚有着竞争关系，故将地方和中小银行视为“合作伙伴”。[②]

以上概述表明，在法兰西第二帝国时期，在政府新政策支持下出现的几家大型金融机构，早先具有明显的全能银行发展倾向，但随着规模扩张和竞争优势的发挥，它们在资金来源构成发生很大变化的背景下，陆续调整了自己的经营战略，渐渐地减少了全能银行色彩。这种转变发生在法兰西经济和金融体制总体上朝着多样化方向发展以及市场竞争性不断增多的背景之下，是一种“自然选择”和“渐变”行为的体现。简言之，就大型综合性金融机构而言，它们在 19 世纪法兰西的出现具有某些“突变”特征，但它们后来的行为却服从于自然进化的法则。

---

① Michel Lescure, “The Origins of universal banks in France during the nineteenth century”, Douglas J. Forsyth and Daniel Verdier, eds. *The Origins of National Financial Systems: Alexander Gerschenkron Reconsidered*, Routledge, 2003, p. 118.

② Lescure, “The Origins of universal banks in France”, p. 122.

1913 年，法兰西固定资本形成总额为 66 亿法郎，其中，未分配利润为 42 亿法郎，个体企业的实业投资为 11 亿法郎，银行贷款为 13 亿法郎。[①]这个格局大体上说明，银行到那时尚未成为法兰西资本形成的主要资金来源，法兰西固定资本形成的资金来源主要仍是“内源性的”。依据这些相关事实，研究者们争论 19 世纪法兰西的经济发展究竟受到了融资条件的何种影响，总体上是有利影响还是不利影响?[②]在整个 19 世纪，法兰西金融机构在投资选择（资产配置）上一直都有相当固定的偏好：政府债券、不动产和国外主权债。这些偏好当然会影响到法兰西金融机构对国内工业的投资（信贷和证券持有），并在某种意义上形成与后者的竞争关系。[③]可以肯定的是，19 世纪中期以后，法兰西的工业化总体上不断进展，它虽未能成为世界工业化的引领者，但也名列前茅。

五、本章小结

美利坚独立战争和法兰西大革命期间都出现了滥发不可兑现的纸钞和高通货膨胀，两国人民对此记忆深刻。二者在后来都积极寻求“健全货币”制度，银行制度发展也受到了“健全货币”观念的很大影响。两国的银行制度在 19 世纪都经历了此起彼伏的“突变”和“渐变”。事后观察，这些变化都是相辅相成的。

在 19 世纪前半期很长一段时间中，合众国联邦政治由共和主义思想占主导地位。在此背景下，先后两次组建的全国性银行皆未能得以延续。美利坚银行业由此进入州立银行体制。

州立银行制的好处是各州可根据自己的需要和约束条件为开办银行提供特许或注册服务。但是，这也意味着银行业在各州的发展不平衡。在纽约州和马萨诸塞等州，银行业发展较快，大力支持了当地的经济发展，包括基础设施建设和制造业企业。经济发展反过来也要求改革银行特许制度，促使“自由银行”在 19 世纪 30 年代后成为潮流。

内战的爆发给联邦政府带来财政压力，政策决策者开始寻求既满足“健全货币”要求又兼顾自由银行原则，并在联邦主义与共和主义之间达成妥协的新银行制度，此为国民银行制度的由来。它虽然给联邦政府带来了财政效益，但联邦政府并没有将解决赤字财政的希望全部寄托于此。国民银行制度的推广强化了此前业已存在的单一银行体制，19 世纪的美利坚由此创造出独具特色的银行制度。这个制度包含了自由银行的因素，同时又促进了银行制度在各州相对平衡的发展。但国民银行制度没有完全解决各州经济和金融发展不平衡问题，也没有涉及工业化后续进程中出现的“小银行与大企业”的不对

① 莱维—勒布瓦耶：《1820—1930 年间法国的资本投资与经济增长》，第 347 页。

② 弗朗：《19 世纪法国的企业家和企业管理》，第 465 页。

③ 弗朗：《19 世纪法国的企业家和企业管理》，第 474 页。

称问题。

法兰西大革命后很快出现了“自由银行”局面。此后，拿破仑缔造的法兰西银行得到了垄断地位，自由银行便在法兰西消退了。复辟时期中，法兰西经济和金融发展处于停滞状态。在法兰西第二帝国时期，信奉圣西门学说的拿破仑三世带领法兰西步入快速发展轨道，奋力追赶不列颠。新型大银行如雨后春笋般涌现。这些新银行的创办人也以圣西门学说为法宝，毫无顾忌地开展新兴工业投资，参股控股于各式各样的企业和建设项目，促使这些银行朝着全能银行模式发展。

两大因素决定了全能银行模式不能在法兰西取得成功。第一，法兰西工业发展具有越来越强的竞争性，银行的工业投资不能确保稳定收益。第二，法兰西银行业本身也越来越有竞争性，在竞争日趋激烈的市场环境中，短期存款成了大银行越来越重要的资金来源，这使得它们不得不更加重视资金的流动性风险。在此背景下，法兰西大银行在19世纪最后几十年中自发地渐次放弃了全能银行模式。

法兰西银行业发展过程中的一个奇特之处是，在19世纪最后几十年中，随着大银行退出全能银行风格的工业投资，许多地方中小银行却大量进入这个领域，成了全能银行模式的模仿者。这些中小银行之所以能够如此作为，一个重要原因是法兰西银行为它们提供了流动性支持。而法兰西银行之所以这样做，是因为它与其他法兰西大银行之间存在竞争。由此看来，市场竞争是影响各类银行机构的行为、相互关系以及推动银行体制演化的基本因素。

[第九章]

后进国家德俄日的工业化与创建现代金融体系的努力

至1820年，工业革命仍在大不列颠如火如荼地进行，它给经济增长带来的推动作用已经彰显于世。统计估算显示，以1990年国际美元衡量，1820年大不列颠人均国内生产总值（GDP）为1 706美元，在世界各国中仅次于荷兰的1 838美元。而德意志为1 077美元，为大不列颠的63%；俄罗斯和日本分别为688美元和669美元，仅为大不列颠的40.3%和39.2%。到1870年，大不列颠同口径人均GDP上升至3 190美元，超过荷兰的2 757美元。同年，德意志、俄罗斯和日本的人均GDP与大不列颠的比率数分别下降至57.6%、29.6%和23.1%。[①]大不列颠工业革命带给有关国家在经济发展国际差距上的影响十分显著。

各国经济发展不平衡是古往今来的普遍情形。如果没有国际交往，没有国际摩擦乃至冲突，各国对自身经济发展程度的落后或相对落后，或许并不感到特别不安。然而，19世纪初以来国际关系演变的基本趋势却是，对那些不安于现状并力图在国际舞台上有所作为的民族国家（Nation－States）来说，它们日益不能容忍本国经济的落后，它们都会在“觉醒”之后首先在经济上奋发作为，追赶工业化进程中的先进国。“领先与追赶”由此便成了贯穿19世纪和20世纪国际经济发展的主旋律。

后进国家与工业革命先驱国在资源禀赋、社会制度和历史传统等多方面多有不同，它们所采取的经济发展战略和政策也互有差别。正是这些发展战略和政策差别影响到了

① 安格斯·麦迪森：《世界经济千年统计》，伍晓鹰、施发启译，北京大学出版社，2009年，表1c（第53－54页），表3c（第101页）和表5c（第178页）。

金融在后进国家中的发展路径，并最终使得后进国家的金融体系显著地不同于工业革命先驱国，而且它们彼此之间也互不相同。金融发展对各国经济增长的作用也随之各异。人们在21世纪看到的许多国家金融体系在构成和行为特征上的差别，很多早在19世纪晚期便已初现端倪。

本章着眼于19世纪工业化进程中的三个后进国——德意志、俄罗斯和日本。这三国的经济和金融发展在各自工业化进程中展现了鲜明的民族特色。通过这三个事例，我们可清楚地认识这些国家在工业化进程中为创建现代金融体系的努力，以及金融对后进国家工业化和经济发展的作用。

一、格申克龙问题：经济发展程度与金融发展模式

19世纪中期，大不列颠基本完成工业革命，经济实力上居世界第一，并在全球事务中掌握主导权。与此同时，世界上越来越多的有识之士认识到，如果其他国家不能加入到工业化的时代潮流并在短时间内极大提升本国工业能力，那么，它们将无力追求国际发展，并可能在未来的国际冲突中战败。后进国家如何实施和推进工业化的问题由此提上议事日程。

德意志经济学者李斯特较早提出了这个问题，他在进行广泛的国际考察和思考之后给出了自己的答案。近一个世纪之后，出生在俄罗斯并在后来移居美利坚的经济学者格申克龙明确地认为，在国际压力之下的后进国家必然会采取不同于先进国家的经济发展政策，前者的金融体制和发展路径因此会具有鲜明的民族特色。

李斯特的经济和金融发展思想

弗里德里希·李斯特（1789—1846年）出生在德意志的符腾堡，曾在当地任公务员以及图宾根大学教授。他积极倡导行政改革，并因此与人激烈争论。19世纪20年代初，他出访法兰西和英格兰，感受颇多。几年后，他前往美利坚合众国，在那里认真阅读亚历山大·汉密尔顿的著作，初步形成“政治经济学的国民体系”的基本思想，包括采取关税政策保护国内工业。他在宾夕法尼亚州购置的土地后来被发现可产煤，转让该土地使他获得了财务自由。1830年他被提名为合众国驻汉堡领事，但未得到参议院批准。他后来曾出任合众国驻莱比锡领事。在北美期间，他已涉足报业，回到德意志后，继续从事新闻传媒工作。1841年《莱茵报》（Rheinische Zeitung）在科隆创刊时，创办人聘请李斯特出任主编，他以身体欠佳为由婉拒。彼时仍在柏林的马克思曾在该报发表多篇引起读者广泛关注的文章。①

① http：//en. m. wiki. sxisa. org/wiki/Rheinische_ Zeitung 221 –8 –10.

李斯特虽然对大不列颠和法兰西的经济发展成就印象深刻，却不认同亚当·斯密所倡导的“自由放任”经济学说和魁奈所主张的“重农学派”。他认为，斯密和魁奈的学说是“流行理论”，皆以不恰当的“普世主义”为原则，不适用于指导德意志的经济发展，因为“流行理论”忽略了“国家”或“民族”（Nation）这个至关重要的概念。李斯特说：“流行理论原来是完全正确的，但是只有当一切国家都像在上述各州各省一样的情况下遵守自由贸易原则时，这个理论才有其正确性。这就使我要考虑到国家的性质（Nature of Nationality）。我发现流行理论没有考虑到国家（Nations），它所考虑的要么是全人类，要么是单个个人……如果任何一个国家，不幸在工业上、商业上还远远落后于别国，那么它即使具有发展这些事业的精神与物质手段，也必须首先加强它自己的力量，然后才能使它具备条件与比较先进各国进行自由竞争。总之，我发现世界主义经济学（Cosmopolitical Economy）与政治经济学两者之间是有区别的”。①

简言之，后进国家必须走一条不同于先进国家的经济发展之路。沿着这样的思路，李斯特提出，像德意志这样的后进国家，必须实行保护主义的贸易政策，德意志各邦应当联合起来，建立关税同盟，保护自己的工业，大力推进铁路建设，全国形成统一市场。

李斯特论述了金融问题，并对此提出了自己的政策主张。李斯特在考察了英美两国的贸易往来和资金流动后，得出一个看法，英格兰银行以自己的现金调节机制（贴现工具）削弱了合众国贸易保护政策（关税壁垒）的有效性，因为不列颠工业品凭借国内低利率的信贷以及合众国银行机构的支持能够顺畅地销往北美市场，在数额上超过了合众国对英的农产品出口。对此，合众国只能以贵金属来支付贸易逆差，同时允许不列颠资金进入本国金融市场，购买铁路、运河和银行股票以及联邦政府债券等。在大不列颠，借贷利率是3%，而在合众国却为6%。不列颠对美利坚可行使债权人的权利，合众国的银行和纸钞体系脆弱得如同“纸牌屋”（House Built of Cards）。②

李斯特对英美两国经贸关系的分析初看很像大卫·休谟在18世纪60年代“论贸易平衡”那篇著名论文所采用的方法。李斯特超过休谟之处在于，他看到了英格兰银行在国际贸易和跨境资金流动中的调节作用。李斯特将英格兰银行称为“英吉利国民银行”（English National Bank）。他将自己的观点归纳为以下7点，每一条都十分尖锐。其意如下：

（1）一国若在资本和工业方面弱于英格兰，则不应向其开放市场。

---

① 弗里德里希·李斯特：《政治经济学的国民体系》，陈万煦译，商务印书馆，1983年，第4–5页。括号中英文词语依据该书英译本（Simpson S. Lloyd译本）添加。

② 李斯特：《政治经济学的国民体系》，第237页。

（2）英吉利国民银行有能力影响英吉利工业品的价格并增强其在美利坚市场的竞争力。

（3）英吉利国民银行造成了美利坚的贸易逆差，并使之不得不依靠对外出售股票和借债的办法来弥补这种逆差。

（4）美利坚银行机构的资金状况和它们所发行的纸钞都受到英吉利国民银行的影响，如果它想这样做的话。

（5）若一国的银行和纸钞体系建立在贵金属货币基础上，那么，其货币市场的波动对其经济发展极其不利。

（6）唯有进出口贸易平衡才能防止货币市场波动并维护银行体系的稳定。

（7）维持本国工业品和农产品的市场是达到和延续这种贸易平衡的关键。①

李斯特明显将贸易平衡视为维护一国货币和金融稳定的至关重要的因素，故而也将贸易保护政策奉为“治国法宝”，为后进国家经济发展的出路所在。他同时对大不列颠的金融发展成就称赞有加。他说，“英格兰就像一个富裕的银行家，即便口袋里没有装进一文钱，却随时可向邻国或远方关系者借来任何数目的钱款”②。紧接着这段话，李斯特提到了一个概念——“现成货币（Ready Money）的支配权（Power of Disposition）”，即一国为其生产和交换所需要的内部贸易调动贵金属的能力，也就是英格兰银行在国际金融市场上快速筹集资金的能力。他认为这种能力是促进经济平稳发展的重要因素之一，而“流行学派”（亚当·斯密的追随者们和重农学派）却忽略了此点。在某种意义上，李斯特提到的“现成货币的支配权”，就是20世纪后期国际社会常用的“金融霸权”。在这些论述之后，李斯特明确认为，完整的、伟大的和独立的民族（Nations）不仅应拥有自身的商业体系，也应拥有一套工农业国民体系和货币信贷国民体系（National System of Money and Credit）。③换言之，大不列颠、法兰西和美利坚等民族已经有了自己的工农业国民体系和货币信贷国民体系，德意志也应当拥有这样的国民体系。可是，在李斯特写作时（19世纪40年代初），这些“国民体系”在德意志尚未出现。

李斯特的思想对德意志一些邦国以及后来德意志帝国的经济政策产生了重要而深远的影响。这种影响没有表现在某个具体的政策措施上，而主要体现在经济政策的哲学上，即制定经济政策应从本国实际出发，不可迷信“自由放任”的贸易政策或盲目崇拜自由竞争。后来的德意志帝国十分重视贸易信贷的发展，十分重视建立“全国性银行”（National Banks），并使德意志金融发展出现了大不同于不列颠或美利坚的情形。在所有这些地方，李斯特经济学说的影响清晰可见。

---

① 李斯特：《政治经济学的国民体系》，第238－239页。

② 李斯特：《政治经济学的国民体系》，第240页（这里的译文依据英译本略有改动）。

③ 李斯特：《政治经济学的国民体系》，第244页。

格申克龙后进国家经济和金融发展特殊论

亚历山大·格申克龙（Alexander Gerschenkron，1904—1978 年）出生在当时属于俄罗斯帝国的奥德赛（今乌克兰境内），苏俄内战期间随父母移居奥地利，在维也纳大学学习经济学，成为“奥地利学派”的早期学生之一。在第二次世界大战爆发前的 1938 年（奥地利合并于德意志第三帝国之时），他举家迁往美利坚，先在加利福尼亚大学伯克利分校从事研究助理，后前往华盛顿哥伦比亚特区美联储总部研究所作为俄罗斯—苏联经济专家从事研究。1948 年后，他一直在哈佛大学担任俄罗斯—苏联经济史教授，长期跟踪研究苏联工业增长问题。他关于苏联官方工业产出指数编制中基期移动问题的成果被学术界称为“格申克龙效应”（Gerschenkron Effect）。1960 年，他受国际经济学协会的邀请，参加了关于从起飞进入持续增长的国际研讨会。会上，他概述了俄罗斯帝国工业化的进程和特征，并提炼出 6 点综合性看法：

（1）一国经济越落后，其工业化进程越会明显地呈现间断地出现制造业高速增长的迸发趋势。

（2）一国经济越落后，其工业化进程中对工厂和企业大规模的强调就越明显。

（3）一国经济越落后，其工业化就越会把重点放在生产品而非消费品上。

（4）一国经济越落后，其工业化过程中对居民消费水平的压力就越大。

（5）一国经济越落后，特色制度因素（共同目的在于增加资本对新生工业的供给，以及给予企业家以较集中的和信息较为畅通的指导）在工业化中起的作用就越大；一国越落后，上述因素的强制性和内容的广泛性就越显著。

（6）一国经济越落后，在工业化过程中其农业就越不容易通过新生工业享受日益发展的内部市场的好处（但工业发展却又以不断提高的农业劳动生产率为基础），也就越不容易发挥积极作用。①

这 6 点中，第 5 点涉及金融，即后进国家如何向工业部门增加资金供给的问题。关于这个问题，格申克龙在 1952 年发表的一篇论文（《经济落后的历史透视》）中已有论述。该文认为，在工业化进程中，法兰西和德意志是相对于大不列颠的后进国家，因而在资源动员和利用上存在较多的“紧张”。以 19 世纪中叶前后的法兰西为例，当时出现了以佩雷尔兄弟银行为代表的新式金融机构（动产抵押信贷银行）与以罗斯柴尔德为代表的旧式金融机构（贸易融资银行或短期信贷银行）之间的激烈争斗（参见第八章第四节）。有鉴于此，德意志解决工业化进程中资金供给不足的办法是建立全新的金融机构，即全能银行或综合银行（Universal Banks），它们集长期信贷和短期信贷于一身，并与国

---

① A. 格申克龙：《俄国工业化的早期阶段：回顾与对照》（鲁桐译），载罗斯托编《从起飞进入持续增长的经济学》，贺力平等译，四川人民出版社，2000 年修订版，第 186 – 187 页。

内大企业结成长期伙伴关系。银行业中的这种德意志模式后来扩散到其他欧洲大陆国家，尤其是奥地利或奥匈帝国的西部地区与意大利。格申克龙还说，俄罗斯自 19 世纪 80 年代加快推进工业化，采取了一系列措施来促进大企业的发展，但俄罗斯银行系统的努力未能取得其他国家那样的成就，一个重要原因是俄罗斯银行机构不能从国内得到稳定的存款资金，因而无法向企业提供长期信贷资金。①

格申克龙的观点被认为体现了“大推动”（Big Push）理论在金融上的应用。当后进国家的决策者们决定通过大规模基础设施和工业项目建设来推进本国经济发展时，一个立即出现的问题就是如何有效地在短时间内筹集到大量长期资金（资源）。如果不能采用增税或者如一些国家在 20 世纪所采用过的计划经济手段，后进国家便只能运用金融手段。而在所有的常规性金融手段中，例如基于市场导向原则的债券和股票等，银行作为社会资金（资源）的筹集和分配手段（工具）具有突出优势。政府（国家）若能通过某种方式对银行资金运用施加影响，或者能够直接决定银行资金的用途，那么，银行就可发挥快速动员社会资金并将之投放于社会急需建设项目的作用，从而推动本国的工业化进程。

格申克龙本人并不赞成这样的政策思路，他认为自己只是在陈述一个符合历史事实的看法。他的看法是，19 世纪后半期以来，德意志和俄罗斯等许多国家事实上遵循了这样的经济和金融发展思路，在各自政策实践中都追求银行为主尤其是大银行为主的模式。具体说，就是人为地采用“全能银行”模式。在格申克龙看来，全能银行不是后进国家经济发展过程中的偶然现象，而是这些国家的政府在经济赶超进程中为了超越资源瓶颈（资金瓶颈）而刻意追求最适合自身金融需求政策的必然结果。从 20 世纪后半期到 21 世纪初，许多经济学者和社会科学家们都认为这个“格申克龙命题”（Gerschenkron Thesis）很有说服力，其应用范围可覆盖 19 世纪中期以后多个欧洲大陆国家。②下面概述德意志、俄罗斯和日本三国在 19 世纪晚期至 20 世纪初，追求金融发展的特点及其与各自工业化进程的关系。

二、德意志工业化与全能银行模式的形成

“马赛克德意志”是欧洲人对 1871 年德意志帝国成立前众邦林立、四分五裂局面的

---

① 亚历山大·格申克龙：《经济落后的历史透视》，张凤林译，商务印书馆，2012 年，第 1 章，第 9－38 页。

② 来自不同国家和不同科学领域的学者们为考察和检验“格申克龙命题”在各自国家历史上的相关性而撰写了专题论文，汇编于 Douglas J. Forsyth and Daniel Verdier, eds. *The Origins of National Financial Systems*: *Alexander Gerschenkron Reconsidered*, Routledge, 2003。有的研究者还力图从理论上证明“格申克龙命题”在经济上具有合理性，例如，参见 Marco Da Rin and Thomas Hellmann. “Banks as Catalysts for Industrialization”, *Journal of Financial Intermediation*, Volume 11, Issue 4 (October 2002): 366－397。

形容，这是中世纪留给近代德意志的政治遗产。拿破仑1806年率大军入侵中欧，打败了普鲁士和奥地利，并为莱茵河流域的德意志邦国带来“自由、民主和博爱”。拿破仑对德意志大片土地的控制虽然仅持续数年，却推动了德意志民族统一的进程。1815年维也纳会议后，原本就是大邦的普鲁士得到了威斯特伐利亚和莱茵兰等地的统治权，并因此成为德意志统一进程的实际领导者。1866年普奥战争后，奥地利势力被驱出德意志，普鲁士基本实现对全德意志的控制。普法战争结束后的1871年1月18日，普鲁士国王，即德意志皇帝威廉一世，在凡尔赛宫镜厅举行登基大典，在一片欢呼声中宣告成立德意志帝国。此时德意志已为欧洲大陆的最强者，其下一个目标便是赶超大不列颠，挑战后者的世界霸权。

在大不列颠和法兰西经济发展榜样的刺激下，德意志的工业化和金融发展在19世纪上半期已经起步。普鲁士之所以能在1866年和1870年两场大战中击败强敌，不仅归功于其军事能力，也得益于其颇具规模和效率的工业基础。但直到1870年，德意志帝国与大不列颠联合王国在经济发展上仍有很大差距。德意志相对大不列颠的优势主要在人口数量上，前者为3 900万，后者为3 100万。

德意志工业化进程和基本特点

19世纪上半期德意志开始工业化进程时，其地区发展很不平衡。莱茵兰和北部汉诺威地区工商业相对发达，这与立足于农业经济的普鲁士形成鲜明对比。1815年后莱茵兰划归普鲁士管辖，普鲁士容克地主的政治代表与莱茵兰工商阶级在经济发展思路上存在显著分歧。前者十分注重保护农业生产者的利益，后者则积极支持新技术应用和企业创新。19世纪30年代铁路建设热潮扩散到德意志后，德意志南部地区诸邦动用公共资金资助铁路建设，遭到普鲁士的反对，后者虽然也赞成推进铁路和工业建设。莱茵兰的私人银行家被认为“充当了政治中间人和工业项目发起人的双重角色”①。

经济史学者认为，19世纪上半期德意志工业化和经济发展有四个特点。②一是在1871年完成政治统一之前组建了关税同盟（Zollverein），国内经济一体化先于政治一体化。普鲁士在推进关税同盟建设中发挥了领导作用，由它倡议的关税同盟于1834年成立时有38个邦参加，后来更多邦陆续加入。到1866年，德意志所有邦都加入了关税同盟，形成了统一的关税区。关税同盟成员之间撤除关卡，货物免税通行，实行统一的度量衡，并在19世纪60年代基本完成币制统一。不仅如此，它们还实行统一的对外关税制度和税率，尤其对来自大不列颠棉纺织物等工业品实施保护性税率，为本地工业提供一

① 内森·罗森堡和L.E.小伯泽尔：《西方现代社会的经济变迁》，曾刚译，中信出版社，2009年，第164页。

② 杰弗里·菲尔：《德国资本主义》，载托马斯·K.麦克劳编《现代资本主义：三次工业革命中的成功者》，赵文书、肖锁章译，江苏人民出版社，2006年，第145－199页。

定的市场保护。德意志关税同盟还与一些国家签订贸易协定，为本国产品拓展海外市场提供商业政策支持。德意志贸易政策实践早于李斯特的经济学说，但后者从理论上大力支持了这种贸易政策传统。

二是公私部门协调配合，积极推进铁路建设。德意志境内的第一条铁路建设始于1835年，晚于大不列颠10年，晚于法兰西5年。1830年，曼彻斯特至利物浦的铁路通车的新闻当即引起李斯特的极大关注，次年他为一家法兰西杂志撰文热情称赞铁路建设对民族经济发展的重大意义。[①]李斯特回到德意志后，先后在数个邦州积极倡议铁路建设。德意志第一条铁路在巴伐利亚邦纽伦堡市，当地国王和市长都是热心赞助者，其建设资金由当地私人企业筹措，铁路长度仅为6.1千米（3.8英里），并采用英式轨距。1850年的一项统计显示，由于地价便宜，德意志境内的铁路建设成本在当时欧洲各国中相对低，约为1英里1.1万英镑，不仅低于大不列颠的3万到4万英镑，也低于比利时的1.65万英镑。[②]照此计算，新建一条一百千米的铁路，需要110万英镑，折合当地货币为750万塔勒。但这个规模还是超过当时德意志众多普通私人企业的承担能力。

与英美法等国不同，德意志铁路投资从一开始就没有采用证券融资模式，其原因既有当时证券市场不够发达，更有各邦政府（地方政府）对铁路建设投资所采取的特殊政策。在许多邦州，政府直接动用公共资金投资铁路建设，成了“国营”铁路公司的所有者。在另一些邦州，政府给予私人铁路公司收益担保，由后者通过合股或私募股份方式筹措投资资金。在两种情况下，由于新建铁路长度通常不超过一百千米，一次性融资需求也非特别巨大。

北德意志的汉堡和南德意志的法兰克福早在18世纪就是私人银行家聚集之地，两地皆有商品交易所。但是，它们到19世纪中叶前都没有发展成为证券交易中心。一个重要的原因在于，包括普鲁士在内的德意志各邦，在19世纪60年代之前都没有关于合股公司的明确立法，政府特许的合股公司也为数不多（这也与1870年之前德意志不存在有效的中央政府有关）。19世纪50年代后，随着铁路建设热潮的高涨和铁路融资需求的膨胀，一些地方证券交易所才陆续创立，它们包括1857年的德累斯顿，1860年的斯图加特和1874年的杜塞尔多夫。[③]柏林股票交易所（Börse Berlin）虽然历史悠久（创建于1685年），但在近两百年中，它主要交易商品。直到1873年全德实现币制统一，以及1875年组建德意志帝国银行（中央银行）之后，柏林股票交易所在德意志证券交易中的领先作用才得以发挥。

作为德意志最大邦国，普鲁士的作为最具影响力。它在铁路建设和铁路融资上的政

① 鲁道夫·吕贝尔特：《工业化史》，戴鸣钟等译，上海译文出版社，1983年，第64页。
② 克拉潘：《1815—1914年法国和德国的经济发展》，傅梦弼译，商务印书馆，1965年，第182页。
③ Ranald C. Michie, *The Global Securities Market: A History*, Oxford University Press, 2006, p. 97.

策不同于其他许多州。首先，在容克地主的要求下，它没有直接动用公共资金投资铁路建设。其次，它给予了部分私人公司以贴息或受益担保的资助，由私人公司承担铁路的筹资、投资和运营。最后，普鲁士很早就认识到铁路建设的经济和军事价值，在其境内尚未建成一条铁路前就通过了“铁路法”（1838 年）。该法明确要求所有铁路建设与经营必须服从政府规划并接受监督，避免线路重复建设，防止投资泡沫。[①]普鲁士元帅毛奇领导下的军事参谋部会对每一条铁路线路的军事用途做出评估。[②]

1870 年前的德意志在铁路建设和融资上有两个特色。一是在缺少中央政府的背景下也能快速推进全国铁路建设，二是不依靠证券市场就解决了铁路融资的大部分问题。至 1850 年，德意志建成铁路干线网，各主要城市之间的铁路全部通车。在铁路建设高速扩张时期，即 1851—1855 年，铁路占全德意志固定资产投资的 20.2%。[③]铁路投资超过了同时期工业投资的总额。[④]

1850 年以前，在普鲁士以外各邦，政府投资占铁路投资的 75%。[⑤]至 1870 年，德意志铁路总长度达 1.95 万千米（1.2 万英里），接近大不列颠的 1.3 万英里。[⑥]不仅如此，出于对铁路建设、维护和运营管理上的考虑，德意志帝国于 1879 年实行了铁路干线国有化，由此在该领域走上与英美完全不同的发展道路，并给德意志金融体制的演变带来深远影响。毫无疑问，大规模的铁路建设带动了对煤炭、钢铁和机械制造的巨大需求，重工业成为 19 世纪最后 30 年德意志工业化的重心。到 20 世纪初，德意志已在许多工业领域中赶超了大不列颠。

德意志工业化的第三个特点是，大量使用熟练工人，拥有一套培养技工人才的成熟体制。德意志很早就拥有工艺技术传统，许多中世纪晚期或近代早期诞生的手工业作坊大量使用熟练工人，而在工业革命开始后，他们不断吸收新技术，改进工艺，生产出为市场欢迎的产品。在这个方面，德意志工业发展不像其他一些国家，具有明显的“断裂”地带。对德意志人民来说，大工业不像是外来事物，也不是陌生的新事物。在德意志，很多行业的工业发展都保持了连续性或渐进性，这也使其工业融资问题并不显得特别突出。当然，对新兴产业中的大型企业来说，德意志与其他国家一样面临着显著的融资压力。

---

① 克拉潘：《1815—1914 年法国和德国的经济发展》，第 177 - 178 页。

② 克拉潘：《1815—1914 年法国和德国的经济发展》，第 181 页。

③ W. G. 霍夫曼：《德国的起飞》（王建明译），载罗斯托编《从起飞进入持续增长的经济学》，表 6，第 139 页。

④ R. H. 蒂利：《19 世纪德国的资本形成》，作为第八章载彼得·马赛厄斯、M. M. 波斯坦主编《剑桥欧洲经济史（第七卷上册：工业经济：资本、劳动力和企业）》，徐强等译，经济科学出版社，2002 年，第 518 页。

⑤ 蒂利：《19 世纪德国的资本形成》，第 519 页。

⑥ 第一次世界大战爆发前，全德铁路干线长度为 6.3 万千米（3.9 万英里），另有支线长度 1.17 万千米（0.7 万英里），超过大不列颠铁路总长度 2 万英里（吕贝尔特：《工业化史》，第 85 页；B. R. Mitchell, *British Historical Statistics*, Cambridge University Press, 1988, Transport and Communications 5, p. 541）。

德意志工业化进程的第四个特点是，教育体制相对发达。在许多德意志邦，18 世纪末已开始实行 6~13 岁儿童接受初级教育的规定，这甚至早于大不列颠。到 19 世纪 30 年代，德意志各邦（州）都设有工艺学校，为各行各业培养技术人才和熟练工人。教育的发达、社会经济对熟练劳动力的旺盛需求以及农业生产制度的渐进变化，使德意志在工业化进程中避免了大不列颠那样曾经大量使用童工和女工。

上述四点外，还可以加上第五点，即政府对经济活动直接和频繁干预。前已提及，德意志诸邦政府不同程度上为铁路建设提供投资资金，这是大不列颠或美利坚政府未曾做过的事情。当然，德意志地方政府和 1871 年后的帝国政府（中央政府）在经济政策上的作为与沙俄政府或日本政府还是有所不同。1871 年后，德意志帝国政府一直怀抱有赶超大不列颠的雄心。同时，在李斯特学说和其他德意志思想家的影响下，德意志帝国政府认为，德意志可以一方面借鉴大不列颠发展经验，另一方面追求适合自身需要和国情的经济和金融发展体制，既允许市场经济自然生长，又保持政府对经济活动的规制（Regulate）和引领。在世纪之交形成的德意志金融体系便是这种指导思想的产物。

德意志工业化进程始于 19 世纪上半期，1871 年统一后为其加速工业化时期。在资本积累上，两个时期有明显变化。据统计，德意志资本形成毛额占国民生产净值（NNP）的比重，从 1851—1855 年的 7.4% 上升到 1906—1910 年的 15.6%，即投资率在后一个时期提高了一倍。①

在加速工业化时期，全能银行提供了德意志工业净投资的 50%。这是其他许多国家未曾有过的情形。这意味着，全能银行大力支持了德意志加速工业化。全能银行出现于德意志加速工业化时期，是最具德意志特色的金融机构。它们在英美没有对应者，仅在法兰西昙花一现。虽然全能银行最早始于比利时这样的小型经济体，然而却在德意志这样的大型经济体中得以充分发展。下文揭示德意志全能银行的形成过程和原因，及其行为特征和作用。

19 世纪中期后德意志金融发展的基本特点

同于欧洲其他地方，德意志许多城市和地区在中世纪享有自治权，并在中世纪晚期出现私人银行和公共银行。银行在近代德意志并非为新概念。至 18 世纪中叶，几乎所有重要的德意志邦都有银行，多数兼有公共银行的性质。金德尔伯格在其名著《西欧金融史》中提到的几家德意志银行，皆成立于 1871 年全德统一之前。普鲁士银行是普鲁士王国的“国家银行”，前身是 1765 年创立的皇家清算和贷款银行。在 19 世纪初，该银行大量从事抵押贷款，所接受的抵押资产是容克地主的房地产产权证书。这个时期，普鲁士以及其他邦州房地产经历了快速商业化。与普鲁士银行类似的“国家银行”在其

① 霍夫曼：《德国的起飞》，表 8，第 140 页。

他许多德意志邦也有出现，也采用发放抵押贷款和发行银行券的经营方式。在1875年德意志帝国银行成立之际，德意志境内有33家银行发行银行券（纸钞），这也反映了德意志境内此前在币制上很不统一的局面。①

表9-1是1860—1913年几个重要年份，德意志各类银行在金融机构资产总额中的百分比，借此可观察到德意志银行业在这个时期的发展概貌。首先，“金融机构资产与GDP比率”显示，这段时期，德意志金融机构资产总额增长速度高于同期GDP，该指标大幅提高，从1860年的44%上升到1913年的169%。其次，在德意志统一前的1860年，金融机构资产总额中占较大份额的银行机构依次是“私人银行”“中央银行”“住房抵押贷款银行”和“储蓄银行”。而到1913年，资产总额占比较大的前四类银行机构却是“储蓄银行”“合股银行”“住房抵押贷款银行”和“其他信用机构”。换言之，在德意志加速工业化时期，不仅金融业总量出现了快速扩张，而且金融业（银行业）结构也发生了重要变化。

表9-1　　1860—1913年德意志各类银行在金融机构资产总额中的份额　　单位：%

银行＼年份	1860	1880	1900	1913
私人银行	35.3	18.5	8.6	4.4
合股银行	9.2	10.0	17.2	24.2
储蓄银行	12.0	20.6	23.3	24.8
合作银行	0.2	4.4	4.1	6.8
住房抵押贷款银行	16.9	26.7	28.5	22.8
其他信用机构	4.0	8.2	12.0	12.6
中央银行	22.4	11.6	6.3	4.4
金融机构资产与GDP比率	44	70	125	169

注：Sibylle Lehmann - Hasemeyer and Fabian Wahl. “The German bank - growth nexus revisited: savings banks and economic growth in Prussia”, *Economic History Review*, No. 74, No. 1 (2021): 204 - 222.

有必要简述这几类银行机构的特点。“私人银行”是分布在德意志各个城市并主要从事商业贷款的银行机构，它们由个人或合伙所有，许多具有悠久历史，创办者不少是犹太人或来自法兰西的胡格诺信徒。多数私人银行不设立分行，仅在本地城市吸收存款、发放贷款并从事贸易融资业务。它们的转账支付和跨境汇兑业务往往通过建立和发展代理行（往来银行）关系而进行。私人银行是1871年统一前德意志银行业的主体，个别私人银行甚至通过参与房地产和商品交易投资等业务而成为大型银行，有时还向外国政府发放贷款。②总的来看，私人银行在德意志工业化进程中发挥了辅助性的服务作

① 查尔斯·金德尔伯格：《西欧金融史》，徐子健等译，中国金融出版社，2007年，第133页。

② 金德尔伯格：《西欧金融史》，第135-140页介绍了“私人银行”和“大型银行”。

用，它们本身不是工业投资和基础设施投资资金的直接提供者，至少没有扮演重要角色。

表9－1所列的“中央银行”，在1860年时指前面提到的德意志各邦兴办的“国家银行”。这类银行服务于各邦政府，在本邦境内发行银行券，并在德意志关税同盟和货币一体化进程中负责货币事务上的邦际协调。它们的具体业务范围相互有别，有的“国家银行”还从事商业性的贸易融资和票据贴现。1875年德意志帝国银行成立后，这些地方性“中央银行”被并入全国性统一机构。

“住房抵押贷款银行”顾名思义是在城市化进程中兴起的专业化银行机构，如同大不列颠的“按揭社”，专门为购房者提供长期储蓄和分期贷款服务。这类银行在金融资产总额中占比的不断上升，反映了德意志工业化所带来的人口城市化效应以及这类机构相对稳健的经营风格。

在所有银行机构中，“储蓄银行”“合作银行”和“合股银行”最能体现金融业发展中的德意志特色。在德意志，储蓄银行是出现在工业化时期的公共银行，其初始时间几乎同于大不列颠，早在18世纪末。德意志储蓄银行与大不列颠储蓄银行有一些重要不同之处。在大不列颠，储蓄银行是“自下而上”的事物；而在德意志，储蓄银行却有显著的“自上而下”的色彩。在德意志各邦，许多储蓄银行在市政当局的庇荫之下举办。它们只吸收本地居民的储蓄存款，也仅向本地企业提供贷款。如果储蓄银行发生资不抵债的情况，市政当局负有连带清偿的责任，[①]这体现了储蓄银行与地方政府有着紧密关系。在资金运用上，与其他国家不同的是，德意志储蓄银行不必将存款资金全部或绝大部分用于购买和持有中央政府债券，而是投资于本地的基础设施建设项目和工业项目，或者投资于需要本地企业参与的服务设施项目。总之，德意志储蓄银行具有浓厚的“地方建设银行”色彩。

普鲁士王国1808年颁布的法令赋予了各个市政当局财务独立性，由其自行决定是否成立储蓄银行。普鲁士贸商部（Ministry of Trade and Commerce）1854年发布的行政令要求每县设立至少一家储蓄银行。1849年，普鲁士仅有一半的县设有储蓄银行，到1864年则有95%的县组建了自己的储蓄银行。[②]但是，多数储蓄银行的规模都很小。1875年，全德意志储蓄银行平均每家的资产额为4万马克。[③]如表9－1所显示，1860—1880年，储蓄银行增长速度位居所有银行机构的前茅，其在全德银行机构资产总额的占比由12%上升至20.6%；1880—1913年，储蓄银行继续保持高速增长态势，其占比最后上升至首位，超过住房抵押贷款银行。

① Lehmann－Hasemeyer and Wahl，“The German bank－growth nexus revisited”，p. 207.

② Lehmann－Hasemeyer and Wahl，“The German bank－growth nexus revisited”，p. 205.

③ Lehmann－Hasemeyer and Wahl，“The German bank－growth nexus revisited”，p. 208.

在地方政府羽翼之下成长起来的储蓄银行是所有商业性银行机构的强有力竞争对手。首先，储蓄银行吸收了本地普通居民的大部分存款资金；其次，储蓄银行向本地中小企业——尤其那些被地方政府认为事关本地经济公共利益和产业发展的企业——发放贷款；最后，储蓄银行为本地政府提供基本的银行服务。在这三个领域，储蓄银行几乎不容其他银行插足。换言之，包括合股银行在内的商业性银行机构必须开拓另外的市场空间方可生存和发展。

表 9 - 1 列有“合作银行”，它们也称互助银行或储蓄互助银行。1860—1913 年，合作银行为德意志各类金融机构中增长最快者。在此期间，其在德意志金融机构资产总额中占比由 0.2% 升至 6.8%，绝对额由 850 万马克增至 60 亿马克，年均增长 13.2%。合作银行在德意志的迅猛发展，早先主要归功于两位社会活动家的功劳。一位是莱夫艾森（Friedrich Wilhelm Raiffeisen，1818—1888 年），另一位是赫尔曼·舒尔茨—德里奇（Franz Hermann Schulze - Delitzsch，1808—1883 年）。莱夫艾森早年从政，担任过市长，19 世纪 50 年代开始参与社会改革事务。舒尔茨—德里奇早年担任法官助理，后在普鲁士参政，也从 19 世纪 50 年代开始积极推动合作运动。普鲁士于 1867 年通过“协会法”（Law of Association），合作社和合作银行的法律地位开始得到法律保障。此法后被德意志帝国所继承，并有多次修订。此后，莱夫艾森在农村地区组建信用合作社，该类机构后被称为“莱夫艾森银行”（Raiffeisenbanken）。舒尔茨—德里奇则在城市及其近郊推动组建信用合作社，它们则被称为“平民银行”或“大众银行”（Volksbanken）。

德意志信用合作社及后来的合作银行与大不列颠等英语国家在机构治理原则上基本一致，但在经营方针上很不一样。在机构治理上，各国信用合作社（包括其他领域中的合作组织）皆遵循“自助、自治、自责”（Self - Help，Self - Governance，Self - Responsibility）三原则。在经营上，英语国家城乡信用社或合作银行强调个人小额储蓄，贷款资金主要用于社员消费信贷或住房信贷；各家信用社或合作银行长期内独立经营，相互不必发生紧密关系。在德意志，莱夫艾森和舒尔茨—德里奇早在 19 世纪 50 年代分别在城乡地区推进信用社或合作银行的相互合作，组建地方联社，甚至设立邦一级的重要中央机构。德意志合作银行的资金不仅来自会员或个人储蓄，还来自社会各界的赞助，包括宗教机构的资助。在资金使用上，贷款不限于对个人的消费或住房信贷，也有对小微企业和中小企业的信贷，包括对有关企业发放长期贷款并进行证券投资。

至 1913 年，包括“莱夫艾森银行”和“大众银行”在内的德意志合作银行在全部金融机构资产总额中占比不足 10%，看似不够重要。事实上，该类银行进入 20 世纪后加快了发展步伐，并在 20 世纪 30 年代后逐渐成为德意志金融的三大支柱之一，与合股银行（此时也称“私人合股银行”）和储蓄银行并驾齐驱。[①]

从表9－1提供的数据可见，储蓄银行资产总额从1860年的5.1亿马克增加到1913年的219亿马克，年均增长7.4%。同期内，私人银行资产总额从14.9亿马克增加到39亿马克，年均增长1.8%，低于同期内德意志GDP增长率（2.7%）。就合股银行而言，倘若其没有特别作为，那么，其地位在此时期也有可能遭受与私人银行相似的命运。合股银行不仅避免了私人银行的遭遇，而且还成为1860—1913年的佼佼者，其资产份额在这54年中从9.2%上升到24.2%，提高15个百分点，是各类银行机构中增加最多者。合股银行资产额的快速增长主要出现在1880—1913年，从11.8亿马克增加到214.5亿马克，年均增长率为9.2%，超过储蓄银行。

德意志合股银行是按照现代公司法和合股企业法注册的大型银行，它们的发展与大不列颠的同类机构很不一样。德意志在1871年统一前已有一些合股企业和合股银行，但为数不多。当时，以普鲁士为代表的各邦当局对该类型大型企业和银行曾有所抵制。19世纪40年代德意志社会就有许多人呼吁兴办合股企业，但在1850年以前，立法方面几乎没有进展。“官僚机构以一种不信任的眼光来看待私人财产和私人势力的扩张”[②]。此点也是储蓄银行和后来的合作银行能得到较快发展的重要原因之一。

德意志合股企业立法中颇具特色之处是，1870年颁布的“自由公司法”规定，合股公司（AG）必须设立职责分明的管理董事会和监管董事会，[③] 即合股公司实行双层治理结构。1884年颁布的新“公司法”对此略有调整，提升了监管董事会（监事会）对管理董事会（执董会）的制约权，由前者任免后者。[④]此规定至今仍通行于德意志联邦共和国企业界。

最重要的是，1870年后依据公司法组建的德意志合股银行在后来的发展中，不断“跨界”从事金融业务，逐渐演变成全能银行。所谓“全能银行”，指同时从事普通商业银行的短期资产负债业务和投资银行的长期资产负债业务，即兼做商业银行和投资银行乃至信托和保险的综合性银行。在长期业务方面，全能银行不仅发放长期信贷，承销和长期持有企业债券，而且承销和长期持有企业股票，并与持股对象企业结成长期稳定的伙伴关系。在德意志，全能银行不仅派遣代表入驻对象企业的董事会，对象企业也向全

---

① Massimo Biasin “The German Cooperative Banks. An Economic Overview”, in Simeon Karafolas, ed. *Credit Cooperative Institutions in European Countries*, Springer, 2016, pp. 83－110（此书有关奥地利合作银行的起源一章讲述了与在十九世纪德意志完全一样的情形，即所有合作银行皆分为“莱夫艾森银行”和“大众银行”两类；但在二十世纪后，合作银行在奥地利的发展情形与德意志出现差别）；Forbes China：《德意志银行兴衰史》，http://www.forbeschina.com/life/43748。

② 于尔根·科卡：《德国工业化进程中的企业家与管理者》，作为第十章载马赛厄斯与波斯坦主编《剑桥欧洲经济史（第七卷上册：工业经济：资本、劳动力和企业）》，第687页。

③ 德意志合股公司（AG）相当于联合王国的“公共有限公司”（PLC）以及合众国的“股份有限公司”（corporation）。在德意志，与合股公司（AG）相对应的是私人股份有限公司（GmbH），此相当于合众国的LLC。

④ 菲尔：《德国资本主义》，第152页。

能银行派遣董事。这种情形，主要见于德意志、奥匈帝国和意大利等一些欧洲大陆国家。后面将具体考察德意志银行（Deutsche Bank），剖析德意志全能银行的成长之路。

表9-1中的“中央银行”，在1880年及以后各年，专指德意志帝国银行，它在德意志金融机构资产总额中的占比虽然逐渐下降，但这不表明它的实际重要性在降低。事实上，德意志帝国银行通过它特有的经营方式，不仅一般性地支持了德意志金融机构和金融市场在加速工业化时期的发展，而且间接地促成了全能银行的成长，是世纪之交德意志金融体系的至关重要的要素。

德意志帝国银行的诞生和作为

德意志帝国于1871年成立后，在货币金融领域面临四大任务：（1）继续货币一体化进程，完成币制统一；（2）在全德范围内规范并集中发钞权；（3）向金本位制转变；（4）组建中央银行，为全国金融的稳定运行提供流动性支持，防范流动性风险。这四项任务相互关联、互有牵制，推进进度不一。

在币制统一上，德意志关税同盟于1857年推出名为同盟塔勒（Vereinsthaler）的通货，用于取代各邦此前流行的多种塔勒币。该币以银计价，流通范围未能覆盖德意志全境，一些地方继续流通名称为盾（Gulden）或马克（Mark）等的通货。1871年普法战争后，德意志帝国政府获得50亿法郎的战争赔款，财务实力大增。1873年起采用金马克（Goldmark）作为全国基本计价单位，将金马克与同盟塔勒兑换比价锁定为1∶3。依据金平价，1金马克等于1.11法郎，或0.044英镑，或0.193美元。[①] 1876年后，金马克被赋予唯一法偿性地位，但人们仍可将所持有的同盟塔勒按前述固定比价随时兑换为金马克。至此，德意志实现了币制统一。

在发钞方面，“马赛克”局面在1871年以前特别明显。当年，全德境内有33家银行拥有发钞权，其中25家成立于1850—1871年，[②]它们大部分是各邦的“国家银行”，也被称为发钞银行（Zettelbanken），各自发行与本地铸币可兑换的纸钞。出于政治因素的考虑，1871年后的帝国政府没有强行取缔各邦银行的发钞权，而是通过提升发钞门槛来限制这些银行的发钞业务，使之陆续“自动地”退出发钞业务。这些门槛条件包括发钞行不得承兑汇票、不得代理证券买卖、不得发行面额100马克以下钞票、无担保发行额需缴纳面值5%的特别税、财务信息公开等。[③] 至1912年，全德流通纸钞的94%由德意志帝国银行发行，其余6%由南部四邦（巴伐利亚、瓦登堡、巴登和萨克森）的发钞

① Charles P. Kindleberger. *A Financial History of Western Europe*, *George Allen & Unwin*, 1984, Conversion Table 5, p. 475.

② 克拉潘：《1815—1914年法国和德国的经济发展》，第432页。

③ 克拉潘：《1815—1914年法国和德国的经济发展》，第434页。

行发行。[①]显然，发钞权的集中是一个渐进过程，它由德意志帝国实行的联邦体制所决定。

在转向金本位方面，一大举措为前述通货单位确定为金马克。另一大举措则为1873年起进行官方储备结构调整，即减少白银储备，增加黄金储备。后一个举措是德意志转向金本位的标志，并引发了世界市场上金银比价变动（金升银降）。如前提及，在国内流通方面，早先铸造的银币（塔勒）可继续流通，并保持与金马克的固定比价，不实行强制回收。但在对外交易中，后来成立的帝国银行始终坚持实行黄金储备政策，不断增加黄金储备规模。这也是19世纪最后30年至第一次世界大战爆发期间金价不断走高的重要原因。

由于受到政治阻碍，统一后的德意志在第四项任务上进展迟缓。包括普鲁士银行在内的几个大邦的“国家银行”都反对建立帝国银行，不甘于自己被新机构取代。普鲁士银行那时代表帝国政府负责管理金马克通货。倘若不是1873年爆发了一场严重的金融危机，德意志帝国银行成立的时间很可能会被推延。

1873年金融危机是一场大规模的全球性危机，德意志帝国境内不少银行倒闭，其中包括私人大银行和成立不久的合股银行。危机爆发后，大量黄金从德意志流往境外，数额高达9亿到9.5亿金马克，超过了帝国政府此前所发行的全部金币。[②]针对危急形势，帝国议会提出设立中央银行的议题。

班伯格（Ludwig Bamberger，1823—1899年）出身于犹太人家庭，长期从事政治活动，1868年当选为泛德关税同盟议会议员，并是帝国议会的活跃议员，普法战争结束时曾受俾斯麦召见商议对法和约条款。他是开明派代表，强烈主张建立中央银行来调节德意志的信用状况，并将票据贴现当做中央银行的主要政策工具。班伯格的主张，不仅掺和着李斯特思想，而且也参考了不列颠经济学者白芝浩在《伦巴第街》一书中所表达的观点，即中央银行有利于一国金融体系的稳定。班伯格还认为，德意志帝国银行的资本不应全部来自帝国政府，否则帝国政府将全面控制中央银行，使之缺少独立性。该意见后来得到采纳。

帝国银行在1876年初组建时，采用合股公司的资本结构，持股者既有公共机构，也有来自私人部门的企业和金融机构。这种混合资本结构与普鲁士银行和英格兰银行一样，也为后来的美联储所采用。班伯格这样的开明派人士希望，实行这样的混合型资本

---

① 克拉潘：《1815—1914年法国和德国的经济发展》，第434－435页；也见Andrea Sommariva and Giuseppe Tullio. *German Macroeconomic History*, 1880－1979: *A study of the effects of economic policy on inflation, currency depreciation and growth*, Macmillan Press, 1987, Table 1.31, p. 63.

② Harold James: “The Reichsbank 1876－1945”, as Chapter I of *Fifty Years of the Deutsche Mark: Central Bank and the Currency in Germany since* 1948, ed. Deutsche Bundesbank, Oxford University Press, 1999, p. 7.

结构有利于银行保持与政府的距离。[①]

帝国议会通过的“帝国银行法”规定，设立银行理事会（Bank Curatorium），由帝国首相担任主席，另四位理事分别来自四个大邦。理事会每季度召开会议。此外，另设15人组成的中央委员会，成员多来自工商界和银行界，其中9人必须定居首都柏林。委员会每月开会一次，拥有关于票据贴现业务规模的决定权。中央委员会还拥有委任管理董事会三位成员的权力。银行的管理事务由执董会（Directorate）负责，必须贯彻首相所制定的一般工作方针。1887年，俾斯麦首相要求帝国银行不得向俄罗斯债券持有人发放伦巴第贷款（以证券存款作为抵押而发放的贷款），表明在涉及对外事务时，帝国银行需服从政治家的指示。[②]

从德意志帝国的机构设置框架和货币事务管辖权划分来看，联邦制精神得到体现。纸钞发行上，如前提及，继续运行的四家邦银行在20世纪初以前一直拥有发行权。帝国银行在很长时间中也只能发行面额100马克以上纸钞，该数为当时纺织工人月薪的4倍。[③]此项限制显然是为了照顾四家邦银行的发钞利益。

帝国银行有一个显著不同于英格兰银行的地方，即不实行大不列颠1844年银行法关于银行券发行必须坚持定额原则的规定。帝国银行的条款允许其可依据需要来发行纸钞。在帝国银行所发行的全部纸钞中，至少1/3须由帝国铸币、其他银行机构发行纸钞、黄金条块或外国钱币来充当准备金，其余则可由帝国银行承兑的商业票据或银行支票来充当准备金。[④]这最后一条规定，相当于向所有商业银行敞开了供给纸钞或信用的口子，被认为是帝国银行奉行“自由贴现政策”的表现。这项政策使得德意志境内的银行机构（尤其是普通商业银行以及后来的全能银行）能够以较低的清偿能力进行业务扩张。由此，帝国银行事实上向它们提供了“清偿力担保”。[⑤]

按法律规定，帝国银行是德意志帝国金本位货币体制的管理者和守护人，绝不应当允许让自己的信贷扩张业务危及黄金储备以及公众对金马克的信心。在国际货币市场上，帝国银行的确是热心的黄金购买者，不时以高出市场价格的水平购买黄金，以增加自己的黄金储备。[⑥]帝国银行之所以能够一方面在国际市场上大量购买黄金，另一方面在国内市场上实施大规模的信贷扩张政策，关键因素在于，德意志帝国在19世纪最后20年至第一次世界大战爆发前的30多年中一直保持了显著规模的经常账户顺差。[⑦]

---

① James：“The Reichsbank 1876 - 1945”，pp. 7 - 10.

② James：“The Reichsbank 1876 - 1945”，p. 9.

③ James：“The Reichsbank 1876 - 1945”，p. 8.

④ James：“The Reichsbank 1876 - 1945”，p. 8.

⑤ 菲尔：《德国资本主义》，第153页。

⑥ James：“The Reichsbank 1876 - 1945”，p. 10.

⑦ 从1880年至1913年，德意志经常账户每年皆为顺差，数额为国民生产净值（NNP）的1%～2.4%（Sommariva and Tullio，*German Macroeconomic History*，Table 1.13，p. 38）。

帝国银行运用自身的资源支持国内银行，救助遭受挫折的金融机构，客观上避免了银行危机转化为货币危机。到第一次世界大战爆发前，德意志一直保持了金本位的平稳运行。当然，在19世纪最后20年，世界范围内物价走低（通货紧缩），客观上帮助了德意志在国内信贷快速膨胀的背景下免遭货币危机。

与其他许多国家的中央银行不同，帝国银行在全国各地设立分行，不仅接受商业银行的票据贴现，而且也直接面向企业承兑汇票。在1876年开业后30年中，帝国银行在全国设立的分行总数接近100家，支行数目多达4 000家。[①]这不仅是世界各国中央银行或国家银行中最多者，而且也远远超过其国内所有合股商业银行的分支机构规模。帝国银行的这种做法，一定程度上挤占了其他银行（尤其是合股商业银行）在短期资金市场上的市场空间。

1910年的数据显示，帝国银行票据贴现业务的客户合计有66 821位，其中仅有2 361户是银行，其余皆是非银行机构，而且很多是小企业。帝国银行接受的贴现票据面额有时低至100马克。它认为给予小企业票据贴现支持是在执行"经由信贷提供的社会政策"。[②]

综上所述，1871年德意志统一后，首先实现了币制统一和转向金本位，然后以渐进方式推行发钞权集中；后来，1873年金融危机的爆发促成了帝国银行的建立，使之成为德意志货币金融体系稳定运行的维护者。参照联邦制原则和英格兰银行经验组建的帝国银行自始便具有鲜明特色，它大力发展全国性分支网络系统，大规模开展零售型票据贴现业务，同时面向全国银行机构提供几乎无限制的流动性支持。由此，帝国银行与合股银行之间形成了一种特殊关系，即在企业票据市场上，两者是竞争关系；而在流动性上，前者支持后者，两者又是合作关系。

在其他许多国家，中央银行仅在首都或全国金融中心开展业务，专注于货币市场（外汇交易和银行间同业往来）。鲜有中央银行或国家银行如德意志帝国银行，到处开设分支机构，大规模从事零售型企业票据贴现业务。有三大因素促成帝国银行如此作为。第一，帝国银行自始便有强烈的"使命感"，不满足于仅仅担当"消极角色"。第二，德意志货币市场不够发达，帝国银行需要走出首都前往全国各地寻展市场空间。前面提到，储蓄银行以及合作银行皆是高度地方性的金融机构，它们吸收本地存款，面向本地发放贷款。这类银行机构在19世纪最后几十年大量涌现，经营规模高速增长，客观上妨碍了全国信贷市场的一体化进程，而帝国银行通过自己分布在全国各地的分支机构促成了全国信贷市场的一体化。第三，德意志证券市场本来就欠发展，而发钞银行不得代理证券买卖的规定又切断了帝国银行与证券市场的联系，促使它只得在证券市场之外去

① 克拉潘：《1815—1914年法国和德国的经济发展》，第435页。

② James, "The Reichsbank 1876 – 1945", p. 12.

寻求业务发展。

德意志证券市场的滞后发展

证券市场发展的滞后也是促成全能银行模式形成的一个重要因素。四大因素导致德意志证券市场发展的滞后。

第一，历史传统。阿姆斯特丹、伦敦和巴黎多地的证券交易所皆脱胎于商品交易所。显然，繁荣的国际贸易往往是国内证券市场发展的先驱。而在德意志，仅有汉堡等少数城市在商业和贸易上具有悠久和浓厚的历史传统，但这些城市并不是19世纪德意志发展的主流，商业和贸易因而也不是近代德意志的强项，尤其得不到普鲁士这样的后起大邦的青睐。

第二，财政体制。1871年德意志帝国成立后，帝国政府（联邦政府）并未掌握全德财政事务的主导权，全国财政收支的大部分由地方政府（邦州政府）控制。1880年，全国岁入为17.2亿马克，联邦政府仅为5.3亿马克（占比30.8%），而普鲁士一邦就有8亿马克（占比46.5%）。到1913年，全国岁入为206.8亿马克，联邦政府为138亿马克，占比上升到66.7%。[①]在支出和政府债务中，地方政府也超过联邦政府。1881年，联邦政府债务与国民生产净值（NNP）比率仅为1.8%，地方政府则高达34.7%；到1908年，前一比率升至10.3%，而后者则升至43.8%。[②]联邦政府与地方政府之间明显存在财政竞争，虽然地方政府将大量资金投入地方基础设施建设有利于当地经济增长，而联邦政府则将大量资金用于国防支出。[③]为避免此种财政竞争过于激烈，如前所述，帝国政府规定发钞银行不得代理证券买卖，实际上就是邦银行不得承销邦政府债券，帝国银行不得承销帝国政府债券。这样，官方银行与债券市场的关系便被截断。由此，帝国银行不可能如英格兰银行以及后来美联储那样发展出公开市场业务。不难想象，帝国银行对证券市场（债券市场和股票市场）因此缺乏亲近感。

当然，这并不意味着帝国银行不再支持帝国政府或地方政府的财政扩张政策，它只是将支持方式换成了隐蔽的、货币化的和非公开市场化的方式。就像地方储蓄银行和合作银行可购买政府债券（以本地政府债券为主），帝国银行也购买政府债券，后者只是买进后不再卖出。

第三，直接的限制政策。德意志在工业化进程中，与欧洲其他国家一样，多个城市“自发地”出现了证券交易所。但是，有交易所的城市当局几乎都会对交易所实行一些

---

① Marc Flandreau and Frédéric Zumer. *The Making of Global Finance* 1880 - 1913, OECD, 2004, Table DB.5, p.114.

② Sommariva and Tullio, *German Macroeconomic History*, Table 1.30, p.62.

③ 1881—1913年期间，全国财政支出中国防费占比介于24.2%和33.1%之间（Sommariva and Tullio, *German Macroeconomic History*, Table 1.26, p.57）。

限制性措施，尤其是征税。政府在这方面的传统做法是，由它来定夺谁可以成为交易所会员。1881 年出台规定，德意志境内所有交易所缴纳“国税”，税率在 1894 年又提高 1 倍。1896 年帝国政府又出台立法，禁止所有交易所进行期货交易，旨在遏制投机。这些直接限制证券交易的政策反映了德意志社会对商业和证券投机的反感。虽然 1896 年立法在 10 年后经修订放松了一些管制，但许多交易活动业已转移国外，尤其转移到伦敦市场。①

第四，铁路国有化政策。19 世纪 50 年代铁路建设热潮兴起时，一些发起人开始尝试进行证券融资。由于地方政府广泛参与铁路投资，市场化的铁路证券融资在统一前的德意志并未达到英美法等国的规模。而在新一波建设热潮方兴未艾之时，帝国政府于 1879 年决定实行铁路干线国有化，不啻是给德意志股票市场泼一瓢冷水。

1850—1900 年，在德意志证券市场，公司债券市值与国民财富总额的比率由 0.9% 下降到 0.4%，公司股票比率由 0.5% 上升到 2.7%。同期内，联合王国公司债券比率由 3% 上升到 6.2%，公司股票比率由 3% 上升到 16.1%。②两国在企业证券发展上的差距十分显著。

德意志证券市场的一个特色是，商业银行是证券交易所的交易商会员。这显然与政府挑选交易所会员的传统有关。商业银行与证券交易所的这种关系带来两个后果。一个是商业银行由此可在企业证券上市过程中发挥重要作用，使上市企业对商业银行高度依赖；二是商业银行在自己的证券交易客户及其证券买卖需求增多后，理论上可自行充当交易平台，不经过交易所即可完成证券买卖。20 世纪初，像希法亭那样的批评家认为，“大银行变成了交易平台”（参见第十章第一节），即指这种情况。

德意志银行：全能银行模式的形成

德意志银行是欧洲大陆各国最具代表性的全能银行，自成立后常被称为“柏林大银行”，现今为德意志联邦共和国资产规模最大和业务种类最广泛的综合性金融机构，在 20 世纪后半期和 21 世纪一直是欧洲第一大银行。了解德意志银行发展历程有助于理解全能银行模式的形成。

第二次世界大战快结束时，德意志银行在柏林总部的职员赶在苏联红军占领之前将文件和财物转移到汉堡。不久后，该银行的金库被炸开，柏林总部被关闭。在美占区，

---

① Michie, *The Global Securities Market*, p. 97. 此书未说明当时税率的具体数字。恩格斯在 1883 年通信中谈及不列颠的交易所税，提到 0.5% 的印花税和 5 先令（1/4 英镑）固定手续费（恩格斯 1883 年 2 月 8 日致爱德华·伯恩斯坦，转引自王国刚《马克思的金融理论研究》，中国金融出版社，2020 年，第 125 页）。这很有可能是当时欧洲最低的股票交易税率。

② Michie, *The Global Securities Market*, Table 4.2, pp. 89 – 90.

德意志银行连同另两家大银行（德累斯顿银行和商业银行[①]）被肢解，此措施是占领军在经济领域推行非纳粹化政策的一部分。在金融领域，合众国为主导的占领军有着非常明确的指导思想。第一，任何金融机构规模都不能过大；第二，商业银行与投资银行应该分离；第三，金融机构与实体企业不能捆绑在一起。美利坚银行家约瑟夫·M. 道奇曾为占领军当局的金融顾问（1949 年他被派往正在遭受通胀之苦的日本，在那里提出有名的“道奇计划”），他说，分拆德意志银行的提议是“我们计划中不可分割的一个组成部分，可确保德意志的金融体系不会再介入破坏世界和平的活动”[②]。联合王国的代表一度赞同保留德意志银行，认为这样有利于德意志完成其战前赔款义务。美方意见坚持拆分。

1945 年底，德意志银行的代表起草了一份报告呈给占领军当局，陈述全能银行在德意志的发展历史，并为之进行辩解：

“本银行自创立之日起即偏向于工业金融。德意志工业的发展需要银行业也有相应发展。地区性或地方性银行无法满足现代经济对金融的要求，所以银行分支体系便应运而生。这一体系使得储蓄有余额地区与需要信贷的地区得到了平衡；同时，它也便利了债券和股票发行，建立了必要的风险分担机制。在这一发展过程中，大银行与工业公司产生了密切关系，德意志银行尤其如此。工业界得到银行的长期金融服务，自然会邀请银行业中的领导人物加盟其监管董事会。这种对双方都有利的相互关系已形成了传统，至今仍盛行不衰。这种传统建立在符合双方利益的友好关系基础之上”。

这是对全能银行所作的“最简明的辩护词”。[③]盟国占领军后来没有坚持将德意志银行完全肢解的做法，同意它在美英法占领区各有一个独立机构。冷战开始后，同盟国认为西德经济恢复得越快越好，对德意志银行经营活动的限制也就越来越少了。它在三大区域的独立机构开始经常碰面。1955 年德意志联邦共和国取得完全主权后，新法律取消了对信贷机构的地区性规模限制。两年后，德意志银行正式重组为一个全国性统一的金融机构。

从这段经历可看出，以德意志银行为代表的全能银行，不仅具有“悠久的”历史传统，而且成了当地经济和金融抵御波动、化解风险的重要而有效的手段。全能银行的经营方式早已得到其所在社会经济环境的广泛认同，它们也与德意志工商企业形成了紧密的利益共同体。因此，人为切断全能银行与企业的传统关系受到了强烈的抵制。这与第二次世界大战后合众国占领军在日本推行财阀改组有很大不同（参见本章第四节）。

1870 年前后，德意志统一事业提上议事日程，工商界领军人物翘首企盼统一后德意

---

① 德累斯顿银行（Dresdner Bank）于 2009 年被商业银行（Commerzbank）收购，后者 1870 年创建于汉堡，目前与德意志银行一样皆以法兰克福为总部基地。

② 大卫·A. 摩斯：《德意志银行》，载麦克劳编《现代资本主义》，第 275 页。

③ 摩斯：《德意志银行》，第 277 页。

志经济和贸易大发展的美好前景。他们认为，为推动贸易发展，德意志特别需要有像大不列颠那样的商人银行。此前，许多德意志企业的对外贸易须使用伦敦银行的贸易信贷服务。筹建德意志银行的几位“志同道合者”在1869年一份备忘录中说，建立一家德意志贸易银行“将能够进一步在异国他乡为德意志争光，为德意志在金融领域中争得一席之地，使德意志在金融领域中的地位能与其在文化、科学和艺术领域中的地位相称”①。此时，发起人明显没有将银行发展成为全能银行的念头。

发起人之一并于后来出任首任监事的德尔布吕克（Adelbert Delbrück，1822—1890年）来自普鲁士，早在1854年便成立了以自己名字命名的私人银行。该私人银行在德意志银行开张后继续营业，并由家族后代接任。另一位发起人是班伯格，即前面提到的那位在帝国银行创建过程中发挥过重要作用的政治家。班伯格作为激进者参加了1848年革命，失败后逃离德意志，1852—1866年在巴黎一家银行担任高管，同时热心于发表政治经济著作。

作为合股公司的德意志银行于1870年4月在柏林开张，普鲁士国王威廉一世（后来的德意志帝国皇帝）钦准该银行成立。银行当时有76位股东，集资500万塔勒（1 500万马克）。面向公众的募股据说获得150倍超额认购。②

与德意志其他合股公司一样，德意志银行设立管理董事会和监管董事会。前者首任董事之一是格奥尔哥·西门子（Georg Siemens，“格奥尔哥”也可译为“乔治”），是西门子家族成员之一，曾在西门子电气公司工作，此前没有金融工作经历，应德尔布吕克之邀前来银行任职，也任监事，并一度力图掌握银行管理的全权。

同时也为管理董事的赫尔曼·沃利希为犹太商人之子，曾在巴黎金融机构工作，并有在中国、日本和印度的工作经验。他与格奥尔哥·西门子形成了对比，后者在德意志银行的决策自始就“胆大冒险”。监事会决定在不莱梅（1871年）和汉堡（1872年）开设分行后，格奥尔哥·西门子很快决定在上海和横滨设立分行。与此同时，德意志银行与纽约、巴黎和伦敦的金融机构建立了代理行关系。

德意志银行在远东设立分行，意味着德意志开始向伦敦的国际贸易融资中心地位发出挑战。但是，德意志银行显然并未完全具备足够能力开拓新市场，出师恰不逢时（1873年遇到国际金融危机）。上海和横滨的两家分行连续两年没有盈利，德意志银行于1874年决定关闭。德意志银行将失败归因于一个宏观经济因素，认为是德意志帝国转向金本位制带来的后果。1873年后，由于金价上升，德意志银行在远东分行的资产和收益按金价计算全部贬值。而且，金价上涨后，以金计价的德意志商品在国际市场上的价格

---

① 摩斯：《德意志银行》，第250页。

② Forbes China：《德意志银行兴衰史》，http：//www. forbeschina. com/life/43748。

相应上调，与继续实行银计价或金银复本位制的国家相比，出口受挫。①

德意志银行在1873—1875年对发展战略进行了重大调整，将发展重心转回国内市场。至1876年，德意志银行兼并了5家国内银行，其中2家为大银行。当年德意志银行成为德意志帝国第一大银行。

德意志银行推出的另一项重要政策调整是，发展面向个人客户的储蓄存款业务。如前提及，此时德意志已有大量储蓄银行出现，遍布各地，受到当地政府的庇护。德意志银行作为大型商业银行，本来在储蓄银行业务上并无显著竞争优势。但是，德意志银行决策者认为，如果不进入储蓄银行领域，银行存款资金便无法快速增长；而且，德意志银行通过提供英式往来账户及其相关的支票和透支服务，可吸引有实力的储蓄者。银行内部的反对意见是，储蓄账户和往来账户的存款资金具有高流动性，给银行带来的流动性风险相应升高。对此，格奥尔哥·西门子认为，1876年创建的德意志帝国银行所实行的“自由贴现政策”为银行提供了担保，德意志银行可以不必惧怕流动性风险。②

此后，德意志银行积极发展短期存款业务。与普通储蓄银行不同的是，德意志银行的个人储户通常是大额存款，其存款期限也更加灵活。银行对这类存款支付的利率一般在2%～3%。新政策实施后，德意志银行的账户数目快速增长。从表9.2可看到，1880—1900年，往来账户数从2 015个增加到6 585个，而存款账户数则从4 812个增加到51 622个。与此同时，银行的资产额和营业额均高速增长。

表9－2　　　　1870—1919年德意志银行的主要业绩指标

年份	资产额	营业额	纯收入	往来账户数	存款账户数
1870	23	239	0.7	176	0
1880	169	10 485	6	2 015	4 812
1890	423	28 304	11.2	3 733	11 554
1900	897	49 774	20.4	6 585	51 622
1910	2 158	112 101	32.6		172 995
1919	15 792	428 879	64.5		601 921

注：摩斯，《德意志银行》，表7.2，第255页；原表缺往来账户在1900年和1919年数。

1875年，德意志银行还做出开展投资银行业务的重要决策。当时的投资银行业务重点是，向工业企业（尤其是新兴的重化工业企业）发放长期贷款，承销合股公司的债券和股票。德意志银行高管中部分成员来自私人银行，有过承销政府债券的经验。克虏伯钢铁公司1874年发行利率为6%的3 000万马克债券，为本国首次发行企业债券。德意志银行当时没有参加，但在5年后承销了克虏伯公司利率为5%的2 250万马克债券，一

① 摩斯：《德意志银行》，第253页。

② 摩斯：《德意志银行》，第254页。

次赚得 20 万 ~30 万马克的承销费。

19 世纪 70 年代中期后，德意志经济增长提速，大企业加快了扩张步伐，合股公司对证券融资和长期信贷需求相应膨胀。因为不存在大不列颠那样的商人银行，当时的德意志缺乏专业化机构应对企业的证券融资需求。由此可见德意志银行演变为全能银行的另一个关键因素是，在当时的投资银行领域中没有比自己更强大的竞争对手。

德意志银行在 1886 年承销巴斯夫公司的股票，是该银行首次从事此类业务。这意味着它开始面对更高的风险了。它应对较高风险的一个办法是与其他银行组成银团（辛迪加）去承销公司股票。19 世纪 80 年代是德意志银行投行业务的起步时期，19 世纪 90 年代是其扩张时期。在后一个十年，德意志银行还承揽了政府债券和国际证券发行业务。同时，它与国内大工业企业的关系得到进一步发展。19 世纪 90 年代末，德意志银行帮助西门子公司完成了从合伙制到合股公司的转型。

与不列颠商人银行或华尔街投资银行不同的是，德意志银行除了承销，通常还会长期持有公司股票。这样，银行便与持股对象企业形成了长期固定关系。在持股对象需要流动资金时，德意志银行会及时提供。同时，德意志银行向对象公司派驻董事（银行也接受一些对象公司派驻董事）。以当代观点看，德意志银行的长期持股是一种“战略性投资”，其用意不仅是得到红利回报，而且是为了维系稳定的伙伴关系，同时也借用该机制（派驻董事）去控制投资风险。

一般而言，德意志全能银行通过四种方法与工业企业发生长期和紧密关系。（1）长期持有对象企业的债券和股票，并控制这些企业的新证券发行和交易；（2）大企业在银行开设往来账户，通过滚转法，不断以新债换旧债，银行与大企业的信用关系由此长期化；（3）银行与对象企业互派董事，主要为互派监事，形成交叉治理结构关系；（4）银行和企业在重大决策时实行无记名股权制度，但银行董事在重大事项上可行使否决权，如针对敌意并购。①

当银行向许多持股对象企业都派驻董事时，有可能出现“利益冲突”问题，因为其中一些企业可能是同行竞争者。德意志银行在 1896 年遇到此情况，它与西门子—赫尔斯克公司和 AEG 公司同时有着密切关系，而这两家公司是竞争者。很快，德意志银行决定，它的高级代表（格奥尔哥·西门子）辞去在 AEG 公司的任职，后者另聘一家银行作为自己的特定关系银行。②

德意志企业和金融机构普遍实行的“双层治理结构”（执董会和监事会并存）或许是全能银行模式得以流行的另一个因素。这种双层治理结构中，经营管理与风险控制分别由不同的人员掌控，而全能银行向对象公司所派驻的代表主要入驻后者的监事会，以

---

① 菲尔：《德国资本主义》，第 153 – 154 页。

② 摩斯：《德意志银行》，第 259 页。

免介入其经营事务。这不仅有利于避免“利益冲突”，而且也可使银行节省高级人才成本（一位银行代表可同时兼职于超过10家对象公司）。

以上提到的三点，(1) 帝国银行的“自由贴现政策”，(2) 缺少专业化投资银行，和 (3) 德意志合股公司的双层治理结构，都是全能银行形成的重要因素。但这三点并不是德意志全能银行模式形成的全部原因，另外两点同样重要。一是长期资金供给来源，二是企业过剩产能的控制。

全能银行可从帝国银行那里得到流动性支持，但也至多是有利于流动性风险的化解。全能银行必须自己找到有效途径解决长期资金来源问题。如前所说，储蓄银行和合作银行在德意志加速工业化时期大量涌现，它们分流了很大一部分存款市场。鉴于此，全能银行的主要资金只能是企业存款，尤其是大企业存款。正因为大企业在德意志加速工业化时期得到了高速增长，所以，全能银行在那时没有遇到太大的长期资金来源问题。同理，全能银行在德意志各大城市设立分行，并不在中小城镇设立分支机构，而且公开宣称对地方存款不感兴趣。[①]此言明显为避开与储蓄银行或合作银行的正面竞争。

产能过剩是工业化深入发展进程中的常见问题。在19世纪最后30年，美利坚几大新兴产业（铁路和钢铁等）都出现过重复建设和产能过剩。在竞争性的市场结构中，重复建设和产能过剩意味着企业重组会频繁发生，由此，企业与银行之间将难以形成稳定的伙伴关系。在德意志，这个问题在加速工业化时期主要通过卡特尔化加以“解决”了（参见第十章第一节）。卡特尔化不仅促使同行业企业避免价格竞争，而且减少重复建设和产能过剩。从这个角度看，卡特尔化不一定意味着产业集中和垄断，而是间接促进企业与银行关系的稳定。

全能银行作用的特点和不同种类

前面提及，19世纪最后20年是德意志全能银行快速发展时期，也是它们由早先的普通商业银行扩展而成全能银行的时期。1913年，德意志共有8家接近于德意志银行的全能银行，它们的资产合计78亿马克（其中德意志银行22亿马克），占当年德意志金融机构资产总额500亿马克的15.6%。[②]全能银行在德意志金融体系中占有举足轻重的地位。

德意志全能银行的发展与大型合股公司的增长相辅相成。统计数据显示，至1887年，德意志4/5的大型企业采用了合股公司（AG）组织形式，此比率一直持续到20世

---

① 克拉潘：《1815—1914年法国和德国的经济发展》，第437页。此处也提到，包括德意志银行在内的大银行控股了很多地方银行，借此将自己的影响范围事实上扩散到全国各地。

② 摩斯：《德意志银行》，第259页。

纪初。1902 年，合股公司（AG）5 000 家，它们的资本总额达到 120 亿马克。[①]当年德意志帝国的国民生产净值（国民收入）为 319.2 亿马克。通常，这些大型合股公司的股票和债券发行皆须通过全能银行，由后者承销。1884 年以来，德意志帝国数次修改“公司法”，其基本倾向是加强对合股公司证券上市的监管要求，包括实缴资本的入账期限、股东大会的最低出勤率、证券认购者的身份规定等。这些措施的实施使得合股公司在其证券上市上更加依赖全能银行，通常只能由后者以承销方式来组织。[②]全能银行由此与大型合股公司结成伙伴关系。大型合股公司在德意志加速工业化时期高速增长，也使全能银行受益巨大。

全能银行被希法亭理解为是银行资本控制产业资本和产业活动，是经济垄断化的一种表现。这种看法存在片面性。第一，全能银行与大企业之间的关系是相互依赖，不是一方对另一方的单向控制。如前提及，全能银行与持股对象企业之间，相互派驻董事；银行向企业提供长期信贷并持有证券，企业也向银行提供长期存款，它们之间的资金往来关系可以说是双向的。全能银行在重大事项上参与企业决策，但这主要限于涉及经营风险的问题，并不意味着前者控制了后者的命运。

第二，德意志经济中一直存在财务上独立于全能银行的大企业和企业集团。蒂森是一家钢铁企业集团，其创始人 19 世纪中叶利用家族银行提供的资金开办了钢铁工厂，在钢铁事业做大后，将银行出售，全力以赴于钢铁企业。至 20 世纪初，蒂森发展成拥有多个下属大企业的企业集团，还组织了德意志钢铁行业康采恩（Konzern）[③]。有人将蒂森与日本的财阀相提并论，但两者有很大不同。日本财阀是混合企业集团，而蒂森则是相当单纯的企业集团，只从事与钢铁相关的业务（包括横向和纵向关联领域）。蒂森频繁进行大规模并购和产能扩张，外部融资需求强烈。但是，蒂森从未将自己的财务关系委托给一家银行。相反，蒂森总是在不同的银行之间进行“迂回”，在不同时间选择最适合自己的融资方式和资金提供者。蒂森下属大企业也总是选择不同的银行作为自己的往来银行。德意志银行的一位高管曾评论说，“在金融业务中，蒂森一直处于主动地位”。[④]

第三，在德意志，全能银行模式并不仅限于大银行，许多中小银行事实上也曾采用

---

① Caroline Fohlin：《德国公司所有权和治理权的历史》，载兰德尔·K. 莫克主编《公司治理的历史：从家族企业集团到职业经理人》，许俊哲译，格致出版社，2011 年，第 152－153 页。

② Fohlin：《德国公司所有权和治理权的历史》，第 183 页。

③ 康采恩是德意志特有的企业联合形式，通常有一个核心企业作为多个关联企业在重大事项上的决策中心，但核心企业并不必然控股关联企业（此点与美利坚流行的股权托拉斯不同）。蒂森、西门子—赫尔斯克和西门子—舒克特等在第一次世界大战前皆在各自行业中组织了康采恩（菲尔：《奥古斯特·蒂森与德国钢铁业》，第 217－219 页）。

④ 杰弗里·菲尔：《奥古斯特·蒂森与德国钢铁业》，作为第六章载《现代资本主义：三次工业革命的成功者》，第 216 页。关于蒂森与日本财阀的比较，见第 217 页。

全能银行经营模式，而它们并不具有通常意义上的垄断性。至世纪之交，储蓄银行和合作银行在德意志境内完全普及。储蓄银行与地方政府和地方企业已结成紧密伙伴关系，合作银行也得到许多地方和社区当局的支持。这两类银行都有“先天不足”，因缺少分行网络无法向客户提供银行转账支付服务，并存在显著的流动性风险。为克服这两个困难，储蓄银行和合作银行在世纪之交尝试推动地区合作模式，即建立地区联营组织（“联社”），以此推动银行转账和发展流动性互助业务。普鲁士邦和帝国政府为了“收编”储蓄银行和合作银行，提出给予证券经营权的建议，同时要求它们接受政府监管。在经历1923年超级通货膨胀后，储蓄银行和合作银行都深刻认识到银行转账相对纸钞和支票的优越性，随后与政府达成妥协，由此得以顺利建立起各自的全国性转账系统（Giro），并进入证券承销和交易领域。在这个过程中出现了经历过地区中心联社和横向并购而壮大起来的“德意志中央合作银行”（Deutsche Zentral – Genossenschafts Bank，DG Bank）。该银行目前是德意志联邦共和国按资产额排名的第二大银行，是与德意志银行和商业银行（Commerz Bank）并驾齐驱的全能银行。

到20世纪30年代，德意志已形成三类全能银行：以德意志银行为代表的大银行全能银行，储蓄银行全能银行，合作银行全能银行。[①]直到21世纪初，它们仍是构成德意志银行体系的三大支柱。[②]它们的共同之处是，均接受各种存款，发放各种贷款，并从事证券承销和交易。当然，在业务范围上，后两类逊于第一类。总之，在德意志，全能银行模式并非为大银行独享。第八章第四节曾说，法兰西银行（中央银行）支持该国的小银行而不支持大银行，所以，法兰西的小银行成了全能银行而大银行却没有。在德意志，中央银行和联邦政府在20世纪支持了所有类型的银行，所以，其大银行和小银行都成了全能银行。

三类全能银行的经济作用有显著差别。大银行主要支持大企业，尤其是当时新兴的重化工业中的大企业。储蓄银行主要支持地方的中小企业（Mittelstand）和地方政府的财政。合作银行则主要服务于社会广大成员的储蓄需求和社区企业的小额信贷需求。它们皆为工业化发展所必需，各自有着不可替代的重要作用。从企业角度看，不管企业规模如何，不管身处德意志何地，只要它们的产品适应市场需要，它们基本上都能获得外部融资并能够持续经营，大企业的成长并没有挤占中小企业的生产和发展空间。这是德意志经济在20世纪末和21世纪初仍然有大量具有特色的中小企业的重要原因。

概括而论，全能银行在德意志金融体系的出现和壮大，是诸多因素共同作用的结

---

① Richard Deeg, “On the development of universal banking in Germany”, as Chapter 4 in Forsyth and Daniel Verdier, eds. *The Origins of National Financial Systems*: *Alexander Gerschenkron Reconsidered*, pp. 97 – 101.

② Reinhard Schidt, Dilek Bülbül and Ulrich Schüwer, “The Persistence of the Three – pillar Banking System in Germany”, in Olivier Butzbach and Kurt von Metenheim, eds. *Alternative Banking and Financial Crisis*, Pickering & Chatto, 2014, pp. 101 – 121.

果，其中包括德意志帝国政府在加速工业化时期所采取的经济和金融政策，也包括历史传统和金融市场分割等因素。就深层因素而言，德意志在加速工业化时期不提倡完全竞争并竭力避免产能过剩的政策倾向，极大地降低了全能银行模式的运行风险，使之得以长久存在。总之，经济政策和市场结构都是形成全能银行模式的重要因素。这些因素在其他许多后进工业国中也存在，所以，它们也出现了多少与德意志类似的全能银行。当然，各国皆有自身特色。

三、沙皇俄罗斯帝国的早期工业化与金融体制变化

笼统而言，俄罗斯帝国的现代化进程始于彼得一世（1672—1725 年）。彼得一世认识到当时的俄罗斯是欧洲边缘地带上的落后民族，需要努力向先进民族学习才能奋发有为。他本人率领庞大的考察团前往荷兰和英格兰等国观摩学习，积极引进国外科技人才来到俄罗斯参加工业和基础设施建设，由此开启了俄罗斯向国外学习的传统。有一项统计调查表明，1700—1917 年，在俄罗斯帝国政府系统担任最高职务的大约 2 900 名官员中，有 900 多人的姓氏表明他们是西欧人和中欧人，其中的中欧人包括今天的波罗的海三国。[①]

但是，彼得一世之后俄罗斯帝国的政治经济进程充满了矛盾，是开明与保守、前进和倒退的混合。在开明和前进的一面，俄罗斯频繁与周边的欧洲各民族接触和交往，在文化、思想和科学研究领域中创造了许多辉煌成果。而在保守和倒退的一面，俄罗斯土地耕作者的身份逐渐退化到农奴地位，贵族成员的社会特权则不断得到提升和巩固，社会两极化趋势十分突出。在这样的背景下，虽然不时有新事物在社会经济中出现，但它们往往缺少在欧洲其他国家中那样的连续性和成长性。一个事例是，早在女皇伊丽莎白一世（1741—1762 年在位）时期，俄罗斯便创办了土地银行，并将给予地主们的贷款利率从 15% 降低到 6%，[②]但是，直到 19 世纪中期以前，俄罗斯的银行体系一直处于欠发展状态。

俄罗斯帝国工业化进程及其特点

自彼得一世（彼得大帝）以来，俄罗斯帝国历朝统治者都奉行对外领土扩张的政策。在欧洲方向上的扩张，俄罗斯虽然不具备经济和技术上的优势，但却凭借众多人口、幅员辽阔和军事指挥才能多次取得重大胜利，包括 1812 年成功抵抗拿破仑大军对俄

---

① 西里尔·E. 布莱克等：《日本和俄国的现代化：一份进行比较的研究报告》，周师铭等译，商务印书馆，1984 年，第 174 页。

② G. 勒纳尔、G. 乌勒西：《近代欧洲的生活与劳作（15—18 世纪）》，杨军译，上海三联书店，2008 年，第 290 页。

罗斯全境的占领。军事上的成就进一步僵化了统治者的思想意识，固化了俄罗斯落后的政治体制。恩格斯在1889年曾说“沙俄帝国是欧洲反动势力的主要堡垒、后备阵地和后备军”。[①]那时，除了俄罗斯，欧洲多数国家已经基本实现君主立宪制，并大致完成了工业化。

19世纪中期后，俄罗斯帝国的对外政策遭遇几次重大挫折，而且正是这些挫折推动了国内改革。第一次大挫折是俄罗斯在1853—1856年的克里米亚战争中失败，由此失去了多瑙河出海口的控制权，被迫承认黑海的中立化。这场“安全危机”不仅迫使沙皇俄罗斯调整其国际战略，在欧洲小心翼翼地规避欧洲列强的锋芒，将对外扩张重点转向中亚和远东，而且促使俄罗斯在几年后推出国内改革的重要举措，于1861年宣布解放农奴，并于1864年开始地方自治和司法改革。

1878年沙皇俄罗斯遭遇第二次大挫折。当年，俄罗斯虽然在与奥斯曼帝国（土耳其）的战争中取得胜利，却在列强压制下无法在柏林国际会议上分得任何“瓜分奥斯曼帝国”的果实，俄罗斯的“泛斯拉夫主义”热潮由此跌落低谷。俄罗斯此时再次认识到推进工业化和经济发展的重要性。它于1880年后推出的新举措包括税制改革、铁路国有化、实行金本位并利用国外借款从事经济建设。该时期担当重任的人才包括1892—1903年担任财政大臣的谢尔盖·维特（1849—1915年）。

维特出身在混血家庭，大学毕业后听从亲戚建议，进入铁路系统从事技术管理。1886年他在基辅铁路站接待路过的沙皇亚历山大三世，直言沙皇乘坐的大马力机车牵引专列存在安全隐患。此后，专列果然发生翻车事故，但沙皇和家人幸免于难。很快，维特被提升为俄罗斯铁路局负责人。出任交通大臣后，他促成了1891年开工的西伯利亚大铁路建设项目。维特是俄罗斯帝国“东进政策”的积极推行者。维特在任职私营铁路公司时，在报刊上发表主张践行李斯特学说的文章。[②]

俄罗斯“东进政策”后来招致了1905年日俄战争及俄罗斯的第三次大挫败。军事失败后出现了国内动乱和革命浪潮高涨。沙皇被迫宣布设立由选举产生的杜马（议会的初步形式），并让首相斯托雷平实行土地改革。土地改革的直接目的是实现“耕者有其田”，促进面向农民的土地私有化，并使农民摆脱村社的控制。斯托雷平鼓励农民银行向购地农民发放抵押贷款，让农民获得低价出售给他们的公有份地。出售后的份地可由农民们在市场上再转让。这个做法与80年后俄罗斯联邦向国有企业职工出售企业股份的做法有些相似。

许多研究者认为，俄罗斯帝国的工业化迟在1880年或1885年才真正启动。俄罗斯

---

① 恩格斯《俄国沙皇政府的对外政策》（写于1889年12月至1890年2月），《马克思恩格斯全集》第22卷，人民出版社，1965年，第15页。

② 维特上述事迹大部分反映在他的自传《维特伯爵回忆录》，肖洋、柳思思译，中国法制出版社，2011年，第10页、18－20页和45－46页。

第一条铁路建于1836年，连接圣彼得堡与沙皇村，全长27千米。1842—1851年建设了圣彼得堡至莫斯科的铁路线，总长649千米，为国内第一条长距离并有重要经济和国防意义的铁路线。该线路建设之初，俄罗斯决定采用5英尺宽轨距，有别于世界各国通行轨距。[①] 1865年以前，俄罗斯铁路建设所需铁轨、机车和车辆等全部依赖进口，国内几乎没有任何机械工厂可以生产。俄罗斯工业化起步的迟缓，被认为与缺乏城市中产阶级有关。[②]俄罗斯大规模兴办机械工厂，始于1880年前后。

即便如此，至第一次世界大战爆发，俄罗斯帝国仍未能完成工业化。由此而论，1880—1914年是俄罗斯"早期工业化"时期。这场早期工业化具有突出的军事工业导向，或者说国防战略导向。它的基本特征：（1）以战略性铁路建设和钢铁机械制造业建设为导向，尤其是将5 000公里长的西伯利亚铁路线建设项目当作了"高速工业化政策的主要杠杆"；[③]（2）采取多种财政金融手段扶植战略性制造业部门，包括津贴、税收优惠、信贷和直接订货等，部分领域直接实行国有化；（3）调整商业和财政政策，不再刻意保护地主贵族的利益，这方面的举措包括1877年推出保护贸易政策，1891年开始实行级差很大的关税制度；（4）积极引进外国资金，包括早期阶段引进外国直接投资，后续阶段引进外国借贷资金。在1900年之后的后续阶段，沙皇俄罗斯的财政部和国家银行事实上成为了国际资金与本国工业化建设之间的"中介人"。

财政大臣维特1899年呈给沙皇的一份秘密备忘录说，"根据财政部的看法，外国资本的蜂拥而至，是我们的工业能够为国家迅速提供足够且廉价的物资供给的唯一途径。每一次资本大量涌入的新浪潮，都会降低国内垄断商们所习惯的超额利润水平，迫使他们通过技术改进寻求适当利润，这也导致了价格的下降"[④]。有研究者认为，1900年外国资金占俄罗斯工业投资的约1/3和银行资金的一半。[⑤]世界上很少有别的国家出现过如此之高的外资比例。

自彼得大帝以来，俄罗斯货币单位卢布一直以银计价。1885年曾确定卢布的黄金比价（1卢布合1.161克金，即1卢布=4法郎），但这不是正式的金本位制，因为卢布那时并未实现充分可兑换，而且卢布与其他重要国际通货（英镑和法郎等）的汇价也时常有显著波动。维特担任财政大臣后，力图推动俄罗斯出口贸易增长，尤其希望俄罗斯农

---

① 不少人认为沙皇俄罗斯是出于军事防御目的而作出此决定，但也有研究者认为是出于经济考虑，因为俄罗斯地广人稀，铁路运输需要长列车编组和大马力机车，因而最好使用宽轨距（R. M. Haywood，"The Question of a Standard Gauge for Russian Railways，1836—1860"，*Slavic Review*，Vo. 28，No. 1（March 1969）：72-80）。

② 吕贝尔特：《工业化史》，第231-232页。

③ 巴里·萨普利：《1700—1914年的国家和工业革命》，载卡洛·M. 奇波拉主编《欧洲经济史》第3卷（工业革命），吴良健等译，商务印书馆，1988年，第279页。

④ M. C. 卡泽尔：《俄国企业家》，作为第八章载马赛厄斯与波斯坦主编《剑桥欧洲经济史（第七卷下册：工业经济：资本、劳动力和企业）》，第457页。

⑤ 布莱克等：《日本和俄国的现代化》，第175页。

产品大量出口，为此，他希望卢布的定价能够支持外贸发展，同时，他认为实现卢布的充分可兑换有利于吸引国际资金流入。维特不顾国内的反对，坚持于1897年推出了金本位制改革，将卢布的金含量确定为0.774克（相对以前贬值35%），卢布与法郎的汇率大幅降低，卢布不再实行浮动汇率，而是与黄金挂钩。俄罗斯国家银行随后转型为专门负责维持黄金储备以支持卢布的可兑换性和稳定汇率的中央银行。

世纪之交俄罗斯银行业概况及特点

19世纪末到第一次世界大战爆发是银行业在俄罗斯帝国快速增长的时期。表9－3和表9－4提供了1900—1913年俄罗斯帝国不同类型银行机构存款和贷款的合计数。在这14年期间，存款总额从21.8亿卢布增加到63.7亿卢布，年均增长7.9%；贷款总额从72.8亿卢布增加到163亿卢布，年均增长5.9%。虽然存款数增长快于贷款数增长，但在整个时期，贷款数却一直大大多于存款数。尤其在商业银行，这种情况十分突出。商业银行的存款和贷款在1900年分别为5.7亿和8.8亿卢布，在1913年则分别为25.4亿卢布和34.8亿卢布，贷款分别为存款的1.5倍和1.4倍。在该时期（1894年以后），俄罗斯的银行机构依照监管要求实行10%的存款准备金,[①]按理说不应会出现贷款多于存款的情况。导致该情况出现的重要原因是，那时俄罗斯商业银行机构以发债方式大量引进外国资金，并用这些资金发放贷款，使之贷款规模超过了存款。总之，俄罗斯银行体系的贷款总规模超过存款显然是追求高速工业化的政策导向的结果。

表9－3　　1900年和1913年沙皇俄罗斯银行机构的存款总额

年份	1900	1913
存款总额（亿卢布）	21.8	63.7
各类银行机构占比（%）		
国家银行	27.2	19.3
商业银行	26.1	39.9
信用互助社	7.7	13.6
市政和村社银行	4.5	2.8
国家储蓄会	34.5	24.4

注：Don K. Rowney. “Universal banking in Russia”, as chapter 9 in Forsyth and Verdier, eds. *The Origins of National Financial Systems*: *Alexander Gerschenkron Reconsidered*, Table 9.1a, p. 164. 存款数包括活期存款和定期存款。

① Ian M. Drummond, “The Russian Gold Standard, 1897－1914,” *Journal of Economic History*, Vol. 36, No. 3 (Sept 1976), p. 680.

表 9－4　　1900 年和 1913 年沙皇俄罗斯银行机构的贷款总额

年份	1900	1913
贷款总额（亿卢布）	72. 8	163. 0
各类银行机构占比（%）		
国家银行	8. 6	9. 5
商业银行	18. 9	30. 9
信用互助社	4. 6	7. 7
市政和村社银行	2. 7	2. 2
农村抵押贷款银行	37. 8	31. 4
城市抵押贷款银行	25. 8	16. 5
个人放款者	0. 6	0. 6
农民村社协会	1. 0	0. 9
土地协会银行	–	0. 3

注：Rowney，"Universal banking in Russia"，Table 9. 1b，p. 164. 贷款数包括短期贷款和长期贷款。

表 9－4 的贷款总数可用于推算俄罗斯金融资产总额及其与国内生产总值的比率。假设 1900 年各类银行贷款总额是当年俄罗斯金融机构资产总额的 85%，而且该比例在 1913 年下降到 80%（假定非贷款金融资产以较快的速度增长），那么，这两个年份俄罗斯金融机构资产总额分别为 92 亿卢布和 203. 7 亿卢布，分别对应的 GDP 为 109. 6 亿卢布和 202. 7 亿卢布。[①]据此可推断，俄罗斯金融机构资产与 GDP 比率从 1900 年的 84% 上升到 1913 年的 100%。对比前面表 9－1 所显示的德意志帝国同一时期的数字（125% 和 169%），不难认为俄罗斯金融发展的程度相对较低，增长速度也相对较慢。

下面概述该时期俄罗斯帝国的主要银行机构类别。[②]首先是"国家银行"（Gosbank，有时也称"帝国银行"），它成立于 1860 年，是沙皇俄罗斯的政府银行，拥有卢布发钞权，并在 1897 年实行金本位制后成为垄断发行者。国家银行在俄罗斯境内各地设有大量分支机构和网点，1900 年前后在各省区有多达 122 个分理处和 600 个国库代理点。俄罗斯帝国国家银行的最大特点是它直接向企业发放贷款，并因此形成与一些商业银行的竞争关系。而且，国家银行发放贷款被认为缺少规范，即便按照它自己的章程衡量也往往不合法，因而也经常不透明。国家银行发放贷款的对象主要是机械制造企业。同时，帝国银行也给予一些商业银行贷款支持。国家银行在 1900 年前后发生了一些重要变化，即在俄罗斯转向金本位制后被赋予了中央银行的职能，转型成为维持俄罗斯黄金储备、支持卢布可兑换性和维护汇率稳定的专业化机构。

俄罗斯帝国的商业银行按有限责任公司法注册，同时接受财政部和国家银行的家长

① Flandreau and Zumer，*The Making of Global Finance* 1880－1913，Table DB. 12，p. 121.

② 主要信息来自 Rowney，"Universal banking in Russia"，pp. 163－177.

式关照。俄罗斯第一家商业银行成立于1864年。多数商业银行以圣彼得堡或莫斯科为总部，一些大型商业银行在外省设有分行。外省的商业银行规模都很小。1873年国际金融危机期间，许多商业银行遭受冲击并濒临破产，国家银行伸出援手救助了其中一些银行。19世纪80年代后，沙皇政府收紧了审批政策，不再鼓励开办新商业银行，转而鼓励现有的商业银行投资企业股票和债券。国家银行在19世纪八九十年代每年都给予商业银行大量贷款，使商业银行在该时期以及20世纪初俄罗斯各类银行机构中增长最快。这些商业银行可被认为是沙俄时期金融体系中的“现代”部分。后面将进一步论述此类银行机构的特点和作用。

表9-4中的第三类银行是抵押贷款银行，以“贵族土地银行”（Nobles Land Bank）和“农民土地银行”（Peasants Land Bank）为代表。这两家银行皆由政府创建，前者历史悠久，后者成立于1883年。它们不是通常意义上的存款银行，因而不出现在表9-3中。两家银行都是土地交易的资助者，所接受的抵押资产（土地）原则上依据土地的市场价格来估值。但是，在实践中，能够进行土地买卖的社会成员存在诸多“身份”（资格）上的限制，土地价格也因此受到相应影响。如表9-4显示，1900年，城市抵押贷款银行和农村抵押贷款银行在贷款总额中的占比合计为63.6%，是俄罗斯1900年最大的贷款机构（即便在1913年其占比也为47.9%），而且农村超过城市，反映出俄罗斯帝国经济以农业和农村为主的基本特征。斯托雷平推行土地改革时，大量利用了农民土地银行作为辅助工具。除了这两大机构，那时还有一些新生的商业化的房地产抵押贷款机构，它们为城市和乡村的富人提供不动产分期付款服务。

第四类是各式各样的储蓄机构，包括信用互助社、市政银行和村社银行以及国家储蓄会。这些机构主要出现在1895年“储蓄银行法”颁布之后，是沙俄利用金融机构动员国内储蓄为工业化服务而努力的一部分。对比表9-3和表9-4可以看出，这类机构吸收了大量存款，但很少发放贷款。发放贷款的土地协会银行（Zemstvo banks）在1900年尚不存在，它们是斯托雷平土地改革的辅助措施之一。信用互助社主要分布在俄罗斯帝国的欧洲部分，属于基层社区机构。它们的存款来源和贷款去向都在本地社区，这明显参照了德意志经验。市政银行（Municipal Communal Banks）出现在1870年以后，也是为地方经济服务的银行机构，1900年有241家市政银行，1913年增加到319家。

国家储蓄会（State Savings Kassy）是隶属于财政部的储蓄系统。在这个系统的存款规模大幅度增长后，新立法规定国家储蓄会每年向信用互助社投资2 000万卢布。国家储蓄会曾是吸收存款最多的机构。1900年存款额为752亿卢布，超过商业银行的570亿卢布。但商业银行的存款规模在1913年超过了国家储蓄会，它也是沙俄的邮政储蓄系统（苏联时代一直沿袭下来），1914年在全国各地网点多达8 000个。储户的利息收入免税，存款金额都用于购买国债和发放铁路贷款和一些土地抵押贷款（以及前面提到的对信用互助社的投资）。很明显，国家储蓄会为俄罗斯早期工业化提供了重要的资金支持。

圣彼得堡证券交易所成立于1703年，是沙俄第一家以及19世纪中期前沙俄唯一的交易所。至1914年，俄罗斯共有115家商品和股票交易所。圣彼得堡证券交易所1870年后接受财政部领导，并成为沙皇政府与重要的私人投资者之间的中介机构。这家交易所的数据显示，1914年俄罗斯股票市值为20亿卢布，[①]相当于当年俄罗斯GDP的10%。

前面提到，1900—1913年，商业银行在各类银行中存款和贷款增长最快。研究者认为，这是1905年战败和社会革命的一个结果。1906年改革和随后的经济复苏给商业银行带来了更大的发展空间。具体而言，在商业银行中，以圣彼得堡为总部基地的商业银行与以莫斯科为总部基地的商业银行有很多不同。前者商业化程度较高，其中不乏外资银行；后者与政治势力关系较为密切，外资银行很少。1913年，以圣彼得堡为总部的15家商业银行平均净资产为2.66亿卢布，而以莫斯科为总部的8家银行平均净资产为1.09亿卢布，前者比后者高1.5倍。以圣彼得堡为基地的15家银行中，有一些从名称上就能看出是合资银行或外资银行，如英俄银行（Anglo - Russian Bank）、法俄银行（Franco - Russian Bank）以及里昂信贷等。[②]在这两类银行中，以圣彼得堡为基地的商业银行开展了较多的综合性业务，更接近于全能银行模式。考虑到这些情况，有研究者认为，这两类银行在经营模式上的差别反映了当时俄罗斯金融体系中存在的市场分割，即不同板块的金融机构在资金投向和经营风格上有区别，它们相互之间的同业往来也有限。这也表明，在俄罗斯，全能银行的出现和发展不排除市场因素的作用，当然同时也有政策因素的显著作用。[③]

圣彼得堡的全能银行与它们的德意志同行一样，不仅向工商企业发放长期贷款，而且也长期持有对象企业的债券和股票。这些银行认为，既然国家银行和政府机关对银行以及银行与之发生关系的企业能够提供多种直接和间接支持，银行与关联企业之间的长期合作不仅有利可图，而且事实上并不必然意味着风险上升。俄罗斯国家银行与德意志帝国银行一样，在金本位时期都乐意向商业银行提供几乎无限制的票据贴现服务，使后者得以免受流动性问题的困扰。同时，沙俄政府与国内企业（尤其是国有企业和私人大企业）的关系更加密切，银行给这些企业提供各种形式的长期资金（贷款、债券和股票）在一定时期内相应减少了信用风险。总之，与德意志一样，沙皇政府有意无意地为大银行的“跨界”经营活动提供了相对理想的市场环境，而这些大银行“理性”选择了全能银行经营模式。

---

① 卡泽尔：《俄国企业家》，第450页。

② Rowney, “Universal banking in Russia”, Table 9.4, p. 175. 在俄罗斯成立的英俄银行和法俄银行以及引进的里昂信贷也反映了那个时期俄罗斯与这两个欧洲大国改进的政治关系，从一个侧面表明俄罗斯帝国选择性的对外政策倾向，即逐渐远离德意志帝国和奥匈帝国，并且主要靠拢法兰西第三共和国（1870—1940年）。

③ Rowney, “Universal banking in Russia”, p. 177.

俄罗斯金融体系的经济作用

19 世纪最后 20 年俄罗斯金融体系的发展给俄罗斯早期工业化和经济发展带来了至少三方面的重要影响，即动员国内储蓄，利用外国资金，向政府主导的大型建设项目提供资金。

研究者利用有限的数据资料，估算出 1910 年俄罗斯的储蓄率（储蓄与国民生产净值 NNP 的比率）为 11%，而此时法兰西约为 18%，德意志为 37%。[①]数据虽然表明俄罗斯的储蓄率在三国中最低，但是，在解读这些数字时，应当联系到各国当时的人均收入水平。麦迪森提供了可比较的各国人均国内生产总值。1913 年俄罗斯为 1 488 美元，法兰西为 3 485 美元，德意志为 3 648 美元。[②]一般而言，储蓄率与收入水平高度相关，尤其是在经济发展的早期阶段。俄罗斯 1910 年的储蓄率属当时欧洲的低水平，但相对自身的收入水平或许并不算低。倘若如此，俄罗斯国家储蓄系统一定发挥了重要作用。这是俄罗斯金融体系在该时期值得肯定之处。

有研究者提到俄罗斯早期工业化进程中融资方面的一个困惑之处，“一个低收入社会中就出现了相对高的国内投资和储蓄率、高的政府支出比率以及低的个人消费支出而言，以此而论，沙皇俄罗斯在其工业化时代之初的资源配置就展现出了‘亚细亚式’的特征。在这方面，俄罗斯像日本。困惑的地方是俄罗斯取得它的‘亚细亚式’资源分配的机制，因为在日本，资本形成的一半来自公共投资，而在俄罗斯，公共投资仅发挥了相对小的作用（除了在铁路建设方面）”[③]。

对此，有学者认为，“困惑”的答案在于俄罗斯 1897 年的货币改革以及在这前后俄罗斯金融机构与国际金融市场的广泛联系。这位研究者认为，“当俄罗斯金融体系已经发展到足以确立起与西欧长短期资本市场的密切关系时，俄罗斯自身的货币与信贷状况发展得如何对其境内的信贷成本和可得性来说就不再那么重要了。此时，重要之事是西欧的利率结构。大量俄罗斯贸易票据在伦敦市场得到贴现。俄罗斯商业银行从伦敦、巴黎和其他地方借款。俄罗斯城市和公司直接到更加强大的工业国市场上发行证券。不用说，俄罗斯中央政府也是这样做的。的确，通过大借外债并不断扩张国家银行的资金规模，俄罗斯中央政府得以搭起了一个重要渠道，通过它外国长期资金流入俄罗斯，转贷给国家银行数以千计的私人客户”[④]。

---

① Rowney, “Universal banking in Russia”, p. 169.

② 麦迪森：《世界经济千年统计》，表 1c（第 55 页）和表 3c（第 101 页）。

③ 这段话语出自俄罗斯经济史学者 P. R. Gregory 1982 年著作，转引自 Rowney, “Universal banking in Russia”, p. 178.

④ Drummond, “The Russian Gold Standard”, pp. 687 – 688. 这段引语部分段落也为 Rowney 所引用，“Universal banking in Russia”, p. 178.

至此，结合前面论述过的以圣彼得堡为总部基地的俄罗斯商业银行，可以将沙俄金融体系与其早期工业化的关系概括如下：（1）以圣彼得堡为基地的商业银行代表了沙俄金融体系中的“现代”部分，它们与国际金融市场关系密切，而这是以莫斯科为基地的商业银行所不具备的；（2）由于其在国际融资上的这种优势，沙俄金融体系中的决策者（俄罗斯帝国的国家银行和财政部）对待以圣彼得堡为基地的商业银行自然“网开一面”，以多种形式支持和维护这些商业银行的利益，这在很大程度上当然也归功于沙皇政府对待国际资金的“友好”态度；（3）国家储蓄会、信用互助社和城乡土地银行等构成了沙俄金融体系中的“特色”部分，其作用主要是辅助性地集中国内储蓄资源并维持俄罗斯经济的传统部门（包括农业和一些中小型的工商产业）。

有数据表明，1893—1914年，俄罗斯帝国政府在国内借债25.92亿卢布，国外借债21.77亿卢布，这些款项超出了“额外”支出（战争费用等）的需要，多余部分或存放于财政部或记入国家银行账户。[①]内债和外债数字十分接近，意味着两者之间存在一定的替代性，即内债不足靠外债弥补。“内债不足”显然也意味着国内金融相对欠发展。

需要指出，包括那些以圣彼得堡为基地的商业银行并非一开始就大量借用国际资金并与国际金融市场关系密切。它们在19世纪末以前的很长时间中，参照了不列颠银行模式，主要从事吸收活期存款和发放短期贷款业务。在19世纪与20世纪之交，它们才转向德意志风格的全能银行经营模式，实属相对晚些的事情。有研究者认为这是由于沙俄政府在这段时间减少干预的结果。[②]此看法理由似不够充分。世纪之交的沙皇政府在欧洲和亚洲两个方向面临日渐强大的竞争对手，它追求经济强盛的愿望此时与日俱增。若非有来自外部的制约，它绝不会主动减少对经济建设的资金支持和政策扶持。

如前提及，在该时期俄罗斯经济金融界发生的大事是，1897年财政大臣维特不顾国内质疑和反对意见而强行推出金本位制，锁定了卢布的金价，并向国际资本开放国内金融市场。为了保障金本位制顺利运行，沙俄国家银行（Gosbank）必须实行规范的货币管理。为此，它不得不减少此前大量从事的非规范的直接贷款业务。这样，商业银行（尤其是那些以圣彼得堡为总部基地且相对现代化的商业银行）便得到了更大的发展空间。从这个角度看，在世纪之交后以圣彼得堡为总部基地的商业银行的快速成长以及向全能银行的转变，很大程度上是俄罗斯转向金本位制的一个“不经意的后果”。

不仅如此，还有一个背景。沙俄政府在转向金本位制的前后，实行了财政紧缩政策，将此前连续多年的财政赤字转变为财政盈余。1893—1899年，每年皆为财政盈余。由于财政政策的如此调整，沙皇政府债务与国民收入的比率呈现下降趋势。1895—1902

---

① Drummond, “The Russian Gold Standard”, p. 685.

② 布莱克等：《日本和俄国的现代化》，第235页。

年，该指标从85.6%降低至52.4%，下降幅度显著。[①]沙皇政府在财政收支和债务管理上进行调整，其目的也与实行金本位有关，即为了促使金本位顺利运行并在国际金融市场上能够以较为有利的条件融资，包括在利率水平、融资规模和债务期限等方面得到优惠待遇。为了使得国际投资人对自己的财政状况有“满意的”评价，沙皇政府进行了紧缩性财政调整，自己困住了自己的手脚。

图9－1显示1880—1913年沙皇政府债券收益率和国内短期利率。债券收益率在伦敦和巴黎等地的国际金融市场上形成，是市场利率，也是沙皇政府举借外债和发行国际证券的一个财务成本指标。短期利率是沙俄国家银行的贴现利率，为政策性利率，也是国内货币市场利率走势的重要指标。我们可以分两个时段来观察这两个指标的走势和关系。1880—1903年，两个指标大体上皆呈现下降趋势。在1903—1913年，两个指标不再下降，而是出现较大的波动，国内短期利率高于债券收益率的幅度也有所增加。最大的波动出现在1905—1906年，体现了日俄战争和国内革命带来的短期冲击。仔细观察还可发现，1899—1900年，在市场利率（债券收益率）温和下降的同时，政策性利率（短期利率）却保持上升。后一点是国内财政政策和货币政策调整的结果。如前所说，这完全是出于维护卢布金本位而实施的政策操作，也可以理解为是俄罗斯为实行金本位而付出的经济代价。

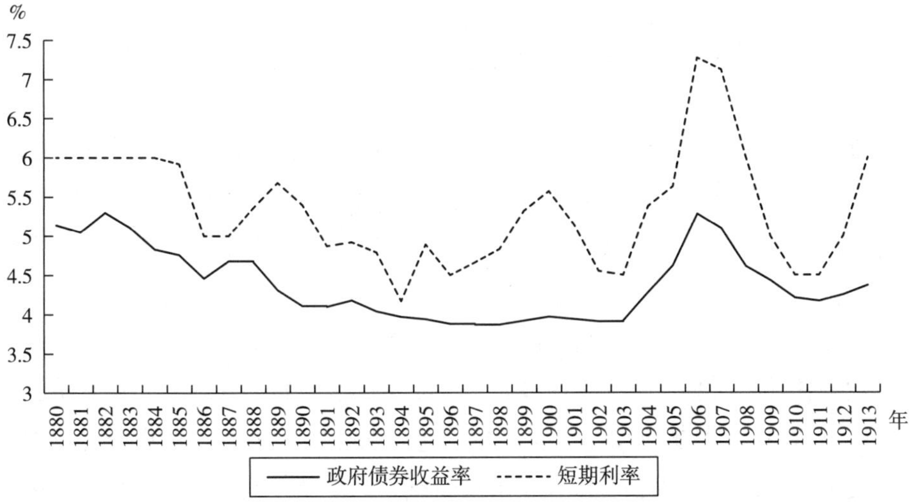

数据来自 Flandreau and Zumer，*The Making of Global Finance* 1880－1913，统计附录，Table DB. 16（p. 125）and Table DB. 17（p. 126）.

图9－1　1880—1913年沙皇政府债券收益率和俄罗斯国内短期利率

① 原始数来自 Flandreau and Zumer，*The Making of Global Finance* 1880－1913，债务数见 Table DB. 7（p. 116），名义 GDP 数见 Table DB. 12（p. 121）。Rowney，“Universal banking in Russia”（p. 179）用了不同的数字，但趋势与这里的数值相同。

简言之，转向金本位带来了增加国际资金流入的好处，进而增强了以圣彼得堡为基地的商业银行在国内金融体系和经济增长中的作用，但同时却使中央银行的利率工具运用受到制约，客观上使其位于相对高的水平。这种局面，从一个侧面说明俄罗斯早期工业化时期国内金融发展的不足。

再次概述一下金融发展与俄罗斯早期工业化之间的关系。相对于俄罗斯落后的经济体制和低下的收入水平，沙俄利用包括商业银行和国家储蓄会在内的国内金融机构，积极调动了国内储蓄资源并将之用于工业化建设事业中；以圣彼得堡为总部基地的商业银行代表了沙皇时期俄罗斯金融体系中的现代部分，也是当时最为开放和吸收外国资金较多的部分；俄罗斯转向金本位制后，国家银行转型为中央银行，由此而给予圣彼得堡为基地的商业银行更多的发展空间；在其他有利的政策性因素直接和间接支持下，这些商业银行逐渐扩展了经营范围，成为全能银行；它们是20世纪初俄罗斯工业化的重要资助者。

但是，沙皇俄罗斯的经济体制在欧洲各国中相对落后，它的改革进程从来不顺利，国内经济发展高度不平衡。正如一位历史学者的论断，20世纪初的沙皇俄罗斯是一个“漏风漏雨的经济体系”①，它虽然已有一些现代化的商业银行和一个庞大的国民储蓄网络，但整个金融体系的运行仍然是不平衡的。

四、明治维新后日本的工业化与金融制度演进

明治维新前，日本与其他东亚国家有着相近的政治经济体制和文化传统。稍不一样的是，如第五章第四节所述，日本在17世纪30年代转向闭关锁国时，允许荷兰人寄住长崎，为自己了解外部世界（欧洲）留下一个“窗口”。此事表明，那时的日本统治者并不完全摒绝外部世界。

长期研究日本经济史的不列颠学者曾称赞日本民族的好学品格。“1868年后，日本人的能量和勃勃雄心让西方国家深感不安，这并非日本人的一日之功。从其历史看，日本人一直有迅速吸收新思想和新方法的天赋，他们勇于做大事并且拥有训练有素的、久经磨炼的组织能力”。② 的确，日本在明治维新至第一次世界大战爆发以及第二次世界大战结束后的两段发展过程中，皆大量借鉴国外经验并引进新事物。

早在18世纪初，德川幕府的闭关自守政策便有所调整。18世纪末，幕府和地方官员甚至提倡学习荷兰文，通过荷兰书籍吸收新知识（主要是医学、天文学和世界信息）。

---

① Rowney, “Universal banking in Russia”, p. 179.

② 原话出自G. C. 艾伦，转引自杰弗里·R. 伯恩斯坦《日本资本主义》，载麦克劳编《现代资本主义：三次工业革命中的成功者》，第481页。

1811 年在首都的天文局下设翻译署，译介国外书籍。自那以后，日本向荷兰人提出的索书单不断增多。1856—1862 年翻译署改编为“藩书调所”（意为“外国书籍研究会”），招收上百名学生学习外语及理工科知识。[①]该机构于 1862 年再次改组，转为发展学会，后于 1877 年并入刚成立的东京大学（日本首个国立综合性大学）。[②]

1854 年日美通商条约签订后，日本走上开国道路。两年后，幕府设立专门负责对外事务的机构（1869 年转制为外务省）。1859 年，日本向美利坚派出了人数多达 80 位的官方考察团，行程包括拜会合众国总统。1862 年，另一个高级代表团出访欧洲，成员包括福泽谕吉这样的“洋学家”，先后前往法兰西、大不列颠、荷兰、普鲁士、俄罗斯和葡萄牙，时间长达一年。明治维新后的 1872 年，再次派出了由各部大臣或高官组成的大型考察团，成员包括伊藤博文（1885 年出任日本历史上第一位内阁首相），目的是了解欧美各国的政治经济社会体制及管理经验。考察团在德期间聆听俾斯麦的谈话，后者讲述了普鲁士如何从一个蕞尔小国在弱肉强食的世界丛林中壮大成为列强。考察团深受鼓舞，顿感“日本有前途了”。[③]

将包括银行在内的许多外来概念引入日本社会，并努力协调新旧事物之间的摩擦和冲突，是日本 19 世纪后半期追赶欧美经济发展的政策方针。由此，近代日本金融和经济发展深深地刻上了制度引进加本国特色的印痕。

明治维新后日本金融演进轨迹

德川幕府与欧美列强签订通商条约的举动在当时许多日本人看来是对外投降。日本地方势力掀起了“倒幕攘夷”运动，后来演变成“尊王攘夷”。[④] 1868 年，内外危机中的德川幕府“奉还大政”予天皇，随后明治新政府发布“五条誓文”，提出要“破旧来之陋习”和“求知识于世界”，由此开启了后来被称为“明治维新”的一系列政治经济社会改革。这场大规模并持续数年的改革有几个重要特点：（1）是自主性改革；（2）是“绝境求生”的改革；（3）是自上而下的改革；（4）边学边改；（5）不断借鉴国外经验，并在比较中进行模式选择和修正。明治维新提出的三大政策方针是“富国强兵”“文明开化”和“殖产兴业”。这些口号表明政府决心使日本社会、经济和国防发生全面变革，适应世界潮流。就此而言，明治政府没有简单地屈从于倒幕运动中的“攘夷”要求。

---

① 泰萨·莫里斯—铃木：《日本经济思想史》，厉江译，商务印书馆，2000 年，第 51－52 页。

② 布莱克等：《日本和俄国的现代化：一份进行比较的研究报告》，第 59－60 页；莫里斯—铃木：《日本经济思想史》，第 52 页。

③ 信夫清三郎：《日本外交史》，天津社会科学院日本问题研究所译，商务印书馆，1992 年，上册，第 143 页。

④ 佐佐木克：《从幕末到明治 1855—1890》，孙晓宁译，北京联合出版公司，2017 年，第 2 章。

明治政府将“殖产兴业”列为要务，一方面通过立法允许私人办企业，另一方面创办许多国有企业，将之作为“官办模仿工厂”。官方文件中有这样的说法，“兴办生产实业亦属急务，但人民还没有此种愿望，故暂时创办官立事业，示以实例，以诱导人民”。[①] 10年后，明治政府遇到财政困难，作为财政紧缩措施的一部分，多数官办企业实行了私有化，廉价出售给私人。总体而言，明治政府鼓励了私人企业发展，并与大企业长期保持特殊关系，最终让它们成长为在日本经济中占据主导地位的财阀。两大因素导致了这种政策倾向，一是幕府时代商人势力的壮大，二是在推翻幕府统治和巩固明治政权的进程中，商人阶层站到了“历史的正确一面”，他们与下级武士结盟，协力将年轻的天皇扶上王座。

幕府晚期，虽然日本总体上还是传统的农业经济为主，但商业和贸易已在沿海一些城市初具规模，许多商人财力雄厚，手中握有大量现金。大名和士族往往有求于商人，成了商人群体的债务人。更重要的是，在倒幕运动的数年中，商人们与倒幕主力的下级武士结成了同盟，给后者以财力支持。[②]这种情形，在16世纪尼德兰联省摆脱西班牙统治的武装斗争中也曾出现，那时是“海盗”商人与新教政治家结盟。

可以认为，明治维新后日本政府的许多经济政策是对商人阶层早先支持的“回报”，如同尼德兰联省共和国将发展海洋贸易和航运作为给海盗们的回报一样。

明治初期，日本社会像是一个颓朽的结构，百废待兴。明治维新的许多措施都朝着加强中央集权和维系社会团结的大目标。在政府财税事务和货币流通领域，诸多复杂情况如蔓藤纠葛，政府决策带有很大的尝试性。

试办新金融机构。明治政府为了获得信贷资金来源并帮助贸易商行，于1869年鼓励商人们以股份集资的方式在港口城市建立8家金融机构，名为“票据交换公司”（Kawase kaisha）。这些机构具有部分银行特征，并有发行票据的权利。[③]其资本主要来自富商、富农和钱币兑换商，政府仅提供少量资金。这成了明治政府最早组建的一批“公私合营”企业。但是，这些机构的经营并不顺利。“政府过度的、不明智的控制与干预以及当时整体不利的经济状况使这些银行都倒闭了，只剩下横滨一家”[④]。当时的“银行法”第一章说，“银行为使国家富强的目的而建立……当贷款在承诺日期不能偿还时，政府应当行使其权力。”政府指示银行为“国际贸易、茶叶的生长和购买蚕丝”而发放贷款，但这些贷款都是有风险的长期贷款。

---

① 杨栋梁、江瑞平等：《近代以来日本经济体制变革研究》，人民出版社，2003年，第74页；周见《近代中日两国企业家比较研究：张謇与涩泽荣一》，中国社会科学出版社，2005年，第45－46页。

② 诺曼：《日本维新史》，姚曾廙译，商务印书馆，1962年，第三章第四节，第62－64页。

③ 山村广造：《日本的企业家、所有权与管理》，作为第三章载马赛厄斯和波斯坦主编《剑桥欧洲经济史（第七卷下册：工业经济：资本、劳动力和企业）》，第216页。

④ 山村广造：《日本的企业家、所有权与管理》，第216－217页及第217页脚注1。

通过“废两改元”统一全国币制。明治维新前，日本国内同时流通金银铜钱，是世界上不多见的三币并行。①一些地方政府（藩）还发行纸钞或者性质模糊的票据（“藩札”），幕府也发行过以关税为担保的“金札”。所谓“性质模糊”，指它们一方面是可转让并可流通的有价票据，与纸钞相同；另一方面却带有生息并有期限，又与纸钞不同。事实上，明治政府成立伊始也发行过这种性质模糊的票据。

1854 年“开国”后，随着对外贸易，国外钱币开始在境内流通，墨西哥银元成了口岸城市的通货之一。当时日本国内出产的金银铜钱皆按重量计价，基本度量单位为“两”。外国铸币银元的流行让日本统治阶层中的有识之士认识到，通货的基本功能是计价单位，必须简单明了。有鉴于此，明治四年（1871 年）出台“新币条例”，规定以日元取代过去的称重单位“两”，由此实现了日本的“废两改元”。不仅如此，明治政府还参照欧美国家的做法，确定了日元的含金量（纯金 1. 5 克），使之等于 1 美元（按照当时英镑与美元的金平价，1 英镑等于 4. 865 美元，1 日元约等于 0. 2 英镑）。

1871 年后，日本开始流通日元纸钞，以及同时以日元计价的金银铜钱。事实上，日元金币在流通中日渐减少。这是因为金银比价在国内外有很大差别，金价在日本低而在国外高。这种情形在中国自明初以来也长时间存在。1873 年后，世界市场上金价持续走高，进一步导致黄金从日本流出（同时白银流入日本）。日元金币由此逐渐消失，日元银币则有所增多。日元挂靠黄金完全徒有其名，社会中实际流通的硬币是银币。诚如日本学者所说，1873 年后很长时间中日本是“事实上的银本位”。② 回溯考察，这主要是因为日本政府决策者在 1871 年推出新币条例时，未能意识到金银比价的内外差别及其后果，即日元金价的不稳定性以及日元纸钞与黄金可兑换的不可持续性。日本实行金本位制迟在 1897 年。

转入债务整顿的轨道。如果说“废两改元”是明治政府在货币金融改革上迈出的第一步，那么第二步是整顿政府债务以及随之而来的发行政府债券，第三步是紧随其后的“国民银行条例”（其目的之一是应对陡然出现的巨大财政缺口），第四步则是设立中央银行（日本银行），为全方位构建日本现代金融体系确立“中枢机关”，随后进一步组建多样化金融机构并基本建成现代金融体系。

这些金融发展大事件链条的初始端，是 1868 年明治政权创立之初所面临的财政困境。据记载，1868 年明治政府需要支出 2 500 万日元财政费（这里运用了后来的日元计价单位），而当年的常规收入不过 370 万日元。填补巨大缺口的办法是借款。政府从三井等国内商人以及一些外国商行那里借到 540 万日元。从商人那里的借款称为“御用

① 1600 年德川幕府时代以来，金银铜钱在日本同时流通的局面被称为“三货制度”，同时，也由于多币并存的局面，日本出现了钱币兑换商（浜野洁等：《日本经济史：1600—2015》，彭曦等译，南京大学出版社，2018 年，第 20 - 24 页）。

② 菊地悠二：《日元国际化的进程与展望》，陈建译，中国人民大学出版社，2002 年，第 27 页及以后。

金”，其性质并非“借条”那么简单。除去这些借款，明治政府在 1868 年仍有多达 1 590万日元的财政缺口。第二年，1869 年，明治政府财政支出额为 2 080 万日元（战事缓和带来财政支出的部分减少），而当年的常规收入、“御用金”、其他借款和罚金收入等合计为 1 050 万日元，缺口仍有 1 030 万日元。[①]

早期研究者认为，明治政府当时求助于印钞机，大量发行纸钞，并借助当时大城市中活跃的钱币兑换商（他们被称为“为替组”）。[②]近来的研究者却不认为明治政府那时发行了纸钞。[③]新研究成果认为，截至明治二年 5 月（1869 年 7 月），明治政府共发行了 4 800 万日元被称作“太政官札”的票据。该数字大于前面提到的财政缺口两年合计数（2 620 万日元），原因是后一数字（2 620 万日元）没有包括实物借款。若将实物借款计入，日本政府那时借款总数则为 2 500 万日元。当时的纯实物贷款被称为“石数贷款”。简言之，早先的数字和新近的数字是吻合的，问题在于如何看待“太政官札”中非实物借款的性质。

尽管不清楚“太政官札”的印制细节（包括它们的面额和其他附加规定），但可以肯定，明治政府在发行之时明确了“官札”的期限（通行 13 年一直到 1880 年），而且似乎承诺将以现金（金银铜钱）来兑换。如果说“官札”是通货，那么规定流通期限显然是一种“自我降格”的做法。明治政府为了促使人们将“官札”当做流通券来使用，于明治元年下半年发布通告称，今后租税皆以“官札”交付。但这未能阻止“官札”的市场价格下跌，明治二年时价格竟不到面额的一半。总之，“官札”充其量是不规范的和非标准的纸钞，而且它还缺少专业化的管理机构。但若视其为借款票据，它却又是一种实际价值不确定的证券。

如前提及，明治政府在明治二年 5 月（1869 年 7 月）决定终止发行“太政官札”，并公告说将提前 8 年回收已发行者，且许诺以新货币来兑换，到期尚未回收则给付 6%的年息。事实上，前面提到的明治政府 1871 年出台的“新币条例”，也是这场债务整顿举措的一部分。

如果不出台税收改革和纸钞发行计划，明治政府无论如何也是缺少财力来兑现回收“官札”的诺言的。它的关税已被与欧美各国签订的协商税则所限制，它的租税则锁定在所继承的幕府定额水平上。此外，如前所述，“新币条例”未曾料到黄金外流，明治政府因此没有足够的金银储备和铸币。总之，形势呼唤明治政府在财税货币金融改革上的新作为。

---

① G. C. 艾伦：《近代日本经济简史 1867—1937 年》，蔡谦译，商务印书馆，1962 年，第 32 页。该书所引数据注明了原始日文文献来源。

② 艾伦：《近代日本经济简史》，第 32 页。

③ 富田俊基：《国债的历史：凝结在利率中的过去与未来》，彭曦等译，南京大学出版社，2011 年，第 7 章第 1 节，第 207 –209 页。

发行日元新纸钞与采用国民银行制度。1871 年推行“废藩置县”后，明治政府扩大了自己的国内税收来源。当年也开始鼓励农民以货币交纳赋税。1873 年颁布“地税改革条例”，明确所有地税皆以货币交纳，不再征收实物税。这更加有利于政府税收的增长。1872 年明治政府岁入为 3 300 万日元，比 4 年前不到 500 万日元的水平高出 5 倍之多（当然，这里面也有通货膨胀的因素）。但是，日本政府迫切需要有一套纸钞发行机制，既可解决自身的财政难题，也可为社会经济的顺利运行提供价值稳定并便于使用的交易媒介。

日本于 19 世纪 50 年代末对外开放后，一些外资银行陆续前往横滨等口岸城市设立分行，最早的两家为英商汇川银行（Central Bank of Western India）和有利银行（Chartered Mercantile Bank of India, London and China），于 1863 年在横滨设立分行。①英资汇丰银行（1863 年）和法资巴黎贴现银行（Comptoir d'Escompte de Paris，1864 年）等几家外资银行也于明治维新前在日本设立分行。

明治政府高官那时已了解到世界上有两种发钞模式，一是大不列颠的英格兰银行模式，二是合众国的国民银行模式。两国发行的纸钞都具有黄金可兑换性，而且皆将公债（中央政府债券）视为发钞准备金。差别在于，前者是垄断性发钞，后者则为半分散型发钞。为何一直强调中央集权的日本政府当时选择美利坚国民银行模式而未采纳英格兰银行模式？一个解释是，日本政府那时已觉察到黄金外流问题，并担忧万一出现黄金储备不足和不能及时满足兑现需求时，若采用英格兰银行模式会招致社会各界直接责备政府，但若采用国民银行这种半分散型模式，政府则免受责难。②另一个相关因素是，在日本尚缺少新型银行的背景下，国民银行模式较为可取，因为此后日本可快速催生众多新式银行。不少文献还提到，伊藤博文在此过程中发挥了作用，他两年前访美考察中对国民银行制度进行过详细调研，并且大加赞赏。③

如此，日本于 1872 年（明治五年）颁布了“国民银行条例”，④就银行的资本金、股东构成和治理模式提出了诸多要求。在资本金方面，参照美利坚经验，按所在城市的人口规模确定最低资本金。例如，人口 10 万以上城市开办银行的最低资本金为 50 万日元，人口 3 000 人城镇开办银行的最低资本金为 5 万日元。⑤ 1873 年先后有两家国民银行

---

① Norio Tamaki, *Japanese banking: A History*, 1859—1959, Cambridge University Press, 1995, p. 17. 这些外资银行的旧时汉语名称参见汪敬虞《外国资本在近代中国的金融活动》，人民出版社，1999 年，第 442 – 445 页）。

② 富田俊基：《国债的历史》，第 218 页。

③ Tamaki, *Japanese banking: A History*, 1859 – 1959, pp. 29 – 30.

④ 一些日文及中文报刊书籍（包括译文和自创文本）称“国民银行”（national banks）为“国立银行”甚至“国家银行”，未注意到后两词皆易产生歧义。在日本，“国民银行”一度被称为“国立银行”（Kokuritsu Ginko），后来才意识到这不是英文“国民银行”的准确翻译。19 世纪 80 年代后，日本修改银行条例，不再使用“国民银行”或“国立银行”词语。第一国民银行名称后来改为“第一银行”。

⑤ Tamaki, *Japanese banking: A History*, 1859 – 1959, p. 31.

（第一和第五国民银行）成立，次年又另有两家成立（取名为第二和第四国民银行）。这四家国民银行分布于东京、大阪、新潟和横滨，体现了日本政府欲使之在各地普及的意图。这是现代银行制度在近代日本本土的开始。

在现代银行制度于日本的初始阶段，涩泽荣一（1840—1931 年）是一位重要人物。他在近代日本经济发展中享受许多“第一”的称号，如“日本企业之父”和“日本资本主义之父”等。他首次将英文“Bank”译为日文中的当用汉字“银行”，[①]该术语由此在日本乃至东亚流行开来。他积极参与创办第一国民银行并辞官出任该银行首任监事长。在这前后，他还独自地或协助他人创办多家现代工业企业。涩泽荣一在近代日本经济金融界的巨大作为，与其早年经历有关。

涩泽荣一出生在富农家庭，接受过私塾教育，20 岁出头就投身于“倒幕攘夷”的民间运动（那时与欧美列强签订开放条约的幕府已被许多日本知识分子视为“国贼”），并一度谋划武力暴动。闪念之间，他急流勇退，后经人介绍成为幕府要员的家臣。他很快表现出财务管理才能，并因此而得到重用。1865 年作为幕府代表团成员前往巴黎参观万国博览会，并在欧洲多国游历近两年，所到之地皆得到各国官员、实业家和银行家的热情接待。回国后，他将沿途见闻和反省思考整理成《航西日记》并于 1870 年出版。[②]涩泽荣一是一位细心和敏锐的观察家。他随团乘船离开日本后，途经的第一个港口即为上海，在那里小憩期间，立即注意到黄浦江边的租界与邻近地区在社区管理上的显著差别。[③]暮年之际，他将自己的讲演谈话汇编成册，以《论语与算盘》为题出版。

回到日本后，涩泽荣一加入明治政府的大藏省，出任税务高官。他是当时日本政府中既懂外语和法律又深谙企业和银行的稀有人才之一，积极参与了包括 1872 年“国民银行条例”在内的法规起草工作。依他当时的理解，“国民”一词被译为“国立”。由此，日本的国民银行在日语中称为“国立银行”（实质仍是“国民银行”）。

按股份制原则组建国民银行。第一国民银行的主要出资人是三井和小野家族，是当时相互竞争的两家大商户，而涩泽荣一则发挥了撮合的作用。[④]一年后，在小野商号破产之际，作为银行监事长的涩泽荣一经多方周旋，一来保全了第一国民银行使之免遭破产的命运，二来劝阻了三井借机控制该银行，三来发挥了他出色的组织家和战略家的

---

① 幸田露伴：《涩泽荣一传》，余炳跃译，上海社会科学院出版社，2016 年，第 176 页。该作者认为，“银行”中的“银”指金银，也为钱的别名；“行”则借用了明朝以来汉语中流行的“三百六十行”之中的“行”。

② 幸田露伴：《涩泽荣一传》，第 86 页。

③ 幸田露伴：《涩泽荣一传》，第 87 页。

④ 参与第一国民银行创立的三井和小野家族当时被称为“三井组”和“小野组”，意指他们分别吸收了外部人士。事实上，在 1872 年“国民银行条例”颁布之前，两个家族皆有意愿组建银行，他们的申请计划虽有模仿英文 bank 的意思，但行文却未包含“银行”字眼。几本书籍对此过程皆有介绍：《近代中日两国企业家比较研究：张謇与涩泽荣一》，第 258 – 262 页；幸田露伴《涩泽荣一传》，第 176 – 188 页；宫本又郎《涩泽荣一：日本企业之父》，崔小萍译，新星出版社，2019 年，第 53 – 65 页。

作用。

但是，由于多方面缘故，国民银行制度在当时日本未能大规模普及，实际成果低于预期。宏观方面的因素有黄金外流问题（参见下述），微观方面的因素则包括银行为当时日本社会中的新鲜事物，吸收存款进展缓慢；小野作为第一国民银行大股东的破产更是冲击了公众对银行的信心；等等。

按照要求，国民银行须将发行的纸钞购买相当于其资本金3/5的“太政官札”并以此作为准备金的一部分（此部分将与年息6%新国债相置换），并将相当于其资本金2/5的数额以黄金（称为“正币”），作为另一部分准备金存放于大藏省；国民银行所发行的纸钞具有黄金可兑换性。前两项规定，看似是在维护日元纸钞的可兑换性，实则是帮助政府进行新旧债务转换。而且，政府未能考虑到此时的日本已出现了因黄金外流引起的国内流通中黄金大量减少的情况。

明治政府的旧债券（“太政官札”）市场价格低于面额一半，银行以自己的纸钞购入该旧债后若继续持有，超过政府承诺期限后便可实际获得相当于12%的收益率；但若与政府新发行债券按面额一比一进行置换，则利率将低至4%～5%（相当于实际获利8%～10%）。这些收益率似乎很理想，但却忽略了因黄金外流而引起的金价上升所带来的意外效应，即当黄金对纸钞或白银比价上涨幅度达到一定程度时，商人们发现从银行取得纸钞贷款，以此换取黄金最为有利可图。这样，国民银行非但不能在资产转换中盈利，反而眼睁睁地日见自己的黄金（“正币”）储备不断减少。

“金本位失效”与国民银行制度试行中的挫折。1873—1874年，仅有4家国民银行开张营业，政府设想的国民银行在日本遍地开花的局面并未出现。不仅如此，一家国民银行开办一年便濒临倒闭，几家国民银行纸钞发行数额合计仅有230万日元。①它们无力筹措更多的“正币”储备金，也无法发行更多的纸钞。

导致国民银行出师不利的主要因素是金价变动，当然一定程度上也与日本政府当时正在积极推行的债务整顿有关。前面提到，随着1871年“废藩置县”，藩债整理提上议事日程。明治政府未承认旧幕府给予诸藩的贷款及藩主的私债等，但继承了其他藩债，包括欠荷兰债权人的外债，其数额合计超过3 000万日元，此外还有明治初期以非规范方式发行的官札（藩札），数额也超过3 000万日元。明治政府于1873年公布新旧公债条例，确定了新债券的种类、偿还期限、利率和本息支付办法等。明治政府当时设想以新日元纸钞兑付部分旧债。如果国民银行计划得以如愿实现，新日元纸钞能够大量发行，明治政府的新旧债务置换或许也可顺利进行。

明治政府对待公开发行国债的态度经历了转折。参加过1867年巴黎世博会的日本官员称，外国政府借债皆为公开之事，而在日本却是秘密进行。1871年，伊藤博文从合众

---

① 艾伦：《近代日本经济简史》，第38页。

国考察归来向大藏省建议，凡遇紧急情况需要额外资金时，应以国债方式筹资，“我国无国债实为苛政专制之证”[①]。正是按这样的思路，日本政府走上了发行规范公债之路。而且，值得一提的是，日本政府对外发债早于对内发行规范化债券。

1869 年，日本政府委托私人在伦敦借债，以为国内铁路项目筹资，顺带引进铁路发源地的技术和人才。日本被告知这项 100 万英镑的借款须以关税收入和铁路收益作为担保，支付 12% 利率。这个利率水平之高，可以理解为仅适用于几乎没有任何信用可言的国际借款者。日本后来（1870 年）同意以政府名义发行债券（主权债），以关税担保，铁路纯收益为附加担保，利率 9%，发行价格为面额的 98%，偿还期限为 13 年。发行后，债券在伦敦市场公开交易。[②]不用说，政府名义的债券利率低于私人名义的水平。以债券市场收益率指标来衡量，日本政府这单债券的利率水平当时高于世界上其他许多国家，仅低于同时期的奥斯曼帝国（9.9%）和洪都拉斯（12.5%）。[③]尽管如此，明治政府从中有收获，并由此认识到，发行规范化债券是快速融资的一个便捷途径。不久之后，日本政府便将债券发行方法运用到国内市场。当时日本尚未有伦敦那样成熟的证券交易所，所以，日本政府债券（国债）认购任务便落于银行。

“修改国民银行条例”与发行新国债。1876 年，日本政府修订“国民银行条例”，提高了资金要求（从 5 万日元提高到 10 万日元），降低了“正币”要求（从资本金的 2/5 下调至 1/5），提高了国债比例（从资本金的 3/5 提高到 4/5），并设置了贷款利率上限（10%）。更为重要的是，新条例不再要求国民银行纸钞实行黄金可兑换。[④]这个新条例对日本银行业和宏观经济影响甚大。需要说明的是，推动这部新条例的一个重要背景是，日本政府此前发行的秩禄公债及其后续情况。

明治政府早先实行的“版籍奉还”和“废藩置县”政策引出数十万人员（主要是武士阶层）需要由中央政府供养的问题。这些人中不少是政权更替中的有功之臣，负担他们的生活费用成了明治政府财政支出的一大项目。“秩禄”是这些人员以前俸禄的名称。以现代眼光看，处理这些人员的待遇如同对待退伍军人，敏感且复杂，不仅需要大量财政开支，而且还需设立专门机构。“士族授产”是秩禄处置的一部分，特指通过拍卖、借贷和分发等方式向士族授予山林、土地、资金等资产，既给予他们生计出路，又诱导他们从事近代产业活动。[⑤] 1873—1876 年，日本政府数次就“秩禄”处置出台政策，向合格人员发放现金和年金证书，“买断”他们的其他诉求。同时，政府在国内外发行

---

① 富田俊基：《国债的历史》，第 210 页。

② 富田俊基：《国债的历史》，第 211－213 页。

③ 富田俊基：《国债的历史》，图表 7－3，第 214 页。该书图表 7－4（第 223 页）记载了 1873 年伦敦市场上各国国债收益率，此时日本水平下降到 7.6%，低于同表所列埃及（8.3%）和土耳其（10.3%）。

④ 庞宝庆：《近代日本金融政策史稿》，吉林大学出版社，2010 年，第 30 页。

⑤ 杨栋梁、江瑞平等：《近代以来日本经济体制变革研究》，第 43 页。

特定目的的债券，为这些计划筹集资金。①这些债券被称为“秩禄公债”，有时也指获益人持有的年金证书。此段时期，数十万武士从政府那里收到现金或年金证书（秩禄公债），几乎一夜之间跻身于资产所有者之列。

尽管开办银行的资本金门槛已经提高，1876 年出台的新国民银行条例还是给这些新有产者提供了投资机会。银行发起人只要有足够资金购买政府债券（“秩禄公债”）并将之转作准备金，便具备了基本的申办条件。因此，武士们积极出资参与开办新国民银行。有研究者认为，武士与贵族（包括被称为“华族”的上层贵族人士）提供了那一批国民银行资本金的 3/4。尽管武士们的参与属于被动的投资，银行经营者主要是商人和富农，但这些银行为了回报投资者，十分关注利润，从而成为日本首批“现代金融机构”。②

1876—1880 年，总共有 148 家新国民银行在日本各地开张营业，他们都发行了不兑现的日元纸钞。1876 年，这些银行与日本政府发钞合计为 9 500 万日元，1878 年更增加到 1.5 亿日元。③这些变动与 1877 年西南战争（地方势力武装叛变）有关。其间，部分地方出现银行券（国民银行纸钞）流通不畅的情况，日本政府临时决定自行发行纸钞。该时期银行与政府同时发行纸钞。

治理通胀与组建日本银行。不兑现日元纸钞由于西南战争的影响，一度达到滥发地步。通货膨胀随之成了日本经济中的一大问题。农产品价格 1881 年比 1876 年上涨 1 倍，工业品价格则上涨 80%。国内通胀更加剧了贵金属外流。据统计，1877—1880 年合计有价值 3 264 万日元的贵金属流出日本。日本的对外贸易也变为逆差。④

以交易日本国债为主的东京证券交易所（以及大阪证券交易所）于 1878 年开始运行。设立交易所的决定参考了外国专家的意见。⑤日本政府聘请的外籍专家认为，交易所可提供债券市场价格的实时信息，可吸引投资者来购买债券（债券需求增加），进而促使债券价格升高并降低债券的市场收益率，而市场收益率降低则可使政府发行新债券减少财务成本（调低发行利率）。但是，在 1881 年，由于通胀上升，东京证券交易所上市的日本政府公债价格出现暴跌，最低时仅有其面额的一半稍多。这意味着，日本政府如欲发行新债，其利率成本将十分高昂。为后续债券融资的成本着想，日本政府必须采取措施，首先设法降低通胀率。

当时很有影响的一个意见是，日本政府前往伦敦发行新外债，利用这笔资金从国际

---

① 日本政府 1873 年在伦敦市场发行 240 万英镑的主权债也是为了这个筹资目的。富田俊基，《国债的历史》，第 221－223 页。

② 山村广造：《日本的企业家、所有权与管理》，第 201、204 和 205 页。

③ 艾伦：《近代日本经济简史》，第 40 页；富田俊基：《国债的历史》，第 229 页。两书所说数字基本一致。

④ 富田俊基：《国债的历史》，第 229 页。

⑤ 富田俊基：《国债的历史》，第 229 页。

市场购买黄金，运回国内赎回发行过度的日元纸钞，从而降低通胀。碰巧，1879 年秋季，卸任的合众国总统格兰特来日本旅行，拜会了明治天皇，建议日本不要举借外债。格兰特的真实意图是，不希望日本因借外债而与大不列颠发展密切关系。合众国政治家明显还惦记着十多年前不列颠政府暗中支持内战中的南方。

明治天皇采纳了格兰特的意见，否决了通过发行外债来治理通胀的主张。[①] 1881 年，松方正义就任大藏相，积极寻求外债以外的通胀治理方法。松方大力调整财政政策，推出了加税、减支和出售国有企业（也称为“官产下放”）等措施。除此之外，松方于 1882 年提出“创立日本银行的建议”，首次明确在日本开办中央银行，并借鉴比利时国民银行经验。比利时国民银行成立于 1850 年，是该国反思 1848 年金融危机的一个成果，专为维护金融体系稳定而设立。日本借鉴比利时国民银行的经验，看中的是它实行垄断发钞和政府掌握控制权。[②]

1882 年 6 月，“日本银行法”颁布，正式组建了日本银行。它在事实上吸收了许多欧美国家中央银行（国家银行）的因素，例如管理国库资金（代收税款和借款等）、承销国债、“有限营业寿命”（初定为 30 年）、合股模式（政府承担 100 万日元资本金的一半）、向财政部（大藏省）汇报工作等。这些皆属于中央银行或国家银行的一般性规定，并非日本特色。

但日本银行在其他几个地方的确有日本特色，这些特色皆体现了日本的政策决策者们努力将国际经验与本国国情相结合。特色之一是，日本银行拥有垄断发行纸钞（银行券）的权利，所有国民银行停止发行纸钞；国民银行已发行的纸钞需与日本银行纸钞兑换（这一点由 1883 年 10 月修订的“国民银行条例”加以确认，此后国民银行都转型为不拥有发钞权的普通私人银行）。日本银行成立时并未立刻发钞，而是经过一段时间准备，于 1886 年方成规模地发钞。那时，日本银行已拥有相当规模的正币（银币）储备。当然，这个特色也是日本选择比利时国民银行模式而非英格兰银行或德意志帝国银行模式的理由所在。

特色之二是，日本银行所发行纸钞可与银币兑换，也即日本从以前“名义金本位”转变为名副其实的银本位。这一点，看似从金本位制的退却，实际却更加符合当时的经济现实，客观上有利于日本国民增强对日元新纸钞的信心，从而有利于控制通胀。

特色之三是，为增强日本银行的正币储备，日本银行十分重视外汇业务，并将信用支持重点放在外贸企业的票据贴现业务上。为此目的，日本银行后来与横滨正金银行建立了特别合作关系。

---

① 富田俊基：《国债的历史》，第 232 页。

② 日本银行对当年参照比利时模式的解释是，比利时国民银行体现了“政府拥有强大的监督权”（富田俊基，《国债的历史》，第 237 页）。Masato Shizume，“A History of the Bank of Japan，1882 – 2016”，WINPEC Working Paper Series No. E1719，Waseda University，October 2017，pp. 8 – 9.

如果说1872年引入国民银行制度是明治日本发展新型金融机构的初步尝试，那么，1882年组建日本银行则意味着日本在这个领域完成了“摸着石头过河”的第一步。至此，日本搭建好了一个接近于现代化的、有着鲜明日本特色的金融体系主体框架。

日本现代金融体系框架的确立与工业化进程

19世纪70年代是日本工业化的起步时期，19世纪80年代及以后则是工业化大步前进时期。以日本银行（以及日本银行之上的大藏省）为“塔尖”的金融体系构建于80年代，为此后日本工业化提供了巨大支持。

19世纪最后20年，在大藏省和日本银行的引领下，日本陆续出现新金融机构，它们中很多参照国际经验，有的却完全为日本独创。这些金融机构包括横滨正金银行、日本劝业银行、府县农工银行、北海道拓殖银行、日本兴业银行和储蓄银行等。

横滨正金银行（Yokohama Specie Bank）组建于1880年，顾名思义是一家专营“正金”（也称“正币”，日文对金银贵金属的称呼）的银行。其发起人是横滨市20多位商人，他们原本依据国民银行法申办，注册资本为300万日元（以银币支付），宗旨是发展贸易融资。横滨那时是日本的重要口岸城市，也是外资金融机构的聚集地。汇丰银行早在1866年便设立了横滨分行。横滨的日本商人受到国际银行的激励，立志也要发展日本在该领域的旗舰企业。按照当时仍在适用的国民银行法，横滨正金银行也可发行纸钞。但是，掌握审批权的日本政府没有授予正金银行此权利，却要求参股1/3。日本政府看中了正金银行促进贸易融资和贸易发展的定位。松方主导的日本银行开业后，便在票据贴现和银币交换等业务上与正金银行建立起特别合作关系。在日元银价稳定后，横滨正金银行的业务得到快速扩张，支持了日本的出口增长，也为日本的银储备增长作出了贡献。后来，大藏省直接委派代表进驻横滨正金银行。随着正金银行在包括中国在内的各地开设分行，它几乎变成了日本官方的外汇业务专业代理机构和国际金融机构。19世纪末和20世纪前半期，它也配合日本扩张主义势力在海外的侵略和殖民，沦为后者的金融工具。

同样体现日本特色的银行机构，还有面向农业农村经济发展和长期资金供给的两类银行机构。它们是日本在其工业化起步阶段就推出的政策性金融机构，有特定的服务对象和相应的经营方式，与以盈利为目的的普通商业银行有显著差别。日本学者将这些银行以及横滨正金银行一并称为“特殊银行制度”。①

日本于1896年颁布“劝业银行法”和“农工银行法”，设立了全国性的劝业银行并在几十个地方陆续组建了府县农工银行，北海道地区则组建了北海道拓殖银行。这些银行的共同特点是，资金来源皆非公众存款，而是定向发行的长期债券（其中一大部分由

① 铃木淑夫：《日本的金融制度》，李言斌等译，中国金融出版社，1987年，第502－505页。

大藏省认购和持有）；均从事以土地为抵押的低息贷款，贷款对象主要是土地经营者和与土地相关的工商企业。除了全国性的劝业银行外，府县农工银行和北海道拓殖银行都在本地经营，以扶植当地生产者和企业为宗旨。这些银行机构开办后的成功程度各有不同，但大都坚持下来，为日本农业和农村经济在工业化进程中的发展以及结构调整作出了贡献。

日本兴业银行也是日本“特色银行制度”的代表。该银行成立于1900年，因经济动荡缘故推迟至1902年开业。与其他特殊银行一样，它不吸收公众存款，而是依赖发行长期债券。它向工商企业和大型建设项目发放长期贷款，接受证券质押。1905年日俄战争后，日本兴业银行的业务扩张到国外。

日本于1890年制定了由德意志专家帮助起草的“商法”，但由于其中一些条款与此前日本已熟知的《拿破仑法典》相冲突而延期实行。在公司法方面，日本于1893年明确了三类企业，即合伙、合资和股份制。1899年颁布了体现开明主义原则的新商法，由“许可主义变为准则主义”，股票转让和交易的有关规则也在此法中得以明确。[①]正因为日本企业股票的交易规则和交易所制度建设在此时得以完善，日本兴业银行才有了顺利运作的产权制度基础，也因此而开展大规模的长期信贷，从而支持日本的工业化。

除上述“特殊银行机构”外，日本还参照国际经验组建了邮政储蓄系统。日本邮政公社（Japan Post）成立于1871年，5年后开始接受普通市民的小额存款，并由此壮大为日本的邮政储蓄系统。邮政公社后来也开办了简易保险业务。几个数字可略显该储蓄系统的发展业绩。1885年共有存户约30万，存款总额为900万日元；1896年存户增至125万，存款总额达2 800万日元；1914年存户有1 200万，存款总额有1.89亿日元。[②]邮政存款早期存放于第一国民银行，1884年后转入大藏省存款局（接替此前的国债局）。按照政府的指示，日本邮政储蓄所吸收的资金大多购买了日本政府债券和“特殊银行”债券，包括日本兴业银行和劝业银行等；它也投资于其他一些由日本政府主导的建设项目和公用事业。

至世纪之交，日本银行体系的基本构架已搭建成型，上述多种机构在各自领域中发挥对实体经济的资金支持作用，相互之间在不同程度上也互有合作与交叉。

值得一提的是，20世纪初，日本出现一家国际合资金融机构。这是1912年成立的日法银行。日俄战争结束后，日本急需国际资金，否则其金本位无法继续顺利运行。此时法兰西想借此机会施展一下它的“金融魅力”并扩大它在东亚的伙伴圈。于是，日法两国外交界和金融界代表从1907年开始谈判，花费了5年时间达成协议。开业后的日法银行东京分行设于日本兴业银行。不巧的是，日法银行开业后两年，第一次世界大战爆

① 浜野洁等：《日本经济史》，第103页。
② 艾伦：《近代日本经济简史》，第53页。

发，此后日本不再需要借助该机构来吸引外资。[①]日法银行这个插曲从一个侧面表明，明治维新后日本政府出于维护国内货币稳定的缘故，一直十分重视利用国际资金，但日本没有背负上像沙皇俄罗斯那么多外债。日本能够如此，与日本金融体系在该时期的快速成长有很大关系。

图9-2显示1875—1905年日本金融资产总额及其与国民生产总值（GNP）的比率。1875年日本金融资产合计为1.8亿日元，与GNP比率为33%；到1905年，两个指标分别升高至63.9亿日元和207%。在这30年中，日本金融资产总额以年均13%的速度增长。日本金融资产与GNP比率在1905年的水平超过德意志或俄罗斯在1913年达到的程度。

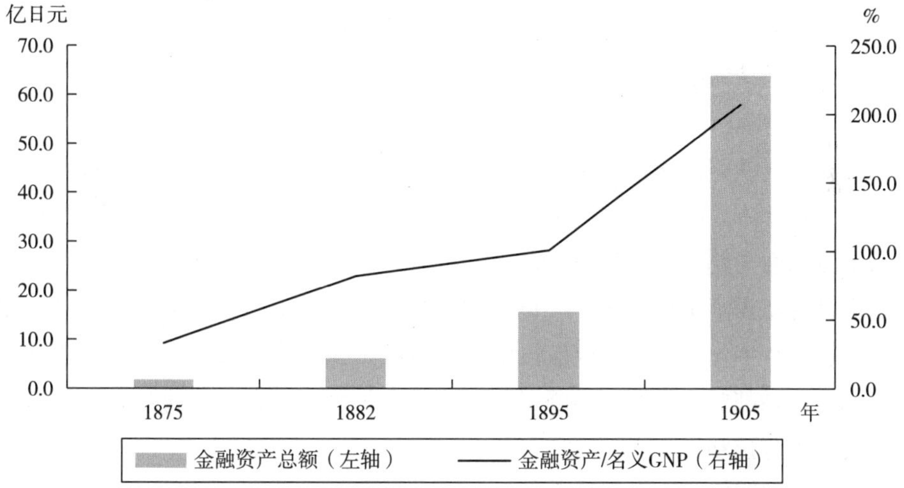

注：铃木淑夫：《日本的金融制度》，补论表1，第494页。

图9-2　1875—1905年日本金融资产总额及其与国民生产总值比率

麦迪森提供的数字表明，按固定美元估算，日本人均国内生产总值在1900年为1 180美元，1913年为1 387美元。这两个数字均低于俄罗斯（分别为1 237美元和1 488美元）。[②]已知日本国内固定资产投资与国内生产总值比率在1900年达到12%，[③]高于前面提到的俄罗斯在1910年的储蓄率（11%）。投资率与储蓄率两个指标不完全可比，前者包含国外资金而后者则不。1904年，日本外债余额为4.21亿日元（其中包括市政和

① 庞宝庆：《近代日本金融政策史稿》，第97-100页；Herbert Feis, Europe The World's Banker 1870-1914, Yale University Press, 1930, Chapter XVIII, pp. 422-429.

② 麦迪森：《世界经济千年统计》，表3c（第101页）和表5c（第178页）。

③ 大川一司和亨利·罗索夫斯基：《日本的资本形成》，作为第三章载马赛厄斯与波斯坦主编的《剑桥欧洲经济史（第七卷下册：工业经济：资本、劳动力和企业）》，王文捷等译，经济科学出版社，2002年，第132页。

企业外债400 万日元)，[①]相当于当年日本 GDP 的15%。因为这不是年度变动数，不能都归入当年投资额，故可认为那时日本每年的固定资产投资中，国外资金来源不超过10%，其与 GDP 比率不超过 1 个百分点。照此估算，日本的投资率或国内储蓄率在 20 世纪初应略高于俄罗斯。如此，日本金融体系的较快发展功不可没。

前已提及，19 世纪 80 年代以前，明治政府创办了许多国有企业以推进工业建设，当时的一个动机是为民间企业提供范例。实际上，在日本社会的主流经济思想中，一直有着强烈的“国家管理经济”倾向，明治维新以前和以后皆存在。亚当·斯密和李斯特著作的日文译本最早分别出版于 1884 年和 1889 年，此前日译西方经济学书籍多为初级读物且从荷兰文转译。[②]明治维新后日本政府大力兴办国有企业实为遵循其自有经济思想之决策，而 1882 年大量出售国有企业则乃因财政紧缩的缘故不得已而为之。“官产下放”后，日本政府从未放弃对经济和产业活动的介入以及影响。

日本的第一条铁路线为 1872 年建成的东京新桥至横滨铁路（40 千米长），该项目建设资金来自前述1870 年日本在伦敦发行的主权债。项目建成后即为国营线路。此后政府还主导了几条干线铁路的建设。民营铁路主要出现在 19 世纪 80 年代。1906 年通过“铁道国有法”，17 家私营铁路公司并入国营系统，仅有一些支线留给了私营公司。至此，日本铁路国营局面与德意志和俄罗斯基本一致。

在日本社会总投资中，至第一次世界大战爆发前，政府投资一直超过私人投资。然而，自 19 世纪 80 年代中期后，政府投资比重持续下降，私人投资比重相应上升，这从一个侧面表明金融部门的作用在不断增强。当然，毋庸置疑，日本金融体系的运行一直受到政府的严密监控和指引。

研究者估算表明，1893—1902 年，由新增证券发行、新增现金流通额和新增银行存款以及企业未分配利润构成的日本私人部门储蓄毛额每年平均为 1. 03 亿日元，1933—1937 年达到 33. 55 亿日元。在 1913—1917 年，私人部门储蓄毛额与国民收入比率为16. 2%，1933—1937 年则为 21. 6%。[③]这意味着，日本进入 20 世纪后，储蓄率进一步提高，而这显然与日本金融发展密切相关。

至 1880 年，日本有 148 家国民银行，此后未再新批国民银行。1883 年修改后的“国民银行条例”要求国民银行停止发钞，而且规定已获得国民银行（“国立银行”）执

---

① Wiliam W. Lockwood, *The Economic Development of Japan*: *Growth and Structural Change* 1868 – 1938, Oxford University Press, 1955, Table 20, p. 255. 该书（p. 251, footnote 22）也提到日本三个时期的公共债务年末余额和国民收入估算额：1893—1894 年分别为 2. 35 亿日元和 13. 8 亿日元，1903—1904 年分别为 5. 39 亿日元和 25. 75 亿日元，1913—1914 年分别为 25. 92 亿日元和 45. 56 亿日元；由此可得日本在这三个时期公共债务/国民收入比率分别为17%、20. 9%和 56. 9%。

② 莫里斯—铃木：《日本经济思想史》，第 39 和 56 页。

③ Lockwood, *The Economic Development of Japan*, Table 19, p. 252 and p. 264。私人部门储蓄毛额与国民收入比率在 20 世纪 20 年代和 30 年代初有下降，低至 9. 7%左右（p. 264）。

照的银行开业20年之际即改为私立银行。①此后，日本银行界不再使用“国立银行”（国民银行）一词了。1890年颁布的“银行条例”则大幅度放开申办私人银行的条件，同时也规定了银行经营基本守则。至1901年，日本共有私人银行2 359家，吸收的存款总额多达5.16亿日元。② 1893—1901年，私人银行存款增长了10倍，贷款增长了13倍，贷款总额约为存款总额的1.5倍。③该时期“超贷”的主要原因是日本银行对银行机构的信贷支持，具体形式包括但不限于票据贴现。在世纪之交，私人银行或商业银行逐渐分化为不同类别，例如“都市银行”或“城市银行”（City Banks）与地方银行，前者规模较大，并且也与日本银行关系较为密切。

明治维新后，日本在很多年份处于贸易逆差或经常账户逆差，但在1897年却转向了金本位制。日本在1896—1898年获得中国支付的甲午战争赔款3.6亿日元，④这是它当时能顺利转向金本位的一个重要因素。日本在1896年仅欠外债46.7万日元，至1913年外债余额高达19.7亿日元，⑤相当于该年日本国民生产总值50亿日元的39.4%。那时日本与沙俄一样，大量依靠外资流入而非经常账户顺差维持金本位。同时，日本政府并不完全放任跨境资金流动。

正是因为日本政府对金融机构和金融市场的严密控制，日本金融体系存在一些突出的结构性问题。后面将详论日本金融体系的结构性问题与财阀形成的关系，此处考察日本银行的政策性利率与国际利率的走势及其差别。如图9－3所示，1886—1935年，日本银行的商业票据贴现率一直高于英格兰银行，最高时超过4个百分点（1900年），最低时也有0.8个百分点（1920年）。从走势上看，利差在1896—1920年呈现下降趋势，此后表现为显著波动并继续维持2个百分点的差距（图9－3中的实线）。

利差在1920—1925年高达3.55个百分点，似与常理相悖。此时第一次世界大战已结束，欧美许多国家陆续恢复金本位制，国际金融市场已在复苏中。显然，日本金融体系出现了新问题，日本经济运行面临新挑战。在所有因素中，财阀的形成不容忽视。

① 铃木淑夫：《日本的金融制度》，第497页。

② 艾伦：《近代日本经济简史》，第54页。

③ 铃木淑夫：《日本的金融制度》，第499页；庞宝庆：《近代日本金融政策史稿》，表2－2，第71页（显示1894年3月至1895年1月期间的存贷款数字对比）。

④ Lockwood, *The Economic Development of Japan*, p. 254；菊地悠二（《日元国际化的进程与展望》，第37页）提及此数为3亿日元，为日本政府预算的4倍（甲午战争前2年日本政府预算为8 150万日元一年）。按协议，中国赔款数额为2.3亿库平银，而日本政府接受的却是与黄金挂钩的国际通货（英镑）。由此，中国赔款支付经由国际银行转换为英镑，日本在其国际银行账户相应增加英镑存款（按当时汇率约为3 700万英镑或1.81亿美元）。

⑤ Lockwood, *The Economic Development of Japan*, Table 20, p. 255.

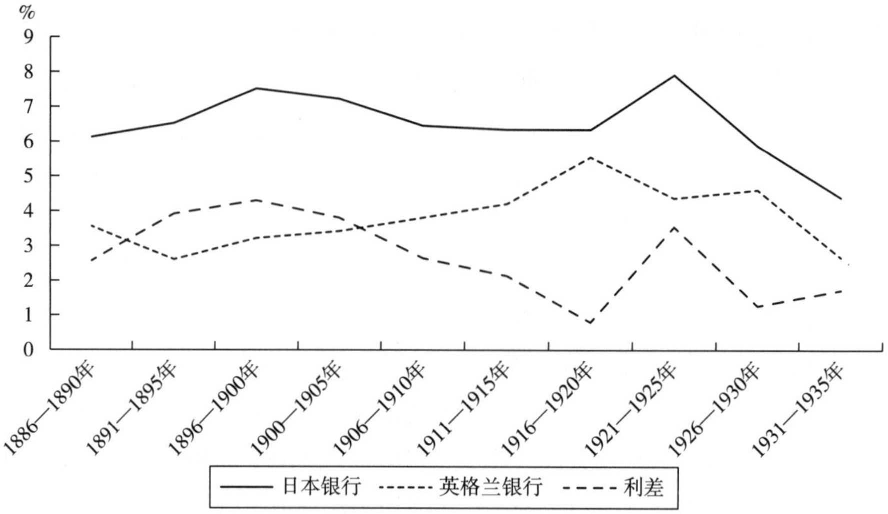

注：Lockwood，*The Economic Development of Japan*，Table 24，p. 290。原始数据来自 Oriental Economist，Vol. III，No. 5，May 1936，p. 282.

图 9－3　1886—1935 年日本银行与英格兰银行商业票据贴现率

日本金融体系的特点与财阀的形成

日本与德意志或俄罗斯不同的是，在工业化进程中没有出现全能银行。一个重要原因是，日本政府在世纪之交成立了专门的长期信用机构（日本兴业银行和劝业银行等），而且也大力支持横滨正金银行那样的专业化国际金融机构。这样，日本的商业银行不再有德意志或俄罗斯同行那样的发展空间。但是，同时，日本政府并未限制银行向企业发放长期信贷或持有证券。如此，日本的商业银行也与德意志或俄罗斯同行有相似之处，具有全能银行的某些特征。

重要的是，日本出现了其他国家所没有的财阀。日式财阀（Zaibatsu）指一些具有特殊关联的企业集团，它们通常以某个关键人物或家族为核心，可由长期借贷或股份持有等形式而形成紧密的金融关系。虽然这些企业在产品上没有任何关系，分属于不同的产业或行业，但在经营上却须服从核心企业的指令。财阀又被称为“金钱集团”，以银行或控股公司为中心，所控制的企业分布于金融、贸易、零售、房地产和工业等。日式财阀与第二次世界大战后在美欧经济中出现的混合企业集团（Conglomerate）不同，后者与所属企业的关系完全基于股份持有并可在资本市场上随时调整，而所属企业大多保持经营独立性。日本的四大财阀（三井、三菱、住友和安田）在两次世界大战期间为日本社会家喻户晓，其核心人物或在幕府时代已是显赫商户，或发迹于明治初期。1905 年日俄战争是日本财阀发展历程中的分界点。在这之前，以三井为代表的老财阀已与政府形成密切关系并建立了雄厚的产业基础；在这之后，日本政府奉行更加积极的并以重工业为主导的产业发展政策，受此影响，一些新产业中诞生出新财阀。[①]很大程度上，大银行以及财阀被日本政府视为推行其产业政策的工具和渠道。

对日本财阀的起源存在不同的看法。有的强调其封建特色，尤其是家族控制的传统；有的强调政治关系的因素，认为财阀以隐性方式体现了“政商合一”的特征；还有的认为财阀是日本资本主义走向垄断（有的也称“统制经济”[②]）的表现。这些说法看上去皆有一定道理，应当联系日本金融体系的特点来理解财阀的形成。

就封建传统而言，欧洲也有不少在中世纪晚期或近代早期就已兴盛的家族，他们应与日本财阀家族一样，带着旧体制特征。有人将日本财阀比之于中世纪晚期的雅各布·富格尔（1459—1525 年），本书第七章第四节中曾提到的一位彼时欧洲的超级富商，在其鼎盛时在欧洲多国拥有银行、矿山和工商企业。[③]但是，进入现代时期（19 世纪后期）后，欧洲基本上不存在财阀。三井财阀为了进一步扩张，特地派遣代表于1907 年前往欧洲考察华宝（Warburgs）和罗斯柴尔德（Rothschilds）的资产管理机构，并提出内部政策建议报告。[④]然而，在欧洲，那些历史悠久、名声远扬的富商家族随着近代民主化和经济体制变革而失去了特权，像日本财阀那样的关联交易在欧洲日益变得要么不合法，要么不再受同行欢迎。

就政商关系而言，日本在海外殖民地曾推行过政商合一的做法。就此而论，政商关系在近代日本显然是改革滞后的领域。财阀对日本政治和政策决策的影响力不仅十分显著，而且是不公开的。从财阀在日本持续数十年的长久生命看，他们的活动和经营方式至少得到了政治家们的默许。财阀对于“善待”他们的日本政治家们给予了各种形式的回报。财阀与政治家之间不可否认存在裙带关系，但是，政商关系问题更多在于政治体制的落后。

就资本主义发展阶段而言，日本不像英格兰或美利坚那样有一个“自然的”生长阶段。明治维新后，尤其是 19 世纪 80 年代后，当日本经济开始起飞，许多新产业出现，不少已经发家致富的家族纷纷进入新领域，大步走向多样化发展。财阀如果仅仅是依靠利润再投资（内部积累或内源资金），家族企业集团的多样化发展速度一定会受限。财阀的形成正是因为这些家族企业集团大量使用金融杠杆。而他们如何能够那么高效地利用金融杠杆，则需要从日本金融体系的结构特征去理解。

---

① 杨栋梁、江瑞平等：《近代以来日本经济体制变革研究》，第 157 页。

② 杨栋梁、江瑞平等：《近代以来日本经济体制变革研究》，第八章第四节“统制经济下的产业组织变动”，第 156 – 172 页。

③ 艾伦：《近代日本经济简史》，第 141 – 142 页。

④ 柴垣和夫：《三井和三菱：日本资本主义与财阀》，复旦大学历史系日本史组译，上海译文出版社，1978 年，第 71 页。

前面提及，大藏省和日本银行是日本金融体系的“塔尖”，后者作为中央银行发挥其“银行之银行”职能。但是，相比于英格兰银行体制或后来的美联储体制，日本银行有若干不足之处。第一，日本银行自成立以来，一直将首要任务定位于日元纸钞发行及可兑换性管理，多少忽略了金融体系微观基础的建设。通货发行及可兑换性管理固然十分重要，体现了中央银行作为“发行之银行”的职能，但中央银行同样需要发挥“银行之银行”的功能，需要高度重视银行体制和银行市场的正常发展。第二，日本银行的票据贴现业务主要面向外贸企业，并以横滨正金银行为主要合作伙伴，因而未能像英格兰银行或德意志帝国银行那样培养出相对成熟的票据贴现业务模式。第三，日本银行给予贷款支持的银行主要是一些有特定关系的机构，既不遵循一般性规则，也非出于行使“最后贷款人”职责的目的。因此，许多普通银行感觉日本银行距离它们千里之外，倘若遭遇流动性危机必然是“远水不救近火”。第四，日本银行为普通银行提供的支付结算服务在一段时期中很不充分。日本银行成立前，大阪的 16 家银行于 1879 年成立了票据交易所，类似交易所后来在东京等地也有出现。日本银行于 1882 年成立后，并没有将支付结算服务作为重要事项提上日程，而是迟在 1891 年才开始将银行间转账事务与各银行在日本银行的活期账户头寸调整结合起来。这本来是一个可以像美联储后来运作的那样，发展日本银行间拆借市场的好时机，但日本银行没有这样做。第五，日本银行长期不注意建立和发展与金融市场（证券股票等）的关系，使得金融市场在日本发展相对迟缓。①

前面提到，1901 年日本已有超过 2 000 家私人银行，其中绝大多数是小银行，时常面临流动性风险和信用风险。如果日本银行作为中央银行不能给予必要的支持和指导，它们势必会自寻应对之策。一条出路是依附于有实力的大银行，另一条出路是寻找“好的”企业并与之建立稳定的长期合作关系。正是这两点为财阀提供了扩张机会，因为他们同时拥有有实力的大银行和“好的”企业资源。

值得一提的是，曾被作为日本现代银行楷模的“第一银行”（以前称为“第一国民银行”）在 20 世纪初也逐渐扩张了其产业关联网，事实上成为财阀之一。② 前已提及，涩泽荣一被公认为“日本资本主义之父”，意即他身上少有封建主义成分。第一银行踏入与其他家族企业一样的发展模式，显然完全由当时日本的经济体制和政策环境所决定。

对许多日本企业来说，它们的外部融资需要很难在证券市场得到满足，无论是债券还是股票形式。自证券市场开办以来，上市日本企业中的“优良者”（那些占据产业龙头地位的大企业）所发行的证券常被大银行等金融机构或政府部门持有，普通投资者根

① 以上几点看法，参考了艾伦《近代日本经济简史》第 56－59 页的论述。

② Tamaki, *Japanese banking: A History*, 1859－1959, pp. 105－106.

本无法接触到这些优质证券，他们也因此失去了投资证券市场的兴趣。[①]于是，需要外部融资和长期资金的日本企业势必更加依赖大银行。

概括而论，20世纪初的日本金融体系存在结构性缺陷，而且正是由于这些缺陷，一方面让财阀可为许多小银行和企业提供包括融资服务在内的支持，帮它们减少经营风险，客观上让参与财阀集团的企业相互“抱团取暖”；另一方面促使需要外部和长期融资的企业只能主要依赖大银行。在这二者的形成过程中，政治因素也发挥了作用，既无明确法律条款限制大银行对关联企业的长期资金供给（无论是债券、股票或信贷），也不对关联交易的公允性和透明度提出任何要求。

1882年，松方调整时所进行的“官产下放”已有所促成财阀势力的早期发展，第一次世界大战前后日本政府鼓励大银行发展的政策则使财阀借机确立或巩固了其经营框架中的金融核心结构。三井银行成立于1909年，住友银行成立于1912年，三菱银行成立于1919年，安田银行成立于1923年。这些银行成立时资本金都在5 000万日元以上，属于当时的超大型银行。[②]上述日期并不代表财阀进入银行业的准确时间，许多财阀在此之前已经涉足银行业。这些日期表明财阀控制的大银行正式投入运作，他们加快运用金融杠杆来扩张财阀综合体由此开始。

有研究者认为，日本财阀的形成，与一方面家族经营企业越来越多、资本金需求越来越大，而另一方面“非血亲的股东变得越来越普遍”的趋势有关。[③]这两种趋势都具有必然性，但第二种趋势的出现却给家族控制带来了难题。为解决这个难题，财阀创始人发明了“金字塔形结构的企业集团”，即在多层级公司股权融资过程中一方面大量吸收外部资金，另一方面保持核心公司对儿子公司和孙子公司的股权和人事控制。[④]这是从公司治理结构的角度看待财阀的产生问题，其重点是家族企业自身的行为。此点也表明日本财阀与美利坚托拉斯的区别：前者是多层次持股，后者是“水平面”持股（核心控股公司在持有多家同行业其他公司的股权的同时，并不通过被持股公司对另外的公司持股而进一步扩张股权控制）。

20世纪20年代后，日本社会经济出现严重动荡。1923年关东大地震，死亡人数超过9万，工商业受到巨大冲击，金融业一片混乱。1927年号称日本“商界拿破仑”的铃木公司（大型零售商）宣告破产，当时它的负债总额高达5亿日元，[⑤]而当年日本GDP仅为163亿日元。1929年后，日本经济受到由纽约股市崩盘引发的世界经济危机的冲

① 艾伦：《近代日本经济简史》，第57页。

② 庞宝庆：《近代日本金融政策史稿》，第36页。

③ 兰德尔·K. 莫克与Masao Nakamura：《井底之蛙：日本公司所有权发展的历史》，载莫克主编《公司治理的历史：从家族企业集团到职业经理人》，第345页。

④ 莫克与Nakamura：《井底之蛙：日本公司所有权发展的历史》，第319页。

⑤ 庞宝庆：《近代日本金融政策史稿》，第124页。

击。日本的私人银行在1924年底尚有1 700家银行，1932年仅剩下651家。这个时期银行机构的合并受到日本政府的鼓励，其政策倾向具有明显的“大银行主义”，认为大银行有利于经济安全。[①]也正是在20世纪二三十年代，财阀在日本经济中达到登峰造极的地步。

第二次世界大战结束后，占领军当局实施了解散财阀的政策。除少数经审查被保留者之外，大部分财阀的控股总公司（株式会社）被解散。[②]它们的资产被冻结、转让或出售，个人财产被征收高额赋税。占领军当局还出台了“禁止私人垄断和确保公平交易法”，冀望以此确保日本经济不再被财阀势力所控制。

政治体制改革有助于切断政治与经济之间的裙带关系，但不一定能有效扭转由经济利益关联而形成的企业间关系。占领军当局聘请的一位经济学者当时就认识到，都市银行是“财阀的神经中枢”。[③]20世纪50年代初，当日本经济初步复苏时，以都市银行为中心的六大经济集团形成。它们分别是三井、三菱、住友、富士、第一和三和，[④]每个名字后面都有许多关系稳定的企业成员。当然，它们不再被认为是财阀，而被称为“财团”（Keiretsu）。在新机制中，不再有家族势力盘踞于金字塔结构的顶端。大银行与成员企业虽然保持密切联系，但不再是排他性的关系。大银行可向其他企业发放贷款，成员企业也可从其他银行获得贷款。不过，仍然有人坚持认为，战后日本企业界在某种程度上或以某种形式“复活了”战前的财阀结构。[⑤]

实际上，随着战后日本在反垄断、企业法人、公平交易和信息披露等领域中的法律调整和完善，战前的财阀模式并没有复活。战后以都市银行为中心的企业组合，更多地反映了都市银行在企业资金供给上的优势地位，而这种优势地位依然来自日本政府的经济政策行为方式，即在20世纪50年代初开始实行政府主导的产业政策，当时以“倾斜生产方式”为其响亮口号。日本政府的有关机构（通产省、大藏省和日本银行等）纷纷围绕政府的经济政策方针安排和引导资金配置。都市银行在资金供给“总龙头”日本银行的影响下，自然成了日本企业（尤其是大型企业）资金供给的重要来源者。直到20世纪80年代中期前，日本大中型企业的外部融资在很大程度上依赖银行而不是证券市场。所以，战后日本企业对银行（都市银行）的新依赖关系，并非历史因素造成，而是日本政府强烈的产业政策行为“不经意的”产物。

20世纪90年代以来，日本经济政策体制经历了许多重要改革。2000年前后，通商

---

① 浜野洁等：《日本经济史》，第116－117页。

② 浜野洁等：《日本经济史》，表5－2，第220页。

③ 约翰·W. 道尔：《拥抱战败：第二次世界大战后的日本》，胡博译，三联书店，2008年，第529页。这位美利坚学者是马丁·布朗芬布伦纳（Martin Bronfenbrenner，1914—1997年），他后来也是日本经济专家。

④ 道尔：《拥抱战败：第二次世界大战后的日本》，第530页。

⑤ 柴垣和夫：《三井和三菱》，第6章，第178－195页。

产业省改称经济产业省，大藏省改名为财务省，这不仅是名称改变，而是政府管理经济行为方式开始转变的标志。日本银行的政策独立性在此期间得到增强。所有这些，都意味着日本政府在告别过去的经济管理方式和产业政策。日本证券市场随之出现新发展势头。尽管日本金融体系仍具银行主导特色，但银行与企业的关系已发生重要变化。“财团”在日本经济界已不再是重要话题。

五、本章小结

19 世纪最后几十年中的德俄日在工业化和金融发展中有许多共同之处。它们都是工业化进程中的后进国，经济发展基础在起步时期与先行国大不列颠和美利坚存在相当差距，它们都将工业建设和经济发展视为维护本国安全和参与国际竞争的重要手段。不仅如此，它们都强调政府对经济发展的主导作用，直接使用财政资金进行经济建设投资，在铁路等一些重要新兴产业中组建国有企业。在金融领域，它们都十分重视推动多样化金融机构的发展，在中央和地方层面分别组建全国性和地方性金融机构。三国都将国家银行或中央银行视为本国金融体系的顶层中枢，通过它对全国金融机构和金融市场发挥引导作用。同时，三国都十分重视扶植国民储蓄系统的成长，借以支持政府财政扩张并促进当地经济建设。德俄日三国在工业化进程中皆有发展证券市场，国债和公司债券股票都成为本国证券市场发行和交易的主体，但是，证券市场发展程度和运行方式与英美有显著不同。

至 20 世纪初，德、俄、日三国分别建立起现代化的金融体系框架，搭建起本国储蓄资源通过金融机构和金融市场流向企业部门和政府部门的通道，进而支持了本国的工业化建设和经济发展。

三国金融体系各具特色。在德意志，储蓄银行、合作银行与合股银行是新兴金融机构，在各自领域中快速成长。它们之间存在着显著的市场分割性，这在客观上促使合股大银行在 19 世纪末朝着全能银行方向发展。20 世纪初后，在诸多因素影响下，储蓄银行和合作银行也表现出全能银行的发展趋势。促成全能银行在德意志发展的重要因素还包括帝国银行的贴现政策、德意志合股企业的治理结构、社会经济的卡特尔化以及政府政策。

俄罗斯和日本在 19 世纪后半期的经济发展基础弱于德意志，它们在追求高速经济发展的强烈愿望驱动下，为克服国内资源的不足，形成了对外资的较多依赖。俄罗斯大量利用外国证券资金和直接投资，并由此形成了以圣彼得堡为总部基地的商业银行异军突起的格局。这些商业银行在沙皇政府经济政策的支持下，走上了全能银行发展道路。

日本对外国资金的利用主要通过证券形式。与俄罗斯一样，日本在 19 世纪末也转向金本位，因此使国内利率走势受制于国际金融市场行情。日本金融体系中发展不平衡的一个突出表现是，进入20世纪后，尤其1905年日俄战争后，日本政府加大了对重工业发展的政策支持，大银行成为日本政府推行新的产业政策的工具和渠道，因而受到特别青睐和庇护。由此，日本经济随之形成财阀占据主导地位的局面。

概括地说，德、俄、日三国的经历表明，金融体系的形成既受到政府经济政策和金融政策的直接影响，也受到历史传统和市场结构因素的制约。李斯特提出的国民经济学（“政治经济学的国民体系”）对几乎所有后进国家的发展战略都有重要影响，但各后进国家的金融体系皆有各自民族特色，是各国历史传统、市场结构与政策因素共同作用的产物。

［第十章］

华尔街投资银行的兴起与现代市场体系的确立

19 世纪最后 30 年到 20 世纪初，世界经济和金融发展出现新动向。第一，美利坚合众国超越大不列颠联合王国成为欧美地区第一大经济体，世界经济重心或多或少转移至西半球。按照麦迪森提供的数据，以固定美元值计算，合众国国内生产总值（GDP）在 1870 年为 107 亿美元，联合王国为 105.8 亿美元，前者首次超过后者，并成为当时欧美最大经济体。①当然，这个超越主要是因为合众国人口显著多于联合王国（4 000 万对 3 100万）。第二，合众国经济快速增长，人均实际收入水平超过联合王国，领先世界。同样按麦迪逊提供的数据，以固定美元值计算，合众国人均 GDP 在 1870 年为 2 445 美元，联合王国为 3 190 美元；至 1901 年，前者为 4 464 美元，后者为 4 450 美元，合众国在这个指标上也实现了赶超。弗里德曼和施瓦茨引用戈德史密斯的研究成果说，“就人均可再生有形财富的十年平均增长率而言，（合众国）19 世纪 80 年代为 3.8%，显然达到了 1805—1950 年的最高水平”。②第三，华尔街投资银行兴起，它们成为推动美利坚产业结构调整和企业重组中前所未见的巨大力量。华尔街投资银行不仅参与企业并购重组，而且有时甚至成了大型企业并购重组的发动者和组织者。南北战争期间联邦政府推出国民银行制度时，原以为借此可促使美利坚金融体系走向完备，不曾预料华尔街投资银行异军突起，一度甚至发挥“银行之银行”的职能。华尔街投资银行的兴起，不仅意味着市场导向的现代金融体系出现了新角色，而且极大地影响了金融与社会的关系，使

① 麦迪森提供的数据显示，按同口径固定美元值，当年中国 GDP 总量为 189.7 亿美元，印度为 134.9 亿美元，皆大于美利坚。至 1890 年，美利坚 GDP 为 214.7 亿美元，超过中国 205.4 亿美元以及印度 163.3 亿美元。

② 米尔顿·弗里德曼和安娜·J. 施瓦茨：《美国货币史（1867—1960）》，巴曙松、王劲松等译，北京大学出版社，2009 年，第 60 页。

金融成为世纪之交美利坚社会乃至世界范围内激烈争论的对象。

第九章指出，在德俄日等后进的工业化国家，19 世纪最后几十年中，大型金融机构快速膨胀，成为本国经济和金融体系中的重要角色。它们要么直接得益于政府的扶植，要么是有关金融政策的主要受益人。而在像美利坚这样实行“自由放任”政策的工业化国家中，以华尔街投资银行为代表的大型金融机构的发展，则主要是市场经济发展的自然结果。这引起有识之士的疑问和思考，自由竞争会导致集中和垄断吗？金融业出现了集中趋势和垄断化吗？金融发展会带来金融机构对产业的控制吗？

这些问题在 20 世纪初就已提出，但人们看法各异。不仅如此，这些问题在 20 世纪后半期仍被反复讨论，一些意见还影响到有关国家的经济政策和金融政策。从历史角度看，这些问题关系到如何认识和理解市场导向的现代金融体系的形成和作用。

以下第一节概述 20 世纪初几个代表性观点，它们都认识到“大企业时代”的到来以及金融机构在社会经济中地位的上升，各自提出了对因果关系的见解。第二节追寻华尔街投资银行业在 19 世纪最后几十年中的演变轨迹，重点考察几家代表性投行的发展过程和经营特色。第三节聚焦于投资银行在企业并购中的作用，梳理其行为的前因后果。第四节剖析华尔街投资银行在美利坚现代金融体系中的定位和作用，以及投行与其他重要金融机构的相互关系。第五节为本章小结。

一、大企业时代的到来和对金融的新看法

两位美利坚研究者在 1930 年发表了《现代公司与私有财产》一书，他们认为，在私有财产制度的演进过程中出现了公司制度（Corporations，合股企业）；在这些合股企业的带动下，社会经济出现了集中趋势；同时，公司（合股企业）里出现了所有权与控制权（管理权）的分离趋势。①后来的学者如小艾尔弗雷德·D. 钱德勒将这种转变称为“美利坚产业的管理革命”，体现了大企业作为“看得见的手”在社会经济中发挥着前所未有的巨大作用。在钱德勒看来，合股大企业在 1840 年前的美利坚尚不存在，而到了 20 世纪前半期，它们已在美利坚所有重要产业部门中居于支配性地位。②简言之，19 世纪中期后的经济发展以大企业不断增多与壮大为特征。

大企业时代的到来和垄断化趋势

1870—1913 年是工业化在欧美地区快速发展的几十年。这个时期有几个不同的称

---

① 阿道夫·A. 伯利和加德纳·C. 米恩斯：《现代公司与私有财产》，甘华鸣等译，商务印书馆，2007 年。

② 小艾尔弗雷德·D. 钱德勒：《看得见的手：美国企业的管理革命》，重武译，商务印书馆，1987 年，第 3 页。

谓，例如“第二次工业革命”“加速工业化时期”或“第二波全球化”，在合众国还被称为“镀金时代”。这个时期在经济上有三个突出特征：（1）新的重大技术创新不断涌现，电力石油、电报电话、电灯电车和内燃机等相继问世；（2）国际商品贸易、移民和资本流动皆快速增长，世界各地经济的相互联系在广度和深度上都达到了空前高度；（3）工厂和企业经营规模增大，雇佣工人上千甚至过万的大型工厂不足为奇。[①]新兴工业部门涌现出一批领先企业，它们不仅是技术上的创新者，而且也是行业中的巨头，占有本行业产出大部分产能和产量。

两种新的企业联合形式分别在美利坚和德意志经济中广泛出现，并受到了舆论的关注。一是托拉斯，二是卡特尔。

在美利坚，新的企业联合形式是“托拉斯”。托拉斯的英文（Trust）是一个多义词，可指信任、信托。专做证券评级的穆迪公司创始人约翰·穆迪（1668—1958 年）于 1904 年出版题为“*The Trust About the Trusts*”一书，[②] 直译可为“关于信托的信托”，实则指“托拉斯详解”。在金融界，该词特指“投资信托”（Investment Trust），即受托人代理委托人的长期证券投资或房地产投资。[③]但在 19 世纪最后 30 年的美利坚企业界，人们赋予了这个词语以崭新含义，即一个通过股份持有而形成的同行业企业集团，该集团中各企业听从控股企业或集团核心机构的指示，就开发、生产、供给和销售等重要事项做出协调性安排。1870 年在合众国俄亥俄州成立的标准石油公司，是采用托拉斯概念的先驱者。石油是那时的新兴产业。约翰·戴维森·洛克菲勒（1839—1937 年）创立的标准石油公司利用运输线路的优势，以价格竞争等多种方式击败众多对手，取得行业的领先地位。随后，公司不断扩大销售网络，并与同行业数十个企业签订商业合作协议，涉及价格和产量安排等重要事项。这些协议相当于“卡特尔”。后来，洛克菲勒对这类协议感到不满，认为它们欠稳定，也不够充分，于是采用多种手段让合作企业签订股份互换的协议，使标准石油公司成为当时美利坚石油业的控股公司，也就是“托拉斯”。该托拉斯远不同于普通的信托机构，它能够向参与企业发布生产计划和销售安排等方面的指令。1882 年“标准石油托拉斯协议”正式出台，参与协议的 40 家石油企业的 41 位投资者将其拥有的控股权委托给该“托拉斯”，由后者对参与企业的销售和生产计划等事

---

① 法兰西施耐德工厂（Schreider Works）1870 年有 12 500 名工人，德意志克虏伯工厂（Krupp Works）1873 年有12 000名工人。1900 年，雇员超过 1 000 人的美利坚制造企业多达 443 家，其中 120 家为纺织企业，103 家为钢铁企业（乔舒亚·B. 弗里曼：《巨兽：工厂与现代世界的形成》，李珂译，社会科学出版社，2020 年，第 127－128 页）。

② 查尔斯·R. 吉斯特：《美国垄断史：帝国的缔造者和他们的敌人（从杰伊·古尔德到比尔盖茨）》，傅浩等译，经济科学出版社，2004 年，第 6 页。

③ 美利坚金融界在 20 世纪 20 年代时形成的看法是，有两种信托，一种是“管理信托”，受托人可自行决定投资组合；另一种是“固定信托”，受托人不得改变信托协议签订时约定好的组合资产构成（Vincent P. Carosso, *Investment Banking in America: A History*, Harvard University Press, 1970, p. 282）。但这两种信托皆与作为控股公司的股权信托（托拉斯）不同。

项实施决策权。①

在德意志，流行的企业合作形式是“卡特尔”（Cartel），即同行业中许多企业就产品销售价格达成协议，避免价格竞争。卡特尔首先是企业和行业组织的自发性行为，后来得到了德意志帝国政府的支持。政府允许国内煤矿、钢铁和其他许多行业实行卡特尔化，还亲自组织钾碱企业形成卡特尔。德意志的“模范卡特尔”是煤矿辛迪加，1914 年成员有 90 家公司，该机构不仅统一规划生产配额和价格，而且还发挥其他许多作用。②

1897 年德意志帝国法庭的一项判决使卡特尔合法化：“加入产品的价格降得太多以至于影响到了贸易的正常运行，那么这一结果不仅对个人是灾难性的，而且对于整个经济领域也是毁灭性的。因此从整体利益来看，产品的价格持续走低对产业部门并没有好处。有效的对策是立法部门通过实施诸如保护性关税等措施使物价回升。所以我们不能简单地将企业联合起来阻止价格持续回落的做法看成是违背了公众利益。另外，假如价格持续保持低位，经济危机威胁到企业的生存，那么企业组织不仅有权进行自我保护，而且这也是为了保护大众的利益。（卡特尔协议）并没有违背自由贸易的原则，因为我们理应保护整体利益，而不是个人利益……只有当企业联合的目的确实是为了垄断、为了压迫消费者，或是企业间的协定确实造成了这种后果时，我们才应该反对这种形式的联合。”③

在大不列颠和法兰西，中小企业在 19 世纪最后 30 年仍然是社会经济各行各业中的主体。1870 年前后，在大不列颠，凡雇佣工人 50 人以上的制造业工厂都必须接受政府设置的工厂监督官（“视察员”）的定期审查，言下之意是 50 人之上的工厂可算是“大工厂”了。④但在个别制造业部门，企业雇佣工人的平均规模已有数百人。铁船制造便是这样的部门，78 家企业平均雇佣 570 人。⑤

较能说明不列颠经济中垄断化趋势的一个事例是烟草业。在 19 世纪与 20 世纪之交，不列颠有 500 家烟草制造商和 30 万个独立零售商，属于典型的高度分散型市场结构，接近于经济学教科书所说的完全竞争状态。这时，合众国的烟草产业已经过整合，美利坚烟草公司（American Tobacco Company）成为行业领先者。该公司 1890 年生产了全国烟草产量的 90%。道琼斯工业股票指数于 1896 年首次发布时，美利坚烟草公司是 12 只成

---

① 小阿尔弗雷德·D. 钱德勒、托马斯·麦克劳、理查德·特德洛：《管理的历史与现状》，东北财经大学出版社，2007 年第 2 版，案例 15：标准石油公司：联合、合并与一体化，第 202－223 页。

② 杰弗里·菲尔：《德国资本主义》，载托马斯·K. 麦克劳编《现代资本主义：三次工业革命中的成功者》，赵文书、肖锁章译，江苏人民出版社，2006 年，第 160 页。

③ 菲尔：《德国资本主义》，第 161 页。该文也指出，卡特尔在美利坚为非法（1890 年谢尔曼反托拉斯法通过之后），在不列颠合法但不提倡，在德意志则得到了提倡（第 161－162 页）。

④ 克拉潘：《现代英国经济史》，姚曾廙译，商务印书馆，1975 年，中卷，第 156 页。列宁在论述“生产集中和垄断”时，也提到，在德意志工业中，雇佣工人 50 人以上的大企业数目在 1882—1907 年期间有了增加（列宁：《帝国主义是资本主义的最高阶段》，中共中央编译局译，人民出版社，2001 年，第 10 页）。

⑤ 克拉潘：《现代英国经济史》，中卷，第 158 页。

分股之一。美烟公司总裁于1901年秋天携带巨款前往不列颠，向那里许多企业发出了收购要约。不列颠烟草业大有全行业沦为美烟附庸之虞。在此关头，13家不列颠烟草企业于当年底联合组建“帝国烟草公司”（Imperial Tobacco Company），并立即展开了针对美烟公司的反收购战和价格战。经过一番较量，美烟公司提出妥协，两家公司达成划分市场的协议，并组建合资企业“英美烟草公司”（British – American Tobacco），以此为执行工具瓜分市场。①这个事例表明，大不列颠国内经济中的垄断化进程受到了国际因素的刺激，美利坚企业是当时国际经济中垄断化趋势的重要推动者。

大企业带来结构调整新挑战

从现代观点看，19世纪最后几十年在一些工业行业中出现的垄断化趋势反映了当时社会经济发展中结构调整的矛盾和冲突。美利坚和德意志是当时工业增长速度最快的两大经济体，规模经济效应在这两个经济体中十分显著。为了追求规模经济效应，领先企业拼命扩张。同时，在当时许多产业中，产品差异尚未成为显著趋势，同业竞争往往借助于代价惨重的杀价手段。虽然很多企业不希望使用价格竞争手段，但又缺少足够开发能力发展产品差异。这样，通过卡特尔或托拉斯这种外部协议方式来消除同行业内部的价格竞争威胁便成了领先企业发展战略的首选。

19世纪后半期，美利坚经济学者戴维·威尔斯（David Ames Wells，1828—1898年）曾强烈支持高关税，后来却转而认同自由贸易政策。他在晚年认识到美利坚经济已经发生一些重要的结构性变化。他说，“过去的普遍假定是，当价格不再等于生产成本并给资本带来可观利润时，产量就会减少或中止；较差的生产者会被挤出去，市场正常价格便得以恢复。但这个教条不再适用于现代生产方法。那些大工业企业，无论是合股公司还是富裕个人，已拥有了巨大经济势力，他们很难被赶到墙角。现在的情况是，连一个小生产者都很难退出产业。大量事例表明，合股公司数年来毫无盈利，分毫不付红利，却日复一日地连续营业。”②以现代眼光看，这段话似乎在说，由于企业制度的变化，一些接近于“僵尸”的企业很难自行退出市场。戴维·威尔斯被认为早于熊彼特提出了“创造性破坏”的思想，而且也是较早敏锐觉察到经济结构发生深刻变化的学者之一。

依照逻辑，如果某行业内一些企业到了应该退出但却不愿退出的地步，而且这种失衡的情况累积到相当严重的局面，那么，市场再平衡的内在要求便会呼唤新生力量来执行“市场出清”的功能。这就是企业并购和产业重组的由来。但是，在企业规模已十分

---

① https：//www. company – histories. com/Imperial – Tobacco – Group – PLC – Company – History. html.

② 转引自 Michael Perelman，“Schumpeter，David Wells，and Creative Destruction”，*Journal of Economic Perspectives*，Vol. 9，No. 3（Summer 1995），p. 191。戴维·威尔斯的思想主要反映在他1889年出版的著作 Recent Economic Changes and Their Effect on Production and Distribution of Wealth and Well – Being of Society（《晚近经济变化及其对财富生产和分配以及社会生活的影响》）。

巨大的背景下，企业并购和产业重组不可能仅仅依靠发起企业自身的资金能力。发起企业必须借助外部资金来源。而这就为金融机构提供了发挥作用的新机遇和新场所。在19世纪末的美利坚，投资银行应运而生，顺势而为，促成了世纪之交美利坚产业大整合。

事实上，19世纪最后10年到20世纪前10年是美利坚经济上几次企业并购大浪潮的第一波。统计数据显示，1898年企业兼并数超过1 200起，创了历史纪录。此后，20世纪20年代、60年代和80年代前后发生几波兼并浪潮，年度兼并数甚至超过2 000或3 000起。如果以相对指标（企业兼并次数与当年国民生产总值的比率）来看，19世纪末的兼并规模超过了截至20世纪80年代的历次兼并浪潮。[①]

但是，世纪之交的国际社会对“新时代”的主流认识并非出自上述企业制度变化和产业结构调整的角度。社会舆论高度关注的是大企业的种种垄断行为，并将之与金融机构的作为联系起来。这种思路在当时的影响更大，以霍布森、希法亭和布兰代斯等为代表。

霍布森的帝国主义论

霍布森（John Atkinson Hobson，1858—1940年）是一位勤奋的写作者和社会问题批评者。他曾担任《曼彻斯特卫报》派驻南非记者，追踪报道了1899年布尔战争。他在那时意识到，这场国际冲突的缘起与不列颠人在当地的矿业利益有着密切关系，大不列颠政府的外交政策受到了经济利益的驱动。很快，他将自己的思想整理成型，于1902年发表《帝国主义》一书。该书出版后产生了广泛而深远的影响。

在书中，霍布森从多个角度论述了帝国主义概念，指出此概念在经济上有着几个重要关联。第一，像大不列颠这样的列强已经将自己的对外政策定位于为不列颠企业争夺世界市场服务，“国家政策沦为投资阶级谋取私利的工具”[②]。其他列强（法兰西、德意志和美利坚）均如此。第二，帝国主义的根本特征是奉行对外扩张和侵略性政策，其经济根源是国内市场的结构性缺陷，即由于垄断化趋势而出现了劳工阶级收入增长停滞的局面，企业遇到了国内消费不足和市场饱和的问题，需要不断去开拓海外市场。第三，金融家和证券交易所中的投资者群体是财富的代表，也是对外债权人；他们是“帝国主义这门行当的最大股东，并且有的是办法去影响国家政策”[③]；他们并不必然支持战争，但会去控制和影响媒体，左右社会舆论，并把自己包装成为爱国者。[④]他径直提出这样的

① Devra L. Golbe and Lawrence J. White. “A Time - Series Analysis of Mergers and Acquisitions in the U. S. Economy,” in Alan J. Auerbach, ed. *Corporate Takeovers: Causes and Consequences*, Chicago University Press for National Bureau of Economic Research, 1988, pp. 265 - 310.

② 约翰·阿特金森·霍布森：《帝国主义》，卢刚译，商务印书馆，2017年，第58页。

③ 霍布森：《帝国主义》，第63页。

④ 霍布森：《帝国主义》，第62和64页。

问题："假如罗斯柴尔德家族出面反对的话，欧洲有没有哪个国家能够打得起一场大战，或者募集一笔巨额国债?"[①]他紧接着说，"为菲律宾战争所缔结的财政协定，让皮尔庞特·摩根先生及其同伙大赚了数百万美元"。[②]这里，他显然从受益的角度去推理事物的因果关系。

霍布森上述论断虽然为他的"帝国主义论"提供了经济思想上的支持，但并未涉及经济生活中的垄断化趋势与金融的关系，而这个问题正是另一位论者（希法亭）的研究对象。

希法亭的金融资本论

鲁道夫·希法亭（Rudolf Hilferding，1877—1941 年）是出生在奥地利的德意志社会活动家和马克思主义经济学者。在魏玛共和国时期，他是德意志社会民主党的理论家，并作为该党干部一度出任政府财政部长（仅在 1923 年 8 月至 10 月的短时间中，当时超级通胀达到历史最高水平）。他最有影响的著作是 1910 年出版的《金融资本》，该书被德意志社会民主党的资深人士评价为马克思《资本论》的"续编"，充实了《资本论》的构架和当代细节。[③]此书的出版让希法亭在党内的地位迅速上升。随着参与德意志政治活动的增多，他后来放弃了原来的奥地利国籍，加入了德意志国籍。

从《金融资本》的逻辑框架看，希法亭对《资本论》的思路有着十分深刻的理解和娴熟的把握，并运用到他对当代现实的分析中。他在书中大量列举来自不列颠和美利坚经济中的事例，但实际上自始至终都围绕着德意志（以及他的出生地奥匈帝国）金融体制的特点进行论述。

针对金融在工业化国家的新发展趋势，他提出了几点颇具特色的论断，以下摘录的观点皆与"金融资本"概念紧密相关。

（1）银行与企业的关系过去主要是前者向后者提供周转资金，近来却转变为前者也向后者提供"生产资本"，[④]这样，两者的关系便发生了重大变化。

（2）银行业发生了经营集中趋势，大银行具有突出的优势并因而促成了银行业走向垄断。而且，银行业中的集中趋势与产业中的集中趋势相互促进。希法亭认为，银行越

---

① 霍布森：《帝国主义》，第 61 页。针对罗斯柴尔德以及伦敦金融界与不列颠政府在 1899—1902 年布尔战争期间对外政策之间的关系，后来的研究者检查了罗斯柴尔德与罗兹（也译罗德斯，Cecil John Rhodes，1853—1902 年）的往来函件，结论是，前者早先资助了后者及其德比尔斯钻石公司，但后来与后者在南非政策上发生意见分歧，并与其他多个伦敦金融家撤回对后者的信贷。此项研究旨在澄清霍布森的不实说法，参见 Stanley David Chapman, "Rhodes and the City of London: Another View of Imperialism", *The Historical Journal*, Vol. 28, No. 3 (Sep., 1985), pp. 647 - 666。

② 霍布森：《帝国主义》，第 61 页。

③ M. C. 霍华德和 J. E. 金：《马克思主义经济学史 1883—1929 年》，顾海良等译，中央编译出版社，2014 年，第 99 页。

④ 鲁道夫·希法亭：《金融资本：资本主义最新发展的研究》，福民等译，商务印书馆，1997 年，第 93 页。

大，它就越安全，“银行从一开始就厌恶竞争”。[①] 银行利用为企业客户所提供的往来账户服务，可得到信息上的好处，即借以判断企业客户的经营风险，从而也为自己的利益服务。[②]

（3）大银行正在变成一种交易平台，从交易所夺走了一部分职能。例如，大银行可同时接待两位来买卖证券的客户，一位要卖，另一位要买，这样，大银行完全可以不经过交易所，自己来“撮合”这两个客户的交易。而且，随着这种情形的增长，大银行甚至将交易所变成了自己的“附属工具”。[③]

（4）经由银行投入产业的货币资本构成了金融资本，这是由银行所控制的企业资本，虽然其终极来源也包括企业存入银行的资金，但控制权已经转移到银行之手。“金融资本随着股份公司的发展而发展……随着卡特尔化和托拉斯化，金融资本达到了它权力的顶峰”。[④]

（5）各国经济发展的历史情况互不相同，但最后都会形成国际利益的冲突。在不列颠，资本主义是“有机发展”的一个结果，资本由许多个人分散地拥有，银行和商业资本主要来自海外殖民地的贡献，它们与产业资本的联系相对松弛。[⑤]但在德意志和美利坚，股份化是集聚资本的主要方式，而且这需要通过银行来进行，因此，金融资本在这两国出现是必然的趋势，而且这两国的产业集中和垄断程度的确也比不列颠要高很多。[⑥]

（6）随着金融资本实力的增强，它们也在越来越大的程度上左右着有关国家的经济政策和对外政策。自由贸易政策已经让位于保护关税政策，列强们争夺经济区（势力范围）的斗争已在全世界范围内展开。缺少海外殖民地的德意志帝国和奥匈帝国在争夺经济区方面的追求特别强烈。希法亭似乎已经预感到大规模国际冲突和社会变革的到来，他甚至说出了这样的话，“金融资本的政策必定会导致战争，进而导致革命风起云涌”。[⑦] 在“金融资本”与所在国对外政策的关系上，希法亭与霍布森有相似看法。

联系第九章关于德意志工业化时期金融发展的论述，不难明白，希法亭所说“金融资本”在很大程度上是他对全能银行特性和作用的解读，并不适用于英美金融体系。就第（1）点而言，大不列颠银行机构在资金运用上转向了短期用途，即主要向企业发放“周转资金”，这恰与希法亭所说相反。就第（2）点而言，19 世纪后半期以来，大不列颠银行业的集中趋势主要表现为合股银行的较快增长以及合股银行对私人银行的兼并，

① 希法亭：《金融资本》，第 197 页。
② 希法亭：《金融资本》，第 95 页。
③ 希法亭：《金融资本》，第 159 页。
④ 希法亭：《金融资本》，第 253 页。
⑤ 希法亭：《金融资本》，第 349 页。
⑥ 希法亭：《金融资本》，第 350 页。
⑦ 转引自罗伯特·拜德勒克斯、伊恩·杰弗里斯《东欧史》，韩炯等译，东方出版中心，2013 年，上册，第 428 页；那里说明此话引自《金融资本》英文版第 366 页（中译本有类似意思的表述，但未见此段文字）。

而在美利坚，国民银行和州银行的数目持续增多，银行集中趋势主要发生在纽约等少数金融中心城市。就第（3）点而言，个人客户的证券买卖完全由银行操办并且不经过交易所而完成，此属德意志证券交易的特殊情形，主要原因是，在那里银行是交易所的交易商成员，在银行的证券客户增多后，一些可自行“匹配”的证券买卖不经过交易所可节省交易费用（第九章第二节曾提及此事）。这种做法不是现代证券市场的常规，具有特殊性。

希法亭认为，“金融资本”概念也适用于美利坚合众国，但他明显没有区分投资银行和商业银行。希法亭所说的“美利坚大银行”，主要指聚集在华尔街周围的投资银行和大型商业银行，这些金融机构的作为在19世纪末和20世纪初几十年时间中，一度接近于德意志全能银行。但是，美利坚的经济和金融体制毕竟与全能银行概念不兼容，将美利坚的大银行与德意志或奥匈帝国的全能银行画等号不符合实际情况。总的来看，希法亭“金融资本”概念虽然很有新意，但思辨性多于现实性。[①]

进步主义者布兰代斯的金融寡头论

南北战争后，美利坚经济进入加速工业化发展时期。铁路已经将东西海岸连接起来，不断壮大的国内市场为众多新兴企业提供了高速扩张的空前机会。一些大型金融机构开始在美利坚企业界叱咤风云，运用资金实力推动公司并购整合，俨然成为产业巨头背后真正的掌权人。

19世纪末以来，许多进步主义者从各自角度发出了对弱肉强食行为的抨击。他们之中，有一位人士特别关注金融问题，并发表了影响深远的看法，也为推动联邦和地方两个层面的金融监管和立法改革作出了贡献。他就是布兰代斯（Louis Dembitz Brandeis，1856—1941年），一位犹太移民的后代，哈佛大学法学院毕业生，合众国最高法院大法官（1916—1939年），普通民众金融权益的维护者（也被称为“人民的律师”），一部大众金融读物的作者。

这本读物就是《别人的钱以及银行家们如何用它》，出版于1914年。[②]它是一部文集，汇集了布兰代斯此前为杂志撰写的与金融相关的文章，主题是揭露大银行蒙骗顾客的行为以及大企业相互勾结损害消费者利益的黑幕。这部文集的开篇文章题为“论金融寡头”（Financial Oligarchy），并在文首引述了伍德罗·威尔逊在担任新泽西州长时（1911年）发表的一段讲演辞：“这个国家中的大垄断是金钱垄断。只要它存在一天，

① 一位当代德意志学者说，希法亭的理论“在问世时就已经基本过时了”（于尔根·科卡：《德国工业化进程中的企业家与管理者》，作为第十章载彼得·马赛厄斯、M. M. 波斯坦主编《剑桥欧洲经济史（第七卷上册：工业经济：资本、劳动力和企业）》，徐强等译，经济科学出版社，2002年，第729页）。

② Louis Dembitz Brandeis, *Other People's Money And How the Bankers Use It*, Frederick A. Stokes Company, 1914（电子版可从 www. gutenberg. org 网站获得）。

我们固有的多样性、自由和个人发展动能便不得安宁。伟大的工业民族受到了信用体系的控制。我们的信用体系集中化了。这个民族的增长和我们所有的活动因而都被掌握在少数人手中，即便他们诚实作为，心甘情愿地为公共利益服务，但由于他们的钱财已经投放于那些高度集中的机构中，囿于利益之牵挂，他们势必漠视、妨碍甚至摧毁真实经济自由。这是摆在我们所有人面前的最大问题，政治家们必须以其毅力应对这个挑战，服务于人们的长远未来和真正自由。”

布兰代斯紧接着引用了普乔委员会报告中的一段话：“我们以前遇到过各种清除产业竞争的情况，现在远比过去的情况更加危险的是少数人组成的集团（Groups）掌控了我们的银行和产业，并由此形成了对信贷的控制。”

普乔委员会（Pujo Committee）是合众国众议院银行与通货委员会于1912年设立的专门小组委员会，调查华尔街“金钱托拉斯”（Money Trust）的作为。该小组由众议员普乔（Arsène Pujo）担任主席（他同时也是银行与通货委员会主席）。这个委员会的报告严厉批评了大型投资银行的作为，主张监管改革，也为1913年联邦储备系统的建立和1914年克莱顿反托拉斯法的通过作出了一定贡献。

布兰代斯没有明确定义“金融寡头”，但从他的语境中可看出，“金融寡头”指那些持有企业股份并对工业企业管理事务施加干预的金融巨头，尤指以摩根公司为代表的华尔街投资银行。摩根于1901年主导了美利坚钢铁业的一次重大企业重组，以其强大资金实力迫使钢铁大王卡耐基出让控制权。这个事例被广泛地解读为美利坚企业并购争夺战中金融巨头势压工业巨头的标志。华尔街大型金融机构便是“金融寡头”或“金钱托拉斯”，它们在竭力控制美利坚的各个产业部门。

威廉·麦金莱（又译麦金利）于1897年当选为合众国第25任总统后，推行高关税和金本位制，连伦敦出版的《经济学家》周刊也这样评论道，“麦金莱先生由托拉斯选出……在其任期内，托拉斯的财富和权力增长到惊人地步，据说现在托拉斯已控制全美资本的90%”。[①] 麦金莱于1901年遇刺身亡，继任者西奥多·罗斯福（1901—1908年在位）才转向了反托拉斯的经济政策。

关于金融发展的三大新问题

19世纪与20世纪之交，随着“帝国主义”“金融资本”和“金融寡头”等概念的流行，工业化国家中许多人对金融也有了新看法，自觉不自觉地接受了这三个观点，即“金融推动了社会经济中的集中化和垄断趋势”“金融业本身也出现了集中化和垄断趋势”“金融寡头或金融资本集团开始控制全国经济命脉甚至左右中央政府的内外政策”。

19世纪最后30年，世界流行金本位制，工业化在许多国家快速发展。在这个时期，

---

① 转引自吉斯特《美国垄断史》，第35页。

世界总产出的增长速度高于黄金供给，以黄金表示的物价水平在此期间有所下降，世界范围内发生了通货紧缩。通货紧缩意味着“钱更值钱”了。于是，世界各地的人们纷纷寻求“钱去哪里了”的答案。当有人发现金融巨头手中握有大量金钱资源时，便认为这些金融巨头是经济问题的症结所在。世纪之交，社会对金融巨头的猛烈抨击显然具有宏观经济背景。

事实上，常规意义上的垄断化与通货紧缩相对立，前者意味着物价水平的上升，后者则是物价水平的低落。在世纪之交，在工业化国家舆论对金融巨头和垄断趋势的一片谴责之声中，人们越发认识到，随着技术进步和经济发展，社会经济结构发生了重要变化，金融与经济的关系也出现了前所未有的新变化，需要以新的视角来认识金融及其作用。

二、投资银行业在美利坚的兴起

美利坚金融业在19世纪发展快速。依据戈德史密斯的统计，美利坚各种金融中介机构资产合计，1800年仅有500万美元，1870年为25亿美元，1900年为152亿~182亿美元，1912年为394亿美元。[①]换算为与国民生产总值的比率，1870年为33.8%，1900年为81.3%~97.3%，1912年为98.5%。1912年，在全部金融中介机构资产总额中，银行占比为63.4%，保险为13.7%，包括储贷机构和投资公司在内的其他金融机构为2.4%（其中投资公司占比不到0.1%），信托公司和银行信托部为17.2%。[②]但这些数字都不能准确揭示那时美利坚金融体系的一大特点，即投资银行的巨大作用。

投资银行是19世纪后半期出现在美利坚金融业的一个新角色。美利坚投资银行与大不列颠商人银行和德意志全能银行一起，构成了20世纪初世界金融中的三大代表性金融机构。如果说德意志全能银行的兴起，在很大程度上反映了德意志帝国政府在工业化时期推行的积极经济政策的效应，那么美利坚投资银行的壮大则是合众国政府在金融和经济事务上不积极作为的结果。与19世纪后半期德意志不同，银行业在19世纪美利坚已有长足发展。在19世纪最后30年至20世纪初，美利坚投资银行相比于普通商业银行，拥有诸多经营优势，并且可参股和控股企业。然而，它们终究没有成为像德意志全能银行那样的金融机构。理解美利坚投资银行的特性及其经济意义，需要将其置放于那个时期合众国经济背景和金融体制之中。

---

① Raymond Goldsmith, *Financial Intermediaries in the American Economy since* 1900, Princeton University Press, 1958, cited by George D. Green, “Financial intermediaries”, in Glenn Porter ed. *Encyclopedia of American Economic History: Studies of the Principal Movements and Ideas*, Charles Scribner’ s Sons, 1980, Vol. II, Table 1, p. 710.

② Green, “Financial intermediaries”, Table 3, p. 722. 投资公司占比1922年达到了0.1%，1929年为3%，1952年为6.1%。

1812 年第二次美英战争为投资银行在美利坚起源过程中的重大事件。战争爆发后，联邦政府急需大量开支，但此时已没有了合众国银行可予借款（该银行已于 1811 年转为普通私人银行）。财政部转而发行 1 600 万美元债券，但公众反应冷淡，认购远低于预期。政府只好寻求私人金融家的帮助，向三位富商兼银行家出售 1 000 万美元债券。这三位分别是，斯蒂芬·吉拉德（Stephen Girard，1750—1831 年），费城银行家，出生于法兰西，此前刚从联邦政府手中购得合众国银行；约翰·雅各布·阿斯特（John Jacob Astor，1763—1848 年），纽约皮毛大亨兼地产商，远东贸易开拓者，出生于德意志；戴维·帕立什（David Parish，1778—1826 年），大地产商，曾任巴林兄弟公司驻美商务代表，苏格兰裔，出生于德意志。他们三位认购联邦债券后，转而出售给他人，实为从事证券承销。此事被视为投资银行在美利坚的滥觞。①

投资银行与普通商业银行在经营范围上有许多差别：（1）投资银行主要从事证券承销、企业融资（也称“公司金融”）和贸易信贷，普通商业银行一般不从事证券承销（部分商业银行可从事企业债券承销）。（2）投资银行接受存款，但通常不接受个人小额存款。因此，投资银行不是“零售银行”，而是“批发银行”，其客户通常是大中型企业、中央和地方政府及其他金融机构。而普通商业银行是“零售银行”，面向本地居民和中小企业。（3）在合众国，直到 20 世纪 60 年代以前，普通商业银行只能在本州开展业务，不可跨州经营，而投资银行则可接受来自全国各地的客户，它们从未注册为州银行或国民银行，不受地域限制。

到 19 世纪与 20 世纪之交，数十家声名显赫且规模巨大的投资银行聚集华尔街，它们大都参与纽约证券交易所的各种证券交易业务，因此俗称为“华尔街投资银行”。这些投资银行起源很不相同，有的发轫于承销联邦政府债券的证券公司，有的前身是从事跨境证券交易和贸易信贷的国际金融公司，还有的曾为商业企业票据流通的中介公司，等等。华尔街投资银行是连接证券交易市场与企业和国内外政府的金融中介，它们发挥着普通商业银行或其他金融机构无法起到的作用。

世纪之交，美利坚多个城市设有证券交易所，例如波士顿、芝加哥和旧金山等，它们都是合股银行和非金融公司证券上市的场所。在交易对象和交易规则方面，纽约股票交易所与其他交易所并无实质差别。但是，纽约市独享若干经济优势，纽约股票交易所也因此成了全美最大的交易所。第一，纽约是全美第一大海港，国际物流和人员流动的规模位居全美首位。第二，纽约是全美银行业中心，全美资产规模最多的数家商业银行聚集于此。第三，纽约是国际资金流入境内的第一站，此传统自 19 世纪初便形成。第

① Carosso, *Investment Banking in America*, pp. 1－2；杰瑞·马克汉姆《美国金融史》第一卷，黄佳译，中国金融出版社，2017 年，第 150－152 页。马克汉姆认为（第 152－153 页），第二次美英战争期间也为纽约股票交易所发展史上的一个转折点。战争结束后，1792 年梧桐树协定（Buttonwood Agreement）签署人的后继者们前往费城，考察学习当地交易所的经验，随后更新了纽交所的证券交易规章制度。

二和第三点也决定了纽约是全美货币市场中心和外汇交易中心。第四，纽约市及其周围富裕投资者数目众多，加上国际投资资金的参与，[①]纽约股票交易所自 1825 年承接伊利运河股以来便是全美发行规模最大的上市证券的首选场所，尤其是铁路股份、钢铁股份和公用事业股等。纽约股票市场具有其他地方无法拥有的资金流动性。此外，自 19 世纪初以来，纽约在合股公司（Corporations）和银行立法方面一直走在各州前面，早在 1811 年便通过了合股公司的立法，在后来很长时间中，成立合股公司的 500 美元资本金要求为全美各州最低者。[②]在这些多因素的共同作用下，华尔街（纽交所所在地）的投资银行也就成了全美最大的投资中介机构。

杰伊·库克的证券销售公司

内战爆发后，面对急剧膨胀的财政支出压力，联邦政府采取了多项措施，其中之一便是面向公众发行债券，并委托私人公司进行推销。为此，财政部长切斯在 1861 年委托杰伊·库克公司（Jay Cooke & Company）销售一笔为期 20 年，但可在 5 年内召回的 5 亿美元债券（史称“5－20 债券”）。这家公司的创办者库克（1821—1905 年）当时虽然年轻，但已有过帮助州政府推销债券的资历。他接受联邦财政部委托后，立即组织大批人马在北方各州县积极推销，使用了多种广告手段，取得了巨大成功。内战 4 年中，他推销的联邦政府债券超过 10 亿美元，在金融上为北方的胜利作出了显著贡献。这些债券的利率水平为 6%～7.3%，[③]与国民银行认购债券的利率水平相当，但前者的承销数额超过了后者。杰伊·库克公司的作为是推销债券，即按照销售债券的数额从发行者（联邦财政部）手中得到一定比例的佣金（不到 1%），[④]而这不同于联邦政府过去所采用的债券承销模式，即委托一家或几家商业和金融大户一次性打折认购全部发行计划，由后者转而分销给其他投资者。1812 年第二次独立战争期间，联邦政府以此方式委托了三家富商，支付了高额的财务成本，还被迫同意作出其他一些事务上的让步。[⑤]使用杰伊·库克的债券销售方式，联邦政府直接与平民大众发生关系，不必再受制于个别富商或金融机构。

南北战争后，库克公司继续从事证券销售，并成为证券承销行业的旗舰企业。1870 年，库克公司担任北方太平洋铁路公司的债券承销商，但这一次，库克公司的债券推销

---

① 研究者认为，大量国际投资者参与了纽约股票交易所的证券买卖，而且，他们的投资目的往往出于套取国际利差收益之目的，而这使得纽交所的市场相比于其他地方的交易所具有更多的投机性（Ranald C. Michie, *The Global Securities Market: A History*, Oxford University Press, 2006, p. 150）。

② 杰里米·阿塔克与弗雷德·贝特曼：《盈利能力、公司规模和 19 世纪美国制造业的商业组织》，载乔舒亚·L. 罗森布卢姆主编《量化经济史》，易行等译，社会科学文献出版社，2021 年，第 88 和 90 页。

③ 马克汉姆：《美国金融史》第一卷，第 251 页。

④ 准确数字为 1% 的 1/8（马克汉姆：《美国金融史》第一卷，第 250 页）。

⑤ 马克汉姆：《美国金融史》第一卷，第 150－151 页。

未获成功，它不得不买进未售出的大量债券。普法战争结束后，国际粮价下跌，这也使得运送粮食的铁路公司的股票和债券价格大幅跌落。当北方太平洋铁路公司债券价格在1873年经济衰退时进一步下跌后，库克公司资不抵债，被迫破产解散。他的商号连同在纽约股票交易所的席位易手，接手者后来也为华尔街投行之一。[①]

布兰代斯1914年出版《别人的钱》，该书引用了几个数字，表明美利坚证券市场在那段时期的快速增长。当时，纽约股票交易所交易的证券有1 600只，市值合计为265亿美元；此后每年平均增加233只新证券，市值新增15亿美元。另一组数据表明，1885—1900年，公司债券新发行额由1.03亿美元增加到1.47亿美元，股票新发行额由0.18亿美元增加到2.96亿美元。[②]

所有上市股票债券都要经承销商之手，他们通常收取1%～2%的承销费。企业不断来到证券市场上市，相当于为证券公司提供了稳定的收入来源。一般而言，单纯从事证券承销的证券公司不能算做投资银行，因为它们只是为上市企业提供专业化的一次性金融服务，但证券承销业务常常是投资银行的发展起点。

从事跨境证券交易和贸易信贷的摩根公司

美利坚投资银行的另一个前身是跨境证券交易和贸易信贷公司，其典型是摩根。朱尼厄斯·斯潘塞·摩根（Junius Spencer Morgan，1813—1890年）是美利坚金融界摩根家族的第一代人物，他于1854年加入位于伦敦的皮博迪公司（George Peabody & Co.），并成为其合伙人（持股28%）。皮博迪在19世纪30年代随团前往伦敦，代表州债务人与国际债权人进行协商。谈判完成后，皮博迪决定留在伦敦开展与当地商人银行类似的经营活动。皮博迪与摩根的合伙协议说，“公司买卖证券，从事外汇交易，并经营银行信贷，代理铁轨用铁及其他商品。”[③] 1864年皮博迪退休后，公司改称J. S. 摩根公司（J. S. Morgan & Co.），朱尼厄斯继续在伦敦从事证券买卖和贸易信贷等经营活动。1870—1871年普法战争期间，朱尼厄斯冒险参与对法兰西政府的借贷，并因此成为伦敦金融界的显赫人物。朱尼厄斯的儿子——约翰·皮尔庞特·摩根（John Pierpont Morgan，1837—1913年）于1864年在纽约成立了以自己名字冠名的公司，是其父亲公司在美利

---

① 查尔斯·R. 盖斯特：《华尔街投资银行史》，向桢译，中国财政经济出版社，2005年，第37页。接盘者为巴尼公司（Charles D. Barney & Co），此公司1938年与另一家华尔街投行合并，组建史密斯—巴尼公司（Smith Barney & Co）。在20世纪八九十年代，公司经历数次并购重组，控股方和公司名称皆发生变动。2009年，花旗集团将史密斯—巴尼公司的控股权转让给摩根—斯坦利公司，后者随后将新公司称为摩根—斯坦利—史密斯—巴尼公司，并决定自2012年改称为“摩根—斯坦利资产管理”，其旗下的经济—交易所业务仍可使用“摩根—斯坦利—史密斯—巴尼有限责任公司”商号。

② Carosso, *Investment Banking in America*, Exhibit 1, p. 31.

③ 罗恩·彻诺：《摩根财团：美国一代银行王朝和现代金融业的崛起》，金立群校译，中国财政经济出版社，1996年，第11页。

坚的代理，同时也独立开展政府债券和外汇买卖，还曾卷入铁路企业并购争夺战。朱尼厄斯一度认为皮尔庞特的生意投机色彩偏重，儿子听进了父亲的意见，并对公司进行改组，先后两次引入合伙人。1890 年朱尼厄斯去世后，皮尔庞特成为其公司的继承人。1895 年合伙人去世后，他又将自己的公司与父亲的公司合并，组成了摩根公司（J. P. Morgan & Co.）。此时，摩根公司羽翼丰满，成为颇具实力的投资银行，在世纪之交的美利坚产业整合中发挥了空前的主导性作用。

发轫于票据交易的高盛公司

高盛公司（英文名古德曼·萨克斯，Goldman Sachs）创始人马库斯·古德曼（Marcus Goldman，1821—1904 年）于 1848 年随移民潮来到美利坚，先在新泽西州等地做流动商贩，1869 年前往纽约，成立了以自己名字命名的企业，从事票据买卖。那时，包括纽约在内，银行不设分行，银行的企业客户都是上门求贷。古德曼发现，其中存在一个赚钱机会。他主动向客户兜售短期融资票据（IOU），起点是 2 500 美元，并为客户提供票据贴现服务（贴现率经常高达 8%～9%）。每天清晨，他都会去曼哈顿下城珠宝商聚集地和皮革商人街去收集票据，然后坐马车穿过多条街道前往银行聚集区，出售这些票据。[①]他让自己事实上变成了“流动的个体银行家”和“票据掮客”。

后来，古德曼将自己的女婿萨克斯招聘为合伙人，并在 19 世纪 80 年代将企业名称改为“古德曼·萨克斯”（高盛）。到 19 世纪 90 年代，它已成为全美最大的商业本票交易商，年营业收入在 1894 年达到了 6 700 万美元。该企业 1896 年加入了纽约股票交易所。古德曼开始定期走访芝加哥、圣路易斯和堪萨斯等商业城市，也与波士顿和费城等金融中心城市保持密切联系。[②] 1897 年，高盛（古德曼·萨克斯）与伦敦一家声誉卓著的商人银行建立起合作关系，并设立了一家合资企业，专门从事英美跨境票据交易和外汇买卖。伦敦与纽约的利率差成为该合资企业盈利的重要来源。直到 20 世纪初以前，高盛（古德曼·萨克斯）仍专心致志从事票据相关业务，全然不像一家投资银行。

20 世纪初以后，华尔街周围的金融机构，除了摩根和高盛两个响当当的名字外，还有一些重要机构或人物，包括库恩·洛布和雷曼兄弟。如古德曼·萨克斯一样，库恩·洛布（Kuhn，Loeb & Co）也是两位合伙人名字的结合，其创始人是 19 世纪 40 年代来自德意志南部地区的移民。他们来到美利坚后，早年做过流动商贩，南北战争期间因给北方军队提供服装而赚取了“第一桶金”。内战结束后，两位合作在纽约开设商号，转做信贷业务，由此步入投资银行领域。使库恩·洛布跻身于华尔街投行大佬行列的真正人物是雅各布·希夫（Jacob Henry Schiff，1847—1920 年），也为德意志移民，由公司创始

---

① 查尔斯·埃利斯：《高盛帝国》，卢青等译，中信出版社，2015 年，第 5 页。
② 埃利斯：《高盛帝国》，第 7 页。

人之一（库恩）告老还乡后发现的金融人才。在希夫主政时期（1880—1920年），库恩·洛布不仅担任多笔大型企业证券的主承销，而且积极参与国际融资活动。希夫有着鲜明的政治观点，强烈反对沙俄政府的反犹政策，在1904—1905年大力支持与沙俄作战的日本政府，为后者提供债券融资服务。在世纪之交，他在多家大型金融机构和铁路公司兼任董事。

雷曼家三兄弟19世纪40年代先后从德意志南部来到合众国亚拉巴马州，一起经营棉花生意。他们原本出身于黄牛贩运商家庭，在经商上很有一套。随着新英格兰地区棉纺织业的扩张，北方成为棉花的主要购买者，雷曼兄弟于1858年在纽约开设分号。内战结束后，雷曼兄弟与其他商人一起开办了纽约棉花交易所（1872年），他们也参与了后来组建的咖啡交易所。雷曼兄弟在19世纪七八十年代是纽约最活跃的商品交易商之一。他们承接的证券发行第一单是1899年国际蒸汽泵公司（International Steam Pump Company）股票发行。这本非其固定生意。直到1906年，此时已是创业者第二代的雷曼兄弟与古德曼·萨克斯联手开始企业证券承销。当时，两家的高级合伙人，在曼哈顿哈德逊河对岸新泽西州的周末别墅恰好后院紧邻，他们足不出户便可商讨大事。"高盛带来客户，雷曼家族则提供资金支持"。当时，以摩根为代表的美利坚投资银行界不屑于与犹太背景的企业或同行打交道，这给高盛和雷曼兄弟这样的新兴投行留下了发展空间。

除了摩根、高盛、库恩·洛布和雷曼兄弟这些豪门巨贾外，世纪之交聚集在华尔街的众多投资银行中，还有一些来自其他地方并长期带有浓厚地方色彩的机构。来自波士顿的基德·皮博迪和来自费城的布朗兄弟就是这类投行的代表。基德·皮博迪（Kidder Peabody）是三位合伙人1865年在波士顿创立的商号，与老摩根在伦敦的合伙人皮博迪并无瓜葛。创业之初，基德·皮博迪在波士顿从事贷款发放、证券交易、信用证和外汇买卖业务，并与伦敦的巴林兄弟公司建立了代理关系。铁路融资浪潮兴起后，基德·皮博迪积极参与，并将它的证券承销和并购融资业务扩展到其他工业公司。基德·皮博迪所参与的并购融资案例，包括美利坚糖业托拉斯和美利坚电报电话公司（AT&T）。前一个案例在列宁名著《帝国主义是资本主义的最高阶段》中有提及。[①]到世纪之交，基德·皮博迪在华尔街几乎与摩根公司齐名。

布朗兄弟（Brown Brothers）由费城商人于1818年在巴尔的摩创办，长期从事商品贸易，在合众国和联合王国多个城市设有分号。布朗兄弟公司的经营范围十分广泛，涉及进出口、航运和金融等。早先的金融业务主要是私人银行业务，后来大量涉足铁路证

---

① 列宁：《帝国主义是资本主义的最高阶段》，第45页（正文）和第130页（人名索引）。那里提到的人名是哈夫迈耶，英文原名为Henry Osborne Havemeyer（1847—1907年）。他出生于糖业世家，1887年创建"炼糖公司"（Sugar Refineries Company），并聘请基德·皮博迪长期担任公司财务顾问（盖斯特：《华尔街投资银行史》，第132－133页）。盖斯特此书以及他的另一著作（吉斯特《美国垄断史》第34和第37页）均将其英文名误为Charles（即误称为Charles Havemeyer）。该人物有一名言，"关税法是所有托拉斯之母"（《美国垄断史》第34－35页）。

券承销。布朗兄弟公司是美利坚历史最悠久的投资银行。该投行因为大量从事铁路证券业务，而多次受邀参加摩根在世纪之交就铁路公司整合事项举办的秘密会议。[①]摩根原希望在铁路业也推行他在钢铁业那样的整合计划，但最终未获成功，其中一个重要因素是哈里曼等巨头的阻挡。哈里曼（Edward Henry Harriman，1848—1909 年）既是铁路实业家，又是华尔街的金融家，在 1901 年与摩根支持的竞争对手展开了激烈的股票争夺战，最终双方胜负难分，以妥协作罢。[②]后来，布朗兄弟公司与哈里曼公司重组为新的投资银行合伙企业。

上述所有投资银行中，摩根和布朗兄弟历史最为悠久，而且皆发轫于跨境贸易和融资领域。这也为不列颠商人银行的特征，恰如罗斯柴尔德和巴林兄弟。有鉴于此，研究者认为，美利坚投资银行与不列颠商人银行在 19 世纪后半期的兴起反映了一个共同背景，即它们的成功得益于在复杂的跨国商业环境中确立牢固声誉并以此为盾牌确保商业往来不受各国法制差别因素的干扰。而且，在逐渐转型为投资银行或商人银行的过程中，它们一方面继续享用早已在国际商界所确立的崇高声誉，另一方面发展出在“信息资产”上的经营优势。[③]此处“信息资产”指各类证券，包括债券和股票。这类资产不同于羊毛、棉花等实物资产，它们没有日常意义上的使用价值，仅有市场交换价值。在信息资产的市场上，谁能给予它们正确的报价并依据新信息不断调整价值评估，谁便拥有经营优势。就像律师懂法律和诉讼程序、会计师懂账目和税法一样，投资银行家懂证券价值评估及其调整。当然，在千变万化的信息资产市场上，投资银行家必须是“消息灵通人士”，第一时间掌握相关讯息。

有学者认为，华尔街投行可分为三派（Groups），一派为杰伊·库克公司及其后继者，主营业务为政府债券；另一派是“德裔犹太邦”（German Jews），成员包括塞利格曼、高盛、雷曼兄弟、库恩·洛布（希夫）以及世纪之交移居美利坚的华宝（Warburgs）等；第三派是以摩根、基德·皮博迪和布朗兄弟为代表的“扬基行”（Yankee houses），这些家族企业的早期人物多出生于新英格兰地区。[④]三派之间明显存在竞争关系。摩根即被认为很不情愿与希夫做生意，甚至在商界排斥犹太裔同行。[⑤]

但是，这种划分并不表示华尔街投行业中的持久的竞争或盟友关系。摩根与希夫之间，一方面的确数次发生争夺铁路股份的激烈商战，另一方面在证券承销上也有合作，

---

① 盖斯特：《华尔街投资银行史》，第 98 页。

② 盖斯特：《华尔街投资银行史》，第 102 页。

③ Alan D. Morrison, and William J. Wilhelm, Jr., Investment Banking: Past, Present and Future, *Journal of Applied Corporate Finance*, Vol. 19, No. 1 (Winter 2007), pp. 8 – 20.

④ Carosso, *Investment Banking in America*, pp. 14 – 21.

⑤ 1905 年日俄战争结束后，谢尔盖·维特代表沙俄政府与日本高官在新罕布什尔州朴次茅斯谈判并签署和约，之后应摩根邀请前往纽约。两人交谈中，摩根明确请求，沙俄政府举借外债时不请希夫为首的犹太银行家参与（《维特伯爵回忆录》，肖洋、柳思思译，中国法制出版社，2011 年，第 127 页）。

二人不时参与同一项目证券承销辛迪加（Syndicate）。[①]“德裔犹太邦”事实上并非狭隘小圈子，他们与非德裔或非犹太人大量开展业务往来，甚至成为长期合作伙伴。希夫与哈里曼的关系便是如此，双方互为对方企业或密切关联企业的董事，在铁路股份争夺战中相互支持。

上述华尔街投资银行有多个共同之处。（1）它们都是合伙企业，主要凭借创始人与合伙人的个人声誉从事证券相关业务。（2）它们聚集于纽约，因为此地有全美最大的证券交易所。（3）它们在从事投资银行业务（证券承销和公司并购融资）之前，已经具备雄厚资金实力，但其资金优势并非来自自有资本，而是来自与其他金融机构、企业以及富裕投资者之间的良好合作关系。正是它们在短期中卓越的筹资能力使得它们不仅在证券市场上呼风唤雨，而且在企业并购和产业整合中扮演前所未见的主角。

三、投资银行与企业并购和产业整合

投资银行从事多种业务，尤以证券承销为主。然而，对投行来说，证券承销是一项被动业务，其发起者并不是投行，而是各式各样的证券发行方，包括中央政府和地方政府、国内外的企业和公用事业机构等。投行从事证券承销时，所利用的是自己的专业人才与知识、与国内外金融市场的广泛而密切的联系以及资金实力等。华尔街投资银行在经济结构调整中的重要作用，主要体现于其在企业并购重组中所扮演的主导性角色。

美利坚铁路业1869年发生的一桩企业争夺战让皮尔庞特·摩根卷入其中，此为华尔街投资银行兴起的端倪。是年，纽约上州一条独立的铁路同时被两大铁路营运商看中，双方都将其视为建立自身运输王国并连接五大湖与纽约港线路的关键。为此，他们不仅大量收购这条名为奥萨铁路公司的股票，还贿赂法官，促使法院判决剥夺对方代表担任该公司董事的资格。在这场企业争夺战中，皮尔庞特·摩根恰为其中一方的借贷关系人，并也作为其阵营代表出面收购了相当多的奥萨铁路股票。摩根因此受邀加入铁路公司董事会，为本阵营献计献策，包括争取法官和媒体的支持。此后，皮尔庞特·摩根“不仅仅把自己视为各个公司的资金提供者，他想成为这些公司的律师、祭司长和知己”[②]。但是，当时，他的主要业务是为父亲公司提供代理服务，并在自己的合伙企业中从事政府债券买卖和普通的股票承销。皮尔庞特·摩根需再等待十多年方才得以出演企业并购重组中的主角。

---

① Carosso, *Investment Banking in America*, p. 100。摩根与库恩·洛布于1905年联合承销宾夕法尼亚铁路公司1亿美元债券，此事受到《纽约时报》等媒体的高度关注。但是，摩根于1915年组织承销“盎格鲁—法兰西贷款”（Anglo - French Loan of 1915）时，受邀请参与的希夫却提出要求，资金不能转用于资助沙俄，而该要求无法得到筹资人的保证，库恩·洛布因此退出此次承销团（盖斯特：《华尔街投资银行史》，第62页）。

② 彻诺：《摩根财团》，第34页。

高速经济增长呼唤行业整合

南北战争后，美利坚加速工业化。新技术大量涌现，并快速应用到国民经济各个行业。许多新产业诞生，并高速增长。同时，由于铁路的普及、人口的快速增长和城市化，美利坚国内市场规模逐渐超过许多欧洲国家。美利坚企业所能达到的规模经济效应令欧洲同行望尘莫及。洛克菲勒所在的炼油业，1870 年前后，一个日处理 500 桶原油的炼油厂提炼 1 加仑煤油的单位成本为 6 美分；而日处理能力 1 500 桶的工厂，单位成本可降至 3 美分或更低。①换言之，生产能力扩大两倍，单位成本下降至少一半。

铁路业在那个时代更是一个充满“美利坚特色”的行业。1890 年全美铁路长 16.4 万英里（26.2 万千米），至 1916 年增加到 25.4 万千米（40 万千米）。此时，欧洲主要国家铁路长度合计尚不到 30 万千米。② 1890 年，合众国铁路企业员工总数超过 75 万，仅宾夕法尼亚铁路公司一家就雇佣了 11 万名员工。铁路是典型的资本密集型行业，也是规模经济效应显著的行业。纽约股票交易所为资本进入铁路业提供了便利，使得该行业的高资本门槛未能阻挡新资本的大量涌入。从 19 世纪中期到 20 世纪初，许多美利坚铁路公司也前往伦敦股票交易所发行债券或股票，大量从事证券融资。但是，在 19 世纪最后几十年中，铁路所传送的货物（粮食、煤、木材等）其价格经常发生大幅度波动，铁路公司的股票价格每每也会因此飘忽不定。

1880 年以前，美利坚铁路业形成的一个共识是，一家铁路公司经营线路长度最好不超过 500 英里；一旦超过此长度，则融资规模过大，融资成本上升，融资难度也会增加，且线路过长也会给运营管理造成困难。③当时有一家铁路公司在 5 年时间内新增5 500 英里铁路线，所用资本金 4 亿美元。照此计算，平均每英里的资本耗费（相当于投资额）约为 7 万美元（包括线路、机车设备和车站等）。④按此资本需求或投资水平，合众国在 1880 年前后会有数百家铁路公司，在全国各地经营长短不一的铁路线路。事实正是如此。众多独立经营的铁路线路带来了“互联互通”上的挑战。当时，各家独立的铁路营运商主要通过它们之间的合作协议来实行“互联互通”，但在竞争性的线路之间，独立营运商之间有时爆发激烈的运费价格战。

很明显，铁路企业间的商业协议是交易成本偏高、合作关系不够稳定而且也未必能

---

① 钱德勒等：《管理的历史与现状》，第 205 页。

② 欧洲 8 国 1913 年铁路营业长度合计为 29 万千米。这 8 国是：奥地利—匈牙利、法兰西、德意志、大不列颠、爱尔兰、意大利、俄罗斯和瑞典（卡洛·M. 奇波拉主编《欧洲经济史》第四卷下册，吴继淦、芮苑入译，商务印书馆，1991 年，统计附录，铁路表 2，第 343 页）。该统计数未涉及西班牙和葡萄牙，但包括了俄罗斯的亚洲部分。

③ 钱德勒等：《管理的历史与现状》，第 122 页。也有人认为超过 1 000 英里的铁路线“毫无用处”（吉斯特：《美国垄断史》，第 20 页）。

④ 钱德勒等：《管理的历史与现状》，第 126 页。

充分利用规模经济效应的组织形式。铁路企业间的合作关系不时受到其所运货物价格波动派生的冲击。

内战结束后，石油行业首先出现了洛克菲勒发动的企业整合。铁路行业紧跟其后。杰伊·古尔德（Jay Gould，1836—1892 年）是一位商业天才，1857 年以极低价格买进一家铁路公司股票并成为该公司控制股东，由此跻身铁路行业。此后，每当有铁路公司股票大幅跌落时，只要古尔德认为该公司前景可观便都会买进。到1882 年，他控制的各铁路公司所经营的线路长度达到 1 万英里（1.6 万千米），并拥有全美铁路机车的 15%。此时，古尔德与另一位铁路大王范德比尔特（1794—1877 年）形成对峙，二者分别控制着一个庞大的铁路网络，同时也都企图进一步扩张。他俩不仅要遏制对方，而且都力图使自己的势力范围不断扩大。他们采取多种手段，包括积极利用外部金融资源。19 世纪 80 年代，美利坚再次目睹铁路线路的飞跃，10 年间新增 7.5 万英里（12 万千米）铁路，刷新世界纪录。[①]新增线路中，不排除“重复建设”，而这也成了加剧铁路公司股票价格波动的一个重要因素。

洛克菲勒在石油业以“托拉斯”手段进行了行业整合，而在铁路业，古尔德与范德比尔特的对峙显然是妨碍行业整合的关键因素。合众国联邦政府和州政府，对产业整合事务在这个时期的基本政策是放任自流，与同时期的欧洲大陆国家形成了鲜明对比。在此背景下，行业整合的推进者要么像洛克菲勒那样来自行业内部，要么来自外部。而来自外部的整合者必须既有资金实力，又具备必要的专业知识。

铁路业：投资银行成为并购争夺中的主角

古尔德是一位商业天才，又是一位不寻常的勤奋者。如果他得到了来自摩根这样的金融家的支持，那么，他在美利坚铁路整合中一定能取得更加巨大的成就。然而，不巧的是，在 1869 年奥萨铁路争夺战中，他站在了摩根的对立面。而且，后来他设法从大不列颠引入的国际金融家事后证明却是一位江湖骗子。1869 年奥萨铁路事件给皮尔庞特·摩根留下了一个“铁路情结”，在有合适机会时，他会再次在铁路整合中发挥更大作用。

1871—1895 年是摩根与德利克塞尔（Anthony J. Drexel）合伙经营时期。当时，这家合伙企业的经营范围是国内外银行汇票、代理买卖证券和黄金、存款并支付利息、外汇、商业信贷、电汇、签发世界通兑旅行支票。[②]这里未提及企业并购融资事项，甚至没有证券承销。在这段时期，摩根与德利克塞尔合伙企业的盈利，主要来自贸易信贷和跨境支付服务以及联邦政府债券交易。从事这些生意是由于皮尔庞特·摩根遵循其父告诫避免过多承担风险。

① 钱德勒等：《管理的历史与现状》，第 126 页（“案例 9：杰伊·古尔德与铁路合并”）。
② 钱德勒等：《管理的历史与现状》，第 137 页（“案例 10：J. P. 摩根 1837—1913 年”）。

1879 年，范德比尔特因资金吃紧找到摩根等金融企业助销公司债券，摩根与其他金融企业组成银团并在伦敦市场成功推销。皮尔庞特·摩根成了范德比尔特旗下中央铁路公司董事会成员。如前提及，19 世纪 80 年代是美利坚铁路建设的又一波浪潮，大量铁路股票债券上市、摩根与德利克塞尔合伙企业承销了许多铁路股票债券，因而与美利坚铁路行业利益攸关。

皮尔庞特·摩根厌恶竞争，认为恶性竞争是导致铁路公司财务困难的根本原因。他利用自己的影响力，支持在铁路公司之间推行卡特尔，就运费等重要事项达成行业协议。他将自己的这种努力称为铁路行业里的"和平使者"行动。[①]他于 1885 年促使两大竞争对手——宾夕法尼亚铁路公司与纽约中央铁路公司，达成和解协议。在这个过程中，有趣的是，早先摩根支持与自己关系较为密切的范德比尔特控制的中央铁路公司，而他的合伙人德利克塞尔却亲近对手古尔德所控制的宾夕法尼亚铁路公司。这种错综复杂的关系促使摩根采取"促和解"的方针来缓和两个竞争者的紧张关系。

摩根希望看到铁路公司能做到这几点，即（1）尽可能建立价格（运费）卡特尔联盟，（2）避免重复建设和过度投资，（3）在有合适机会和条件时进行企业合并。显然，这些事情的决策权在铁路公司手中，作为一个利益相关者，摩根只能竭力为其提出建议，充其量发挥资金融通和管理咨询的角色。关于卡特尔，联邦政府 1887 年通过的"州际商业法"决定设立专门委员会，以"维持公平合理的运费费率"，禁止企业联营，由此使卡特尔在合众国成为不合法之事。1890 年通过的"谢尔曼反托拉斯法"进一步强化了对卡特尔的限制。在此新法律环境中，摩根对铁路公司的政策建议只剩下后两点。

摩根作为出资方直接参与了几家铁路公司的重组。据统计，1888—1914 年，摩根直接参与了 9 起铁路公司重组。在这 9 起重组事例中，摩根控制了托管委员会，其任期从 1 年到 20 年不等。[②]这种"托管委员会"又称为"股权信托"，也是"金钱托拉斯"的意思。通过这种机制，摩根及其合伙人不再仅仅满足于资金融通者或管理咨询者的角色，而是直接参加了对象公司的董事会，介入企业的管理事务中。[③]

"金钱托拉斯"这种机制在 19 世纪 90 年代和 20 世纪初的流行，与那时证券发行方式有密切关系。当时，新证券发行一般采用私募而非公募，证券多为债券和优先股，不是具有投票权的普通股。大投行主要参与千万美元以上规模的证券发行业务，集中于铁路和钢铁等少数几个行业。500 万美元以下的单次发行业务则由小投行甚至个人企业来承担。[④]那时，零售型证券公司和跨地区证券分销公司还不多，业绩也不突出。在此背景下，为了增强证券承销能力，包括摩根在内的投行需要发展资金伙伴关系网，即建立

① 钱德勒等：《管理的历史与现状》，第 143 页。

② 钱德勒等：《管理的历史与现状》，第 145 页。

③ 彻诺：《摩根财团》，第 74 页。

④ Carosso, *Investment Banking in America*, p. 43.

“金钱托拉斯”。同时，投行之间不时也需要开展银团承销（辛迪加）合作。

向参股企业派遣兼职董事的做法与德意志全能银行的情形有相似之处，显然是出于风险控制的目的。摩根或洛克菲勒这样的巨头同时兼任几十家企业的董事，当然不可能深度介入这些企业的管理事务。由于那时美利坚投行皆采用合伙制，它们可向参股的企业派驻兼职董事，但这些企业却不可以向投行派驻兼职董事，这是美利坚模式与德意志模式的差别之一（德意志全能银行皆为合股公司，因此可接受外部董事）。这种差别使人们普遍认为，美利坚投行对产业的影响力超过了国际同行。[①]

到19世纪90年代末，摩根运用对铁路的投资构建了“区域利益共同体”，控制了几乎所有运送无烟煤的铁路线路（无烟煤是钢铁业的上游产业之一）。1901年，摩根与铁路巨头哈里曼及希尔（James Jerome Hill）等产业和金融大佬们共同组建北方证券公司（Northern Securities Company），将此作为与洛克菲勒石油托拉斯一模一样的控股机关，专门持股铁路公司。该机构成立时，哈里曼控制的联合太平洋铁路和希尔控制的大北方铁路为其首批控股对象。摩根盘算着未来该公司控股范围将不断扩大，全美所有重要铁路线路都将纳入统一的营运体系中。但是，时任总统西奥多·罗斯福指示联邦司法部对北方证券公司的垄断行为提起诉讼。此案件最后于1904年由最高法院裁决。法官认为北方证券公司违背了“谢尔曼反托拉斯法”，应予解散。[②]后来，哈里曼和希尔控制的铁路大公司分别遭受类似起诉。摩根的铁路王国垄断梦由此告终。此事件表明，摩根对铁路公司的投资不总是成功的。[③]

20世纪初以前，美利坚铁路业和证券市场发展中出现一个不正常现象，即铁路公司发行的债券收益率高于它们所发行的股票收益率。图10－1显示，在1871—1906年的37年中，仅有5年股票收益率高于债券收益率，其余32年则相反。也就是说，在这段时期，“常态”是债券收益率高于股票收益率。而在常理中，对投资者而言，股票是风险资产，是风险程度大于债券的资产。若证券市场保持正常的运行，股票投资的较高风险须由它的较高收益来补偿，即长期中股票收益率应高于债券收益率。但是，1871—1906年，美利坚铁路证券市场的表现却与之相反。

铁路债券和股票收益率在1907年以前的反常差别或可用偶然因素来解释。例如，铁路债券和铁路股票分别由不同公司所发行，这些公司在那个时期的业绩差别恰好如此。或者，铁路债券和铁路股票分别上市于不同的交易所，而不同的交易所面对不太一样的

---

① 20世纪知名经济学者加尔布雷思认为，20世纪30年代金融体制大改革后，投行的势力被大大削弱，大工业公司取代了银行家的地位（约翰·肯尼斯·加尔布雷思：《美国资本主义：抗衡力量的概念》，王肖竹译，华夏出版社，2008年，第118页）。二十世纪后半期流行的新情形是，合股而且上市的大型金融机构（包括商业银行和投资银行在内），董事会成员中包括产业界代表。

② 盖斯特：《华尔街投资银行史》，第102－103页。

③ 钱德勒等：《管理的历史与现状》，第146页。

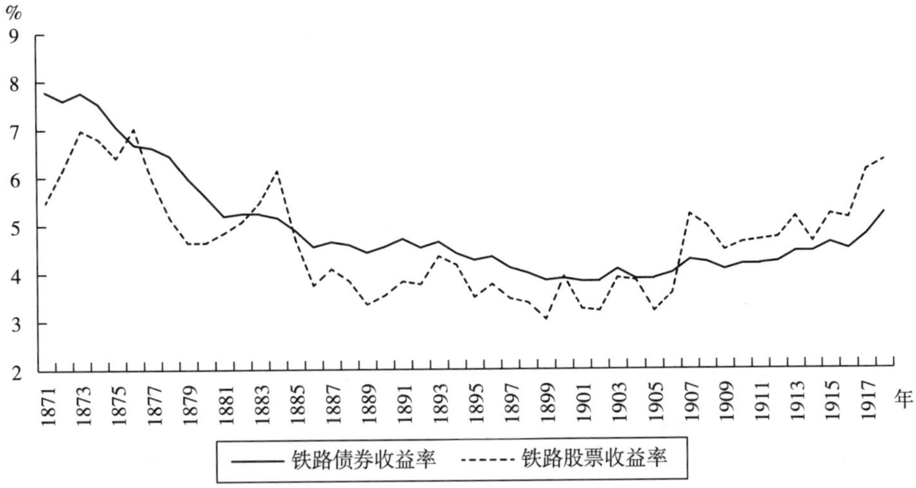

注：U. S. Bureau of the Census, *The Statistical History of the United States: From Colonial Times to the Present*, Basic Books, 1976, Series X 474 – 486, "Bond and stock yields, 1857—1970", p. 1003.

图 10 – 1　1871—1917 年美利坚铁路债券和股票收益率

证券投资者或交易商，并因此使债券和股票的收益率出现如此差别。的确，在 20 世纪初以前，纽约股票交易所主要交易股票，而债券仅占一小部分。①

但是，应该承认，上述铁路债券和股票收益率在 1907 年前的差别反映了当时美利坚证券市场的不成熟，那时的铁路股票投资者未能得到他们应得的投资回报。对此，证券市场做出了反应。一个证据是，股票交易量出现下降趋势。例如，1906—1913 年，纽交所股票交易量从 2. 8 亿股减少到 480 万股。②导致这个变化的重要因素包括 1907 年金融危机及其后续影响，但也有股票投资者和华尔街投行减少股票持有（尤其是铁路公司股票持有）的因素。后一个调整持续的时间更长。减少股票持有就是减少股票投资需求，在其他事物不变的条件下，这会引起股票收益率上升。如图 10 – 1 显示，铁路股票收益率在 1906 年转为上升，而且此后每年皆高于债券收益率，表明这场调整促使铁路证券市场趋于正常。如前多次指出，华尔街投行及其商业伙伴和投资者客户长期以来是铁路公司证券的主要投资者，它们在此过程中必定发挥了重要作用。

钢铁业合并：投资银行扶植职业经理人

19 世纪最后几十年中，美利坚各行各业中涌现大量新企业，一些企业快速增长，成

① 纽约股票交易所 1909 年股票交易额为 155 亿美元，债券交易额仅为 8 亿元（占比 5%）。Ranald C. Michie, *The Global Securities Market: A History*, Oxford University Press, 2006, p. 150.

② U. S. Bureau of the Census, *The Statistical History of the United States*, Series X 531 – 535, "Volume of sales on New York Stock Exchange: 1900—1970", p. 1007.

为行业新秀。在绝大多数事例中，这些企业都有相同的所有权和治理结构，即所有者和经营者（管理者）是同一个人。铁路业中的古尔德和钢铁业中的卡耐基均如此。这些产业巨子往往也被称为“强盗大亨”（Robber Barons），意指他们凭借自己的产权可在各自的行业内肆意作为。

前面曾提到，19 世纪 80 年代时，美利坚铁路业的普遍看法是，在超过 500 英里（800 千米）长的铁路线路上，如何安排运输任务并防止发生事故是管理上的巨大挑战。杰伊·古尔德是一位十分勤奋的大亨，他花费大量时间钻研会计账簿和铁路工程技术，但是，很明显，他不可能样样精通。他晚年控制的宾夕法尼亚铁路公司经营的线路超过 1 万英里，完全超出了古尔德个人的管理能力。事实上，在铁路线路合并问题上，古尔德经常与一些职业经理意见不同。[①]在管理事务上，当资方与职业经理人发生意见分歧时，前者无疑会占上风，但其看法不一定有利于企业发展。现代企业发展的一个重要趋势是，职业经理人的意见越来越受到重视，他们在企业管理中的作用也越来越重要。

问题在于，在 19 世纪最后几十年的美利坚产业界，“强盗大亨”们产权在握，谁能让他们拱手交出管理大权呢？

安德鲁·卡耐基（1835—1919 年）是草根发家的典型的美利坚企业家。他青年时在铁路公司工作，在管理岗位上得以擢升。南北战争期间，他与合伙人承包兴建了俄亥俄河上一座铁桥。战后，已赚得第一桶金的卡耐基前往欧洲考察，很快意识到美利坚的铁路建设新浪潮将带来巨大的钢铁需求。于是他在欧洲买下了几项钢铁生产新技术，回国开始兴建钢铁厂。他的钢铁厂不断采用新技术，生产出质量过硬且价格低廉的产品，成为美利坚钢铁业的明星企业。19 世纪 80 年代，美利坚钢铁业合并浪潮涌动，卡耐基也乘势而为，兼并了其他几个钢铁厂。卡耐基几十年来坚持在钢铁业追求发展并创建多个大型钢铁厂的成就，使他摘取了“钢铁大王”的称号。1892 年，卡耐基组建卡耐基钢铁公司，以此为平台加快了兼并步伐。

至世纪之交，美利坚钢铁业形成三大巨头鼎立，即卡耐基钢铁公司、联邦钢铁公司和国民钢铁公司。当时的钢铁业开始出现产品细分的局面，每家钢铁厂或大企业并不生产全部的钢材产品。按照摩根传记作者的记述，安德鲁·卡耐基在 1900 年 7 月关于开发钢管和钢丝等新产品的决策，让皮尔庞特·摩根极度不安，当时他已控制了联邦钢铁公司和国民钢铁公司，因此担心卡耐基的行动会引起美利坚钢铁业新一轮的过度投资和价格战。[②]

或许为巧合，1900 年 12 月，皮尔庞特·摩根参加曼哈顿大学俱乐部的讲演餐会，主讲者是钢铁专家查尔斯·M. 施瓦布（Charles Michael Schwab，1862—1939 年），主题

① 钱德勒等：《管理的历史与现状》，第 129 页。
② 彻诺：《摩根财团》，第 91 页。

是钢铁业的纵向合作及钢铁托拉斯的新意义。施瓦布向与会者展示了美利坚钢铁业在世界发展中的远大前景。摩根的一位合伙人后来回忆说，皮尔庞特“很显然看见了一片新天地”。会后，摩根与其所关联的几家钢铁公司高层，聚集在“黑色书房”进行秘密商讨和策划，制订了一份钢铁业从上游到下游的全方位重组方案。该计划涉及多家大企业集团和大公司，其规模之大，在合众国乃至世界经济史上实属空前。

“黑色书房”的美利坚钢铁业重组计划形成后，施瓦布作为传话人，问询卡耐基是否愿意出售他的公司。据说在高尔夫球场上，卡耐基在小纸片上写下了他愿意接受的售价为4.8亿美元，并表示只接受债券而非股票。[①]后来当摩根与卡耐基相见时，他说，“卡耐基先生，我祝贺您成了世界上最富有的人”。

1901年2月到4月，合众国钢铁公司（英文简称为US Steel）完成组建，资本额（以及资产额）多达14亿美元，成了美利坚乃至世界上第一家资本金或市值超过10亿美元的企业（规模达到这个级别的企业如今被称为“独角兽”）。[②] 1902年合众国钢铁公司年报显示，总资产为15.398亿美元（其中长期资产为13.25亿美元，流动资产为2.148亿美元），总负债为15.64亿美元（其中10.18亿美元为股东权益）；当年营运净收益为1.08亿美元，其中0.56亿美元用于发放红利；下属170家子公司，员工16.8万。[③]

皮尔庞特·摩根本人或摩根公司皆没有如此巨额资金买断卡耐基或投资于合众国钢铁公司。皮尔庞特于1913年去世时，留下的个人金融资产仅6 830万美元，收藏的艺术品价值约5 000万美元。[④]这两个数目合计仅为支付卡耐基金额的1/4或更少。

摩根在并购中动用的资金都是“别人的钱”，充分体现了他对金融杠杆的使用。摩根的金融杠杆有三个要点。一是利用新泽西州的托拉斯法，该法允许在那里注册的公司持有其他公司的股票。摩根所控制的控股公司皆在新泽西州注册，如同洛克菲勒的石油托拉斯。[⑤]二是利用证券市场增加有关公司的资本金。新成立的合众国钢铁公司便是典

---

① 彻诺：《摩根财团》，第92页。有关摩根支付了多少或卡耐基得到了多少，不同书籍有一些不同说法。有说“2.26亿美元”（艾伦·格林斯潘和阿德里安·伍尔德里奇：《繁荣与衰退：一部美国经济发展史》，束宇译，中信出版集团，2019年，第103页），还有“4亿美元”（乔纳森·休斯和路易斯·凯恩：《美国经济史》，杨宇光等译，格致出版社，2013年，第421页）和“4.92亿美元”之说（该数为支付卡耐基所发行的债券面额，见查尔斯·盖斯特《百年并购：20世纪的美国并购和产业发展》，黄一义等译，人民邮电出版社，2006年，第11页）。

② “独角兽”企业的资本或资产标准流行于21世纪初，但20世纪初的10亿美元比21世纪初的10亿美元按美利坚合众国物价指数（例如CPI或GDP缩减指数）来度量至少高出30倍（按照专业网站measuringworth.com，依据购买力平价，1901年1美元等于2021年32.6美元）。

③ 盖斯特：《百年并购》，第13页。

④ 彻诺：《摩根财团》，第170－171页。

⑤ 在19世纪下半期以前，绝大多数美利坚企业（Firms）都注册为“无限责任公司”（Companies，通常也是合伙企业）；19世纪末，一些州改变立法，放宽了条件允许注册“有限责任公司”（Corporations，相当于不列颠或德意志等国中的合股公司）。纽约州从1846年以及新泽西州从1875年在全美各州中率先改革。特别地，新泽西州1888年立法允许本州注册企业可在外州从事经营。这是吸引大量企业前往新泽西州注册的重要原因。后来，特拉华州实行了比新泽西州更加宽松的企业注册制度（参见休斯和凯恩，《美国经济史》，第395页）。

型。它的主要资本金并非来自发起人的投资，而是发行新证券，这正是摩根公司的专长。三是利用关联企业（尤其是关联金融机构）参与持股目标公司并最终控股，如果他直接控股的公司资金实力仍有差距的话。

普乔委员会1913年对摩根关联企业的调查发现，J. P. 摩根公司、第一国民银行、国民城市银行[①]、抵押信托公司与银行家信托公司（它们皆是“摩根金融集团”的核心机构或长期合作伙伴网络的成员）共持有34家银行和信托公司的180个董事席位，这些银行和信托公司资产合计26.8亿美元；还另持有10家保险公司的30个董事席位，这些保险公司资产合计22.9亿美元。[②]此外，与其他同业机构相比，摩根还有一项重要优势，即与欧洲金融界（尤其伦敦金融中心）的密切联系，在必要时能从国外筹措大量资金。对金融工具的娴熟运用和对国内外金融资源的有效把握，使摩根在世纪之交，运筹于“黑色书房”中，决胜于美利坚产业的并购重组战场，成为产业重组的无形统帅。

辛迪加是摩根公司及其关联企业在证券融资中的常用方式。该概念过去常指“垄断组织”的表现形式，因而需要加以说明。

辛迪加（Syndicate）一词，近年来多译为“银团”或“机构组合”，指一些金融机构（主要是投资银行或证券公司）为特定的证券发行而组成专项承销团队，该团队各成员分享发行的风险和收益。英语中，辛迪加原意为“联合账户”（Joint Account），即两个或两个以上人士或机构共同拥有同一个账户。在美利坚，此术语最早出现于1813年第二次英美战争期间。当时，两家商号共同承销联邦政府债券。后来，此方法被多次用于发行联邦政府债券。[③]在欧洲，巴林兄弟公司与其他金融机构也采用此法承销法兰西政府在拿破仑战争后新发行的主权债。

在前述合众国钢铁公司事例中，摩根的主要融资方法就是联合其他金融机构一起组成庞大的证券承销团队（辛迪加）。一般而言，证券承销团队有这么几个特点：（1）发行数额越大，团队成员便越多；（2）团队成员可包括国外同行；（3）团队组建采用协商原则，由发起人与潜在参与者共同商议；（4）每个团队成员在加入协定时便确定了其义务、风险和收益，主要与出资数额有关；（5）团队持续时间依发行进展而定。在20世纪，许多大型项目（包括跨国性基础设施建设项目）也采用这种辛迪加（银团贷款）方式。

显然，辛迪加（银团）是证券融资很有效的方式，皮尔庞特·摩根在其漫长的投资

① 国民城市银行（National City Bank）原为1812年成立的纽约城市银行（City Bank of New York），1865年因从州立银行转换为国民银行而改名。1918年，该银行收购国际银行公司（International Banking Corporation），此公司彼时已在中国大陆设立分行并取名为“花旗银行”（其在香港的分行称为“万国宝通银行”），此中文名便为国民城市银行所继承，包括后来的“花旗银行”（Citibank）和“花旗集团”（Citigroup）。为避免与后来的机构名称相混淆，本书使用英文历史名称的对应中文名。

② 钱德勒等：《管理的历史与现状》，第149页。

③ Carosso, *Investment Banking in America*, p. 52.

生涯中多次作为发起人或参与者使用该方法。同时，非常明显，辛迪加是一种客户导向和项目导向的融资方式，它并不意味着辛迪加中各参与者之间形成了长期固定的合作关系；它更不表示，证券发行人（公司或政府）形成了对承销银团的永久性依赖关系。

20世纪初，一些美利坚大公司已在发行市场上确立了声誉，它们的新发行已可绕过投资银行，从而节省发行费用。此外，一些商业银行在发行市场上也开始崭露头角，直接参与证券承销（仅限于企业债券）。以前，这些商业银行主要是新证券发行的担保人。①

可以认为，摩根与其关联企业和金融机构之间的关系更接近于“俱乐部”形式，是一张关系网。在这张关系网中，成员之间的关系时紧时松。在一些项目上它们可结成利益共同体，在另一些项目上部分成员之间则可能出现竞争。用“托拉斯”“辛迪加”或“康采恩”这些概念来界定这种关系都不够准确。摩根公司及其关联企业和金融机构既不同于德意志经济中的全能银行，更不同于亚洲经济中的企业集团（财阀或财团）。

同样值得说明的是，摩根主导合众国钢铁公司重组，清楚地表明了这位金融家的产业发展追求——让中意的职业经理人来领导产业。摩根掌控了合众国钢铁公司的证券融资，有权力任命这家新公司的高管，他的选择是查尔斯·M. 施瓦布出任总裁。这位当时39岁的总裁，大学毕业后一直在钢铁厂工作，从技术员干起，历经车间主任和工厂技术总监等职位，后来升任卡耐基钢铁公司行政总裁，显然是一位典型的职业经理人。当然，他对钢铁行业和世界市场也有深入认识。正是这些优点让摩根认为他是新钢铁公司总裁的不二人选。

摩根之所以花费大量精力并动用大量金融资源去整合美利坚钢铁业，显然不完全是为了控制而控制，也不仅仅是为了减少行业内竞争或者独享垄断利润。让查尔斯·M. 施瓦布这样的专业人才担任新公司总裁一事表明，摩根希望新型管理人才发挥更大作用，由他们来实施推动产业进步的管理措施。这是一个新时代到来的标志性事件之一。

在电力电气行业，摩根做了几乎同样的事情。托马斯·爱迪生（1847—1937年）是那个年代美利坚社会无数业余发明家之一，同时又是少数几个最多产且最为成功的新技术创业者。摩根在其曼哈顿办公室接待了爱迪生，见证了后者的电灯照明技术。摩根及其合伙人很快给予该新产业以大量资助，并最终促成了通用电气公司（GE）的创建（约在1889—1892年）。通用电气不仅收购了爱迪生所拥有的几家公司，而且还兼并了该行业内与爱迪生电灯和电气技术相竞争的独立公司。但是，出乎爱迪生预料的是，他没有当上通用电气公司的总裁。摩根及其他大投资人推荐了管理上更加专业的人才出任此职。如果让爱迪生来领导通用电气，他就变成了发明家兼资本家兼经理。很有可能，这样的安排会使他做不好这三者之中的任何一者。爱迪生后来继续在技术发明和经营自

① Carosso, *Investment Banking in America*, p. 54.

己的小公司中大有作为。

在19世纪初不列颠工业革命中，商人银行的兴起带给棉纺织企业的一个重要影响是，商人兼制造业主的传统类型衰落了，专业化制造主代之而起。因为商人银行喜欢更多地协助后者去开拓海外市场，而随着不列颠棉纺织业的增长，海外市场成了决定企业生存的重要因素。在19世纪与20世纪之交的美利坚，以摩根为代表的投资银行家也发挥了类似的作用。他们偏好职业经理管理企业，不看好喜欢资本家兼经理的混合类型。资本家兼经理的一个共同特点是，容易拒绝金融界的意见和建议，拒绝外部管理咨询。资本家兼经理具有更强的行为独立性。这种行为特点是否会使产业内部存在更多的竞争、更容易出现产能过剩并爆发价格战，有待进一步研究。

在19世纪美利坚经济快速增长过程中，包括铁路和钢铁在内的新兴产业，频繁出现剧烈的价格波动，令证券投资者（股票债券持有人）感到惊恐不安。铁路和钢铁这些新行业之所以能够快速扩张，正是凭借大量发行证券。铁路或钢铁企业若不能给予证券投资人相对稳定的回报，那么，在缺少政府监管或直接干预的条件下，掌握金融资源的投资银行当然会有冲动去"整顿"或"规范"铁路或钢铁企业，代表证券投资者去约束那些资本家兼经理。摩根公司在世纪之交美利坚产业界的所作所为很大程度上体现了证券投资者群体对产业巨头们的不满，对证券投资缺乏稳定收益的不满。

皮尔庞特·摩根在某种意义上算是此问题上的一位"先知先觉者"。凭借自己的敏锐，他意识到像卡耐基那样的资本家兼经理是投资人群体的对立面，在行业整合中应当被买断出局。如前提及，卡耐基和古尔德等都是行业精英，但因为他们同时也是资本家，所以并不刻意维护或特别重视外部投资者的利益及诉求。很明显，随着美利坚工业的成长，随着工业企业更加依赖证券市场，证券投资者的利益和诉求理应得到相应重视，而这在当时只能通过摩根所代表的投资银行去实现和保证。以这个角度看，摩根公司的作为是证券投资者与投资对象（美利坚企业）之间结构性关系的调整。

以摩根为代表的华尔街投资银行在世纪之交发挥了助力企业重组和职业经理阶层成长的巨大作用，但这并非其全部作用。相对于商业银行，除前述两点外，华尔街投行的新作用还包括：（1）以证券融资方式帮助大企业成长；（2）直接投资于新企业和技术创新，推动新兴产业发展；（3）为公众提供新的储蓄渠道，确保证券投资收益与风险承担相吻合；（4）服务政府债务融资，尤其是为联邦政府财政和债务管理提供便捷的金融工具；（5）促进国内资本市场形成和金融市场一体化发展；（6）积极从事贸易信贷和跨境支付，密切国内金融市场与国际金融市场的联系。这些作用皆为美利坚在世纪之交成为世界第一大经济体以及在人均GDP指标上达到世界最高水平所必需。

值得一提的是，投行通过其证券融资服务，相当于为大企业提供了以较低成本利用外部资本（资金）的便利（相对于中小企业而言），这种效应的一个后果是那个时期美利坚大企业的资金利润率普遍低于中小企业，以及合股公司的利润率低于非合股公司

（合伙企业和个人企业）。[①]研究者们对这种情况的解读是，证券市场的发展和华尔街投行的兴起在一定意义上促使美利坚资本市场在大型企业和中小企业之间出现了分割，即两类企业的融资条件不再相同。但是，中小企业拥有高于大企业的利润率意味着它们具备必要的生存能力，不会轻易地被大企业吞并。

有限垄断："摩根金融集团"并非无所不能

前面提到，普乔委员会1913年调查报告发现以J. P. 摩根为核心的"摩根金融集团"掌握了巨大的金融资源，它所参股的美利坚金融机构和企业"财力和资本"总额高达222亿美元。该年，合众国国民生产总值（GNP）仅为396亿美元。"摩根金融集团"是名副其实的金融寡头，是华尔街的"教皇"。摩根在铁路和钢铁业并购中的主导作用，在1907年金融危机中成为许多中小金融机构的"救世主"角色，协助联邦政府财政部维护合众国的金本位制，皆令世人以为摩根和他直接掌管的金融机构（"金融帝国"）已经控制了美利坚经济命脉，奉行自由开放哲学的合众国政府眼睁睁地看着市场经济已经快要演化到了其反面，以摩根为典型的垄断势力正在无声无息地甚至大张旗鼓地扼杀和窒息经济生活中的竞争。

倘若如此，那么，美利坚经济势必将走向停滞，企业家的创新活力必将趋于枯竭，美利坚人民作为消费者不再可能享受竞争性市场经济所带来的一切福利。而且，对社会来说，更加可怕的是，经济垄断势力还会去腐蚀政治体制，绑架政府的内外政策。

但是，很明显，在20世纪初美利坚经济中，尽管很多行业都出现了集中和垄断化趋势，在金融业出现了像摩根公司这样掌握巨大资源的金融机构，但它的经济和金融体制仍然保持了19世纪以来的基本结构，竞争继续存在，创新依然不断涌现。更重要的是，社会有识之士和政府机构逐渐认识到垄断化的趋势及其威胁，推进了立法领域内的改革，陆续引入了反托拉斯和限制垄断的新法律和规则。社会对劳工权益和消费者权益的保护和重视也在不断增长。

可以认为，即便在摩根公司的实力和影响力登峰造极的20世纪初，它也未能独霸华尔街，也没有"通吃"美利坚的工业部门。摩根与华尔街其他的投资银行既有合作，也有竞争。摩根组建了合众国钢铁公司，但他并未能使该公司如其所愿，在美利坚钢铁业一统天下（参见后述伯利恒钢铁公司事例）。

19世纪最后几十年，纽约曼哈顿华尔街周围已聚集了数十家甚至上百家的投资银行或综合性证券公司。塞利格曼（J. & W. Seligman & Co）便是其中之一。这是一个由8位兄弟组成的合伙投行，创建于南北战争结束时。与马库斯·古德曼和雷曼兄弟一样，

① 阿塔克与贝特曼：《盈利能力、公司规模和19世纪美国制造业的商业组织》，载乔舒亚·L. 罗森布卢姆主编《量化经济史》，第93－98页。

他们也是19世纪40年代由德意志南部来到北美的移民，在内战期间向军队供应物品而发财。塞利格曼投行成立后从事的一项重要业务是，利用他们在德意志的人脉关系，在那里推销联邦政府债券。为此，塞利格曼还一度担任过合众国国务院和海军部的财政代理。摩根家在伦敦有很好的关系网，塞利格曼家则在法兰克福等地有着强大的“朋友圈”，当然，彼时伦敦金融中心的资金规模比法兰克福大很多。摩根与塞利格曼似乎有一些“天然的”隔阂和对立。在铁路争夺战中，前者支持古尔德的对手，后者则支持古尔德本人。但是，在争夺战中，双方没有绝对意义上的输赢。塞利格曼的综合性银行业务一直持续到1933年合众国国会通过“格拉斯—斯蒂格尔法”，在此之后，它的投资银行业务与商业银行业务进行了剥离（摩根公司同样如此）。

摩根在1901年组建的合众国钢铁公司以及收购卡耐基钢铁公司，被公认为是金融势力胜于产业资本。在这场产业重组中，涉及另一位实业巨子，即石油业的老洛克菲勒。19世纪90年代，老洛克菲勒已经成为美利坚首富，每年从标准石油股权信托（托拉斯）分红300万美元，在石油和煤气之外的各种投资多达2 400万美元，包括16家铁路公司、9家地产商、6家钢铁公司、6家汽轮公司、9家银行和金融机构以及2座柑橘果园。[①]没有在这份资产清单上的还有一座大型铁矿，此为钢铁厂的上游产业，也是摩根全力打造的钢铁帝国的“眼中钉”。

为了得到这座铁矿，摩根与洛克菲勒之间发生了许多故事，包括老摩根屈尊拜访老洛克菲勒，小洛克菲勒对老摩根坚持不报价，等等。最终，原属洛克菲勒的铁矿和其他几个资产项目高价卖给了合众国钢铁公司，已在石油业“退休”的老洛克菲勒成了该公司的董事。[②]而在同时，摩根却没有成为石油企业的董事，洛克菲勒旗下的美利坚石油业一直保持了对于摩根的独立性。

在世纪之交的美利坚进步主义浪潮中，舆论大量谴责洛克菲勒及其标准石油公司的垄断行为。一些评论将洛克菲勒称为“财团”。老洛克菲勒传记作者认为，“洛克菲勒财团”或“标准石油团伙”（Standard Oil Crowd）这些说法是一种误会。老洛克菲勒的几位亲属，在标准石油的合伙人亨利·H. 罗杰斯、兄弟威廉及其亲家詹姆斯·斯蒂尔曼，大量投资于金融机构，其中斯蒂尔曼本人长期担任国民城市银行（花旗银行的前身之一）董事会主席。兄弟威廉1888年参与组建“杰基尔岛俱乐部”（Jekyll Island Club），当时被称为“百万富翁俱乐部”，成员包括摩根和范德比尔特等。但老洛克菲勒与这些人物保持距离，尤其与他们的金融投资活动并无关系。[③]他控制的标准石油托拉斯（以及后来在新泽西州注册的控股公司）始终没有上市，与华尔街保持了距离。

---

① Ron Chernow. *Titan*: *The Life of John D. Rockefeller*, *Sr*, Vintage Books, 1999, p. 336.

② 据说洛克菲勒为得到这些矿场资产支付的数额是50万美元，摩根早先表示愿意支付的价格是500万美元，最后的收购价是8 000万美元（盖斯特：《百年并购》，第14页）。

③ Ron Chernow, *Titan*, pp. 374 – 375.

1907 年合众国遭遇金融危机。当年 8 月，印第安纳标准石油公司被芝加哥联邦法院一位法官以“使用不正当销售方法”判罚 2 924 万美元。此后，洛克菲勒将 1 000 万美元存入纽约三家大银行（包括国民城市银行和纽约第一国民银行），主动配合联邦政府应对可能的银行挤兑。他在资金上的实际贡献超过了皮尔庞特·摩根，但只有后者却被当时媒体称赞为危机的“救星”。[①]

洛克菲勒第三代中的兄长、家族事业的主要继承者大卫·洛克菲勒（1915—2017 年）在回忆录中说，洛克菲勒中心于 20 世纪 30 年代在曼哈顿中城建成时，老洛克菲勒让相关的机构都迁往新址办公，其中包括切斯国民银行（Chase National Bank）。该银行常被称为“洛克菲勒的银行”，但其迟在 1930 年才与洛克菲勒有关，当年该银行与老洛克菲勒早年持股的公平信托公司（Equitable Trust Company）合并，避免了后者在大危机期间倒闭。[②]或许，在劝说切斯国民银行与公平信托公司合并时，洛克菲勒家族使用了老摩根的一些惯用手法。该银行那时已是纽约金融中心执牛耳的大型商业银行之一。

洛克菲勒家族进入金融业被认为是产业资本与金融相融合的代表性事例。19 世纪后半期，老洛克菲勒在石油业纵横捭阖时，早期大量运用价格战和运费折扣等商业战术，后期则主要依靠托拉斯这种股权整合手段。与那时的铁路和钢铁不同，洛克菲勒所关联的大型石油企业没有公开发行股票或债券，因而与华尔街保持了相当的距离。这主要得益于石油行业当时能够提供良好的现金流，尚未发生其在 20 世纪中期后频繁发生的重大供求变动和多样化趋势。[③]总之，老洛克菲勒没有对金融杠杆和关联交易的强烈需求，既无须与摩根那样的华尔街投行结盟，也不与之竞争。[④]

在产业上能够独立于摩根势力范围的一个重要事例是伯利恒钢铁公司（Bethlehem Steel Corporation）。前面提到，摩根一手操办的 1901 年美利坚钢铁业大整合使钢铁大王

---

① Chernou, *Investment Banking in America*, p. 543.

② David Rockefeller, *Memoirs*, Random House, 2002, p. 56 and p. 125。此书提及，两家机构于 1930 年合并后，切斯国民银行在中国被称为“大通银行”（p. 245）。此事的背景是，由洛克菲勒控制的纽约公平信托公司（Equitable Trust Company of New York）于 1920 年 12 月组建公平东方银行公司（Equitable Eastern Banking Corporation），该银行公司于 1921 年 1 月在上海设立分行并取中文名“大通银行”。切斯国民银行与纽约公平信托公司合并后，前者在中国大陆的分行继续称为“大通银行”。自那以后，切斯国民银行历经多次并购重组，名称也相应变动。1955 年，切斯国民银行与曼哈顿公司合并，改称切斯·曼哈顿银行。二十一世纪后，切斯银行官方名称的中文为“大通银行”（“曼哈顿”字样此前已去掉），其持股者的中文名为“摩根大通集团”（JP Morgan Chase），该集团下属的投资银行中文名为“摩根大通”（J. P. Morgan，此处英文名并不含“大通”字样）。大卫·洛克菲勒长期在切斯·曼哈顿银行工作，并在 20 世纪 70 年代担任其总裁。

③ 洛克菲勒在 19 世纪 60 年代曾多次求贷于许多银行。他说自己因为太多的跪求而把裤膝口磨穿了（Paul B. Trescott, *Financing American Enterprise: The Story of Commercial Banking*, Harper & Row, 1963, p. 72）。但是，当他取得经商成就后，许多银行家找上门来，纷纷表示愿意提供贷款。此外，洛克菲勒在 19 世纪末成为合众国“石油大王”后，事实上没有控制后来在得克萨斯州等地区的石油业发展。这些新兴地区在 20 世纪生长出一大批石油新巨头，其规模可与洛克菲勒关联企业相媲美。

④ 100 年后的 2000 年，切斯·曼哈顿银行与摩根公司（J. P. Morgan & Co.）合并而成摩根·切斯公司（JP Morgan Chase & Co），成为一家超大规模的金融控股企业。

卡耐基出局，而委任职业经理人施瓦布担当超大钢铁企业的总裁。这是金融势力在产业界大显身手的高光时刻，似乎整个美利坚钢铁业已被摩根“收编”。然而事实远非如此。在合众国钢铁公司，施瓦布不时在一些事务上与皮尔庞特·摩根和其他公司高管发生意见分歧。两年后，他辞职离开合众国钢铁公司，并在约瑟夫·沃顿（Joseph Wharton，1826—1909 年）的资助下创办伯利恒钢铁公司，仅用数年时间就将该企业打造成为美利坚乃至世界钢铁业的龙头。伯利恒钢铁公司既独立于“摩根金融集团”，也不属于其他任何企业集团。借助伯利恒钢铁公司，查尔斯·M. 施瓦布实现了自己从职业经理人到资本家兼经理的转型。这也表明，即便在华尔街投资银行成为产业整合的一个强大推动力之后，即便在职业经理人新时代开启之后，社会经济中仍有空间可让资本家兼经理的传统类型发挥作用。

在摩根具有重要影响的电气领域，也发生过几乎同样的事情。19 世纪 80 年代末期，电气领域内一系列新技术在北美和欧洲被发明应有，电力照明成了人类的新希望。以爱迪生为代表的直流电技术派和以威斯汀豪斯为代表的交流电技术派展开了激烈竞争。2019 年好莱坞影片《电力大战》（War of the Currents）即讲述此故事。摩根尽管资助爱迪生的公司，但在这场争夺中没有助阵打击或者“封杀”爱迪生的竞争对手威斯汀豪斯。乔治·威斯汀豪斯（George Westinghouse，1846—1914 年）是与爱迪生类似的发明家兼企业家，他看中了交流电的优点，并重用尼科拉·特斯拉（Nikola Tesla，1856—1943 年）那样的技术天才。①后来的发展证明，交流电照明技术具有更广泛的用途和高得多的经济性。当时，威斯汀豪斯（也称“西屋电气”）不仅自己投资于研发，而且不惜花费巨款购买新专利，资金需求量巨大。1890 年是欧美金融市场动荡的一年，威斯汀豪斯因背负大量债务而危在旦夕。如果美利坚的金融市场被少数人垄断，如果这些垄断者都站在通用电气一边，那么，西屋电气很难在那时的财务困境中幸存。但是，正是美利坚金融市场和金融机构的多样性让这样的创新型企业得以存活并发展壮大。

对摩根和洛克菲勒那样的金融巨头或产业巨头的垄断行为最大的限制来自立法改革和政府监管进步。在产业领域，合众国国会 1887 年通过“州际商务法”和 1890 年通过“谢尔曼反托拉斯法”，为世界上最早一批限制垄断的立法。这些立法使“垄断”成了一个政治不正确概念。“谢尔曼反托拉斯法”不仅授权联邦政府司法部可对垄断行为采取行动，而且给予个人作为垄断行为受害者可要求三倍赔偿的权利。这些法律颁布后，合众国司法体系中有关反垄断的诉讼案逐年增多。

在金融领域，来自政府层面的反垄断作为最早针对保险公司，始自 1905 年纽约州的阿姆斯特朗调查案。该事的由来似乎有些偶然性。公平人寿保险到 19 世纪末已成为纽约州乃至全美的大保险公司。公司创始人去世后，大部分股权由年轻的儿子继承，他在

① 埃隆·马斯克在 21 世纪推出的电动汽车品牌取名为特斯拉，特为纪念该人士。

曼哈顿一家豪华酒店一掷千金为侄女举办一场奢侈社交聚会，媒体报道后引起公众关注。在公众因这一事件而对保险业的关注度大幅上升后，有关保险业的诸多负面情况逐渐浮出水面。纽约州参众两院于1905年成立专门调查组，由州参议员威廉·阿姆斯特朗领衔实施。调查组的报告认为，包括公平人寿在内的多家人寿保险公司，在经营活动的多方面使用了大量可疑手段，包括误导参保客户、故意拖延支付、转移投资损失、过多持有股票、不当政治捐款等。报告也建议改进针对人寿保险公司的立法，促使其改进对投保客户的服务，限制其证券投资和交易范围，禁止唐提式养老金计划（Tontine），分拆一些大保险集团。最后那条措施带来的一个结果是，公平人寿保险公司将其子公司公平信托出售给洛克菲勒、乔治·古尔德（老古尔德的长子）和库恩·洛布。①

阿姆斯特朗调查案虽然发生在纽约州，但对其他州也有影响。1905年后，前面提到的布兰代斯在马萨诸塞州也开展了针对保险公司的公开批评，并推动该州通过提倡互助人寿保险的立法。后来，在全美多州都出现了互助型人寿保险机构，即投保人就是保险机构的所有人。大量互助型人寿保险机构的出现，给人寿保险业带来了新活力。

前面提到的普乔委员会是联邦政府层面针对公众抱怨“金钱托拉斯”而成立的调查委员会。20世纪初，美利坚民众对一些产业大王和金融巨子的“暴富”状况颇感惊讶，对他们可能的不当行为的怀疑情绪也达到了高峰。华尔街证券市场不时暴露出交易丑闻，更加剧了人们对“金钱托拉斯”的不满。普乔委员会认为，美利坚金融业已被“三巨头”所控制，即皮尔庞特·摩根、乔治·贝克和詹姆斯·斯蒂尔曼。贝克（George Fisher Baker，1841—1931年）为纽约第一国民银行创始总裁和董事会主席，被称为“美利坚银行业之教务长”（Dean of American Banking），大量持股于铁路公司和公用公司等。斯蒂尔曼（James Jewett Stillman，1850—1918年）在1891—1909年担任国民城市银行总裁，在任期间使该银行成长为“西半球最大银行”。②三位人物及其机构都接受了普乔委员会的质询，并被认为构成了“内部团伙”。③他们是华尔街证券市场上的中坚势力，能在很大程度上控制股票债券的上市流程和交易行情，都大量持股于美利坚众多的大型企业。

很明显，摩根公司作为投资银行与纽约第一国民银行和国民城市银行这样的商业银行一旦联手，理论上的确能通过金融杠杆效应控制整个国民经济。如果没有来自立法和政府监管的限制，摩根及其关联银行可通过持股进入包括人寿保险公司和信托机构的董事会，参与这些机构的重大决策事务。加上摩根及其关联银行自身的股权和债权投资，它们持有的全社会股份资本可达到极高水平。有统计数字表明，1897年，美利坚铁路股

① 杰瑞·马克汉姆：《美国金融史》第二卷，高冯娟译，中国金融出版社，2018年，第20-22页。

② 纽约第一国民银行与国民城市银行于1955年合并，改称为“第一国民城市银行”，即延续至今的“花旗银行”（Citi Bank）。

③ 马克汉姆：《美国金融史》第二卷，第51页。

票债券市值合计达到106.35亿美元，当年联邦政府债务仅为12.27亿美元。[①]那时，摩根及其关联银行的资本金及可投资于股权的资金肯定不会超过10亿美元。但是，如果将10亿美元资金中的一小部分用于控股人寿保险公司和信托机构，再由后者动用自己的资金去持股铁路企业，则在理论上，摩根及其关联银行便可成为美利坚全部铁路公司的控股者。当时，由于股份分散，持有对象公司10%或20%的股份便可成为控股方，即不需持股51%及以上。极而言之，摩根及其关联银行通过层层的金融“倍加器”（人寿保险公司和信托公司那样的金融杠杆机构）几乎可无限放大自己的持股能力。对摩根及其关联银行来说，持股能力不再是一个常数，而是一个变量，一个可由证券交易而倍增的数字。

普乔委员会提出了多项立法和监管政策改革建议，包括敦促各州限制信托公司的业务，联邦立法限制国民银行的证券承销业务，限制摩根这样的私人银行委托存款业务，将纽约证券交易所纳入政府监管，上市公司应当定期披露财务报表，证券初次发行和再发行应通过竞争性投标程序，金融机构的持股行为应当遵守相关规则，上市公司的治理结构也应当改进，等等。[②]联邦政府和立法机构没有完全采纳普乔委员会的建议，但其要点在后来的立法和监管政策调整中逐渐被吸收。1914年通过的“克莱顿反托拉斯法”就吸收并发展了普乔委员会建议中涉及的两点，即当企业并购可能危害竞争时，需要提请政府关注和审批；如果同一人同时担任两家以上公司董事职位，尤其当这两家或以上企业被认为存在竞争关系时，应被限制。

“克莱顿反托拉斯法”通过后，金融机构之间关联交易的膨胀势头得到初步遏制。当然，最强有力扭转关联交易膨胀势头的立法是1933年“格拉斯—斯蒂格尔法”。该法要求商业银行不得从事股票承销，投资银行不得吸收普通存款，同一家金融机构不得同时从事商业银行和投资银行业务。该立法的主要意图是防范金融风险，但也具有阻止金融机构朝着综合经营或全能银行方向发展的意义。“克莱顿反托拉斯法”和“格拉斯—斯蒂格尔法”都有显著效果。早在1906年纽约州阿姆斯特朗调查案后，该州保险公司资产总额中股票占比就从6%下降到1922年的1%。[③]

罗斯福总统于1938年促成国会建立“临时全国经济委员会”（TNEC），发起对“经济权力的集中”的调查。包括华尔街投行在内的一大批大企业被列入审查名单。1933年成立的证券监管机构（SEC）专门负责收集证券行业和投资银行的“材料”。但“临时全国经济委员会”在1941年4月未获得预算拨款而解散。[④]第二次世界大战结束后不久，联邦政府司法部依据“谢尔曼反垄断法”于1947年10月发起对17家投行和投资银行协会（IBA）的起诉。司法部认为，以摩根·斯坦利为代表的华尔街投行惯常以三大方

---

① 钱德勒等：《管理的历史与现状》，第152页。

② 马克汉姆：《美国金融史》第二卷，第52－57页。

③ 马克汉姆：《美国金融史》第二卷，第22页。

④ https：//en. jinzhao. wiki/wiki/Temporary_ National_ Economic_ Committee，2021年10月4日查阅。

式推行垄断化经营。一是“沿袭传统”（Traditional Banker），即某一投行承销了客户的第一单证券，此后该客户的后续证券业务皆以此投行为主承销；二是“遵循先例”（Historical Position），即某一投行参加证券承销银团（辛迪加），则也参加该承销银团的后续业务（相应地排斥了其他潜在参与投行）；三是“互惠”或“利益均沾”（Reciprocity），即某一主承销投行邀请其他投行参与某个项目辛迪加后，其他参与者未来担任主承销时应回请该投行参与。司法部指控于1950年提交到纽约南区联邦法院审理，经过两年多诉讼，具有保守派倾向的联邦法官判决17家投行无罪，认为投行之间存在“永不停息的竞争景象”（“a Constantly Changing Panorama of Competition”）。[①]这次案例被称为“1953年合众国对抗摩根”（United States v Morgan，1953），最后的判决引起广泛争议，也为华尔街投行与联邦政府之间在垄断与反垄断问题上的长时间争议画上了句号。

从20世纪10年代开始，上市企业被要求披露准确的财务和经营信息。布兰代斯那时说了一句后来被广泛传播的名言：“阳光是最好的消毒剂，电灯是最有效率的警察。”[②]在这之前，许多美利坚上市企业很少认真对待信息披露。在19世纪70年代铁路公司股票大战期间，曾有评论家说，如果伊利铁路公司的年报信息是真实的，那么，“阿拉斯加州肯定位于热带，并能在合适的季节生产出草莓”。[③]

此外，美利坚经济和金融之所以能够避免被国内垄断势力完全控制，一个很重要的原因是始终保持对外开放。这一点，尽管在20世纪前半期的表现不如在后半期那么明显，但通过那时大量移民的流入以及他们在经济和金融领域中前赴后继的创业活动已有鲜明体现。如果美利坚社会将移民和知识流动的大门关闭，如果没有跨境资金流动，垄断势力一定会渐渐霸占国内经济和金融的各个领域，整个社会都将因此失去活力和财富创造力。

四、世纪之交美利坚现代金融体系的确立

合众国联邦政府在1863年推出的国民银行制度是促进美利坚金融体系走向完善的重大举措，弥补了此前州立银行制的不足，为全国金融市场（尤其是银行信贷市场）的协调性发展奠定了制度基础。但是，国民银行制度和州立银行制度以及证券市场的发展留下一个重要的问题，由谁来负责工业化进程中的产业结构调整？“产业结构调整”是南北战争结束后随工业化深入发展后出现的新问题，它不仅超出了国民银行制度设计者的预料，也是合众国政府根本未曾主动谋划的事情。简言之，如果“产业结构调整”是经

---

① Alan D. Morrison and William J. Wilhelm, Jr., *Investment Banking: Institutions, Politics, and Law*, Oxford University Press, 2007, pp. 220 – 221.

② 该话出自他的著作《别人的钱以及银行家们如何用它》，这里转引自马克汉姆《美国金融史》第二卷，第57页。

③ 格林斯潘和伍尔德里奇：《繁荣与衰退》，第110页。

济发展进程中必然出现并且需要通过相应的金融机构来应对的问题，那么，内战期间所确立的国民银行制度或当时的金融体系就存在重大不足，因为那时没有具有这种功能的金融机构。从这个角度看，华尔街投资银行的兴起弥补了这个空隙，使美利坚金融体系在世纪之交真正完备起来。至此，美利坚现代金融体系不仅可满足居民储蓄、企业融资、贸易融资和政府融资的一般需要，而且可在促进现代产业结构调整中发挥重要作用。华尔街投资银行在美利坚经济结构调整进程中所发挥的作用，在同时期其他工业化国家中鲜有近似者，连不列颠商人银行也与之有重要差异。这充分显示了美利坚经济体制和金融体系的鲜明个性。

考察世纪之交美利坚现代金融体系的“完备化”，不仅应认识到华尔街投资银行的独特作用，而且还必须理解其为何未像欧洲大陆许多国家中类似金融机构那样成为全能银行，即理解美利坚金融体系各个构成部分之间的相互关系及其特点。既然许多华尔街投资银行在世纪之交已经具备了在国内外金融市场上进行呼风唤雨般快速筹资的能力，而且它们显然也有“做大做强”的野心和追求，可是为何它们没有变成全能银行呢？解答此问题需要梳理南北战争后美利坚金融机构和金融市场的发展历程和特征。

以下从银行业多样化发展、华尔街投资银行的治理结构和行为特征、人寿保险快速增长和地区金融中心不断涌现四个方面来考察该时期美利坚金融体系的演变。

前面已提到重要类别金融机构的资产情况，这里依据戈德史密斯的研究成果详细列表，如表10－1所示。表10－1所反映的美利坚金融体系至20世纪初的特点可以概括为：（1）商业银行一直是资产规模最大的金融机构；（2）金融机构多样化是一个逐渐发展的过程；（3）人寿保险是规模最大的非银行金融机构；（4）按资产额计算，投资银行（表10－1中的“证券金融商”）份额很小。理解这些特点，需要进一步考察各类金融机构的具体情况。

表10－1　　1860—1912年美利坚各类金融机构的资产占比　　单位：%

金融机构 \ 年份	1860	1880	1900	1912
商业银行	71.4	60.6	62.9	64.5
互助储蓄银行	17.9	20.6	15.1	11.8
储蓄信贷协会		2.2	3.1	3.0
证券金融商			3.8	3.0
抵押公司		2.7	1.3	1.2
人寿保险公司	1.8	9.4	10.7	13.0
互助保险公司				0.6
其他保险公司	8.9	4.5	3.1	3.0
金融资产合计（亿美元）	11.2	44.7	159	338

注：戈德史密斯：《金融结构与发展》，浦寿海等译，表D－33，第504－505页（也见该书另一中译本《金融结构与金融发展》，周朔等译，表D－33，第543－544页）。

银行业多样化发展

19 世纪后半期，美利坚银行业发展的一个突出特征是银行数量继续增加，州立银行和国民银行构成银行业的主体，同时新型存款机构也在此期间出现并发展起来。

内战期间及结束后的几年中，国民银行大量增加。但 1870 年后，州银行再次快速增多。1895 年前后，州银行数超过了国民银行。如图 10－2 显示，至 1914 年，国民银行有 7 518 家（1896 年为 3 689 家），州银行则有 19 718 家（1896 年为 7 785 家），后者是前者的 2. 6 倍。州银行大量增多的主要原因是资本金和储备金要求都相对低。不准银行设立分行的规定不仅适用于国民银行，也适用于许多州银行。在此规定下，经济增长对银行服务的新需求往往只有通过设立新银行来满足，尤其是在许多新兴中小城镇或大城市的新开发地带。

对新银行开办者来说，可在国民银行和州银行之间进行选择，挑选最适合自己需要的注册方式和监管当局，这是“监管套利”。1900 年合众国国会通过的“金本位法”规定，在人口不到 3 000 的城镇设立国民银行，最低资本金要求降至 2. 5 万美元（以前为 5 万美元）。据此，近 20 个州陆续降低了在本州开办新银行的最低资本金要求，低至 5 000 美元到 1. 5 万美元。[①]在这样的制度环境中，合众国再次进入“自由银行体制”。由于新开办的银行很多是小型银行，美利坚银行业出现了一定程度上的碎片化倾向。

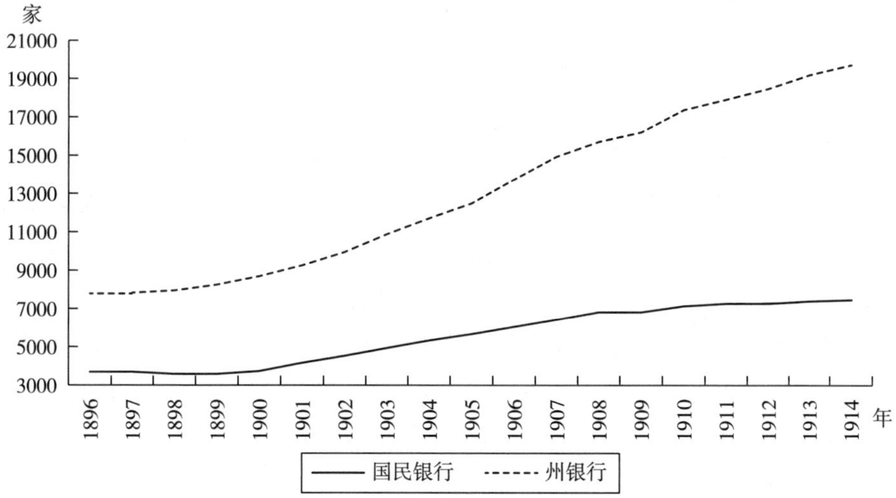

注：U. S. Bureau of *the Census*, *The Statistical History of the United States*, Series X610 －619, “All commercial banks, 1896—1970”, p. 1023.

图 10－2　1896—1914 年合众国国民银行和州银行数目

① Eugene White. “The membership problem of the national banking system.” *Explorations in Economic History* 19 (1982): 110－127.

图 10－3 显示全口径银行数目，即除了国民银行和州银行，还包括晚近出现的储蓄银行等存款机构。该数目增长快速，从 1896 年的 12 112 家增加到 1914 年的 27 864 家，每年平均净新增 829 家银行。这些银行的资产总额从 80.5 亿美元增加到 273.5 亿美元，平均每年增长 7%。但是，全口径银行的平均资产额增长却很缓慢，从 1896 年的 66 万美元增加到 1914 年的 98 万美元，平均每年仅增长 2.2%，远低于同期内国民生产总值名义值增长率（6%）。在若干年份，银行平均资产额甚至没有增长，如 1903 年和 1908 年。

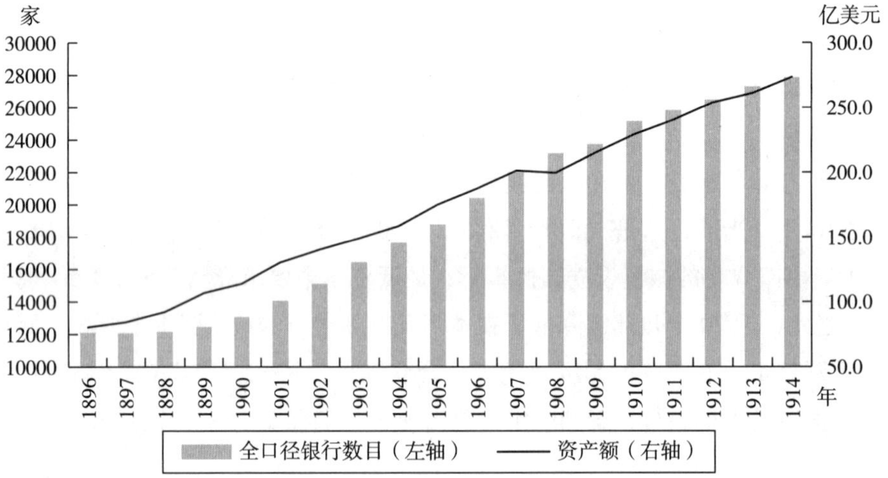

注：数量来源同图 10－2，U. S. Bureau of the Census，*The Statistical History of the United States*，Series X580－587，p. 1019.

图 10－3　1896—1914 年合众国全口径银行数目和资产总额

大银行主要聚集在纽约、波士顿和芝加哥等大城市。每座城市里都有数家或更多有名的银行。享有全国性声誉的大银行则主要集中在全国性金融中心城市纽约。切斯国民银行和国民城市银行特别值得一提。切斯国民银行组建于 1877 年，创办人是内战时期财长切斯的朋友，银行名称即为纪念他而取。成立时资本额为 30 万美元，1895 年增加至 180 万美元，1914 年更增长至 1 400 万美元。在这三个时点，资产总额由 100 万美元增加到 2 500 万美元及 1.5 亿美元。高速增长主要出现在 1895—1914 年，资本额年均增长 10.6%，资产额年均增长 9.9%。[①]切斯国民银行资产额在 1914 年相当于全美国民银行资产总额的 1.3% 或全口径银行总资产的 0.5%。

另一家大银行国民城市银行是后起之秀。詹姆斯·斯蒂尔曼在 1891—1908 年担任该银行总裁。此前，该银行虽然已是纽约的大银行，但不在前茅。斯蒂尔曼来自商界，上

① John Donald Wilson，*The Chase*：*The Chase Manhattan Bank*，*N. A.*，1945—1985，Harvard Business School Pess，1986，Table 1，p. 8.

任后采取全力扩张的政策，推动国民城市银行大量开展新业务，跨入新领域。国民城市银行资产额在1891年为2 200万美元，1908年为3.34亿美元，年均增长17.4%。[1] 1908年该银行资产额在全美国民银行中占比为3.8%，在全口径银行业资产中占比为1.7%，为该银行20世纪初达到的最高水平。

几个数字可说明国民城市银行在这个时期的经营业绩及其特点。在1905年总存款2.4亿美元中，公司存款为1.4亿美元，占比59%；1912年与世界各国132家银行建立代理行关系，吸收国外存款600万美元；国内代理行数目从1902年的606家增加到1905年的1 230家，同业存款占比达到20%；1894年起成为联邦政府指定的存款银行，并在1898年美西战争期间与摩根公司组成银团承销联邦政府2亿美元债券。[2]这些数字表明，在斯蒂尔曼当政后期（20世纪初），国民城市银行已发展成为一家综合性金融机构，同时大量从事公司融资、同业借贷、国际借贷和财政服务等。很明显，它既是一家商业银行，也是一家投资银行，它在国际业务和海外银行方面已经可与汇丰银行比肩。在一定程度上，国民城市银行甚至接近于德意志银行那样的全能银行。当然，国民城市银行与全能银行还存在若干重要差别，即它在国内不设立分行，对实体企业的持股数额十分有限，也不能承销公司股票。但这些特点皆是监管限制的结果。如果没有来自监管当局的限制，国民城市银行势必会朝着全能银行方向发展。[3]

切斯国民银行和国民城市银行之所以能够在世纪之交快速发展，除了时任高管们的作为，还有另外一些重要原因。当时恰遇美利坚对外贸易快速增长。19世纪90年代后美利坚开始大量出口工业品，不再以出口农产品为主。纽约是北美第一大港，商贸企业云聚。该时期许多工矿大企业高速成长，成了大银行的新客户。纽约还是全国金融中心，来自全美各地的大公司，尤其是铁路公司和钢铁公司，都来纽交所发行证券并与当地银行产生关系。此外，1864年“国民银行法”规定，纽约是“中心储备城市”，该地城市银行需要接受来自其他国民银行（乡村银行）的准备金存款。这条规定使得大量资金流向纽约的城市银行，让它们得到额外的资金优势。

如前提及，合众国的银行体制是“单一银行”，即国民银行不设分行，多数州也规

---

① Harold van B. Cleveland and Thomas F. Huertas, *Citibank* 1812—1970, Harvard University Press, 1985, Appendix B, pp. 320 – 321.

② Cleveland and Huertas, *Citibank* 1812 – 1970书，p. 41，p. 44，p. 46 and p. 48；也参见该书中译本：哈罗德·克里夫兰、托马斯·候尔塔斯等著《花旗银行1812—1970》，郑先炳译，中国金融出版社，2005年，第三章，第53 – 81页。

③ 联邦政府财政部通货总监（Comptroller of the Currency）于1902年颁布规章要求国民银行停止从事投资银行业务，包括证券承销。在这之后，许多银行组建了附属机构来开展投行业务（Carosso, *Investment Banking in America*, p. 97）。

定了州银行不设分行。在这种体制中，在许多中小城镇，一座城镇往往只有一家银行。[①]显然，只有具备一定人口规模的城市通常才会有数家银行营业。人口稠密的大城市中，更是会有众多银行并排林立的场景。像纽约这样的“中心储备城市”，银行密集度全美最高。自然，越是大城市，银行间竞争程度就越高。

南北战争后，私人银行继续存在并不断成长。1900 年全美有 5 200 家私人银行，而且直到 1905 年以前，其数目多于国民银行。[②]私人银行没有州或联邦政府颁发的银行执照，但可依据普通法从事存贷款业务。多数私人银行活跃在小型社区。有的私人银行规模增大后会申办银行执照，转而成为州立银行或国民银行。私人银行大量存在，不仅可填补银行业中的一些地域空白，而且作为“潜在进入者”与现有银行机构形成一定的竞争关系。

竞争不仅发生在银行业内部，而且也发生在银行与非银行金融机构之间。19 世纪最后 20 年以来，信托公司和“准”银行机构的出现是美利坚银行业在该时期多样化发展的一个重要表现。

如前提及，在美利坚，信托公司（Trust）有两种类型。一种是控股公司，它们并不面向普通公众或行业外的投资者；另一种是普通意义上的信托公司，可接受公众存款和委托存款（通常是长期存款），从事定向的或不定向的财务投资。

企业名称中有“信托”字眼的情形在 19 世纪初便已出现，但多数信托公司出现于 1885 年以后。它们在州政府注册，联邦政府对此未有专门立法，也无监管。而且，一些银行在名称中明确注明是“银行兼信托”。早先的专业化信托公司主要为富人提供证券资产托管和保管箱服务，也代理一些证券交易。信托公司接受的存款不同于普通银行，不仅数额大，而且通常有较长期限。但是，信托公司存款与银行存款也有相似之处，因为银行也接受大额存款和长期存款。因此，信托公司与银行之间存在竞争关系。有研究者认为，19 世纪最后 15 年以来，信托业的发展成为美利坚银行业结构调整的“催化剂”。在美联储于 1913 年成立前的 10 年，马萨诸塞、缅因和佛蒙特这三个州几乎没有开办新银行，信托公司在这些州提供了商业银行的服务。[③]这意味着，美利坚银行业那时已面临“跨界”的竞争。当然，这种跨界竞争仅限于部分地区，全美范围内银行业的竞争主要还是本地银行机构之间的竞争。

1897 年，全美有 390 家信托公司，1900 年有 518 家，1909 年增加到 1 504 家。如此快速增长，一方面反映了资金供给的情况（富人增多和他们的“闲钱”快速增长），另

① 一部专为纪念“国民银行法”100 周年而出版的美利坚银行史著作说，合众国 1963 年有 13 000 家银行，这个数目大致与合众国所有的社区数目相同（Trescott, *Financing American Enterprise*, p. 12）。换言之，1 个社区平均拥有 1 家银行。这也意味着，在一个小型社区范围内，几乎没有银行间竞争。

② Benjamin J. Klebaner, *American Commercial Banking: A History*, Twayne Publishers, 1990, p. 69.

③ Larry Neal. “Trust companies and financial innovation.” *Business History Review* 45 (1971): 35 – 51.

一方面也表明信托机构在当时所具有的一些经营优势，比如它们在经营上更加“自由”，所面临的监管相对少，能够绕过监管当局对商业银行和储蓄银行等机构所施加的投资限制。

在存款资金方面，普通银行所面临的竞争还来自“准银行”存款机构。世纪之交出现了三种储蓄机构，它们在不同程度上借鉴了大不列颠的经验，但在发展上有快有慢。它们是互助储蓄银行、存贷协会和邮政储蓄。与不列颠不同的是，实行联邦制的合众国对这些机构采取了两级监管体制，即它们分别属于联邦或州政府的监管。1914 年，三种储蓄机构资产总额合计为 56 亿美元，为全口径银行机构资产额的 1/5。

互助储蓄银行（Mutual Savings Bank）由州政府审批成立，发起人提供开办费，没有股本或创始资本，资金来自储户的存折存款（多为定期存款）。这些机构的资金主要投资于各类证券，早期还投资银行股票。后来，因为风险偏大，许多州颁布法令禁止它们投资股票。这类机构流行于合众国东北地区的一些州。1896 年互助储蓄银行资产总额为 18.8 亿美元，其中贷款 8.7 亿美元（住房抵押贷款为 7.3 亿美元），债券持有额 8.7 亿美元（其中公司债 2.3 亿美元）。1914 年，资产总额为 41.9 亿美元，其中贷款 21 亿美元（住房抵押贷款为 18.7 亿美元），债券持有额 18.4 亿美元（公司债 9.8 亿美元）。[①]

储贷协会（Savings and Loans Associations）与大不列颠的按揭社较为接近，属于合作金融机构。它们是专业化的住房贷款机构，1900 年在全美各地有 5 300 多家，资产总额为 5 亿美元，每家机构平均仅 9.4 万美元。1914 年机构数目增加到 6 600 余家，资产总额为 13.6 亿美元，[②]平均每家机构资产额有 20 万美元。这段时间储贷协会资产额的较快增长很可能意味着参与者人数快速增长，而且每位参与者交存的资金额也有增加。

合众国政府发展邮政储蓄系统（Postal Savings System）的步伐相对迟缓，该系统 1911 年方才开始投入运行。当年在全美各地设立了 400 家门店，存款人仅 11 918 人，存款余额 67.7 万美元。次年，门店数目增加到 1 万多个，存户超过 24 万，存款余额达到 2 000万美元。该系统到 1914 年的存款余额也仅有 4 300 万美元，[③]相对于银行系统超百亿美元的资产或存款额来说简直微不足道。在一个幅员辽阔的国家，若让普通邮政网点接受现金存款，资金安全和转运成本都是值得重视的问题。邮政储蓄系统由国会专门立法而设立，其宗旨是支持联邦政府债券市场。[④]

综上所述，至 20 世纪初，美利坚银行业呈现多样化发展趋势。单一银行模式得以继续，小型社区范围内银行间竞争较少，大城市中银行数目增多，大银行快速增长。一些超大型银行出现了朝着全能银行方向扩张的倾向。监管规定开始限制这些银行的冲

① U. S. Bureau of the Census, *The Statistical History of the United States*, Series X821 – 833, p. 1046.
② U. S. Bureau of the Census, *The Statistical History of the United States*, Series X834 – 844, p. 1047.
③ U. S. Bureau of the Census, *The Statistical History of the United States*, Series X845 – 849, p. 1048.
④ 马克汉姆：《美国金融史》第二卷，第 58 页。

动。整体而言，随着信托机构和储蓄机构的成长，世纪之交以来许多城市银行面临存款资金分流。

投资银行业内的竞争与分化

如前所述，从19世纪80年代到20世纪初，华尔街投资银行在美利坚产业结构调整中起了重要作用。(1) 承销铁路公司证券，为社会资金流向铁路建设和支持大规模基础设施建设提供资金“疏通”服务；(2) 参与并推动大企业结构性调整，通过持股和并购融资服务促进大企业在新兴产业快速成长；(3) 客观上推动大企业中的两权分离，即所有权与经营管理权的分离，促进职业经理人阶层的成长，提升他们在大公司治理结构中的地位；(4) 连接国内和国外金融市场，在早期阶段协助引进外资，在后期则参与国际证券投资，为对外直接投资提供金融服务，助力国际贸易和国际资本流动；(5) 促进国内金融产业的发展，推动国内资本市场的一体化。总之，华尔街投资银行的兴起和积极作为，是该时期美利坚经济快速增长和波澜壮阔的结构调整中的重要一面。

但是，投资银行是一个很不同于商业银行的概念，它并没有一个清晰和稳定的定义。在美利坚，商业银行指依据国民银行法或州立法注册的国民银行或州银行，即可吸收公众存款并开展贷款和其他金融服务的机构。但是，投资银行却没有专门的注册机构，甚至直到今天也没有一个专门的政府机构来监管投资银行。可以说，美利坚的投资银行是一个比商业银行更加多样化的概念。

有著者说，20世纪初时美利坚有大约1 000家机构可被称为投资银行。①另一著者认为，第一次世界大战爆发前美利坚共有大约250家投资银行，它们主要分布在东海岸和中部地区。② J. P. 摩根、库恩·洛布和塞利格曼等属于众多投行中的佼佼者。但这些如雷贯耳的企业其实不过是位于曼哈顿的“坐商”，等待客户上门的证券承销商。它们在合众国乃至欧洲各地有一些代理商号，但通常并不直接从事证券分销业务。20世纪初在全美各地设有分支机构的证券公司是另外五家企业，它们也属于宽泛概念的“投资银行”，但显然与J. P. 摩根的业务有重要差别。这些全国性的证券销售公司并不能垄断该业务，因为在世纪之交随着电话的普及，出现了专门从事电话证券营销的新公司，并成了“现代券商”的前身。③ 投资银行家协会（Investment Bankers Association，IBA）在1912年成立时表示，任何机构和个人，只要有实缴资本金5万美元以上并从事证券买卖，不管是国民银行还是州银行，是信托公司还是私人银行，是银行企业还是普通合股公司，皆可成为该协会会员。④这种偏低的入会门槛反映了当时相对宽松的行业进入“标

---

① 马克汉姆：《美国金融史》第二卷，第9页。
② Carosso, *Investment Banking in America*, p. 85.
③ 马克汉姆：《美国金融史》第二卷，第9页。
④ Carosso, *Investment Banking in America*, p. 167.

准”。虽然华尔街的大投行已经形成品牌声誉，但在许多普通城市，只要出现证券融资的需求，且这种需求可由普通机构的服务满足，那么投资银行业就有新来者的机会和发展空间。当然，新进入者难有可能迅速“做大做强”。

20 世纪初是投资银行业特别火爆的时期。1912 年普乔委员会发布了关于投资银行业的调查报告，并在调查过程中严厉拷问了包括摩根在内的投行巨头，对该行业进行了猛烈批评并提出诸多改革建议。即便如此，此后，仍有大量新来者进入投资银行业。新来者主要是商业银行设立的附属证券交易机构、投资信托、公用事业控股公司。[①]这三类机构在 20 世纪一二十年代大量出现，它们的发起人希望分享投行业丰厚的利润。不过，在 20 世纪 30 年代的金融大改革中，这些机构大都没能存活下来。

数目众多且经营风格千差万别的投资银行，仅有一些为数不多的共同点，其中之一是实行合伙制，此情形持续至 20 世纪后半期。在世纪之交的美利坚投资银行，无论资产规模大小，皆为合伙企业。以摩根为例，如前提及，1864—1871 年与达勃尼（Dabney）合伙，1871—1895 年与德利克塞尔合伙，而在 1895 年以后则是与多位次级合伙人合伙（次级合伙人的名字不出现在企业名称中）。在前两个时期，J. P. 摩根与合伙人的地位是平等的，而在 1895 年以后，摩根在企业中的地位高于所有其他合伙人。

合伙制之所以长期流行于美利坚投资银行业，是由于该行业主要依赖经营者在市场中的个人声誉。合伙制如同个人企业，在生意场上承担无限责任。合伙制之所以流行于投资银行业，包括证券承销和投资代理，乃是因为该行业客户特别看重交易对手的声誉和风险担当。

投资银行业虽然是一个“资金密集型”产业，但一个企业（投资银行）拥有多少资本金，在那时并非它在该行业能否成功的关键。J. P. 摩根与达勃尼或德利克塞尔合伙时，双方都出资，因此是“合资合伙型”。1895 年后，在摩根企业工作的合伙人则不需要出资，因而属于“非合资合伙型”。在第二代家族成员接手后，绝大多数美利坚投资银行皆转型为“非合资合伙型”。在非合资合伙企业中，职员的上升路径是成为企业的资深合伙人，而企业的高管便由“一小撮”最为资深的合伙人构成（相对于企业名称对应的合伙人来说，这“一小撮”资深合伙人仍是次级合伙人）。很明显，作为非合资合伙型的投资银行，它的资本金不能通过外源投资而扩大，最多只能由利润留存（内源渠道）来增加。但是，由于在吸引和留置人才（尤其是高级人才）上高度竞争，许多投资银行都会给予职员（包括高级合伙人在内）丰厚报酬，并随时参照市场行情增加报酬。这样，华尔街投资银行的资本金补充或增长长期十分缓慢。

华尔街投资银行的合伙人制也意味着，当它们在 19 世纪末和 20 世纪初大量承销大公司以及国内外政府的证券时，所动用的资金很大部分不是来自自有资本，而是来自关

---

① Carosso, *Investment Banking in America*, p. 271.

联金融机构和企业机构。关联交易的盛行是那个时代华尔街投资银行（以及在很大程度上也包括商业银行和保险信托等金融机构）的突出特征，也是当时缺少金融监管的必然结果。

投资银行业以合伙企业为主还意味着，那时的投资银行业进入门槛偏低，新企业容易进入，并利用关联交易大做文章。有一则故事生动地说明了这种情况。

海因兹（Fritz Augustus Heinze，1869—1914 年）被认为是“天生的探矿者”，他于 19 世纪 90 年代前往蒙大拿州开采铜矿。那时美利坚正经历电力电气革命，对铜的需求猛增。谁能发现和开采出优质铜矿，谁就发大财。蒙大拿州那时通过了一项法律，规定业主可按矿脉开采；即便矿脉延伸到其他地产主的范围，矿物也属于矿脉的开采人。为此，海因兹聘请了许多律师，请求法庭判决他的矿脉附近的其他开采商将产品“归还”予他。果真有法庭判决支持了他的诉求。这些开采商中有一家是美利坚大铜矿公司，其幕后投资人包括 J. P. 摩根、威廉·洛克菲勒和詹姆斯·斯蒂尔曼等显赫人物。1906 年 2 月，此公司出价 1 000 万美元一举买断了海因兹在蒙大拿州的矿权，由此了断与他连绵不断的诉讼纠纷。

拿到这笔巨款后，海因兹回到纽约，筹划进军证券业，争当华尔街“投行先锋”。他与另一位公司创始人联手参股几家银行，以此为跳板参股和控股其他金融机构，包括颇具规模的国民银行和信托公司。同时，海因兹出资让两位兄弟开设了一家证券经纪公司，并购买了纽交所的交易员席位。他们设定了一个交易标的（也为操盘对象），即海因兹在蒙大拿州开采的联合铜矿公司（United Copper）的股票。该公司的矿权于 1906 年被买断后，实际上已没有实体业务。

海因兹的如意算盘是，用关联银行的借贷资金，不断拉高联合铜矿公司股价。当股价升至高位时，自己以多方资格强逼空方平仓。他预计届时许多空方手中并无股票，因此不得不出高价从多方购买，到时他们便可稳赚暴利。但实际情况是，到 1907 年 10 月，在海因兹向交易各方发出指令要求平仓时，市场上突然抛出大量联合铜矿公司股票，股价快速下跌。同时，一些银行通知海因兹及其同谋，要求他们提前还贷。海因兹及其同谋无奈只能忍痛“割肉”，以巨亏退出证券市场。有人认为，最后出手扳倒海因兹的幕后势力是标准石油托拉斯。①

1907 年海因兹股票投机及其失败带来了多个启示。一个启示是，海因兹这样的外来者居然能在一年时间里，动用 1 000 万美元资金，快速建立起一个“关联交易”操盘体系，而且险些成功，可见那时美利坚金融体系缺少监管和交易规范的程度。另一个启示是，海因兹投机失败引起的市场震荡，不仅股指暴跌，而且许多银行遭受挤兑。这场

---

① 约翰·S. 戈登：《伟大的博弈：华尔街金融帝国的崛起 1653—2004》，祁斌译，中信出版社，2005 年，第 219 - 222 页；盖斯特：《华尔街投资银行史》，第 205 - 206 页；马克汉姆：《美国金融史》第二卷，第 32 - 33 页。

“1907 年恐慌”充分表明那时的美利坚金融体系有极高的脆弱性。第三个启示是，那时的合众国政府对金融危机的反应相当迟钝，尽管在“1907 年恐慌”数年后，它通过立法建立了联邦储备体系（1913 年），但对金融交易规范的改革基本上仍旧无动于衷。

世纪之交的美利坚投资银行业还有一个特色是保持开放。伦敦的罗斯柴尔德商人银行长期在纽约保留一个代理人，早年是大贝尔蒙特（August Belmont Sr.，1813—1890 年），后来是小贝尔蒙特（1853—1924 年）。父子俩在纽约先后为罗斯柴尔德提供代理金融服务，同时又独立地开展一些本土投行业务，他们成了美英金融界（尤其是跨境证券融资和贸易信贷业务）紧密联系的纽带。在美法之间，拉扎德兄弟公司（Lazard Frères & Co.，该公司也被称为“雷达飞瑞”）发挥了类似作用。这是一家由来自法兰西的三兄弟移民于 1848 年在新奥尔良合伙组建的贸易企业。他们随后于 1850 年开始银行生意，并于 1851 年移居旧金山并加入当时火红的黄金贸易中，当年，合伙人之一前往纽约设立了分号。1854 年，拉扎德兄弟在巴黎组建了同名合伙公司，后来他们将巴黎当做公司的总部，旧金山、纽约和伦敦等地则为公司的分号。[①]他们以巴黎为总部，明显是为了适应那里政府债券融资和法兰西银行黄金储备偏好的需要，而在纽约和伦敦涉足公司证券业务则是为了分享美利坚铁路融资浪潮的后续红利。拉扎德兄弟在华尔街投资银行中是一位晚来者，因此招聘了多位原在投行任职的资深人士，还与这些投行共同参与当地新证券承销。[②] 1896—1905 年，外国人购买了价值 12 亿美元新发行的美利坚证券。1900 年，总共有 31 亿美元美利坚证券由外国人持有，其中不列颠人持有 25 亿美元。[③]

外国公司的参与和国外投资人的大量持有，也使得美利坚证券的发行和交易不能完全被个别机构所垄断。

人寿保险业的快速增长

美利坚的人寿保险业在南北战争期间出现过一轮大发展。1859 年，当时一位在纽约互助保险公司工作的簿记员辞职创办了自己的保险公司，并给它取了一个很长的名字：“合众国公平人寿保险社”（Equitable Life Assurance Society of the United States），这个名字几乎完全仿照大不列颠第一家人寿保险企业（Equitable Life Assurance Society，创建于 1762 年）。合众国公平人寿注册为有限责任公司（合股公司），吸引了社会资金来参与。创办人的父亲“碰巧”是原来那家保险企业头号保单推销员，并为这家新保险公司开张

---

① 马克汉姆：《美国金融史》第二卷，第 11 页；盖斯特：《华尔街投资银行史》，第 344 页；Caroline Fohlin，“A brief history of investment banking from medieval times to the present”，in Youssef Cassis，Richard S. Grossman and Catherine R. Schenk，eds. *Handbook of Banking and Financial History*，Oxford University Press，2016，p. 140；https：//www. lazard. com/our – firm/history/.

② Carosso，*Investment Banking in America*，p. 414 and p. 418.

③ Carosso，*Investment Banking in America*，p. 84.

初年的业绩作出了巨大贡献。第一年，合众国公平人寿卖出 769 份人寿保单，保费收入 260 万美元。内战爆发后，大量人员伤残使许多人认识到人寿保险的重要性。1865 年（内战结束之年），公司卖出 2 760 万美元保单。①该公司 1868 年后推行了唐提保单（联合养老保险计划），这种保单的持有人除了在去世时得到一定数额赔付外，只要存活时间足够长，便可在 20 年后参加抽采分红。保险公司用于分红的资金来自早先未分配资金的投资收益。很明显，这是一种带赌博性质的人寿保险计划，但也为当时市场欢迎。统计表明，1905 年全美 34 家大保险公司超过 60% 的有效保单（约 900 万份，价值 600 万美元）是唐提联合养老金计划。②

19 世纪 70 年代后，一些企业开始为员工购买人寿保险，大企业在这方面率先作为。企业为员工“团购”人寿保险的做法，显然是推动人寿保险快速增长的一个重要原因。当时，年度人寿保费收入的 1/3 左右来自企业为员工认购。欧洲一些国家（例如德意志帝国）从 19 世纪 80 年代开始推行社会保险计划，美利坚在这个方面明显落后。合众国的社会保险计划还需要再等待几十年，到 20 世纪 30 年代方才开始实行。美利坚的人寿保险长期主要依靠商业化的人寿保险公司。

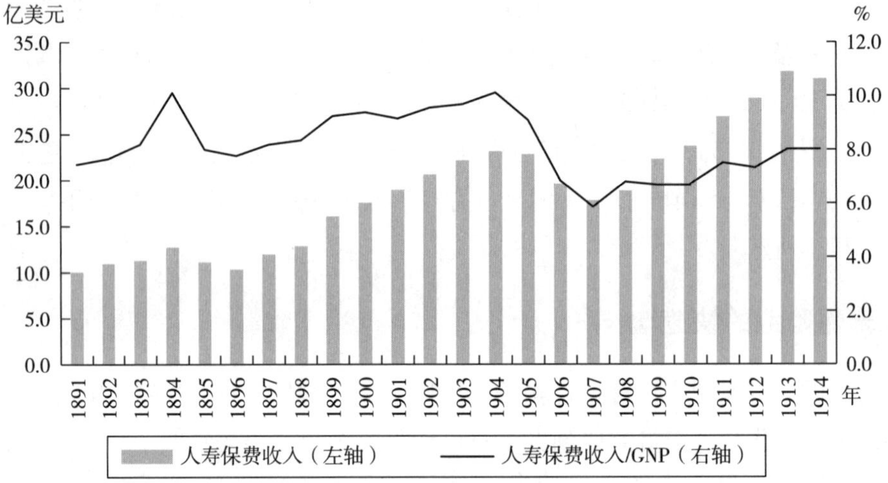

注：U. S. Bureau of the Census, *The Statistical History of the United States*, X890 - 893, “Sales of life insurance, 1854 - 1970”, pp. 1057 - 1058.

图 10 - 4　1891—1914 年人寿保费收入与 GNP 比率

在 19 世纪末到 20 世纪初，美利坚人寿保险业又得到一轮快速增长。1891—1904 年

---

① 信息来自 https://www.company-histories.com/THE-EQUITABLE-LIFE-ASSURANCE-SOCIETY-OF-THE-UNITED-STATES-Company-History.html。

② Roger L. Ransom and Richard Sutch. " Tontine Insurance and the Armstrong Investigation: A Case of Stifled Innovation, 1868—1905" . *The Journal of Economic History*. 47 (June 1987): 379 - 390.

期间，人寿保险公司从63家增加到106家，保费收入从10.1亿美元增加到23.2亿美元，保费收入与国民生产总值（GNP）之比由7.5%升至10.1%（见图10-4），其间新加入的保险公司多为大型企业。如前所说，1905年是阿姆斯特朗调查报告公布之年，此后美利坚人寿保险业开始了一些重要整顿。1904—1914年，人寿保险公司数目继续增长，从106家增加到307家，远超过同期内保费收入增长速度（从23.2亿美元增加到31亿美元，保费收入与GNP之比下降到8%）。这意味着，该时期有大量较小规模的企业加入人寿保险业。人寿保险业的进入者增多了，竞争也相应增加。

地区金融中心与跨地区金融市场一体化

19世纪初，费城是合众国的金融中心，是合众国第一银行和第二银行总部所在地，也是最早的交易所的所在地。后来的发展使纽约成为另一个、规模也更大的金融中心。连接五大湖与东海岸的伊利运河于1825年开通后，纽约迅速成为世界谷物贸易的中心港口。合众国第二银行于1836年结束营业后，纽约州很快于1838年推出了自由银行制度，银行业在纽约地区蓬勃发展起来。当时，各银行皆可发行自己的银行券（可兑换钞票），也可设立分支机构。1848年，40家银行拥有超过200家分支机构。[①]由于担心银行利用分支机构在银行券发行上进行不当竞争，纽约州率先于1848年立法禁止银行设立分行，美利坚银行业由此走上了单一银行体制的道路。

单一银行体制显然有很多不足之处，尤其在支付服务方面效率严重不足。为了解决这种问题，纽约地区的62家银行于1853年组建了纽约清算所协会，开创了银行间合作的新模式。这是促进地区金融服务和金融市场发展的重大举措。纽约的做法很快也被波士顿和费城等地的银行所效仿。

在南北战争爆发前，纽约市作为合众国金融中心的地位即得以确立，主要体现为它在金融市场发展上超过了波士顿或费城等城市。纽约得以胜出的主要因素有：（1）地理位置。就海港而言，纽约同于波士顿，但前者的货物吞吐量远超后者。（2）投机氛围。南北战争前，纽约的多数证券买卖发生在交易所之外，属于场外交易，[②]不限制证券价格和投资数量促成了这个市场的高度波动性和投机性，也因此吸引了丹尼尔·德鲁（Daniel Drew，1798—1879年）和范德比尔特那样的狂热投机者。（3）法律环境。纽约州的民事（商事）立法和司法体制被认为是亲商业的，诉讼双方都倾向于接受此地的司法仲裁。

1860年纽约市各银行拥有资本7 000万美元，波士顿各银行3 800万美元，费城

---

① 马克汉姆：《美国金融史》第一卷，第214页。

② 戈登：《伟大的博弈》，第83页。那时纽约证券交易所一天的股票交易量为6 000股，场外交易量则多达7万股。

1 200万美元。仅占全国银行数目4%的55家纽约银行却拥有全国存款的32%。[①]这些数字表明，在南北战争爆发前纽约已是美利坚的金融中心。

但是，纽约在全美经济中的金融中心地位并未阻碍其他城市的金融发展，尤其是中西部、西部和南部地区的新兴城市，在金融发展上成为后起之秀，并也成为各自地区的金融中心。

1850年，全美各地有250家各式各样的交易所，[②]但很多交易所只是昙花一现。在这些交易所中，芝加哥贸易交易所（Chicago Board of Trade，CBOT）十分成功，并助力芝加哥成为中西部地区的金融中心。芝加哥贸易交易所创建于1848年，宗旨是为农产品（谷物）买卖双方提供一个规范透明的交易平台，借此降低谷物价格波动和促进农业经济发展。交易所创立之前，五大湖周围的中西部已成为北美粮仓。某些时候由于粮价过低，玉米或小麦的种植者们不得不将收成要么烧掉做肥料，要么倾倒于密歇根湖。[③]该交易所完全是粮商、五金店主、银行家、书店主和药店主的自发行为。开张后，主要交易标的为玉米小麦期货。交易所规定了品质和单位重量以及交易程序。起初，参与者不多，为了吸引客户，交易所曾向他们提供免费午餐。

1848年正值芝加哥第一条铁路线开通。随后很快有10条铁路线汇集芝加哥，这座城市成了中西部的交通枢纽。一条新运河也将芝加哥与密西西比河相连接。1855年，法兰西政府决定将它的粮食采购代理从纽约迁往芝加哥。1859年，伊利诺伊州通过立法授予芝加哥贸易交易所自主管理权。尽管掺和着投机者的喧闹和一些不当交易行为，但交易所的事业取得了成功。后来，芝加哥贸易交易所在当地诱发出一些模仿者，其中一家是"黄油和鸡蛋交易所"（Chicago Butter and Egg Board）。该交易所于1919年重组为芝加哥商品交易所（Chicago Mercantile Exchange，CME）。在20世纪后半期，芝加哥商品交易所与芝加哥贸易交易所成为全美乃至全球著名的期货期权交易所。

"投资银行家协会"（IBA）的创立见证了芝加哥于十九世纪末和二十世纪初，在美利坚金融业拥有的重要地位。该协会由芝加哥的投资银行家发起，并使其机构从"美利坚银行家协会"（American Bankers Association，ABA，1875年成立）独立出来。1912年正式成立时，投资银行家协会共有分布在全美42座城市的373个机构代表，其中纽约有108个，芝加哥则有65个，位居第二。[④]南北战争前，作为中西部金融中心，芝加哥支持了"北美粮仓"的稳定增长并促进了当地工业化。南北战争结束后，芝加哥作为区域金融中心进一步支持了当地的钢铁、机械制造和石油加工等新兴工业的成长。

1912年，旧金山（圣弗兰西斯科）在投资银行家协会有11位机构代表，数目排在

---

① Klebaner, *American Commercial Banking*, p. 28.

② 马克汉姆：《美国金融史》第一卷，第240页。

③ https://www.company-histories.com/Chicago-Board-of-Trade-Company。

④ Carosso, *Investment Banking in America*, Exhibit 2, p. 168.

各城市的第8位，显示了西部金融中心城市的快速兴起。旧金山及其所在的加利福尼亚州于1848年由墨西哥并入合众国，1850年成为合众国第31个州。当地在19世纪50年代出现淘金热，并在1869年建成了连接中西部和东海岸的铁路大干线。19世纪最后几十年，西部成为美利坚经济发展的“新边疆”，金融业在那里也快速成长。

在20世纪初，旧金山已成为西海岸的金融和证券交易中心，当地日报每天刊载旧金山股票交易所的行情以及伦敦和巴黎的商品期货价格。[①]前曾提及法兰西金融机构拉扎德公司就是旧金山金融市场的积极参与者。

吉安尼尼（Amadeo Pietro Giannini，1870—1949年）出身于意大利移民家庭，1904年在旧金山开办“意大利银行”（Bank of Italy，该行与意大利本土的“意大利银行”并无关系），服务意大利移民社区。它的许多做法降低了银行服务的门槛，使之成为工薪阶层而非富裕人士的银行。吉安尼尼的银行发放小额贷款，数额低至25美元。[②] 1906年旧金山大地震和火灾后，利用灾后重建的机遇，这家“意大利银行”加快了业务扩张，积极支持灾后重建。1909年，加利福尼亚州通过立法，允许银行开设分行，吉安尼尼很快在加州各地组建分行，并在1928年收购位于洛杉矶的“美利坚银行”（Bank of America，1923年成立）。1930年，吉安尼尼将“意大利银行”改名为“美利坚银行”。至此，拥有上百家分行的美利坚银行成了芝加哥以西地区的最大银行。[③]在洛杉矶好莱坞电影中心和文娱中心的形成过程中，“美利坚银行”有过大量投资和信贷。

20世纪初，旧金山在西部地区的突出经济和金融地位，使其理所当然地成为1913年成立的美联储系统12家联储银行之一的所在地。

美利坚合众国幅员辽阔，地区差异长期以来十分显著。与同时期世界许多国家不同，19世纪下半期以来，尤其随着全国性铁路干线的建成以及大量移民的涌入和他们高度选择性的就业及安置，合众国各地区之间的市场一体化程度有了很大提升。金融业中，商业银行继续是金融服务的主体机构，在支付服务、信贷服务和储蓄服务中发挥着不可替代的作用。但在长期资金的供给方面，投资银行、信托公司和保险公司等新兴金融机构的作用日益重大。而且，不同于商业银行，投资银行、信托公司和保险公司等金融机构不受单一银行体制或不得跨州经营体制的限制，可在全国范围内从事经营，在促进全国长期资金市场（资本市场）一体化方面发挥了非常重要的作用。整体而言，至20世纪初，美利坚地区间的金融市场一体化接近完成。

数据表明，美利坚各大地区之间的利率差别在19世纪最后30年十分突出，直到20世纪初才显著缩小。

---

① 马克汉姆：《美国金融史》第二卷，第10－11页。

② 马克汉姆：《美国金融史》第二卷，第25页。

③ Klebaner, *American Commercial Banking*, p. 132.

短期利率方面，以信用等级最高的商品票据平均贴现率为例。在1893—1897年期间，波士顿为3.83%，纽约为4.41%，辛辛那提为5.01%，新奥尔良为5.85%，旧金山为6.22%，奥马哈为7.98%，达拉斯为8.34%，丹佛为10%。[①]最低与最高之间相差多达6个百分点。然而，进入20世纪后，这种差别快速缩小。以各地区银行的资产毛收益率为例，1913年，新英格兰地区的水平（5.76%）与远西部（太平洋沿岸地区）的水平（6.27%）相差不到1个百分点。[②]

长期利率方面，以农场抵押贷款利率为例。1880年，新英格兰地区平均为6.04%，远西部地区为12.48%，两者相差5.9个百分点。1914年，新英格兰地区平均水平为5.7%，远西部地区为8.2%，两者相差2.5个百分点。[③]35年期间，两地区该利率差降低了一半多，表明跨地区长期资金市场一体化取得重大进展。

不少研究者认为，19世纪末以前美利坚金融业中存在无形的垄断情况，即一个小城镇通常仅有一家国民银行。这是因为，"国民银行法"规定，即便在人口少于6 000的城镇中，开办新国民银行至少须有5万美元的资本金，对当时许多小城镇而言这个要求偏高。不过，此说并未考虑到州银行的情况。许多州事实上对州银行实行比国民银行宽松的标准。而且，如前所述，1900年"金本位法"降低了小城镇国民银行最低资本金要求（人口不到3 000的城镇中新国民银行最低资本金降至2.5万美元）。总之，1900年以后地区间短期利差和长期利差的大幅缩小，表明跨地区金融市场一体化取得了实质性成就。

当然，即使在投资银行等新金融机构兴起之后，在跨地区短期资金和长期资金流动性显著上升之后，美利坚各地区之间仍然存在一定的跨地区资金流动成本，地区间金融市场多少还存在一定程度上的分割，这与不允许银行跨州设立分行有很大关系。[④]从这个角度看，投资银行的重要作用还在于，它克服了商业银行不能跨州经营给全国金融发展带来的制约。

现代金融市场体系的确立

至第一次世界大战爆发前，美利坚金融体系已呈现诸多有别于其他工业化国家的鲜明特征。（1）金融体系完全以市场为导向，政府对所有金融机构仅有注册要求和少量的过程监管，对个人和合伙金融企业的行业进入甚至没有门槛要求。政府除了要求所有金

---

① Lance E. Davis. "Capital immobility and American Growth", Robert William Fogel and Stanley L. Engerman eds. *The Reinterpretation of American Economic History*, New York: Harper & Row, 1971, 285－300.

② Lance Davis. "The Investment market, 1870－1914: The evolution of a national market. " *Journal of Economic History* 25 (1965), Table 2, p. 360.

③ Davis, "The Investment market, 1870—1914", Table 7, p. 375；也参见，Lance Davis, "Capital Mobility and American Growth", Table 1, p. 291. 两处地方皆显示1880—1930年各地区农场抵押贷款利率。

④ 阿塔克和帕塞尔：《新美国经济史》，下，第502－505页。

融机构都实行纸钞和票据的可兑换，几乎不对金融机构的资金流向和配置行为提出特别要求。金融资源的流动全然由市场和金融机构决定。（2）金融机构多样化。美利坚不仅拥有其他工业化国家已有的金融机构类型，例如商业银行、储蓄机构、保险公司和储蓄公司等，而且还有其他国家少见的投资银行。相比于不列颠商人银行，华尔街投资银行经营规模更大，参与企业长期资金融资更多，而且与企业的关系更紧密。在投资银行业内，世纪之交已分化出不同种类的专业化证券经营和投资服务机构。（3）证券市场高度发达，地区金融中心不断形成。纽约股票交易所在上市企业市值、日均交易量和国际化程度等指标上快速上升，直逼伦敦股票交易所。与很多欧洲国家不同，由于合众国幅员辽阔，经济规模巨大，各地区产业构成互有特色。因此，位于不同区域的多个大城市各自拥有颇具特色的证券和商品期货交易所，其地区经济导向十分明确。

在世纪之交，美利坚金融体系可为本国经济各个部门和行业提供全方位服务。相比于其他国家，金融领域里的供给缺口在那里日益缩小。具体而言，多样化并相当普及的银行和非银行金融机构可为所有城镇居民提供储蓄服务，为普通家庭提供住房抵押贷款服务，为农民提供农业信贷，为农业公司提供农产品期货交易服务，为工商企业提供短期信贷，为贸易企业提供贸易融资和跨境支付服务，为政府提供债务融资和财务代理服务。除了所有这些常规性的金融服务之外，美利坚金融体系还拥有其他国家金融机构少有的一项功能，即为企业并购提供融资服务。华尔街投资银行在世纪之交主导过多起大型企业的并购重组，为推动产业结构调整贡献非凡。在金融机构和金融市场与产业发展的相互关系上，美利坚金融体系比其他国家表现出了更多的创新性和能动性。以此而论，在国际范围内，世纪之交的美利坚金融体系不但更加市场化，而且更加完备。

但是，“完备”不等于“完善”。第一次世界大战爆发前的美利坚金融体系在几个方面仍存在显著不足。第一，金融服务在一些领域（例如证券融资、中心城市商业银行和人寿保险等）发展迅猛，但在另一些领域仍相对缓慢。储蓄银行即为后者代表。1910年，全美储蓄银行开户数与人口比率仅为10%，低于德意志（33%）、联合王国（30%）、日本（37%），仅高于俄罗斯（5%）、西班牙（3%）等国。[①]第二，通过银行进行的跨州支付不仅速度慢，而且成本高，很不利于州际商贸发展。第三，地区金融发展仍不平衡，尤其东部和中西部与南部和远西部地区之间，不论是银行还是非银行金融机构，地区发展差距远未消失。第四，很多金融机构，尤其是大型金融机构，无论它们是金融中心城市的商业银行还是聚集在华尔街的投资银行，大都有跨界经营的倾向。一些信托公司和人寿保险公司甚至也有这种倾向。受到跨界经营倾向的驱动，很多金融机构不同程度上存在交易行为不规范的问题，后果就是损害消费者利益（客户利益）。这

① 戈德史密斯：《金融结构与发展》，浦寿海等译，表8－2，第316页（也见该书另一中译本，周朔等译，表8－2，第345页）。

些消费者（金融机构的客户）是社会经济的主体，不仅是投资者个人，也包括工商企业。而且，金融机构的跨界经营和不规范交易行为，还会带来金融风险并使之放大，成为导致金融恐慌的一个重要因素。

1913 年，合众国国会通过了“联邦储备法”。该法的起草者在准备过程中考察过欧洲多国，特别参考了大不列颠、德意志和法兰西的经验。该法的成果是造就了一个充分体现美利坚特色的现代中央银行体制——“联邦储备系统”（联邦储备委员会），它是世界上第一个以“联邦”及“储备”冠名的中央银行。至此，美利坚金融体系的构建进一步完备，拥有了市场导向与政府调节的双重成分。

五、本章小结

19 世纪后半期以来，随着工业化的深入发展，大企业在一些国家茁壮成长。在美利坚合众国，在铁路和钢铁等新兴产业中，合股公司扩张特别迅速。它们既是自然增长的结果，又是借助金融机构进行企业并购和产业重组的产物。同时，同一个产业内若干大企业的并存也造成产业调整的困难。一些产业开始出现过度投资和“僵尸企业”。产业内部调整变得越发艰难。借助投资银行这样的“外部”力量来进行企业兼并和产业整合更加必要。在此背景下，金融与产业的关系、金融与市场经济中垄断和竞争的关系作为新问题摆在时代面前。

从 19 世纪最后 10 年到 20 世纪初，美利坚多个产业部门出现了企业合并浪潮，在这个过程中，以投资银行为代表的金融机构发挥着日益重要而且愈加主动的作用。

在这场经济结构调整过程中，促使投资银行发挥重要新作用的因素有：（1）合股大公司在自然成长和并购扩张中更加需要外部融资，尤其是需要利用证券市场发展带来的融资可能性；（2）投资银行是证券资产价值评估的专家，是证券市场上撮合供需双方最适合的金融中介；（3）投资银行拥有信息优势并具备利用跨地区甚至跨国金融资源的能力，能为合股大公司非常规的融资需求提供有效服务；（4）投资银行为追求证券投资收益，成了一些重要产业部门的利益相关者，它们比一些产业资本家更希望看到产业增长的稳定性，并开始具备能力挑选产业合作“伙伴”，在产业资本家与职业经理人之间偏好后者。

但是，与此同时，产业和企业并不必然形成对投资银行融资服务的固定依赖关系。即便在那些已经高度集中的产业中，随着技术创新，新进入者会打破传统企业格局，给产业发展带来新动力。投资银行出于追求证券投资收益的目的也会欢迎新企业，为它们提供融资服务。

到了 19 世纪末和 20 世纪初，以摩根为代表的华尔街投资银行已成为金融界和产业界叱咤风云的力量，但那时它们都是合伙制企业，自身资本增长相对缓慢。它们的力量主要来自与国内外金融市场和金融机构的广泛联系，来自历史业绩和市场声誉，来自对信息的及时掌握和专业分析。倘若没有监管限制，世纪之交的一些华尔街大投行和大商行甚至有可能成为全能银行。

但是，合众国的经济和金融体制在根本上与德意志那种全能银行模式是不兼容的。20 世纪初以来，联邦和州层面都发出呼声，要求加强对大投行和大商行的金融监管，限制大金融机构的不当作为。尽管立法和监管改革进展相对缓慢，但华尔街投资银行业以及信托保险业等此后不再是“法外之地”了。

本章之始提出了三个问题，金融发展促使产业竞争转向集中和垄断吗？金融业出现了集中趋势和垄断化吗？金融发展会造成金融机构对产业的控制吗？现在回答如下：

（1）金融发展促进产业重组，有利于提升产业集中度，投资银行的作为特别有力地推动了大企业的快速成长和企业并购。但是，在一个产业内是否或在多大程度上会发生产业垄断，则主要是一个立法和政府监管问题。从长远观点看，技术变化和市场开放政策是影响产业集中度和垄断化趋势的基本因素。

（2）与非金融产业一样，金融业中的集中化和垄断趋势在很大程度上也取决于立法和政府监管。到 20 世纪初，美利坚金融业的集中化和垄断程度在各分支领域是不平衡的。商业银行业继续呈现地区分散化经营格局。金融中心城市虽然出现了大型商业银行，可是也正是在这些金融中心城市，银行间竞争程度要高于中小城镇。商业银行更多地面临来自其他金融机构的跨界竞争，尤其来自信托公司、人寿保险和储蓄机构对存款资金的竞争。在投资银行业，十来家华尔街大投行显著发挥了领先作用，但由于该行业本质上是开放的，其垄断性有限，各大投行之间既有合作，也有竞争。

（3）“金融机构控制产业”是一个片面说法，但“金钱托拉斯”在世纪之交的流行，意味着不受监管的投资银行可给美利坚产业发展带来重要影响。以摩根为代表的投行主导了多起产业重组，但这并不代表它们控制了产业。大企业越来越多由职业经理人所掌控，它们在选择金融合作伙伴上一直有决定权。20 世纪初以后，合众国政府逐渐增加了金融监管，立法改革也有进步，它们对规范包括投行在内的金融机构行为、减少不正当关联交易发挥了积极作用。自那以后，“金融机构控制产业”的说法便越来越不流行。

从一个更加宽广的角度看，19 世纪末到 20 世纪初，华尔街投资银行在产业整合中的巨大影响力体现了它们在当时的独特作用：（1）帮助铁路、钢铁、电力、电气大工业企业利用证券市场，快速成长，在全国乃至世界范围内做大做强；（2）在缺少来自政府层面的政策指导和干预的背景下，利用资本市场，自发地顺应和推动美利坚历史上第一波企业兼并浪潮，并以此促进产业整合，清除“僵尸企业”，寻求市场的新平衡；（3）为企业发展尤其是大企业发展设立外部融资的新约束条件，并将资本市场的人才选择标准强加于实体企业，加快大企业转型为职业经理人负责制。

投资银行业本质上是一个开放产业，大型投行机构本身并不拥有大量资本。20 世纪初以来，针对它们的金融改革主要是限制金融杠杆的不当使用以及促进交易行为的公正和透明。在市场经济体制中，这无疑是一个长期性过程。

相比欧洲国家，世纪之交的美利坚金融体系已表现出了显著的“完备性”和“优越性”，但仍然存在若干重要不足，包括跨州支付服务的落后、区域金融发展不够平衡以及大型金融机构的“跨界”经营倾向。金融恐慌频发也是一个突出问题。有鉴于此，合众国国会于 1913 年通过新立法，组建了联邦储备系统（联邦储备委员会）。至此，美利坚金融体系同时包含了市场导向和政府调节两大要素，一个现代金融体系的基本构架可谓搭建完毕。

世界金融史
从起源到现代体系的形成

［参考文献］

说明：下列参考文献均按作者姓名拼音（英文文献作者按姓名字母）顺序排列。例如，亚当·斯密按“斯密”排序。同一作者的多篇文献按出版时间排序。部分书籍同时列附英文版和中译本，它们皆以＊标记。各篇文献均已出现在各章注释中。

中文文献

A

［1］阿塔克，杰里米，彼得·帕塞尔．新美国经济史：从殖民地时期到 1940 年［M］．罗涛等译，北京：中国社会科学出版社，2000.

［2］阿塔克，杰里米，弗雷德·贝特曼．盈利能力、公司规模和 19 世纪美国制造业的商业组织［M］．乔舒亚·L. 罗森布卢姆主编，量化经济史，易行等译，北京：社会科学文献出版社，2021.

［3］埃利斯，查尔斯．高盛帝国［M］．卢青等译，北京：中信出版社，2015.

［4］艾伦，G. C. 近代日本经济简史 1867—1937 年［M］．蔡谦译，北京：商务印书馆，1962.

［5］奥斯本．钢铁，蒸汽与资本：工业革命的起源［M］．曹磊译，北京：电子工业出版社，2016.

B

［1］巴斯金，乔纳森·巴伦，保罗·J. 小米兰蒂．公司财政史［M］．薛伯英译，北京：中国经济出版社，2002.

［2］拜德勒克斯，罗伯特，伊恩·杰弗里斯．东欧史［M］．韩炯等译，上海：东方出版中心，2013.

［3］白芝浩，沃尔特．伦巴第街［M］．刘璐、韩浩译，北京：商务印书馆，2017.

［4］邦尼，查德．欧洲财政国家的兴起 1200—1815 年［M］．沈国华译，上海：上海财经大学出版社，2016.

［5］本特利，杰里，赫伯特·齐格勒．新全球史（第三版）［M］．魏凤莲等译，北京：北京大学出版社，2007.

［6］浜野洁等．日本经济史：1600—2015［M］．彭曦等译，南京：南京大学出版社，2018.

［7］波拉，马尔腾．黄金时代的荷兰共和国［M］．金海译，北京：中国社会科学出版社，2013.

［8］伯利，阿道夫·A，加德纳·C. 米恩斯．现代公司与私有财产［M］．甘华鸣等译，北京：商务印书馆，2007.

［9］波斯坦，M. M、E. E. 里奇，爱德华·米勒主编．剑桥欧洲经济史（第三卷：中世纪的经济组织和经济政策）［M］．周荣国、张金秀译，北京：经济科学出版社，2002.

［10］布克哈特，雅各布．意大利文艺复兴时期的文化［M］．何新译，北京：商务印书馆，1981.

［11］布莱克，西里尔·E 等．日本和俄国的现代化：一份进行比较的研究报告［M］．周师铭等译，北京：商务印书馆，1984.

［12］布劳，彼得·M. 社会生活中的交换与权力［M］．李国武译，北京：商务印书馆，2018.

［13］布劳德伯利，斯蒂芬，凯文·H. 奥罗克．剑桥现代欧洲经济史 1700—1870（第一卷）［M］．何富彩、钟红英译，北京：中国人民大学出版社，2015.

［14］布罗代尔，费尔南．十五至十八世纪的物质文明、经济和资本主义（第二卷形形色色的交换；第三卷（世界的时间）［M］．顾良、施康强译，北京：商务印书馆，2017.

［15］布罗尔，莫里斯．荷兰史［M］．郑克鲁、金志平译，北京：商务印书馆，1974.

［16］布瓦松纳，P. 中世纪欧洲生活和劳动（五至十五世纪）［M］．潘源来译，北京：商务印书馆，1985.

C

［1］查尼，埃里克（Eric Chaney）．中东世纪为何衰落？一个政治经济学框架

[M]. 陈志武、龙登高、马德斌主编 . 量化历史研究 . 第三、四合辑，北京：科学出版社，2015.

[2] 彻诺，罗恩 . 摩根财团：美国一代银行王朝和现代金融业的崛起 [M]. 金立群校译，北京：中国财政经济出版社，1996.

[3] 柴芬斯，布莱恩 · R. 所有权与控制权：英国公司演变史 [M]. 林少伟、李磊译，北京：法律出版社，2019.

[4] 柴垣和夫 . 三井和三菱：日本资本主义与财阀 [M]. 复旦大学历史系日本史组译，上海：上海译文出版社，1978.

[5] 陈志武 . 犹太历史的量化研究 [M]. 陈志武、龙登高、马德斌主编 . 量化历史研究 . 第五辑，北京：科学出版社，2019.

[6] 程俊英，蒋见元 . 诗经注析 [M]. 北京：中华书局，2017.

[7] 崔瑞德，鲁惟一 . 剑桥中国秦汉史 [M]. 杨品泉等译，北京：中国社会科学出版社，1992.

D

[1] 道尔，约翰 · W. 拥抱战败：第二次世界大战后的日本 [M]. 胡博译，北京：三联书店，2008.

[2] 德鲁弗，雷蒙 . 美第奇银行的兴衰 [M]. 丁骋骋译，上海：格致出版社，2019. *

[3] 蒂利，查尔斯 . 强制、资本和欧洲国家（公元 990—1992 年）[M]. 魏洪钟译，上海：上海人民出版社，2021.

[4] 杜丹 . 古代世界经济生活 [M]. 志扬译，北京：商务印书馆，1963.

[5] 杜兰，威尔 . 世界文明史 · 伏尔泰时代 [M]. 台湾幼狮文化公司译，成都：天地出版社，2017.

[6] 多伊尔，威廉 . 法国大革命的起源 [M]. 张弛译，上海：上海人民出版社，2016.

E

[1] 恩格斯 . 俄国沙皇政府的对外政策 [M]. 马克思恩格斯全集 . 第 22 卷 . 北京：人民出版社，1965：13 – 57.

[2] 恩格斯 . 家庭、私有制和国家的起源 [M]. 马克思恩格斯选集 . 第四卷，北京：人民出版社，1972.

F

［1］范赞登，扬·卢滕．通往工业革命的漫长道路：全球视野下的欧洲经济，1000—1800 年［M］．隋福民译，杭州：浙江大学出版社，2016.

［2］芬得利，罗纳德，凯文·奥罗克．强权与富足：第二个千年的贸易、战争和世界经济［M］．华建光译，北京：中信出版社，2012.

［3］芬利，M. L. 古代经济［M］．黄洋译，北京：商务印书馆，2020.

［4］芬纳．统治史（卷一：古代的王权和帝国）［M］．马百亮、王震译，上海：华东师范大学出版社，2010.

［5］芬纳．统治史（卷二：中世纪的帝国统治和代议制的兴起）［M］．王震译，上海：华东师范大学出版社，2014.

［6］Fohlin, Caroline. 德国公司所有权和治理权的历史［M］．兰德尔·K. 莫克主编．公司治理的历史：从家族企业集团到职业经理人．许俊哲译，上海：格致出版社，2011.

［7］伏尔泰．路易十四时代［M］．吴模信等译，北京：商务印书馆，2018.

［8］弗格森，尼尔．货币崛起［M］．高诚译，北京：中信出版社，2012.

［9］弗格森，尼尔．金钱关系［M］．唐颖华译，北京：中信出版社，2012.

［10］弗兰克，腾尼．罗马经济史［M］．王桂玲、杨金龙译，上海：上海三联书店，2013.

［11］富兰克林．富兰克林经济论文选集［M］．刘学黎译，北京：商务印书馆，2007.

［12］弗朗，克洛德（Claude Fohlen）. 19 世纪法国的企业家和企业管理［M］．马赛厄斯、波斯坦主编．剑桥欧洲经济史（第七卷上册：工业经济：资本、劳动力和企业），徐强等译，北京：经济科学出版社，2004.

［13］福伦，克劳德（Claude Fohlen）. 1700—1914 年法国的工业革命［M］．卡洛·M. 奇波拉主编．欧洲经济史（第四卷：工业社会的兴起，上册），王铁生等译．北京：商务印书馆，1989：1 - 60.

［14］弗里德曼，米尔顿，安娜·J. 施瓦茨．美国货币史（1867—1960）［M］．巴曙松、王劲松等译，北京：北京大学出版社，2009.

［15］弗里德曼，米尔顿等．货币数量论研究［M］．瞿强、杜丽群译，北京：中国社会科学出版社，2001.

［16］弗里曼，乔舒亚·B. 巨兽：工厂与现代世界的形成［M］．李珂译，北京：社会科学出版社，2020.

［17］福山，弗朗西斯．政治秩序的起源：从前人类时代到法国大革命［M］．毛俊

杰译，桂林：广西师范大学出版社，2014.

［18］富田俊基．国债的历史：凝结在利率中的过去与未来［M］．彭曦等译，南京：南京大学出版社，2011.

［19］傅筑夫．中国古代经济史概论［M］．北京：中国社会科学出版社，1985.

G

［1］盖斯特（Geisst），查尔斯·R. 华尔街投资银行史［M］．向桢译，北京：中国财政经济出版社，2005.

［2］盖斯特．百年并购：20 世纪的美国并购和产业发展［M］．黄一义等译，北京：人民邮电出版社，2006.

［3］盖斯特．借钱：利息、债务和资本的故事［M］．蒋小虎译，北京：北京联合出版公司，2019. *

［4］葛富锐（Frederic Delano Grant，Jr.）．现代银行业的中国基石：广州十三行担保制度与银行存款保险的起源［M］．何平等译，北京：中国金融出版社，2020.

［5］格雷伯，大卫．债：第一个 5000 年［M］．孙碳、董子云译，北京：中信出版社，2012. *

［6］格林斯潘，艾伦，阿德里安·伍尔德里奇．繁荣与衰退：一部美国经济发展史［M］．束宇译，北京：中信出版集团，2019.

［7］格申克龙，亚历山大．经济落后的历史透视［M］．张凤林译，北京：商务印书馆，2012.

［8］戈德史密斯，雷蒙德．W. 金融结构与发展［M］．浦寿海、毛晓威、王巍译，北京：中国社会科学出版社，1993.

［9］戈德史密斯，雷蒙德．W. 金融结构与金融发展［M］．周朔等译，上海：上海三联书店/上海人民出版社，1994.

［10］戈登，约翰·S. 伟大的博弈：华尔街金融帝国的崛起 1653—2004［M］．祁斌译，北京：中信出版社，2005.

［11］戈兹曼，威廉．千年金融史：金融如何塑造文明，从 5000 年前到 21 世纪［M］．张亚光、熊金武译，北京：中信出版社，2017.

［12］戈兹曼，威廉，哥特·罗文霍斯特（主编）．价值起源（修订版）［M］．王宇，王文玉译，沈阳：万卷出版公司，2010.

［13］吉斯特（Geisst），查尔斯·R. 美国垄断史：帝国的缔造者和他们的敌人（从杰伊·古尔德到比尔·盖茨）［M］．傅浩等译，北京：经济科学出版社，2004.

［14］宫本又郎．涩泽荣一：日本企业之父［M］．崔小萍译，北京：新星出版社，2019.

［15］顾准．新编顾准读希腊史笔记［M］．罗银胜编，北京：民主与建设出版社，2015.

H

［1］哈孟德夫妇．近代工业的兴起［M］．韦国栋译，北京：商务印书馆，1959.

［2］哈耶克，弗里德里希·奥古斯特．通往奴役之路［M］．王明毅等译，北京：中国社会科学出版社，1997.

［3］荷马．伊利亚特［M］．罗念生、王焕生译，北京：人民文学出版社，1994.

［4］荷马．奥德赛［M］．王焕生译，北京：人民文学出版社，1997.

［5］赫尔曼，阿瑟．苏格兰：现代世界文明的起点［M］．启蒙编译所译，上海：上海社会科学院出版社，2016.

［6］赫西俄德．工作与时日［M］．张竹明、蒋平译，北京：商务印书馆，1997.

［7］霍布森，约翰·阿特金森．帝国主义［M］．卢刚译，北京：商务印书馆，2017.

［8］霍墨，悉尼，理查德·西勒．利率史（第四版）［M］．肖新明、曹建海译，北京：中信出版社，2010.

［9］霍华德，M. C、J. E. 金．马克思主义经济学史 1883—1929 年［M］．顾海良等译，北京：中央编译出版社，2014.

J

［1］加伯，彼得．泡沫的秘密：早期金融狂热的基本原理［M］．陈小兰译，北京：华夏出版社，2003.

［2］加尔布雷思，约翰·肯尼斯．美国资本主义：抗衡力量的概念［M］．王肖竹译，北京：华夏出版社，2008.

［3］加尔布雷思，约翰·肯尼斯．货币简史［M］．苏世军、苏京京译，上海：上海财经大学出版社，2010.

［4］伽士特拉，费莫·西蒙．荷兰东印度公司［M］．倪文君译，上海：东方出版中心，2011.

［5］蒋相泽．世界通史资料选辑（上册）［M］．北京：商务印书馆，1972.

［6］金德尔伯格，查尔斯．西欧金融史［M］．第二版，徐子健等译，北京：中国金融出版社，2007. *

［7］金德尔伯格，查尔斯．经济过热、经济恐慌及经济崩溃：金融危机史（第 3 版）［M］．朱隽、叶翔译，北京：北京大学出版社，2000.

［8］金德尔伯格，查尔斯．世界经济霸权 1500—1990［M］．高祖贵译，北京：商

务印书馆，2003.

［9］菊地悠二．日元国际化的进程与展望［M］．陈建译，北京：中国人民大学出版社，2002.

K

［1］卡拉代斯，伊恩．古希腊货币史［M］．黄希韦译，北京：法律出版社，2017.

［2］卡拉瑟斯，布鲁斯·G. 资本之城：英国金融革命中的政治与市场［M］．李栋飏译，上海：上海财经大学出版社，2019.

［3］卡龙，弗朗索瓦．现代法国经济史［M］．吴良健、方廷钰译，北京：商务印书馆，1991.

［4］卡梅伦，龙多，拉里·尼尔．世界经济简史：从旧石器时代到 20 世纪末［M］．潘宁等译，上海：上海译文出版社，2012.

［5］卡森，R. A. G. 罗马帝国货币史［M］．田圆译，北京：法律出版社，2018.

［6］卡西斯，尤瑟夫，埃里克·博希埃．伦敦和巴黎：20 世纪国际金融中心的嬗变［M］．艾宝宸译，上海：格致出版社，2012.

［7］克拉潘．1815—1914 年法国和德国的经济发展［M］．傅梦弼译，北京：商务印书馆，1965.

［8］克拉潘．现代英国经济史［M］．姚曾廙译，北京：商务印书馆，1974.

［9］克拉潘．简明不列颠经济史：从最早时期到 1750 年［M］．范定九、王祖廉译，上海：上海译文出版社，1980.

［10］克劳福特，迈克尔．罗马共和国货币史［M］．张林译，北京：法律出版社，2019.

［11］克劳利，罗杰．财富之城：威尼斯海洋霸权［M］．陆大鹏、张聘译，北京：社会科学文献出版社，2015. *

［12］克里夫兰，哈罗德，托马斯·候尔塔斯．花旗银行 1812—1970［M］．郑先炳译，北京：中国金融出版社，2005. *

［13］克里斯蒂安森，艾瑞．罗马统治时期埃及货币史［M］．汤素娜译，北京：法律出版社，2018.

［14］肯尼迪，保罗．大国的兴衰：1500—2000 年的经济变迁与军事冲突［M］．陈景彪等译，北京：国际文化出版公司，2006.

［15］肯尼迪，休．大征服：阿拉伯帝国的崛起［M］．孙宇译，北京：民主与建设出版社，2020.

［16］库兰，第默尔（Timur Kuran）．长分流：西方与中东世界的制度歧途［M］．陈志武、龙登高、马德斌主编．量化历史研究．第二辑，杭州：浙江大学出版社，2015：

54 – 116.

L

［1］勒费弗尔，乔治．拿破仑时代［M］．河北师大翻译组译，北京：商务印书馆，1985.

［2］勒纳尔，G，G. 乌勒西．近代欧洲的生活与劳作（15—18 世纪）［M］．杨军译，上海：上海三联书店，2008.

［3］厉以宁．希腊古代经济史［M］．北京：商务印书馆，2013.

［4］李斯特，弗里德里希．政治经济学的国民体系［M］．陈万煦译，北京：商务印书馆，1983.

［5］里格利，E. A. 延续、偶然与变迁：英国工业革命的特质［M］．侯琳琳译，杭州：浙江大学出版社，2013.

［6］里奇，E. E、C. H. 威尔逊．剑桥欧洲经济史（第五卷：近代早期的欧洲经济组织）［M］．高德步等译，北京：经济科学出版社，2002.

［7］列宁．帝国主义是资本主义的最高阶段［M］．中共中央编译局译，北京：人民出版社，2001.

［8］铃木淑夫．日本的金融制度［M］．李言斌等译，北京：中国金融出版社，1987.

［9］林志纯．世界通史资料选辑（上古部分）［M］．北京：商务印书馆，1974.

［10］刘絜敖．国外货币金融学说［M］．北京：中国展望出版社，1983.

［11］刘守刚，王培豪．荷兰共和国时期的财政金融革命及历史启示［J］．金融评论，2021，13（3）：20 – 34.

［12］刘秋根．中国典当史资料集（前 475—1911）［M］．保定：河北大学出版社，2016.

［13］刘景华．外来因素与英国的崛起：转型时期英国的外国人和外国资本［M］．北京：人民出版社，2010.

［14］鲁宾斯坦，马克．投资思想史［M］．张俊生、曾亚敏译，北京：机械工业出版社，2012.

［15］洛克．论降低利息和提高货币价值的后果［M］．徐式谷译，北京：商务印书馆，1997.

［16］罗，约翰．论货币与贸易［M］．朱泱译，北京：商务印书馆，1986.

［17］罗森堡，内森，L. E. 小伯泽尔．西方现代社会的经济变迁［M］．曾刚译，北京：中信出版社，2009.

［18］罗斯托．从起飞进入持续增长的经济学［M］．贺力平等译，成都：四川人民

出版社，2000 修订版．

［19］罗斯托夫采夫，M. 罗马帝国社会经济史［M］．马雍、厉以宁译，北京：商务印书馆，1985.

［20］吕贝尔特，鲁道夫．工业化史［M］．戴鸣钟等译，上海：上海译文出版社，1983.

M

［1］马基雅维利，尼科洛．佛罗伦萨史［M］．李活译，北京：商务印书馆，2012.

［2］马克汉姆，杰瑞．美国金融史（第一卷）［M］．黄佳译，北京：中国金融出版社，2017. *

［3］马克汉姆，杰瑞．美国金融史（第二卷）［M］．高冯娟译，北京：中国金融出版社，2018.

［4］马凯（麦凯），查尔斯，约瑟夫·德·拉·维加．投机与骗局［M］．向桢、杨阳译，海口：海南出版社，2000.

［5］马克思．政治经济学批评（1859 年）［M］．马克思恩格斯全集．第 13 卷，北京：人民出版社，1965.

［6］马克思．资本论［M］．第一卷和第三卷．马克思恩格斯全集．第 23 和 25 卷．北京：人民出版社，2004.

［7］马赛厄斯，彼得，M. M. 波斯坦．剑桥欧洲经济史（第七卷上册：工业经济：资本、劳动力和企业）［M］．徐强等译，北京：经济科学出版社，2004.

［8］马涛．《荷马史诗》与《诗经》所展示的东西方古代经济形态的比较［J］．贵州社会科学，2015（7）：148 – 155.

［9］马涛．《荷马史诗》与《诗经》所反映的东西方早期社会制度与经济观念的比较［J］．河北师范大学学报（哲学社会科学版）．2015，Vol. 38，No. 179（11）：36 – 43.

［10］麦迪森，安格斯．世界经济千年统计［M］．伍晓鹰、施发启译，北京：北京大学出版社，2009.

［11］麦克劳，托马斯·K. 现代资本主义：三次工业革命中的成功者［M］．赵文书，肖锁章译，南京：江苏人民出版社，2006.

［12］曼昆．经济学基础［M］．第 7 版，梁小明、梁砾译，北京：北京大学出版社，2017.

［13］芒图，保尔．十八世纪产业革命：英国近代大工业初期的概况［M］．杨人楩等译，北京：商务印书馆，1983.

［14］门罗，A·E. 早期经济思想：亚当·斯密以前的经济文献选集［M］．蔡受白

等译，北京：商务印书馆，1985.

[15] 孟，托马斯. 英国得自对外贸易的财富 [M]. 袁南宇译，北京：商务印书馆，1997.

[16] 孟，托马斯，尼古拉斯·巴尔本，达德利·诺思. 贸易论 [M]. 顾维群等译，北京：商务印书馆，1982.

[17] 蒙代尔. 蒙代尔经济学文集（第一至六卷）[M]. 向松祚译，北京：中国金融出版社，2003.

[18] 蒙蒂菲奥里，西蒙. 耶路撒冷三千年 [M]. 张倩红、马丹静译，北京：民主与建设出版社，2015.

[19] 孟德斯鸠. 罗马盛衰原因论 [M]. 婉玲译，北京：商务印书馆，1984.

[20] 孟德斯鸠. 论法的精神 [M]. 许明龙译，北京：商务印书馆，2014.

[21] 米盖尔，皮埃尔. 法国史 [M]. 蔡鸿滨等译，北京：中国社会科学出版社，2010.

[22] 莫克，兰德尔·K，Masao Nakamura. 井底之蛙：日本公司所有权发展的历史 [M]. 兰德尔·K. 莫克主编. 公司治理的历史：从家族企业集团到职业经理人. 许俊哲译，上海：格致出版社，2011：303－410.

[23] 莫克尔，乔尔. 启蒙经济：英国经济史新论 [M]. 曾鑫、熊跃根译，北京：中信出版集团，2020. *

[24] 莫里斯—铃木，泰萨. 日本经济思想史 [M]. 厉江译，北京：商务印书馆，2000.

N

[1] 纳忠. 阿拉伯通史 [M]. 北京：商务印书馆，2006.

[2] 尼克尔森，海伦. 十字军 [M]. 刘晶波译，上海：上海社会科学出版社，2013.

[3] 诺曼. 日本维新史 [M]. 姚曾廙译，北京：商务印书馆，1962.

[4] 诺思，道格拉斯，罗伯特·托马斯. 西方世界的兴起 [M]. 厉以平、蔡磊译，北京：华夏出版社，1989.

O

[1] 欧文，罗伯特. 欧文选集 [M]. 马清槐等译，北京：商务印书馆，2014.

[2] 欧阳晓莉. 两河流域乌尔第三王朝白银的货币功能探析 [J]. 世界历史，2016（5）：123－136.

P

［1］帕克斯，蒂姆．美第奇金钱［M］．王琴译，北京：中信出版社，2007.

［2］帕慕克，瑟夫科特．奥斯曼帝国货币史［M］．张红地译，北京：中国金融出版社，2021. *

［3］庞巴维克．资本实证论［M］．陈端译，北京：商务印书馆，1983.

［4］庞巴维克．资本与利息［M］．何崑曾、高德超译，北京：商务印书馆，2017.

［5］庞宝庆．近代日本金融政策史稿［M］．长春：吉林大学出版社，2010.

［6］配第，威廉．赋税论：献给英明人士货币略论［M］．陈冬野等译，北京：商务印书馆，1972.

［7］培根．培根随笔全集［M］．蒲隆译，上海：译林出版社，2017.

［8］彭信威．中国货币史［M］．上海：上海人民出版社，2007.

［9］皮朗，亨利（Henri Pirenne）．中世纪欧洲经济社会史［M］．乐文译，上海：上海人民出版社，2014.

［10］皮雷纳，亨利（Henri Pirenne）．中世纪的城市［M］．陈国樑译，北京：商务印书馆，2019.

Q

［1］奇波拉，卡洛·M. 欧洲经济史（第二卷：十六和十七世纪）［M］．贝昱、张菁译，北京：商务印书馆，1988.

［2］奇波拉，卡洛·M.（第三卷：工业革命）［M］，吴良健等译，北京：商务印书馆，1988.

［3］奇波拉，卡洛·M.（第四卷：工业社会的兴起，上册）［M］．王铁生等译，北京：商务印书馆，1989.

［4］奇波拉，卡洛·M.（第四卷：工业社会的兴起，下册）［M］．吴继淦、芮苑入译，北京：商务印书馆，1991.

［5］乔恩，约翰·F. 货币史：从公元 800 年起［M］．李广谦译，北京：商务印书馆，2002.

［6］钱德勒，小艾尔弗雷德·D. 看得见的手：美国企业的管理革命［M］．重武译，北京：商务印书馆，1987.

［7］钱德勒，小阿尔弗雷德，托马斯·麦克劳、理查德·特德洛．管理的历史与现状［M］．大连：东北财经大学出版社，2007.

［8］曲彦斌．中国典当史［M］．北京：九州出版社，2007.

S

［1］萨伊．政治经济学概论［M］．陈福生、陈振骅译，北京：商务印书馆，1982.

［2］桑巴特．现代资本主义［M］．第一卷，李季译，北京：商务印书馆，1962.

［3］桑巴特．犹太人与现代资本主义［M］．艾仁贵译，上海：上海三联书店，2015.

［4］涩泽荣一．论语与算盘［M］．吴四海、陈祖蓓译，上海：上海交通大学出版社，2020.

［5］圣西门．圣西门选集［M］．董果良译，北京：商务印书馆，2004.

［6］斯密，亚当．国民财富的性质和原因的研究［M］．郭大力、王亚南译，北京：商务印书馆，2002.

［7］斯塔萨维奇，大卫．公债与民主国家的诞生：法国与英国，1688—1789［M］．毕竞悦译，北京：北京大学出版社，2007.

［8］斯塔萨维奇，戴维．信贷立国：疆域、权力与欧洲政体的发展［M］．席天扬、欧恺亦，上海：格致出版社，2016.

［9］斯泰尔，本，罗伯特 E 利坦．金融国策：美国对外政策中的金融武器［M］．黄金老、刘伟、曾超译，大连：东北财经大学出版社，2008. *

［10］苏里文，理查德·E，丹尼斯·谢尔曼，约翰·B. 哈里森．西方文明史（第八版）［M］．赵宇烽、赵伯炜译，海口：海南出版社，2009.

［11］索尔，雅各布．账簿与权力：会计责任、金融稳定与国家兴衰［M］．侯伟鹏译，北京：中信出版集团，2020.

T

［1］泰格，利维．法律与资本主义的兴起［M］．纪琨译，上海：上海学林出版社，1997.

［2］汤普逊．中世纪经济社会史［M］．耿淡如译，北京：商务印书馆，1984.

［3］汤普逊．中世纪晚期欧洲经济社会史［M］．徐家玲等译，北京：商务印书馆，2018.

［4］汤因比．历史研究［M］．曹未风等译，上海：上海人民出版社，1964.

［5］汤因比，阿诺德．产业革命［M］．宋晓东译，北京：商务印书馆，2019.

［6］汤普森，詹森．埃及史：从原初时代到当下［M］．郭子林译，北京：商务印书馆，2012.

［7］图克，托马斯．通货原理研究［M］．张纪胜译，北京：商务印书馆，1993.

W

［1］王国刚．马克思的金融理论研究［M］．北京：中国金融出版社，2020.

［2］汪敬虞．外国资本在近代中国的金融活动［M］．北京：人民出版社，1999.

［3］韦伯，马克斯．经济通史［M］．姚曾廙译，韦森校订，上海：上海三联书店，2006.

［4］韦伯，马克斯．新教伦理与资本主义精神［M］．马奇炎、陈婧译，北京：北京大学出版社，2012.

［5］维特．维特伯爵回忆录［M］．肖洋、柳思思译，北京：中国法制出版社，2011.

［6］魏特夫，卡尔·A. 东方专制主义：对于极权力量的比较研究［M］．徐式谷等译，北京：中国社会科学出版社，1989.

［7］伍德，约翰·H. 英美中央银行史［M］．陈晓霜译，上海：上海财经大学出版社，2011.

X

［1］希伯特，克里斯托弗．美第奇家族的兴衰［M］．冯璇译，北京：社会科学文献出版社，2017.

［2］希法亭，鲁道夫．金融资本：资本主义最新发展的研究［M］．福民等译，北京：商务印书馆，1997.

［3］希克斯，约翰．经济史理论［M］．厉以平译，北京：商务印书馆，1987.

［4］希罗多德．历史［M］．王以铸译，北京：商务印书馆，1985.

［5］西斯蒙第．政治经济学新原理［M］．何钦译，北京：商务印书馆，1964.

［6］萧拉瑟．阿姆斯特丹：世界最自由城市的历史［M］．阎智森译，上海：译林出版社，2018.

［7］信夫清三郎．日本外交史［M］．天津社会科学院日本问题研究所译，北京：商务印书馆，1992.

［8］幸田露伴．涩泽荣一传［M］．余炳跃译，上海：上海社会科学院出版社，2016.

［9］熊彼特．经济分析史［M］．朱泱等译，北京：商务印书馆，1996.

［10］熊彼特．经济发展理论：对于利润、资本、信贷、利息和经济周期的探究［M］．何畏，易家详等译，北京：商务印书馆，2019.

［11］休斯，乔纳森，路易斯·凯恩．美国经济史［M］．杨宇光等译，上海：格致出版社，2013.

［12］修昔底德．伯罗奔尼撒战争史［M］．谢德风译，北京：商务印书馆，2016.

［13］许宝强，渠敬东．反市场的资本主义［M］．北京：中央编译出版社，2001.

［14］许廷格，罗伯特，埃蒙·巴特勒．四千年通胀史：工资和价格管制为什么失败［M］．余翔译，上海：东方出版社，2013.

Y

［1］亚里士多德．政治学［M］．吴寿彭译，北京：商务印书馆，1981.

［2］亚里士多德．政治学［M］．颜一、秦典华译，北京：中国人民大学出版社，2003.

［3］杨栋梁，江瑞平．近代以来日本经济体制变革研究［M］．北京：人民出版社，2003.

［4］杨共乐．罗马社会经济研究［M］．北京：北京师范大学出版社，2010.

［5］叶世昌．中国金融通史（第一卷：先秦至清鸦片战争时期）［M］．北京：中国金融出版社，2002.

［6］雨宫健（Takeshi Amemiya）．古希腊的经济与经济学［M］．王大庆译，北京：商务印书馆，2019.

［7］伊格尔顿，凯瑟琳，乔纳森·威廉姆斯．钱的历史［M］．徐剑译，北京：中央编译出版社，2011.

Z

［1］曾晨宇．《钱币法令》与雅典的经济霸权［J］．古代文明，2017，11（003）：38－45.

［2］周见．近代中日两国企业家比较研究：张謇与涩泽荣一［M］．北京：中国社会科学出版社，2005.

［3］周满江．诗经（中国古典文学基本知识丛书）［M］．上海：上海古籍出版社，1980.

［4］佐佐木克．从幕末到明治 1855—1890［M］．孙晓宁译，北京：北京联合出版公司，2017.

英文文献

A

［1］Ashton T S. The Bill of Exchange and Private Banks in Lancashire, 1790 – 1830

[J]. Economic History Review. 1945, 15 (1 –2): 25 –35.

[2] Aubert, Maria Eugenia. Commerce and Colonization in the Ancient Near East [M]. English translated by Mary Turton, Cambridge: Cambridge University Press, 2013.

[3] Auerbach A J. Corporate takeovers: Causes and consequences [M]. Chicago: University of Chicago Press, 2013.

B

[1] Biasin, Massimo. The German Cooperative Banks. An Economic Overview [M]. Simeon Karafolas ed. Credit Cooperative Institutions in European Countries, Cham, Switzerland: Springer, 2016: 83 –110.

[2] Boland, Vincent. The world's first modern, public bank [J]. Financial Time, April 18, 2009.

[3] Bonin, Hubert. French banks and public opinion: The Public's negative perception of the French banking establishment (from the 1800s to the 1950s) [M]. Carmen Hofmann and Martin L. Muller eds. History of Financial Institutions: Essays on the history of European finance, 1800 –1950. London and New York: Routledge, 2017.

[4] Bordo Michael D. and Eugene N. White. A Tale of Two Currencies: British and French Finance During the Napoleonic Wars [J]. Journal of Economic History, Vol. 51, No. 2 (Jun. , 1991): 303 –316.

[5] Boxer, Charles Ralph. The Dutch in Brazil, 1724 –1654 [M]. Oxford: Clarendon Press, 1957.

[6] Brunt L. Rediscovering Risk: Country Banks as Venture Capital Firms in the First Industrial Revolution [J]. Journal of Economic History, 2006, 66 (1): 74 –102.

[7] Brandeis L D. Other People's Money And How the Bankers Use It [M]. Frederick A. Stokes Company, 1914.

C

[1] Carosso V P. Investment Banking in America: A History [M]. Cambridge, Mass. : Harvard University Press, 1970.

[2] Carter, Susan B. et al, eds. The Historical Statistics of the United States, Millennial Edition [M]. 5 vols. New York and London: Cambridge University Press. 2006.

[3] Cassis, Youssef, Richard S. Grossman and Catherine R. Schenk, eds. The Oxford Handbook of Banking and Financial History [M]. Oxford: Oxford University Press, 2016.

[4] Chapman, Stanley David. The Cotton Industry in the Industrial Revolution [M].

London and Basingstoke: Macmillan, 1972.

[5] —— Financial Restraints on the Growth of Firms in the Cotton Industry, 1790 - 1850 [J]. The Economic History Review, 1979, 32 (1): 50 - 69.

[6] ——Rhodes and the City of London: Another View of Imperialism [J]. Historical Journal, Vol. 28, No. 3 (Sep., 1985): 647 - 666.

[7] ——The Rise of Merchant Banking [M]. London and New York: Routledge, 1994.

[8] Clark G. Debt, Deficits, and Crowding out: England, 1727—1840 [J]. European Review of Economic History. 2001, 5 (3): 403 - 436.

[9] Cleveland H V, Huertas T F, Strauber R. Citibank, 1812 - 1970 [M]. Cambridge, Mass.: Harvard University Press; 1985. *

[10] Cohen, Edward E. Athenian Economy and Society: A Banking Perspective. Princeton: Princeton University Press, 1992.

[11] Collins M. Money and Banking in the UK: A History [M]. Beckenham, Kent: Croom Helm, 1988.

[12] Crawford, Michael. Money and Exchange in the Roman World [J]. Journal of Roman Studies, Vol. 60 (1970): 40 - 48.

[13] Crouzet F. Capital Formation in the Industrial Revolution [M]. London: Methuen, 1972.

[14] Crowley, Roger. City of Fortune: How Venice Won and Lost a Naval Empire [M]. London: Faber and Faber, 2012. *

D

[1] Davids K. Urban public debts, urban government and the markets for annuities in Western Europe (14th - 18th centuries) [M]. Turnhout, Belgium: Brepols, 2003.

[2] Davis, Glyn. A History of Money: From Ancient Times to the Present Day [M]. Cardiff: University of Wales Press, 2002.

[3] Davis, Lance E. Capital immobility and American Growth [M]. Robert William Fogel and Stanley L. Engerman eds. The Reinterpretation of American Economic History. New York: Harper & Row, 1971: 285 - 300.

[4] Davis L E. The Investment Market, 1870 - 1914: The Evolution of a National Market [J]. Journal of Economic History, 1965, 25 (3): 355 - 399.

[5] Deane P, Cole W A. British Economic Growth 1688 - 1959: Trends and Structure [M]. Cambridge: Cambridge University Press, 1967.

[6] de Bruin, Boudewijn, Lisa Herzog, Martin O'Neill and Joakim Sandberg. "Philoso-

phy of Money and Finance [M]. Edward N. Zalta ed. The Stanford Encyclopedia of Philosophy (Winter 2018 ed) .

[7] de Roover, Florence Edler. Early Examples of Marine Insurance [J]. Journal of Economic History Vol. 5, No. 2 (Nov. 1945): 172 –200.

[8] De Roover Raymond. The scholastics, usury, and foreign exchange [J]. Business History Review 1967, 41 (3): 257 –271.

[9] —— The Rise and Decline of the Medici Bank, 1397 – 1494 [M]. Cambridge, Mass.: Harvard University Press, 1973. *

[10] Dickson, P. G. M. The Financial Revolution in England: A Study in the Development of Public Credit, 1688 –1756. Ashgate Publishing, 1993.

[11] Drummond, Ian M. The Russian Gold Standard, 1897 –1914 [J]. Journal of Economic History, Vol. 36, No. 3 (Sept 1976): 663 –688.

E

[1] Edvinsson, Rodney, Tor Jacbson, and Daniel Waldenström, eds. Historical Monetary and Financial Statistics for Sweden: Exchange Rates, Prices, and Wages, 1277 –2008 [M]. Stockholm: Ekerlids Förlag, Svergiges Riksabank, 2010.

F

[1] Farber, Howard. A price and wage study for Northern Babylonia during the Old Babylonian period [J]. Journal of the Economic and Social History of the Orient, 1978 (21): 1 –51.

[2] Feinstein C H. Capital Accumulation and the Industrial Revolution [M]. Cambridge: Cambridge University Press, 1981.

[3] Feis, Herbert. Europe The World's Banker 1870 – 1914 [M]. New Haven: Yale University Press, 1930.

[4] Felloni, Giuseppe and Guido Laura. Genoa and the history of finance: A series of firsts? [M]. 4th edition, Genova, 2017.

[5] Figueira, Thomas J. and Sean R. Jensen, eds. Hegemonic Finances: Funding Athenian Domination in the 5th and 4th Centuries BC [M]. Swansea: Classic Press of Wales, 2019.

[6] Fischer, Stanley and Ratna Sahay and Carlos A. Végh. Modern Hyper – and High inflations [J]. Journal of Economic Literature. Vol. 40, No. 3 (Sep. , 2002): 837 –880.

[7] Flandreau, Marc and Frédéric Zumer. The Making of Global Finance 1880 – 1913 [M]. OECD, 2004.

[8] Floud R. The Cambridge Economic History of Modern Britain [M]. Cambridge: Cambridge University Press, 2003.

[9] Fogel, Robert William and Stanley L. Engerman eds. The Reinterpretation of American Economic History [M]. New York: Harper & Row, 1971.

[10] Forsyth, Douglas J. and Daniel Verdier, eds. The Origins of National Financial Systems: Alexander Gerschenkron Reconsidered [M]. London and New York: Routledge, 2003.

[11] Frost, Jon and Hyun Song Shin and Peter Wierts. An early stablecoin? The Bank of Amsterdam and the governance of money [J]. DNB Working Paper No. 696, Nov. 2020.

G

[1] Garfinkle, Steven J. Shepherds, Merchants, and Credit: Some Observations on Lending Practices in Ur III Mesopotamia [J]. Journal of the Economic and Social History of the Orient, Vol. 47, No. 1 (2004): 1 -30.

[2] Geisst, Charles R. Beggar Thy Neighbor: A History of Usury and Debt [M]. Philadelphia: University of Pennsylvania Press, 2018. *

[3] Goldsmith, Raymond William. Premodern financial systems: a historical comparative study [M]. Cambridge: Cambridge University Press, 1987.

[4] Goetzmann, William N. Fibonacci and the Financial Revolution [J]. National Bureau of Economic Research Working Paper 10352, March 2004.

[5] Gordon, Gary. Clearing houses and the origin of central banking in the U. S. [J]. Journal of Economic History 45 (1985): 277 -284.

[6] Graham W. The One Pound Note in the History of Banking in Great Britain [M]. Edinburg and London: Simpkin, 1911.

[7] Graeber, David. Debt: The First 5000 Years [M]. New York: Melvillehouse, 2011. *

[8] Green, George D. Financial Intermediaries [M]. Glenn Porter ed. Encyclopedia of American Economic History: Studies of the Principal Movements and Ideas. New York: Charles Scribner's Sons, Vol. II, 1980: 707 -726.

[9] Greif, Avner. On the Political Foundations of the Late Medieval Commercial Revolution: Genoa during the Twelfth and Thirteenth Centuries [J]. Journal of Economic History, Vol. 54, No. 2 (Jun., 1994): 271 -287.

H

[1] Halliday F E. A Concise History of England: From Stonehenge to the Atomic Age

[M]. London: Book Club Associates, 1975.

[2] Hamilton E J. Prices and wages at Paris under John Law's system [J]. Quarterly Journal of Economics, 1936, 51 (1): 42 -70.

[3] Harris, Rivkah. Old Babylonian Temple Loans [J]. Journal of Cuneiform Studies. Vol. 14, No. 4 (1960): 126 -137.

[4] Haywood R. M. The Question of a Standard Gauge for Russian Railways, 1836 -1860 [J]. Slavic Review, Vo. 28, No. 1 (March 1969): 72 -80.

[5] Heaton H. Financing the Industrial Revolution [J]. Bulletin of the Business Historical Society, 1937, 11 (1): 1 -10.

[6] Hetzel R L. Henry Thornton: Seminal Monetary Theorist and Father of the Modern Central Bank [J]. FRB Richmond Economic Review, 1987, 73 (4): 3 -16.

[7] Hoppit J. Financial Crises in Eighteenth - century England [J]. Economic History Review, 1986, 39 (1): 39 -58.

[8] Hubbard J. T. W. For Each, the Strength of All: A History of Banking in the State of New York [M]. New York: New York University Press, 1995.

[9] Hudson, Michael. How Interest Rates Were Set, 2500 BC -1000 AD: Máš, tokos, and foenus as Metaphors for Interest accruals [J]. Journal of the Economic and Social History of the Orient, Vol. 43 (2000), No. 2: 132 -161.

[10] Humphrey T M. The Real Bills Doctrine [J]. FRB Richmond Economic Review, 1982, 68 (5): 3 -13.

I

[1] Ilzetzki, Ethan, Carmen M. Reinhart, and Kenneth S. Rogoff. Rethinking Exchange Rate Regimes [J]. NBER Working Paper 29347, October 2021.

J

[1] Jadlow J M . Adam Smith on Usury Laws [J]. Journal of Finance, 2012, 32 (4): 1195 -1200.

[2] James, Harold. The Reichsbank 1876 - 1945 [M]. As Chapter I in Deutsche Bundesbank ed. Fifty Years of the Deutsche Mark: Central Bank and the Currency in Germany since 1948. Oxford: Oxford University Press, 1999.

[3] Jones A. H. M. Inflation under the Roman Empire [J]. Economic History Review, New Series, Vol. 5, No. 3 (1953): 293 -318.

[4] Jones R B. Economic and Social History of England, 1770 -1970 [M]. London:

Longman, 1971.

K

[1] Kindleberger, Charles P.. A Financial History of Western Europe [M]. London: George Allen & Unwin, 1984. *

[2] —— Financial institutions and economic development: A comparison of Great Britain and France in the eighteenth and nineteenth centuries [J]. Explorations in Economic History, 1984, 21 (2): 103 - 124.

[3] Klebaner B J. American Commercial Banking: A History [M]. Boston: Twayne Publishers, 1990.

[4] Krooss, Herman E. ed. Documentary History of Banking and Currency in the United States [M]. New York: Chelsea House Publishers, 1983.

L

[1] Lane, Frederic C. Venetian Bankers, 1496 - 1533: A Study in the Early Stages of Deposit Banking [J]. Journal of Political Economy, Vol. 45, No. 2 (April 1937): 187 - 206.

[2] Lockwood, Wiliam W. The Economic Development of Japan: Growth and Structural Change 1868 - 1938 [M]. Oxford: Oxford University Press, 1955.

[3] Lehmann - Hasemeyer, Sibylle and Fabian Wahl. The German bank - growth nexus revisited: savings banks and economic growth in Prussia [J]. Economic History Review, No. 74, No. 1 (2021): 204 - 222.

[4] Lescure, Michel. The Origins of universal banks in France during the nineteenth century [M]. Douglas J. Forsyth and Daniel Verdier eds. The Origins of National Financial Systems: Alexander Gerschenkron Reconsidered. London and New York: Routledge, 2003.

[5] Lopez, Robert S. The Commercial Revolution of the Middle Ages, 950 - 1350, Cambridge: Cambridge University Press, 1976 (reprint 1998).

M

[1] Mackay, Charles. Extraordinary Popular Delusions and the Madness of Crowds [M]. New York: Harmony Books, 1980.

[2] Malmendier, Ulrike. Law and Finance at the Origin [J]. Journal of Economic Literature. Vol. 47, No. 4 (Dec 2009): 1076 - 1108.

[3] Markham, Jerry W. A Financial History of the United States [M]. New York: M. E. Sharpe, 2002. *

[4] Matthias, Peter. The First Industrial Nation: The Economic History of Britain 1700 - 1914 [M]. 2nd ed. London and New York: Routledge, 1979.

[5] Maurer, Bill. Finance 2.0 [M]. James G. Carrier ed. A Handbook of Economic Anthropology. Second edition. Cheltenham: Edward Elgar, 2012: 183 - 201.

[6] Michell H. The Edict of Diocletian: A study of price fixing in the Roman Empire [J]. Canadian Journal of Economics and Political Science, 13 (Feb 1947): 1 - 12.

[7] Millet, Paul. Lending and Borrowing in Ancient Athens [M]. Cambridge: Cambridge University Press, 1991.

[8] Mitchell B R. British Historical Statistics [M]. Cambridge: Cambridge University Press, 1988.

[9] Michie R. The London Stock Exchange: A History [M]. Oxford: Oxford University Press, 1999.

[10] ——The Global Securities Market: A History [M]. Oxford: Oxford University Press, 2006.

[11] Mokyr J. ed. The Economics of the Industrial Revolution [M]. Lanham, MD: Rowman& Littlefield, 1985.

[12] —— The Enlightened Economy: Britain and the Industrial Revolution, 1700 - 1850 [M]. London: Penguin Books, 2011. *

[13] Morrison, Alan D. and William J. Wilhelm, Jr. Investment Banking: Institutions, Politics, and Law [M]. Oxford: Oxford University Press, 2007.

[14] —— Investment Banking: Past, Present and Future [J]. Journal of Applied Corporate Finance, Vol. 19, No. 1 (Winter 2007): 8 - 20.

[15] Moss, Michael, and Iain Russell. An Invaluable Treasure: A History of the TSB [M]. London: Weidenfeld and Nicolson; 1994.

[16] Murphy A. The Origins of English Financial Markets: Investment and Speculation before the South Sea Bubble [M]. Cambridge: Cambridge University Press, 2009.

N

[1] Nataf, Philippe. Free banking in France (1796 - 1803) [M]. Kevin Dowd ed. The Experience of Free Banking. London and New York: Routledge, 1992: 123 - 136.

[2] Neal, Larry. The Rise of Financial Capitalism: International Capital Markets in the Age of Reason [M]. Cambridge: Cambridge University Press; 1993.

[3] —— A Concise history of international finance: From Babylon to Bernanke [M]. Cambridge: Cambridge University Press, 2015.

[4] North D C. Capital formation in the United States during the early period of industrialization: A reexamination of the issues [M]. The Reinterpretation of American Economic History. New York: Harper and Row, 1971: 274 - 281.

[5] Norwich, John Julius. A History of Venice [M]. London: Penguin Books, 2003.

P

[1] Pamuk, Şevket. A Monetary History of the Ottoman Empire [M]. Cambridge: Cambridge University Press, 2000. *

[2] Paul H J. The " South Sea Bubble" [M/OL]. European History Online, 2015.

[3] Perelman, Michael. Schumpeter, David Wells, and Creative Destruction [J]. Journal of Economic Perspectives, Vol. 9, No. 3 (Summer, 1995): 189 - 197.

[4] Petram, Lodewijk. World's First Stock Exchange [M]. English translated by Lynne Richards. New York: Columbia University Press, 2014.

[5] —— Contract Enforcement on the World's First Stock Exchange [M]. Piet Clement, Harold James, and Herman Van dee Wee, eds. Financial Innovation, Regulation and Crisis in History. London: Pickering & Chatto, 2014: 13 - 35.

[6] Pezzolo, Luciano. The Venetian Government Debt 1350 - 1650 [M]. M. Boone, K. Davids, and P. Janssens eds. Urban Pubic Debts: Urban Government and the Market Annuities in Western Europe (14th - 18th centuries) . Brepols, 2003: 61 - 74.

[7] Poitras, Geoffrey. The Early History of Financial Economics, 1478 - 1776: From Commercial Arithmetic to Life Annuities and Joint Stocks. Cheltenham, Glos: Edward Elgar Publishing, 2000.

[8] Porter G. ed. Encyclopedia of American Economic History: Studies of the Principal Movements and Ideas [M]. New York: Charles Scribners Sons, 1980.

Q

[1] Quinn, Stephen. Goldsmith - banking: Mutual Acceptance and Interbank Clearing Restoration London [J]. Explorations in Economic History 34 (1997): 411 - 432.

[2] Quinn, Stephen and William Roberds. The Big Problem of Large Bills: The Bank of Amsterdam and the Origins of Central Banking [J]. Federal Reserve Bank of Atlanta Working Paper No. 2005 - 16, August 2005.

[3] —— An economic explanation of the early Bank of Amsterdam, debasement, bills of exchange, and the emergence of the first central bank [J]. Federal Reserve Bank of Atlanta Working Paper 2006 - 13, September 2006.

R

[1] Ransom, Roger L and Richard Sutch. Tontine Insurance and the Armstrong Investigation: A Case of Stifled Innovation in the American Life Insurance Industry, 1868 - 1905 [J]. Journal of Economic History, Vol. 47, No. 2 (Jun. , 1987): 379 -390.

[2] Redlich, Fritz. Jacques Laffitte and the Beginnings of Investment Banking in France [J]. Bulletin of the Business Historical Society, Vol. 22, No. 4/6 (Dec. , 1948): 137 -161.

[3] Rin, Marco Da, and Thomas Hellmann. Banks as Catalysts for Industrialization [J]. Journal of Financial Intermediation, Vol. 11, Issue 4 (October 2002): 366 -397.

[4] Rist, Charles. History of Monetary and Credit Theory from John Law to the Present Day [M]. New York: Augustus M. Kelly, 1966.

[5] Roseveare H G. Financial Revolution 1660 - 1750 [M]. London and New York: Routledge, 2014.

[6] Rothbard, Murray N. A History of Money and Banking in the United States: The Colonial Era to World War II [M]. Auburn, Alabama: Ludwig von Mises Institute, 2002.

S

[1] Schaede, Ulrike. Forwards and Futures in Tokugawa - period Japan: A New Perspective on the Dojima Rice Market [J]. Journal of Banking and Finance, Vol 13, Issues 4 - 5 (Sept 1989): 487 -513.

[2] Schama, Simon. The Embarrassment of Riches: An Interpretation of Dutch Culture in the Golden Age [M]. New York: Vintage Books, 1997.

[3] Schidt, Reinhard, Dilek Bülbül and Ulrich Schüwer. The Persistence of the Three - pillar Banking System in Germany [M]. Olivier Butzbach and Kurt von Metenheim, eds. Alternative Banking and Financial Crisis. London: Pickering & Chatto, 2014: 101 -121.

[4] Shizume, Masato. A History of the Bank of Japan, 1882 - 2016 [J]. WINPEC Working Paper Series No. E1719, Waseda University, October 2017.

[5] Sommariva, Andrea, and Giuseppe Tullio. German Macroeconomic History, 1880 - 1979: A study of the effects of economic policy on inflation, currency depreciation and growth [M]. London and Basingstoke: Macmillan Press, 1987.

[6] Steil, Benn and Robert E. Litan. Financial Statecraft: The Role of Financial Markets in American Foreign Policy [M]. New Haven and London: Yale University Press, 2006. *

T

[1] Tamaki, Norio. Japanese Banking: A History, 1859 – 1959 [M]. Cambridge: Cambridge University Press, 1995.

[2] Temin, Peter. The Roman Market Economy [M]. Princeton: Princeton University Press, 2017.

[3] Temin, Peter, and Hans – Joachim Voth. Prometheus Shackled: Goldsmith Banks and England's Financial Revolution after 1700 [M]. Oxford: Oxford University Press, 2013.

[4] Thelwell, Emma. " Société Générale: A history [J]. The Daily Telegraph, January 24, 2008.

[5] Trescott, Paul B. Financing American Enterprise: The Story of Commercial Banking [M]. New York: Harper & Row, 1963.

[6] Trivellato, Francesca. The Promise and Peril of Credit: What a Forgotten Legend about Jews and Finance Tells Us About the Making of European Commercial Society [M]. Princeton and Oxford: Princeton University Press, 2019.

U

[1] U. S. Bureau of the Census. The Statistical History of the United States: From Colonial Times to the Present [M]. New York: Basic Books, 1976.

[2] Usher, Abbot Payson. The Origins of Banking: The Primitive Bank of Deposit, 1200 – 1600 [J]. Economic History Review, Vol. 4, No. 4 (April 1934): 399 – 400.

[3] —— The Early history of deposit banking in the Mediterranean Europe [M]. Cambridge, Mass.: Harvard University Press, 1943.

V

[1] van Dillen, J. G. and Geoffrey Poitras and Asha Majithia. Isaac Le Maire and the early trading in Dutch East India Company shares [M]. Geoffrey Poitras ed. Pioneers of Financial Economics, vol I, Cheltenham, Glos: Edward Elgar Publishing 2006.

[2] van Nieuwkerk, Marius. Dutch Golden Glory: The Financial Power of the Netherlands through the Ages [M]. Haarlem: Becht, 2006.

[3] Velde F R. Government equity and money: John Law's system in 1720 France [J]. Federal Reserve Bank of Chicago Working Paper Series, 2003, 52 (1): 84 – 92.

[4] —— John Law's System [J]. American Economic Review, 2007, 97 (2): 276 – 279.

[5] Visser, Wayne AM, and Alastair Macintosh. A Short Review of the Historical Critique of Usury [J]. Accounting, Business & Financial History 1998, 8 (2): 175 - 189.

W

[1] White, Andrew Dickson. Fiat Money Inflation in France: How It Came, What It Bought, and How It Ended [M]. 1896 (Reprint: Cato Institute, Paper No. 11, 1980).

[2] White E N. The Membership Problem of the National Banking System [J]. Explorations in Economic History, 1982, 19 (2): 110 - 127.

[3] —— Was There A Solution to the Ancien Régime's Financial Dilemma? [J]. Journal of Economic History. 1989, 49 (3): 545 - 568.

[4] —— The French Revolution and the politics of government finance, 1770 - 1815 [J]. Journal of Economic History. 1995, 55 (2): 227 - 255.

[5] White, Lawrence H. Free banking in Scotland before 1844 [M]. Kevin Dowd ed. The Experience of Free Banking. London and New York: Routledge 1992: 157 - 186.

[6] Wilkinson, Toby. The Rise and Fall of Ancient Egypt: The History of a Civilization from 3000BC to Cleopatra [M]. London: Bloomsbury, 2010.

[7] Wilson J D. The Chase: The Chase Manhattan Bank, N. A., 1945 - 1985 [M]. Cambridge, Mass.: Harvard Business School Press, 1986.

Y

[1] Yang L S. Money and Credit in China: A Short History [M]. Cambridge, Mass.: Harvard University Press, 1952.

Z

[1] Ziegler, Philip. The Sixth Great Power: A History of one of the greatest of all banking families, the House of Barings, 1762 - 1929 [M]. New York: Alfred A. Knopf, 1988.

世界金融史

从起源到现代体系的形成

[索　引]

提示：1. 部分近似词语归入同一条目，例如“股份/股票”。2. 一些相关词语可交叉检索，例如“公债”与“国债”。3. 页码后小写字母 n 表示参见该页脚注。

A

B

C

D

E

F

G

H

J

K

L

M

N

O

P

Q

R

S

T

W

X

Y

Z